AGON SPORTVERLAG - STATISTICS BAND 11

Deutschlands große Fußballmannschaften
Teil 5: Borussia Mönchengladbach

MUSIK
Eindreifach HANNEN
dem Deutschen Fußb llmeister

HANNEN ALT

AGON SPORTVERLAG - STATISTICS BAND 11

Deutschlands große Fußballmannschaften
Teil 5

BORUSSIA MÖNCHENGLADBACH

Matthias Kropp

AGON Sportverlag

Das vorliegende Werk wurde sorgfältig erarbeitet. Dennoch kann es gerade bei Statistikwerken aufgrund der umfangreichen Datenmenge oder fehlerhaften Quellenmaterials zu kleinen Fehlern kommen. Wir bitten, dies zu entschuldigen und wären dankbar, wenn Sie uns auf eventuelle Fehler aufmerksam machen würden.

Bei allen Abbildungen handelt es sich um heute kaum oder gar nicht mehr zu beschaffende Originalaufnahmen, deren hoher dokumentarischer Wert die teilweise reduzierte Wiedergabequalität ausgleichen dürfte.

Besonderen Dank an das Archiv Raschke, Linz, für seine freundliche Mithilfe.

"Die großen Spieler der Borussia Mönchengladbach" von Joachim Schweer.
Bildunterschriften: Matthias Weinrich

Redaktionsschluß: 30.6.1993

Bilder:
Horstmüller
AGON SPORTVERLAG Archiv

ISBN 3-928562-39-8

INHALTSVERZEICHNIS

BORUSSEN - CHRONIK

17.11.1899 Bildung einer losen Spielgemeinschaft ohne Vorstand und Satzung als Keimzelle der späteren Borussia.

Frühjahr 1900 Beitritt der Spielgemeinschaft zur Marianischen Jünglings-Congregation München-Gladbach-Eicken; der Name FC Borussia wird bereits geführt.

24.05.1903 Die Fußballabteilung der Marianischen Jünglings-Congregation München-Gladbach wird als FC Borussia München-Gladbach selbständig. Beitritt des FC Borussia zum Rheinisch-Westfälischen Spielverband und damit Aufnahme eines Wettspielbetriebes.

Die Borussen des Jahres 1903 (weiße Trikots) nach einem Spiel gegen Alemannia Aachen.

1906 Meisterschaft in der 3. Klasse und Aufstieg in die 2. Klasse. Zahl der Vereinsmitglieder: 32.

Die 1. Mannschaft des FC Borussia 1900 München-Gladbach, Meister des rheinischen Südkreises (Norden) im Jahre 1909.

1907 Meisterschaft in der 2. Klasse. Borussia wird nach einer Klassen-Neueinteilung der B-Klasse zugeteilt.

1909 Trotz der Meisterschaft in der B-Klasse und dem damit verbundenen Aufstieg in die A-Klasse bleibt Borussia zweitklassig, da der Verband als höchste Klasse die Verbandsliga einführt. Vereinsmitglieder: 75.

1912 Nach der A-Klassenmeisterschaft und dem Aufstieg in die Verbandsliga ist Borussia zum ersten Mal in ihrer Geschichte erstklassig.

Die Meistermannschaft der A-Klasse 1912.

März 1914 Nahe der Eickener Höhe erwirbt der Verein eine Sandgrube, die die Keimzelle des heutigen Borussen-Stadions ist.

März 1919 Fusion mit TV Germania 1889 München-Gladbach zu VfTuR 89 München-Gladbach

20.09.1919 Die Sportanlage Borussias wird ihrer Bestimmung übergeben und bekommt die inoffizielle Bezeichnung "Westdeutsches Stadion".

25.04.1920 VfTuR 89 wird Westdeutscher Meister. Danach unterliegt der VfTuR 89 im Vorrundenspiel zur Deutschen Meisterschaft der SpVgg Fürth in Mannheim mit 0:7.

1921 Auflösung der gebildeten Fusion, Gründung von Borussia VfL München-Gladbach sowie TV Germania 1889 München-Gladbach.

1924 Ein zweites Spielfeld wird neben der Hauptkampfbahn geschaffen.

Westdeutscher Meister 1920 (Gladbach in dunklen Trikots): Oben von links.- Betreuer Allwicher, Peter Zander, Adolf Kronen, August Brocke, G. Gahlen, Oberdörster, Willi Eichmanns, Paul Pohl, Willi Jansen. - Sitzend von links: Wolfgarten, Karl Türk, Ernst Lauth.

1929 Die Borussen werden Rheinbezirksmeister.

1935 Die Borussen steigen aus der 1933 gebildeten Gauliga in die Bezirksklasse ab.

05.08.1936 Erster Nationalspieler von Borussia München-Gladbach wird Heinz Ditgens. Der Verteidiger gibt sein Debüt in der Nationalmannschaft gegen Luxemburg (9:0) in Berlin.

01.09.1946 Erstes Nachkriegsspiel gegen Schalke 04 auf dem Bökelberg wird mit 0:6 verloren.

1947 Borussia scheitert als Gruppensieger in den Spielen um den Aufstieg zur Oberliga West an Vohwinkel 80.

07.05.1950 Borussia wird wieder erstklassig, der Aufstieg in die Oberliga gelingt.

Im Jahr des 50jährigen Bestehens gelang Borussia erstmals der Aufstieg zur Oberliga West. Von links: Trainer Pohl, Betreuer Zander, Aben, Wicken, Schicks, Köhnen, Schiller, Grezesik, J. Meulenberg, Fischermanns, Hub. Meulenberg, Laupenmühlen, Peters, Vorsitzender Pulheim und Trainer Ditgens.

Ein Jahr nach dem Abstieg kehrte Borussia in die Oberliga zurück. Von links: Lewandowski, Heine, Schaffers, Schicks, Kirchhof, Pliska (Spielertrainer), Dohmen, Jedanowski, Wicken, Halwas, Winkler.

1951 Borussia muß durch eine 1:5-Niederlage im Entscheidungsspiel gegen Alemannia Aachen in die zweite Liga absteigen.

30.03.1952 Borussia steigt zum zweiten Mal in die Oberliga West auf.

18.05.1957 Borussia steigt erneut in die zweite Liga ab.

13.04.1958 Wiederaufstieg in die Oberliga.

24.08.1960 Borussia wird in Düsseldorf durch einen 3:1-Erfolg über den 1. FC Köln Westdeutscher Pokalsieger.

Westdeutscher Pokalsieger 1960
Stehend von links.- Trainer Bernd Oles, Masseur Heinz Naschen, Egmont Kablitz, Friedhelm Frontzeck, Ulli Kohn, Walter Wißfeld, Franz Brungs, Jupp Gietzen, Bert Pfeiffer, Helmut Fendel, Günther Jansen, Fußball-Obmann Heinz Aben. - Hinten rechts: Willibert Lingen, Heinz de Lange, Willi Wicken. - Vorne: Karlheinz Mühlhausen, Albert Jansen, Albert Brülls, Martin Quarz. Sechs Wochen später gewann Gladbach auch das DFB-Pokal-Finale, bei dem noch Hans Göbbels zum Einsatz kam.

05.10.1960 Deutscher Pokalsieger: Borussia bezwingt im Endspiel um den DFB-Pokal in Düsseldorf den Karlsruher SC mit 3:2.

15.11.1960 Das erste Europapokalspiel der Borussen endet in Düsseldorf mit einer 0:3-Niederlage gegen Glasgow Rangers. Das Rückspiel in Glasgow wird mit 0:8 verloren, damit scheidet Borussia in der ersten Runde aus.

1961 Die Stadt München-Gladbach ändert ihre Schreibweise und heißt ab diesem Zeitpunkt Mönchengladbach. Borussia ändert ebenfalls ihren Namen in Mönchengladbach.

22.05.1965 Borussia wird Meister der Regionalliga West

Aufsteiger in die Bundesliga 1965
Von links: Rupp, Waddey, Laumen, Ernst, Heynckes, Netzer, Lowin, Walter Wimmer, Milder, Orzessek, Albert Jansen.

Das erste BL-Aufgebot der 'Fohlen'
Oben (von links).- Raßmanns, Rupp, Laumen, Waddey, Vogts, Orzessek, Kretschmar, A. Jansen, Funke, Wittmann. - Unten (v. li.): W. Wimmer, Lowin, Pöggeler, Heynckes, Ernst, Milder, Netzer, Trainer:Weisweiler.

26.06.1965 1.Platz in der Aufstiegsrunde und damit Aufstieg in die Bundesliga.

14.08.1965 Erstes Bundesliga-Spiel im Neunkircher Ellenfeld gegen den saarländischen Namensvetter Borussia Neunkirchen (1:1)

30.04.1966 Höchste Bundesliga-Niederlage aller Zeiten mit 0:7 gegen den SV Werder Bremen am Bökelberg.

03.05.1970 Erste Deutsche Meisterschaft mit vier Punkten Vorsprung auf den FC Bayern.

Fünf Jahre nach dem Aufstieg bejubelt Borussia den ersten Titelgewinn in der Bundesliga. Hinten von links: H. Wimmer, Sieloff, Laumen. Trainer Weisweiler, Müller, Köppel. Bleidick. Vorne: Konditionstrainer Schlott, le Fevre, Dietrich, Netzer, Kleff, Vogts. Schäfer und Danner.

Das Ende der Holzpfosten am Bökelberg. Wenige Tage nach dem Torpfostenbruch wurden Aluminium-Stangen aus Schweden installiert.

03.04.1971 Zwei Minuten vor Schluß des Spiels gegen Werder Bremen stürzt beim Stand von 1:1 Herbert Laumen ins Bremer Tor. Der Torpfosten bricht, die Passivität der Borussen beim Versuch, das Tor wieder aufzustellen, führt später am "Grünen Tisch" zur Wertung gegen die Weisweiler-Elf.

05.06.1971 Zweite Deutsche Meisterschaft. Als erster Bundesliga-Mannschaft gelingt Borussia die erfolgreiche Titelverteidigung.

1971 Durch den berüchtigten "Bierdosen"-Skandal wird Borussia der 7: l-Erfolg gegen Inter Mailand am "Grünen Tisch" von der UEFA aberkannt. Das Wiederholungsspiel in Berlin endet mit 0:0. Nach der 2:4-Hinspielniederlage schied Borussia aus dem Europapokal aus.

Trainer Weisweiler mit seinem 25-Spieler-Kader, der 1971 erneut Meister wurde.

Roberto Boninsegna, das vermeintliche Opfer des Büchsenwurfes, wird von Sanitätern vom Platz getragen.

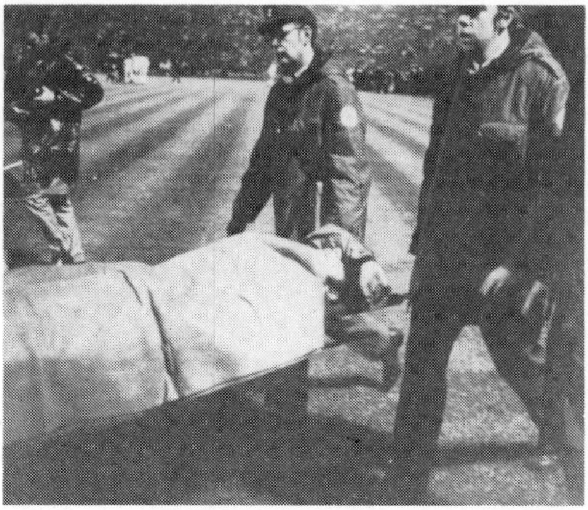

1971 Berti Vogts wird erstmals Deutschlands Fußballer des Jahres

1972 Günter Netzer wird Nachfolger von Vogts als Fußballer des Jahres

23.05.1973 Trotz eines 2:0-Heimsieges über den FC Liverpool knappes Scheitern bei der ersten Finalteilnahme im UEFA-Cup (0:3 im Hinspiel an der Anfield Road)

23.06.1973 Zweiter Deutscher Pokalsieg. Borussia gewinnt in der Verlängerung des Endspieles von Düsseldorf gegen den 1.FC Köln durch das legendäre Siegtor von Günter Netzer mit 2:1. Dies war zugleich das letzte Spiel des Regisseurs im Dress der Borussia.

1973 Netzer wird erneut zum Deutschen Fußballer des Jahres gewählt.

18.05.1974 Vizemeister mit einem Punkt Rückstand auf den FC Bayern München, der im letzten Spiel als frischgebackener Europacupsieger 5:0 geschlagen wird. Mit zwei Treffern in dieser Partie und insgesamt 30 wird Jupp Heynckes gemeinsam mit Gerd Müller Torschützenkönig

Die Borussen mit dem DFB-Pokal.- Stehend von links: Netzer, Bonhof, Danner, Stielike, Kulik, Sieloff (verdeckt), Heynckes, Trainer Weisweiler, Co- Trainer Drygalsky. - Vorne von links: Jensen, Rupp, Kleff, Wimmer, Vogts, Michallik.

Torschützenkönige mit je 30 Toren, Kollegen im Nationalteam: Gerd Müller und Jupp Heynckes.

07.07.1974 Rainer Bonhof und Berti Vogts gewinnen mit der Nationalelf das Finale der Weltmeisterschaft mit 2:1 gegen Holland in München.

21.05.1975 Erster Gewinn des UEFA-Cups mit 5: l-Sieg in Enschede gegen den FC Twente (Hinspiel 0:0) - Krönung des 75jährigen Vereinsjubiläums!

UEFA-Cup-Sieger 1975
Stehend von links: Trainer Weisweiler, Surau, Wittkamp, Heynckes, Schäffer, Jensen, Danner, Wimmer, Co-Trainer Drygalsky. - Knieend von links: Köppel, Simonsen, Klinkhammer, Kleff, Vogts, Bonhof.

14.06.1975 Mit sechs Punkten Abstand zum "Vize" Hertha BSC Berlin gelingt der Elf von Hennes Weisweiler der dritte Meistertitel, Jupp Heynckes wird mit 27 Toren wiederum Torschützenkönig. Trainer Weisweiler verabschiedet sich nach langjähriger Tätigkeit zum FC Barcelona.

12.06.1976 Udo Lattek setzt das Erbe von "Don Hennes" fort. Der ehemalige Münchner führt die Borussen zum vierten Meistertitel.

21.05.1977 Der Titel-Hattrick! Das 2:2 beim alten Rivalen Bayern München führt den Kampf mit FC Schalke 04 und Braunschweig zu einem glücklichen Ende.

25.05.1977 Erstmals steht Borussia im Finale des Europacups der Landesmeister. In Rom erweist sich der FC Liverpool jedoch als deutlich stärker: 1:3!

1977 Allan Simonsen, dänischer Außenstürmer und Publikumsliebling in Gladbach, wird von den Sportjournalisten zu "Europas Fußballer des Jahres" gewählt.

29.04.1978 Rekordsieg gegen Borussia Dortmund, Meisterschaft aber knapp verpaßt! Drei Tore fehlten trotz des 12:0 über den BVB im Düsseldorfer Rheinstadion im Vergleich zum 1.FC Köln, der in St. Pauli 5:0 siegte.

23.05.1979 Nach einem 1: 1 bei Roter Stern Belgrad gewinnt Borussia das Heimspiel (in Düsseldorf) durch einen Elfmeter von Simonsen mit 1:0 und damit zum zweiten Mal den UEFA-Cup

Vor dem Spiel gegen Belgrad postierten sich die Borussen. Von links nach rechts: Vogts, Kneib, Hannes (verdeckt), Schäffer, Ringels, Schäfer, Kulik, Wohlers, Gores, Lienen, Simonsen.

Das Aufgebot der Borussen in der Spielzeit 1975/76. Hinten von links: Co-Trainer Drygalsky, Stielike, Heynckes, Wittkamp, Danner, Schäffer, Jensen, Wimmer, Trainer Lattek. - Vorne von links: Klinkhammer, Masseur Stock, Simonsen, Bonhof, Kleff, Vogts, Köppel.

Die Borussia der Saison 1977/78. Hintere Reihe von links:- Manager Grashoff, Dudek, Schäffer, Gores, Klinkhammer, Heidenreich, Kulik, Wittkamp, Danner. - Mitte: Co-Trainer Drygalsky, Wimmer, Nielsen, Ringels, Amrath, Lienen, Wohlers, Schäfer, Masseur Stock, Trainer Lattek. - Vorne: Hannes, Kneib, Sude, del'Haye, Kleff, Heynckes, Vogts, Simonsen, Bonhof.

1979 Berti Vogts wird nach acht Jahren noch einmal zum "Fußballer des Jahres" gekürt.

01.07.1979 Mit Jupp Heynckes wird einer der erfolgreichsten Spieler der Borussia deren dritter Bundesliga-Trainer nach Weisweiler und Lattek.

21.05.1980 Die vierte Teilnahme an den UEFA-Cup-Finals brachte die zweite Niederlage: Nach einem 3:2-Heimsieg im ersten Spiel ging das Duell mit Eintracht Frankfurt im Waldstadion 0: 1 verloren.

31.05.1984 Borussia steht in ihrem dritten DFB-Pokalfinale! Frankfurt ist auch gegen Bayern München kein gutes Pflaster: 1:1 n. V., 6:7 nach Elfmeterschießen.

1987 Das Jahr des Uwe Rahn. Bundesliga-Torschützenkönig mit 24 Toren und Deutschlands Fußballer des Jahres!

21.11.1989 Erstmals in 24 Jahren Bundesliga Trainerentlassung am Bökelberg: Wolf Werner wird mangels Erfolgen durch Gerd vom Bruch ersetzt.

23.05.1992 Wieder ein DFB-Pokalfinale, wieder im Elfmeterschießen unterlegen. Nach torlosen 120 Minuten setzt sich Zweitligist Hannover 96 in Berlin mit 4:3-Elfmetern durch.

Nach vielen mageren Jahren erreichten die Borussen 1992 mal wieder ein großes Finale, die Krönung blieb gegen den Zweitligisten Hannover aber versagt. Von links: Fach, Pflipsen, Kastenmaier, Hochstätter, Max, Schneider, Huschbeck, Neun, Klinkert, Kamps und Criens.

Duell der Kapitäne: Ewald Lienen (Bielefeld) wird von seinem ehemaligen Mitspieler Matthäus angegriffen.

Die großen Spieler von Borussia Mönchengladbach

Bonhof, Rainer (geb. 29.3.1952). Seine tolle Karriere im Profi-Fußball verdankt Bonhof in erster Linie Hennes Weisweiler, der den Jugend-Nationalspieler 1970 von SuS Emmerich nach Mönchengladbach holte. Dort wurde der Kämpfertyp vom Stürmer zum Defensivspieler umfunktioniert und erspielte sich rasch einen Stammplatz in der "Fohlenelf". 1971 wurde er Deutscher Meister, ein Jahr später gab er im Münchner Olympiastadion gegen die Sowjetunion sein Debüt als Nationalspieler. An gleicher Stätte errang Bonhof 1974 den größten Erfolg seiner Laufbahn und wurde - mit 22 Jahren war er jüngster Spieler des Teams - Fußball-Weltmeister. In den folgenden Jahren (1975-77) gelang ihm mit der Borussia der Titel-Hattrick, 1975 stand er in der siegreichen UEFA-Cup-Mannschaft (0:0 und 5:1 gegen Twente Enschede). Bonhof glänzte in jenen Jahren nicht durch spielerische Eleganz, sondern als unermüdlicher Antreiber und Kämpfer im Mittelfeld. Mit einer professionellen Berufsauffassung holte er aus seinem (relativ) bescheidenen Talent das Optimale heraus. Mit der Nationalelf wurde der Freistoß-Spezialist 1976 Vize-Europameister, ein Jahr später gewann er mit der Borussia ein viertes Mal die Deutsche Meisterschaft.

In seinem dynamischen Stil zieht Rainer Bonhof an einem Spieler des VfB Stuttgart vorbei.

Nach der WM 1978 kehrte Rainer Bonhof dem Bökelberg den Rücken - nach 231 Bundesligaspielen (42 Tore) und 40 Länderspielen. Beim FC Valencia setzte er seine Erfolgsserie fort, ohne dabei in spielerischer Hinsicht Fortschritte zu machen: 1979 gewann er den spanischen Pokal, 1980 den Europapokal der Pokalsieger. Beim 1. FC Köln feierte der 53fache Nationalspieler (9 Tore) im gleichen Jahr ein Comeback in der Bundesliga. Sowohl in Köln als auch später bei Hertha BSC konnte Bonhof aufgrund von Verletzungen nicht an seine frühere Leistungsstärke anknüpfen. Nach 311 Bundesligaspielen (57 Tore) beendete er 1983 seine aktive Laufbahn. 1988 absolvierte Bonhof in Köln die Fußballehrerprüfung, arbeitete 1989/90 als Co-Trainer bei Bayer Uerdingen und nahm 1990 das Angebot des DFB an, Assistent von Bundestrainer Berti Vogts zu werden.

Brülls, Albert (geb. 26.3.1937). Der durchschlagskräftige Stürmer war Gladbachs zweiter Nationalspieler und der erste in einer langen Reihe von Borussen, die ihre fußballerischen Fähigkeiten im Ausland in bare Münze umwandelten. Brülls erlebte seine Höhepunkte im Vereinsdress gegen Ende der 50er Jahre, als die Borussia nach dem Wiederaufstieg in die Oberliga eine spielstarke Mannschaft besaß. Der Sieg im Pokalfinale 1960 gegen den Karlsruher SC war der erste Titel in der Vereinsgeschichte, das entscheidende Tor (zum 3:2) ging auf das Konto von Albert Brülls. Ein Jahr zuvor hatte Brülls in der Nationalelf debütiert und gehörte nach drei Toren in den ersten drei Spielen schnell zu deren Stamm. 1962 wurde er vor die Wahl gestellt, entweder in Mönchengladbach Tankstellenbesitzer zu bleiben und für das Fußballspielen etwa 320 Mark brutto im Monat zu erhalten, oder für ein Monatssalär von 10.000 Mark nach Italien zu wechseln. Brülls entschied sich für letztere Alternative und nahm das Angebot des FC Modena an. Drei Jahre blieb er dort, dann ging er zum AC Brescia. Seine Nationalmannschaftskarriere war seit der WM 1962 unterbrochen - der DFB hatte in jenen Jahren stets ein gestörtes Verhältnis zu Auslandsprofis - und wurde erst 1966 fortgesetzt. Kurz vor der Weltmeisterschaft in England holte ihn Helmut Schön in den Kader. Brülls bestritt zwei WM-Spiele, wurde dann leicht verletzt und durch Lothar Emmerich ersetzt - es war das Ende seiner Karriere im DFB-Dress. Bis 1968 kickte er noch in Brescia, ehe er als Trainer u.a. beim VfR Neuss und bei Fortuna Mönchengladbach wirkte.

Bruns, Hans-Günter (geb. 15.11.1954). Für den Durchbruch zum Bundesliga-Stammspieler benötigte der blonde Defensivspieler fast acht Jahre. Bruns stieß 1978 vom Zweitligisten Wattenscheid 09 zum Bökelberg. Es war nicht seine erste Station in der höchsten deutschen Spielklasse: Von

Der erste Gladbacher, der den Sprung ins Ausland wagte: Albert Brülls, Mitglied der Pokalsiegerelf 1960.

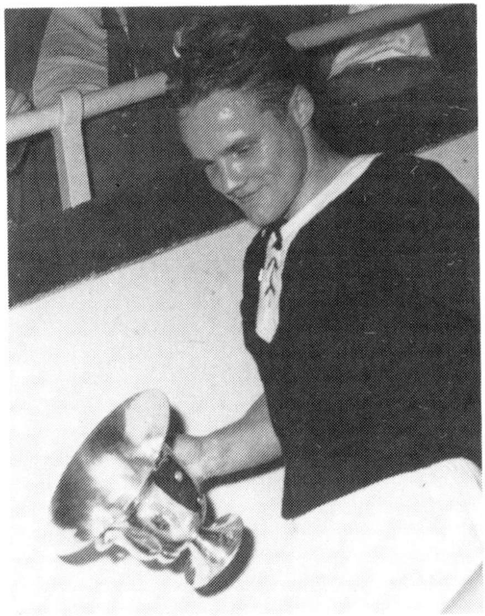

1974 bis 1977 stand der gebürtige Mülheimer beim FC Schalke 04 unter Vertrag, kam allerdings in drei Spielzeiten nur 20mal zum Einsatz. Nach nicht einmal eineinhalb Jahren verließ Bruns die Gladbacher und wurde an Fortuna Düsseldorf ausgeliehen. Auch dort erspielte er sich keinen Stammplatz, kehrte zur Borussia zurück und wagte einen letzten Anlauf, um den Durchbruch zu schaffen. Unter Trainer Jupp Heynckes wurde er mit Erfolg als defensiver Mittelfeldspieler und später als Libero eingesetzt. In der Saison 1983/84 hatte er es "gepackt": Die Borussia wurde - punktgleich mit Meister Stuttgart und "Vize" Hamburg - Dritter, Bruns gab im Februar sein Debüt in der Nationalmannschaft. Er zählte auch zum DFB-Aufgebot für die Europameisterschaft in Frankreich, kam dort aber nicht zum Einsatz. Beim Einstand von Franz Beckenbauer als Teamchef (September 1984) bestritt Bruns sein viertes und letztes Länderspiel. In der Bundesliga war er noch sechs Jahre für die Borussia aktiv und trug ab 1985 die Kapitänsbinde. Von seinen 366 Bundesligaspielen absolvierte er 331 für Mönchengladbach und schoß dabei 61 Tore.

Criens, Hans-Jörg (18.12.1960). Etwas mehr als zehn Jahre gehörte Criens dem Gladbacher Profikader an. Der 1981 vom VfR Neuss gekommene Stürmer spielte zunächst bei den Amateuren, dann eine Spielzeit lang als Halbprofi. In seiner ersten Saison als Lizenzspieler brachte es der von Wolf Werner entdeckte Criens bereits auf 29 Einsätze, ohne dabei Stammspieler zu sein. "Der Lange", wie der 1,89-m-Mann von seinen Mitspielern genannt wurde, war der ideale "Joker" - Criens kam, sah und schoß häufig ein Tor.

Hans-Günter Bruns wie ihn die Fans am Bökelberg kannten: Kraftvoll setzt er sich gegen den Bochumer Hubner durch.

Als antrittsschneller, kopfballstarker Spieler mit Torriecher war er in erster Linie bei Kontern und Eckbällen "Gold" wert. Erst 1988/89 schaffte er endgültig den Durchbruch zum Topspieler - mit 13 Toren rangierte er auf Platz vier der Torschützenliste. Auf die Frage, ob die Nationalelf für ihn noch ein Thema sei, antwortete der damals 28jährige: "In diesem Alter wird man nicht mehr Nationalspieler." Criens zeigte sich auch in den beiden folgenden Spielzeiten treffsicher und gehörte zu den "Top Ten" der Bundesliga. Nur Jupp Heynckes und Herbert Laumen erzielten in Gladbacher Bundesligazeiten mehr Tore als der gebürtige Neusser. Ende Oktober 1993 verließ er Borussia Mönchengladbach und unterschrieb beim 1. FC Nürnberg. Bis Mitte 1993 hatte er 281 Bundesligaspiele und 92 Tore aufzuweisen.

Hans-Jörg Criens, der erfolgreichste Torjäger der Borussia in den achtziger Jahren, gewinnt ein Kopfballduell.

Den Glanz eines Netzer verbreitete er nie, war aber immer zuverlässig und ehrgeizig: Dietmar Danner

Danner, Dietmar (geb. 29.11.1950). Nachdem der Mannheimer 1971 an den Bökelberg gekommen war, eroberte er sich schnell einen Stammplatz in der "Fohlenelf". Bereits 1973 gab der Mittelfeldspieler in Moskau sein Länderspieldebüt - Netzer, Wimmer und Hoeneß waren verletzt. Für die WM 1974 kam Danner ("man sagt von mir, ich sei ehrgeizig") dann aber nicht in Frage - Helmut Schön hatte ein Überangebot an guten Mittelfeldspielern. Mit der Borussia holte er 1975, 1976 und 1977 den Meistertitel, 1975 den UEFA-Cup. Seine Pläne, in der Nationalelf die Nachfolge von Günter Netzer anzutreten ("wenn nicht bei der Weltmeisterschaft 1974, dann will ich wenigstens 1978 dabei sein"), erfüllten sich nur zum Teil. In den Jahren 1975 und 1976 bestritt er noch fünf Länderspiele, das letzte beim EM-Halbfinalsieg 1976 gegen Jugoslawien. Ein Innenband- und Meniskusschaden (1976) bedeutete für Danners Karriere einen herben Rückschlag und er konnte nach seiner Genesung nie mehr an frühere Glanzzeiten anknüpfen. 1980 kehrte er der Borussia, für die er 179 Bundesligaspiele (27 Tore) bestritten hatte, enttäuscht den Rücken und wechselte zum FC Schalke 04.

Karl del'Haye bei einem Flankenlauf - sein Markenzeichen.

Del'Haye, Karl (geb. 18.8.1955). Der 1,68 m kleine Außenstürmer verbrachte mehr als die Hälfte seiner 13 Bundesligajahre auf der Ersatzbank. Auch bei Borussia Mönchengladbach, wohin er 1974 von Alemannia Aachen gewechselt war, erging es ihm in seinen ersten drei Profijahren nicht besser. Die Meistertitel 1975 und 1976 wurden ohne ihn "eingefahren", erst 1976/77 kam der Blondschopf häufiger zum Zuge. 1978 berief ihn Helmut Schön in die B-Nationalmannschaft, 1980 brachte es Del'Haye sogar auf zwei Einsätze im A-Team. In jenem Jahr verabschiedete er sich - als UEFA-Cup-Finalist - aus Mönchengladbach und wechselte für 1,265 Millionen Mark zu Bayern München. 87 Bundesligaspiele (14 Tore) standen am Ende seiner Bökelberg-Zeit zu Buche. In München drückte er bis 1982 genauso wie in seiner frühen Gladbacher Zeit die Bank, erst in der Saison 1982/83 schaffte "Calle" den Sprung zum Stammspieler. Bis 1985 blieb Del'Haye an der Isar, ehe er seine Bundesliga-Karriere im Rheinland (bei Fortuna Düsseldorf) ausklingen ließ. Zwischen 1974 und 1987 bestritt er insgesamt 184 Spiele und erzielte 21 Tore.

Ditgens, Heinz (geb. 3.7.1914). Der erste Nationalspieler der Borussia bestritt zwischen 1936 und 1938 drei Länderspiele, darunter zwei Spiele beim olympischen Fußballturnier 1936 in Berlin. Der linke Verteidiger war erst beim 9:0 über Luxemburg mit von der Partie, drei Tage später - vor den Augen von Reichskanzler Hitler - dann auch beim ernüchternden 0:2 gegen Norwegen. Aufgefallen war Ditgens bei Lehrgängen des Westdeutschen Fußballverbandes unter Leitung von Sepp Herberger. Sein Durchbruch gelang ihm - als Linksaußen - mit zwei Toren beim 2:0-Rückspielsieg über Fortuna Düsseldorf im Kampf um die Gauliga-Meisterschaft 1933. Reichstrainer Otto Nerz setzte den Gladbacher daraufhin bei Demonstrationsspielen gegen den FC Everton ein. Mit Ausbruch des 2. Weltkrieges war auch Ditgens' Länderspielkarriere beendet. Seiner Verbundenheit zu Borussia Mönchengladbach tat der Krieg jedoch keinen Abbruch: Der Nationalspieler gehörte dem ersten Nachkriegsvorstand an und war auch einmal Trainer am Bökelberg.

Heinz Ditgens, Gladbachs erster Nationalspieler bereits vor dem 2. Weltkrieg.

Frontzeck, Michael (geb. 26.3.1964). Der Name Frontzeck wird in Mönchengladbach nicht nur mit dem 19fachen Nationalspieler in Verbindung gebracht. Michaels Vater Friedhelm gehörte zu der Elf (u.a. mit Albert Brülls und Franz Brungs), die 1960 durch ein 3:2 über den Karlsruher SC DFB-Pokalsieger wurde. Als 18jähriger wurde Michael Frontzeck 1982 in den Lizenzspielerkader aufgenommen, mußte aber bis zum ersten Spiel der Saison 1983/84 auf sein Bundesligadebüt warten. Von Trainer Jupp Heynckes zum Außenverteidiger umfunktioniert, erspielte sich der Youngster auf Anhieb einen Stammplatz. 1984 debütierte er in der Nationalmannschaft - gleichzeitig mit ihm feierte auch Franz Beckenbauer als Teamchef Premiere - und galt als "Außenverteidiger der Zukunft". Doch Frontzeck blieb hinter den Erwartungen zurück, kam nur unregelmäßig in der DFB-Auswahl zum Einsatz und fehlte bei den Großereignissen (WM 1986, EM 1988). Bislang bestritt er 19 Länderspiele, davon 16 als Gladbacher. Der Defensivspieler mit Offensivdrang, dem immer wieder Unentschlossenheit im Zweikampf vorgeworfen wurde, verabschiedete sich 1989 nach 190 Spielen (17 Tore) vom Bökelberg. Mit seinem neuen Verein, dem VfB Stuttgart, wurde er 1992 Deutscher Meister und hatte Mitte 1993 nach 10 Bundesligajahren 323 Spiele (32 Tore) aufzuweisen.

Als linker Verteidiger mit Offensivdrang wurde er mit 19 Jahren Stammspieler: Michael Frontzeck.

Hannes, Wilfried (geb. 17.5.1957). Zu Beginn der 80er Jahre erlebte Hannes seine Glanzzeit und bestritt unter Jupp Derwall insgesamt acht Länderspiele. Der kopfballstarke Libero kam 1975 auf Drängen von Hennes Weisweiler an den Bökelberg, wo er in seinen ersten Profijahren überwiegend auf der Ersatzbank "schmorte". Bei den Gladbacher Titelgewinnen 1976 und 1977 zählte er dann auch nicht zur Stammelf. Anders beim UEFA-Cup-Triumph 1979: Hannes hatte sich fest im Borussen-Team etabliert und entwickelte sich fortan zum Abwehrorganisator. Seinen Einstand im Nationaltrikot gab er 1981 gegen Albanien - zuvor hatte er auf internationaler Ebene bereits in der B-Nationalmannschaft (sechs Einsätze) und der Jugend-Nationalmannschaft (fünf Einsätze) gespielt. Er zählte auch zum deutschen WM-Aufgebot 1982, wurde in Spanien aber nicht eingesetzt. In der Nationalmannschaft kam Hannes nach 1982 nicht mehr zum Zuge und mußte Libero-Konkurrenten wie Augenthaler oder Herget den Vortritt lassen. Nach 261 Bundesligaspielen (58 Tore) wechselte er 1986 für eine Million Mark zum FC Schalke 04, für den er noch zwei Jahre in der höchsten deutschen Spielklasse aktiv war. Bemerkenswert ist die Tatsache, daß Wilfried Hannes zum Top-Fußballer aufstieg, obwohl er seit dem 13. Lebensjahr auf einem Auge blind ist. Bei einer Tumor-Operation hatte er sein rechtes Augenlicht verloren.

11 Jahre am Bökelberg ein Abwehrchef, der stets fair agierte und sich damit viele Sympathien eroberte: Wilfried Hannes.

Jupp Heynckes schoß für Borussia 195 Bundesliga-Tore und war an den größten Kluberfolgen beteiligt.

Heynckes, Jupp (geb.9.5.1945). Mit 195 Treffern ist Heynckes Gladbachs erfolgreichster Bundesliga-Torschütze aller Zeiten, seine Gesamt-Trefferzahl (220) wurde nur von Gerd Müller und Klaus Fischer übertroffen. 1964 holte ihn Hennes Weisweiler aus der Amateur- in die Regionalliga-Elf, die ein Jahr später den Sprung in die bundesdeutsche Eliteklasse schaffte. Dort spielte der vielseitig verwendbare Stürmer zunächst nur zwei Jahre für die Borussia: Ab der Saison 1967/68 ging er für drei Jahre bei Hannover 96 auf Torejagd. Nach seiner Rückkehr zum Bökelberg brauchte Heynckes eine Anlaufphase, um sich einen Stammplatz in der Meisterelf von 1970 zu erkämpfen. Am Saisonende waren die Gladbacher dann erneut Tabellenerster, ein Jahr später feierte Heynckes seinen international größten Erfolg und gewann mit der Nationalelf, in der er 1967 debütiert hatte, den Europameistertitel. In den folgenden Jahren eilte der Torjäger von Erfolg zu Erfolg, wurde nach seinem zweiten Platz 1973 (28 Treffer) im Jahr darauf mit 30 Treffern (gemeinsam mit Gerd Müller) Torschützenkönig und wiederholte 1975 diesen Erfolg (27 Tore). Mit der Borussia gewann er 1973 den DFB-Pokal, wurde dreimal in Folge (1975-77) Deutscher Meister und holte 1975 den UEFA-Cup an den Niederrhein. Lediglich ein Triumph blieb Jupp Heynckes versagt: Bei der Weltmeisterschaft 1974 verletzte er sich im zweiten Gruppenspiel und kam daraufhin nicht mehr zum Einsatz. Der 39fache Nationalspieler (davon 38 Einsätze als Borusse) stürmte noch bis 1978 in der Bundesliga. Er verabschiedete sich am letzten Spieltag der Saison 1977/78 mit fünf Toren beim 12:0 über Borussia Dortmund, was aber letztlich doch "nur" die Vizemeisterschaft hinter dem 1. FC Köln bedeutete. Im Laufe seiner 13 Bundesligajahre kam Heynckes auf 369 Bundesligaspiele - etliche Verletzungen standen einer größeren Zahl im Wege. Seine erste Trainerstelle erhielt er in Mönchengladbach, wo er bis 1987 wirkte. Der Traum, am Bökelberg eine Spitzenmannschaft zu formen, ging aufgrund zahlreicher Spielerverkäufe nicht in Erfüllung. 1987 wechselte Heynckes zu Bayern München, wo er die Mannschaft zu zwei Meistertiteln (1989, 1990) und zwei Vize-Meisterschaften (1988, 1991) führte. Nachdem er im Herbst 1991 an der Isar abgelöst wurde, nahm er 1992 ein Angebot des spanischen Klubs Athletic Bilbao an.

Die zweite Karriere: Heynckes als Borussentrainer (1979-1987) neben Helmut Grashoff, der von 1962 bis 1990 als Manager am Bökelberg arbeitete!

Hochstätter, Christian (geb. 19.10.1963). Der gebürtige Augsburger gehört mittlerweile zum lebenden Inventar bei der Borussia, zu der er 1982 wechselte. Hochstätter ist fußballerisch erblich vorbelastet: Sein Vater und dessen Bruder spielten einst für den BC Augsburg, sein Onkel mütterlicherseits ist kein geringerer als der 33fache Nationalspieler und langjährige Italienprofi Helmut Haller. Es dauerte zwei Jahre, ehe dem Mittelfeldspieler der Durchbruch in der Bundesliga gelang. Nach dem Weggang von Lothar Matthäus wurde er 1984/85 in 20 Bundesligaspielen eingesetzt und trug bis 1986 fünfmal das Trikot der U 21-Nationalmannschaft. Die Stärken von Christian Hochstätter sind Spielwitz, Kreativität und sein "anständiger Charakter", wie es sein früherer Trainer Jupp Heynckes ausdrückte. In elf Bundesligajahren am Bökelberg bestritt er bisher 222 Spiele und schoß 48 Tore. Seine beste Plazierung: Der dritte Platz in der Saison 1986/87.

Mittlerweile zum Inventar der Borussia zählt Christian Hochstätter, einer aus der unendlichen Liste ehemaliger Jugendspieler des FC Augsburg.

Albert Jansen, 1960 in der Pokalsiegerelf, einer der herausragenden Spieler zu Oberliga-Zeiten.

Jansen, Albert (geb. 3.11.1936). Vom 1. FC Mönchengladbach, auch Stammverein von Günter Netzer, kam Jansen 1957 zum renommierteren Ortsrivalen. Sein erster großer Höhepunkt im Dress der Borussia: Ende der 50er Jahre avancierte der Klub zu einem Oberliga-Spitzenteam und krönte seine Entwicklung durch den Gewinn des DFB-Pokals 1960 (3:2 über den Karlsruher SC). Jansen spielte überwiegend auf der rechten Verteidigerposition, er war sozusagen der Vorgänger von Berti Vogts: Klein von der Statur her, bissig im Zweikampfverhalten. Fünf Jahre nach dem Pokalsieg stieg Jansen mit der Borussia in die Bundesliga auf. Als altgedienter Routinier war er noch eine Spielzeit eine wichtige Stütze der "Fohlenelf" - 30mal kam er in der höchsten Spielklasse zum Einsatz.

Mit dem Ball am Fuß und dem Blick auf den freien Mitspieler: *Henning Jensen.*

Jensen, Henning (geb. 17.8.1949). Vier Jahre (1972-76) stürmte der Däne für Borussia Mönchengladbach, und in dieser Zeit hinterließ er am Bökelberg einen nachhaltigen Eindruck.
Hennes Weisweiler formte aus dem läuferisch starken und schußkräftigen Talent, das vom Provinzklub Nörre Sundby kam, einen Klassestürmer von europäischem Format. 1973 Pokalsieger, 1975 Meister und UEFA-Cupsieger, 1976 erneut Meister - viel erfolgreicher konnte Jensen sein Gastspiel kaum gestalten. Mit Heynckes und später Simonsen bildete er einen "Traumsturm", der es 1974/75 auf 86 Treffer brachte. Jensen selbst war dabei weniger Goalgetter als vielmehr trickreicher Einfädler - davon profitierte in erster Linie Jupp Heynckes. 1976 zog es den dänischen Außenstürmer (12 Länderspiele in seiner Gladbacher Zeit) nach Spanien, wo er eine Zeitlang zusammen mit Günter Netzer für Real Madrid spielte.

Kamps, Uwe (geb.12.6.1964). Die Spielzeit 1993/94 ist für Kamps die zwölfte Saison als Profi am Bökelberg. Er kam 1982 vom BV 04 Düsseldorf, wo er es bis zum Keeper der Westdeutschen Auswahl gebracht hatte. Als sich Stammtorhüter Sude in der Saison 1982/83 verletzte, mußte der Youngster für ein Dutzend Spiele "ran" - und machte seine Sache ausgezeichnet. Ein Jahr später begann Kamps als Nummer eins, wurde aber schon nach drei Spieltagen von Uli Sude abgelöst. Die folgenden drei Spielzeiten waren für ihn eine lange Leidenszeit: Als Gladbach 1985 den Norweger Thorstvedt verpflichtete, war Kamps zeitweilig auf die Tribüne verbannt. Der 1,80 m große Schlußmann wollte schon den Verein wechseln, doch Helmut Grashoff legte sein Veto ein - eine Entscheidung, die sich auszahlte. Als sich Sude verletzte und Thorstvedt enttäuschte, nutzte

Uwe Kamps die Gunst der Stunde und war nach Abschluß der Rückrunde 1986/87 der große Gewinner. Er strahlte die notwendige Ruhe auf seine Vorderleute aus und wurde in einer Fachzeitschrift gar als Deutschlands Keeper Nummer zwei hinter Uli Stein (und vor Toni Schumacher) eingestuft. Der dritte Rang am Saisonende war die bisher beste Plazierung in Kamps' Gladbacher Zeit. Bis Mitte 1993 hütete er in 233 Bundesligaspielen das Tor, kam aber international noch nicht zum Einsatz.

Kleff, Wolfgang (geb. 16.11.1946). Die große Zeit der Borussia wird "auf ewig" mit dem Namen Wolfgang Kleff verbunden bleiben. Der Torhüter kam 1967 als 21jähriger vom VfL Schwerte zum Bökelberg und war in den 70er Jahren an allen Erfolgen der Gladbacher beteiligt. Fünfmal Deutscher Meister (1970, 1971, 1975, 1976, 1977), zweimal UEFA-Cup-Sieger (1975, 1979) und DFB-Pokalsieger 1973 - unter Deutschlands Torhütern kann allein Sepp Maier auf eine ähnlich umfangreiche Erfolgsbilanz verweisen. Die Triumphe von Hennes Weisweilers "Fohlenelf" in den frühen 70er Jahren brachten auch Kleff fast zwangsläufig in Kontakt mit der Nationalmannschaft. Er gab am 22.6.1971 beim 7:1 in Norwegen sein Debüt und ließ bis 1973 fünf weitere Einsätze im DFB-Dress folgen. An Sepp Maiers Position als eindeutiger Nummer eins konnte Kleff jedoch niemals rütteln - so auch bei der Weltmeisterschaft 1974, als der Gladbacher nicht über das Reservistendasein hinauskam. Als Spaßvogel stand "Otto", wie Kleffs Spitzname in Anlehnung an das ostfriesische Original Otto Waalkes lautete, mit dem Münchner aber fast auf einer Stufe. In der Vorbereitung zur Saison 1976/77 erlitt er eine schwere Verletzung und mußte seinen Stammplatz an Wolfgang Kneib abtreten. Zwei Jahre blieb Kleff danach noch am Bökelberg, ehe er nach Meinungsverschiedenheiten mit dem Vereinsvorstand zu Hertha BSC wechselte. Dort hielt es ihn nur eine Saison: Von 1980 bis 1982 war Wolfgang Kleff erneut für die Borussen aktiv, für die er insgesamt 321 Bundesligaspiele bestritt. Seine Karriere in der höchsten deutschen Spielklasse ließ er bei Fortuna Düsseldorf (1982-84) und dem VfL Bochum (1985/86) nach insgesamt 433 Einsätzen ausklingen.

Kneib, Wolfgang (geb. 20.11.1952). Vom SV Wiesbaden kam der 1,96 m lange Torhüter 1976 an den Bökelberg. Nachdem sich Stammtorhüter Wolfgang Kleff in der Vorbereitung verletzt hatte, wurde Kneib sofort ins "kalte Wasser" des Bundesliga-Geschäfts geworfen. Anfangs wirkte er zwar reaktionsschnell, aber nicht immer fangsicher. Im Saisonverlauf wurde Kneib sicherer und behielt auch nach Kleffs Genesung seinen Stammplatz im Team. 1977 wurde er Deutscher Meister und stand im Europacup-Finale der Landesmeister (Sieger FC Liverpool), zwei Jahre später half er mit, den

An allen Erfolgen der 70er Jahre maßgeblich beteiligt war Wolfgang "Otto" Kleff, der als Spaßvogel im Team stets auch Publikumsliebling war.

UEFA-Cup an den Niederrhein zu holen. In vier Spielzeiten hütete er 112mal das Tor der Borussia, ehe er sich 1980 in Richtung Bielefeld verabschiedete. Dort wirkte er-mit einer Unterbrechung (wegen überhöhter Forderungen kein neuer Vertrag) - noch mehr als ein Jahrzehnt: Er erlebte sowohl den Bundesliga-Abstieg (1985) als auch den schweren Gang ins Amateurlager. Noch Anfang der 90er Jahre stand der 245fache Bundesligaspieler (ein Tor) bei der Arminia zwischen den Pfosten.

Vom SV Wiesbaden geholt, wurde der "Lange" Wolfgang Kneib schnell zu einem sicheren Rückhalt.

Kohn, Ulli (geb. 11.2.1937). Der bullige Angreifer gehörte zu der Mannschaft, die 1960 durch ein 3:2 über den Karlsruher SC den DFB-Pokal holte, Zusammen mit Brülls, Mühlhausen, Fendler und Brungs bildete er Anfang der 60er Jahre eine gefürchtete Fünferkette. Kohn war schußstark und torgefährlich, technische Mängel machten aus ihm jedoch keinen ganz "großen" Spieler. Er war 1959 vom Wuppertaler SV gekommen und blieb bis 1964 am Bökelberg, erlebte also die Ära Weisweiler und den Aufbau der "Fohlenelf" nicht mehr mit. Kohn setzte seine Laufbahn bei Arminia Bielefeld fort und war später als Trainer beim VfR Neuss und Bayer Dormagen tätig.

Ein Kämpfer und immer für ein Tor gut: Ulli Kohn.

Köppel, Horst (geb. 17.5.1948). Der gebürtige Schwabe gehört zu den wenigen Spielern, die an allen fünf Meistertiteln von Borussia Mönchengladbach beteiligt waren. Als 16jähriger wechselte Köppel vom FV Zuffenhausen zum VfB Stuttgart, wo er 1966 einen Profivertrag erhielt. Nach zwei Jahren beim VfB, mit seinem Länderspieldebüt im Frühjahr 1968 als Höhepunkt, zog es ihn zur Gladbacher "Fohlenelf". Zwei Meistertitel (1970, 1971) folgten, danach die Rückkehr zum VfB Stuttgart. 1973 unterschrieb der Offensivspieler ein zweites Mal einen Vertrag am Bökelberg und erlebte dort noch sechs erfolgreiche Jahre. Beim Titel-Hattrick (1975 bis 1977) war Köppel ebenso mit von der Partie wie bei den beiden UEFA-Pokal-Triumphen (1975, 1979), allerdings in der Regel nicht als Stammspieler. Der Einsatz beim UEFA-Cup-Rückspiel 1979 gegen Roter Stern Belgrad war sozusagen das Ende von Köppels Profikarriere. Er bestritt 308 Bundesligaspiele (82 Tore), darunter 184 für die Borussia (38 Tore). In der Nationalelf kam er zwischen 1968 und 1973 insgesamt 11mal zum Einsatz (viermal als Gladbacher), in den Sommermonaten 1976 und 1977 schnupperte er bei den Vancouver Whitecaps die Luft der amerikanischen Profiliga. Seine erste Trainerstation in der Bundesliga war Arminia Bielefeld (1982/83), dann wechselte er zum DFB und bildete ab 1984 zusammen mit Franz Beckenbauer das Trainergespann der Nationalelf (Vize-Weltmeister 1986). Ab 1987 wollte Köppel wieder allein die Verantwortung tragen und wurde Trainer bei Bayer Uerdingen. Von 1988 bis 1991 trainierte er Borussia Dortmund (DFB-Pokalsieger 1989) und danach Fortuna Düsseldorf (1992).

Horst Köppel, während seiner aktiven Zeit Pendler zwischen Stuttgart und Mönchengladbach, erwarb sich auch als Trainer einen Namen.

Der heutige Trainer Bernd Krauss galt sieben Jahre als zuverlässiger rechter Verteidiger.

Krauss, Bernd (geb. 8.5.1957). Der gebürtige Dortmunder ist nach Heynckes, Stielike, Vogts, Köppel, Schäfer, Lienen und Bonhof der achte Borussen-Spieler, der auch als Trainer Karriere machte. Als Aktiver brachte sich Bernd Krauss in erster Linie durch seinen zweifachen Wechsel der Staatsbürgerschaft ins Gespräch: 1981 wurde er Österreicher, drei Jahre später wieder Deutscher. Seine fußballerische Laufbahn begann in Dortmund, wo er beim BVB in der Spielzeit 1976/77 allerdings nur einen Kurzeinsatz zu verzeichnen hatte. Auf Vermittlung von Max Merkel wechselte der Außenstürmer zu Rapid Wien - dort schaffte er den Durchbruch, nachdem er zum Verteidiger umfunktioniert worden war. 1981 gab er sein Debüt im Austria-Team, war 1982 bei der WM in Spanien mit von der Partie und wurde mit Rapid Wien zweimal Österreichischer Meister (1982, 1983). Für 600.000 Mark wechselte er 1983 zum Bökelberg, wo der 22fache Nationalspieler ab 1984 keine Ausländerstelle mehr einnahm und sich ganz auf die Verpflichtungen im Verein konzentrierte. Der athletische, zweikampfstarke Verteidiger bestritt in sieben Spielzeiten 167 Bundesligaspiele (acht Tore) für Borussia Mönchengladbach. Als Trainer sammelte er 1989/90 mit der Gladbacher Verbandsligamannschaft Erfahrungen, ehe er 1991 nach einem Intermezzo bei den Amateuren des 1. FC Köln als Assistenztrainer von Gerd vom Bruch zum Bökelberg zurückkehrte. Seit November 1992 wirkt Krauss als Cheftrainer und impfte der Mannschaft wieder Offensivgeist ein.

Kulik, Christian (geb. 6.12.1952). Zehn Jahre lang hielt der elegant spielende Mittelfeldakteur den Gladbachern die Treue. 1971 kam Kulik als hoffnungsvolles Talent von Alemannia Aachen, stand aber zunächst im Schatten von Günter Netzer. 1973 trug er zweimal das Trikot der Junioren-Nationalmannschaft ("unter 23") und gehörte in den folgenden Jahren zum erweiterten Stamm der erfolgreichen Elf vom Bökelberg. Er war in fünf der insgesamt sechs UEFA-Cup-Endspiele (1975, 1979, 1980) mit von der Partie, auch beim

In der großen Ära in den "Siebzigern" ein Antreiber im Mittelfeld: Christian Kulik.

verlorengegangenen Meistercup-Finale 1977 gegen den FC Liverpool stand er auf dem Feld. Zu Länderspieleinsätzen brachte es Kulik jedoch nie, zu groß war die Konkurrenz selbst im eigenen Verein. In zehn Bundesligajahren bestritt er 220 Spiele und schoß 38 Tore. Noch heute spielt Kulik, schlank wie eh und jeh, in der Hennes-Weisweiler-Traditionself.

Laumen, Herbert (geb. 11.8.1943). Aus der eigenen Jugend stieß Laumen in die Regionalligamannschaft, mit der er 1965 aufstieg. Obwohl er als "spielender" Mittelstürmer agierte, der mehr von hinten heraus kam, brachte er es auf eine gute Trefferquote. In sechs Gladbacher Bundesligajahren schoß Laumen in 186 Spielen immerhin 97 Tore und verabschiedete sich mit zwei Titelgewinnen nacheinander vom Bökelberg. Nur in seiner ersten Bundesliga-Spielzeit rangierte Laumen nicht unter den "Top Fünf" der Torschützenliste, sein bestes Resultat waren 20 Treffer (1970/71). Die Torgefährlichkeit des beidfüßig schießenden Stürmers nahm auch Bundestrainer Helmut Schön zur Kenntnis und berief ihn zweimal in die Nationalmannschaft. Im März 1968 (beim 3:1 über Belgien) schoß Laumen bei seinem Debüt gleich ein Tor, zwei Monate später war die Karriere im Nationaltrikot bereits beendet. 1971 folgte er dem "Lockruf des Geldes" und wechselte an die Weser, wo er allerdings nicht mehr an die zuvor gezeigten Leistungen herankam. Nach zwei Jahren bei Werder Bremen folgte eine Spielzeit am Kaiserslauterner Betzenberg, 1974 war seine Bundesligazeit nach 267 Spielen (121 Tore) beendet.. Herbert Laumen war auch an einer der kuriosesten Aktionen der Bundesligageschichte beteiligt: Beim Spiel gegen Werder Bremen (1971) flog er samt Ball so vehement ins Tornetz, daß die morschen Pfosten umgerissen wurden.

Aus der eigenen Jugend hervorgegangen wurde Herbert Laumen mit 97 Toren zum zweitbesten Borussia-Torjäger in der Bundesliga.

Le Fevre, Ulrik (geb. 25.6.1946). Vom dänischen Erstligisten Vejle BK wurde Le Fevre 1969 geholt - ein Transfer, der sich auszahlte. Der elegant spielende Stürmer entsprach nicht dem klassischen Bild des Linksaußen, allein schon, weil das rechte Bein sein bevorzugtes Schußbein war. Der Däne half mit, die beiden ersten Meistertitel in der Vereinsgeschichte "einzufahren". In seiner zweiten Saison mußte er mit "Rückkehrer" Jupp Heynckes um den Platz auf der Linksaußen-Position kämpfen, nach dem dritten Jahr am Bökelberg zog es ihn nach Belgien zum FC Brügge. Und das, obwohl sich Le Fevre am Niederrhein gut eingelebt hatte. Bei seinem Wechsel sprach er vom "verdammten Geld", das im Spiel gewesen sei. In seinen drei Bundesligajahren kam der Däne 90mal zum Einsatz und schoß dabei 21 Tore.

Der erste Däne, der in Gladbach für Furore sorgte: Ulrik le Fevre.

Eine Reizfigur in jungen Jahren, als Linksaußen aber eine feste Größe im Gladbacher Konzept: Ewald Lienen.

Lienen, Ewald (geb.28.11.1953). Der Linksaußen kam 1977 von Arminia Bielefeld nach Mönchengladbach und feierte 1979 mit dem Gewinn des UEFA-Cups einen ersten Triumph bei seinem neuen Klub. Ein Jahr zuvor war er in die B-Nationalmannschaft berufen worden. Zu höheren Ehren hat es für Lienen nie gereicht - möglicherweise trugen seine politischen Äußerungen dazu bei, daß er bei einem als konservativ geltenden Verband wie dem DFB nicht immer wohlgelitten war. Ewald Lienen ergriff zu Beginn seiner Bundesliga-Karriere oft für die "Linken" das Wort und kandidierte bei der NRW-Landtagswahl 1985 für die Friedensliste. Ein bedauerlicher Zwischenfall rückte ihn 1981 ins Rampenlicht der Öffentlichkeit: Bei einem

Bundesligaspiel fügte ihm der Bremer Siegmann eine lange Fleischwunde im Oberschenkel zu. Damals spielte Lienen bereits wieder bei der Bielefelder Arminia, der er bis 1983 angehörte. Es folgte die Rückkehr nach Gladbach, wo der dribbelstarke Spieler unter Trainer Jupp Heynckes zum Leistungsträger avancierte und vorzugsweise im offensiven Mittelfeld eingesetzt wurde. Bis 1987 bestritt er insgesamt 244 Bundesligaspiele (36 Tore) für die Borussia, ehe er sich dem MSV Duisburg anschloß. Die "Zebras" stiegen 1991 in die Eliteklasse auf - "Methusalem" Lienen schnürte als 38jähriger ein letztes Mal die Fußballschuhe, stieg aber nach 333 Bundesligaspielen (49 Tore) mit dem MSV prompt wieder ab. Als Trainer führte er die Duisburger 1993 wieder in die 1. Liga.

Matthäus, Lothar (geb. 21.3.1961). Als der Franke 1979 vom FC Herzogenaurach zu Borussia Mönchengladbach wechselte, hätte wohl niemand gedacht, daß er einmal Franz Beckenbauer als Rekordnationalspieler ablösen würde. Während seiner fünf Jahre am Bökelberg durchlebte Matthäus Höhen und Tiefen. Der Jugendnationalspieler erkämpfte sich in seiner ersten Saison im Profilager gleich einen Stammplatz und gehörte 1980 zum siegreichen DFB-Aufgebot bei der Europameisterschaft in Italien. Dort bestritt er gegen Holland sein Länderspieldebüt. Der Höhenflug des Mittelfeldspielers setzte sich nicht fort: Matthäus stagnierte in seinen Leistungen und kehrte erst Ende 1981 in die Nationalelf zurück. Bei der Südamerika-Reise 1982 machte er dann durch gute Leistungen gegen die Weltstars Zico und Maradona auf sich aufmerksam. Mit der Borussia rannte Lothar Matthäus bis zu seinem Abschied in Richtung München vergeblich einem Titel hinterher. In der Saison 1983/84 erreichten die Gladbacher, nicht zuletzt dank ihres Antreibers Matthäus, einen unerwarteten dritten Platz. Ein versöhnlicher Abschied vom Bökelberg blieb ihm allerdings versagt: Im Pokalfinale 1984 verschoß er den entscheidenden Elfmeter und kürte somit seinen neuen Verein zum Sieger. 162 Bundesligaspiele (36 Tore) standen für ihn in seiner Gladbacher Zeit zu Buche, 26mal trug er das Nationaltrikot. Mit Bayern München gewann er von 1985 bis 1987 dreimal in Folge die Deutsche Meisterschaft, wurde 1986 in Mexiko Vize-Weltmeister und wechselte 1988 zu Inter Mailand, wo er 1989 erneut Meister wurde. Ein Jahr später war er der überragende Mann beim deutschen WM-Triumph in Italien und wurde danach mit Auszeichnungen überhäuft. Im Herbst 1992 kehrte er zum FC Bayern München zurück, bei der USA-Tour der Nationalelf bestritt er 1993 sein 100. Länderspiel.

Sein Aufstieg zum Weltstar begann am Bökelberg: Lothar Matthäus, der auf seinen weiteren Stationen Bayern München und Inter Mailand serienweise Titel und persönliche Auszeichnungen sammelte sowie zum Rekord-Nationalspieler wurde.

Mill, Frank (geb. 23.7.1958). Obwohl „Frankie" mittlerweile als Institution der Dortmunder Borussia gilt, hinterließ er auch am Bökelberg eine fast makellose Visitenkarte. Die Zeit der ganz großen Gladbacher Erfolge, Meistertitel und UEFA-Cup-Siege, erlebte er allerdings nicht. Platz drei in der Meisterschaft und Rang drei in der Torjägerliste (19 Treffer), beides in der Saison 1983/84, waren rein zahlenmäßig die besten Bundesliga-Resultate des schlitzohrigen Stürmers. Am 21. März 1981 gab Mill beim 0:1 gegen Brasilien in Rio de Janeiro sein Debüt in der Nationalmannschaft. Für die Weltmeisterschaft 1982 in Spanien plante ihn Bundestrainer Jupp Derwall als feste Größe ein, doch eine Rückenverletzung machte dem gebürtigen Essener einen Strich durch die Rechnung. 1984 gehörte er zur DFB-Auswahl bei den Olympischen Spielen in Los Angeles, unter der Regie von Teamchef Franz Beckenbauer kehrte er 1985 nach einjähriger Länderspielpause wieder aufs internationale Parkett zurück, wurde aber vor der WM 1986 in Mexiko ausgebootet. Nach 153 Bundesligaspielen (71 Tore) verabschiedete sich Mill in jenem Sommer vom Bökelberg und stürmt seither für den Namensvetter aus Dortmund. Drei Einsätze bei der EM 1988 im eigenen Land, die Bronzemedaille bei Olympia in Seoul, der DFB-Pokalsieg mit dem BVB 1989 und die UEFA-Cup-Finalteilnahme 1993 erweiterten die Erfolgsbilanz des 14fachen Nationalspielers. Am Ende der Saison 1992/93 gehörte er mit 121 Toren zu den "Top 20" der ewigen Bundesliga-Torschützenliste.

Frank Mill machte sich einen Namen als treffsicherer, mit allen Wassern gewaschener Mittelstürmer.

Als Mittelfeldregisseur eine der herausragenden Persönlichkeiten der Bundesliga-Geschichte: Günter Netzer.

Müller, Ludwig (geb. 25.8.1941). Als der 1. FC Nürnberg - als amtierender Meister - 1969 in die Regionalliga abstieg, war Müllers Wechsel an den Bökelberg schnell beschlossene Sache. Hätte der Club den Klassenerhalt geschafft - Wolfgang Weber wäre statt Müller zur Verstärkung der Gladbacher Hintermannschaft verpflichtet worden. Der Franke blieb nur drei Spielzeiten (81 Spiele, sechs Tore), half in dieser Zeit mit, zwei Titel nach Mönchengladbach zu holen. Der technisch beschlagene Vorstopper war nicht nur ein großer Rückhalt in der Defensive, sondern machte sich auch für das Aufbauspiel verdient. Von seinen insgesamt sechs Länderspielen bestritt er nur eins, im September 1969 in Bulgarien, als Borusse. Seine dritte und letzte Station in der Bundesliga war Hertha BSC (1972-75), in zwölf Spielzeiten war der Franke 314mal in der höchsten Spielklasse zum Einsatz gekommen.

Netzer, Günter (14.9.1944). Kaum ein anderer deutscher Fußballler interpretierte die Rolle des Regisseurs besser als Netzer, der 1972 und 1973 zu Deutschlands "Fußballer des Jahres" gewählt wurde. Auf dem Zenit seiner Karriere führte der langhaarige, manchmal extravagant wirkende Mittelfeldspieler die vermutlich beste deutsche Nationalelf aller Zeiten 1972 zum Gewinn des Europameistertitels. Mit Borussia Mönchengladbach, in dessen erster Mannschaft er bereits 1963 als 18jähriger eingesetzt wurde, hatte er zuvor zweimal (1970, 1971) die Deutsche Meisterschaft gewonnen. Mit einem herrlichen Tor beim 2:1-Sieg im DFB-Pokalfinale 1973 gegen den 1. FC Köln verabschiedete sich Netzer nach 230 Bundesligaspielen (82 Tore) vom Bökelberg - er hatte sich vor Beginn der Verlängerung des Cupfinales praktisch selbst eingewechselt. Es folgten drei Jahre bei Real Madrid, mit dem zweifachen Gewinn des spanischen Meistertitels (1975, 1976) als Höhepunkt. Das Thema "Nationalelf" hatte für Netzer nicht immer einen positiven Beigeschmack. Im Vorfeld der WM 1970 in Mexiko erklärte er, die Nationalelf sei für ihn ad acta gelegt. Doch Netzer kehrte mit Glanz und Gloria zurück, feierte grandiose Erfolge ... und einen bitteren Abschied. Nach seinem Weggang ins Ausland verlor der Mittelfeldregisseur an Form und kam bei der WM 1974 lediglich einmal, beim 0:1 gegen die DDR, zum Einsatz. Der 37fache Internationale (31mal für Gladbach) hatte die Position des Spielmachers an Wolfgang Overath abtreten müssen. Seine aktive Karriere ließ Netzer 1976/77 bei Grasshoppers Zürich ausklingen. Von 1978 bis 1985 arbeitete er dann mit großem Erfolg als Manager des Hamburger SV. In seine "Amtszeit" fielen drei deutsche Meistertitel (1979, 1982, 1983) und der Gewinn des Europacups der Landesmeister (1983).

Nickel, Harald (geb. 21.7.1953). Nur zwei Spielzeiten stürmte Nickel am Bökelberg - mit nachhaltigem Erfolg. Der 1979 von Eintracht Braunschweig gekommene Mittelstürmer glich seine Schwäche im Antritt durch technische Versiertheit aus und verfügte über eine erstaunliche Durchsetzungsfähigkeit. In 65 Spielen schoß er 32 Tore für die Borussia - eine Ausbeute, die auch Bundestrainer Jupp Derwall auf ihn aufmerksam machte. Drei Länderspiele bestritt er 1981, nach seiner ersten Nominierung ("da ist zunächst ein Glücksgefühl") schwärmte er über das Klima im DFB-Kader ("ich hatte immer das Gefühl, dazuzugehören"). Der Wechsel in die Schweiz (zum FC Basel) war gleichbedeutend mit dem Ende von Nickels internationaler Karriere. Begonnen hatte er seine Profilaufbahn bei Arminia Bielefeld (5 Spiele in der Saison 1971/72), ehe er bis 1978 in der belgischen Liga (u.a. SC Turnhout) sein Geld verdiente.

Die aus dem Stand geschossenen Elfmeter waren sein Markenzeichen: Harald Nickel.

Hoffnungsträger der neuen Generation: Karlheinz Pflipsen.

Pflipsen, Karl-Heinz (geb. 31.10.1970). Der 1983 vom FC Rheindalen gekommene Mittelfeldspieler machte schon als Jugendlicher auf sich aufmerksam und schaffte schon mit 15 Jahren den Sprung in die DFB-Nachwuchsauswahl. Er bestritt in den folgenden Jahren insgesamt 20 Nachwuchsländerspiele - Empfehlung genug für den Profivertrag. Pflipsen absolvierte in der Saison 1989/90 sein erstes Bundesligaspiel und schaffte in der darauffolgenden Spielzeit den Durchbruch zum Stammspieler. Schon nach kurzer Zeit wurde er mit Günter Netzer verglichen, doch vom Niveau des Gladbacher Idols war er noch weit entfernt. Nachdem er in der Saison 1991/92 seinen Stammplatz verloren hatte, kam er auch im Herbst 1992 nicht richtig in Schwung. Als Bernd Krauss für Jürgen Gelsdorf das Kommando am Bökelberg übernahm, erlebte Pflipsen wieder bessere Zeiten und überraschte mit einer wahren Leistungsexplosion. Das offensive ausgerichtete System der Gladbacher kam ihm zugute. Im April 1993 berief ihn Berti Vogts in den Kader der Nationalmannschaft, zu einem Einsatz langte es für den hoch talentierten Mittelfeldspieler allerdings noch nicht. Bis Anfang 1994 kam er in 74 Bundesligabegegnungen zum Einsatz.

1987 war sein Jahr: BL-Torschützenkönig (24 Tore) und Fußballer des Jahres - danach kam der Karriereknick: Uwe Rahn, heute Fußball-Entwicklungshelfer in Japans J-League.

Rahn, Uwe (geb. 21.5.1962). Die erfolgreichsten Jahre seiner Karriere verbrachte Rahn ohne Zweifel am Bökelberg: Er stieg 1984 zum Nationalspieler auf und wurde 1987 sowohl Bundesliga-Torschützenkönig (24 Treffer) als auch Deutschlands "Fußballer des Jahres". Der blonde Mittelfeldspieler erlernte das Fußballspielen beim SV Waldhof und wechselte nach dem Gewinn der Deutschen A-Jugendmeisterschaft 1980 zu Borussia Mönchengladbach. Dort hatte er zunächst Schwierigkeiten, sich an das rauhe Bundesliga-Klima zu gewöhnen und stand zunächst im Schatten von Lothar Matthäus. Nach dessen Weggang (1984) schwang sich Rahn zum Denker und Lenker der Borussen empor. Seine sportliche Entwicklung hin zu einer echten Spielerpersönlichkeit schreibt er seinem langjährigen Trainer Jupp Heynckes zu. Mit Gladbach blieb Rahn der Gewinn eines Titels jedoch versagt - dritte Plätze in den Spielzeiten 1983/84 und 1986/87 waren die besten Resultate. Die dominierende Rolle, die Rahn im Verein spielte, wurde ihm in der Nationalelf nicht zugestanden. Bei der WM 1986 wurde er - unverständlicherweise - von Teamchef Franz Beckenbauer nicht eingesetzt, die EM 1988 fand ohne ihn statt. Nach 227 Bundesligaspielen (81 Tore) wechselte Rahn Ende 1988 zum 1. FC Köln. Es war der Beginn einer Wanderschaft: Hertha BSC (1990/91), Fortuna Düsseldorf (1991/92) und Eintracht Frankfurt (1992/93) hießen die weiteren Stationen in der Bundesliga (insgesamt 318 Spiele, 107 Tore). Der 14fache Nationalspieler wechselte 1993 in die japanische Profiliga.

Ringels, Norbert (geb. 16.9.1956). Zehn Jahre, von 1975 bis 1985, gehörte Ringels dem Gladbacher Bundesligakader an. Es dauerte drei Jahre, ehe er sich einen Stammplatz im Team des Deutschen Meisters der Jahre 1975-77 erkämpft hatte. Seinen größten Erfolg feierte der unauffällige Verteidiger, der vom eigenen Nachwuchs in den Profikader stieß, mit dem Gewinn des UEFA-Pokals 1979. Ein Jahr später zogen er und seine Mannschaftskameraden beim gleichen Anlaß den kürzeren: Eintracht Frankfurt hatte im Finale (3:2 und 0:1 aus Gladbacher Sicht) die Nase vorn. Trainer Jupp Heynckes hob drei positive Eigenschaften bei Ringels hervor: eine profihafte Einstellung, Beständigkeit und Zuverlässigkeit. In zehn Bundesligajahren kam er 163mal zum Einsatz und schoß sechs Tore. 1985 wechselte Norbert Ringels zum holländischen Ehrendivisionär VV Venlo, zuletzt war er für den Rheydter SV aktiv.

Norbert Ringels, 10 Jahre in Diensten der Borussia.

Rupp, Bernd (geb. 24.2.1942). Der Goalgetter stürmte gleich zweimal für die Borussia, erst 1964 bis 1967 und dann noch einmal fünf Jahre später (1972-74). Er verkörperte eine selten gewordene Spezies von Mittelstürmer: klein, trickreich, auf engem Raum enorm wirkungsvoll. Der frühere Wiesbadener erzielte seine Tore, insgesamt 50 in 119 Spielen für Mönchengladbach, meist aus dem Strafraum heraus. 1965 war er mit der "Fohlenelf" in dieBundesliga aufgestiegen, zwei Jahre später lockte ihn ein gut dotierter Vertrag zu Werder Bremen. Dort wirkte er zwei Spielzeiten, ehe er ins Rheinland (zum 1. FC Köln) zurückkehrte. Ausgerechnet gegen die "Geißböcke" holte Rupp 1973 seinen einzigen Titel im Borussia-Dress (den DFB-Pokal). Insgesamt bestritt Rupp 274 Bundesligaspiele und schoß 119 Tore - eine Marke , mit der er unter den "Top 30" der ewigen Torschützenliste zu finden ist. Im Nationalteam hatte er am 12. Oktober 1966 (beim 2:0 über die Türkei in Ankara) gleich zweimal Grund zur Freude: Zum einen über sein erstes und einziges Länderspiel, zum andern über sein Tor, das ihm zu seiner seltenen "Erfolgsquote" von 100 Prozent verhalf.

Der gegnerische Strafraum war sein Revier: Bernd Rupp.

Als Spieler eher unauffällig, aber zuverlässig, als Trainer des KSC ein Heißsporn: "Winnie" Schäfer.

Schäfer, Winfried (geb. 10.1.1950). "Meistermacher" Hennes Weisweiler formte nicht nur exzellente Spieler, er gab vielen seiner Schützlinge auch das Rüstzeug für eine erfolgreiche Trainerkarriere mit auf den Weg. "Winnie" Schäfer übertraf als Trainer des Karlsruher SC bei weitem die Erfolge, die er in seiner aktiven Zeit feierte. Der 1968 vom TuS Mayen zum Bökelberg gekommene Mittelfeldspieler stand zunächst deutlich im Schatten von Günter

Netzer und wechselte 1970 zu den Offenbacher Kickers, die im gleichen Jahr DFB-Pokalsieger wurden. Dort spielte er fünf Jahre, danach trug er zwei Spielzeiten das Trikot des Karlsruher SC. 1977 kehrte er nach Gladbach zurück und wurde dort 1978 Vizemeister - vorangegangen waren drei Titel in Folge. Seinen größten Erfolg verbuchte Schäfer 1979: Zusammen mit Vogts, Simonsen & Co. holte er durch ein 1:0 im Rückspiel über Roter Stern Belgrad den UEFA-Cup. Nach Auslaufen seines Vertrages im Sommer 1982 übernahm er das Training der Gladbacher Amateurmannschaft, wurde aber bereits sechs Monate später reaktiviert. Bis 1985 war der Rotschopf noch in der Bundesliga aktiv, insgesamt kam er dort 403mal zu Einsatz (46 Tore). Für Mönchengladbach lief er in 210 Spielen auf und schoß dabei 15 Tore. In der folgenden Spielzeit wirkte Schäfer als Nachwuchstrainer bei der Borussia, ehe er 1986 das Angebot des Karlsruher SC annahm. Aus einer "Fahrstuhlmannschaft" formte er im Laufe der Jahre einen Bundesliga-Spitzenklub, der 1993 die Qualifikation für den UEFA-Cup schaffte. Als Markenzeichen etablierte Schäfer seine gelegentlichen Gefühlsausbrüche an der Seitenlinie.

Vorstopper Frank Schäffer im Zweikampf mit dem Schalker Michael Opitz.

Schäffer, Frank (geb. 6.7.1952). Die Zeit der großen Gladbacher Erfolge ab Mitte der 70er Jahre hat Schäffer ohne Ausnahme miterlebt - wenn auch nicht immer als Stammspieler. Der 1974 als Olympia-Amateur von der SpVgg Ludwigsburg gekommene Vorstopper kämpfte in seinen ersten beiden Gladbacher Jahren mit Hans Klinkhammer um einen Platz in der Stammformation. 1975 wurde er beim glorreichen 5:1 im UEFA-Cup-Finale bei Twente Enschede eingewechselt, 1976 hatte sich Schäffer in der Meistermannschaft etabliert und war 1977 sowohl beim dritten Titel in Folge als auch bei der Niederlage im Meistercup-Finale (gegen den FC Liverpool) dabei. Seine Sternstunden hatte Schäffer stets, wenn er auf renommierte Mittelstürmer traf ("große Namen liegen mir"). Gegen weniger bekannte Gegenspieler fehlte ihm allerdings des öfteren die Konzentration, und Udo Lattek wollte ihn deswegen 1978 schon abgeben. Gladbach hielt jedoch an dem kopfball- und zweikampfstarken Vorstopper fest. Schäffer erkämpfte sich immer wieder einen Stammplatz und war auch 1979 beim zweiten UEFA-Cup-Triumph mit von der Partie. In neun Bundesligajahren bestritt er 229 Spiele für die Borussia, dabei schoß er sechs Tore.

Ein schußstarker Abwehrspieler, der vom VfB Stuttgart kam: Klaus-Dieter Sieloff.

Sieloff, Klaus-Dieter (geb. 27.2.1942). Als Hennes Weisweiler 1969 dringend einen starken Abwehrspieler benötigte, wurde er beim VfB Stuttgart fündig. Für den hatte Sieloff in sechs Jahren 141 Bundesligaspiele (21 Tore) bestritten. Zusammen mit "Luggi" Müller stabilisierte er die Deckung am Bökelberg - in Stuttgart war Sieloff zuvor schon abgeschrieben worden. Zwei Meistertitel (1970, 1971) und der Gewinn des DFB-Pokals (1973) krönten die Karriere des soliden Liberos, der auch Impulse für die Offensive geben konnte. Seine Freistösse und Fernschüsse waren gefürchtet, 36 Tore in insgesamt 264 Bundesligaspielen (bis 1974) sind ein deutliches Indiz dafür. Helmut Schön berief den Schwaben zwischen April 1970 und Juni 1971 sechsmal in die Nationalelf, in der er auch schon 1964/65 als Stuttgarter acht Einsätze (vier Tore) zu verzeichnen hatte. Obwohl Sieloff 1965 nur in einem Länderspiel gefehlt hatte, kam er bei der WM 1966 nicht zum Zuge. Heute ist er als Leiter der Betriebssport-Abteilung bei Mercedes-Benz in Untertürkheim tätig.

Simonsen, Allan (geb. 16.12.1952). Als der nur 1,68 "große" Däne 1972 von Vejle BK in die Bundesliga wechselte, hätte ihm niemand auch nur im entferntesten zugetraut, daß er fünf Jahre später zu "Europas Fußballer des Jahres" gewählt werden sollte. Nach seiner ersten Saison am Bökelberg - Simonsen konnte sich einfach nicht mit den rauhen Sitten bei Training und Spiel anfreunden - sollte er für 180.000 Mark verkauft werden. Es fand sich kein Abnehmer, und der Däne gab seine Antwort auf dem Spielfeld. In der Saison 1974/75 schaffte er den Durchbruch und bildete zusammen mit Henning Jensen und Jupp Heynckes einen "Traumsturm" (86 Treffer), wobei Simonsen selbst 18 Tore erzielte. Dreimal wurde er Meister mit der Borussia (1975-77), zweimal hatte er entscheidenden Anteil daran, daß der UEFA-Cup nach Mönchengladbach geholt wurde. Beim 5:1-Rückspielsieg bei Twente Enschede schoß er 1975 zwei Tore, mit seinem verwandelten Elfmeter zum 1:0 über Roter Stern Belgrad führte er 1979 die Borussia nach einem 1:1 in Jugoslawien erneut zum Triumph. Es war gleichzeitig sein Abschied vom Bökelberg: Wie zuvor Netzer, Jensen und Stielike wechselte der Däne nach Spanien, zum FC Barcelona. In sieben Bundesligajahren war er 178mal zum Einsatz gekommen und hatte sich 76mal als Torschütze ausgezeichnet. Der dänische "Dreikäsehoch", wie ein Fachjournalist den Angreifer bezeichnete, gewann mit den Katalanen 1982 den Europacup der Pokalsieger und war auch noch zu Beginn der "großen Jahre" von Dänemarks Nationalmannschaft mit von der Partie. Den Halbfinaleinzug seiner Elf bei der EM 1984 erlebte Simonsen nicht mehr mit: Für ihn waren die Titelkämpfe nach dem Schienbeinbruch im ersten Spiel gegen Frankreich schon nach 30

Minuten beendet. Zwei Jahre später bei der Weltmeisterschaft in Mexiko bestritt er nur ein Spiel: Das 2:0 in der Vorrunde über Deutschland.

Der Däne Allan Simonsen in typischer Haltung - fünf Herthaner können nur staunend zusehen.

Mit 22 Jahren bereits dreimal Deutscher Meister, dann ging Uli Stielike zu Real Madrid, wo er ebenfalls große Erfolge errang.

Stielike, Ulrich (geb. 15.11.1954). In 15 Spielzeiten als Fußball-Profi gewann Stielike acht nationale Meistertitel, und das in drei verschiedenen Ländern. Den Grundstein für seine Traumkarriere legte der Mittelfeldspieler bei Borussia Mönchengladbach, wohin er 1973 als Jugendlicher von der SpVgg Ketsch gewechselt war. Im letzten Spiel der Saison 1972/73 gab er sein Bundesligadebüt und wurde wenige Wochen später mit der Borussia - das entscheidende Tor erzielte der zu Real Madrid wechselnde Günter Netzer - DFB-Pokalsieger. Im September 1975 debütierte der dynamische Kämpfertyp mit der exzellenten Übersicht und Ballführung im Nationalteam, wo er sich schnell einen Stammplatz erspielte. Mit den Gladbachern wurde er von 1975 bis 1977 dreimal in Folge Deutscher Meister, holte 1975 den UEFA-Cup zum Bökelberg und wechselte schließlich 1977 zu Real Madrid. In fünf Jahren hatte er unter Hennes Weisweiler und später Udo Lattek 109 Bundesligaspiele (12 Tore) bestritten, sechsmal trug er das Nationaltrikot. Mit den "Königlichen" wurde Stielike 1978-80 Spanischer Meister, 1980 und 1982 Pokalsieger, 1985 UEFA-Cup-Sieger - bei den Real-Fans erwarb er sich den Ruf als "teutonischer Panzer". Nach der WM 1978 durfte er in den Kreis der Nationalmannschaft zurückkehren: Der Gewinn des EM-Titels 1980 und die Vize-Weltmeisterschaft 1982 waren die Höhepunkte seiner Karriere im DFB-Dress (42 Länderspiele, 3 Tore). 1985 verließ Stielike den spanischen Traditionsklub und wechselte zu Xamax Neuchatel in die Schweiz. Nach zwei Meistertiteln (1987, 1988) beendete er wegen Knieproblemen seine aktive Laufbahn und trainierte danach eine Zeitlang die Schweizer Nationalmannschaft.

Vogts, Hans-Hubert (geb. 30.12.1946). Der "Terrier" vom Bökelberg setzte seine Bilderbuchkarriere, die er auf dem Spielfeld durchlebt hat, auch als Trainer fort und ist seit 1990 für die deutsche Fußball-Nationalmannschaft verantwortlich. Im Jahr des Gladbacher Bundesliga-Aufstiegs (1965) holte Hennes Weisweiler den Jugend-Nationalspieler vom VfR Büttgen. Das Verhältnis des Vollwaisen Vogts zu seinem Lehrmeister entwickelte sich im Laufe der Zeit zu einer Vater-Sohn-Beziehung. Der kleine, ebenso ehrgeizige wie willensstarke Verteidiger schaffte bereits 1967 den Sprung in die Nationalmannschaft und trug zwischen 1968 und 1971 ohne Unterbrechung 39mal das Trikot mit dem Bundesadler. Mit der Borussia holte "Berti", wie er allseits genannt wird, 1970 und 1971 den deutschen Meistertitel. Eine Verletzung zwang ihn anschließend zu einer monatelangen Pause, so daß er beim deutschen EM-Triumph 1972 "passen" mußte. Zwei Jahre später - beim Gewinn des Weltmeistertitels - gehörte er dann aber zu den herausragenden Akteuren der DFB-Auswahl. Drei deutsche Meistertitel (1975-77) und der Gewinn des UEFA-Cups (1975) gehörten in den folgenden Jahren zu seinen

Berti Vogts am Anfang seiner Laufbahn, als er seine Werkzeugmacher-Lehre absolvierte

Höhepunkten im Vereinsdress. In der Nationalmannschaft trat Vogts 1977 als Kapitän die Nachfolge von Franz Beckenbauer an. Seine Länderspielkarriere, die ihm neben dem WM-Titel 1974 noch Platz drei bei der WM 1970 in Mexiko und die Vize-Europameisterschaft 1976 bescherte, endete fast tragisch. Bei der Weltmeisterschaft 1978 stand der Kapitän im Kreuzfeuer der Kritik und trug im letzten seiner 96 Länderspiele durch ein Eigentor noch maßgeblich zur deutschen 2:3-Blamage gegen Österreich bei. Zu allem Überfluß zog sich der unnachgiebige Verteidiger wenige Wochen später einen komplizierten Beinbruch zu und schien der Invalidität nahe. Vogts bäumte sich aber noch einmal gegen das Schicksal auf, holte mit der Borussia im Mai 1979 zum zweiten Mal den UEFA-Cup und verabschiedete sich nach 419 Bundesligaspielen (33 Tore) vom Profi-Fußball. Als DFB-Nachwuchstrainer verzeichnete er in den 80er Jahren zahlreiche Erfolge, bildete immer wieder Talente für die A-Nationalmmannschaft aus und legte - ganz im Gegensatz zu seiner Nationalmannschaft aus zu seiner eigenen, eher verbissenen und technisch unbedarften Spielweise - hohen Wert auf Kreativität. Als Bundestrainer liegt Vogts praktisch seit seiner Amtsübernahme im Clinch mit zahlreichen Kritikern, erhielt aber 1993 von DFB-Präsident Egidius Braun "bis auf weiteres" das volle Vertrauen.

Einst feierten sie als Spieler gemeinsam große Erfolge, heute arbeiten sie Seite an Seite für den DFB: Berti Vogts (r.) ist der "Chef", Rainer Bonhof (li.) sein Assistent.

Wimmer, Herbert (geb. 9.11.1944). Es gibt nur wenige Spieler im deutschen Fußball, die eine ähnliche lange Erfolgsliste wie "Hacki" Wimmer aufweisen können. Mitten im Rampenlicht hat der lauffreudige Mittelfeldspieler jedoch nie gestanden - Wimmer war stets der unersetzliche Wasserträger, besonders für Gladbach-Regisseur Günter Netzer. "Hacki" selbst sah das Verhältnis zu Netzer wie folgt: "Günter und ich, wir sind beide voneinander abhängig und profitieren gegenseitig von unserer Spielweise. Dieses gegenseitige Abhängigkeitsverhältnis kommt in dem Begriff ‚Wasserträger' nicht zum Ausdruck." Der 1966 aus Brand (bei Aachen) gekommene Wimmer integrierte sich auf Anhieb in die "Fohlenelf" und gab drei Jahre später beim WM-Qualifikationsspiel auf Zypern sein Debüt in der Nationalelf, wo er bis 1971 zunächst nur viermal zum Einsatz kam. Wimmers Glanzzeit reichte von 1970 bis 1977: Er wurde mit der Borussia fünfmal Deutscher Meister (1970, 1971, 1975-77), UEFA-Cup-Sieger 1975, DFB-Pokalsieger 1973 und stand in zwei weiteren europäischen Finals (UEFA-Cup 1973, Landesmeister 1977). Und das, obwohl Hennes Weisweiler einmal gesagt hatte: "Mit einem so anständigen Spieler kann man nicht Meister werden." Die Krönung seiner internationalen Laufbahn war zweifelsohne der Gewinn des Europameistertitel mit jener legendären Elf von 1972 - dabei schoß "Hacki" beim 3:0-Endspielsieg über die Sowjets sein erstes Länderspieltor. Nach Netzers Weggang wurde Wimmer in der Nationalelf unentbehrlich und stand 1976 beim verlorengegangenen EM-Finale gegen die Tschechoslowaken erneut auf dem Spielfeld - es war der letzte seiner 36 Einsätze im Nationaldress. Das "Laufwunder" vom Bökelberg gehörte auch zum deutschen WM-Kader 1974, kam allerdings in den entscheidenden Spielen nicht zum Einsatz. Für Borussia Mönchengladbach bestritt er bis 1978 insgesamt 366 Bundesligaspiele und schoß 51 Tore.

"Hacki" Wimmer erlebte die großen Jahre des Vereins mit, hielt Netzer & Co. den Rücken frei, stellte seine eigenen Ambitionen nie in den Vordergrund.

Wittkamp, Hans-Jürgen (geb. 23.7.1947). Der im Zuge des Bundesligaskandals 1971 vom FC Schalke 04 gekommene Libero spielte jahrelang einen souveränen Part auf dieser Position. Zunächst wechselte er sich mit Günter Netzer ab, in den Meisterjahren 1975, 1976 und 1977 war er dann Stammspieler im Abwehrzentrum. Auch beim UEFA-Pokal-Triumph und bei der Meistercup-Finalniederlage 1977 dirigierte Wittkamp die Gladbacher Hintermannschaft. Er glänzte nicht nur in der Defensive, sondern tat auch viel für den Spielaufbau. Gefährlich war er besonders bei Standardsituationen, wie die 58 Tore in insgesamt 290 Bundesligaspielen von 1967 bis 1978 verdeutlichen. Für die Borussia war er 179mal aktiv, zu höheren Ehren langte es für ihn jedoch nie - in der Nationalelf schwebte Franz Beckenbauer auf dem Liberoposten. Wittkamps größter Erfolg mit Schalke: 1970 erreichte die Mannschaft das Halbfinale im Europacup der Pokalsieger (Endstation war Manchester United).

Hans-Jürgen Wittkamp war Gladbachs Libero in der Erfolgsära der Siebziger Jahre.

Die TOP 25 (1949-1993)

Nach Spieleinsätzen:

Platz	Spieler	1.BL	Reg.	OB	2W	EC	Pokal	GESAMT
1.	Vogts	419				65	42	526
2.	Wimmer, H.	366	39			58	37	500
3.	Kleff	321				57	40	418
4.	Bruns	331				31	41	403
5.	Heynckes	283	25			56	37	401
6.	Jansen, A.	30	70	234	25	1	5	365
7.	Netzer	230	67			18	25	340
8.	Criens	281				18	32	331
9.	Lienen	244				48	32	324
	Hannes	261				37	26	324
11.	Bonhof	231				58	29	318
	Kulik	220				67	31	318
13.	Schäffer, F.	229				40	24	293
14.	Rahn	227				22	36	285
15.	Kamps	233				12	23	268
16.	Schäfer, W.	210				30	26	266
17.	Hochstätter	222				11	19	252
18.	Danner, D.	179				43	24	246
	Simonsen	178				49	19	246
20.	Wittkamp	179				38	21	238
21.	Kablitz			198	28	1		227
22.	Köppel	184				17	17	218
23.	Ringels	163				25	23	211
24.	Matthäus	162				15	23	200
	Schommen		36	139	23		2	200

Nach erzielten TOREN:

Platz	Spieler	1.BL	Reg.	Ob.	2W	EC	Pokal	GESAMT
1.	Heynckes	195	23			47	23	288
2.	Laumen	97	15	6		5	10	133
3.	Netzer	82	26			7	7	122
4.	Simonsen	76				32	8	116
5.	Criens	92				5	16	113
6.	Rahn	81				12	18	111
7.	Rupp	50	23			5	10	88
8.	Mill	71				3	11	85
9.	Bruns	61				6	17	84
10.	Kohn		22	49			2	73
11.	Hannes	58				5	8	71
	Wicken			45	26			71
13.	Wimmer, H.	51	1			6	10	68
14.	Mühlhausen		10	37	15		1	65
15.	Bonhof	42				10	9	61
16.	Jensen	44				11	3	58
17.	Kulik	38				13	5	56
18.	Hochstätter	48				1	4	53
19.	Matthäus	36				3	12	51
20.	Lienen	36				8	6	50
	Köppel	38				8	4	50
	Jansen, A.			50				50
23.	Nienhaus			46				46
24.	Nickel	32				5	7	44
25.	Vogts	33				8	2	43

Legende: 1. BL = 1. Bundesliga; Reg. = Regionalliga; Ob = Oberliga; 2W = 2. Liga West; EC = Europapokal; Pokal = DFB - Pokal

Die Nationalspieler

Die Abkürzungen der Länderspielpartner:

A-Argentinien, Ä-Ägypten, Ab-Albanien, Al-Algerien, Aus-Australien, Bg-Belgien, Br-Brasilien, Bu-Bulgarien, Ch-Chile, D-Dänemark, E-England, EK-Ekuador, Fi-Finnland, Fr-Frankreich, G-Griechenland, Gha-Ghana, H-Holland (Niederlande), Hod-Honduras, Hon-Hongkong, Ir-Irland, In-Iran, Is-Island, Isr-Israel, It-Italien, Ja-Japan, Jg-Jugoslawien, Ka-Provinz Kanton, Km-Kamerun, Kt-Katar, Ko-Kolumbien, Kro-Kroatien, Ku-Kuwait, Le-Lettland, Lib-Liberia, Lu-Luxemburg, Ma-Marokko, Mal-Malta, Me-Mexiko, N-Norwegen, Nig-Nigeria, Nl-Nordirland, Ö-Österreich, Pa-Panama, Pe-Peru, Pl-Polen, Pg-Portugal, Phi-Philippinen, Py-Paraguay, Rum-Rumänien, Su-Sowjetunion (Rußland), Sa-Saarland, Sb-Sambia, Si-Singapur, Sen-Senegal, SK-Südkorea, Sd-Schweden, Sl-Slowakei, Sp-Spanien, Sz-Schweiz, Scho-Schottland, Th-Thailand, Tsch-Tschechoslowakei (CSFR), To-Togo, Tun-Tunesien, T-Türkei, U-Ungarn, Uy-Uruguay, Ugd-Uganda, USA-Vereinigte Staaten, Wa-Wales, Z-Zypern.

Gesamtübersicht der Länderspiel-Einsätze

Spieler	A	B	Am	O	U21	U23	Gesamt
Bakalorz				2-0			2-0
Bierhoff					4-1		4-1
Bleidick	2-0		31-1				33-1
Bonhof	40-5					5-0	45-5
Borowka				1-0	2-0		3-0
Brülls	22-9					2-1	24-10
Brunn					2-0		2-0
Bruns	4-0						4-0
Criens				1-0			1-0
Danner, D	6-0	1-0				6-0	13-0
Danner, V.						1-0	1-0
Del'Haye	2-0	4-1					6-1
Dietrich	1-0						1-0
Ditgens	3-0						3-0
Drehsen					5-0		5-0
Effenberg					5-1		5-1
Elfert						2-1	2-1
Fleer		2-0					2-0
Frontzeck	16-0				6-0		22-0
Hannes	8-0	6-1			1-0		15-1
Heynckes	38-14					2-1	40-15
Hochstätter	2-0			2-1	10-1		14-2
Höttges						3-0	3-0
Kamps				8-0			8-0
Kleff	6-0	1-0					7-0
Klinkert					8-0		8-0
Klinkham.		1-0					1-0
Kneib		2-0					2-0
Köppel	4-1					4-1	8-2
Köstner			6-0				6-0
Kulik	-					3-0	3-0
Laumen	2-0						2-0
Lienen		1-0					1-0
Matthäus	26-0	4-1			15-2		45-3
Meyer	1-0						1-0
Mill	9-0			8-2			17-2
Müller	1-0						1-0
Netzer	31-6	1-0				2-2	34-8
Neun					1-0		1-0
Nickel	3-0	3-3					6-3
Pinkall		1-0					1-0
Pflipsen	1-0			1-0	9-0		11-0
Rahn	14-5			5-4	3-0		22-9
Rupp	1-1						1-1
Schäfer						1-0	1-0
Schäffer		1-0	4-0				5-0
Sieloff	6-1						6-1
Stielike	6-0		10-3				16-3
Vogts	96-1					3-0	99-1
Wimmer	36-4					4-0	40-4
Wittmann						3-1	3-1
Wohlers		1-0					1-0
Wuttke					3-1		3 - 1

A - Nationalspieler

Nationalspieler	Spiele	Tore	Jahr:	Land-Tor
Hartwig BLEIDICK	2	0	1971:	Ab, N
Rainer BONHOF	40	5	1972:	Su
			1973:	Sp
			1974:	U, Sd, Jg, Sd-1, Pl, H, Sz, Mal
			1975:	E, Bu, H, T
			1976:	Sp, Sp, Jg, Tsch, Tsch
			1977:	Fr, Nl-1, Jg-1, A, Uy, Me, Br, Fi, It, Sz, Wa
			1978:	E-1, Su, Br, Sd-1, Pl, Me, Tun, It, H, Ö
Albert BRÜLLS	22	9	1959:	Sz-1, H-1, U-1, Jg
			1960:	Ch, Pg, Ir, Is, Nl-1, G-1, Bu
			1961:	Bg, Ch, Nl-1, D-1, Pl-1, G
			1962:	Uy, It, Sz-1, Ch, Jg
Hans-Günther BRUNS	4	0	1984:	Bg, Su, Fr, A
Dietmar DANNER	6	0	1973:	Sz
			1975:	Ö, Bu, T
			1976:	Sp, Jg
Karl DEL`HAYE	2	0	1980:	Ö, G
Peter DIETRICH	1	0	1970:	Ir
Heinz DITGENS	3	0	1936:	Lu, N
			1938:	Lu
Michael FRONTZECK	16	0	1984:	A
			1985:	U, Pg, Mal, Bu, Me, Tsch
			1986:	D, Sp, Ö
			1987:	It, E, D, U, Br
			1988:	Sd
Wilfried HANNES	8	0	1981:	Ab, Br, Fi, Pl, Bu
			1982:	Tsch, N, Bg

Nationalspieler	Spiele	Tore	Jahr:	Land-Tor
Josef HEYNCKES	38	14	1967:	Ma-1, Bu-1
			1970:	T, Jg, G
			1971:	Ab, T, Ab, Sd, D, Me, Pl
			1972:	U, E, Su, Bg, Su, Sz
			1973:	A-1, Tsch, Br, Su, Scho, Sp-2
			1974:	Sp, It, Sd-2, Ch, Aus, G
			1975:	E, Bu, G-1, Bu-1, T-2
			1976:	Mal-2, Wa-1, Tsch
Chr. HOCHSTÄTTER	2	0	1987:	Br, A
Wolfgang KLEFF	6	0	1971:	N
			1972:	Su
			1973:	Su, Ö, Fr, Scho
Horst KÖPPEL	4	1	1971:	T-1, Ab
			1972:	Bu, Su
Herbert LAUMEN	2	0	1968:	Bg, Wa
Lothar MATTHÄUS	26	0	1980:	H
			1981:	Ab, Pg
			1982:	Br, A, Tsch, N, Ch, Ö, Bg, E, Nl
			1983:	Pg, Jg, U, Ö, T, Nl, Ab
			1984:	Bg, Su, Fr, It, Pg, Rum, Sp
Peter MEYER	1	0	1967:	Ab
Frank MILL	9	0	1982:	Br, A, Tsch
			1984:	A
			1985:	U, E, Me
			1986:	Br, H
Ludwig MÜLLER	1	0	1969:	Bu

Nationalspieler	Spiele	Tore	Jahr:	Land-Tor
Günther NETZER	31	6	1965:	Ö, Z
			1966:	E, T
			1967:	Bu, Ab
			1968:	Bg, Sz, Wa, Fr, Ö, Br, Ch
			1970:	Sp, Jg, G-1
			1971:	Ab, T, Ab-1, N-1, Sd, D, Me-1, Pl
			1972:	U, E-1, E, Su, Bg, Su, Sz-1
Harald NICKEL	3	0	1979:	Su, T
			1980:	Mal
Karl-Heinz PFLIPSEN	1	0	1993:	USA
Uwe RAHN	14	5	1984:	Sd-1, Mal
			1985:	Mal-2, Bu-1, Tsch, E, Me, Su, Tsch
			1986:	D, Sp-1
			1987:	Isr, Fr, D
Bernd RUPP	1	1	1966:	T-1
Klaus SIELOFF	6	1	1970:	Rum, U-1, T, G
			1971:	Ab, N
Ulrich STIELIKE	6	0	1975:	Ö, Bu, T
			1976:	Mal, Wa
			1977:	Fr
Hans-Hubert VOGTS	96	1	1967:	Jg, Rum
			1968:	Bg, Sz, Wa, E, Br, Fr, Ö, Z, Br, Ch, Me
			1969:	Wa, Scho, Ö, Z, Ö, Bu, Scho
			1970:	Sp, Rum, Ir, Jg, Ma, Bu Pe, E, It, Uy, T, Jg, G
			1971:	Ab, T, Ab, N, Sd, D, Me
			1972:	Sz
			1973:	A, Tsch, Br, Scho, Sp
			1974:	Sp, Scho, U, Sd, Ch, Aus, DDR, Jg, Sd, Pl, H, Sz, G, Mal
			1975:	E, Bu, H, Ö, G, Bu, T
			1976:	Mal-1, Sp, Sp, Jg, Tsch Wa, Tsch
			1977:	Fr, Nl, Jg, A, Uy, Br, Me, Fi, It, Sz, Wa
			1978:	E, Su, Br, Sd, Pl, Me, Tun, It, H, Ö

Nationalspieler	Spiele	Tore	Jahr:	Land-Tor
Herbert WIMMER	36	4	1968:	Z, Br, Ch, Me
			1970:	T, Ab, N, Sd, D, Pl, Pl
			1972:	U, E, E, Su, Bg, Su-1, Sz
			1973:	A, Scho
			1974:	Sp, Scho, U-1, Aus, Jg, G-1
			1975:	E, H-1, Ö, Bu, T
			1976:	Mal, Sp, Sp, Jg, Tsch

Gesamt:	**28**	**Nationalspieler**
	387	**Berufungen**
	48	**Länderspieltore**

Stand: 1. Juli 1993

B - Nationalspieler

Nationalspieler	Spiele	Tore	Jahr:	Land-Tor
Dietmar DANNER	1	0	1972:	U
Karl DEL`HAYE	4	1	1978: 1979: 1980:	U, H It Pl-1
Jürgen FLEER	2	0	1981:	Pg, Ir
Wilfried HANNES	6	1	1979: 1980:	It Ö, Pl, Sz, H, Fr-1
Wolfgang KLEFF	1	0	1974:	Sd
Hans KLINKHAMMER	1	0	1977:	Hod
Wolfgang KNEIB	2	0	1976: 1977:	Rum Jam
Ewald LIENEN	1	0	1978:	E
Lothar MATTHÄUS	4	1	1979: 1980: 1981:	It Pl-1, Sz Pl
Günther NETZER	1	0	1965:	H
Harald NICKEL	3	3	1979: 1980:	Lu-2 Ö-1, Pl
Kurt PINKALL	1	0	1982:	Pg
Frank SCHÄFFER	1	0	1975:	Rum
Horst WOHLERS	1	0	1976:	Rum

Gesamt:	**14**	**Nationalspieler**
	29	**Berufungen**
	6	**Länderspieltore**

Stand: 28.10.1986 (letztes B - Länderspiel!)

Olympia - Nationalspieler

Nationalspieler	Spiele	Tore	Jahr:	Land-Tor
Dirk BAKALORZ	2	0	1987:	G, G
Ulrich BOROWKA	1	0	1987:	Isr
Hans-Jörg CRIENS	1	0	1987:	Isr
Chr. HOCHSTÄTTER	2	1	1987: 1988:	Pl-1 D
Uwe KAMPS	8	0	1987: 1988:	Pl Nig, Chi, Tun, Sd, Sam, Br, It
Frank MILL	8	2	1983: 1984:	Pg Fr, Fr, Chi-1, Ma, Br, Sa-1, Jg
Karl-Heinz PFLIPSEN	1	0	1992:	Sp
Uwe RAHN	5	4	1984:	Chi-1, Ma-1, Br, Sa-1, Jg-1
Joachim STADLER	2		1992:	Sp, Pl

Gesamt:	**9**	**Nationalspieler**
	30	**Berufungen**
	7	**Länderspieltore**

Stand: 25.02.1992

Amateur - Nationalspieler

Nationalspieler	Spiele	Tore	Jahr:	Land-Tor
Hartwig BLEIDICK	31	1	1968:	Is, H
			1969:	It, Fr, Isr, Jg, Ö, Jg
			1970:	Ö, Fi, Ugd-1, Jg, G, Nig
			1971:	Gha, Elf, Lib, Sil, Sen, Lu, Tun, D, Bul
			1972:	Ir, Scho, H, Lu, Su, Pf, Ma, USA, Me
Günther KÖSTNER	6	0	1973:	Fr, E
			1974:	Mal, T
			1975:	Fr, Sp
Frank SCHÄFFER	4	0	1974:	T, Ka
			1975:	Sp, Lu
Ulrich STIELIKE	10	3	1973:	Fr
			1974:	Fr, Mal-2, E, T, Ka
			1975:	Fr, Sp, Chi, Sing-1

Gesamt:	**4**	**Nationalspieler**
	51	**Berufungen**
	4	**Länderspieltore**

Stand: 14.11.1979 (letztes Amateur - Länderspiel!)

U 23 - Nationalspieler

Nationalspieler	Spiele	Tore	Jahr:	Land-Tor
Rainer BONHOF	5	0	1971:	Pl, Pl
Albert BRÜLLS	2	1	1958:	D
			1959:	Pl-1
Dietmar DANNER	6	0	1971:	Pl
			1972:	Su, Su
			1973:	USA, Fr, Pl
Volker DANNER	1	0	1966:	T
Gerhard ELFERT	2	1	1966:	T-1, Rum
Josef HEYNCKES	2	1	1966:	Rum
			1967:	Tsch-1
Horst-D. HÖTTGES	3	0	1963:	E
			1967:	T, Tsch
Horst KÖPPEL	4	1	1969:	Rum
			1970:	E
			1971:	Ab-1
			1972:	Su
Christian KULIK	3	0	1973:	USA, Pl, Pl
Günther NETZER	2	2	1964:	Tsch
			1967:	Tsch-2
Winfried SCHÄFER	1	0	1969:	Rum
Hans-Hubert VOGTS	3	0	1966:	Rum
			1967:	Tsch, Rum
			1968:	E
Herbert WIMMER	4	0	1966:	Rum
			1967:	Tsch, Rum
			1968:	E
Heinz WITTMANN	3	1	1966:	T-1, Rum
			1967:	Tsch

Gesamt:	**14**	**Nationalspieler**
	41	**Berufungen**
	7	**Länderspieltore**

Stand: 21.11.1973 (letztes U 23 - Länderspiel!)

U 21 - Nationalspieler

Nationalspieler	Spiele	Tore	Jahr:	Land-Tor
Oliver BIERHOFF	4	1	1989:	Km, Km-1
			1990:	Fr, Su
Ulrich BOROWKA	2	0	1982:	Tsch
			1987:	H
Uwe BRUNN	2	0	1989:	Is, Km
Hans-Georg DREHSEN	5	0	1985:	Sz, Bu, Tsch, Su, Pg
Stefan EFFENBERG	5	1	1988:	H-1, Fi
			1989:	Bu, Js
			1990:	Su
Michael FRONTZECK	6	0	1984:	Bg, Su, G
			1985:	Pg
			1986:	It, SK
Wilfried HANNES	1	0	1986:	SK
Chr. HOCHSTÄTTER	10	1	1984:	Scho
			1985:	Pg, Sz, Bu, Tsch, Su, Sd, Pg
			1990:	Su, Su-1
Michael KLINKERT	8	0	1989:	Tsch, Fi, Is, Km, Km
			1990:	Fr, Su, Su
Lothar MATTHÄUS	15	2	1979:	Su
			1980:	H, Fr, Bu
			1981:	Sp-1, Ö, Fi, Fi-1, Ö, Bu
			1982:	Sp, Sp, Su
			1983:	T, Ö
Jörg NEUN	1	0	1987:	Bg
Karl-Heinz PFLIPSEN	9	0	1990:	Sd, Lu, Sz
			1991:	Su, Bg, Bu, E, Ma
			1992:	Scho
Uwe RAHN	3	0	1982:	Tsch
			1983:	Ö
			1984:	Bg
Joachim STADLER	6	1	1991:	E-1, Ma, Bg, Lu
			1992:	Scho, Scho
Wolfram WUTTKE	3	1	1983:	Ab, T-1, Ö

Gesamt:	**15**	**Nationalspieler**
	80	**Berufungen**
	7	**Länderspieltore**

Stand: Ende Saison 1992/93

In den "goldenen Siebzigern" war die Borussia hinter den Bayern der Klub mit den meisten Nationalspielern. Bei einer Schlittenfahrt zu erkennen sind Heynckes, Stielike, Kleff, Wimmer (von links), Bonhof und Jensen (sitzend). Jensen war einer der zahlreichen Dänen bei der Borussia.

Liebe Leserin, lieber Leser

Vielen Dank für Ihr Interesse an unserem Titel:

Deutschlands große Fußballmannschaften Teil 5

Borussia Mönchengladbach

Wir hoffen Ihnen mit diesem Buch einen großen Überblick über den Verein, seine Spieler und vor allem seine Spiele, Erfolge und auch Mißerfolge geben zu können.

Wir sind immer bemüht, die Statistiken so genau und aktuell wie möglich zu halten. Da die aktuelle Fußball-Saison 1993/94 nun schon vorbei ist und wir den Erscheinungstermin des Buches nicht noch weiter verschieben möchten, werden wir die Statistiken dieser Saison als Beilage herausgeben. Diese Beilage wird mit einigen Fotos und natürlich einem Saisonfazit einen Umfang von ca. 8 Seiten haben.

Gegen Einsendung von 4,-DM in Briefmarken, senden wir Ihnen diese Beilage gerne zu.

Ihr
AGON Sportverlag

Bestellung: Hiermit bestelle ich

_____ Expl. der Saison-Ergebnisse 1993/94 von Borussia Mönchengladbach. (Der Betrag liegt in Briefmarken bei!)

Name, Anschrift:

Datum, Unterschrift:

An: AGON Sportverlag, Frankfurter Str. 92a, 34121 Kassel

OBERLIGA WEST
1949 - 1963

Oberliga - Mosaik

Eigentore - Hattrick - 3 Tore in einem Spiel

* HATTRICK:

Lienhardt	50/51	7.	RW Oberhausen - **Borussia** (26. bis 43. Min.!)	0:3

* 3 TORE IN EINEM SPIEL:

Lienhardt	50/51	7.	RW Oberhausen - **Borussia**	0 : 3
Nienhaus	53/54	14.	Pr. Dellbrück - **Borussia**	5 : 4
Nienhaus	54/55	19.	**Borussia** - B. Dortmund	6 : 6
Wicken	55/56	22.	**Borussia** - Pr. Münster	4 : 1
Brülls	58/59	11.	**Borussia** - Vikt. Köln	6 : 1
Kohn	59/60	1.	**Borussia** - Alem. Aachen	3 : 3
Kohn	59/60	16.	Alem. Aachen - **Borussia**	3 : 3
Brungs	60/61	8.	**Borussia** - W. Herne	5 : 3

* SONSTIGES:

Eigentore von Borussen-Spielern

50/51:	Köhnen	15.	Alem. Aachen - **Borussia**
54/55:	Dohmen	17.	Schalke 04 - **Borussia**
55/56:	Wiefels	5.	SV Sodingen - **Borussia**
	Kablitz	18.	**Borussia** - SW Essen
56/57:	Nellen	22.	**Borussia** - SV Sodingen
	Hoßdorf	25.	B. Dortmund - **Borussia**
58/59:	Göbbels	19.	Schalke 04 - **Borussia**
59/60:	G. Jansen	11.	W. Herne - **Borussia**
60/61:	A. Jansen	10.	**Borussia** - B. Dortmund
	de Lange	15.	**Borussia** - Alem. Aachen
	Dresbach	29.	**Borussia** - 1.FC Köln

Eigentore vom Oberliga-Gegner

50/51:	Schlömer / Pr. Dellbrück	12.	**Borussia** - Pr. Dellbrück
52/53:	Matzko / Meidericher SV	17.	**Borussia** - Meidericher SV
53/54:	Höger / SW Essen	24.	**Borussia** - SW Essen
54/55:	Hesse / Westf. Herne	18.	W. Herne - **Borussia**
56/57:	Kellermann / W. Herne	15.	Westf. Herne - **Borussia**
58/59:	Kwiatkowski / B. Dortmund	27.	**Borussia** - Dortmund
59/60:	Schulze-Frieling / Münster	5.	**Borussia** - Pr. Münster
	Weitz / Duisburger SV	28.	**Borussia** - Duisburger SV
60/61:	Wollenberg / Marl-Hüls	18.	Marl-Hüls - **Borussia**
	Klimmek / SV Sodingen	21.	**Borussia** - SV Sodingen
	Burjan / Alem. Aachen	30.	A. Aachen - **Borussia**
61/62:	Overdiek / W. Herne	18.	**Borussia** - Westf. Herne
62/63:	Cyliax / Bor. Dortmund	2.	**Borussia** - Bor. Dortmund
	Kreuz / Schalke 04	3.	Schalke 04 - **Borussia**

Bilanz gegen die anderen Oberligisten

Verein	H/A/G	SP	S	U	N	Tore			Punkte		
Alemannia	H:	11	7	1	3	22	-	16	15	:	7
Aachen	A:	11	2	2	7	15	-	29	6	:	16
	=:	**22**	**9**	**3**	**10**	**37**	**-**	**45**	**21**	**:**	**23**
VfL Bochum	H:	6	3	2	1	10	-	7	8	:	4
	A:	6	1	-	5	4	-	18	2	:	10
	=:	**12**	**4**	**2**	**6**	**14**	**-**	**25**	**10**	**:**	**14**
Preußen	H:	6	-	3	3	9	-	13	3	:	9
Dellbrück	A:	6	-	1	5	7	-	19	1	:	11
	=:	**12**	**-**	**4**	**8**	**16**	**-**	**32**	**4**	**:**	**20**
Borussia	H:	11	3	4	4	17	-	31	10	:	12
Dortmund	A:	11	-	2	9	14	-	37	2	:	20
	=	**22**	**3**	**6**	**13**	**31**	**-**	**68**	**12**	**:**	**32**
Duisburger	H:	8	3	4	1	14	-	8	10	:	6
SV	A:	8	2	3	3	13	-	17	7	:	9
	=:	**16**	**5**	**7**	**4**	**27**	**-**	**25**	**17**	**:**	**15**
Fortuna	H:	10	5	2	3	25	-	18	12	:	8
Düsseldorf	A:	10	1	4	5	11	-	22	6	:	14
	=:	**20**	**6**	**6**	**8**	**36**	**-**	**40**	**18**	**:**	**22**
SpVgg	H:	2	2	-	-	4	-	1	4	:	0
Erkenschwick	A:	2	-	1	1	1	-	4	1	:	3
	=:	**4**	**2**	**1**	**1**	**5**	**-**	**5**	**5**	**:**	**3**
Rot-Weiß	H:	9	-	3	6	9	-	28	3	:	15
Essen	A:	9	-	1	8	8	-	32	1	:	17
	=:	**18**	**-**	**4**	**14**	**17**	**-**	**60**	**4**	**:**	**32**
Schw.-Weiß	H:	8	3	1	4	10	-	15	7	:	9
Essen	A:	8	-	2	6	3	-	27	2	:	14
	=:	**16**	**3**	**3**	**10**	**13**	**-**	**42**	**9**	**:**	**23**
Hamborn 07	H:	6	2	2	2	8	-	7	6	:	6
	A:	6	3	-	3	10	-	11	6	:	6
	=:	**12**	**5**	**2**	**5**	**18**	**-**	**18**	**12**	**:**	**12**
Westfalia	H:	8	4	4	-	17	-	11	12	:	4
Herne	A:	8	-	4	4	11	-	25	4	:	12
	=:	**16**	**4**	**8**	**4**	**28**	**-**	**36**	**16**	**:**	**16**
STV Horst-	H:	4	4	-	-	10	-	2	8	:	0
Emscher	A:	4	1	1	2	3	-	7	3	:	5
	=:	**8**	**5**	**1**	**2**	**13**	**-**	**9**	**11**	**:**	**5**

Verein	H/A/G	SP	S	U	N	Tore	Punkte
Katernberg	H:	2	1	1	-	3 - 1	3 : 1
	A:	2	1	-	1	5 - 5	2 : 2
	=:	**4**	**2**	**1**	**1**	**8 - 6**	**5 : 3**
Viktoria Köln	H:	5	3	1	1	18 - 8	7 : 3
	A:	5	-	1	4	7 - 14	1 : 9
	=:	**10**	**3**	**2**	**5**	**25 - 22**	**8 : 12**
1.FC Köln	H:	11	3	1	7	15 - 32	7 : 15
	A:	11	-	1	10	9 - 40	1 : 21
	=:	**22**	**3**	**2**	**17**	**24 - 72**	**8 : 36**
Bayer 04 Leverkusen	H:	5	2	2	1	6 - 3	6 : 4
	A:	5	-	2	3	7 - 19	2 : 8
	=:	**10**	**2**	**4**	**4**	**13 - 22**	**8 : 12**
SSV Marl-Hüls	H:	3	3	-	-	8 - 2	6 : 0
	A:	3	1	-	2	4 - 9	2 : 4
	=:	**6**	**4**	**-**	**2**	**12 - 11**	**8 : 4**
Meidericher SV	H:	9	6	2	1	19 - 8	14 : 4
	A:	9	1	3	5	10 - 25	5 : 13
	=:	**18**	**7**	**5**	**6**	**29 - 33**	**19 : 17**
Preußen Münster	H:	11	6	2	3	30 - 22	14 : 8
	A:	11	1	3	7	7 - 25	5 : 17
	=:	**22**	**7**	**5**	**10**	**37 - 47**	**19 : 25**
Rot-Weiß Oberhausen	H:	6	3	2	1	11 - 6	8 : 4
	A:	6	1	1	4	4 - 7	3 : 9
	=:	**12**	**4**	**3**	**5**	**15 - 13**	**11 : 13**
Rheydter SpV	H:	2	1	1	-	5 - 3	3 : 1
	A:	2	1	1	-	4 - 3	3 : 1
	=:	**4**	**2**	**2**	**-**	**9 - 6**	**6 : 2**
Schalke 04	H:	11	3	2	6	22 - 29	8 : 14
	A:	11	2	-	9	12 - 44	4 : 18
	=:	**22**	**5**	**2**	**15**	**34 - 73**	**12 : 32**
SV Sodingen	H:	8	5	2	1	20 - 13	12 : 4
	A:	8	-	1	7	9 - 22	1 : 15
	=:	**16**	**5**	**3**	**8**	**29 - 35**	**13 : 19**
Wuppertaler SV	H:	3	2	-	1	8 - 6	4 : 2
	A:	3	1	-	2	5 - 7	2 : 4
	=:	**6**	**3**	**-**	**3**	**13 - 13**	**6 : 6**

Borussen - Torwart Grunert springt höher als Wiorek und kann klären. Aus Gladbach - Leverkusen 4:0 am 6.11.1955.

1950/51

Sp.	Datum		Gegner	Ergebnis	BMG-Torschützen	Zuschauer
01.	27.08.50	A	Sp. Katernberg	2 : 3 (0-3)	Laaser | Winkler	7.000
02.	03.09.50	H	Bor. Dortmund (*)	0 : 5 (0-1)	-	20.000
03.	10.09.50	A	1.FC Köln	2 : 6 (1-4)	Laaser 2	11.000
04.	17.09.50	H	F. Düsseldorf	0 : 2 (0-1)	-	15.000
05.	24.09.50	A	Schalke 04	0 : 8 (0-2)	-	7.000
06.	01.10.50	H	Duisburger SV	0 : 1 (0-1)	-	11.000
07.	08.10.50	A	RW Oberhausen	3 : 0 (3-0)	Lienhardt 3	4.000
08.	15.10.50	H	Rheydter SpV	2 : 2 (2-1)	Lienhardt | J. Meulenberg	31.000
09.	22.10.50	A	Pr. Münster	0 : 3 (0-1)	-	12.000
10.	29.10.50	H	STV Horst-Emscher	3 : 1 (2-0)	Lienhardt 2 | Wicken	4.000
11.	05.11.50	A	RW Essen	1 : 6 (0-2)	J. Meulenberg	5.000
12.	12.11.50	H	Pr. Dellbrück	3 : 3 (2-0)	Wicken | H. Meulenberg | EIG: Schlömer	8.000
13.	19.11.50	H	SpVgg Erkenschwick	2 : 1 (0-0)	Wicken | Köhnen (Torwart)	7.000
14.	26.11.50	A	Hamborn 07	0 : 3 (0-2)	-	7.000
15.	03.12.50	A	Alem. Aachen	1 : 6 (0-1)	Lienhardt	7.000
16.	07.01.51	H	Sp. Katernberg	2 : 0 (2-0)	Schicks | J. Meulenberg	7.000
17.	14.01.51	A	Bor. Dortmund	3 : 4 (1-4)	Wicken | Lienhardt | Fischermann	6.000
18.	21.01.51	H	1.FC Köln	1 : 3 (0-2)	Laaser	12.000
19.	28.01.51	A	Fort. Düsseldorf	1 : 4 (1-1)	Wicken	13.000
20.	04.02.51	H	Schalke 04	3 : 1 (1-0)	J. Meulenberg | Fischermann | Winkler	20.000
21.	11.02.51	A	Duisburger SV	2 : 2 (0-0)	Wicken | Fischermann	6.000
22.	18.02.51	H	RW Oberhausen	4 : 0 (1-0)	Wicken 2 | J. Meulenberg | Schicks	8.000
23.	25.02.51	A	Rheydter SpV	2 : 2 (0-0)	Laaser | Wicken	30.000
24.	04.03.51	H	Pr. Münster	3 : 2 (1-0)	Fischermann 2 | Winkler	25.000
25.	11.03.51	A	STV Horst-Emscher	2 : 3 (1-1)	Wicken | Laupenmühlen	8.000
26.	18.03.51	H	RW Essen	1 : 1 (0-1)	Laaser	15.000
27.	01.04.51	A	Pr. Dellbrück	0 : 2 (0-2)	-	4.000
28.	08.04.51	H	SpVgg Erkenschwick	1 : 1 (0-0)	Laupenmühlen	5.000
29.	22.04.51	A	Hamborn 07	1 : 1 (1-0)	J. Meulenberg	20.000
30.	29.04.51	H	Alem. Aachen	2 : 1 (1-0)	Schiller | Fischermann	25.000

(*) = nachträglich mit 2:0 Punkten und 0-0 Toren für **Gladbach** gewertet (Dortmund setzte einen nicht spielberechtigten Spieler ein)!

Entscheidungsspiel um Platz 15 (wegen o.g. Spielwertung): Alem. Aachen - **Borussia** 5:1

Saisonstatistik: *Platz:* **14.** 9 *Siege* / 7 *Unentschieden* / 14 *Niederlagen*
47 - 72 *Tore; Diff.:* - 25;
25 : 35 *Punkte*
227.000 *Zuschauer*

1950/51

Spieltag	Köhnen	Lewandowski	Dohmen	Aben	Laupenmühlen	Schicks	Wicken	Laaser	Fischermann	Lienhardt	Winkler	Grunert	J. Meulenberg	Peters	Schiller	H. Meulenberg	Greczek	Jaschak	Palmenstroh						
01.	x	x	x	x	x	x	x	x	x	x	x														
02.		x	x	x	x	x	x	x	x		x	x	x												
03.		x		x		x	x	x	x		x	x		x	x		x								
04.	x	x		x		x	x	x		x	x			x	x		x								
05.	x	x		x		x	x	x		x			x	x	x		x								
06.	x	x				x	x	x	x		x			x	x		x	x							
07.	x	x		x		x	x	x		x	x		x	x	x										
08.	x	x		x		x	x	x		x	x		x	x	x										
09.	x	x		x		x		x		x	x		x	x	x			x							
10.	x			x	x	x	x	x		x	x		x	x				x							
11.	x			x	x	x	x	x		x	x		x	x				x							
12.	x			x	x	x	x	x		x			x	x	x	x									
13.	x				x	x	x	x		x			x	x	x	x		x							
14.	x			x	x	x	x	x		x			x	x	x	x									
15.	x	x			x	x	x			x			x	x	x	x		x							
16.		x			x	x	x	x	x	x	x		x	x					x						
17.		x	x		x	x	x	x	x	x	x		x						x						
18.	x	x			x	x	x	x	x	x			x	x				x							
19.	x	x	x		x	x	x	x	x	x			x	x											
20.	x	x	x		x	x	x		x	x	x		x	x											
21.	x	x	x		x	x	x		x	x	x		x	x											
22.	x	x	x		x	x	x		x	x	x		x	x											
23.	x	x	x		x	x	x	x	x		x		x	x											
24.	x	x	x		x	x	x	x	x		x		x	x											
25.	x	x	x		x	x	x	x	x		x		x	x											
26.	x	x	x		x	x	x	x	x	x	x			x											
27.	x	x	x		x	x		x	x		x		x	x	x										
28.	x	x	x		x	x		x		x	x		x	x	x										
29.	x	x	x		x	x	x	x	x		x		x	x											
30.	x	x	x			x	x	x	x		x		x	x	x										
SP.:	26	25	15	12	22	30	27	26	18	21	23	2	25	27	14	4	4	7	2						
T.:	1	0	0	0	2	2	10	6	6	8	3	0	6	0	1	1	0	0	0						

1952/53

Sp.	Datum		Gegner	Ergebnis	BMG-Torschützen	Zuschauer
01.	24.08.52	H	Schalke 04	2 : 6 (2-3)	Kalbitz | Jansen	12.000
02.	31.08.52	A	Meidericher SV	0 : 2 (0-0)	-	14.000
03.	07.09.52	H	Preußen Münster	2 : 2 (1-1)	Jansen | Pliska	5.000
04.	14.09.52	A	SW Essen	0 : 5 (0-2)	-	6.000
05.	21.09.52	H	SpVgg Erkenschwick	2 : 0 (1-0)	Jansen | Fischermann	6.000
06.	28.09.52	A	Bor. Dortmund	0 : 4 (0-1)	-	14.000
07.	12.10.52	H	1.FC Köln	0 : 6 (0-2)	-	19.000
08.	19.10.52	A	Bayer Leverkusen	2 : 2 (2-1)	Wicken 2	7.000
09.	26.10.52	A	RW Essen	0 : 4 (0-2)	-	8.000
10.	02.11.52	H	Sp. Katernberg	1 : 1 (1-1)	Pliska	10.000
11.	16.11.52	A	STV Horst-Emscher	0 : 4 (0-2)	-	6.000
12.	23.11.52	H	SV Sodingen	3 : 2 (1-2)	Jansen 2 | Kablitz	12.000
13.	30.11.52	A	F. Düsseldorf	1 : 1 (0-1)	Jansen	11.000
14.	07.12.52	H	Alem. Aachen	2 : 2 (0-1)	Schicks | Jansen	15.000
15.	14.12.52	A	Preußen Dellbrück	1 : 3 (1-1)	Wicken	5.000
16.	04.01.53	A	Schalke 04	0 : 2 (0-1)	-	10.000
17.	11.01.53	H	Meidericher SV	2 : 1 (0-1)	Wicken | EIG.: Matzko	12.000
18.	18.03.53	A	Preußen Münster	2 : 1 (2-1)	Pliska | Jansen	4.000
19.	25.01.53	H	SW Essen	2 : 4 (0-1)	Pliska | Mäurer	10.000
20.	08.02.53	A	SpVgg Erkenschwick	0 : 3 (0-1)	-	3.000
21.	15.02.53	H	Bor. Dortmund	0 : 0 (0-0)	-	10.000
22.	22.02.53	A	1.FC Köln	0 : 6 (0-1)	-	10.000
23.	01.03.53	H	Bayer Leverkusen	0 : 2 (0-1)	-	15.000
24.	08.03.53	A	RW Essen	0 : 7 (0-3)	-	6.000
25.	15.03.53	A	Sp. Katernberg	3 : 2 (3-1)	Mäurer | Jansen | Wicken	5.000
26.	22.03.53	H	STV Horst-Emscher	1 : 0 (0-0)	Jansen	10.000
27.	29.03.53	A	SV Sodingen	0 : 1 (0-1)	-	10.000
28.	12.04.53	H	F. Düsseldorf	3 : 2 (2-0)	Jansen | Wicken | Schicks	18.000
29.	19.04.53	A	Alem. Aachen	1 : 4 (1-1)	Jansen	10.000
30.	26.04.53	H	Preußen Dellbrück	1 : 1 (1-1)	Schicks	10.000

Saisonstatistik: *Platz:* **14**; 7 *Siege* / 7 *Unentschieden* / 16 *Niederlagen*
31 - 80 *Tore; Diff.:* - 49;
21 : 39 *Punkte*
188.000 *Zuschauer*

1952/53

Spieltag	Kirchhoff	Wiefels	Jedanowski	Schicks	Pliska	Heine	Wicken	Jansen	Wichmann	Kablitz	Fischermann	Peters	Winkler	Mäurer	Lienhardt	Halvas I (TW)	Halvas II	Dohmen	Schaffers						
01.	x	x	x	x	x	x	x	x	x	x	x														
02.	x	x	x	x	x	x	x	x	x	x	x														
03.	x	x	x	x	x	x	x	x	x		x	x													
04.	x	x	x	x	x		x	x	x		x	x	x												
05.	x	x	x	x		x	x	x			x	x		x	x										
06.	x	x	x	x		x	x	x			x	x		x	x										
07.	x	x	x	x		x	x	x	x			x		x	x										
08.		x	x	x	x	x	x	x							x	x		x	x						
09.		x	x	x	x	x	x	x							x	x		x	x						
10.			x	x	x		x	x			x	x		x	x	x		x							
11.			x	x	x	x	x	x					x			x	x	x	x						
12.	x	x		x	x		x	x		x		x	x					x	x						
13.	x	x		x	x		x	x		x		x	x					x	x						
14.	x	x		x	x	x	x	x		x		x						x	x						
15.	x	x		x	x	x	x	x		x		x						x	x						
16.		x		x		x	x	x		x	x	x				x		x	x						
17.		x		x	x	x	x	x		x	x	x				x		x							
18.		x		x	x	x	x	x		x	x	x		x		x									
19.		x	x	x	x	x		x		x	x	x		x		x									
20.		x		x	x	x		x		x	x	x		x		x	x								
21.		x		x	x	x	x	x		x	x	x		x		x									
22.		x		x	x	x	x	x		x	x	x		x		x									
23.		x		x			x	x		x	x	x		x		x		x	x						
24.	x	x		x		x	x	x		x	x			x				x	x						
25.	x	x		x		x	x	x		x		x		x				x	x						
26.	x	x		x		x	x	x		x		x		x				x	x						
27.	x	x		x		x	x	x		x		x		x				x	x						
28.		x		x	x	x	x	x		x		x				x		x	x						
29.		x		x	x	x	x	x		x		x				x		x	x						
30.		x		x		x	x	x		x		x		x		x		x	x						

SP.:	15	28	12	30	20	25	28	30	5	21	16	24	4	15	6	15	2	18	16						
T.:	0	0	0	3	4	0	6	12	0	2	1	0	0	2	0	0	0	0	0						

1953/54

Sp.	Datum		Gegner	Ergebnis	BMG-Torschützen	Zuschauer
01.	09.08.53	A	F. Düsseldorf	1 : 3 (1-1)	Reh	15.000
02.	23.08.53	H	Schalke 04	0 : 1 (0-1)	-	20.000
03.	30.08.53	A	Rheydter SpV	2 : 1 (1-0)	Fischermann | Nienhaus	35.000
04.	06.09.53	H	Bor. Dortmund	0 : 8 (0-5)	-	20.000
05.	13.09.53	A	1.FC Köln	0 : 3 (0-0)	-	10.000
06.	20.09.53	H	RW Essen	1 : 4 (0-2)	Fischermann	12.000
07.	27.09.53	A	Preußen Münster	0 : 0 (0-0)	-	12.000
08.	04.10.53	H	SV Sodingen	2 : 1 (0-1)	Nienhaus | Fischermann	10.000
09.	18.10.53	A	SW Essen	1 : 6 (0-2)	Schicks	8.000
10.	25.10.53	H	Bayer Leverkusen	0 : 0 (0-0)	-	12.000
11.	01.11.53	A	Alem. Aachen	2 : 2 (0-2)	Reh 2	6.000
12.	08.11.53	H	STV Horst-Emscher	4 : 1 (0-0)	Jansen 2 | Schicks | Reh	8.000
13.	15.11.53	H	VfL Bochum	3 : 0 (2-0)	Nienhaus 2 | Reh	15.000
14.	29.11.53	A	Preußen Dellbrück	4 : 5 (2-4)	Nienhaus 3 | Jansen	8.000
15.	06.12.53	H	Meidericher SV	4 : 1 (2-1)	Reh 2 | Jansen 2	6.000
16.	20.12.53	H	Fort. Düsseldorf	4 : 0 (2-0)	Nienhaus | Reh 2 | Schicks	14.000
17.	27.12.53	A	Schalke 04	2 : 8 (1-4)	Reh | Kablitz	17.000
18.	03.01.54	H	Rheydter SV	3 : 1 (0-0)	Jansen 2 | Reh	22.000
19.	10.01.54	A	Bor. Dortmund	3 : 3 (1-3)	Reh | Wicken | Jansen	7.000
20.	17.01.54	H	1.FC Köln	0 : 3 (0-1)	-	26.000
21.	24.01.54	A	RW ESsen	0 : 1 (0-0)	-	10.000
22.	31.01.54	H	Preußen Münster	2 : 2 (1-1)	Nienhaus 2	7.000
23.	07.02.54	A	SV Sodingen	4 : 5 (2-2)	Nienhaus 2 | Jansen | Wicken	8.000
24.	14.02.54	H	SW Essen	3 : 0 (2-0)	Schicks | Nienhaus | EIG.: Höger	12.000
25.	21.02.54	A	Bayer Leverkusen	2 : 6 (0-3)	Wicken | Nienhaus	4.000
26.	07.03.54	H	Alem. Aachen	2 : 1 (1-0)	Wuttke | Reh	13.000
27.	14.03.54	A	STV Horst-Emscher	0 : 0 (0-0)	-	5.000
28.	21.03.54	A	VfL Bochum	3 : 2 (2-0)	Jansen 2 | Nienhaus	17.000
29.	04.04.54	H	Preußen Dellbrück	1 : 2 (0-0)	Jansen	6.000
30.	11.04.54	A	Meidericher SV	3 : 3 (1-1)	Reh 2 | Schicks	6.000

Saisonstatistik: *Platz:* **13**; 10 *Siege* / 7 *Unentschieden* / 13 *Niederlagen*
56 - 73 *Tore; Diff.:* - 17;
27 : 33 *Punkte*
203.000 *Zuschauer*

1953/54

Spieltag	Grunert	Jedanowski	Peters	Schicks	Wiefels	Wichelhaus	Wicken	Jansen	Reh	Wuttke	Nienhaus	Dohmen	Heine	Kablitz	Fischermann	Mäurer
01.	x	x	x	x	x	x	x	x	x	x	x					
02.	x		x	x		x	x		x		x	x	x	x	x	
03.	x	x	x			x	x			x	x	x	x	x	x	
04.	x	x	x			x	x			x	x	x	x	x	x	
05.	x	x	x	x		x	x				x	x	x	x	x	
06.	x		x	x	x	x	x	x			x	x	x		x	
07.	x		x	x	x	x	x	x			x		x	x	x	
08.	x		x	x	x	x	x	x			x		x	x	x	
09.	x		x	x	x	x	x	x		x	x		x			x
10.	x		x	x	x	x	x	x		x	x		x			x
11.	x	x		x	x	x		x	x	x	x	x			x	
12.	x		x	x	x	x	x	x	x	x	x	x				
13.	x		x	x	x	x	x	x	x	x	x	x				
14.	x		x	x	x	x	x	x	x	x	x	x				
15.	x		x	x	x		x	x	x	x	x		x		x	
16.	x	x		x	x			x	x	x	x		x	x	x	
17.	x	x		x	x			x	x	x	x		x	x	x	
18.	x				x	x	x	x	x	x	x	x		x	x	
19.	x			x	x	x	x	x	x	x	x	x		x		
20.	x			x	x	x	x	x	x	x	x	x		x		
21.	x			x	x	x	x	x	x	x	x	x	x			
22.	x			x	x	x	x	x	x	x	x	x	x			
23.	x			x	x	x	x	x	x	x	x	x		x		
24.	x			x	x	x	x	x	x	x	x	x		x		
25.	x			x	x	x	x	x	x	x	x	x		x		
26.	x		x	x		x	x	x	x	x	x	x		x		
27.	x		x	x		x	x	x	x	x	x	x		x		
28.	x		x	x		x	x	x		x	x	x		x	x	
29.	x		x	x		x	x	x		x	x	x		x	x	
30.	x	x		x		x	x	x	x	x	x	x		x		
SP.:	30	8	18	27	21	27	27	26	20	25	30	22	14	19	14	2
T.:	0	0	0	5	0	0	3	12	15	1	15	0	0	1	3	0

1954/55

Sp.	Datum		Gegner	Ergebnis	BMG-Torschützen	Zuschauer
01.	22.08.54	H	VfL Bochum	4 : 2 (1-0)	Göbbels | Nienhaus 2 | Jansen	8.000
02.	29.08.54	A	Schalke 04	0 : 5 (0-3)	-	15.000
03.	05.09.54	H	Westfalia Herne	3 : 1 (2-1)	Jansen 2 | Nienhaus	10.000
04.	12.09.54	A	Bor. Dortmund	0 : 1 (0-0)	-	8.000
05.	19.09.54	H	Fort. Düsseldorf	4 : 0 (2-0)	Nienhaus 2 | Jansen | Schicks	15.000
06.	03.10.54	A	RW Essen	1 : 2 (1-0)	Wicken	10.000
07.	16.10.54	H	Duisburger SV	1 : 1 (0-0)	Wuttke	18.000
08.	24.10.54	A	Preußen Dellbrück	1 : 5 (1-0)	Reh	6.000
09.	31.09.54	A	SV Sodingen	1 : 1 (1-0)	Jansen	10.000
10.	07.11.54	H	Bayer Leverkusen	1 : 1 (1-0)	Wicken	10.000
11.	14.11.54	A	Alem. Aachen	1 : 0 (1-0)	Wicken	7.000
12.	21.11.54	H	Meidericher SV	3 : 1 (2-0)	Reh | Wuttke | Kablitz	15.000
13.	05.12.54	H	Preußen Münster	2 : 0 (0-0)	Reh 2	8.000
14.	12.12.54	A	1.FC Köln	1 : 5 (0-5)	Reh	7.000
15.	26.12.54	H	SW Essen	1 : 0 (1-0)	Wicken	6.000
16.	09.01.55	A	VfL Bochum	0 : 3 (0-0)	-	10.000
17.	16.01.55	H	Schalke 04	1 : 2 (0-1)	Wuttke	25.000
18.	23.01.55	A	Westf. Herne	2 : 4 (1-3)	Jansen | EIG.: Hesse	7.000
19.	30.01.55	H	Bor. Dortmund	6 : 6 (4-2)	Nienhaus 3 | Wuttke 2 | Wicken	18.000
20.	06.02.55	A	F. Düsseldorf	0 : 0 (0-0)	-	14.000
21.	13.02.55	H	RW Essen	2 : 3 (0-1)	Reh 2	20.000
22.	27.02.55	A	Duisburger SV	2 : 5 (2-3)	Wicken | Nienhaus	9.000
23.	06.03.55	H	Preußen Dellbrück	1 : 1 (0-0)	Nienhaus	10.000
24.	20.03.55	H	SV Sodingen	3 : 3 (3-1)	Göbbels | Wicken | Nienhaus	8.000
25.	27.03.55	A	Bayer Leverkusen	0 : 4 (0-2)	-	5.000
26.	03.04.55	H	Alem. Aachen	3 : 0 (1-0)	Nienhaus 2 | Reh	10.000
27.	10.04.55	A	Meidericher SV	1 : 1 (1-1)	Nienhaus	4.000
28.	17.04.55	A	Pr. Münster	0 : 4 (0-1)	-	15.000
29.	24.04.55	H	1.FC Köln	3 : 2 (1-0)	Reh 2 | Göbbels	25.000
30.	01.05.55	A	SW Essen	0 : 2 (0-1)	-	10.000

Saisonstatistik: *Platz:* **14**; 9 *Siege* / 8 *Unentschieden* / 13 *Niederlagen*
48 - 65 *Tore; Diff.:* - 17;
26 : 34 *Punkte*
196.000 *Zuschauer*

1954/55

Spieltag	Grunert	Dohmen	Fischermann	Schicks	Wichelhaus	Wuttke	Göbbels	Jansen	Kablitz	Nienhaus	Wicken	Jedanowski	Reh	Heine	Peters	Halvas I (TW)	Wiefels
01.	x	x	x	x	x	x	x	x	x	x	x						
02.	x	x	x	x	x	x	x	x	x	x	x						
03.	x	x	x	x	x	x	x	x		x		x	x				
04.	x	x	x	x	x	x		x	x	x	x		x				
05.	x	x	x	x	x	x		x	x	x	x		x				
06.	x	x	x	x	x	x		x	x	x	x		x				
07.	x	x	x	x	x	x		x	x	x	x		x				
08.	x	x	x	x	x	x		x	x	x	x		x				
09.	x	x	x	x	x	x		x	x	x	x		x				
10.	x	x	x	x	x		x	x	x	x	x			x			
11.	x	x	x	x	x	x		x	x	x	x		x				
12.	x	x	x	x	x	x		x	x	x	x		x				
13.	x	x	x	x	x	x		x	x		x		x		x		
14.	x	x	x	x	x	x		x	x		x		x		x		
15.	x	x	x	x	x	x		x	x	x	x		x				
16.	x	x	x	x	x	x		x	x	x	x		x				
17.	x	x	x	x	x	x	x	x	x	x	x						
18.	x	x	x	x	x	x		x		x	x		x	x			
19.		x	x	x	x	x		x	x	x	x		x			x	
20.		x	x	x	x	x		x	x	x	x		x			x	
21.		x	x	x	x		x	x	x	x	x		x			x	
22.	x	x	x	x	x			x	x	x	x		x		x		
23.	x	x	x	x	x		x	x	x	x	x		x				
24.	x	x	x	x	x	x	x	x		x	x		x				
25.	x	x	x	x	x	x	x			x	x		x				x
26.	x	x	x	x	x	x		x		x	x		x	x			
27.	x	x	x	x	x	x		x		x	x	x	x				
28.	x	x	x	x	x			x	x	x	x	x	x				
29.	x	x	x	x	x		x	x	x	x	x		x				
30.	x	x	x	x	x		x	x	x	x	x		x				
SP.:	27	30	30	30	30	23	11	29	24	28	29	3	26	3	3	3	1
T.:	0	0	0	1	0	5	3	6	1	14	7	0	10	0	0	0	0

1955/56

Sp.	Datum		Gegner	Ergebnis	BMG-Torschützen	Zuschauer
01.	27.08.55	A	Duisburger SV	2 : 3 (1-1)	Pfeiffer | Brülls	10.000
02.	31.08.55	H	Preußen Dellbrück	1 : 2 (0-1)	Jansen	7.000
03.	04.09.55	A	SW Essen	1 : 1 (1-0)	Pfeiffer	4.000
04.	11.09.55	H	Hamborn 07	4 : 1 (3-1)	Reh | Nienhaus | Brülls | Wicken	15.000
05.	18.09.55	A	SV Sodingen	1 : 4 (1-1)	Reh	5.000
06.	02.10.55	H	Schalke 04	2 : 4 (2-1)	Schicks | Nienhaus	24.000
07.	09.10.55	A	Preußen Münster	2 : 2 (1-1)	Schicks | Jansen	6.000
08.	16.10.55	H	Bor. Dortmund	1 : 1 (0-1)	Wuttke	15.000
09.	23.10.55	H	RW Essen	2 : 2 (2-2)	Reh | Kablitz	20.000
10.	30.10.55	A	Fort. Düsseldorf	2 : 3 (0-1)	Brülls | Wicken	12.000
11.	06.11.55	H	Bayer Leverkusen	4 : 0 (3-0)	Jansen 2 | Nienhaus | Schicks	12.000
12.	19.11.55	A	1.FC Köln	0 : 1 (0-1)	-	5.000
13.	26.11.55	A	Westf. Herne	3 : 3 (3-2)	Wicken | Jansen | Nienhaus	5.000
14.	04.12.55	H	Alem. Aachen	3 : 5 (2-3)	Nienhaus 2 | Jansen	12.000
15.	11.12.55	H	Wuppertaler SV	4 : 2 (3-1)	Nienhaus | Wicken | Reh | Kubon	14.000
16.	06.01.56	H	Duisburger SV	2 : 1 (0-1)	Wicken | Kalbitz	8.000
17.	15.01.56	A	Pr. Dellbrück	1 : 1 (0-0)	Wicken	4.000
18.	27.01.56	H	SW Essen	1 : 4 (0-3)	Jansen	10.000
19.	29.01.56	A	Hamborn 07	3 : 2 (2-1)	Schicks | Nienhaus | Brülls	9.000
20.	05.02.56	H	SV Sodingen	1 : 2 (0-1)	Jansen	6.000
21.	12.02.56	A	Schalke 04	2 : 1 (1-0)	Brülls 2	8.000
22.	19.02.56	H	Pr. Münster	4 : 1 (2-1)	Wicken 3 | Reh	5.000
23.	26.02.56	A	Bor. Dortmund	2 : 5 (1-2)	Nienhaus | Brülls	12.000
24.	04.03.56	A	RW Essen	2 : 5 (1-2)	Brülls | Jansen	3.000
25.	18.03.56	H	Fort. Düsseldorf	4 : 1 (1-0)	Jansen | Brülls | Wicken | Nienhaus	20.000
26.	25.03.56	A	B. Leverkusen	1 : 5 (0-2)	Wicken	5.000
27.	02.04.56	H	1.FC Köln	3 : 2 (2-1)	Jansen 2 | Reh	23.000
28.	08.04.56	H	Westf. Herne	2 : 2 (1-2)	Brülls | Wicken	9.000
29.	22.04.56	A	Alem. Aachen	1 : 2 (0-1)	Nienhaus	18.000
30.	29.04.56	A	Wuppertaler SV	0 : 3 (0-2)	-	15.000

Saisonstatistik: *Platz:* **11**; 9 *Siege* / 7 *Unentschieden* / 14 *Niederlagen*
61 - 71 *Tore; Diff.:* - 10;
25 : 35 *Punkte*
200.000 *Zuschauer*

1955/56

Spieltag	Grunert	Wichelhaus	Fischermann	Schicks	Göbbels	Höfer	Jansen	Brülls	Pfeiffer	Nienhaus	Wicken	Kubon	Dohmen	Reh	Wiefels	Kablitz	Schommen	Wuttke	Halvas I (TW)	Jedanowski	de Lange	Erard			
01.	x	x	x	x	x	x	x	x	x	x	x														
02.	x	x	x	x	x	x	x	x	x	x		x													
03.	x		x	x	x	x	x	x	x	x		x	x												
04.	x		x	x	x		x	x		x	x		x	x	x										
05.	x		x	x	x	x	x	x		x			x	x	x										
06.	x	x	x	x	x		x	x		x			x	x		x									
07.	x	x	x	x	x		x	x		x			x	x		x									
08.	x	x	x				x	x			x		x	x		x	x	x							
09.		x	x					x		x	x		x	x		x	x	x	x						
10.	x	x					x	x		x	x		x	x		x	x			x					
11.	x	x	x	x			x	x		x			x	x		x	x								
12.	x		x			x	x	x	x	x	x	x				x	x								
13.	x		x	x			x	x		x	x	x		x		x	x								
14.	x		x	x			x	x		x	x	x		x		x	x								
15.	x	x		x			x	x		x	x	x		x		x	x								
16.	x	x	x	x			x	x		x	x			x		x	x								
17.	x	x	x	x			x	x		x	x			x		x	x								
18.	x	x	x	x			x	x		x	x			x		x	x								
19.		x	x	x	x		x	x		x		x				x	x		x						
20.	x	x	x	x	x		x			x	x			x		x	x								
21.	x	x	x	x	x	x	x	x		x	x						x								
22.	x	x	x	x	x		x	x			x			x		x		x							
23.	x	x	x	x	x		x	x		x	x					x	x								
24.	x	x					x	x		x	x			x		x				x	x	x			
25.	x	x	x	x	x	x	x	x		x	x					x									
26.	x	x	x	x	x	x	x	x		x	x					x									
27.	x	x	x		x		x	x		x	x			x		x		x							
28.	x	x			x		x	x		x	x			x		x		x		x					
29.	x	x	x		x		x	x		x	x			x		x						x			
30.	x	x	x		x		x	x	x	x				x		x				x					
SP.:	28	24	26	21	18	8	29	29	5	28	22	7	9	21	2	24	15	5	2	4	1	2			
T.:	0	0	0	4	0	0	12	10	2	11	12	1	0	6	0	2	0	1	0	0	0	0			

1956/57

Sp.	Datum		Gegner	Ergebnis	BMG-Torschützen	Zuschauer
01.	18.08.56	A	Duisburger SV	0 : 4 (0-3)	-	11.000
02.	25.08.56	H	F. Düsseldorf	2 : 5 (1-1)	Reh | Kubon	25.000
03.	02.09.56	A	SW Essen	1 : 5 (1-1)	Pfeiffer	5.000
04.	09.09.56	H	Alem. Aachen	0 : 3 (0-2)	-	9.000
05.	16.09.56	A	Schalke 04	0 : 4 (0-1)	-	8.000
06.	23.09.56	H	Preußen Münster	1 : 4 (0-2)	Wicken	6.000
07.	30.09.56	A	SV Sodingen	2 : 4 (1-2)	Brülls | Kubon	2.000
08.	07.10.56	H	1.FC Köln	0 : 3 (0-2)	-	10.000
09.	14.10.56	A	RW Essen	1 : 5 (0-2)	Nienhaus	7.000
10.	21.10.56	H	Bor. Dortmund	0 : 7 (0-2)	-	5.000
11.	28.10.56	A	Meidericher SV	1 : 8 (0-4)	Sieben	8.000
12.	04.11.56	H	Wuppertaler SV	3 : 4 (1-3)	Kablitz 2 | Brülls	5.000
13.	11.11.56	H	Preußen Dellbrück	2 : 4 (1-1)	Nienhaus | Reh	2.000
14.	18.11.56	A	VfL Bochum	1 : 5 (1-5)	Kablitz	10.000
15.	09.12.56	A	Westf. Herne	1 : 1 (1-1)	EIG.: Kellermann	3.000
16.	05.01.57	H	Duisburger SV	2 : 2 (0-0)	Kablitz | Schommen	6.000
17.	12.01.57	A	F. Düsseldorf	3 : 1 (2-1)	Heinrichs 2 | Höfer	12.000
18.	19.01.57	H	SW Essen	3 : 2 (2-1)	Höfer 2 | Reh	9.000
19.	25.01.57	A	Alem. Aachen	0 : 3 (0-2)	-	10.000
20.	01.02.57	H	Schalke 04	1 : 3 (1-1)	Höfer	12.000
21.	08.02.57	A	Preußen Münster	1 : 5 (1-2)	Wicken	7.000
22.	16.02.57	H	SV Sodingen	2 : 2 (0-0)	Brülls | Wicken	3.000
23.	23.02.57	A	1.FC Köln	2 : 5 (0-3)	Brülls | Pfeiffer	5.000
24.	16.03.57	H	RW Essen	1 : 2 (1-0)	Wicken	4.000
25.	23.03.57	A	Bor. Dortmund	1 : 7 (0-5)	Nienhaus	7.000
26.	30.03.57	H	Meidericher SV	2 : 1 (1-0)	Nienhaus | Brülls	5.000
27.	27.04.57	A	Wuppertaler SV	2 : 3 (1-1)	Nienhaus 2	15.000
28.	04.05.57	A	Pr. Dellbrück	0 : 3 (0-0)	-	3.000
29.	11.05.57	H	VfL Bochum	1 : 4 (1-2)	Schommen	3.000
30.	18.05.57	H	Westf. Herne	3 : 3 (2-2)	Reh | Philipsen | Mühlhausen	1.000

Saisonstatistik: *Platz:* **16**; 3 *Siege* / 4 *Unentschieden* / 23*Niederlagen*
39 - 112 *Tore; Diff.:* - 73;
10 : 50 *Punkte*
105.000 *Zuschauer*

1956/57

Spieltag	Turek	Kubon	Fischermann	Schommen	Wichelhaus	Hoßdorf	Wicken	Brülls	Pfeiffer	Höfer	Nienhaus	Reh	Kablitz	Halvas I	Dohmen	Wuttke	Krippendorf	Sieben	Philipsen	Nellen	Heinrichs	Mühlhausen	Steffen	Göbbels	de Lange
01.	x	x	x	x	x	x	x	x	x	x	x														
02.	x	x	x	x		x	x	x	x	x	x	x													
03.		x	x	x		x	x	x	x	x	x		x	x											
04.		x	x			x	x	x	x	x	x			x	x	x									
05.		x	x			x	x	x	x	x	x			x	x		x								
06.	x		x			x	x	x	x	x	x		x		x		x								
07.	x	x			x	x	x	x	x	x	x		x					x							
08.				x	x		x	x	x	x		x	x	x	x	x									
09.		x		x	x			x		x	x	x	x	x	x				x						
10.		x		x				x		x	x	x	x	x	x			x	x						
11.		x		x				x		x	x	x	x		x			x	x	x					
12.				x	x			x	x	x	x	x	x		x					x	x				
13.				x	x	x	x	x	x		x	x			x						x				
14.			x	x	x		x	x	x		x		x	x	x						x				
15.				x	x	x	x			x	x	x	x		x					x	x				
16.				x	x	x	x			x	x	x	x		x					x	x				
17.				x	x	x	x			x	x	x	x		x					x	x				
18.			x	x	x	x	x			x	x	x	x		x					x					
19.				x	x	x	x	x		x	x	x	x		x					x					
20.				x		x	x	x		x	x	x	x		x					x	x				
21.				x	x	x	x	x			x	x	x		x					x	x				
22.				x	x	x	x	x			x	x	x		x					x	x				
23.				x		x		x	x		x	x	x		x					x	x		x		
24.				x		x	x	x	x		x	x	x	x	x						x				
25.				x		x		x	x		x	x	x	x	x						x		x		
26.			x	x		x		x	x		x	x	x	x	x						x				
27.				x		x		x	x		x	x	x	x	x				x		x				
28.			x	x				x	x		x		x	x	x				x		x				x
29.				x		x		x			x		x	x					x			x		x	x
30.				x				x				x	x	x	x				x			x		x	x

SP.:	4	9	10	26	14	22	19	26	17	18	28	21	25	14	25	2	2	3	7	11	15	2	2	2	3
T.:	0	2	0	2	0	0	4	5	2	4	6	4	4	0	0	0	0	1	1	0	2	1	0	0	0

Erard: 2 Spiele / 0 Tore (29. u. 30. Spieltag); Meve: 1 Spiel / 0 Tore (13. Spieltag)

1958/59

Sp.	Datum		Gegner	Ergebnis	BMG-Torschützen	Zuschauer
01.	17.08.58	A	1.FC Köln	2 : 2 (1-0)	Wicken | Mühlhausen	12.000
02.	24.08.58	H	Fort. Düsseldorf	1 : 1 (0-1)	Brülls	22.000
03.	31.08.58	A	RW Oberhausen	0 : 1 (0-1)	-	18.000
04.	07.09.58	H	Schalke 04	2 : 2 (2-1)	Brülls | Mühlhausen	30.000
05.	14.09.58	A	RW Essen	2 : 2 (1-0)	Mühlhausen | Brülls	11.000
06.	21.09.58	H	Meidericher SV	2 : 0 (1-0)	Wicken | Mühlhausen	16.000
07.	05.10.58	A	Alem. Aachen	1 : 3 (0-2)	Brülls	12.000
08.	12.10.58	H	SV Sodingen	2 : 0 (0-0)	Mühlhausen | Thommessen	10.000
09.	19.10.58	H	Duisburger SV	2 : 2 (1-2)	Jansen | Kalbitz	12.000
10.	02.11.58	A	STV Horst-Emscher	1 : 0 (1-0)	Brülls	7.000
11.	09.11.58	H	Viktoria Köln	6 : 1 (2-0)	Brülls 3 | Mühlhausen 2 | Jansen	8.000
12.	23.11.58	A	Bor. Dortmund	1 : 2 (1-0)	Brülls	10.000
13.	30.11.58	H	VfL Bochum	2 : 1 (0-1)	Brülls | Quartz	18.000
14.	07.12.58	A	Westf. Herne	0 : 5 (0-1)	-	18.000
15.	14.12.58	H	Preußen Münster	3 : 4 (0-1)	Mühlhausen 2 | Quartz	9.000
16.	07.01.59	H	1.FC Köln	0 : 0 (0-0)	-	13.000
17.	14.01.59	A	Fort. Düsseldorf	0 : 6 (0-3)	-	6.000
18.	21.01.59	H	RW Oberhausen	2 : 2 (1-0)	Mühlhausen | Kablitz	7.000
19.	28.01.59	A	Schalke 04	1 : 5 (0-2)	Jansen	10.000
20.	01.02.59	H	RW Essen	0 : 6 (0-3)	-	4.000
21.	08.02.59	A	Meidericher SV	1 : 3 (0-1)	Heinrichs	8.000
22.	15.02.59	H	Alem. Aachen	2 : 0 (1-0)	Brülls | Quartz	15.000
23.	22.02.59	A	SV Sodingen	0 : 1 (0-0)	-	4.000
24.	01.03.59	A	Duisburger SV	1 : 1 (1-0)	J. Jansen III	4.000
25.	08.03.59	H	STV Horst-Emscher	2 : 0 (0-0)	Quartz | Brülls	10.000
26.	15.03.59	A	Viktoria Köln	0 : 2 (0-0)	-	10.000
27.	22.03.59	H	Bor. Dortmund	2 : 0 (1-0)	J. Jansen III | EIG.: Kwiatkowski	12.000
28.	05.04.59	A	VfL Bochum	0 : 3 (0-2)	-	15.000
29.	19.04.59	H	Westf. Herne	0 : 0 (0-0)	-	20.000
30.	22.04.59	A	Preußen Münster	1 : 3 (1-1)	Brülls	3.000

Saisonstatistik: *Platz:* **13**; 8 *Siege* / 9 *Unentschieden* / 13 *Niederlagen*
39 - 58 *Tore; Diff.:* - 19;
25 : 35 *Punkte*
206.000 *Zuschauer*

1958/59

Spieltag	G. Jansen	Pfeiffer	Minnich	A. Jansen	Quartz	de Lange	Mühlhausen	Sencar	Brülls	Kablitz	Wicken	Göbbels	Niehsen	Heinrichs	Thommessen	Schommen	Lambertin	J. Jansen	Heinke						
01.	x	x	x	x	x	x	x	x	x	x	x														
02.	x	x	x	x	x	x	x		x	x	x	x													
03.	x	x		x	x	x	x		x	x	x	x	x												
04.	x	x		x	x	x	x		x	x	x	x		x											
05.	x	x		x	x	x	x	x	x	x	x	x													
06.	x	x		x	x	x	x	x	x	x	x	x													
07.	x	x		x	x	x	x	x	x	x	x	x													
08.	x	x		x	x	x	x		x	x	x	x			x										
09.	x	x		x	x	x			x	x	x	x			x	x									
10.	x	x		x	x	x			x	x	x	x			x	x									
11.	x	x		x	x	x	x		x	x	x	x				x									
12.	x	x		x	x	x	x		x	x	x	x				x									
13.	x	x		x	x	x	x		x	x	x	x				x									
14.	x	x		x	x	x	x		x	x	x	x				x									
15.	x	x	x	x	x	x	x		x	x					x	x									
16.	x			x	x	x	x		x	x		x	x		x	x									
17.	x	x		x	x	x	x		x	x		x			x	x									
18.	x			x	x	x	x		x	x		x			x	x		x							
19.	x			x	x	x			x	x		x			x	x	x		x						
20.	x			x		x	x		x	x		x			x	x	x		x						
21.	x			x		x	x		x	x			x	x	x	x	x								
22.	x	x		x	x	x	x		x	x		x				x	x								
23.	x	x		x	x	x	x		x	x		x				x		x							
24.	x	x		x		x	x		x	x		x		x	x			x							
25.	x	x		x	x	x			x	x		x			x	x		x							
26.	x	x		x	x	x			x	x		x				x	x	x							
27.	x	x		x	x	x	x		x	x		x				x		x							
28.	x	x		x	x	x	x		x	x		x			x	x									
29.	x	x		x		x	x		x	x		x		x	x			x							
30.	x	x		x		x	x		x	x				x	x	x		x							
SP.:	30	25	3	30	25	30	25	4	30	30	14	26	3	5	15	20	5	8	2						
T.:	0	0	0	3	4	0	10	0	13	2	2	0	0	1	1	0	0	2	0						

1959/60

Sp.	Datum		Gegner	Ergebnis	BMG-Torschützen	Zuschauer
01.	23.08.59	H	Alem. Aachen	3 : 1 (1-0)	Kohn 3	25.000
02.	30.08.59	A	1.FC Köln	1 : 3 (0-2)	Mühlhausen	19.000
03.	06.09.59	H	VfL Bochum	0 : 0 (0-0)	-	14.000
04.	13.09.59	A	RW Oberhausen	0 : 3 (0-1)	-	12.000
05.	20.09.59	H	RW Essen	0 : 1 (0-0)	-	12.000
06.	27.09.59	A	Bor. Dortmund	1 : 4 (0-4)	Brülls	10.000
07.	11.10.59	H	Fort. Düsseldorf	1 : 1 (0-0)	J. Jansen	21.000
08.	18.10.59	A	Meidericher SV	2 : 1 (1-1)	Mühlhausen | J. Jansen	4.000
09.	25.10.59	A	Schalke 04	1 : 2 (1-1)	Brülls	20.000
10.	01.11.59	H	SW Essen	0 : 0 (0-0)	-	9.000
11.	15.11.59	A	Westf. Herne	0 : 6 (0-1)	-	6.000
12.	22.11.59	H	Viktoria Köln	2 : 2 (2-0)	Brülls | A. Jansen	9.000
13.	29.11.59	A	Duisburger SV	2 : 1 (1-1)	J. Jansen | Kohn	9.000
14.	06.12.59	H	Hamborn 07	1 : 0 (0-0)	Mühlhausen	14.000
15.	13.12.59	H	Preußen Münster	5 : 1 (1-0)	A. Jansen 2 | Schommen | J. Jansen | EIG.: Schulze	11.000
16.	27.12.59	A	Alem. Aachen	3 : 3 (1-2)	Kohn 3	8.000
17.	03.01.60	H	1.FC Köln	1 : 2 (1-1)	Brülls	33.000
18.	10.01.60	A	VfL Bochum	0 : 2 (0-1)	-	10.000
19.	17.01.60	H	RW Oberhausen	1 : 0 (1-0)	Kohn	9.000
20.	24.01.60	A	RW Essen	1 : 5 (0-3)	Schommen	6.000
21.	31.01.60	H	Bor. Dortmund	3 : 2 (0-1)	Kohn 2 | Wicken	14.000
22.	07.02.60	A	Fort. Düsseldorf	1 : 1 (0-1)	Mühlhausen	18.000
23.	14.02.60	H	Meidericher SV	1 : 2 (1-0)	Kohn	10.000
24.	21.02.60	H	Schalke 04	3 : 2 (1-0)	Kohn 2 | Mühlhausen	20.000
25.	06.03.60	A	SW Essen	0 : 0 (0-0)	-	12.000
26.	13.03.60	H	Westf. Herne	0 : 0 (0-0)	-	25.000
27.	27.03.60	A	Vikt. Köln	1 : 3 (0-1)	Mühlhausen	7.000
28.	03.04.60	H	Duisburger SV	1 : 1 (1-0)	EIG.: Weitz	15.000
29.	10.04.60	A	Hamborn 07	3 : 2 (1-2)	Brülls 2 | Kohn	11.000
30.	24.04.60	A	Preußen Münster	0 : 1 (0-1)	-	22.000

Saisonstatistik: *Platz:* **14**; 9 *Siege* / 9 *Unentschieden* / 12 *Niederlagen*
38 - 52 *Tore; Diff.:* - 14;
27 : 33 *Punkte*
242.000 *Zuschauer*

1959/60

Spieltag	G. Jansen	Pfeiffer	Bedürftig	A. Jansen	Quartz	de Lange	Mühlhausen	Kohn	Brülls	Kablitz	J. Jansen	Göbbels	Frontzeck	Haag	Wicken	Schommen	Weber	Niehsen	Knops	Minnich					
01.	x	x	x	x	x	x	x	x	x	x	x														
02.	x	x	x	x		x	x	x	x	x	x	x													
03.	x	x	x	x		x	x	x	x	x	x					x									
04.	x		x	x	x	x	x	x	x	x	x					x									
05.	x					x	x	x	x		x	x	x	x	x					x					
06.	x	x			x	x	x		x		x	x	x	x	x										
07.	x	x	x	x		x	x		x		x	x			x	x									
08.	x	x	x	x		x	x	x	x		x		x			x									
09.	x	x	x	x		x	x	x	x		x		x			x									
10.	x	x	x		x	x		x	x		x		x	x		x									
11.	x	x	x		x	x	x		x	x			x		x	x									
12.	x	x	x	x		x	x	x	x		x		x			x									
13.	x	x	x			x	x	x	x	x	x		x			x									
14.	x	x		x		x	x	x	x	x	x		x			x									
15.	x	x		x		x	x	x	x	x	x		x			x									
16.	x	x		x			x	x		x	x	x	x			x	x								
17.	x	x		x	x		x	x	x	x		x	x		x										
18.	x	x	x			x	x	x			x	x	x			x	x								
19.	x	x	x			x	x	x		x		x	x			x	x								
20.	x	x	x			x	x	x		x		x	x			x	x								
21.	x				x	x	x	x		x	x	x	x		x			x							
22.	x			x	x	x	x	x		x	x	x	x		x										
23.	x			x	x		x	x		x	x	x	x		x		x								
24.	x	x		x	x		x	x		x	x	x	x		x										
25.	x	x		x			x	x	x	x	x	x	x			x									
26.	x	x	x	x			x	x	x	x		x	x			x									
27.	x	x	x	x			x	x	x	x		x	x			x									
28.	x	x	x	x			x			x	x	x	x			x			x						
29.	x	x			x	x	x	x	x	x		x	x			x									
30.	x	x		x	x	x	x	x	x	x		x				x									
SP.:	30	25	17	20	12	22	29	26	21	22	22	19	24	3	9	21	5	1	1	1					
T.:	0	0	0	3	0	0	6	14	6	0	4	0	0	0	1	2	0	0	0	0					

1960/61

Sp.	Datum		Gegner	Ergebnis	BMG-Torschützen	Zuschauer
01.	14.08.60	H	Hamborn 07	1 : 3 (1-2)	Kohn	24.000
02.	21.08.60	A	Schalke 04	4 : 2 (2-2)	Kohn 2 | Brülls | Fendel	15.000
03.	28.08.60	H	TSV Marl-Hüls	3 : 0 (1-0)	Fendel | Bedürftig | Mühlhausen	20.000
04.	04.09.60	A	Duisburger SV	1 : 1 (1-1)	Brungs	8.000
05.	11.09.60	A	SV Sodingen	1 : 5 (0-2)	Kohn	6.000
06.	18.09.60	H	Preußen Münster	4 : 3 (1-1)	Fendel 2 | Brungs | Kohn	16.000
07.	25.09.60	A	VfL Bochum	0 : 3 (0-2)	-	6.000
08.	02.10.60	H	Westf. Herne	5 : 3 (2-1)	Brungs 3 | Kohn | Fendel	20.000
09.	09.10.60	A	Viktoria Köln	3 : 4 (1-1)	Frontzeck | Kohn 2	15.000
10.	16.10.60	H	Bor. Dortmund	2 : 3 (1-2)	Mühlhausen | Kohn	27.000
11.	23.10.60	A	RW Oberhausen	0 : 1 (0-1)	-	5.000
12.	06.11.60	H	Meidericher SV	3 : 0 (1-0)	Kablitz | Kohn 2	12.000
13.	13.11.60	A	RW Essen	0 : 2 (0-1)	-	8.000
14.	27.11.60	A	1.FC Köln	1 : 4 (0-1)	Kohn	11.000
15.	04.12.60	H	Alem. Aachen	3 : 2 (0-2)	Kohn | Bedürftig | Fendel	27.000
16.	11.12.60	A	Hamborn 07	2 : 0 (1-0)	Bedürftig | Kohn	8.000
17.	25.12.60	H	Schalke 04	4 : 3 (2-0)	Fendel 2 | Mühlhausen | Kohn	30.000
18.	15.01.61	A	TSV Marl-Hüls	1 : 3 (1-2)	EIG.: Wollenberg	7.000
19.	22.01.61	H	Duisburger SV	2 : 0 (1-0)	Kohn | Fendel	15.000
20.	05.02.61	A	Preußen Münster	0 : 0 (0-0)	-	8.000
21.	19.02.61	H	SV Sodingen	4 : 2 (3-2)	Brungs 2 | Kohn | EIG.: Klimmek	16.000
22.	25.02.61	H	VfL Bochum	0 : 0 (0-0)	-	18.000
23.	05.03.61	A	Westf. Herne	1 : 1 (1-1)	Kohn	8.000
24.	12.03.61	H	Vikt. Köln	3 : 0 (2-0)	Kohn | Mühlhausen | Brungs	20.000
25.	19.03.61	A	Bor. Dortmund	1 : 1 (0-0)	Brungs	20.000
26.	09.04.61	H	RW Oberhausen	2 : 1 (1-1)	Mühlhausen 2	33.000
27.	16.04.61	A	Meidericher SV	1 : 1 (0-0)	Kohn	10.000
28.	23.04.61	H	RW Essen	2 : 2 (2-1)	Jansen 2	18.000
29.	30.04.61	H	1.FC Köln	2 : 3 (1-2)	Kohn | Fendel	35.000
30.	13.05.61	A	Alem. Aachen	2 : 5 (1-1)	Bedürftig | EIG.: Burjan	5.000

Saisonstatistik: *Platz:* 6; 12 *Siege* / 7 *Unentschieden* / 11 *Niederlagen*
58 - 58 *Tore; Diff.:* 0;
31 : 29 *Punkte*
336.000 *Zuschauer*

1960/61

Spieltag	G. Jansen	Pfeiffer	de Lange	A. Jansen	Schommen	Bedürftig	Brungs	Brülls	Kohn	Mühlhausen	Fendel	Frontzeck	Kablitz	Göbbels	Dresbach	Wicken
01.	x	x	x	x	x	x	x	x	x	x	x					
02.	x	x	x	x			x	x	x	x	x	x	x			
03.	x	x	x	x		x	x	x	x	x	x	x				
04.	x	x	x	x			x	x	x	x	x	x	x			
05.	x	x	x	x	x		x	x	x	x	x	x				
06.	x	x	x	x			x	x	x	x	x	x	x			
07.	x	x	x		x		x	x	x	x	x	x	x			
08.	x	x	x				x	x	x	x	x	x	x	x		
09.	x	x	x	x			x	x	x	x	x	x		x		
10.	x	x	x	x			x	x	x	x	x	x		x		
11.	x	x	x	x		x	x	x	x	x		x	x			
12.		x	x	x		x	x	x	x	x		x	x		x	
13.		x	x	x		x	x	x	x		x	x	x		x	
14.		x	x			x	x		x	x	x	x		x	x	x
15.			x	x		x	x		x	x	x	x	x	x	x	
16.		x	x	x		x	x		x	x	x	x		x	x	
17.		x	x	x			x	x	x	x	x		x	x	x	
18.			x	x		x	x		x	x		x	x	x	x	x
19.			x	x			x	x	x	x	x	x	x	x	x	
20.			x	x			x	x	x	x	x	x	x	x	x	
21.			x	x			x	x	x	x	x	x	x	x	x	
22.		x	x	x			x	x	x	x	x		x	x	x	
23.		x	x	x		x	x	x	x	x			x	x	x	
24.			x	x		x	x	x	x	x			x	x	x	x
25.			x	x	x	x	x	x	x	x	x		x		x	
26.		x	x	x			x	x	x	x	x		x	x	x	
27.		x	x	x			x	x	x	x	x		x	x	x	
28.		x	x	x		x	x	x	x		x		x	x	x	
29.		x	x	x			x	x	x		x	x	x	x	x	
30.		x	x	x		x	x	x	x			x	x	x	x	
SP.:	11	23	30	27	4	14	30	26	30	26	24	21	23	19	19	3
T.:	0	0	0	2	0	4	9	1	21	6	10	1	1	0	0	0

1961/62

Sp.	Datum		Gegner	Ergebnis	BMG-Torschützen	Zuschauer
01.	06.08.61	A	Duisburger SV	3 : 0 (2-0)	Brungs | Kremer | Eicker	11.000
02.	13.08.61	H	Hamborn 07	0 : 1 (0-1)	-	20.000
03.	20.08.61	A	Westf. Herne	0 : 1 (0-1)	-	8.000
04.	27.08.61	H	SW Essen	0 : 3 (0-0)	-	16.000
05.	03.09.61	A	Preußen Münster	0 : 3 (0-2)	-	7.000
06.	10.09.61	H	STV Marl-Hüls	3 : 1 (2-0)	Brungs 2 | Mühlhausen	7.000
07.	17.09.61	H	SV Sodingen	3 : 1 (2-1)	Brungs 2 | Mühlhausen	8.000
08.	24.09.61	A	Fort. Düsseldorf	1 : 1 (1-0)	Fendel	19.000
09.	01.10.61	H	RW Oberhausen	0 : 1 (0-0)	-	20.000
10.	15.10.61	A	Meidericher SV	0 : 3 (0-1)	-	8.000
11.	29.10.61	H	1.FC Köln	1 : 6 (0-3)	Brülls	28.000
12.	05.11.61	A	Alem. Aachen	3 : 0 (1-0)	Kohn 2 | Brungs	9.000
13.	12.11.61	H	Schalke 04	2 : 3 (1-1)	Brungs	32.000
14.	19.11.61	H	Bor. Dortmund	0 : 0 (0-0)	-	16.000
15.	26.11.61	A	Viktoria Köln	2 : 4 (1-1)	Schommen | Eicker	8.000
16.	10.12.61	H	Duisburger SV	4 : 0 (2-0)	Brungs 2 | Kohn 2	8.000
17.	17.12.61	A	Hamborn 07	2 : 3 (1-2)	Kohn | Brungs	6.000
18.	23.12.61	H	Westfalia Herne	2 : 1 (2-0)	Brungs | EIG.: Overdiek	8.000
19.	30.12.61	A	SW Essen	0 : 4 (0-2)	-	7.000
20.	06.01.62	H	Preußen Münster	4 : 0 (2-0)	Kohn 2 | Fendel | Brungs	12.000
21.	13.01.62	A	STV Marl-Hüls	1 : 5 (1-1)	Schommen	5.000
22.	20.01.62	A	SV Sodingen	0 : 1 (0-1)	-	5.000
23.	27.01.62	H	F. Düsseldorf	2 : 3 (2-1)	Eicker | Mühlhausen	15.000
24.	07.02.62	A	RW Oberhausen	0 : 1 (0-0)	-	9.000
25.	17.02.62	H	Meidericher SV	1 : 1 (0-0)	Mühlhausen	9.000
26.	10.03.62	A	1.FC Köln	0 : 3 (0-1)	-	18.000
27.	17.03.62	H	Alem. Aachen	2 : 0 (1-0)	Kohn | Brungs	10.000
28.	24.03.62	A	Schalke 04	0 : 3 (0-1)	-	20.000
29.	31.03.62	A	Bor. Dortmund	1 : 3 (0-2)	Brülls	8.000
30.	07.04.62	H	Viktoria Köln	5 : 1 (3-1)	Fendel 2 | Kohn | Mühlhausen | Brülls	6.000

Saisonstatistik: *Platz:* **13**; 9 *Siege* / 3 *Unentschieden* / 18 *Niederlagen*
42 - 57 *Tore; Diff.:* - 15;
21 : 39 *Punkte*
203.000 *Zuschauer*

1961/62

Spieltag	Dresbach	Pfeiffer	de Lange	Schommen	Göbbels	A. Jansen	Eicker	Brülls	Brungs	Mühlhausen	Kremer	Kabitz	Memmert	Frontzeck	Fendel	Orzessek	Kohn	Weber	Schmitz
01.	x	x	x	x	x	x	x	x	x	x	x								
02.	x	x	x	x	x	x		x	x	x	x	x							
03.	x	x	x	x	x	x	x	x	x		x	x							
04.	x		x	x	x	x	x	x	x	x	x		x						
05.	x		x	x	x	x	x	x	x		x		x	x					
06.	x	x	x	x	x	x		x	x	x	x		x						
07.	x	x	x		x	x		x	x	x	x	x	x						
08.	x	x			x	x		x	x		x	x	x	x	x				
09.			x		x	x		x	x	x	x		x		x	x	x		
10.			x	x	x	x		x	x	x	x				x	x	x		
11.			x		x	x		x	x		x	x		x	x	x	x		
12.			x		x	x		x	x		x	x	x		x	x	x		
13.			x			x		x	x	x	x	x	x		x	x	x		
14.			x		x	x			x	x	x	x	x		x	x	x		
15.			x	x	x	x	x		x	x		x				x	x	x	
16.			x	x	x		x	x	x	x		x			x	x	x		
17.			x	x	x	x	x	x	x	x					x	x	x		
18.	x		x	x	x	x	x	x	x	x					x		x		
19.	x		x	x	x	x	x	x	x	x					x		x		
20.	x		x	x	x	x	x	x	x	x					x		x		
21.	x	x	x	x	x	x	x	x	x						x		x		
22.		x	x	x	x	x	x	x	x						x	x	x		
23.		x	x	x	x		x	x	x	x				x	x	x			
24.	x		x	x	x	x	x	x	x	x					x		x		
25.	x		x	x	x	x	x	x	x	x					x		x		
26.	x		x	x	x	x	x	x	x	x					x		x		
27.	x	x	x	x	x		x	x	x	x					x		x		
28.	x	x	x	x	x	x		x	x	x			x				x		
29.	x	x	x	x	x	x		x	x	x							x		x
30.	x	x	x	x	x	x		x	x	x					x		x		
SP.:	19	13	29	23	29	27	17	28	30	23	14	10	10	4	20	11	21	1	1
T.:	0	0	0	2	0	0	3	3	14	5	1	0	0	0	4	0	9	0	0

1962/63

Sp.	Datum		Gegner	Ergebnis	BMG-Torschützen	Zuschauer
01.	18.08.62	A	Preußen Münster	1 : 3 (0-2)	Kohn	10.000
02.	26.08.62	H	Bor. Dortmund	3 : 4 (2-3)	Fendel 2 | EIG.: Cyliax	20.000
03.	02.09.62	A	Schalke 04	2 : 4 (0-0)	Mühlhausen | EIG.: Kreuz	10.000
04.	09.09.62	H	Viktoria Köln	2 : 4 (1-0)	Mühlhausen | Brungs	8.000
05.	16.09.62	A	Wuppertaler SV	3 : 1 (1-1)	Laumen | Brungs | Mühlhausen	20.000
06.	23.09.62	H	RW Oberhausen	2 : 2 (2-1)	Brungs 2	15.000
07.	30.09.62	A	Meidericher SV	1 : 3 (0-1)	Brungs	4.000
08.	07.10.62	H	Fort. Düsseldorf	4 : 3 (0-1)	Mühlhausen 3 | Brungs	18.000
09.	14.10.62	A	Alem. Aachen	0 : 1 (0-0)	-	10.000
10.	21.10.62	H	Westfalia Herne	2 : 1 (1-1)	Laumen | Fendel	14.000
11.	28.10.62	A	1.FC Köln	0 : 2 (0-0)	-	7.000
12.	03.11.62	H	SW Essen	0 : 2 (0-1)	-	15.000
13.	11.11.62	A	Bayer Leverkusen	2 : 2 (1-1)	Crawatzo | Kohn	6.000
14.	18.11.62	H	STV Marl-Hüls	2 : 1 (0-0)	Brungs 2	6.000
15.	02.12.62	H	Hamborn 07	1 : 1 (1-1)	Fendel	7.000
16.	17.03.63	H	Preußen Münster	0 : 3 (0-1)	-	15.000
17.	30.12.62	A	Bor. Dortmund	1 : 3 (1-1)	Fendel	5.000
18.	07.04.63	H	Schalke 04	2 : 2 (0-1)	Laumen | Schommen	30.000
19.	14.01.63	A	Viktoria Köln	1 : 1 (1-0)	Fendel	5.000
20.	01.05.63	H	Wuppertaler SV	1 : 0 (1-0)	Laumen	3.000
21.	04.05.63	A	RW Oberhausen	1 : 1 (0-1)	Brungs	4.000
22.	27.03.63	H	Meidericher SV	1 : 1 (0-0)	Brungs	5.000
23.	24.02.63	A	Fort. Düsseldorf	1 : 2 (1-0)	Kohn	5.000
24.	17.02.63	H	Alem. Aachen	0 : 1 (0-1)	-	8.000
25.	11.05.63	A	Westfalia Herne	4 : 4 (2-2)	Crawatzo 2 | Brungs | Kohn	2.000
26.	10.03.63	H	1.FC Köln	4 : 2 (3-0)	Mühlhausen 2 | Kohn | Brungs	12.000
27.	24.03.63	A	SW Essen	0 : 4 (0-2)	-	10.000
28.	31.03.63	H	Bayer Leverkusen	1 : 0 (1-0)	Laumen	6.000
29.	21.04.63	A	STV Marl-Hüls	2 : 1 (0-1)	Mühlhausen | Laumen	4.000
30.	28.04.63	A	Hamborn 07	0 : 1 (0-0)	-	1.000

Saisonstatistik: *Platz:* **11**; 8 *Siege* / 8 *Unentschieden* / 14 *Niederlagen*
44 - 60 *Tore; Diff.:* - 16;
24 : 36 *Punkte*
180.000 *Zuschauer*

1962/63

Spieltag	Dresbach	Crawatzo	de Lange	Schommen	Göbbels	Pfeiffer	Lowin	Fendel	Brungs	Kohn	Moldovan	Burkhardt	Mühlhausen	Orzessek	Eicker	Wimmer	Laumen	A. Jansen	Frontzeck	Crass					
01.	x	x	x	x	x		x	x	x	x	x	x													
02.	x	x	x	x		x	x	x	x	x		x	x												
03.		x	x	x			x	x	x	x		x	x	x	x										
04.		x	x	x			x	x	x	x		x	x	x	x										
05.	x	x	x	x		x	x		x			x	x			x	x								
06.	x	x	x	x			x		x	x		x	x			x	x								
07.	x	x	x	x			x	x	x			x	x			x		x							
08.		x	x	x			x	x	x	x		x	x	x		x									
09.		x	x	x			x	x	x	x		x	x	x		x									
10.		x	x	x	x		x	x	x			x	x	x			x								
11.		x	x	x	x		x		x		x	x	x	x			x								
12.		x	x	x	x		x	x	x			x	x	x			x								
13.		x	x	x			x		x	x	x	x	x	x				x							
14.		x	x	x			x	x	x	x		x	x	x				x							
15.		x	x	x		x	x	x		x		x	x	x				x							
16.			x	x			x	x	x	x		x	x	x		x		x							
17.		x	x	x			x	x	x	x		x		x			x	x							
18.		x	x	x			x		x	x		x	x	x			x	x							
19.		x	x	x			x	x	x	x		x		x			x		x						
20.		x	x	x			x		x	x		x	x	x			x	x							
21.		x	x	x			x		x	x		x	x	x			x	x							
22.		x	x	x			x		x	x		x	x	x				x		x					
23.		x	x	x			x	x	x	x		x	x	x				x							
24.	x	x	x	x			x	x	x	x		x	x				x								
25.		x	x	x			x		x	x		x		x		x	x	x							
26.			x	x			x	x	x	x		x	x	x		x		x							
27.			x	x			x	x	x	x		x	x	x		x		x							
28.		x	x	x			x		x	x		x		x		x	x	x							
29.		x	x	x					x	x	x	x	x	x			x	x							
30.		x	x	x			x	x			x	x	x	x			x	x							

SP.:	6	27	30	30	4	3	29	19	28	24	5	30	25	24	2	10	15	17	1	1					
T.:	0	3	0	1	0	0	0	6	12	5	0	0	9	0	0	0	6	0	0	0					

Spieler - ABC

Spieler	Spiele Tore	50/ 51	52/ 53	53/ 54	54/ 55	55/ 56	56/ 57	58/ 59	59/ 60	60/ 61	61/ 62	62/ 63	GESAMT
Aben	**Sp**	12											**12**
	T	0											**0**
Bedürftig	**Sp**								17	14			**31**
	T								0	4			**4**
Brungs	**Sp**									30	30	28	**88**
	T									9	14	12	**35**
Brülls	**Sp**					29	26	30	21	26	28		**160**
	T					10	5	13	6	1	3		**38**
Burkhardt	**Sp**											10	**10**
	T											0	**0**
Crass	**Sp**											1	**1**
	T											0	**0**
Crawatzo	**Sp**											27	**27**
	T											3	**3**
de Lange	**Sp**					1		30	22	30	29	30	**142**
	T					0		0	0	0	0	0	**0**
Dohmen	**Sp**	15	18	22	30	9	25						**119**
	T	0	0	0	0	0	0						**0**
Dresbach	**Sp**									19	19	6	**44**
	T									0	0	0	**0**
Eicker	**Sp**										17	2	**19**
	T										3	0	**3**
Erard	**Sp**					2							**2**
	T					0							**0**
Fendel	**Sp**									24	20	19	**63**
	T									10	4	6	**20**
Fischermann	**Sp**	18	16	14	30	26	10						**114**
	T	6	1	3	0	0	0						**10**
Frontzeck	**Sp**								24	21	4	1	**50**
	T								0	1	0	0	**1**

Spieler	Spiele Tore	50/ 51	52/ 53	53/ 54	54/ 55	55/ 56	56/ 57	58/ 59	59/ 60	60/ 61	61/ 62	62/ 63	GESAMT
Göbbels	Sp				11	18		26	19	19	29	4	126
	T				3	0		0	0	0	0	0	3
Greczek	Sp	4											4
	T	0											0
Grunert	Sp	2		30	27	28							87
	T	0		0	0	0							0
Haag	Sp								3				3
	T								0				0
Halvas (I)	Sp		15		3	2	14						34
(Torhüter)	T		0		0	0	0						0
Halvas (II)	Sp		2										2
	T		0										0
Heine	Sp		25	14	3								42
	T		0	0	0								0
Heinke	Sp							2					2
	T							0					0
Heinrichs	Sp						15	5					20
	T						2	1					3
Hoßdorf	Sp						22						22
	T						0						0
Höfer	Sp					8	18						26
	T					0	4						4
A. Jansen (II)	Sp		30	26	29	29		30	20	27	27	17	235
	T		12	12	6	12		3	3	2	0	0	50
G. Jansen (I)	Sp							30	30	11			71
(Torhüter)	T							0	0	0			0
J. Jansen	Sp							8	22				30
(III)	T							2	4				6
Jaschak	Sp	7											7
	T	0											0
Jedanowski	Sp		12	8	3	4							27
	T		0	0	0	0							0

Spieler	Spiele Tore	50/ 51	52/ 53	53/ 54	54/ 55	55/ 56	56/ 57	58/ 59	59/ 60	60/ 61	61/ 62	62/ 63	GESAMT
Kablitz	**Sp**		21	19	24	24	25	30	22	23	10		**198**
	T		2	1	1	2	4	2	0	1	0		**13**
Kirchhoff	**Sp**		15										**15**
	T		0										**0**
Knops	**Sp**								1				**1**
	T								0				**0**
Kohn	**Sp**								26	30	21	24	**101**
	T								14	21	9	5	**49**
Köhnen	**Sp**	26											**26**
	T	1											**1**
Kremer	**Sp**										14		**14**
	T										1		**1**
Krippendorf	**Sp**						2						**2**
	T						0						**0**
Kubon	**Sp**					7	9						**16**
	T					1	2						**3**
Laaser	**Sp**	26											**26**
	T	6											**6**
Lambertin	**Sp**							5					**5**
	T							0					**0**
Laumen	**Sp**											15	**15**
	T											6	**6**
Laupen=	**Sp**	22											**22**
mühlen	**T**	2											**2**
Lewan=	**Sp**	25											**25**
dowski	**T**	0											**0**
Lienhardt	**Sp**	21	6										**27**
	T	8	0										**8**
Lowin	**Sp**											29	**29**
	T											0	**0**
Mäurer	**Sp**		15	2									**17**
	T		2	0									**2**
Memmert	**Sp**										10		**10**
	T										0		**0**

Spieler	Spiele Tore	50/ 51	52/ 53	53/ 54	54/ 55	55/ 56	56/ 57	58/ 59	59/ 60	60/ 61	61/ 62	62/ 63	GESAMT
H. Meulen=	**Sp**	4											**4**
berg	**T**	1											**1**
J. Meulen=	**Sp**	25											**25**
berg	**T**	6											**6**
Minnich	**Sp**							3	1				**4**
	T							0	0				**0**
Moldovan	**Sp**											5	**5**
	T											0	**0**
Mühlhausen	**Sp**						2	25	29	26	23	25	**130**
	T						1	10	6	6	5	9	**37**
Nellen	**Sp**						11						**11**
	T						0						**0**
Niehsen	**Sp**							3	1				**4**
	T							0	0				**0**
Nienhaus	**Sp**			30	28	28	28						**114**
	T			15	14	11	6						**46**
Orzessek	**Sp**										11	24	**35**
	T										0	0	**0**
Palmenstroh	**Sp**	2											**2**
	T	0											**0**
Peters	**Sp**	27	24	18	3								**72**
	T	0	0	0	0								**0**
Pfeiffer	**Sp**					5	17	25	25	23	13	3	**111**
	T					2	2	0	0	0	0	0	**4**
Philipsen	**Sp**						7						**7**
	T						1						**1**
Pliska	**Sp**		20										**20**
	T		4										**4**
Quarz	**Sp**							25	12				**37**
	T							4	0				**4**
Reh	**Sp**			20	26	21	21						**88**
	T			15	10	6	4						**35**
Schaffers	**Sp**		16										**16**
	T		0										**0**

Spieler	Spiele Tore	50/ 51	52/ 53	53/ 54	54/ 55	55/ 56	56/ 57	58/ 59	59/ 60	60/ 61	61/ 62	62/ 63	GESAMT
Schicks	**Sp**	30	30	27	30	21							**137**
	T	2	3	5	1	4							**15**
Schiller	**Sp**	14											**14**
	T	1											**1**
Schmitz	**Sp**										1		**1**
	T										0		**0**
Schommen	**Sp**					15	26	20	21	4	23	30	**139**
	T					0	2	0	2	0	2	1	**7**
Sencar	**Sp**							4					**4**
	T							0					**0**
Sieben	**Sp**						3						**3**
	T						1						**1**
Thommess.	**Sp**							15					**15**
	T							1					**1**
Turek	**Sp**						4						**4**
	T						0						**0**
Weber	**Sp**								5		1		**6**
	T								0		0		**0**
Dr. Wichel=	**Sp**			27	30	24	14						**95**
haus	**T**			0	0	0	0						**0**
Wichmann	**Sp**		5										**5**
	T		0										**0**
Wicken	**Sp**	27	28	27	29	22	19	14	9	3			**178**
	T	10	6	3	7	12	4	2	1				**45**
Wiefels	**Sp**		28	21	1	2							**52**
	T		0	0	0	0							**0**
Wimmer	**Sp**											10	**10**
	T											0	**0**
Winkler	**Sp**	23	4										**27**
	T	3	0										**3**
Wuttke	**Sp**			25	23	5	2						**55**
	T			1	5	1	0						**7**

Die Tabellen der Oberliga W E S T

47/48:		S	U	N	Tore	Pkt.
1.	Dortmund	17	2	5	62-22	36:12
2.	Katernberg	15	4	5	47-30	34:14
3.	H. Emscher	11	7	6	55-43	29:19
4.	Hamborn	11	6	7	40-29	28:20
5.	RW Oberh.	12	3	9	43-31	27:21
6.	Schalke	9	6	9	40-35	24:24
7.	Düsseldorf	9	6	9	41-41	24:24
8.	Erkenschw.	9	3	12	48-48	21:27
9.	A. Aachen	8	5	11	29-46	21:27
10.	Vohwinkel	8	5	11	33-48	19:29
11.	Dellbrück	7	5	12	37-55	19:29
12.	VfR Köln	5	7	12	23-43	17:31
13.	Witten	4	5	15	30-56	13:35

48/49:		S	U	N	Tore	Pkt.
1.	Dortmund	17	4	3	79-30	38:10
2.	RW Essen	10	10	4	39-22	30:18
3.	H. Emscher	11	5	8	51-40	27:21
4.	Münster	9	7	8	33-35	25:23
5.	RW Oberh.	9	6	9	36-25	24:24
6.	Hamborn	10	4	10	40-44	24:24
7.	Vohwinkel	10	3	11	41-45	23:35
8.	Aachen	8	7	9	35-39	23:25
9.	Erkenschw.	9	3	12	42-53	21:27
10.	Würselen	8	5	11	23-48	21:27
11.	Düsseldorf	8	4	12	31-45	20:28
12.	Schalke	6	6	12	33-43	18:30
13.	Katernberg	7	4	13	29-51	18:30

49/50:		S	U	N	Tore	Pkt.
1.	Dortmund	20	3	7	76-36	43:17
2.	Dellbrück	17	5	8	55-41	39:21
3.	RW Essen	17	4	9	78-47	38:22
4.	H. Emscher	14	9	7	62-35	37:23
5.	1.FC Köln	16	5	9	61-39	37:23
6.	Schalke	17	3	10	65-55	37:23
7.	Erkenschw.	13	8	9	49-62	34:26
8.	Münster	11	6	13	53-42	28:32
9.	Hamborn	9	10	11	50-55	28:32
10.	Duisb. SV	10	7	13	51-65	27:33
11.	RW Oberh.	10	7	13	46-60	27:33
12.	A. Aachen	9	9	12	37-56	27:33
13.	Würselen	10	6	14	45-52	26:34
14.	Vohwinkel	7	7	16	42-68	21:39
15.	Bielefeld	5	7	18	32-72	17:43
16.	Duisb. 08	6	2	22	29-66	14:46

50/51:		S	U	N	Tore	Pkt.
1.	Schalke	18	6	6	69-36	42:18
2.	Münster	19	3	8	58-36	41:19
3.	Dortmund	14	11	5	52-36	39:21
4.	1.FC Köln	17	4	9	60-31	38:22
5.	Düsseldorf	13	5	12	49-35	31:29
6.	RW Essen	13	4	13	59-53	30:30
7.	Hamborn	10	10	10	42-45	30:30
8.	Dellbrück	10	8	12	49-52	28:32
9.	Rheydt	11	6	13	47-57	28:32
10.	H. Emscher	11	5	14	47-51	27:33
11.	Erkenschw.	7	13	10	34-39	27:33
12.	Katernberg	10	6	14	55-64	26:34
13.	RW Oberh.	9	8	13	31-50	26:34
14.	**Gladbach**	**9**	**7**	**14**	**47-72**	**25:35**
15.	Aachen	8	8	14	58-66	24:36
16.	Duisb. SV	6	6	18	27-59	18:42

51/52:		S	U	N	Tore	Pkt.
1.	RW Essen	20	5	5	78-41	45:15
2.	Schalke	18	4	8	63-47	40:20
3.	A. Aachen	16	4	10	65-47	36:24
4.	Dortmund	13	8	9	79-53	34:26
5.	1.FC Köln	13	7	10	57-40	33:27
6.	B. Leverk.	10	12	8	49-41	32:28
7.	Münster	12	8	10	53-48	32:28
8.	Meid. SV	11	7	12	57-55	32:28
9.	Dellbrück	9	11	10	42-48	29:31
10.	Katernberg	10	7	13	62-70	27:33
11.	SW Essen	7	13	10	43-57	27:33
12.	Düsseldorf	8	10	12	43-48	26:34
13.	H. Emscher	9	8	13	48-61	26:34
14.	Erkenschw.	6	12	12	53-71	24:36
15.	Rheydt	7	9	14	58-88	23:37
16.	Hamborn 07	4	9	17	30-65	17:43

52/53:		S	U	N	Tore	Pkt.
1.	Dortmund	20	6	4	87-36	46:14
2.	1.FC Köln	19	5	6	86-42	43:17
3.	RW Essen	18	4	8	86-40	40:20
4.	Meid. SV	15	6	9	63-51	36:24
5.	A. Aachen	14	6	10	61-57	34:26
6.	Schalke	14	5	11	67-49	33:27
7.	Münster	12	8	10	74-60	32:28
8.	Dellbrück	12	7	11	52-39	31:29
9.	Düsseldorf	14	2	14	68-60	30:30
10.	B. Leverk.	10	9	11	50-68	29:31
11.	Sodingen	7	11	12	47-54	25:35
12.	H. Emscher	9	5	16	42-73	23:27
13.	SW Essen	9	4	17	54-76	22:38
14.	**Gladbach**	**7**	**5**	**16**	**31-80**	**21:39**
15.	Katernberg	7	5	18	57-91	19:41
16.	Erkenschw.	6	4	20	41-90	16:44

53/54:	S	U	N	Tore	Pkt.
1. 1.FC Köln	17	7	6	83-43	41:19
2. RW Essen	19	2	9	75-49	40:20
3. Schalke	16	7	7	76-51	39:21
4. Münster	11	11	8	60-54	33:27
5. Dortmund	14	4	12	69-58	32:38
6. SW Essen	13	5	12	72-53	31:29
7. B. Leverk.	13	5	12	58-67	31:29
8. Bochum	13	5	12	50-58	31:29
9. A. Aachen	12	4	14	59-59	28:32
10. Düsseldorf	12	3	15	53-49	27:33
11. Meid. SV	9	9	12	46-55	27:33
12. Dellbrück	10	7	13	41-55	27:33
13. Gladbach	**10**	**7**	**13**	**56-73**	**27:33**
14. Sodingen	11	4	15	46-56	26:34
15. Rheydt	9	2	19	45-76	20:40
16. H. Emscher	7	6	17	43-76	20:40

54/55:	S	U	N	Tore	Pkt.
1. RW Essen	20	5	5	64-38	45:15
2. Sodingen	17	5	8	54-40	39:21
3. B. Leverk.	13	10	7	54-42	36:24
4. Dortmund	12	6	12	62-57	30:30
5. Schalke	11	8	11	51-49	30:30
6. Düsseldorf	13	4	13	66-65	30:30
7. 1.FC Köln	13	3	14	60-55	29:31
8. Duisb. SV	12	5	13	48-52	29:31
9. Münster	12	4	14	70-60	28:32
10. Dellbrück	12	4	14	51-57	28:32
11. A. Aachen	11	6	13	56-64	28:32
12. SW Essen	11	5	14	52-55	27:33
13. W. Herne	10	6	14	57-63	26:34
14. Gladbach	**9**	**8**	**13**	**48-65**	**26:34**
15. Meid. SV	10	6	14	39-60	26:34
16. Bochum	6	11	13	36-46	23:37

55/56:	S	U	N	Tore	Pkt.
1. Dortmund	20	5	5	78-36	45:15
2. Schalke	18	5	7	67-38	41:19
3. A. Aachen	17	7	6	70-55	41:19
4. Duisb. SV	13	10	7	48-36	36:24
5. RW Essen	15	6	9	59-45	36:24
6. Düsseldorf	14	8	8	55-48	36:24
7. 1.FC Köln	13	6	11	59-48	32:28
8. SW Essen	9	10	11	44-45	27:33
9. Sodingen	10	7	13	44-49	27:33
10. Wuppertal	12	3	15	43-62	27:33
11. Gladbach	**9**	**7**	**14**	**60-70**	**26:34**
12. Münster	11	4	15	51-64	26:34
13. W. Herne	7	10	13	51-60	24:36
14. Dellbrück	9	6	15	49-69	24:36
15. B. Leverk.	7	3	20	37-65	17:43
16. Hamborn	6	3	21	45-70	15:45

56/57:	S	U	N	Tore	Pkt.
1. Dortmund	17	7	6	73-33	41:19
2. Duisb. SV	16	7	7	56-39	39:21
3. 1.FC Köln	14	11	5	67-50	39:21
4. Schalke	15	6	9	76-49	36:24
5. A. Aachen	13	8	9	65-54	34:26
6. Düsseldorf	15	3	12	65-53	33:27
7. Meider. SV	11	10	9	62:42	32:28
8. RW Essen	12	8	10	57-51	32:28
9. Wuppertal	13	4	13	41-52	30:30
10. Bochum	9	11	10	54-54	29:31
11. W. Herne	9	9	12	33-38	27:33
12. Dellbrück	10	5	15	46-62	25:35
13. Münster	11	3	16	48-70	25:35
14. Sodingen	6	10	14	41-44	22:38
15. SW Essen	8	6	16	43-63	22:38
16. Gladbach	**3**	**4**	**23**	**39-112**	**10:50**

57/58:	S	U	N	Tore	Pkt.
1. Schalke	16	9	5	74-36	41:19
2. 1.FC Köln	18	4	8	74-45	40:20
3. A. Aachen	15	7	8	47-38	37:23
4. Meid. SV	13	10	7	56-37	36:24
5. Dortmund	14	7	9	67-44	35:25
6. Münster	9	12	9	48-45	30:30
7. RW Essen	11	8	11	40-42	30:30
8. Düsseldorf	11	7	12	57-58	29:31
9. V. Köln	11	7	12	57-58	29:31
10. Duisb. SV	12	5	13	41-48	29:31
11. RW Oberh.	10	8	12	45-56	28:32
12. W. Herne	7	13	10	41-54	27:33
13. Sodingen	7	10	13	44-55	24:36
14. Bochum	8	8	14	39-62	24:36
15. Wuppertal	8	7	15	46-60	23:37
16. Hamborn	5	8	17	29-67	18:42

58/59:	S	U	N	Tore	Pkt.
1. W. Herne	19	7	4	60-23	45:15
2. 1.FC Köln	13	13	4	60-35	39:21
3. Düsseldorf	17	5	8	89-56	39:21
4. Bochum	14	8	8	61-43	36:24
5. Dortmund	15	5	10	59-47	35:25
6. RW Essen	13	6	11	51-42	32:28
7. Münster	13	6	11	50-51	32:28
8. Meider. SV	12	6	12	44-44	30:30
9. Duisb. SV	8	12	10	55-46	28:32
10. A. Aachen	12	4	14	52-56	28:32
11. Schalke	9	9	12	57-52	27:33
12. RW Oberh.	9	9	12	48-65	27:33
13. Gladbach	**8**	**9**	**13**	**39-58**	**25:35**
14. V. Köln	8	7	15	57-83	23:37
15. Sodingen	6	9	15	34-57	21:39
16. H. Emscher	4	5	21	32-90	13:47

59/60:	S	U	N	Tore	Pkt.
1. 1.FC Köln	19	6	5	85-39	44:16
2. W. Herne	13	11	6	56-37	37:23
3. Dortmund	14	7	9	81-62	35:25
4. Schalke	15	4	11	59-41	34:26
5. Duisb. SV	9	12	9	47-51	30:30
6. RW Essen	12	5	13	46-60	29:31
7. V. Köln	10	8	12	60-71	28:32
8. Meider. SV	10	8	12	35-45	28:32
9. A. Aachen	11	6	13	43-56	28:32
10. Münster	12	4	14	37-52	28:32
11. Bochum	8	11	11	46-49	27:33
12. Hamborn	8	11	11	45-48	27:33
13. RW Oberh.	9	9	12	40-49	27:33
14. Gladbach	**9**	**9**	**12**	**38-52**	**27:33**
15. Düsseldorf	9	8	13	46-53	26:34
16. SW Essen	9	7	14	47-46	25:35

60/61:	S	U	N	Tore	Pkt.
1. 1.FC Köln	18	6	6	79-33	42:18
2. Dortmund	15	9	6	70-46	39:21
3. Schalke	11	13	6	59-40	35:25
4. RW Oberh.	12	11	7	48-36	35:25
5. W. Herne	13	8	9	60-47	34:26
6. Gladbach	**12**	**7**	**11**	**58-58**	**31:29**
7. Hamborn	12	7	11	46-48	31:29
8. A. Aachen	12	5	13	61-61	29:31
9. Münster	10	7	13	41-50	27:33
10. V. Köln	11	5	15	49-62	27:33
11. Meider. SV	8	10	12	47-48	26:34
12. Marl-Hüls	10	6	14	41-61	26:34
13. Duisb. SV	8	10	12	40:67	26:34
14. Sodingen	9	7	14	47-58	25:35
15. RW Essen	7	10	13	32-46	24:38
16. Bochum	9	5	16	45-62	23:37

61/62:	S	U	N	Tore	Pkt.
1. 1.FC Köln	20	4	6	89-40	44:16
2. Schalke	18	7	5	68-40	43:17
3. RW Oberh.	16	8	6	53-37	40:20
4. SW Essen	13	12	5	64-39	38:22
5. Meider. SV	13	9	8	50-37	35:25
6. W. Herne	14	6	10	58-45	34:26
7. Münster	11	12	7	60-47	34:26
8. Dortmund	12	8	10	67-51	32:28
9. Düsseldorf	13	6	11	57-50	32:28
10. V. Köln	13	3	14	62-72	29:31
11. A. Aachen	8	11	11	50-56	27:33
12. Hamborn	8	6	16	38-68	22:38
13. Gladbach	**9**	**3**	**18**	**42-57**	**21:39**
14. Marl-Hüls	7	7	16	52-82	21:39
15. Sodingen	5	8	17	31-57	18:42
16. Duisb. SV	3	4	23	28-91	10:50

62/63:	S	U	N	Tore	Pkt.
1. 1.FC Köln	18	6	6	65-37	42:18
2. Dortmund	19	2	9	77-39	40:20
3. Meider. SV	15	8	7	47-43	38:22
4. Münster	14	9	7	51-32	37:23
5. Aachen	14	9	7	58-42	37:23
6. Schalke	13	9	8	62-43	35:25
7. SW Essen	13	7	10	44-37	33:27
8. V. Köln	12	6	12	81-69	30:30
9. B. Leverk.	10	10	10	50-53	30:30
10. RW Oberh.	10	9	11	49-58	29:31
11. Gladbach	**8**	**8**	**14**	**44-60**	**24:36**
12. Hamborn	9	6	15	34-50	24:36
13. Düsseldorf	8	6	16	43-64	22:38
14. W. Herne	8	5	17	43-65	21:39
15. Wuppertal	9	2	19	43-66	20:40
16. Marl-Hüls	7	4	19	37-69	18:42

Alle Ergebnisse auf einen Blick

Verein	H A	50/ 51	52/ 53	53/ 54	54/ 55	55/ 56	56/ 57	58/ 59	59/ 60	60/ 61	61/ 62	62/ 63
Alemannia	H	2-1	2-2	2-1	3-0	3-5	0-3	2-0	3-1	3-2	2-0	0-1
Aachen	A	1-6	1-4	2-2	1-0	1-2	0-3	1-3	3-3	2-5	3-0	0-1
VfL Bochum	H			3-0	4-2		1-4	2-1	0-0	0-0		
	A			3-2	0-3		1-5	0-3	0-2	0-3		
Preußen	H	3-3	1-1	1-2	1-1	1-2	2-4					
Dellbrück	A	0-2	1-3	4-5	1-5	1-1	0-3					
Borussia	H	0-0	*0-0	0-8	6-6	1-1	0-7	2-0	3-2	2-3	0-0	3-4
Dortmund	A	3-4	0-4	3-3	0-1	2-5	1-7	1-2	1-4	1-1	1-3	1-3
Duisburger	H	0-1			1-1	2-1	2-2	2-2	1-1	2-0	4-0	
SV	A	2-2			2-5	2-3	0-4	1-1	2-1	1-1	3-0	
Fortuna	H	0-2	3-2	4-0	4-0	4-1	2-5	1-1	1-1		2-3	4-3
Düsseldorf	A	1-4	1-1	1-3	0-0	2-3	3-1	0-6	1-1		1-1	1-2
SpVgg	H	2-1	2-0									
Erkenschwick	A	1-1	0-3									
Rot-Weiß	H	1-1	0-7	1-4	2-3	2-2	1-2	0-6	0-1	2-2		
Essen	A	1-6	0-4	0-1	1-2	2-5	1-5	2-2	1-5	0-2		
Schwarz-Weiß	H		2-4	3-0	1-0	1-4	3-2		0-0		0-3	0-2
Essen	A		0-5	1-6	0-2	1-1	1-5		0-0		0-4	0-4
Hamborn 07	H	1-1				4-1			1-0	1-3	0-1	1-1
	A	0-3				3-2			3-2	2-0	2-3	0-1
Westfalia	H				3-1	2-2	3-3	0-0	0-0	5-3	2-1	2-1
Herne	A				2-4	3-3	1-1	0-5	0-6	1-1	0-1	4-4
STV Horst-	H	3-1	1-0	4-1				2-0				
Emscher	A	2-3	0-4	0-0				1-0				
Sportfreunde	H	2-0		1-1								
Katernberg	A	2-3		3-2								
1.FC Köln	H	1-3	0-6	0-3	3-2	3-2	0-3	0-0	1-2	2-3	1-6	4-2
	A	2-6	0-6	0-3	1-5	0-1	2-5	2-2	1-3	1-4	0-3	0-2
Viktoria	H							6-1	2-2	3-0	5-1	2-4
Köln	A							0-2	1-3	3-4	2-4	1-1
Bayer 04	H		0-2	0-0	1-1	4-0						1-0
Leverkusen	A		2-2	2-6	0-4	1-5						2-2

Verein	H A	50/ 51	52/ 53	53/ 54	54/ 55	55/ 56	56/ 57	58/ 59	59/ 60	60/ 61	61/ 62	62/ 63
TSV Marl-Hüls	H A									3-0 1-3	3-1 1-5	2-1 2-1
Meidericher SV	H A		2-1 0-2	4-1 3-3	3-1 1-1		2-1 1-8	2-0 1-3	1-2 2-1	3-0 1-1	1-1 0-3	1-1 1-3
Preußen Münster	H A	3-2 0-3	2-2 2-1	2-2 0-0	2-0 0-4	4-1 2-2	1-4 1-5	3-4 1-3	5-1 0-1	4-3 0-0	4-0 0-3	0-3 1-3
Rot-Weiß Oberhausen	H A	4-0 3-0						2-2 0-1	1-0 0-3	2-1 0-1	0-1 0-1	2-2 1-1
Rheydter SpV	H A	2-2 2-2		3-1 2-1								
Schalke 04	H A	3-1 0-8	2-6 0-2	0-1 2-8	1-2 0-5	2-4 2-1	1-3 0-4	2-2 1-5	3-2 1-2	4-3 4-2	2-3 0-3	2-2 2-4
SV Sodingen	H A		3-2 0-1	2-1 4-5	3-3 1-1	1-2 1-4	2-2 2-4	2-0 0-1		4-2 1-5	3-1 0-1	
Wuppertaler SV	H A					4-2 0-3	3-4 2-3					1-0 3-1

Anmerkung:
* Dieses Spiele wurde nachträglich mit 2:0 Punkten und 0-0 Toren für Borussia Mönchengladbach gewertet (Dortmund hatte einen nicht spielberechtigten Spieler eingesetzt)!

Vereinsumbenennung: Preußen Dellbrück ab 1958 => Viktoria Köln!

Saisonübersichten

Saison	Platz	S	U	N	Tore	Diff.	Punkte	Zuschauer
50/51:	14	9	7	14	47 - 72	-25	25:35	227.000
52/53:	14	7	7	16	31 - 80	-49	21:39	188.000
53/54:	13	10	7	13	56 - 73	-17	27:33	203.000
54/55:	14	9	8	13	48 - 65	-17	26:34	196.000
55/56:	11	9	7	14	61 - 71	-10	25:35	200.000
56/57:	16	3	4	23	39 - 112	-73	10:50	105.000
58/59:	13	8	9	13	39 - 58	-19	25:35	206.000
59/60:	14	9	9	12	38 - 52	-14	27:33	242.000
60/61:	6	12	7	11	58 - 58	0	31:29	336.000
61/62:	13	9	3	18	42 - 57	-15	21:39	203.000
62/63:	11	8	8	14	44 - 60	-16	24:36	180.000

GESAMT:

Spiele	**330**
Siege	**93**
Unentschieden	**76**
Niederlagen	**161**
Tore	**503 - 758**
Tordifferenz	**- 255**
Punkte	**262 : 398**
Zuschauer	**2.286.000**
Schnitt/pro Spiel	**19.878**

2. Liga WEST

1949/50

Sp.	Datum		Gegner	Ergebnis	BMG-Torschützen	Zuschauer
01.	04.09.49	H	Alem. Gelsenkirchen	1 : 1 (1-1)	Greczek	
02.	11.09.49	A	SpVgg Herten	6 : 2 (3-1)	Greczek 2 | Fischermann | H. Meulenb.| J. Meulenb. 2	
03.	18.09.49	A	SC West Köln	1 : 2 (1-0)	Fischermann	2.000
04.	25.09.49	H	SpV Hombruch	1 : 3 (0-0)	H. Meulenberg	
05.	02.10.49	A	SpVg Röhlinghausen	4 : 3 (2-2)	Frings | Fischermann | Greczek | J. Meulenberg	
06.	09.10.49	A	Union Krefeld	1 : 2 (0-1)	Greczek	
07.	16.10.49	H	Sportfr. Katernberg	3 : 2 (1-1)	J. Meulenberg 2 | Wicken	
08.	23.10.49	A	Troisdorf 05	2 : 6 (1-3)	Wicken | Laupenmühlen	2.000
09.	30.10.49	H	TuRa Essen	2 : 5 (0-4)	Greczek | Frings	3.000
10.	06.11.49	H	VfL Bochum	3 : 2 (1-1)	Greczek | Fischermann | J. Meulenberg	4.000
11.	13.11.49	H	Bonner FV	4 : 2 (2-1)	Greczek | Wicken | Aben | Peters	
12.	20.11.49	A	Meidericher SV	2 : 2 (2-0)	J. Meulenberg | ?	3.000
13.	04.12.49	H	VfB Bottrop	5 : 2 (1-0)	J. Meulenberg 2 | Greczek | Wicken | ?	6.000
14.	11.12.49	H	Union Ohligs	3 : 2 (0-0)	Schiller | (1 Schütze nicht bekannt !) | EIG.: von Union	
15.	18.12.49	A	VfL Benrath	6 : 2 (2-0)	Aben | Fischerm. | J. Meulenb. | Greczek | H. Meul. 2	4.000
16.	15.01.50	H	VfL Benrath	3 : 2 (2-0)	Fischermann 2 | J. Meulenberg	6.000
17.	22.01.50	A	SpVgg Herten	1 : 1 (1-1)	Greczek	3.000
18.	29.01.50	H	Köln West	3 : 3 (1-1)	Greczek 3	
19.	05.02.50	A	SpV Hombruch	2 : 1 (1-1)	Wicken 2	1.000
20.	12.02.50	H	TuRa Essen	2 : 2 (1-1)	Fischermann | Aben	
21.	26.02.50	A	VfL Bochum	1 : 0 (1-0)	J. Meulenberg	4.000
22.	05.03.50	H	Union Krefeld	2 : 1 (0-1)	Aben | J. Meulenberg	25.000
23.	12.03.50	A	VfB Bottrop	1 : 1 (0-1)	Fischermann	
24.	19.03.50	A	Bonner FV	2 : 3 (1-0)	Wicken | H. Meulenberg	4.000
25.	26.03.50	A	Alem. Gelsenk.	2 : 1 (1-0)	Wicken | H. Meulenberg	2.000
26.	02.04.50	H	Troisdorf 05	5 : 0 (2-0)	Fischermann 2 | J. Meulenberg 2 | EIG.: von Troisdorf	12.000
27.	07.04.50	A	Sp. Katernberg	1 : 1 (1-1)	EIG.: Rynkowski	12.000
28.	16.04.50	A	Union Ohligs	0 : 0 (0-0)	-	9.000
29.	23.04.50	H	Röhlinghausen	7 : 1 (0-1)	Greczek 2 | Fischermann | J. Meulenb.| H. Meulenb. 2	16.000
30.	07.05.50	H	Meidericher SV	3 : 0 (-0)		

Anmerkung: Die Zuschauerzahlen konnten bei einigen Spielen nicht genau ermittelt werden!

Saisonstatistik: *Platz:* **2**

16 *Siege* / 8 *Unentschieden* / 6 *Niederlagen*
79 - 55 *Tore; Diff.:* + 24;
40 : 20 *Punkte*

1949/50

Spieltag	Köhnen	Klinkhammels	Schiller	Schicks	Laupenmühlen	Stange	Wicken	J. Meulenberg I	Greczik	Fischermann	H. Meulenberg II	Aben	Houben	Peters	Pohlen	Frings	Tischeru	Indefrey	Schmidt
01.	x	x	x	x	x	x	x	x	x	x	x								
02.	x	x	x	x	x	x		x	x	x	x	x							
03.	x	x	x	x	x	x		x	x	x	x	x							
04.	x		x	x	x	x	x	x	x	x	x		x						
05.	x			x	x			x	x	x	x	x		x	x	x			
06.	x		x	x				x	x	x	x	x		x	x	x			
07.	x	x	x	x	x		x	x	x	x			x		x				
08.	x	x	x	x	x		x	x			x	x	x				x		
09.	x	x		x	x		x	x	x	x				x	x	x			
10.	x		x	x	x	x	x	x	x	x	x	x							
11.	x	x	x		x	x	x	x	x	x		x		x					
12.	x		x	x	x	x	x	x	x	x	x	x							
13.	x	x	x	x	x		x	x	x	x		x				x			
14.	x	x	x	x	x		x	x	x	x		x				x			
15.		x	x	x	x		x	x	x	x	x	x						x	
16.	x	x	x	x	x		x	x	x	x	x	x							
17.	x	x	x	x	x		x	x	x	x	x	x							
18.	x	x	x	x	x		x	x	x		x	x		x					
19.	x		x	x	x		x	x	x	x	x	x		x					
20.	x		x	x	x	x		x	x	x	x	x		x					
21.	x		x	x	x			x	x	x	x	x	x	x					
22.	x		x	x	x		x	x	x	x	x	x		x					
23.	x	x		x	x		x	x	x	x	x	x		x					
24.	x		x	x	x		x	x	x	x	x	x		x					
25.	x		x	x	x		x	x	x	x	x		x	x					
26.	x		x	x	x			x	x	x	x		x	x					
27.	x		x	x	x		x	x	x	x	x	x		x					
28.	keine Daten bekannt !																		
29.	x		x	x	x			x	x	x	x	x		x					x
30.																			
SP.:	28	14	27	28	28	8	21	29	28	27	24	23	5	17	3	6	1	1	1
T.:	0	0	1	0	1	0	8	17	17	14	8	4	0	1	0	2	0	0	0

1951/52

Sp.	Datum		Gegner	Ergebnis	BMG-Torschützen	Zuschauer
01.	19.08.51	H	Düren 99	3 : 2 (1-0)	Wicken 2 | Jedanowski	10.000
02.	26.08.51	A	VfL Benrath	4 : 2 (1-0)	Schaffers | Heine | Halvas | Fischermann	5.000
03.	02.09.51	H	TSV Vohwinkel	2 : 1 (0-0)	Schaffers 2	14.000
04.	09.09.51	A	Turu Düsseldorf	0 : 1 (0-0)	-	5.000
05.	16.09.51	H	Rapid Köln	4 : 1 (1-1)	Fischermann 2 | Winkler | Heine	15.000
06.	30.09.51	A	Rh. Würselen	1 : 3 (1-3)	Pliska	5.000
07.	07.10.51	A	Union Ohligs	1 : 4 (1-1)	Heine	7.000
08.	21.10.51	H	M. Remscheid	2 : 0 (1-0)	Schaffers | Greczek	18.000
09.	28.10.51	A	Preußen Krefeld	1 : 1 (0-1)	Wicken	4.000
10.	04.11.51	A	Duisburger SV	2 : 2 (1-1)	Lewandowski 2	12.000
11.	11.11.51	H	Fort. Köln	3 : 0 (1-0)	Lewandowski | Heine | Schicks	9.000
12.	18.11.51	H	SSV Wuppertal	3 : 2 (1-2)	Schaffers 3	7.000
13.	25.11.51	H	Union Krefeld	3 : 3 (3-2)	Schaffers | Greczek | Wicken	5.000
14.	02.12.51	H	Berg. Gladbach	4 : 1 (1-0)	Fischermann | Schicks | Heine | Greczek	5.000
15.	09.12.51	A	Düren 99	1 : 1 (1-1)	Fischermann	6.000
16.	30.12.51	H	VfL Benrath	3 : 0 (1-0)	Wicken 3	10.000
17.	06.01.52	A	TSV Vohwinkel	0 : 2 (0-1)	-	20.000
18.	13.01.52	H	Turu Düsseldorf	2 : 1 (0-0)	Fischermann 2	4.000
19.	20.01.52	H	Rapid Köln (*)	3 : 0 (3-0)	Wicken 2 | Schicks	8.000
20.	27.01.52	H	Union Ohligs	3 : 0 (1-0)	Heine | Winkler | Dohmen	5.000
21.	03.02.52	A	Mar. Remscheid	1 : 1 (1-0)	Peters	3.000
22.	10.02.52	H	Preußen Krefeld	3 : 0 (0-0)	Schaffers 3	10.000
23.	17.02.52	H	Duisburger SV	5 : 0 (1-0)	Lewandowski 3 | Winkler | Schaffers	20.000
24.	02.03.52	A	Fort. Köln	2 : 1 (0-1)	Schaffers 2	5.000
25.	09.03.52	A	SSV Wuppertal	3 : 1 (0-0)	Lewandowski | Fischermann | Schaffers	15.000
26.	16.03.52	H	Rh. Würselen	4 : 0 (1-0)	Heine | Lewandowski | Schaffers | Wicken	18.000
27.	23.03.52	A	Union Krefeld	3 : 1 (1-0)	Wicken | Lewandowski | Schaffers	11.000
28.	30.03.52	A	Berg. Gladbach	3 : 3 (1-1)	Möller | Halvas | Meulenberg	2.000

Die beiden Spiele gegen den SC 99 Köln (6:2 und 2:3) kommen nicht in die Wertung, da der SC das Team während der Meisterschaft aus dem Spielbetrieb zurückgezogen hatte!

(*) = Wegen Platzsperre von Rapid Köln wurde die Begegnung in Mönchengladbach ausgetragen!

Saisonstatistik: *Platz:* **1**; 18 *Siege* / 6 *Unentschieden* / 4 *Niederlagen*
69 - 35 *Tore; Diff.:* + 34;
42 : 14 *Punkte*
152.000 *Zuschauer*

1951/52

Spieltag	Kirchhoff	Lewandowski	Jewandowski	Schicks	Pliska	Winkler	Meulenberg, H.	Heine	Halvas II	Wicken	Schaffers	Dohmen	Fischerman	Halvas I (TW)	Peters	Lienhardt	Greczek	Pohlmanns	Kllinkhammer	Schiller	Brack	Liermann	Möller	Lühn	
01.	x	x	x	x	x	x	x	x	x	x	x														
02.	x	x	x	x		x		x	x	x	x	x	x												
03.	x	x	x	x		x		x	x	x	x	x	x												
04.	x	x	x	x		x	x	x		x	x	x	x												
05.		x	x	x		x	x	x		x	x	x	x	x											
06.		x	x	x	x		x	x		x	x	x	x	x											
07.			x	x	x		x	x		x	x		x	x	x	x									
08.			x	x	x	x		x		x	x	x		x			x								
09.			x	x	x	x		x		x	x	x	x	x		x									
10.		x	x	x	x	x		x		x	x	x		x		x									
11.		x	x	x	x	x		x		x	x	x		x		x									
12.		x	x	x	x			x		x	x	x		x		x	x								
13.			x	x		x		x		x	x	x		x		x	x								
14.	x	x	x	x		x		x		x	x	x	x				x								
15.	x	x	x	x		x		x		x	x	x	x				x								
16.	x	x	x	x	x	x		x		x	x	x	x												
17.	x	x	x	x		x		x		x	x	x	x		x										
18.	x		x	x	x	x		x		x	x	x	x		x										
19.	x		x	x	x	x		x		x	x	x	x		x										
20.	x		x	x	x	x		x		x	x	x	x		x										
21.	x		x	x	x	x		x		x	x	x	x		x										
22.	x		x	x	x	x		x		x	x	x	x		x										
23.	x	x	x	x	x	x		x		x	x	x	x												
24.	x	x	x	x	x	x		x		x	x	x	x												
25.	x	x	x	x	x	x		x		x	x	x	x												
26.	x	x	x	x	x	x		x		x	x	x	x												
27.	x	x	x	x	x	x		x	x	x	x	x													
28.							x		x					x		x		x	x	x	x	x	x	x	

SP.:	18	18	27	27	19	24	6	27	5	27	27	25	20	10	7	7	5	1	1	1	1	1	1	1	
T.:	0	9	1	3	1	3	1	7	2	11	17	1	8	0	1	0	3	0	0	0	0	0	1	0	

1957/58

Sp.	Datum		Gegner	Ergebnis	BMG-Torschützen	Zuschauer
01.	11.08.57	H	Union Krefeld	1 : 1 (1-1)	Minnich	7.000
02.	18.08.57	A	Rheydter SV	3 : 1 (1-0)	Brülls 2 | Quarz	14.000
03.	25.08.57	H	Wattenscheid	3 : 0 (1-0)	Minnich | Brülls | Wicken	4.000
04.	01.09.57	A	STV Marl-Hüls	1 : 4 (1-2)	Minnich	5.000
05.	08.09.57	H	SW Essen	1 : 0 (0-0)	Reh	2.000
06.	15.09.57	A	Dortmund 95	3 : 2 (1-0)	Kablitz 2 | Heinrichs	1.000
07.	22.09.57	H	Sportfr. Gladbeck	3 : 1 (0-1)	Reh | Quarz | Pfeiffer	4.000
08.	29.09.57	A	Eintr. Gelsenk.	1 : 3 (1-1)	Wicken	4.000
09.	06.10.57	H	Mar. Remscheid	2 : 1 (1-1)	A. Jansen | Quarz	4.000
10.	13.10.57	A	Horst-Emscher	0 : 2 (0-1)	-	5.000
11.	20.10.57	H	B. Leverkusen	1 : 1 (1-0)	Wicken	5.000
12.	27.10.57	H	Düren 99	3 : 1 (1-1)	Brülls 2 | Reh	4.000
13.	03.11.57	A	SpVgg Herten	0 : 0 (0-0)	-	8.000
14.	10.11.57	A	VfL Benrath	2 : 4 (1-1)	Mühlhausen | Quarz	6.000
15.	17.10.57	H	VfB Bottrop	5 : 1 (0-1)	Brülls 4 | Wicken	6.000
16.	01.12.57	A	Union Krefeld	0 : 1 (0-0)	-	5.000
17.	08.12.57	H	Rheydter SV	3 : 0 (2-0)	Kablitz 2 | Wicken	10.000
18.	15.12.57	A	Wattenscheid	2 : 1 (1-0)	Brülls | Kablitz	1.000
19.	05.01.58	H	STV Marl-Hüls	7 : 2 (4-2)	A. Jansen 3 | Kablitz | Wicken | Brülls | Reh	14.000
20.	12.01.58	A	SW Essen	4 : 3 (1-1)	Brülls 2 | Kablitz | Fischermann	4.000
21.	19.01.58	H	Dortmund 95	4 : 1 (2-0)	A. Jansen 3 | Brülls	5.000
22.	26.01.58	A	Sp. Gladbeck	2 : 2 (0-2)	A. Jansen EIG.: Mal	5.000
23.	02.02.58	H	VfL Benrath	4 : 0 (2-0)	Brülls 2 | A. Jansen | Kablitz	12.000
24.	09.02.58	H	E. Gelsenkirchen	2 : 0 (1-0)	Fischermann | Kablitz	10.000
25.	16.02.58	A	M. Remscheid	5 : 2 (3-1)	A. Jansen 3 | Kablitz | Brülls	1.000
26.	09.03.58	H	Horst-Emscher	5 : 0 (1-0)	Brülls 3 | A. Jansen | Wicken	20.000
27.	16.03.58	A	B. Leverkusen	1 : 1 (0-1)	A. Jansen	8.000
28.	23.03.58	A	VfB Bottrop	0 : 1 (0-1)	-	10.000
29.	30.03.58	H	SpVgg Herten	5 : 1 (2-0)	Brülls 3 | Mühlhausen | A. Jansen	20.000
30.	13.04.58	A	Düren 99	2 : 0 (1-0)	Kablitz | Mühlhausen	10.000

Saisonstatistik: Platz: **2;**19 *Siege*/ 5 *Unentschieden* / 6 *Niederlagen*
75 - 37 *Tore; Diff.:* + 38;
43 : 17 *Punkte*
127.000 *Zuschauer*

1957/58

Spieltag	Jansen, G. (TW)	Dohmen	Minich	Quarz	Kalbitz	Pfeiffer	Brülls	Mühlhausen	J. Jansen	Wicken	Schommen	Hoßdorf	A. Jansen II	Reh	Heinrichs	Göbbels	Fischermann	de Lange	Thommesen						
01.	x	x	x	x	x	x	x	x	x	x	x														
02.	x		x	x	x		x	x		x	x	x	x	x											
03.	x		x	x	x	x	x			x	x	x	x	x											
04.	x	x	x	x		x	x			x	x	x	x	x											
05.	x		x	x		x	x			x	x	x	x	x	x										
06.	x		x	x	x	x				x	x	x	x	x	x										
07.	x		x	x	x	x	x			x	x	x	x	x											
08.	x		x	x	x	x	x			x	x	x	x	x											
09.	x		x	x	x	x	x			x	x		x	x		x									
10.	x		x	x	x	x	x			x	x		x	x		x									
11.	x		x	x	x	x	x	x		x	x		x			x									
12.	x		x	x	x	x	x	x			x		x	x		x									
13.	x		x	x	x	x	x	x			x		x	x		x									
14.	x		x	x	x	x	x	x			x		x	x		x									
15.	x			x	x	x	x	x		x	x			x		x	x								
16.	x			x	x	x	x	x		x	x			x		x		x							
17.	x			x	x	x	x	x		x	x			x		x		x							
18.	x			x	x	x	x	x		x	x			x		x		x							
19.	x			x	x	x	x			x	x		x	x		x		x							
20.	x			x	x	x	x				x		x	x		x	x	x							
21.	x			x	x	x	x			x	x		x	x		x		x							
22.	x			x	x	x	x	x		x			x	x	x			x							
23.	x			x	x	x	x	x		x			x		x		x	x							
24.	x			x	x	x	x	x		x			x			x	x	x							
25.	x			x	x	x	x	x		x			x	x		x		x							
26.	x			x	x	x	x	x		x			x	x				x	x						
27.	x			x	x	x	x	x		x			x	x		x		x							
28.	x			x	x	x	x	x		x			x	x		x		x							
29.	x			x	x	x	x	x		x	x		x			x		x							
30.	x			x	x	x	x	x		x	x		x			x		x							

SP.:	30	2	14	30	28	29	29	19	1	26	23	7	25	24	4	19	4	15	1						
T.:	0	0	3	4	11	1	23	3	0	7	0	0	15	4	1	0	2	0	0						

2. Liga West - Mosaik

1. ABSCHLUSSTABELLEN:

1949/50	S	U	N	Tore	Punkte
1. Katernberg	19	5	6	77-39	43:17
2. M.gladbach	**16**	**8**	**6**	**79-55**	**40:20**
3. Hombruch 09	17	5	8	61-51	39:21
4. Meidericher SV	14	9	7	61-33	37:23
5. Union Krefeld	15	6	9	69-44	36:24
6. SV Herten	13	6	11	54-54	32:28
7. SC West Köln	13	5	12	60-57	31:29
8. Tura Essen	11	6	13	59-53	28:32
9. Röhlinghausen	13	2	15	49-69	28:32
10. Alem. Gelsenk.	10	7	13	50-55	27:33
11. VfB Bottrop	10	6	14	42-63	26:34
12. VfL Bochum	10	5	15	57-54	25:35
13. VfL Benrath	10	5	15	49-58	25:35
14. Union Ohligs	9	7	14	49-66	25:35
15. Troisdorf 05	8	6	16	41-65	22:38
16. Bonner FV	6	4	20	37-76	16:44

1950/51	S	U	N	Tore	Punkte
1. M.gladbach	**18**	**6**	**4**	**69-35**	**42:14**
2. Vohwinkel	15	7	6	51-33	37:19
3. Duisburger SV	16	5	7	68-45	37:19
4. SSV Wuppertal	12	8	8	68-50	32:24
5. Union Krefeld	12	8	8	59-46	32:24
6. Rh. Würselen	14	4	10	59-55	32:24
7. Düren 99	9	11	8	56-46	29:27
8. Remscheid	8	10	10	52-44	26:30
9. TuRu Düsseldorf	11	4	13	42-46	26:30
10. Pr. Krefeld	10	5	13	54-57	25:31
11. Union Ohligs	8	7	13	51-78	23:33
12. VfL Benrath	10	2	16	43-62	22:34
13. Berg.-Gladbach	8	6	14	55-72	22:34
14. Fortuna Köln	9	4	15	58-78	22:34
15. Rapid Köln	5	3	20	49-87	13:43

1957/58	S	U	N	Tore	Punkte
1. STV H.-Emscher	19	7	4	69-40	45:15
2. M.gladbach	**19**	**5**	**6**	**75-37**	**43:17**
3. TSV Marl-Hüls	21	-	9	88-47	42:18
4. B. Leverkusen	14	10	6	68-39	38:22
5. VfB Bottrop	17	4	9	71-54	38:22
6. SpVgg Herten	14	9	7	49-40	37:23
7. SW Essen	14	8	8	78-46	36:24
8. VfL Benrath	11	8	11	70-66	30:30
9. E.Gelsenk.	11	7	12	55-55	28:31
10. Spfr. Gladbeck	10	8	12	56-59	27:32
11. Düren 99	11	5	14	51-62	27:33
12. Rheydter SV	7	8	15	47-39	22:38
13. Union Krefeld	8	6	16	29-64	22:38
14. SC Dortmund 95	7	4	19	40-82	18:42
15. Wattenscheid	5	3	22	39-84	13:47
16. Mar. Remscheid	4	4	22	29-80	12:48

2. ZUSCHAUERBILANZ:

1949/50:	.000	Z. pro Spiel
1951/52:	152.000	10.857 Z. pro Spiel
1957/58:	127.000	8.467 Z. pro Spiel
Gesamt:	**.000**	**Z. pro Spiel**

Die Zuschauer-Daten der Saison 1949/50 waren nicht mehr eruierbar!

3. SPIELER - ABC:

	49/50		51/52		57/58		GESAMT	
Spieler	**SP**	**T**	**SP**	**T**	**SP**	**T**	**SP**	**T**
Aben	23	4					23	4
Brack			1	0			1	0
Brülls					29	23	29	23
de Lange					15	0	15	0
Dohmen			25	1	2	0	27	1
Fischermann			20	8	4	2	51	24
Göbbels					19	0	19	0
Grezesik			5	3			33	20
Halvas I (TW)			10	0			10	0
Halvas II			5	2			5	2
Heine			27	7			27	7
Heinrichs					4	1	4	1
Hoßdorf					7	0	7	0
Houben	5	0					5	0
Indefrey	1	0					1	0
Jansen, A.					25	15	25	15
Jansen, G.					30	0	30	0
Jansen, J.					1	0	1	0
Jedanowski			27	1			27	1
Kablitz					28	11	28	11
Kirchhoff			18	0			18	0
Klinkhammels			1	0			15	0
Köhnen	28	0					28	0
Laupenmühlen	28	1					28	1
Lewandowski			18	9			18	9
Lienhardt			7	0			7	0
Liermann			1	0			1	0
Meulenberg, H	24	8	6	1			30	9
Meulenberg, J	29	17					29	17
Minnich					14	3	14	3
Mühlhausen					19	3	19	3
Peters			7	1			24	2
Pfeiffer					29	1	29	1
Pliska			19	1			19	1
Pohlmanns			1	0			3	0
Quartz					30	4	30	4
Reh					24	4	24	4
Schicks			27	3			55	3
Schiller			1	0			28	1
Schmidt	1	0					1	0
Schommen					23	0	23	0
Stange	8	0					8	0
Thommessen					1	0	1	0
Tischeru	1	0					1	0
Wicken			27	11	26	7	74	26
Winkler			24	3			24	3

Zu berücksichtigen ist hierbei, daß aus der Saison 1949/50 ein Spiel nicht in die Wertung genommen werden konnte (Partie gegen den Meidericher SV), da von dieser Begegnung keine Spieldaten vorgelegen haben.

4. HEIM/AUSWÄRTSBILANZ:

1949/50:	**Heim**	15	11	3	1	52-25 T.	25 : 5 Pkt.
	Ausw.	15	5	5	5	27-30 T.	15 :15 Pkt.
1951/52:	**Heim**	14	13	1	-	44-12 T.	27 : 1 Pkt.
	Ausw.	14	5	5	4	25-23 T.	15 :13 Pkt.
1957/58:	**Heim**	15	13	2	-	49-10 T.	28 : 2 Pkt.
	Ausw.	15	6	3	6	26-27 T.	15 : 15 Pkt.
GESAMT:	**Heim**	44	37	6	1	145-47 T.	80 : 8 Pkt.
	Ausw.	44	16	13	15	78-80 T.	45 : 53 Pkt.
	=	88	53	19	16	223-127 T.	125 : 61Pkt.

5. EIGENTORE:

von der Borussia:	**49/50:**	Spieler ? (gg. Hombruch)	4. Sp.
	51/52:	-	
	57/58:	-	
vom Gegner:	**49/50:**	Spieler ? / U. Ohligs	14. Sp.
		Spieler ? / Troisdorf	24. Sp.
		Rynkowski / Katernberg	27. Sp.
	51/52:	-	
	57/58:	Mal / Sp. Gladbeck	22. Sp.

6. ELFMETER:

1949/50: 5 Elfmeter [5 verwandelt / 0 verschossen]

TORE:	Laupenmühlen (8. Sp.)	1
	Aben (11., 14., 20. u. 22. Sp.)	4
VERSCHOSSEN:	-	
Gegen Gladbach:	Koch/1.FC Köln	3. Sp.
	Kreilenberg/Meid. SV	12. Sp.
3 [2-1]	Kowalski/Hombruch	19. Sp.(verschossen)

1951/52: 3 Elfmeter [2 verwandelt / 1 verschossen]

TORE:	Jedanowski	1. Sp.
	Wicken	14. Sp.
VERSCHOSSEN:	Wicken	15. Sp.
Gegen Gladbach:	Freibeuter/Benrath	2. Sp.
	Bosch/Rh. Würselen	6. Sp.
7 [6-1]	Baum/Pr. Krefeld	9. Sp.
	Moll/Duisburger SV	10. Sp.
	Esser/Düren (Torwart)	16. Sp.(verschossen)
	Pelzer/Vohwinkel	18. Sp.
	Werheid/Berg. Gladbach	30. Sp.

1957/58: 2 Elfmeter [1 verwandelt / 1 verschossen]

TORE:	Brülls	25. Sp.
VERSCHOSSEN:	Quarz	13. Sp.

Gegen Gladbach:	Serschen/Marl Hüls	4. Sp.
	Keuß/SW Essen	20. Sp. (verschosssen)
5 [4-1]	Holzgrewe/Dortm. 95	21. Sp.
	Mühlscheidt/Remscheid	25. Sp.
	Wittwer/Herten	29. Sp.

GESAMT:	Aben	4	[4 / 0]
	Wicken	2	[1 / 1]
10 [8/2]	Laupenmühlen	1	[1 / 0]
	Jedanowski	1	[1 / 0]
	Brülls	1	[1 / 0]
	Quarz	1	[0 / 1]

Gg. Gladbach: 15 Elfmeter [12 verwandelt / 3 verschossen]

7. BILANZ GEGEN DIE REGIONALLIGA-GEGNER:

Verein	1949/50 H A	1951/52 H A	1957/58 H A	GESAMT SP	S	U	N	Tore	Pkt.
VfL Benrath	3-2 6-2	3-0 4-2	4-0 2-4	6	5	0	1	22-10	10:2
Berg. Gladbach		4-1 3-3		2	1	1	0	7-4	3:1
VfL Bochum	3-2 1-0			2	2	0	0	4-2	4:0
Bonner SC	4-2 2-3			2	1	0	1	6-5	2:2
VfB Bottrop	5-2 1-1		5-1 0-1	4	2	1	1	11-5	5:3
Dortmund 99			4-1 3-2	2	2	0	0	7-3	4:0
Duisburger SV		5-0 2-2		2	1	1	0	7-2	3:1
Düren 99		3-2 1-1	3-1 2-0	4	3	1	0	9-4	7:1
T. Düsseldorf		2-1 0-1		2	1	0	1	2-2	2:2
SW Essen			1-0 4-3	2	2	0	0	5-3	4:0
Turu Essen	2-2 2-5			2	0	1	1	4-7	1:3
Alem. Gelsenk.	1-1 2-1			2	1	1	0	3-2	3:1
E. Gelsenk.			2-0 1-3	2	1	0	1	3-3	2:2
Gladbeck			3-1 2-2	2	1	1	0	5-3	3:1
SpVgg Herten	6-2 1-1		5-1 0-0	4	2	2	0	12-4	6:2
Hombruch	1-3 2-1			2	1	0	1	3-4	2:2
Horst-Emscher			5-0 0-2	2	1	0	1	5-2	2:2
Katernberg	3-2 1-1			2	1	1	0	4-3	3:1
Fort. Köln		3-0 2-1		2	2	0	0	5-1	4:0
Rapid Köln		4-1 3-0		2	2	0	0	7-1	4:0
West Köln	3-3 1-2			2	0	1	1	4-5	1:3
Pr. Krefeld		3-0 1-1		2	1	1	0	4-1	3:1
Union Krefeld	2-1 1-2	3-3 3-1	1-1 0-1	6	2	2	2	10-9	6:6
B. Leverkusen			1-1 1-1	2	0	2	0	2-2	2:2
Marl-Hüls			7-2 1-4	2	1	0	1	8-6	2:2
Meidericher SV	3-0 2-2			2	1	1	0	5-2	3:1

Union Ohligs	3-2 0-0	3-1 1-4		4	2	1	1	7-7	5:3
Remscheid		2-0 1-1	2-1 5-2	4	3	1	0	10-4	7:1
Rheydter SV			3-0 3-1	2	2	0	0	6-1	4:0
Röhlinghausen	7-1 4-3			2	2	0	0	11-4	4:0
Troisdorf	5-0 2-6			2	1	0	1	7-6	2:2
Vohwinkel		2-1 0-2		2	1	0	1	2-3	2:2
Wattenscheid			3-0 2-1	2	2	0	0	5-1	4:0
SSV Wuppertal		3-2 3-1		2	2	0	0	6-3	4:0
Rh. Würselen		4-0 1-3		2	1	0	1	5-3	2:2

8. 3 TORE IN EINEM SPIEL:

Schaffers	51/52	13.	**Borussia** - Wuppertal	3 : 2
Wicken		17.	**Borussia** - VfL Benrath	3 : 0
Schaffers		23.	**Borussia** - Pr. Krefeld	3 : 0
Lewandowski		24.	**Borussia** - Duisburger SV	5 : 0
A. Jansen	57/58	19.	**Borussia** - TSV Marl-Hüls	7 : 2
A. Jansen		21.	**Borussia** - Dortmund 95	4 : 1
A. Jansen		25.	Remscheid - **Borussia**	2 : 5
Brülls		26.	**Borussia** - Horst-Emscher	5 : 0
Brülls		29.	**Borussia** - Herten	5 : 1

9. 4 TORE IN EINEM SPIEL:

Brülls	57/58	15.	**Borussia** - Bottrop	5 : 1

10. ROTE KARTEN:

Gegen die Borussia:

Klinkhammels	49/50	18.	**Borussia** - Köln West
Wicken		19.	Hombruch - **Borussia**
Aben		24.	Bonner SV - **Borussia**
Pliska	51/52	1.	**Borussia** - Düren 99
Mühlhausen	57/58	2.	**Borussia** - Rheydter SV
Hoßdorf		8.	A. Gelsenkirchen - **Borussia**
Brülls		30.	Düren 99 - **Borussia**

Gegen den West-Gegner:

Schneider/Bochum	49/50	10.**Borussia** - VfL Bochum
Spieler ?/Bonner SV		11.**Borussia** - Bonner SV
Hetzel/Meider. SV		12.Meidericher SV - **Borussia**
Dumeier/Hombruch		19.Hombruch - **Borussia**
Peters/VfL Benrath	51/52	2.Benrath - **Borussia**
Becher/Remscheid	57/58	25.Remscheid - **Borussia**
Denner/Remscheid		25.Remscheid - **Borussia**

Bundesliga

Saisonübersicht

SAISON	PLATZ	S	U	N	TORE	DIFF.	PKT.	ZUSCHAUER
65/66:	13	9	11	14	57-58	- 11	29:39	366.238
66/67:	8	12	10	12	70-49	+ 21	34:34	368.504
67/68:	3	15	12	7	77-49	+ 32	34:34	356.510
68/69:	3	13	11	6	61-46	+ 15	37:31	335.590
69/70:	1	23	5	6	71-29	+ 42	51:17	419.871
70/71:	1	20	10	4	77-35	+ 42	50:18	343.227
71/72:	3	18	7	9	82-40	+ 42	43:25	267.851
72/73:	5	17	5	12	82-61	+ 21	39:29	234.240
73/74:	2	21	6	7	93-52	+ 41	48:20	341.428
74/75:	1	21	8	5	86-40	+ 46	50:18	340.557
75/76:	1	16	13	5	66-37	+ 29	45:23	387.644
76/77:	1	17	10	7	58-34	+ 24	44:24	414.853
77/78:	2	20	8	6	86-44	+ 42	48:20	412.733
78/79:	10	12	8	14	50-53	- 3	32:36	335.142
79/80:	7	12	12	10	61-60	+ 1	36:32	299.366
80/81:	6	15	7	12	68-64	+ 4	37:31	310.897
81/82:	7	15	10	9	61-51	+ 10	40:28	353.899
82/83:	12	12	4	18	64-63	+ 1	28:40	296.565
83/84:	3	21	5	7	81-48	+ 33	48:20	387.800
84/85:	4	15	9	10	77-53	+ 24	39:29	339.089
85/86:	4	15	12	7	65-51	+ 14	42:26	278.525
86/87:	3	18	7	9	74-44	+ 30	43:25	288.000
87/88:	7	14	5	15	55-53	+ 2	33:35	255.472
88/89:	6	12	14	8	44-43	+ 1	38:30	233.200
89/90:	15	11	8	15	37-45	- 8	30:38	348.189
90/91:	9	9	17	8	49-54	- 5	35:33	328.746
91/92:	13	10	14	14	37-49	- 12	34:42	406.926
92/93:	9	13	9	12	59-59	0	35:33	387.917
GESAMT:		**426**	**258**	**272**	**1848-1370**	**+478**	**1110:802**	**9.438.709**

Hoffen und Bangen: Herr, Grünewald, Herlovsen, Criens und Dubovina (von links) verfolgen den Flug des Balles. Szene aus Gladbach - Offenbach 3:2 (1983/84).

Turbulente Situation im Gladbacher Strafraum: Ditmar Jakobs (2. von links) spitzelt den Ball vor Hannes auf den Kasten von Sude (rechts). Rolff, Schäfer (Borussia), Hartwig und Magath (von links) beobachten diese Aktion. Aus Gladbach - HSV 4:0 (1983/84).

1965 / 66

SAISONFAZIT:
Das erste Jahr in der höchsten deutschen Fußballklasse. Ein Traum wurde für die jungen Fohlen wahr. Locker, ohne Abstiegsnöte, schaffte es die junge Elf, die anstrengende Saison zu überstehen. Rang 13 sprang am Ende heraus. Das erste Tor erzielte Elfert nach 20 Minuten im Spiel beim Namensvetter Neunkirchen. Der erste Punkt war mit dem 1:1 eingefahren. Gleich danach wurde Tasmania mit 5:0 überrollt. Da merkte man, daß die Borussia ihr Heil in der Offensive suchte. Tore schießen statt Tore verhindern. Das war die Methode von Hennes Weisweiler. Er formte die jungen Fohlen. Den ersten Dämpfer gab es mit der Heimniederlage gegen Dortmund. 5 Tore zeugten davon, das die Borussia in der Abwehr nicht sattelfest war. Gleich darauf gab es eine 0:5 Schlappe beim HSV und eine knappe Niederlage zu Hause gegen die Bayern, die auch die erste Saison in der 1. BL spielten. Heute konnte noch niemand ahnen, daß diese beiden Teams die Bundesliga mit prägen sollten. Von den 3 Niederlagen in Folge erholte man sich aber schnell. Es folgten imponierende Siege in Kaiserslautern und gegen den VfB. Dann wieder eine kleine Minusserie. Am letzten Hinrundenspieltag konnte Braunschweig daheim mit 1:0 bezwungen werden. Die Rückrunde brachte gleich eine Serie von 6:2 Punkten und erst in Dortmund verlor Borussia mit 1:3. Dann schlug die Torfabrik wieder zu. Mit sage und schreibe 8:2 wurde der 1.FC Nürnberg vom Platz gefegt. Heynckes schoß in diesem Spiel 3 Tore. In den nächsten Spieljahren sollten noch viele hohe Siege folgen. Gegen Ende der langen Saison erlahmten teilweise die Kräfte der jungen Mannschaft. Beim VfB Stuttgart verlor sie mit 0:5, daheim gab es sogar am 31. Spieltag eine 0:7 Packung gegen Werder Bremen. Auch das letzte Heimspiel am Bökelberg wurde mit 1:2 verloren. Im letzten Spiel dieser langen und anstrengenden Saison (erstmalig wurden 34 Spiele ausgetragen) wurde ein 1:1 Unentschieden in Braunschweig erzielt. Ein Eigentor seitens eines Braunschweigers mußte diesmal herhalten, um nicht zu verlieren. In dieser kräftezehrenden Saison ging der VfL neunmal als Sieger vom Platz und erzielte dabei 57 Tore. Die besten Torschützen hatte der Klub in den beiden Spitzen Rupp (16 Tore) und Heynckes (13 Tore). Mittelfeldregisseur Günter Netzer erzielte 12 Tore. Hennes Weisweiler wollte eine angreifende Mannschaft sehen, egal ob zu Hause oder auf des Gegners Platz. Das dabei der Schuß oft genug nach hinten los ging, besagen 14 Niederlagen. Die einzige Schwäche beim Neuling bestand also in der Abwehrarbeit. Hätte die Borussia nicht einen so hervorragenden Sturm gehabt, wäre sie wohl in arge Abstiegssorgen geraten. Doch es war gerade die offensive Spielweise, die dazu beitrug, daß die Mönchengladbacher viele neue Freunde in ganz Deutschland gewannen.

SAISONSTATISTIK	**Platz: 13**			
	Siege:	9	Tore:	57 - 68 (- 11)
	Unentsch.:	11	Punkte:	29 : 39
	Niederl.:	14	Zuschauer:	366.238 (21.543)

FIEBERKURVE

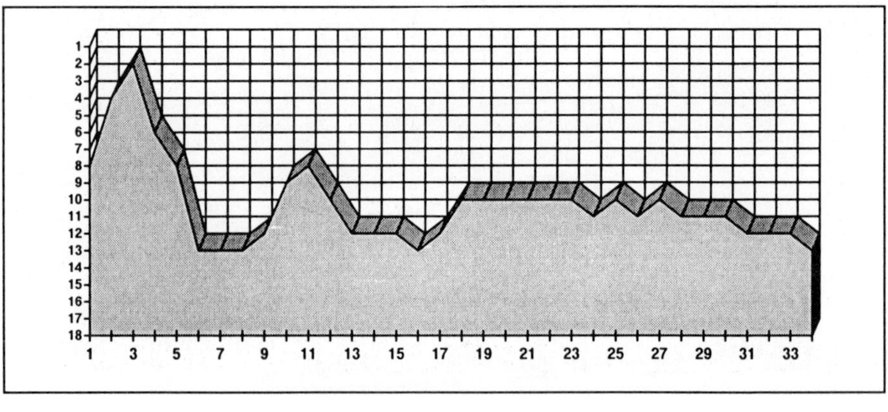

Erstes Bundesliga-Heimspiel am 21.8.1965: Tasmania Berlin, das als schwächster Absteiger aller Zeiten in die Annalen eingehen sollte, wurde 5:0 geschlagen. Bernd Rupp läuft hier drei Berlinern davon.

1965/66

Sp.	Datum		Gegner	Ergebnis	BMG-Torschützen	Zuschauer
01.	14.08.65	A	Bor. Neunkirchen	1 : 1 (1-1)	Elfert	26.000
02.	21.08.65	H	Tasmania Berlin	5 : 0 (1-0)	Heynckes 2 | Netzer 2 | Rupp	33.000
03.	28.09.65	A	Karlsruher SC	3 : 3 (2-1)	Heynckes 2 | Rupp	40.000
04.	04.09.65	A	Schalke 04	0 : 0 (0-0)	-	35.000
05.	11.09.65	H	Bor. Dortmund	4 : 5 (1-1)	Netzer 2 | Milder | Rupp	34.000
06.	18.09.65	A	Hamburger SV	0 : 5 (0-3)	-	48.000
07.	02.10.65	H	Bay. München	1 : 2 (1-1)	Netzer	30.000
08.	16.10.65	A	1.FC Nürnberg	2 : 2 (1-0)	Heynckes | Milder	16.000
09.	20.10.65	H	Hannover 96	2 : 0 (0-0)	Netzer | Laumen	25.000
10.	23.10.65	A	1.FC Kaiserslautern	2 : 1 (1-0)	Netzer | EIG.: Schneider	15.000
11.	30.10.65	H	VfB Stuttgart	1 : 0 (1-0)	Netzer	32.000
12.	06.11.65	A	MSV Duisburg	2 : 3 (1-3)	Netzer | Heynckes	35.000
13.	20.11.65	H	1.FC Köln	2 : 3 (1-2)	Heynckes | Rupp	35.000
14.	27.11.65	A	Werder Bremen	0 : 2 (0-0)	-	8.000
15.	04.12.65	H	1860 München	1 : 1 (0-1)	Rupp	35.000
16.	11.12.65	A	E. Frankfurt	1 : 3 (0-1)	Rupp	16.000
17.	18.12.65	H	E. Braunschweig	1 : 0 (1-0)	Heynckes	15.000
18.	08.01.66	H	Bor. Neunkirchen	4 : 1 (1-0)	Rupp 2 | Pöggeler | Netzer	25.000
19.	15.01.66	A	Tasmania Berlin	0 : 0 (0-0)	-	2.000
20.	29.01.66	H	Karlsruher SC	1 : 1 (0-1)	Laumen	18.000
21.	05.02.66	H	Schalke 04	2 : 0 (0-0)	Rupp 2	22.000
22.	12.02.66	A	Bor. Dortmund	1 : 3 (0-0)	Rupp	20.000
23.	26.02.66	H	Hamburger SV	0 : 0 (0-0)	-	33.000
24.	05.03.66	A	Bay. München	2 : 5 (2-3)	Netzer | Milder	15.000
25.	12.03.66	H	1.FC Nürnberg	8 : 3 (5-1)	Heynckes 3 | Netzer 2 | Rupp 2 | Elfert	13.000
26.	19.03.66	A	Hannover 96	1 : 2 (1-1)	Heynckes	20.000
27.	26.03.66	H	Kaiserslautern	2 : 0 (1-0)	Milder | Rupp	10.000
28.	30.03.66	A	VfB Stuttgart	0 : 5 (0-3)	-	15.000
29.	11.04.66	H	MSV Duisburg	1 : 2 (0-1)	Rupp	15.000
30.	23.04.66	A	1.FC Köln	2 : 2 (0-0)	Milder | Rupp	17.000
31.	30.04.66	H	W. Bremen	0 : 7 (0-1)	-	20.000
32.	14.05.66	A	1860 München	3 : 3 (1-2)	Laumen 3	22.000
33.	21.05.66	H	E. Frankfurt	1 : 2 (0-1)	Laumen	12.000
34.	28.75.66	A	E. Braunschweig	1 : 1 (1-0)	EIG.: Brase	8.000

1965/66

Spieltag	Orzessek	Jansen	Vogts	Raßmanns	Wimmer	Wittmann	Heynckes	Rupp	Netzer	Elfert	Laumen	Krätschmer	Pöggeler	Milder	Lowin	Waddey	Spinnler	Ernst
01.	x	x	x	x	x	x	x	x	x	x	x							
02.	x		x	x		x	x	x	x	x	x				x	x		
03.	x		x	x		x	x	x	x	x	x				x	x		
04.		x	x			x	x	x	x	x	x	x		x	x			
05.		x	x			x	x	x	x	x	x	x		x	x			
06.	x	x	x			x	x	x	x	x	x			x	x			
07.	x	x	x			x	x	x	x		x			x	x	x		
08.	x	x	x		x	x	x	x	x		x		x	x				
09.	x	x	x		x	x	x	x	x		x		x	x				
10.	x	x	x		x	x	x	x	x		x		x	x				
11.	x	x	x		x	x	x	x	x		x		x	x				
12.	x	x	x		x	x	x	x	x		x		x	x				
13.	x	x	x		x	x	x	x	x		x		x	x				
14.	x	x	x		x	x		x		x	x		x			x	x	
15.	x	x	x		x	x	x	x	x				x			x	x	
16.	x	x	x		x	x	x	x	x		x		x			x		
17.		x	x			x	x	x	x	x	x	x	x			x		
18.	x	x	x		x	x	x	x	x	x			x			x		
19.	x	x	x		x	x		x	x		x		x	x		x		
20.	x	x	x			x	x	x	x		x		x	x		x		
21.	x	x	x		x	x	x	x	x				x	x		x		
22.	x	x	x		x	x		x	x				x	x	x	x		
23.	x	x	x		x	x		x	x				x	x	x		x	
24.	x	x	x		x	x	x	x	x				x	x	x			
25.	x	x	x		x	x	x	x	x	x					x		x	
26.	x	x	x		x	x	x	x	x	x					x		x	
27.	x	x	x		x	x	x	x		x			x	x	x			
28.	x	x	x		x	x	x	x	x	x	x				x			
29.	x	x	x		x		x	x	x	x			x	x	x			
30.	x	x	x			x	x	x	x				x	x	x	x		
31.	x	x	x			x	x	x	x				x	x	x	x		
32.		x	x	x				x	x		x	x	x		x	x		x
33.			x	x	x			x	x		x	x	x	x	x			x
34.			x	x	x	x		x			x	x	x	x	x			x

SP.:	28	30	34	6	23	31	27	34	31	14	22	6	24	22	19	15	5	3
T.:	0	0	0	0	0	0	13	16	12	2	6	0	1	5	0	0	0	0

1966 / 67

SAISONFAZIT:
Die zweite Saison bewies, daß die Borussia ihren Weg nach oben bestreiten und nicht nach dem unteren Tabellenende schauen wollte. Platz 8 spricht für eine Steigerung. Die Bilanz mit 12 Siegen und 12 Niederlagen bei 10 Unentschieden war ausgeglichen. Gegen sogenannte Top-Teams erzielte der VfL beachtliche Erfolge (4-0 gg. Dortmund, 2:0 gg. Nürnberg, 2:1 beim 1.FC Köln, 2:0 in Stuttgart, 4:2 gg. den großen HSV). Einmal schlug die Torfabrik auch in dieser Spielzeit zu. Der FC Schalke 04 wurde mit sage und schreibe 11:0 vom Platz gefegt. Es sollte die höchste Schlappe der Gelsenkirchener sein. Vierfacher Torschütze war Bernd Rupp, gefolgt von Herbert Laumen mit 3 und Jupp Heynckes und Günter Netzer mit je zwei Toren. Diese vier Spieler teilten sich auch den Löwenanteil der erzielten 70 Saisontore (inclusive 2 Eigentore von Schwarzenbeck und Frankowski). Dabei war Mittelfeldspieler Laumen mit 18 Toren der erfolgreichste Goalgetter. In diesem Jahr festigte sich auch die Abwehr. Nur 49 Gegentore sagen alles. Doch das Aushängeschild war, wie schon erwähnt, der Sturm mit einem offensiven Mittelfeld. In Heynckes und Rupp hatte man zwei Spieler gefunden, die hervorragend zusammenpaßten. Sie ergänzten sich beide gut und erzielten zusammen 30 Tore. Neben den vielen großartigen Siegen gab es aber hin und wieder auch unglückliche Niederlagen (3:4 in Bayern, 1:2 in Essen, 2:3 gegen den amtierenden Deutschen Meister 1860 München, 0:1 auf dem Betzenberg, 1:2 daheim gegen die Bayern, je zwei 0:1 Niederlagen in Frankfurt und Nürnberg). Auf des Gegners Platz erreichte Borussia neben zahlreichen Unentschieden auch 3 Siege (2:1 in Köln, 2:0 beim VfB und am letzten Spieltag ein 3:1 Sieg in Duisburg). Trainer Weisweiler bestärkte seine Spieler, viel zu riskieren, auch wenn es einmal nicht klappen sollte. Er gab seinen Leuten viel Vertrauen und sie enttäuschten ihn nicht. Weisweiler versuchte, die Stärken des Spielers zu fördern. Kämpferisch und spielerisch konnten die Fohlen in dieser Saison schon mit den Spitzenteams der Bundesliga recht gut mithalten. Auch die Zuschauer honorierten das, denn mit 368.504 Besuchern konnten mehr Zuschauer gegenüber der ersten Saison verzeichnet werden. Neben den Abwehrsäulen Milder, Vogts und Wittmann überzeugte auch der Torhüter. In Danner hatten die Rheinländer einen ausgezeichneten Schlußmann zwischen den Pfosten, auf den sich die Vorderleute jederzeit verlassen konnten.

SAISONSTATISTIK	**Platz: 8**			
	Siege:	12	Tore:	70 - 49 (+21)
	Unentsch.:	10	Punkte:	34.: 34
	Niederl.:	12	Zuschauer:	368.504 (21.677)

FIEBERKURVE

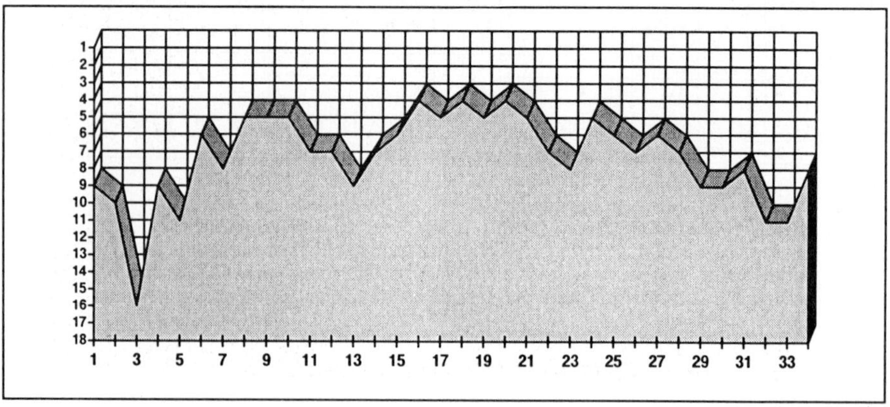

Ein Hamburger Verteidiger spitzelt Bernd Rupp den Ball vom Fuß. Szene aus HSV - Gladbach 2:0.

1966/67

Sp.	Datum		Gegner	Ergebnis	BMG-Torschützen	Zuschauer
01.	20.08.66	A	Schalke 04	0 : 0 (0-0)	-	25.000
02.	27.08.66	H	Kaiserslautern	1 : 1 (1-1)	Heynckes	23.000
03.	03.09.66	A	Hamburger SV	0 : 2 (0-1)	-	14.000
04.	10.09.66	H	Bor. Dortmund	4 : 0 (2-0)	Laumen 2 | Rupp | Elfert	30.000
05.	17.09.66	A	Bay. München	3 : 4 (2-2)	Heynckes | Laumen | H. Wimmer	27.000
06.	24.09.66	H	F. Düsseldorf	3 : 1 (1-1)	Rupp 2 | Heynckes	33.000
07.	01.10.66	A	Hannover 96	1 : 1 (1-0)	Laumen	20.000
08.	08.10.66	H	Karlsruher SC	3 : 1 (3-1)	Heynckes | Rupp | Laumen	25.000
09.	15.10.66	H	E. Frankfurt	0 : 0 (0-0)	-	28.000
10.	22.10.66	A	RW Essen	1 : 2 (1-0)	Rupp	33.000
11.	29.10.66	H	1.FC Nürnberg	2 : 0 (1-0)	Netzer | Laumen	22.000
12.	05.11.66	A	W. Bremen	2 : 2 (1-0)	Netzer | Heynckes	16.000
13.	12.11.66	H	1860 München	2 : 3 (1-1)	Netzer 2	29.000
14.	26.11.66	A	1.FC Köln	2 : 1 (0-1)	Laumen | Netzer	23.000
15.	03.12.66	H	E. Braunschweig	0 : 0 (0-0)	-	28.000
16.	10.12.66	A	VfB Stuttgart	2 : 0 (2-0)	Laumen | Rupp	10.000
17.	17.12.66	H	MSV Duisburg	3 : 3 (2-1)	Laumen | Rupp | H. Wimmer	20.000
18.	07.01.67	H	Schalke 04	11 : 0 (4-0)	Rupp 4 | Laumen 3 | Heynckes 2 | Netzer 2	18.000
19.	21.01.67	A	Kaiserslautern	0 : 1 (0-0)	-	18.000
20.	28.01.67	H	Hamburger SV	4 : 2 (1-1)	Milder | Laumen | Rupp | Heynckes	29.000
21.	11.02.67	A	Bor. Dortmund	2 : 3 (2-2)	Netzer | Rupp	35.000
22.	18.02.67	H	Bay. München	1 : 2 (0-1)	EIG.: Schwarzenbeck	35.000
23.	25.02.67	A	F. Düsseldorf	2 : 2 (0-2)	W. Wimmer | Netzer	33.000
24.	04.03.67	H	Hannover 96	2 : 0 (0-0)	Rupp 2	23.000
25.	11.03.67	A	Karlsruher SC	3 : 3 (1-1)	Heynckes | Elfert | Laumen	20.000
26.	18.03.67	A	E. Frankfurt	0 : 1 (0-0)	-	33.000
27.	01.04.67	H	RW Essen	4 : 3 (2-2)	Heynckes 2 | Laumen | EIG.: Frankowski	23.000
28.	14.04.67	A	1.FC Nürnberg	0 : 1 (0-1)	-	25.000
29.	22.04.67	H	W. Bremen	1 : 1 (0-0)	Laumen	15.000
30.	29.04.67	A	1860 München	3 : 4 (2-1)	Heynckes | Laumen | Netzer	14.000
31.	13.05.67	H	1.FC Köln	3 : 0 (3-0)	Laumen | Vogts | Heynckes	20.000
32.	20.05.67	A	E. Braunschweig	1 : 2 (0-0)	Heynckes	25.000
33.	27.05.67	H	VfB Stuttgart	1 : 2 (1-2)	Milder	11.000
34.	03.06767	A	MSV Duisburg	3 : 1 (1-0)	Rupp | Netzer | Pöggeler	5.000

1966/67

Spieltag	Danner	Lowin	Durkovic	Vogts	Milder	Netzer	Elfert	Pöggeler	Laumen	Wimmer, H.	Wittmann	Heynckes	Rupp	Ernst	Schollbach	Wimmer, W.	Orzessek	Kempers	Spinnler
01.	x	x	x	x	x	x	x	x	x	x	x								
02.	x	x	x	x	x	x	x		x	x	x	x							
03.	x		x	x	x	x	x	x		x	x	x	x						
04.	x			x	x	x	x	x	x	x	x	x	x						
05.	x			x	x	x	x	x	x	x	x	x	x						
06.	x	x		x	x	x	x		x	x	x	x	x						
07.	x	x		x	x	x	x		x	x	x	x	x						
08.	x	x		x	x	x	x		x	x	x	x	x						
09.	x	x		x	x	x	x		x	x	x	x	x						
10.	x	x		x	x	x	x		x	x	x	x	x						
11.	x	x		x	x	x	x		x	x	x	x	x						
12.	x	x		x	x	x	x		x	x	x	x	x						
13.	x	x		x	x	x	x		x	x	x	x	x						
14.	x	x		x	x	x	x		x	x	x	x	x						
15.	x	x		x	x	x	x		x	x	x	x	x						
16.	x	x		x	x	x	x		x	x	x	x	x						
17.	x	x		x	x	x	x		x	x	x	x	x						
18.	x	x		x	x	x	x		x	x	x	x	x						
19.	x	x		x	x	x	x		x	x	x	x	x						
20.	x	x		x	x	x	x		x	x		x	x			x			
21.	x	x		x	x	x	x		x	x		x	x			x			
22.	x	x		x	x	x	x		x	x	x	x	x						
23.	x			x	x	x	x	x		x	x	x	x			x			
24.	x			x	x	x	x		x	x	x		x			x			x
25.	x			x	x	x	x		x	x	x	x	x			x			
26.	x			x	x	x	x	x		x	x	x	x			x			
27.	x	x		x	x	x	x		x	x	x	x	x						
28.	x		x	x	x				x	x	x	x	x		x			x	
29.	x		x	x	x	x	x		x	x	x	x	x						
30.			x	x	x	x			x	x	x	x	x				x		x
31.	x		x	x	x	x			x	x	x	x	x			x			
32.	x		x	x	x				x	x	x	x	x			x			x
33.	x		x	x	x				x	x	x		x	x	x	x			
34.	x		x	x	x	x		x	x	x	x		x			x			
SP.:	33	20	10	34	34	31	28	7	31	34	32	30	32	1	2	10	1	1	3
T.:	0	0	0	1	2	11	2	1	18	2	0	14	16	0	0	1	0	0	0

1967 / 68

SAISONFAZIT:
In dieser Spielzeit bewies die Borussia, wozu sie fähig war. Lediglich zwei Teams plazierten sich am Ende vor den Borussen. Es deutete sich bereits an, daß die Gladbacher in den nächsten Jahren noch höher hinaus wollten. Die Mannschaft spielte sich immer mehr ein. Auch der Ausfall von Heynckes, der nach Hannover wechselte, konnte kompensiert werden. In Meyer fand der Klub einen Torjäger der Extraklasse. Er erzielte in 18 Spielen 19 Tore. Doch er verletzte sich beim Heimspiel gegen Schalke und konnte danach nicht mehr eingesetzt werden. Die Torfabrik arbeitete auch im dritten Jahr auf vollen Touren. Mit 77 Treffern erzielte Borussia von allen Mannschaften die meisten. Den 15 Siegen und 12 Unentschieden standen nur 7 Niederlagen gegenüber, wobei sechsmal knapp auf des Gegners Platz verloren wurde. Die siebte Niederlage war eine 1:6 Heimschlappe gegen die Schalker. In diesem Spiel schien die Elf von allen Geistern verlassen worden zu sein. Eine herbe Niederlage. Doch die Borussia erholte sich schnell davon. Es folgten 9 unbesiegte Spiele. Diese Serie brachte die Mannschaft in die Spitzengruppe der Bundesliga. Mit der Niederlage in Dortmund und dem anschließenden torlosen Unentschieden zu Hause gegen den KSC verspielte man die geringen Titelchancen endgültig. Auch in dieser Saison gab es wieder zwei Schützenfeste auf dem Bökelberg. Erst wurde der 1.FC Kaiserslautern mit 8:2 besiegt, einige Spieltage später gab es sogar ein zweistelliges Resultat: Borussia Neunkirchen wurde mit 10:0 demontiert! Vierfacher Torschütze: Pitt Meyer! Neben diesen Kantersiegen gab es wieder hervorragende Ergebnisse gegen etablierte BL-Teams, vor allem auswärts (4:3 auf Schalke, 4:0 im Weserstadion gegen den späteren Vizemeister Werder, 3:2 beim HSV, 5:2 beim ewigen Rivalen Köln, 3:1 beim VfB, 1:0 auf dem Betzenberg etc.). Lediglich der FC Bayern konnte von der Borussia, wie schon in den letzten beiden Spielzeiten, wieder nicht bezwungen werden (1-3 in München und 1-1 auf dem Bökelberg). In dieser Saison konnte Weisweiler oftmals mit der gleichen Formation antreten, von Verletzungen blieb seine Elf weitgehend verschont. Sechs Spieler (Danner, Vogts, Milder, Wittmann, Laumen und Netzer) absolvierten sogar alle Spiele. Gleich dahinter kamen Wimmer (33), Dietrich und Ackermann (je 32). Die herausragenden Torjäger hatte man in Laumen und Meyer. Dann folgte schon Regisseur Netzer mit 13 Treffern. Die Abwehr fand immer besser zueinander und dahinter stand mit Danner ein sicherer Torhüter. Ebenfalls positiv wieder die gute Zuschauerresonanz. Über 356000 Zuschauer pilgerten auf den Bökelberg.

SAISONSTATISTIK	Platz:3			
	Siege:	15	Tore:	77 - 45 (+ 32
	Unentsch.:	12	Punkte:	42 : 26
	Niederl.:	7	Zuschauer	356 310 (20 959)

FIEBERKURVE

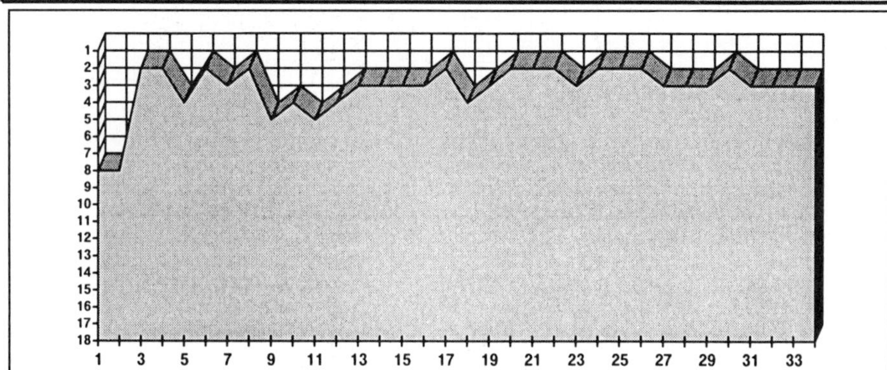

Herbert Laumen köpft vor Horst-Dieter Höttges (links) Richtung Werder-Tor (Gladbach - Werder 4:0).

Manfred Manglitz (MSV) klärt in größter Not gegen Peter Meyer, dem in 19 Bundesliga-Spielen für Borussia ebensoviele Tore gelangen!

1967/68

Sp.	Datum		Gegner	Ergebnis	BMG-Torschützen	Zuschauer
01.	19.08.67	A	Schalke 04	4 : 3 (2-0)	Meyer 3 | Laumen	28.000
02.	26.08.67	H	VfB Stuttgart	1 : 1 (0-1)	Meyer	23.000
03.	02.09.67	A	Werder Bremen	4 : 0 (1-0)	Meyer 2 | Netzer | Ackermann	12.000
04.	09.09.67	H	Kaiserslautern	8 : 2 (3-1)	Meyer 2 | Netzer 2 | Wimmer 2 | Ackerm. | Laumen	26.000
05.	13.09.67	A	1.FC Nürnberg	0 : 1 (0-0)	-	65.000
06.	16.09.67	H	MSV Duisburg	1 : 1 (1-0)	Ackermann	26.000
07.	23.09.67	A	Alem. Aachen	0 : 0 (0-0)	-	30.000
08.	30.09.67	H	Hannover 96	5 : 1 (4-1)	Laumen 4 | Vogts	24.000
09.	14.10.67	A	Bay. München	1 : 3 (0-3)	Netzer	34.000
10.	21.10.67	H	Bor. Dortmund	2 : 2 (1-0)	Laumen | Meyer	31.000
11.	28.10.67	A	Karlsruher SC	2 : 3 (1-3)	Meyer 2	28.000
12.	04.11.67	H	Bor. Neunkirchen	10 : 0 (2-0)	Meyer 4 | Netzer 2 | Wimmer 2 | Laumen 2	15.000
13.	11.11.67	A	Hamburger SV	3 : 2 (3-1)	Netzer | Ackermann | EIG.: Horst	18.000
14.	18.11.67	H	E. Frankfurt	1 : 1 (1-1)	Meyer	25.000
15.	25.11.67	A	1.FC Köln	5 : 2 (1-1)	Wimmer 2 | Meyer 2 | Netzer	39.000
16.	02.12.67	A	E. Braunschweig	1 : 2 (0-1)	Laumen	16.000
17.	09.12.67	H	1860 München	1 : 1 (0-0)	Ackermann	28.000
18.	06.01.68	H	Schalke 04	1 : 6 (0-2)	Netzer	21.000
19.	13.01.68	A	VfB Stuttgart	3 : 1 (3-1)	Laumen 2 | Ackermann	8.000
20.	20.01.68	H	W. Bremen	3 : 1 (1-1)	Laumen 2 | Vogts	18.000
21.	03.02.68	A	Kaiserslautern	1 : 0 (0-0)	Ackermann	6.000
22.	10.02.68	H	1.FC Nürnberg	1 : 1 (0-1)	Laumen	32.000
23.	17.02.68	A	MSV Duisburg	2 : 2 (2-0)	Laumen | Wimmer	16.000
24.	02.03.68	H	Alem. Aachen	3 : 0 (2-0)	Vogts | Laumen | Dietrich	25.000
25.	09.03.68	A	Hannover 96	1 : 1 (0-1)	Vogts	19.000
26.	16.03.68	H	Bay. München	1 : 1 (1-1)	Netzer	28.000
27.	23.03.68	A	Bor. Dortmund	1 : 3 (1-1)	Vogts	24.000
28.	30.03.68	H	Karlsruher SC	0 : 0 (0-0)	-	13.000
29.	06.04.68	A	Bor. Neunkirchen	3 : 0 (1-0)	Netzer 2 | Laumen	6.000
30.	20.04.68	H	Hamburger SV	4 : 1 (1-0)	Laumen 2 | Pöggeler | Vogts	15.000
31.	27.04.68	A	E. Frankfurt	1 : 3 (1-0)	Wimmer	24.000
32.	11.05.68	H	1.FC Köln	1 : 0 (1-0)	Netzer	16.000
33.	18.05.68	H	E. Braunschweig	2 : 0 (1-0)	Netzer | E. Kremers	8.000
34.	25.05.68	A	1860 München	0 : 0 (0-0)	-	7.000

1967/68

Spieltag	Danner	Wittmann	Pöggeler	Milder	Vogts	Dietrich	Wimmer	Laumen	Meyer	Netzer	Ackermann	Kremers, E.	Spinnler	Winkler	Kremers, H.	Waddey	Kempers
01.	x	x	x	x	x	x	x	x	x	x	x						
02.	x	x	x	x	x	o	x	x	x	x	x			+			
03.	x	x	x	x	x	x	x	x	x	x	x						
04.	x	x	x	x	x	x	x	x	x	x	x						
05.	x	x	x	x	x		x	x	x	x	x						x
06.	x	x	x	x	x	x	x	x	x	x	x						
07.	x	x	x	x	x	x	x	x	x	x	x						
08.	x	x	x	x	x	x	x	x	x	x	x						
09.	x	x	x	x	x	x	x	x	x	x	x						
10.	x	x	x	x	x	x		x	x	x	x			x			
11.	x	x	x	o	x	x	x	x	x	x	+			x			
12.	x	x	x	x	x	x	x	x	x	x	x						
13.	x	x	x	o	x	x	x	x	x	x	x		+				
14.	x	x	x	x	x	x	x	x	x	x	x						
15.	x	x	x	x	x	x	x	x	x	x	x						
16.	x	x	x	x	x	x	x	x	x	x	x						
17.	x	x	x	x	x	x	x	x	x	x	x						
18.	x	x		x	x	x	x	x	x	x	x						x
19.	x	x	o	+	x	x	x	x		x	x				x	x	
20.	x	x		x	x	x	x	x		x	x				x	x	
21.	x	x		x	x	x	x	x		x	x			+		o	x
22.	x	x		x	x		x	x		x	x		x			x	x
23.	x	o		x	x	x	x	x		x	x		+			x	x
24.	x	x	x	x	x	x	x	x		x	x		x				
25.	x	x	x	x	x	x	x	x		x	x		x				
26.	x	x	o	x	x	x	x	x		x	x		x				+
27.	x	x	o	x	x	x	x	x		x	x		x				+
28.	x	x	+	x	x	x	x	x		x	x		o			x	
29.	x	x		x	x	x	x	x		x	x		x			o	+
30.	x	x	x	x	x	x	x	x		x		x	x				
31.	x	x	o	x	x	x	x	x		x	x	+	x				
32.	x	o		x	x	x	x	x		x	x	x	x				+
33.	x	x	x	x	x	x	x	x		x		x	x				
34.	x	x	x	x	x	x	x	o		x	+	x	x				

SP.:	34	34	27	34	34	32	33	34	18	34	32	5	14	4	2	7	9
T.:	0	0	1	0	6	1	9	19	19	13	7	1	0	0	0	0	0

1968 / 69

SAISONFAZIT:
In der vierten Saison sprang ein guter dritter Platz für die Borussen heraus. Überragendes Team dieser Spielzeit waren die Münchener Bayern. Überlegen wurden sie Deutscher Meister. Gladbach belegte einen Punkte hinter dem Vizemeister aus Aachen den 3. Platz. Gegen den neuen Meister erkämpften die Grün-Weißen in München ein 0:0 (wobei Torhüter Danner der Held des Tages war), und auf dem Bökelberg hieß es am Ende 1:1. Es blieb dabei: Gladbach konnte gegen die Bayern nicht gewinnen. Das nicht mehr als der dritte Rang herauskam, lag wiederum an der nicht allzu sattelfesten Abwehr. Gegenüber Bayern ließ sie 15 Gegentore mehr zu. Auch kassierte der VfL diesmal 3 Heimniederlagen (1-2 gg. den HSV, 0-1 gg. Hertha und 2:3 gg. Frankfurt). Die Auswärtsbilanz war relativ ausgeglichen und wurde sogar mit einem positiven Torverhältnis abgeschlossen. Der Borussen-Sturm gehörte wiederum zu den torgefährlichsten aller Vereine. Der Auftakt war positiv. Von den ersten 8 Spielen verloren die Fohlen lediglich in Nürnberg (0:4), ansonsten sprangen 6 Siege heraus. Dann folgten die ersten Heimniederlagen gegen den HSV und Hertha BSC. Die torreichste Begegnung der Hinrunde fand am 15. Spieltag daheim gegen den VfB statt. Die Zuschauer sahen 8 Tore, wobei die Borussia einen 2:4 Rückstand noch ausgleichen konnte. Dann folgte das starke Spiel beim FC Bayern (0:0). Die Rückrunde begann wiederum mit 2 Siegen (Dortmund/Köln). Doch die Gladbacher waren auswärts anfällig. Fünf Niederlagen in Folge sorgten dafür, daß Borussia in der Tabelle nicht näher an die Bayern herankam. Erst ein 3:0 Erfolg beim VfB Stuttgart sorgte wieder für gute Schlagzeilen in der Fremde. Das anschließende 1:1 auf dem Bökelberg gegen die Bayern war wohl das beste Saisonspiel der Fohlen-Elf. Die torreichste Paarung sollte am letzten Spieltag folgen. Die Borussia verlor in Bremen mit 5:6. Elf Tore in einem Spiel sind wahrlich eine Seltenheit. Der Zuschauerbesuch ging in dieser Saison etwas zurück. Im Schnitt kamen ca. 1200 Zuschauer weniger zu den Spielen. Vom Kader machten Laumen, Vogts und Neuling Bleidick alle Spiele mit. Von den Neulingen überzeugte auch Winfried Schäfer in 17 Einsätzen. Auch die Kremers-Zwillinge spielten in einigen Spielen gut mit. Der Torschützenkönig war wiederum Mittelfeldspieler Herbert Laumen mit 15 Treffern. Dahinter folgte gleich Netzer mit 10 Toren. Der Sturm blieb diesmal hinter den Erwartungen zurück, denn mit Wimmer und Vogts mit je 8 Toren kamen ebenfalls zwei Defensivspieler. Auf Torhüter Danner war in den Spielen immer Verlaß. In den letzten Spielen wurde er von Wolfgang Kleff abgelöst, der seine Sache ebenfalls gut löste. Das 5000 Bundesliga-Tor erzielte Günter Netzer am 19. Spieltag beim 1.FC Köln (Endstand: 1:4). Trainer war auch in diesem Jahr wieder Hennes Weisweiler.

SAISONSTATISTIK ***Platz: 3***

Siege:	13	Tore:	61 - 46 (+ 15)
Unentsch.:	11	Punkte:	37 : 31
Niederl.	10	Zuschauer	335.590 (19.741)

FIEBERKURVE

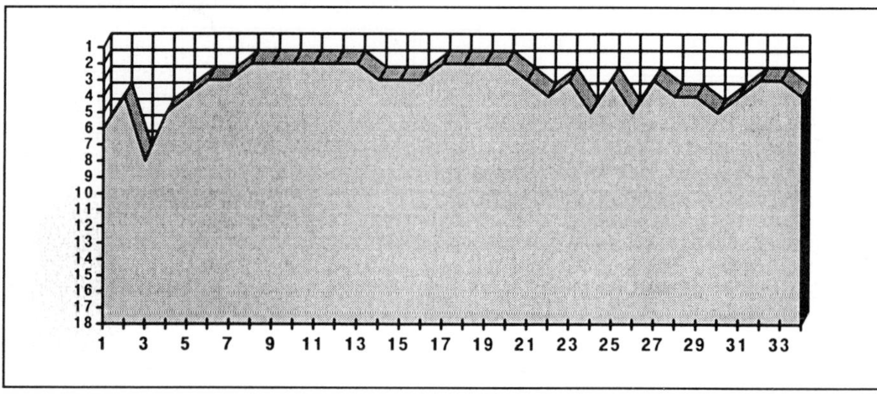

Laumen dreht jubelnd ab - sein 1:0 war der Auftakt einer torreichen Begegnung, die letztlich 4:4 endete.
(aus Gladbach - Stuttgart 4:4)

1968/69

Sp.	Datum		Gegner	Ergebnis	BMG-Torschützen	Zuschauer
01.	17.08.68	A	Bor. Dortmund	3 : 1 (1-0)	Laumen 2 | Wimmer	35.000
02.	24.08.68	H	1.FC Köln	2 : 1 (0-0)	Wimmer | Bleidick	32.000
03.	31.08.68	A	1.FC Nürnberg	0 : 4 (0-0)	-	40.000
04.	04.09.68	H	Kick. Offenbach	4 : 1 (3-0)	Laumen 2 | Vogts | Köppel	25.000
05.	07.09.68	H	Alem. Aachen	2 : 2 (1-0)	Netzer | Ackermann	32.000
06.	14.09.68	A	Hannover 96	3 : 2 (1-2)	Laumen 2 | Ackermann	34.000
07.	21.09.68	H	Kaiserslautern	4 : 0 (2-0)	Wimmer 2 | Netzer | Vogts	19.000
08.	28.09.68	A	1860 München	4 : 0 (1-0)	Dietrich 2 | Vogts | Bleidick	29.000
09.	05.10.68	H	Hamburger SV	1 : 2 (1-2)	Netzer	25.000
10.	19.10.68	A	Schalke 04	1 : 1 (1-0)	Wimmer	35.000
11.	26.10.68	H	Hertha BSC	0 : 1 (0-1)	-	18.000
12.	30.10.68	A	E. Frankfurt	1 : 1 (1-0)	Laumen	25.000
13.	02.11.68	H	MSV Duisburg	1 : 0 (1-0)	Netzer	14.000
14.	09.11.68	A	E. Braunschweig	0 : 0 (0-0)	-	15.000
15.	16.11.68	H	VfB Stuttgart	4 : 4 (2-1)	Laumen | Köppel | Netzer | Vogts	9.000
16.	30.11.68	A	Bay. München	0 : 0 (0-0)	-	35.000
17.	07.12.68	H	Werder Bremen	1 : 1 (0-0)	Milder	20.000
18.	11.01.69	H	Bor. Dortmund	1 : 0 (0-0)	Bleidick	20.000
19.	18.01.69	A	1.FC Köln	4 : 1 (2-0)	Netzer 3 | Laumen	33.000
20.	25.01.69	H	1.FC Nürnberg	1 : 1 (0-1)	Netzer	32.000
21.	01.02.69	A	Kick. Offenbach	0 : 1 (0-0)	-	33.000
22.	08.02.69	A	Alem. Aachen	1 : 2 (1-2)	Schäfer	28.000
23.	22.02.69	H	Hannover 96	3 : 2 (2-1)	Vogts 2 | Wimmer	12.000
24.	01.03.69	A	Kaiserslautern	0 : 2 (0-1)	-	16.000
25.	08.03.69	H	1860 München	3 : 0 (1-0)	Laumen | Vogts | Netzer	19.000
26.	15.03.69	A	Hamburger SV	0 : 2 (0-1)	-	10.000
27.	22.03.69	H	Schalke 04	3 : 0 (1-0)	H. Kremers | Milder | Laumen	30.000
28.	29.03.69	A	Hertha BSC	1 : 2 (0-1)	Vogts	35.000
29.	19.04.69	H	E. Frankfurt	2 : 3 (1-2)	Laumen 2	15.000
30.	26.04.69	A	MSV Duisburg	1 : 1 (1-1)	Ackermann	9.000
31.	17.05.69	H	E. Braunschweig	1 : 1 (0-1)	Schäfer	7.000
32.	24.05.69	A	VfB Stuttgart	3 : 0 (1-0)	Köppel 2 | Milder	10.000
33.	31.05.69	H	Bay. München	1 : 1 (1-1)	Laumen	20.000
34.	07.06.69	A	Werder Bremen	5 : 6 (3-4)	Laumen | Köppel | Wimmer | Ackerm. | Milder	12.000

1968/69

Spieltag	Danner	Bleidick	Vogts	Milder	Wittmann	Dietrich	Wimmer	Laumen	Kremers, E.	Netzer	Ackermann	Spinnler	Köppel	Kleff	Pöggeler	Kremers, H.	Schäfer	Winkler	Zimmermann
01.	x	x	x	x	x	x	x	x	x	x	x								
02.	x	x	x	x	x	x	x	x	+	x	x	o							
03.	x	x	x	x	x	x	x	x	+	x	o		x						
04.	x	x	x	x	x	x	x	x		x	x		x						
05.		x	x	x	x	x	x	x		x	x		x	x					
06.	x	x	x	x	o	x	x	x		x	x	+	x						
07.	x	x	x	x		x	x	x		x	x	x	x						
08.	x	x	x	x		x	x	x		x	x	x	x						
09.	x	x	x	x		x	x	o		x	x	x	x					+	
10.	x	x	x	x		x	x	o		x	x	x	x		+				
11.	x	x	x	x			x	x		x	x	x	x		x				
12.	x	x	x	x			x	x		x	x	x	x		x				
13.	x	x	x	x			x	x	o	x	x	x	+		x				
14.	x	x	x	x			x	x		x	x	x	x		x				
15.	x	x	x	x			x	x	x	x	+	x	x		o				
16.	x	x	x	x			x	x	x		x	x	x		x				
17.	x	x	x	+			x	x		x	o	x	x		x	x			
18.	x	x	x	x			x	x	x	x		o	x		+		x		
19.	x	x	x	x			x	x	x	x			x		+	x	o		
20.	x	x	x	x			x	x	x	x			x		+	x	o		
21.	x	x	x	x			x	x		x	+		x		o	x	x		
22.		x	x	x			x	o	x	x			+	x	x	x	x		
23.	x	x	x	x			x	x	x	o	+		x			x	x		
24.	x	x	x	x			x	o	+	x	x		x			x	x		
25.	x	x	x	x			x	x	x	x			x			x	x		
26.		x	x	x			x	x		o	x		x	x	x		x		+
27.	x	x	x	x			x	x	x			x	x			x	x		
28.	x	x	x	o			x	x	x		+	x	x			x	x		
29.		x	x				x	x	o	x	+	x	x	x		x	x		
30.		x	x	x			x	x		x	x		x	x		x	x		
31.		o	x	x			x	x	x		x	x	x	x	+		x		
32.		x	x	x			x	x	x		x		x	x	x		x		
33.		x	x	x			x	x	o		x	+	x	x	x		x		
34.		x	x	x			x	x			x	+	x	x	x		x		o

SP.:	25	34	34	33	6	10	34	34	19	27	28	20	32	9	18	12	17	1	2
T.:	0	3	8	3	0	2	8	15	0	10	4	0	5	0	0	1	2	0	0

1969 / 70

SAISONFAZIT:

Es war soweit: Die Borussia war erstmals Deutscher Meister geworden! Mit einem 4 Punkte Vorsprung ging der VfL als Erster ins Ziel. Der Vorjahresmeister Bayern kam auf Platz 2. Am 11. Spieltag erklomm die Borussia zum erstenmal den ersten Platz. Teilweise hatte sie während der Spielzeit 7 Punkte Vorsprung. Drei knappe Niederlagen machten es nochmal eng. Doch sieben Siege hintereinander sorgten für die Festigung der Tabellenspitze. Entscheidend für den Titelgewinn war eine diesmal sehr starke Abwehr. Durch die Neueinkäufe Luggi Müller und Klaus-Dieter Sieloff wurde die Defensive gestärkt. Diese beiden Verteidiger trugen dazu bei, daß es diese Saison nur 29mal im Tor einschlug. Oftmals ließ man höchstens einen Gegentreffer pro Spiel zu. Daneben sorgte dann der Sturm mit den offensiven Mittelfeldspielern für die nötigen Tore. Auch der dritte Neuling, Ulrik le Fevre, schlug als Außenstürmer gut ein (29 Spiele - 8 Tore).3, 4 und 5 Tore waren in einem Spiel keine Seltenheit. Rot-Weiß Oberhausen wurde sogar mit 6:1 nach Hause geschickt. Die diesmal wieder zahlreicher erschienenen Zuschauer (Schnitt: 24.698 - gleichzeitig der beste Zuschauerschnitt in all den Jahren!) kamen auf ihre Kosten. Eindrucksvoll auch die Bilanz: 23 Siege, 5 Unentschieden und nur 6 Niederlagen (0:2 in Schalke, 1:2 in Dortmund, 0:1 in München, 0:1 in Essen, 1-2 gg. Frankfurt und 0:1 in Hannover). Daheim gab es auch wieder hohe Siege: 4:1 gg. den MSV, 5:1 gg. Aachen, 5:0 gegen die 96er, 6:1 gg. RWO, 4:2 gegen den BVB. Auch Auswärts trumpfte die Borussia auf. Glänzende Erfolge in Frankfurt (2:1), bei 1860 München (3:0), 1:0 beim 1.FC Köln, 3:1 beim HSV, 4:1 auf dem Betzenberg zeigten, das sich die Fohlen auch auf Gegners Plätzen nicht versteckten. In fremden Stadien gab es nur 14 Gegentreffer. Das die Mannschaft gut harmonierte, beweißt die Tatsache, daß sich die Torerfolge nahezu gleichmäßig auf alle Spieler verteilten. Einzig der überragende Laumen erzielte 19 Treffer. Daneben gab es noch 6 Spieler mit mehr als 5 Toren. Die gesamte Saison über konnte die Borussia nahezu unverändert antreten. Vier Spieler machten alle Spiele mit (Kleff, Vogts, Laumen und Köppel). Müller, Sieloff und Dietrich kamen auf 33 Einsätze. Unter Weisweiler wurden die jungen Fohlen immer mehr zu einer homogenen Einheit. Er verstand es wie kein zweiter, Neulinge gut zu integrieren und die Stärken des einzelnen Spielers hervorzuheben. An den Schwächen wurde im Training gearbeitet. So legten viele Spieler (u.a. Vogts) Sonderschichten ein, um die Schwächen abzustellen. Mit Erfolg, was auch dazu führte, das viele Spieler zu Länderspieleinsätzen kamen.

SAISONSTATISTIK	Platz: 1			
	Siege:	23	Tore:	71 - 29 (+ 42)
	Unentsch.:	5	Punkte:	51 : 17
	Niederl.:	6	Zuschauer:	419.871 (24.698)

FIEBERKURVE

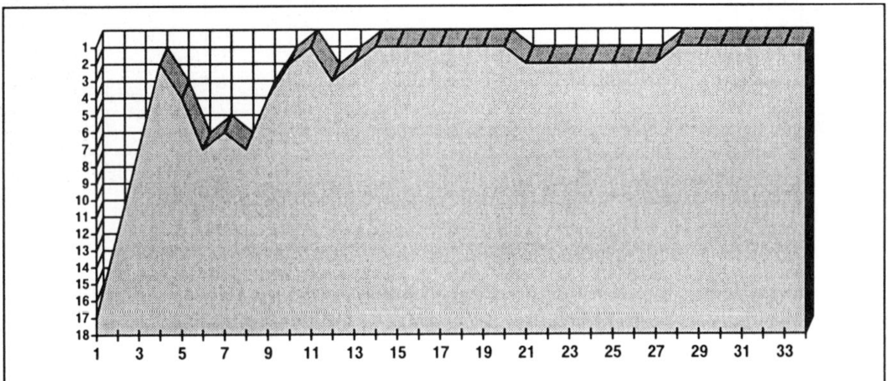

Werner Kaiser überlistet Dortmunds Torwart Jürgen Rynio mit einem Heber zum 1:0, das der BVB durch zwei Weist-Tore noch in einen 2:1-Sieg verwandelte.

Abgehoben haben hier Berti Vogts und der "Löwe" Peppi Heiß. Gladbach gewann gegen 1860 mit 3:1, wurde später Meister, die Münchener stiegen ab!

1969/70

Sp.	Datum		Gegner	Ergebnis	BMG-Torschützen	Zuschauer
01.	16.08.69	A	Schalke 04	0 : 2 (0-1)	-	38.000
02.	23.08.69	H	Bay. München	2 : 1 (0-1)	Kaiser | Laumen	31.000
03.	30.08.69	H	RW Essen	2 : 1 (0-1)	Kaiser | Schäfer	28.000
04.	06.09.69	A	E. Frankfurt	2 : 1 (2-0)	Kaiser | Laumen	37.000
05.	13.09.69	H	Kaiserslautern	1 : 1 (1-0)	Vogts	28.000
06.	27.09.69	A	Bor. Dortmund	1 : 2 (1-0)	Kaiser	26.000
07.	04.10.69	H	E. Braunschweig	1 : 0 (1-0)	Netzer	15.000
08.	11.10.69	A	Werder Bremen	0 : 0 (0-0)	-	14.000
09.	15.10.69	H	MSV Duisburg	4 : 1 (2-1)	Laumen 2 | Vogts | Wimmer	24.000
10.	25.10.69	A	1860 München	3 : 0 (1-0)	Laumen 2 | Müller	13.000
11.	01.11.69	H	Alem. Aachen	5 : 1 (1-1)	Köppel | Netzer | Laumen | Wimmer | le Fevre	30.000
12.	08.11.69	A	Hertha BSC	1 : 1 (0-0)	Laumen	80.000
13.	15.11.69	H	VfB Stuttgart	3 : 0 (2-0)	Köppel 3	25.000
14.	29.11.69	A	1.FC Köln	1 : 0 (0-0)	le Fevre	54.000
15.	06.12.69	H	Hannover 96	5 : 0 (1-0)	Laumen 2 | Dietrich 2 | Wimmer	25.000
16.	13.12.69	A	Hamburger SV	3 : 1 (0-0)	Dietrich | Laumen | le Fevre	25.000
17.	20.12.69	H	RW Oberhausen	6 : 1 (3-0)	Vogts 2 | Wimmer | le Fevre | Dietrich | Bleidick	25.000
18.	10.01.70	H	Schalke 04	2 : 0 (1-0)	Netzer | Laumen	32.000
19.	17.01.70	A	Bay. München	0 : 1 (0-1)	-	40.000
20.	24.01.70	A	RW Essen	0 : 1 (0-0)	-	25.000
21.	31.01.70	H	E. Frankfurt	1 : 2 (0-0)	Köppel	17.000
22.	07.02.70	A	Kaiserslautern	4 : 1 (1-1)	Schäfer | Netzer | Laumen | Köppel	28.000
23.	14.02.70	H	Bor. Dortmund	4 : 2 (3-0)	Sieloff | Netzer | Laumen | Köppel	21.000
24.	21.02.70	A	E. Braunschweig	1 : 0 (0-0)	Wimmer	32.000
25.	28.02.70	H	Werder Bremen	1 : 0 (0-0)	le Fevre	18.000
26.	07.03.70	A	MSV Duisburg	1 : 0 (1-0)	le Fevre	29.000
27.	14.03.70	H	1860 München	3 : 1 (2-1)	le Fevre | Wimmer | Schäfer	28.000
28.	21.03.70	A	Alem. Aachen	3 : 0 (1-0)	Laumen | Sieloff | ElG.: Martinelli	18.000
29.	28.03.70	H	Hertha BSC	1 : 1 (1-0)	Köppel	25.000
30.	04.04.70	A	VfB Stuttgart	0 : 0 (0-0)	-	45.000
31.	11.04.70	H	1.FC Köln	2 : 0 (1-0)	Sieloff | Laumen	32.000
32.	18.04.70	A	Hannover 96	0 : 1 (0-1)	-	30.000
33.	30.04.70	H	Hamburger SV	4 : 3 (3-0)	Laumen | Vogts | Köppel | Bleidick	32.000
34.	03.05.70	A	RW Oberhausen	4 : 3 (2-1)	Dietrich | Laumen | Netzer | le Fevre	25.000

1969/70

Spieltag	Kleff	Vogts	Müller	Sieloff	Bleidick	Dietrich	Laumen	Köppel	Schäfer	le Fevre	Netzer	Wimmer	Kaiser	Zimmermann	Kracke	Spinnler	Meyer	Danner							
01.	x	x	x	x	x	x	x	x	x	x					x										
02.	x	x	x	x	x	+	x	x	x	x	o		+				o								
03.	x	x	x	x	o	x	x	x	x	x			x			+									
04.	x	x	x	x	x	x	x	x	x	x		+	o												
05.	x	x	x	x	o	x	x	x	x	x	x					+									
06.	x	x	x		x	x	x	x	x	o	x	+	x												
07.	x	x	x	x	x	x	x	x		+	x	x	o												
08.	x	x	x	x	x	x	x	x	+	o	x	x													
09.	x	x	x	x	x	x	x	x		+	x	x	o												
10.	x	x	x	x	x	x	x	x		x	x	x													
11.	x	x	x	o	x	x	x	x	+	x	x	x													
12.	x	x	x	x	x	x	x	x		x	x	x													
13.	x	x	x	x	x	x	x	x	+	x	o	x													
14.	x	x	x	x	x	x	x	x		x	x	x													
15.	x	x	x	x	x	x	x	x		x	x	x													
16.	x	x	x	x	x	x	x	x	+	o	x	x													
17.	x	x	x	x	x	x	x	x	+	x	o	x													
18.	x	x	x	x		x	x	x	+	x	x	o		x											
19.	x	x	x	x	x	x	x	x	x		x	x													
20.	x	x	x	x	x	x	x	x	x		x	x													
21.	x	x	x	x	o		x	x	o	x	x	x	+	+											
22.	x	x		x		x	x	x	x	x	x	x		x											
23.	x	x	x	x		x	x	x	x	x	x	x													
24.	x	x	x	x	x	x	x	x	x	x		x													
25.	x	x	x	x		x	x	x		x	x	x		x											
26.	x	x	x	x		x	x	x		x	x	x		x											
27.	x	x	x	x		x	x	x	+	x	x	x		o											
28.	x	x	x	x	+	x	x	x	x	x	o	x													
29.	x	x	x	x	+	x	o	x	x	o	x	x	+												
30.	x	x	x	x	x	x	o	x	x		x	x	+												
31.	x	x	x	x	x	x	x	x	x		x	x													
32.	x	x	x	x	x	x	x	x	x			x	o		+										
33.	x	x	x	x	x	x	x	x	+	o	x	x													
34.	o	x	x	o	x	x	x	x	+	x	x	x						+							
SP.:	34	34	33	33	28	33	34	34	26	29	29	30	10	6	2	2	1	1							
T.:	0	5	1	3	2	5	18	9	3	8	6	6	4	0	0	0	0	0							

1970 / 71

SAISONFAZIT:
Die Titelverteidigung stand an und sie wurde bravourös bewältigt. Einziger Rivale um den Titel war der FC Bayern. Alle anderen Teams landeten mit großem Rückstand auf den Plätzen. Der zweite Meistertitel war unter Dach und Fach gebracht. Eine Titelverteidigung ist immer schwerer als einen Titel zu holen, doch Borussia ließ über die gesamte Spielzeit nie Zweifel aufkommen. Souverän wurde die Meisterschaft errungen. Diesmal leistete man sich nur 4 Niederlagen. Die erste erfolgte sogar erst am 14. Spieltag mit einem 2:4 bei Hertha BSC. Dann die erste von zwei Heimniederlagen: Die Arminen aus Bielefeld gewannen mit 2:0 auf dem Bökelberg. Die nächste Niederlage gab es beim 1.FC Köln (2:3). Die vierte Niederlage war eigentlich gar keine. Denn nur durch DFB-Urteil wurden Werder Bremen die 2 Punkte zugesprochen. Am 27. Spieltag brach beim Stand von 1:1 ein Torpfosten. Die Partie wurde abgebrochen und später für die Bremer gewertet. Ein Kuriosum. In dieser Spielzeit wurden lediglich 15 Spieler eingesetzt, sodaß der VfL wiederholt in der gleichen Formation spielen konnte. Ein großer Vorteil gegenüber den anderen Mannschaften. Ein weiteres Plus: Jupp Heynckes war an den Bökelberg zurückgekehrt. Ein Gewinn für das Team. Er erzielte gleich 19 Tore und wurde wiederum nur durch Herbert Laumen übertrumpft (20 Treffer). Von den 15 eingesetzten Spielern kamen 9 über 30 Spiele. Köppel, Vogts, Müller und Torhüter Kleff absolvierten alle Spiele. Bis zum 14. Spieltag blieb man ungeschlagen (u.a. ein 2:2 Unentschieden beim FC Bayern). Nach der Niederlage in Berlin blieb die Borussia in 6 Spielen ohne Niederlage. Daheim wurde auch der FC Bayern mit 3:1 Toren besiegt. Am letzten Spieltag folgte ein überragender Erfolg bei der Frankfurter Eintracht. Vielleicht einziges Manko in dieser Saison: die Zuschauer kamen weitaus weniger auf den Bökelberg. Um ca. 4500 Zuschauern ging der Schnitt deutlich zurück. Ein Phänomen trotz der Titelverteidigung. Auch in dieser Saison zeigte sich wieder die Auswärtsstärke der Fohlen-Elf. Die schnellen Leute machten sie zu der Kontermannschaft der Bundesliga. Mit überfallartigen Angriffen wurden die Heimmannschaften teilweise ausgekontert und dabei wurden 31 Tore erzielt. Die Abwehr stand sehr sicher. Torhüter Kleff erhielt das Vertrauen von Weisweiler und nutzte seine Chance. Müller und Sieloff waren zwei überragende Manndecker, die sich nur selten ausspielen ließen. Mittelfeldrenner Wimmer übernahm die Deckungsaufgaben von Netzer, sodaß dieser seine Genialität frei ausspielen konnte. Weisweiler bestätigte ihn auch immer wieder in dieser Hinsicht.

SAISONSTATISTIK	**Platz: 1**			
	Siege:	20	Tore:	77 - 35 (+ 42)
	Unentsch.:	10	Punkte:	50 : 18
	Niederl.:	4	Zuschauer:	343.227 (20.190)

FIEBERKURVE

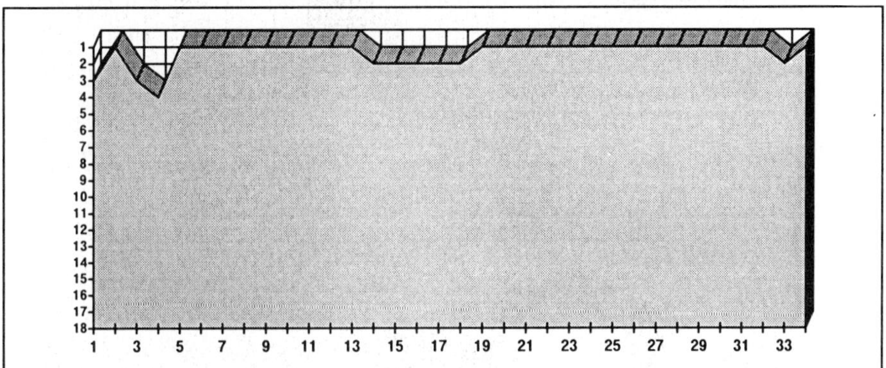

Laumen bezwingt VfB-Torwart Sawitzki zum 4:0 (Endstand 4:1).

1970/71

Sp.	Datum		Gegner	Ergebnis	BMG-Torschützen	Zuschauer
01.	15.08.70	H	Kick. Offenbach	2 : 0 (0-0)	Bonhof | Köppel	25.000
02.	22.08.70	A	Hamburger SV	2 : 2 (2-0)	Heynckes | Netzer	42.000
03.	28.08.70	H	Hannover 96	0 : 0 (0-0)	-	26.000
04.	05.09.70	A	Arm. Bielefeld	2 : 0 (1-0)	Köppel | Laumen	30.000
05.	12.09.70	H	Kaiserslautern	5 : 0 (3-0)	Laumen 2 | Köppel 2 | Wimmer	16.000
06.	19.09.70	A	Bay. München	2 : 2 (0-1)	Sieloff | Heynckes	44.000
07.	23.09.70	H	RW Oberhausen	6 : 0 (2-0)	Netzer 2 | Heynckes | Sieloff | Laumen | Müller	18.000
08.	26.09.70	A	Schalke 04	0 : 0 (0-0)	-	35.000
09.	03.10.70	H	1.FC Köln	1 : 1 (0-1)	le Fevre	22.000
10.	07.10.70	A	Werder Bremen	1 : 1 (1-1)	Müller	32.000
11.	10.10.70	H	E. Braunschweig	3 : 1 (1-0)	Laumen 2 | Heynckes	27.000
12.	24.10.70	A	MSV Duisburg	1 : 1 (0-0)	Heynckes	20.000
13.	31.10.70	H	VfB Stuttgart	4 : 1 (2-0)	Netzer 2 | Laumen| EIG.: Eisele	14.000
14.	07.11.70	A	Hertha BSC Berlin	2 : 4 (0-2)	Heynckes | Laumen	80.000
15.	14.11.70	H	Bor. Dortmund	3 : 2 (3-0)	Dietrich | Köppel | Netzer	22.000
16.	28.11.70	A	RW Essen	2 : 1 (0-1)	le Fevre | Heynckes	33.000
17.	05.12.70	H	E. Frankfurt	5 : 0 (3-0)	Laumen 2 | Heynckes 2 | Dietrich	14.000
18.	23.01.71	A	Kick. Offenbach	3 : 1 (1-0)	Heynckes 2 | EIG.: Reich	23.000
19.	30.01.71	H	Hamburger SV	3 : 0 (0-0)	Sieloff | Wimmer | Heynckes	23.000
20.	06.02.71	A	Hannover 96	1 : 1 (0-1)	Laumen	41.000
21.	13.02.71	H	Arm. Bielefeld	0 : 2 (0-0)	-	17.000
22.	27.02.71	A	Kaiserslautern	1 : 0 (1-0)	Dietrich	31.000
23.	06.03.71	H	Bay. München	3 : 1 (1-0)	Netzer | le Fevre| Laumen	30.000
24.	13.03.71	A	RW Oberhausen	2 : 0 (2-0)	Laumen | Wimmer	28.000
25.	20.03.71	H	Schalke 04	2 : 0 (2-0)	Netzer | Sieloff	30.000
26.	27.03.71	A	1.FC Köln	2 : 3 (1-3)	Heynckes	45.000
27.	03.04.71	H	W. Bremen *	1 : 1 (1-1)	Köppel	14.000
28.	17.04.71	A	E. Braunschweig	1 : 1 (1-1)	Laumen	30.000
29.	01.05.71	H	MSV Duisburg	1 : 0 (1-0)	Sieloff	22.000
30.	08.05.71	A	VfB Stuttgart	1 : 1 (1-1)	Laumen	48.000
31.	15.05.71	H	Hertha BSC	4 : 0 (2-0)	Laumen 2 | Köppel | Heynckes	25.000
32.	22.05.71	A	Bor. Dortmund	4 : 3 (1-2)	Laumen | Heynckes | Sieloff | Vogts	30.000
33.	29.05.71	H	RW Essen	4 : 3 (2-1)	Laumen 2 | Heynckes 2	24.000
34.	05.06.71	A	E. Frankfurt	4 : 1 (1-1)	Heynckes 2 | Netzer | Köppel	65.000

* = Dieses Spiel wurde nachträglich vom DFB mit 2:0 Punkten und 2:0 Toren für Werder Bremen gewertet (Spielabbruch in der 88. Min. wg. Pfostenbruch)!

1970/71

Spieltag	Kleff	Vogts	Müller	Bonhof	Köppel	Sieloff	Bleidick	Heynckes	Netzer	Wimmer	le Fevre	Wittmann	Laumen	Wloka	Dietrich
01.	x	x	x	x	x	x	x	+	x	o	x		o	+	
02.	x	x	x	x	x	x	o	x	x	x	o	+	+		
03.	x	x	x	+	x	x		x	x	x	x	x	o		
04.	x	x	x		x	x			x	x	x	x	x		x
05.	x	x	x		x	x		+	x	x	o	x	x		x
06.	x	x	x		x	x		+	x	x	o	x	x		x
07.	x	x	x		x	x		x	o	x	+	x	x		x
08.	x	x	x		x	x		x	x	x	+	x	o		x
09.	x	x	x	+	x	x		o	x	o	+	x	x		x
10.	x	x	x		x	x		x	x		x	x	x		x
11.	x	x	x		x	x		x	x	+	o	x	x		x
12.	x	x	x		x	x		x	x		x	x	x		x
13.	x	x	x		x	x		x	x		+	x	x	o	x
14.	x	x	x		x	x		x	x		x	x	x		x
15.	x	x	x		x	x	+	x	x		x	x	x		o
16.	x	x	x		x	x		x			x	x	x	x	x
17.	x	x	x		x	x		x	x		+	x	x	o	x
18.	x	x	x		x	x		x		x	o	x	x	+	x
19.	x	x	x		x	x		x	x	x	+	x	x		o
20.	x	x	x		x	x		x	x	x	o	x	+		x
21.	x	x	x	+	x	x		x	x	x	o	x	x		
22.	x	x	x		x	x	x	x	x	x	x				x
23.	x	x	x	+	x	x	x	o	o	x	x		x	+	
24.	x	x	x	+	x	x	x	x	x	o	+		o	x	
25.	x	x	x		x	x	x	x	x	x	x				x
26.	x	x	x		x	x	x	x	x	x	x				x
27.	x	x	x	o	x		x	x	x	x	x		+	+	o
28.	x	x	x		x	x	x	x	x	x	o		o	+	+
29.	x	x	x	+	x	x	x	x	x		+		o	o	x
30.	x	x	x		x	x	x	x	x	o			x	+	x
31.	x	x	x		x	x	x	x	x	o	+		x		x
32.	x	x	x	+	x	x	o	x	x	x			x		x
33.	x	x	x		o	x	x	x	x	x	+		x		x
34.	x	x	x	+	o	x	x	x	x	x			x		x
SP.:	34	34	34	11	34	33	16·	33	32	26	31	20	31	11	28
T.:	0	1	2	1	9	6	0	19	9	3	3	0	20	0	3

1971 / 72

SAISONFAZIT:
Mit einer erneuten Titelverteidigung wurde es in dieser Saison nichts. Die vor den Borussen plazierten Bayern (1.) und Schalke (2.) waren eindeutig besser besetzt und hatten am Ende 12 bzw. 9 Punkte Vorsprung. Es brauchte einige Zeit, um die neuen Spieler (Kulik, Wittkamp, Danner) ins Team zu integrieren. Die Angriffsmaschine lief zwar auf vollen Touren, doch kassierte die Abwehr diesmal 40 Gegentreffer. Neben den 18 Siegen und 7 Unentschieden standen aber auch 9 Niederlagen. Daheim gab der VfL nur 6 Punkte ab, jedoch die Auswärtsstärke aus den letzten beiden Jahren ging verloren. Auf Gegners Platz konnten lediglich 15 Punkte entführt werden. Die 8 Auswärtsniederlagen waren jeweils sehr knapp, nur in Frankfurt gingen die Fohlen mit 0:3 unter. Daneben errangen sie glatte Auswärtssiege: 2:0 in Bochum, 5:1 in Duisburg, 2:0 in Düsseldorf und 4:0 bei RW Oberhausen. Daheim war die Borussia, wie schon in den letzten Jahren, sehr stark. Einige Mannschaften bezogen auf dem Bökelberg regelrechte Packungen: 5:1 gegen Bielefeld, 6:2 gegen die Frankfurter Eintracht, 7:0 gegen Schalke, 5:2 gegen Hertha BSC und RW Oberhausen und 7:1 gegen Borussia Dortmund. Auch der rheinische Rivale 1.FC Köln wurde glatt mit 3:0 besiegt. Gegen den späteren Deutschen Meister Bayern München erkämpften die Grün-Weißen ein 2:2. Fortuna Düsseldorf brachte den Borussen die einzige Heimniederlage bei (1:2). Negativ zu Buche schlug auch der Zuschauerschnitt. Zu den 17 Heimspielen kamen nur 267.851 Besucher, was den Schnitt um ca. 4500 Zuschauer gegenüber dem Vorjahr drückte. Auch auswärts lockte die Borussia weitaus weniger Zuschauer in die Stadien (Schnitt: ca. 28.000). Gegenüber der letzten Saison ein Minus von knapp 10000 Besuchern. Aber mit dem Zuschauerrückgang lagen die Gladbacher im Trend der anderen Mannschaften, denn alle 18 Teams hatten mit Rückgängen zu kämpfen. Trainer Weisweiler konnte trotzdem mit dem dritten Rang zufrieden sein. Torhüter Kleff machte als einziger Spieler alle Spiele mit und war ein sicherer Rückhalt. Die letzte Saison am Bökelberg absolvierte le Fevre. Er kam auf 30 Einsätze und erzielte hierbei noch 10 Tore. Den Toptorjäger hatte Borussia diesmal in Jupp Heynckes. Mit 19 Toren erzielte er die gleiche Anzahl wie in der letzten Saison. Gleich dahinter rangierte Netzer mit 17 Treffern auf dem internen zweiten Platz. Auch die Neulinge Wittkamp und Danner waren 6 bzw. 5 mal erfolgreich. Ende 1971 wurde der Borusse Berti Vogts zum Fußballer des Jahres gewählt. Diese nationale Auszeichung errang damit zum erstenmal ein Gladbacher Spieler.

SAISONSTATISTIK	**Platz: 3**			
	Siege	18	Tore:	82 - 40 (+ 42)
	Unentsch.:	7	Punkte:	43 : 25
	Niederl.:	9	Zuschauer:	267.851 (15.756)

FIEBERKURVE

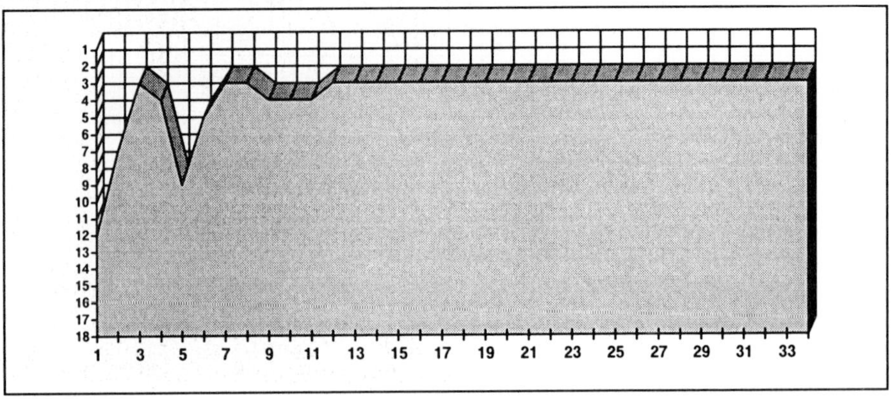

Bild oben: Sorgenvoll blickt Wolfgang Kleff dem Ball hinterher, doch Bonhof (rechts) kann retten. Gerd Müller ging leer aus (Gladbach - FC Bayern 2:2).

Bild rechts:Fichtel, Helmut Kremers und Torwart Nigbur (am Boden) können le Fevres 6:0 nicht verhindern (aus Gladbach - Schalke 7:0).

1971/72

Sp.	Datum		Gegner	Ergebnis	BMG-Torschützen	Zuschauer
01.	14.08.71	A	Kaiserslautern	0 : 1 (0-0)	-	33.000
02.	21.08.71	H	Arm. Bielefeld	5 : 1 (3-0)	Heynckes 2 | Netzer 2 | le Fevre	16.000
03.	28.08.71	A	VfL Bochum	2 : 0 (1-0)	Heynckes | Wloka	35.000
04.	01.09.71	H	VfB Stuttgart	0 : 0 (0-0)	-	22.000
05.	04.09.71	A	Bay. München	0 : 2 (0-2)	-	40.000
06.	11.09.71	H	Hannover 96	3 : 0 (2-0)	Netzer | Bonhof | Wittkamp	15.000
07.	18.09.71	A	MSV Duisburg	5 : 1 (2-0)	Müller 2 | Wloka | Heynckes | le Fevre	30.000
08.	25.09.71	H	Hamburger SV	1 : 0 (0-0)	Netzer	20.000
09.	02.10.71	A	1.FC Köln	3 : 4 (2-2)	Netzer 2 | le Fevre	25.000
10.	13.10.71	H	E. Frankfurt	6 : 2 (2-1)	Heynckes 2 | Danner 2 | Müller | Wittkamp	12.000
11.	16.10.71	A	Bor. Dortmund	0 : 0 (0-0)	-	28.000
12.	23.10.71	H	Schalke 04	7 : 0 (5-0)	Heynckes 2 | le Fevre 2 | Netzer 2 | Bleidick	27.000
13.	30.10.71	A	F. Düsseldorf	2 : 0 (2-0)	Heynckes | Kulik	25.000
14.	06.11.71	H	Hertha BSC	5 : 2 (2-0)	Sieloff | Wloka | Heynckes | Wimmer | Danner	16.000
15.	13.11.71	A	E. Braunschweig	1 : 2 (1-0)	Heynckes	18.000
16.	27.11.71	H	RW Oberhausen	5 : 2 (0-2)	Kulik | Netzer | Wimmer | Bonhof | le Fevre	13.000
17.	11.12.71	A	W. Bremen	2 : 2 (1-0)	Sieloff | Kulik	35.000
18.	22.01.72	H	Kaiserslautern	2 : 1 (1-0)	Netzer | Danner	15.000
19.	29.01.72	A	Arm. Bielefeld	3 : 2 (0-1)	Vogts | Sieloff | Heynckes	20.000
20.	05.02.72	H	VfL Bochum	1 : 1 (0-1)	Kulik	20.000
21.	19.02.72	A	VfB Stuttgart	1 : 0 (0-0)	Heynckes	30.000
22.	26.02.72	H	Bay. München	2 : 2 (2-1)	Heynckes 2	30.000
23.	04.03.72	A	Hannover 96	0 : 2 (0-1)	-	38.000
24.	11.03.72	H	MSV Duisburg	3 : 0 (0-0)	Wimmer | Heynckes | le Fevre	10.000
25.	18.03.72	A	Hamburger SV	0 : 1 (0-1)	-	26.000
26.	25.03.72	H	1.FC Köln	3 : 0 (1-0)	Netzer | le Fevre | Wimmer	21.000
27.	08.04.72	A	E. Frankfurt	0 : 3 (0-1)	-	36.000
28.	15.04.72	H	Bor. Dortmund	7 : 1 (2-0)	le Fevre 2 | Netzer 3 | Danner | Wimmer	8.000
29.	22.04.72	A	Schalke 04	1 : 1 (1-0)	Netzer	40.000
30.	06.05.72	H	F. Düsseldorf	1 : 2 (1-1)	Netzer	15.000
31.	20.05.72	A	Hertha BSC	1 : 2 (0-2)	Heynckes	10.000
32.	03.06.72	H	E. Braunschweig	4 : 1 (1-0)	Wittkamp 2 | Sieloff | Wimmer	8.000
33.	24.06.72	A	RW Oberhausen	4 : 0 (2-0)	Heynckes | Netzer | Wimmer | Wittkamp	8.000
34.	28.06.72	H	W. Bremen	2 : 2 (2-0)	Heynckes | Wittkamp	9.000

1971/72

Spieltag	Kleff	Vogts	Müller	Bonhof	Sieloff	Bleidick	Wimmer	Heynckes	Netzer	le Fevre	Wittkamp	Wloka	Zoppke	Kulik	Michallik	Surau	Danner	Wittmann
01.	x	x	x	o	x	x	x	x	x	x	+	x						
02.	x	x	x	x	x	x		x	x	x		x					x	
03.	x	x	x	x	x	x		x	x	o	+	x					x	
04.	x	x	x	x	x	x		x	x		x	x					x	
05.	x	x	x	x	x	x		x	x		x	x					x	
06.	x	x	x	x	x	x			x	x	x	x					x	
07.	x	x	x	x	x	x	o	x	x	x		x					+	
08.	x	x	x	x	x	o	x	x	x	x		x					+	
09.	x		x	x	x	x	x	x	x	x		o		+			x	
10.	x		x	x		x	x	x		x	x			x		x	x	
11.	x	x	x	x		x	x	x		x	x			x			x	
12.	x	x	x	x	x	o	x	x	x	o	+			x			+	
13.	x	x	x	x	x		x	x	x	x	x			x				
14.	x			x	x		x	x		x	x	x	+	x		x	o	
15.	x			x	x		x	o		x	x	x	+	x		x	x	
16.	x	x	x	x	o		x		x	x	x			x		+	x	
17.	x	x		x	x		x			x	x	x		x		x	x	
18.	x	x		o		x	x	x	x	x	x			x		+	x	
19.	x	x		x	x	x	o	x	x	x	x			x			+	
20.	x			x	x	x	x	x	x		x	o		x		+	x	
21.	x			x	x	+	o	x	x	x	x			x		x	x	
22.	x			x	x	x	x	x	x	x				x		x	x	
23.	x			x	x	x	x	x	x	x	+			x		o	x	
24.	x			x	o		x	x	x	x	x			x	+	x	x	
25.	x			x			x	x	x	o	x	+		x	x	x	x	
26.	x			x		x	x	x	x	x	x			x	x		x	
27.	x			x		o	x	x		x	x	+		x	x	x	x	
28.	x			x		x	x	x	o	x	x	o	+	+	x		x	
29.	x			x		x	x	x	x	x	x			x	x		x	
30.	x			x		x	x	x	x	x	x	+		o	x		x	
31.	x	x		o	+	x	x	x	x	x	x				x		x	
32.	x	x			x	x	x	x	x	o	x	+			x	+	o	
33.	x	o		x	x	x	x	x	x		x	o			x		+	+
34.	x	x		x	x	x	x	x	x	o	x			+			x	

SP.:	34	19	14	33	25	27	29	31	28	30	29	19	3	23	10	14	32	1
T.:	0	1	3	2	4	1	7	19	17	10	6	3	0	4	0	0	4	0

1972 / 73

SAISONFAZIT:

Borussia rutschte in der Tabelle etwas gegenüber der letzten Saison ab: am Ende sprang nur der fünfte Platz heraus. Ein wenig enttäuschend, doch die Spitze in der Bundesliga trat enger zusammen. Es gab nur den FC Bayern als überragende Mannschaft. Die fünf Teams danach waren fast gleichwertig. Am Ende fehlten bei den Borussen die Kräfte (eine Folge davon waren 3 Niederlagen in Folge: 0:2 gegen Eintracht Frankfurt, 1:3 beim 1.FC Köln und am letzten Spieltag 3:4 daheim gegen Stuttgart). Die wohl bisher anstrengendste Saison war gelaufen. Im DFB-Pokal (2:1 Sieger gegen den 1.FC Köln) wurde ebenso wie im UEFA-Pokal (2:0 und 0:3 gegen den FC Liverpool) das Finale erreicht. Diese vielen Spiele forderten in der Rückrunde ihren Tribut für die recht junge Mannschaft. Da hatten es die anderen Teams leichter. Die Saison begann recht verheißungsvoll mit 3 Siegen, doch gleich danach ging der VfL dreimal als Verlierer vom Platz. So zog sich die gesamte Spielzeit hin. Nach guten Heimresultaten folgten meist klare Auswärtsniederlagen. Aber auch die gefürchtete Heimstärke war nicht mehr vorhanden. Die Gegner holten am Bökelberg 9 Punkte. Auch auswärts verließ Borussia allzu oft als Verlierer den Platz. Lediglich 14 Punkte konnten mit heimgenommen werden - zu wenig, um ganz oben mitspielen zu können. So viele Niederlagen (12) kassierte der VfL in den vergangenen Jahren nicht. Einzig blieb die Angriffsstärke mit 82 Treffern. Doch die Abwehrschwäche gab zu bedenken. Tolle Spiele lieferten die Borussen trotzdem. Mit 5:2 wurde der 1.FC Köln bezwungen, der Hamburger SV (6:1) bekam am Bökelberg ebenso wie der 1.FC Kaiserslautern (6:1) und der VfL Bochum (6:0) sechs Tore mit auf die Heimreise. Auswärts gelang beim einen Rang vor den Gladbachern plazierten Wuppertalern ein grandioser 5:0 Sieg. Gegen den Deutschen Meister Bayern München gab es dagegen zwei klare 0:3 Niederlagen. Am 2. Spieltag erzielte Jupp Heynckes das 500. Borussen-Tor in der Fußball-Bundesliga. Mit Rupp kam ein Ex-Borusse wieder an den Bökelberg und fügte sich nahtlos ins System ein (23 Einsätze - 9 Tore). Auch der zweite Neue, Henning Jensen, schlug phänomenal ein. In seiner ersten Saison absolvierte er 33 Spiele und erzielte dabei 11 Tore. Von den beiden anderen Neueinkäufen Allan Simonsen und Ulrich Stielike wird in den nächsten Jahren noch zu sprechen sein. Sie konnten in ihrem ersten Jahr bei der Borussia lediglich Kurzeinsätze absolvieren. Die Zuschauerzahl ging in diesem Jahr weiter zurück (Schnitt: 13.779). Erwähnenswert: 1972 wurde nach Berti Vogts diesmal Günter Netzer zum Fußballer des Jahres gewählt.

SAISONSTATISTIK	**Platz: 5**			
	Siege:	17	Tore:	82 - 61 (+ 21)
	Unentsch.:	5	Punkte:	39 : 29
	Niederl.:	12	Zuschauer:	234.240 (13.779)

FIEBERKURVE

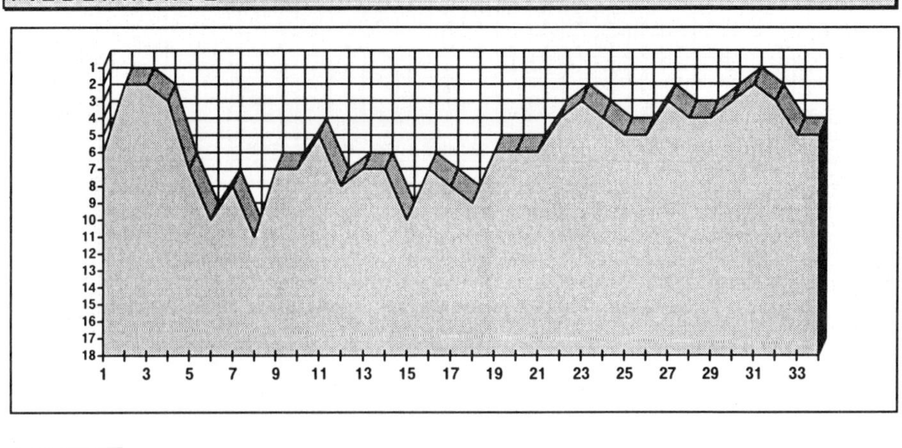

Heynckes enteilt dem Offenbacher Amand Theis, Gladbach stoppte mit 3:2 den Höhenflug des Neulings aus Südhessen.

1972/73

Sp.	Datum		Gegner	Ergebnis	BMG-Torschützen	Zuschauer
01.	16.09.72	H	MSV Duisburg	4 : 3 (1-1)	Heynckes 2 | Wimmer 2	10.000
02.	20.09.72	A	Hamburger SV	3 : 1 (2-1)	Jensen 2 | Heynckes	28.000
03.	23.09.72	H	Hannover 96	3 : 1 (2-0)	Heynckes | Danner | Rosenthal	18.000
04.	30.09.72	A	Kaiserslautern	1 : 3 (0-0)	Bonhof	22.000
05.	04.10.72	H	F. Düsseldorf	2 : 3 (1-2)	Heynckes | Danner	24.000
06.	07.10.72	A	VfL Bochum	0 : 3 (0-1)	-	32.000
07.	14.10.72	H	Kick. Offenbach	3 : 2 (2-2)	Heynckes | Wimmer | Surau	16.000
08.	21.10.72	A	Bay. München	0 : 3 (0-1)	-	75.000
09.	28.10.72	H	RW Oberhausen	4 : 1 (3-0)	Heynckes | Vogts | Kulik | Jensen	12.000
10.	01.11.72	A	Werder Bremen	1 : 1 (1-1)	Rupp	35.000
11.	04.11.72	H	E. Braunschweig	4 : 0 (2-0)	Netzer | Wimmer | Danner | Heynckes	11.000
12.	11.11.72	A	Hertha BSC Berlin	1 : 3 (1-2)	Surau	52.000
13.	18.11.72	H	Wuppertaler SV	2 : 1 (1-0)	Danner | Heynckes	21.000
14.	22.11.72	A	Schalke 04	2 : 2 (1-2)	Jensen | Danner	15.000
15.	25.11.72	A	E. Frankfurt	0 : 3 (0-1)	-	16.000
16.	02.12.72	H	1.FC Köln	5 : 2 (3-0)	Heynckes 3 | Bonhof | Rupp	19.000
17.	16.12.72	A	VfB Stuttgart	0 : 3 (0-1)	-	18.000
18.	20.01.73	A	MSV Duisburg	2 : 2 (2-1)	Bonhof 2	25.000
19.	27.01.73	H	Hamburger SV	6 : 1 (2-1)	Rupp 2 | Jensen | Vogts | Wittkamp | Heynckes	12.000
20.	03.02.73	A	Hannover 96	2 : 1 (1-0)	Heynckes 2	25.000
21.	10.02.73	H	Kaiserslautern	6 : 2 (0-0)	Rupp 2 | Bonhof | Kulik | Wimmer | Heynckes	10.000
22.	17.02.73	A	F. Düsseldorf	3 : 1 (1-1)	Heynckes 2 | Jensen	45.000
23.	24.02.73	H	VfL Bochum	6 : 0 (2-0)	Rupp | Jensen | Danner | Heyn. | Wittkamp | Kulik	10.000
24.	10.03.73	A	K. Offenbach	1 : 2 (0-1)	Surau	32.000
25.	17.03.73	H	Bay. München	0 : 3 (0-2)	-	34.000
26.	24.03.73	A	RW Oberhausen	3 : 1 (1-1)	Jensen 2 | Heynckes	12.000
27.	31.03.73	H	W. Bremen	3 : 1 (2-0)	Heynckes 2 | Kulik	14.000
28.	07.04.73	A	E. Braunschweig	0 : 0 (0-0)	-	21.000
29.	28.04.73	H	Hertha BSC Berlin	2 : 2 (1-0)	Heynckes | EIG.: Hanisch	14.000
30.	05.05.73	A	Wuppertaler SV	5 : 0 (2-0)	Heynckes 3 | Rupp | Kulik	30.000
31.	19.05.73	H	Schalke 04	4 : 1 (1-0)	Jensen 2 | Rupp | Netzer	16.000
32.	26.05.73	A	E. Frankfurt	0 : 2 (0-0)	-	9.000
33.	02.06.73	A	1.FC Köln	1 : 3 (1-1)	Kulik	16.000
34.	09.06.73	H	VfB Stuttgart	3 : 4 (2-3)	Heynckes 2 | Netzer	8.000

1972/73

Spieltag	Kleff	Vogts	Bonhof	Rosenthal	Bleidick	Michallik	Kulik	Surau	Rupp	Wimmer	Heynckes	Danner	Jensen	Netzer	Fuhrmann	Simonsen	Sieloff	Wittkamp	Stielike
01.	x	x	x	x	o	+	o	+	x	x	x	x	x						
02.	x	x	x	x		x	x		x	x	x	x	x						
03.	x	x	x	x		x	x		x	x	x	x	x						
04.	x	x	x	x	x	x	x			x	x	x	x						
05.	x	x	x	x		x	x	+		x	x	x	x		o				
06.	x	x	x	x	o		x	x		x	x	x	x		+				
07.	x	x	x	o		x	x	x		x	x		x	+	x				
08.	x	x	x	o		x	x	+		x	x	x	o	x	+				
09.	x	x	x	x		x	x			x	x	x	x	x					
10.	x	x	x		x		x	x	x	x	x	x						x	
11.	x	x	x			x	x	x		x	x	x	x	x					
12.	x	x	o	+	x		x	x		x	x	x	x	x					
13.	x	x	x	x	x		x	x			x	x	o	x	+				
14.	x	x	x	o	o	+	x	x			x	x	x	x	+				
15.	x	x	x	+		x	x	x	+		x	x	x	o	o				
16.	x	x	x		x		x	x	x	o	x	x	+					x	
17.	x	x	x		x		x	x	x	x		x	x	x				x	
18.	x	x	x			x	x	+	x		x	x	x	o				x	
19.	x	x	x			o	x	+	x	o	x	x	x			+		x	
20.	x	x	x			x	x		x	x	x	x	x					x	
21.	x	x	x			o	x	+	x	x	x	x	x					x	
22.	x	x	x				x	x	x	x	x	x	x					x	
23.	x	x	x				x	x	x	x	x	x	x					x	
24.	x	x	x				x	x	x	o	x	x	x			+		x	
25.	x	x	x				x	x	x		x	x	x			x		x	
26.	x	x	x				+	x	x	o	x	x	x	o		+	x		
27.	x	x	x				o	x	+	x	x	x	x	x			x		
28.	x	x	x				x	x		x	x	x	x	x			x		
29.	x	x	x				+	x	x	x	x	o	x	x			x		
30.	x	x	x			x	x		x	x	x	x	x	x					
31.	x	x	x				x	x	x	x	x	x	o	x		+			
32.	x	x	x			+	x	o	x	o	x	x	x	x		+			
33.	x	x	x			+	x		x	o	x	x	o	x		+	x		
34.	x	x	x			o	x		o		x	x	+	x		x	+		x

SP.:	34	34	34	13	9	19	34	26	23	28	33	33	33	18	7	8	6	11	1
T.:	0	2	5	1	0	0	6	3	9	5	28	6	11	3	0	0	0	2	0

1973 / 74

SAISONFAZIT:

Welch ein Saisonfinale. Erst am vorletzten Spieltag fiel die Entscheidung um den Meistertitel, zum Pech allerdings für die Mönchengladbacher. Bayern gewann das Heimspiel gegen Offenbach mit 1:0 und die Borussen verloren mit 0:1 in Düsseldorf, trotz Riesenchancen (Elfmeter verschossen, zweimal Holztreffer)! Der 5:0 Sieg am letzten Spieltag gegen die Bayern nützte nichts mehr. Doch die Borussia legte eine phantastische Saison hin, auch ohne ihren Regisseur angetreten (Netzer war zu Real Madrid gewechselt und erhielt Ende des Jahres noch eine Auszeichnung: zum zweitenmal wurde er zum als Fußballer des Jahres in Deutschland gewählt!). Gegenüber der letzten Saison gab es eine gewaltige Leistungssteigerung. Die jungen Spieler bildeten eine homogene Einheit. Die Spieler hielten sich an die Devise ihres Trainers Weisweiler und stürmten munter drauf los. Das dabei der Schuß nicht nach hinten los ging, dafür sorgte eine starke Abwehrformation. Vogts, Wittkamp, Klinkhammer, Danner und Bonhof bildeten ein geschlossenes System. Kleff dahinter war der ruhende Pol. Das Mittelfeld wurde von Wimmer, Kulik und Stielike bestimmt. Im Angriff überragte Jupp Heynckes mit 30 Treffern. Er wurde damit zusammen mit dem Münchener Gerd Müller Torschützenkönig dieser Saison. Aber auch Köppel und Rupp ließen sich nicht lumpen (22 Tore gingen auf ihr Konto). Positiv zu bemerken war auch der gestiegene Zuschauerschnitt (341.428 Besucher erlebten die 17 Heimspiele; im Schnitt mehr als 6000 Besucher mehr als letzte Saison). Die Saison begann hervorragend. Von den ersten sieben Spielen konnten sechs gewonnen werden. Insgesamt ging die Borussia nur siebenmal als Verlierer vom Platz. Die Heimstärke kehrte auch wieder zurück und auswärts konnte Borussia sogar 10 Siege erringen. Die einzige Heimniederlage wurde den Mönchen von Düsseldorf (1:2) beigebracht, die höchste Schlappe kassierten sie am 12. Spieltag mit 1:6 beim VfB Stuttgart. Auch diesmal konnten hohe Siege herausgespielt werden: 6:2 bei RW Essen, 6:0 gegen Schalke, 7:1 gegen Wuppertal, 5:1 gegen Offenbach und 6:1 gegen den HSV. Neben diesen klaren Heimsiegen trumpften die Fohlen auch auswärts auf: 3:2 in Bremen, 2:1 beim MSV, 4:3 in Berlin und ein 1:0 Sieg in Köln. Mit 93 Toren erzielte BMG die höchste Trefferausbeute aus allen Bl-Spielzeiten. Lediglich Bayern erzielte in dieser Saison noch 2 Tore mehr. In den letzten 3 Heimspielen schossen die Borussen 16 Tore. Trainer war auch in dieser Saison Hennes Weisweiler (seine neunte Bundesliga-Saison).

SAISONSTATISTIK	Platz:2			
	Siege:	21	Tore:	93 - 52 (+ 41)
	Unentsch.:	6	Punkte:	48 : 20
	Niederl.:	7	Zuschauer:	341.428 (20.084)

FIEBERKURVE

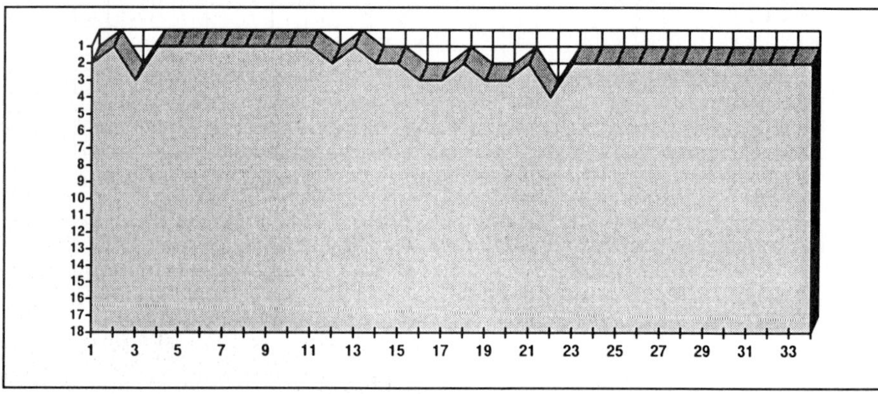

Bernard Dietz versucht mit letztem Einsatz Horst Köppel am Schuß zu hindern. Szene aus Gladbach - Duisburg 3:2.

Zweimal Jupp Heynckes beim 5:0 gegen die Bayern, die am Tage zuvor den Europacup gewannen und daher nicht in der Lage waren, gegenzuhalten. Oben zieht "Jupp" vor Schwarzenbeck und Beckenbauer ab, unten ist er auf dem Weg zum 4:0, das ihm die Torjägerkanone einbrachte.

1973/74

Sp.	Datum		Gegner	Ergebnis	BMG-Torschützen	Zuschauer
01.	11.08.73	H	Fortuna Köln	3 : 1 (2-0)	Köppel 2 | Danner	20.000
02.	18.08.73	A	RW Essen	6 : 2 (2-2)	Heynckes 4 | Danner | Wimmer	30.000
03.	22.08.73	H	Hertha BSC Berlin	1 : 1 (1-0)	Danner	28.000
04.	25.08.73	A	Wuppertaler SV	4 : 2 (3-2)	Köppel 2 | Danner | Heynckes	32.000
05.	01.09.73	H	Schalke 04	6 : 0 (4-0)	Köppel 2 | Heynckes 2 | Rupp | Danner	23.000
06.	08.09.73	A	Werder Bremen	3 : 2 (0-2)	Heynckes 2 | Rupp	30.000
07.	15.09.73	H	Hannover 96	4 : 3 (2-1)	Köppel | Stielike | Rupp | Jensen	25.000
08.	22.09.73	A	E. Frankfurt	0 : 1 (0-0)	-	32.000
09.	29.09.73	H	1.FC Köln	1 : 1 (0-1)	Rupp	27.000
10.	06.10.73	A	MSV Duisburg	2 : 1 (1-0)	Köppel | Simonsen	23.000
11.	17.10.73	H	Kaiserslautern	2 : 2 (1-0)	Heynckes | Sieloff	12.000
12.	20.10.73	A	VfB Stuttgart	1 : 6 (0-1)	Heynckes	60.000
13.	27.10.73	H	VfL Bochum	2 : 0 (2-0)	Jensen | Heynckes	20.000
14.	03.11.73	A	Hamburger SV	0 : 1 (0-0)	-	55.000
15.	10.11.73	A	Kick. Offenbach	3 : 2 (1-2)	Heynckes | Danner | Jensen	25.000
16.	17.11.73	H	Fort. Düsseldorf	1 : 2 (0-0)	Heynckes	22.000
17.	08.12.73	A	Bay. München	3 : 4 (2-3)	Wimmer | Jensen | Bonhof	70.000
18.	05.01.74	A	Fort. Köln	5 : 3 (2-1)	Heynckes 3 | Rupp | Köstner	15.000
19.	12.01.74	H	RW Essen	2 : 2 (1-1)	Bonhof | Danner	21.000
20.	19.01.74	A	Hertha BSC	4 : 3 (3-1)	Vogts | Jensen | Heynckes | EIG.: Weiner	30.000
21.	26.01.74	H	Wuppertaler SV	7 : 1 (2-1)	Heyn. 2 | Vogts | Danner | Jensen | Stielike | Rupp	21.000
22.	02.02.74	A	Schalke 04	0 : 2 (0-1)	-	70.000
23.	09.02.74	H	Werder Bremen	3 : 1 (0-1)	Jensen 2 | Heynckes	12.000
24.	02.03.74	A	Hannover 96	2 : 0 (2-0)	Jensen | Heynckes	32.000
25.	09.03.74	H	E. Frankfurt	0 : 0 (0-0)	-	32.000
26.	16.03.74	A	1.FC Köln	1 : 0 (0-0)	Heynckes	28.000
27.	23.03.74	H	MSV Duisburg	3 : 2 (3-1)	Heynckes | Bonhof | Vogts	23.000
28.	30.03.74	A	Kaiserslautern	4 : 2 (3-0)	Heynckes 2 | Danner | Wittkamp	31.000
29.	06.04.74	H	VfB Stuttgart	3 : 1 (2-0)	Rupp 2 | Wittkamp	21.000
30.	20.04.74	A	VfL Bochum	1 : 1 (1-0)	Rupp	26.000
31.	27.04.74	H	Hamburger SV	6 : 1 (3-0)	Köppel 3 | Rupp | Stielike | Sieloff	19.000
32.	04.05.74	H	Kick. Offenbach	5 : 1 (1-0)	Heynckes 2 | Bonhof | Wittkamp | Köppel	17.000
33.	11.05.74	A	F. Düsseldorf	0 : 1 (0-1)	-	45.000
34.	18.05.74	H	Bay. München	5 : 0 (4-0)	Heynckes 2 | Simonsen | Bonhof | Köstner	34.000

1973/74

Spieltag	Kleff	Danner	Michallik	Sieloff	Bonhof	Kulik	Köppel	Rupp	Wimmer	Simonsen	Heynckes	Stielike	Köstner	Jensen	Klinkhammer	Vogts	Wittkamp								
01.	x	x	x	x	x	x	x	x	o	+	x			x											
02.	x	x	o	x	x	x	x	x	x		x	+		x											
03.	x	x		x	x	x	x	x	x		x	+	o		x										
04.	x	x		x	x	x	x	x		+	x		x	o	x										
05.	x	x		x	x	x	x	x	+		x	o		x	x										
06.	x	x	+	x	o	x	x	x			x	x		x	x										
07.	x	x		x		x	x	x			x	x		x	x	x									
08.	x	x		x		x	x	x			x	x		x	x	x									
09.	x	x		x		x	o	x	+		x	x		x	x	x									
10.	x	x		x		x	x	+	o	x	+	x	x		x										
11.	x	x	+	x		x	x	o	x		x	o		+	x	x									
12.	x	x		x	o	x	x	+	x	o	x			+	x	x									
13.	x	x		x	x	x	x	x	x		x			x		x									
14.	x	x		x	x	x	x	x	x	+	x			o		x									
15.	x	x		x	x	x	o	x	x		x		+	x		x									
16.	x	x		x	x	o	+	x	x		x			x	x	x									
17.	x	x		x	x	x	x	x	x		x			x		x									
18.	x	x			x			x	x		x	x	x	x	x	x									
19.	x	x			x		+	x	x		x	x	x	x	o	x									
20.	x	x	+		x	x	+	x	o		x	x	o	x		x									
21.	x	x	+		x	o	+	x	o		x	x		x		x	x								
22.	x	x	x		x			x	x		x	x		x		x	x								
23.	x	x	o	+	x	x	o		x		x	+		x		x	x								
24.	x	x		x	x	x	+		o		x	x		x		x	x								
25.	x	x		x	x	x	x		x		x	x				x	x								
26.	x	x		x	x	+	x		o		x	x			x	x	x								
27.	x	x		x	x		x	x	x		x	x				x	x								
28.	x	o		x	x	+	x	x	o		x	x		+		x	x								
29.	x	x		x	x			x	x		x	x		x		x	x								
30.	x			x	x	x	x	x	x	+		x		o		x	x								
31.	x		+	x	x		x	x	o		x	o	+		x	x	x								
32.	x		+		x		x	x		x	x	x	x		o	x	x								
33.	x				x		x	x		x	x	x	x		x	x	x								
34.	x				x		x	x	+	x	x	x	x		o	x	x								

SP.:	34	29	10	26	29	25	31	30	28	9	33	26	11	25	18	27	14								
T.:	0	9	0	2	5	0	12	10	2	2	30	3	2	9	0	3	3								

1974 / 75

SAISONFAZIT:

Welch ein Triumph! Haushoch überlegen gewann die Borussia ihre dritte Meisterschaft. Mit einem Vorsprung von 6 Punkten verwies sie die Hertha auf den zweiten Platz. Vorjahresmeister Bayern fiel gar auf den 10. Platz zurück. Gladbach war die überragende Mannschaft der Saison. Keine Mannschaft konnte den Meistertitel gefährden. Souverän ging der Titel nach Mönchengladbach. Neben der Meisterschaft konnten Vogts & Co. erstmals den UEFA-Pokal (0:0 und 5:1 gegen Twente Enschede) gewinnen. Dabei begann die Saison alles andere als gut. Gleich das erste Spiel ging zu Hause gegen den HSV mit 1:3 verloren. Nach dem 1:1 beim späteren Dritten Frankfurt ging es unaufhaltsam bergauf: 5 Siege folgten. Dann ein kleiner Rückschlag. Die nächsten drei Spiele gingen allesamt verloren (mit 2:3 in Düsseldorf, 1:2 gg. Bayern und 3:4 in Offenbach). Doch die Borussia festigte ihre Leistungen und blieb in 17 Spielen ungeschlagen. Erst in Berlin folgte gegen den Tabellenzweiten eine knappe 1:2 Niederlage. Doch dann machte die Borussia alles klar. In den letzten Spielen gab es durchweg Siege, drei Heim- und drei Auswärtserfolge. Mit 86-40 Toren erzielte man eine beachtliche Tordifferenz (+ 46 Tore). Jupp Heynckes wurde sogar mit 27 erzielten Treffern Torschützenkönig. Mußte er sich noch mit Müller letzte Saison den Titel teilen, so stand er diesmal alleine auf dem Treppchen. Mit 20.032 Zuschauern im Schnitt erreichte Borussia annähernd den gleichen Zuschauerzuspruch wie in der letzten Spielzeit. Rainer Bonhof sah als dritter Gladbacher seit Bundesligaaufstieg die Rote Karte. In seinem dritten Jahr bei der Borussia gelang Simonsen der Durchbruch: er erzielte 18 Tore und machte alle Spiele mit. Den Großteil der 86 Tore teilten sich Heynckes, Jensen und Simonsen. Auch die Gegner halfen mit drei Eigentoren. Auch in dieser Spielzeit schickte der VfL einige Mannschaften mit dicken Packungen vom Platz: 5:1 in Wuppertal, 5:2 gegen Offenbach, 5:1 gegen den VfB Stuttgart und gar 6:2 gegen den Wuppertaler SV. Alles in allem eine großartige Saison: Deutscher Meister und UEFA-Pokalsieger. Doch es gab auch einen Wermutstropfen: Trainer Hennes Weiweiler schied nach dieser Saison nach über elfjähriger Tätigkeit (1. Mai 1964 bis 30. Juni 1975) aus und wechselte zum FC Barcelona/Spanien. Welch ein Schock für die Mannschaft! Trainer Weisweiler nach der Meisterehrung: "Der Abschied von dieser Mannschaft fällt mir sehr schwer. Mein Herz wird immer an der Borussia hängen!" Hennes, wir danken Dir! So stand überall geschrieben. PS: In Udo Lattek fand der Vorstand kurze Zeit später einen neuen Trainer.

SAISONSTATISTIK	Platz:1			
	Siege:	21	Tore:	86 : 40 (+ 46)
	Unentsch.:	8	Punkte:	50 : 18
	Niederl.:	5	Zuschauer:	340.557 (20.032)

FIEBERKURVE

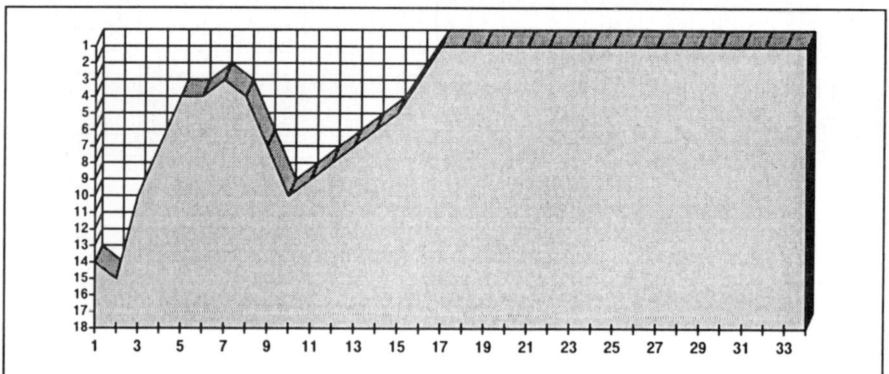

Berti Vogts als verbissener Kämpfer im Spiel gegen den 1. FC Köln (1:1).

1974/75

Sp.	Datum		Gegner	Ergebnis	BMG-Torschützen	Zuschauer
01.	24.08.74	H	Hamburger SV	1 : 3 (0-1)	Heynckes	41.000
02.	31.08.74	A	E. Frankfurt	1 : 1 (0-1)	Wittkamp	41.000
03.	11.09.74	H	T. Bor. Berlin	3 : 1 (1-1)	Bonhof | Wittkamp | Simonsen	15.000
04.	14.09.74	A	Kaiserslautern	3 : 1 (1-1)	Jensen 2 | Simonsen	32.000
05.	21.09.74	H	MSV Duisburg	4 : 1 (1-0)	Heynckes 2 | Wimmer | Simonsen	23.000
06.	28.09.74	A	RW Essen	3 : 1 (1-1)	Heynckes 2 | Jensen	18.000
07.	05.10.74	H	VfL Bochum	3 : 0 (2-0)	Jensen 2 | Simonsen	13.000
08.	09.10.74	A	F. Düsseldorf	2 : 3 (1-1)	Wittkamp | Simonsen	45.000
09.	12.10.74	H	Bay. München	1 : 2 (1-0)	Wittkamp	34.000
10.	19.10.74	A	Kick. Offenbach	3 : 4 (2-1)	Simonsen 3	31.000
11.	02.11.74	H	Hertha BSC Berlin	1 : 1 (0-1)	Wittkamp	13.000
12.	09.11.74	A	VfB Stuttgart	2 : 1 (1-0)	Heynckes | EIG.: Entenmann	26.000
13.	16.11.74	H	1.FC Köln	1 : 1 (1-1)	Jensen	20.000
14.	23.11.74	A	Wuppertaler SV	5 : 1 (1-0)	Heynckes 2 | Simonsen | Kulik 2	11.000
15.	30.11.74	H	Schalke 04	1 : 0 (0-0)	Heynckes	32.000
16.	07.12.74	A	E. Braunschweig	3 : 1 (2-1)	Kulik | Jensen | EIG.: Merkhoffer	35.000
17.	14.12.74	H	W. Bremen	4 : 2 (3-1)	Heynckes 2 | Jensen | Köstner	10.000
18.	25.01.75	A	Hamburger SV	1 : 1 (0-0)	Jensen	56.000
19.	01.02.75	H	E. Frankfurt	3 : 0 (3-0)	Kulik| Simonsen | Heynckes	18.000
20.	15.02.75	A	T. Bor. Berlin	4 : 1 (1-1)	Heynckes 3 | Bonhof	10.000
21.	22.02.75	H	Kaiserslautern	3 : 0 (0-0)	Heynckes | Simonsen | EIG.: Toppmöller	24.000
22.	01.03.75	A	MSV Duisburg	1 : 1 (1-0)	Bonhof	29.000
23.	08.03.75	H	RW Essen	1 : 1 (1-1)	Heynckes	21.000
24.	22.03.75	A	VfL Bochum	0 : 0 (0-0)	-	29.000
25.	27.03.75	H	Fort. Düsseldorf	3 : 1 (2-0)	Heynckes 2 | Jensen	24.000
26.	01.04.75	A	Bay. München	1 : 1 (0-0)	Kulik	72.000
27.	05.04.75	H	Kick. Offenbach	5 : 2 (3-1)	Heynckes 2 | Simonsen 2 | Wittkamp	27.000
28.	19.04.75	A	Hertha BSC	1 : 2 (1-1)	Stielike	91.000
29.	03.05.75	H	VfB Stuttgart	5 : 1 (2-0)	Danner 2 | Jensen | Bonhof | Kulik	15.000
30.	10.05.75	A	1.FC Köln	2 : 1 (1-1)	Simonsen | Danner	28.000
31.	24.05.75	H	Wuppertaler SV	6 : 2 (3-1)	Simonsen 3 | Heynckes 3	22.000
32.	31.05.75	A	Schalke 04	3 : 1 (2-0)	Simonsen| Heynckes | Bonhof	70.000
33.	07.06.75	H	E. Braunschweig	2 : 0 (0-0)	Jensen 2	31.000
34.	14.06.75	A	W. Bremen	4 : 1 (2-1)	Heynckes 2 | Bonhof | Köppel	31.000

1974/75

Spieltag	Kleff	Vogts	Klinkhammer	Wittkamp	Bonhof	Stielike	Simonsen	Köppel	Jensen	Hilkes	Köstner	Heynckes	Danner	Kulik	Del'Haye	Wimmer	Posner	Surau	Schäffer
01.	x	x	x	x	x	x	x	o	+	x	x	x							
02.	x	x	o	x	x	x	x	x	x	+	o	x					+		
03.	x	x		x	x	x	x	o	x	+	x	o			+			x	
04.	x	x		x	x	x	x	o	x	+	x						x	x	
05.	x	x		x	x	x	x		x		x	x	o		+	o		+	
06.	x	x	+	x	x	x	x		x		x	x		o		x			
07.	x	x		x	x	x	x		x		x	x		o		x		+	
08.	x	x		x	x	x	x		x		x	x		x		x			
09.	x	x		x	x	x	x		x	+	x	x		o		o		+	
10.	x	x		x	x	x	x		x		o	x		x	+			x	
11.	x	x		x		x	x	+	x		x	x	+	o	o	x			
12.	x	x		x		x	x		x		x	x		x		x			x
13.	x	x	+	o		x	x		x		x	x		x		x			x
14.	x	x	x			x	x		x		+	x	o	x		x			x
15.	x	x	x		x		x		x		+	x	o	x		x			x
16.	x	x	x		x		x		x			x	x	x		x			x
17.	x	x	+		x		x		x		o	x	x	x		x			x
18.	x	o	x		x		x		x		+	x		x		x			x
19.	x	x	x	x	x	o	x		x		+	x	+	o		x			
20.	x	x	x	x	x	x	x		x			x		x		x			
21.	x	o	x	x	x	x	x		x			x	+	x		x			
22.	x	x	x	x	x		x		x			x	x	x		x			
23.	x	x	x	+	x		x		x			x	x	x		x		o	
24.	x	x	o	x	x	x	o		+			x	+	x		x		x	
25.	x	x	x	x	o	x	x		x			x		x		x		+	
26.	x	x		x		x	x		o			x	x	x		x		x	+
27.	x	x	o	x		x	x		o			x	+	x		x		x	+
28.	x	x	+	x	x	x	o		+			x	x	x		o		x	
29.	x	x		x	x	x	x		x				x	x		x		o	+
30.	x	x	x	x	x	x	x		x				x			x		x	
31.	x	x	x	x	x		x	+	o			x	x			x			x
32.	x	x	x	x	x		x		x			x	x			x			x
33.	x	x	x	x	x		x		x			x	x			x			x
34.	x	x	x	x	x	+	x	+	x			x	o			o			x

SP.:	34	34	23	29	28	25	34	7	34	5	18	31	21	24	4	29	2	14	14
T.:	0	0	0	6	6	1	18	1	13	0	1	27	3	6	0	1	0	0	0

1975 / 76

SAISONFAZIT:

Im Jahr eins nach Hennes Weisweiler gelang der Borussia unter ihrem neuen Trainer Udo Lattek die erneute Titelverteidigung. Auch diesmal wurde der vierte Titel souverän errungen und der Zweite aus Hamburg mit 4 Punkten Vorsprung in die Schranken gewiesen Unter Lattek behielt die Borussia ihre Stärke. Es gab zwar wie im Vorjahr nur 5 Niederlagen, dem standen aber auch nur 16 Siege gegenüber. Positiv die Auswärtsbilanz mit 19:15 Punkten. Die Saison begann vielversprechend. In der gesamten Hinrunde verlor der VfL nur ein Spiel (mit 0:3 bei Hertha BSC). Bis dahin reihte sich Erfolg an Erfolg. Klare Siege über Kaiserslautern (3:0), MSV Duisburg (3:0) und gegen Bremen (3:0) sprechen hierfür. Auch der Erzrivale aus München wurde mit 4:1 klar besiegt. In Hamburg, Frankfurt und auf Schalke wurden wertvolle Punkteteilungen erzielt. Am letzten Hinrundenspieltag deklassierte man den 1.FC Köln mit 4:0 auf dessen Boden. Welch ein Triumph. In dieser Zeit errangen die Fohlen auch 4 Siege (2:0 gegen Offenbach, 4:0 in Köln, 2:0 gegen Hannover und 3:0 auf dem Betzenberg) in Folge. Auch die Rückrunde begann vielversprechend. Doch dann kam der Bruch ins Spiel: Jupp Heynckes verletzte sich an der Leiste und stand nicht mehr zur Verfügung. Udo Lattek sah sich veranlaßt, auf Sicherheitsfußball umzuschalten, womit in den letzten 4 Auswärtsspielen immerhin nicht verloren wurde.In dieser Saison lockte die Borussia auch wieder mehr Zuschauer auf den Bökelberg. Insgesamt wollten mehr als 380.000 Zuschauer die Spiele ihrer Mannschaft sehen. Auswärts zog der Meister sogar über 37.000 Zuschauer im Schnitt an. Lattek setzte in seinem ersten Jahr als Trainer auf dem Bökelberg 19 Spieler ein, wobei Kleff, Vogts, Wittkamp, Danner, Simonsen und Wimmer alle Spiele absolvierten. Jensen, in seiner letzten Saison, und Stielike kamen auf 33 und Bonhof auf 30 Einsätze. Simonsen und Jensen mußten in die Bresche springen, als Heynckes verletzt fehlte. Mit 16 bzw. 11 Treffern gelang ihnen dies vorzüglich. Zu Beginn der Saison waren mit Hannes, Wohlers und Del'Haye drei Spieler gekommen, die sich in den nächsten Jahren zu großen Stützen entwickeln sollten.

SAISONSTATISTIK	**Platz: 1**			
	Siege:	16	Tore:	66 : 37 (+ 29)
	Unentsch.:	13	Punkte:	45 : 23
	Niederl.:	5	Zuschauer:	387.644 (22.803)

FIEBERKURVE

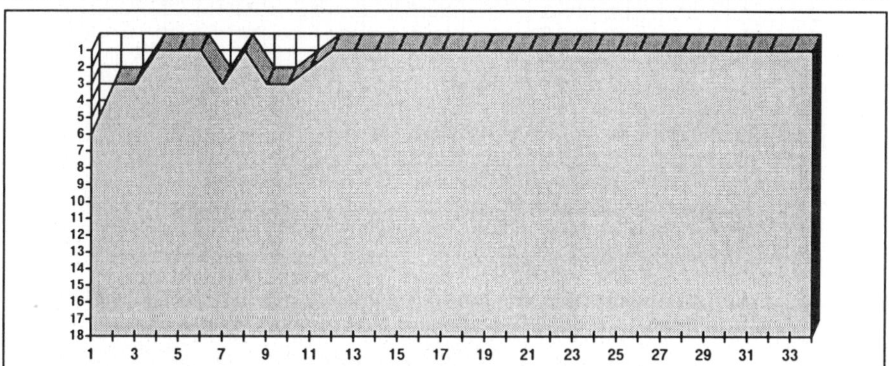

Udo Horsmann nimmt Heynckes den Ball ab. Der Torjäger ging leer aus, die Bayern wurden aber 4:1 bezwungen, Borussia übernahm die Tabellenführung.

Rollentausch: Vogts im Angriff, Stürmer Martin Kübler macht ein langes Bein. Aus Gladbach - KSC 4:0.

1975/76

Sp.	Datum		Gegner	Ergebnis	BMG-Torschützen	Zuschauer
01.	09.08.75	A	Hannover 96	3 : 3 (2-2)	Jensen | Stielike | Heynckes	54.000
02.	16.08.75	H	Kaiserslautern	3 : 0 (1-0)	Simonsen 2 | EIG.: Riedl	18.000
03.	23.08.75	A	Hamburger SV	0 : 0 (0-0)	-	62.000
04.	27.08.75	H	MSV Duisburg	3 : 0 (1-0)	Simonsen 2 | Stielike	31.000
05.	30.08.75	A	RW Essen	3 : 1 (2-1)	Jensen | Simonsen | EIG.: Wörmer	29.000
06.	06.09.75	H	VfL Bochum	1 : 1 (1-0)	Heynckes	23.000
07.	13.09.75	A	E. Frankfurt	1 : 1 (0-1)	Klinkhammer	45.000
08.	20.09.75	H	Bay. München	4 : 1 (1-0)	Stielike | Simonsen | Danner | Jensen	34.000
09.	27.09.75	A	Hertha BSC Berlin	0 : 3 (0-1)	-	45.000
10.	04.10.75	H	E. Braunschweig	0 : 0 (0-0)	-	26.000
11.	25.10.75	A	Karlsruher SC	4 : 2 (2-1)	Heynckes 2 | Wimmer | EIG.: Fuchs	46.000
12.	01.11.75	H	W. Bremen	3 : 0 (1-0)	Heynckes 2 | Jensen	18.000
13.	08.11.75	A	B. Uerdingen	1 : 1 (0-0)	Simonsen	23.000
14.	15.11.75	H	Fort. Düsseldorf	1 : 0 (0-0)	Heynckes	21.000
15.	22.11.75	A	Schalke 04	2 : 2 (0-0)	Jensen 2	70.000
16.	29.11.75	H	Kick. Offenbach	2 : 0 (1-0)	Simonsen 2	12.000
17.	06.12.75	A	1.FC Köln	4 : 0 (3-0)	Jensen 2 | Simonsen | Heynckes	61.000
18.	17.01.76	H	Hannover 96	2 : 0 (1-0)	Wimmer | EIG.: Wesche	19.000
19.	24.01.76	A	Kaiserslautern	3 : 0 (2-0)	Heynckes | Simonsen | Danner	36.000
20.	07.02.76	H	Hamburger SV	1 : 1 (1-1)	Heynckes	30.000
21.	14.02.76	A	MSV Duisburg	3 : 2 (1-2)	Simonsen | Bonhof | Vogts	30.000
22.	21.02.76	H	RW Essen	1 : 2 (1-2)	Wimmer	14.000
23.	06.03.76	A	VfL Bochum	0 : 2 (0-0)	-	15.000
24.	13.03.76	H	E. Frankfurt	4 : 2 (2-1)	Wittkamp | Simonsen | Heynckes | Hannes	25.000
25.	20.03.76	A	Bay. München	0 : 4 (0-2)	-	23.000
26.	27.03.76	H	Hertha BSC	1 : 1 (0-1)	Heynckes	75.000
27.	10.04.76	A	E. Braunschweig	0 : 0 (0-0)	-	18.000
28.	17.04.76	H	Karlsruher SC	4 : 0 (1-0)	Simonsen | Wittkamp | Bonhof | Klinkhammer	35.000
29.	01.05.76	A	W. Bremen	2 : 2 (1-2)	Jensen | Bonhof	28.000
30.	08.05.76	H	B. Uerdingen	6 : 1 (2-0)	Wittkamp 2 | Bonhof 2 | Simonsen | Stielike	33.000
31.	15.05.76	A	F. Düsseldorf	1 : 1 (1-1)	Jensen	18.000
32.	29.05.76	H	Schalke 04	0 : 2 (0-1)	-	36.000
33.	04.06.76	A	Kick. Offenbach	1 : 1 (0-0)	Simonsen	32.000
34.	12.06.76	H	1.FC Köln	2 : 1 (2-0)	Jensen | Wittkamp	30.000

1975/76

Spieltag	Kleff	Vogts	Schäffer	Wittkamp	Klinkhammer	Danner	Simonsen	Wimmer	Wohlers	Jensen	Stielike	Heynckes	Bonhof	Köppel	Hannes	Surau	Kulik	Ringels	Del'Haye						
01.	x	x	x	x	x	x	x	o	+	x	x	x													
02.	x	x	+	x	x	x	x	x		x	x	o	x												
03.	x	x	x	x	x	x	x	x		x	x		x												
04.	x	x	+	x	o	x	x	x		x	x		x	+	o										
05.	x	x	x	x		x	x	x		x	x		x		o	+									
06.	x	x	x	x		x	x	x		o	x	x			+	x									
07.	x	x		x	x	x	x	x		x	x	x	x												
08.	x	x	+	x	x	x	x	x		x	o	x	o	+											
09.	x	x	x	o	x	x	x	o	+	x	x	x		+											
10.	x	x	x	x		x	x	x		x	x	x		o					+						
11.	x	x	x	x		x	x	x		o	x	x	x	+											
12.	x	x	x	x		x	x	x		x	x	x	x												
13.	x	x	x	x		x	x	x		o	o	x	x	+	+										
14.	x	x	x	x		x	x	x			x	x	x	x											
15.	x	x	x	x		x	x	o		x	x	x	x	+											
16.	x	x	x	x	+	o	x	o		x	x	x	x	+											
17.	x	x	x	x	+	x	x	o		o	x	x	x	+											
18.	x	x	o	x	+	x	x	x		x	x	x	x												
19.	x	x	o	x	+	x	x	o		x	x	x	x	+											
20.	x	x		x	x	x	x	x		x	x	x	x												
21.	x	x		x	x	x	x	o		x	x	x	x	+											
22.	x	x		x	x	o	x	x		x	x	x	x	+											
23.	x	x		x	o	x	x	x		x	o	x	x			+	+								
24.	x	x	o	x	+	x	o	x		x	x	x	x		+										
25.	x	x		x	x	x	x	x		x	x	x	x												
26.	x	x		x	x	o	x	x		x	x	x	x		+										
27.	x	x		x	x	x	x	x		x	x	o	x		+										
28.	x	x	x	x	x	x	x	x		x			x		+		o								
29.	x	x	x	x	o	x	x	x		x	x		x		+										
30.	x	x	x	x	+	x	x	x		x	o		x	o			+								
31.	x	x	x	x	x	x	x	x		x	x		x												
32.	x	x	x	x	x	x	x	x		x	x		x												
33.	x	x	x	x		x	x	x		x	x		x	o					+						
34.	x	x	x	x		x	x	o		x	o		x	x			+	+							
SP.:	34	34	26	34	24	34	34	34	2	33	33	24	30	16	9	3	4	1	2						
T.:	0	1	0	5	2	2	16	3	0	11	4	12	5	0	1	0	0	0	0						

1976 / 77

SAISONFAZIT:
Im zweiten Jahr unter Trainer Lattek stand die Titelverteidigung an und sie wurde mit Bravour bestanden. Auch international waren die Fohlen mit dem Erreichen des Landesmeister-Finals (1:3 gegen Liverpool) sehr erfolgreich. Lediglich im DFB-Pokal kam schon nach Runde 1 das Aus (0:2 gg. Braunschweig). Was vorher nur Bayern München gelang, das erreichte diesmal die Borussia - den Hattrick. Die letzten drei Meistertitel gingen allesamt an den Bökelberg. Mit dem 2:2 in München sicherte sich Gladbach den insgesamt fünften Titel. Am Ende lag Gladbach einen Punkt vor Schalke und Braunschweig. Mit zwei Punkten Rückstand folgte Frankfurt. Das Spiel in München war zugleich das letzte Spiel von Uli Stielike, der danach zu Real Madrid wechselte. Fast wäre in Bayern auch der erste Sieg gelungen, doch ein Eigentor von Wittkamp Sekunden vor Schluß bescherte den Münchenern noch einen Punkt. Von den 34 Spielen wurden 17 als Sieger beendet, lediglich 7 Spiele gingen verloren. Zu Beginn der Rückrunde hatten die Borussen einen 3-Punkte-Vorsprung auf Schalke. Bis dahin hatte Gladbach erst zwei Niederlagen kassiert, und die erste auch erst am 14. Spieltag mit 0:2 beim Hamburger SV. Am 17. Spieltag schlugen die Grün-Weißen daheim den FC Bayern mit 1:0 durch ein Tor von Simonsen, der nach Heynckes (15 Tore) mit 12 Toren erfolgreichster Schütze war. Überhaupt erzielte Gladbach in dieser Spielzeit erheblich weniger Tore als in den vorangegangenen Jahren. Nur 58 Treffer wurden in den 34 Spielen geschossen. Fast über die gesamte Saison waren Ausfälle zu beklagen: Kleff fiel sogar schon in der Vorbereitungsphase aus (Kneib vertrat ihn glänzend), Heynckes wurde am Meniskus operiert und Vogts an der Leiste. Durch den Kräfteverschleiß im Europapokal war der VfL auch daheim nicht mehr so konstant und gewann, im Gegensatz zur Hinrunde, viele Spiele nur sehr knapp oder spielte unentschieden. Das gleiche Bild bot sich auch in den Auswärtsspielen. Die Rückrunde war längst nicht mehr so souverän wie die Hinrunde. Hier hatte Borussia großartige Siege errungen: 1:0 bei Hertha, 2:1 auf dem Betzenberg, 6:0 gegen RWE, 3:1 in Frankfurt, 3:0 beim 1.FC Köln, 2:0 gegen Schalke. Der Besucherzuspruch stieg um ca. 1.600 auf knapp 24.400 Zuschauer pro Spiel. Auch zu den Auswärtsspielen kamen fast 6.000 Zuschauer mehr pro Spiel - ein Zeichen für die Beliebtheit der Borussen. Ein großes Manko schon vor Saisonbeginn: Stammtorwart Wolfgang Kleff fiel aus! Ersatztorhüter Wolfgang Kneib sprang ein, absolvierte alle 34 Spiele und wurde zum großen Rückhalt - auch über die nächsten Jahre.

SAISONSTATISTIK	**Platz: 1**			
	Siege:	17	Tore:	58 : 34 (+ 24)
	Unentsch.:	10	Punkte:	44 : 24
	Niederl.:	7	Zuschauer:	414.853 (24.403)

FIEBERKURVE

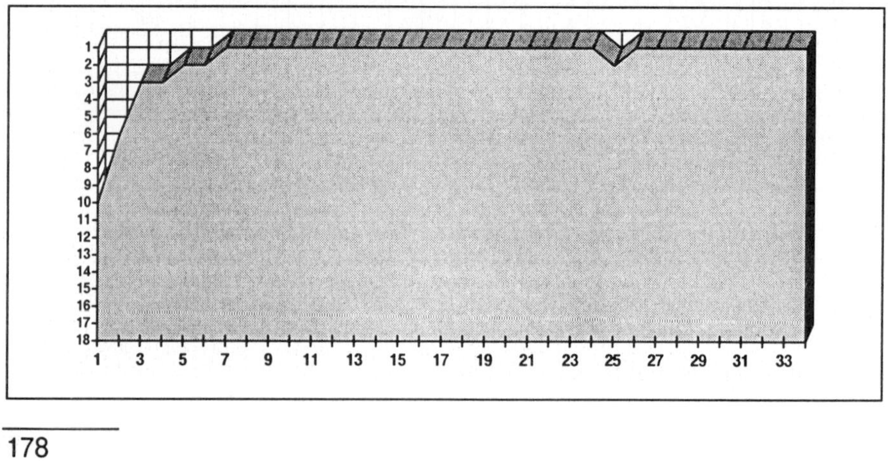

Allan Simonsen umkurvt den Saarbrücker Abwehrspieler Egon Schmitt. Der Däne erzielte den Treffer zum 3:0-Endstand.

1976/77

Sp.	Datum		Gegner	Ergebnis	BMG-Torschützen	Zuschauer
01.	14.08.76	H	MSV Duisburg	1 : 1 (1-1)	Heynckes	23.000
02.	21.08.76	A	Hertha BSC Berlin	1 : 0 (1-0)	Heynckes	78.000
03.	28.08.76	H	VfL Bochum	4 : 2 (1-1)	Heynckes 3 | Bonhof	22.000
04.	04.09.76	A	Bor. Dortmund	0 : 0 (0-0)	-	54.000
05.	11.09.76	H	W. Bremen	3 : 1 (2-0)	Bonhof | Köppel | Del'Haye	13.000
06.	18.09.76	A	Kaiserslautern	2 : 1 (0-1)	Köppel | Wimmer	22.000
07.	25.09.76	H	RW Essen	6 : 0 (3-0)	Heynckes 3 | Köppel | Wittkamp | Heidenreich	21.000
08.	02.10.76	A	E. Frankfurt	3 : 1 (2-1)	Simonsen 2 | Wittkamp	44.000
09.	09.10.76	H	Fort. Düsseldorf	3 : 1 (1-1)	Stielike | Vogts | Heynckes	29.000
10.	23.10.76	A	E. Braunschweig	1 : 1 (0-0)	Simonsen	32.000
11.	30.10.76	H	T. Bor. Berlin	3 : 0 (1-0)	Heynckes 2 | Stielike	2.000
12.	06.11.76	A	1.FC Köln	3 : 0 (1-0)	Heynckes 2 | Bonhof	61.000
13.	13.11.76	H	Schalke 04	2 : 0 (1-0)	Wittkamp | Heynckes	34.000
14.	20.11.76	A	Hamburger SV	1 : 4 (0-1)	Hannes	60.000
15.	27.11.76	H	Saarbrücken	3 : 0 (1-0)	Stielike | Hannes | Simonsen	16.000
16.	04.12.76	A	Karlsruher SC	0 : 4 (0-3)	-	46.000
17.	11.12.76	H	Bay. München	1 : 0 (0-0)	Simonsen	34.000
18.	15.01.77	A	MSV Duisburg	2 : 3 (1-1)	Bonhof | Simonsen	22.000
19.	22.01.77	H	Hertha BSC	2 : 1 (2-0)	Simonsen | Wimmer	22.000
20.	29.01.77	A	VfL Bochum	0 : 0 (0-0)	-	25.000
21.	05.02.77	H	Bor. Dortmund	1 : 1 (0-0)	Wittkamp	32.000
22.	12.02.77	A	W. Bremen	0 : 1 (0-0)	-	29.000
23.	26.02.77	H	Kaiserslautern	0 : 0 (0-0)	-	18.000
24.	05.03.77	A	RW Essen	0 : 1 (0-0)	-	23.000
25.	12.03.77	H	E. Frankfurt	1 : 3 (0-1)	Heynckes	23.000
26.	19.03.77	A	F. Düsseldorf	1 : 0 (0-0)	Simonsen	40.000
27.	26.03.77	H	E. Braunschweig	1 : 1 (1-0)	Bonhof	34.000
28.	02.04.77	A	T. Bor. Berlin	1 : 0 (0-0)	Simonsen	15.000
29.	12.04.77	H	1.FC Köln	3 : 1 (0-0)	Bonhof | Simonsen | Kulik	30.000
30.	16.04.77	A	Schalke 04	0 : 1 (0-1)	-	70.000
31.	23.04.77	H	Hamburger SV	0 : 0 (0-0)	-	31.000
32.	07.05.77	A	Saarbrücken	2 : 2 (1-0)	Heidenreich | EIG.: Förster	37.000
33.	14.05.77	H	Karlsruher SC	5 : 1 (1-0)	Simonsen 2 | Wohlers 2 | Wittkamp	23.000
34.	21.05.77	A	Bay. München	2 : 2 (2-1)	Heynckes | Stielike	77.000

1976/77

Spieltag	Kneib	Vogts	Klinkhammer	Wittkamp	Bonhof	Danner	Wimmer	Schäffer	Heidenreich	Kulik	Heynckes	Simonsen	Ringels	Nielsen	Del'Haye	Köppel	Stielike	Wohlers	Hannes						
01.	x	x	x	x	x	x	o	+	x	x	x	x													
02.	x	x	x	x	x	x	o	+	x	o	x	x	+												
03.	x	x	x	x	x	o	x		o		x	x	+	+	x										
04.	x	x	x	x	x		x	x	o	o	x	x	+		+										
05.	x	x		x	x		x	x			x	x	x		+	x	o								
06.	x	x		x	x		o	x			x	x	o		+	x	x	+							
07.	x	x		x	x		x	x	+		x	x	+			o	o	x							
08.	x	x		x			o	x	x		x	x				x	x	x	+						
09.	x	x		x	x		o	x	+		x	x				x	x	x							
10.	x	x	x	x	x			x	x		x	x				o	x		+						
11.	x	x	+	x	x		o	x	+		x	x				x	x	o							
12.	x	x	x	x	x		o	x			x	x				+	o	x	+						
13.	x	x	x	x	x			x			x	x			x	o		x	+						
14.	x		x	x	x		x	x			x	o			+	x	o	x	+						
15.	x		x	x	x		x	x	+			x			x	o	x	o	+						
16.	x		x	x	x		x	x	o	+		x			+	x		x	o						
17.	x		x		x		x	x		x		x	+			x	o	x	x						
18.	x		x	x	x		x	x		o		x			+	o	x	x	+						
19.	x		x	x	x		x	x				x				x	x	x	x						
20.	x		x	x	x		x	x	+			x				o	x	x	x						
21.	x	x	x	x	x		o	+		o		x			+		x	x	x						
22.	x	x	x	x	x		o	x	x			x					x	x	+						
23.	x	x	x	x	x		x		x			x			+		o	x	x						
24.	x	x	x	x	x		o	+		o		x			x	+	x	x							
25.	x	x	x	x	x		x			x	+	x			o	o	x		+						
26.	x	x	x	x	x		x			o	o	x				+	x	x	+						
27.	x	x	x	x	x		x			o	x	x				+	o	x	+						
28.	x	x	x	x	x		x			o	o	x			+		x	x	+						
29.	x	x	x	x	x		x		+	x	o	x					o	x	+						
30.	x	x	x	x	x		x	+	o	o		x			+			x	x						
31.	x	x	x	x	x		x	x	o	o		x			+	+		x							
32.	x	x	x	x	x			x	x	x		x				x		o	+						
33.	x	x	x	x	x		x	x	x	x		x						x							
34.	x	x	x	x	x		x	x		+	o	x					x	x							

SP.:	34	27	29	33	33	3	31	27	19	18	20	34	7	1	16	22	24	27	21						
T.:	0	1	0	5	6	0	2	0	2	1	15	12	0	0	1	3	4	2	3						

1977 / 78

SAISONFAZIT:
Nach einem dramatischen Saisonfinale kam die Borussia diesmal auf den zweiten Platz. Nur drei Minustore sorgten dafür, daß die Borussia nicht wieder Meister wurde. Punktgleich war Gladbach mit dem alten Rivalen 1.FC Köln, der lediglich drei Tore weniger kassierte. 86 Tore hatten beide Teams geschossen. Diese beiden Mannschaften waren auch über die gesamte Saison die besten. Mit 8 Punkten Vorsprung wurde Hertha BSC Berlin auf den dritten Platz verwiesen. Köln lag lange Zeit mit drei Punkten vorne, doch die Borussia kam mit 4 Siegen in Folge (30.-33. Spieltag) wieder heran. Ein Herzschlagfinale dann am letzten Spieltag: Köln gewann mit 5:0 beim FC St. Pauli und die Borussen deklassierten die Dortmunder mit 12:0. Aber drei Törchen fehlten. Das 12:0 war gleichzeitig der höchste BL-Sieg seit 1963. Mit dem vierten Titel in Folge sollte es also nichts werden. Gegen den Rivalen lieferte sich Borussia einen Kampf über die gesamte Saison. Daheim verlor Gladbach mit 2:5 gegen die Kölner, in Köln stand es drei Minuten vor Schluß 1:0 für die Borussia, ehe Flohe noch den Ausgleich erzielen konnte. Hätten die Gladbacher das Spiel gewonnen, wer weiß, was dann passiert wäre? Viele großartige Paarungen hatte es gegeben und auch die Torfabrik funktionierte wieder: 6:0 in Braunschweig, 6:1 gegen Saarbrücken, 6:2 beim Hamburger SV und das 12:0 gegen Dortmund. Mit Nielsen (9 Tore) hatte Simonsen (17 Tore) einen idealen Partner gefunden. Torjäger Heynckes bewies mit 18 Treffern seine Torgefährlichkeit. Selbst Mittelfeldspieler Bonhof erzielte 12 Treffer. Im Tor wechselten sich Kneib und Kleff ab, teils wegen Verletzungen, teils auch wegen Formschwäche. Vogts war wiederum der unermüdliche Abwehrkämpfer. Er machte alle Spiele mit und konnte sich auch zweimal als Torschütze eintragen. Neuling Ewald Lienen begeisterte in 23 Spielen mit seinen Slalomläufen. Auch Rückkehrer Winfried Schäfer vermochte voll zu überzeugen. Udo Lattek verstand es, neue Spieler gut in eine homogene Mannschaft zu integrieren. Seine letzte Saison am Bökelberg erlebte Rainer Bonhof, den es nach Valencia/Spanien zog. In der Saisonbilanz standen diesmal sogar nur sechs Niederlagen, dem gegenüber aber 20 Siege. Auf Gegners Platz war Gladbach so stark wie schon lange nicht mehr und nahm insgesamt 20 Punkte bei 34 erzielten Toren mit nach Hause. Im heimischen Stadion erlitt Borussia neben zwei Unentschieden nur zwei Niederlagen (2:5 gegen Köln und 1:3 gegen Duisburg). In seinem dritten Jahr erreichte Lattek nun schon zwei Meistertitel und diesmal den Vizemeistertitel - eine Bilanz, die sich sehen lassen konnte.

SAISONSTATISTIK	**Platz: 2**			
	Siege:	20	Tore:	86 - 44(+42)
	Unentsch.:	8	Punkte:	48 : 20
	Niederl.:	6	Zuschauer:	412.733(24.278)

FIEBERKURVE

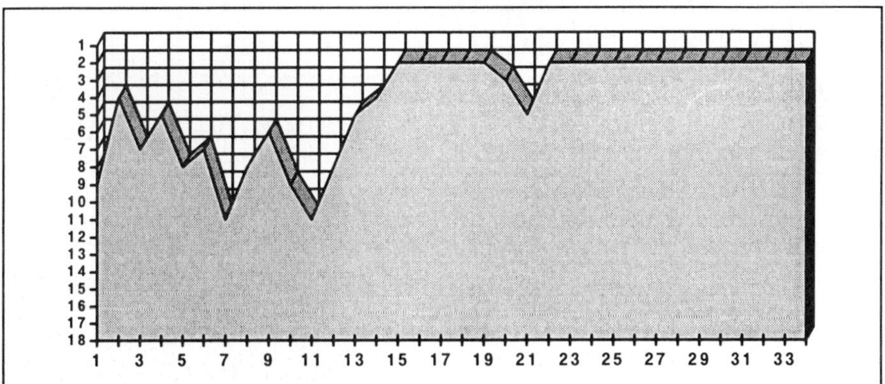

Einen glanzvollen Abschied hatte Jupp Heynckes beim 12:0 gegen Dortmund am 29.4.1978. Zum Ende seiner aktiven Laufbahn erzielte der Stürmer gleich fünf Tore gegen einen BVB, der von allen guten Geistern verlassen schien. Insgesamt schoß Heynckes 220 Bundesliga-Tore in 369 Spielen für Gladbach und Hannover 96. Schon 16 Monate später saß der heutige Coach von Athletic Bilbao erstmals als hauptverantwortlicher Trainer auf der Borussen-Bank.

1977/78

Sp.	Datum		Gegner	Ergebnis	BMG-Torschützen	Zuschauer
01.	06.08.77	A	VfL Bochum	0 : 0 (0-0)	-	22.000
02.	13.08.77	H	Hertha BSC Berlin	2 : 1 (1-1)	Wimmer | Bonhof	20.000
03.	17.08.77	A	MSV Duisburg	1 : 1 (1-0)	Lienen	33.000
04.	27.08.77	H	1860 München	2 : 1 (0-1)	Bonhof | Heynckes	32.000
05.	31.08.77	A	E. Frankfurt	2 : 4 (1-1)	Heynckes | Nickel	58.000
06.	03.09.77	H	Kaiserslautern	2 : 2 (1-1)	Wohlers | Bonhof	15.000
07.	10.09.77	A	VfB Stuttgart	0 : 2 (0-0)	-	68.000
08.	17.09.77	H	FC St. Pauli	2 : 1 (0-0)	Nielsen | Vogts	15.000
09.	24.09.77	A	F. Düsseldorf	3 : 1 (2-1)	Simonsen | Wimmer | EIG.: Brei	50.000
10.	01.10.77	H	1.FC Köln	2 : 5 (0-2)	Bonhof | Simonsen	32.000
11.	12.10.77	A	W. Bremen	2 : 3 (1-1)	Simonsen | Schäfer	29.000
12.	22.10.77	H	Bay. München	2 : 0 (1-0)	Heynckes 2	35.000
13.	29.10.77	A	E. Braunschweig	6 : 0 (3-0)	Simonsen 3 | Bonhof | Del'Haye | Wittkamp	32.000
14.	05.11.77	H	Saarbrücken	6 : 1 (1-0)	Heynckes 2 | Simonsen 2 | Wittk. | EIG.: Heck	23.000
15.	12.11.77	A	Schalke 04	2 : 1 (1-1)	Kulik | Heynckes	70.000
16.	26.11.77	H	Hamburger SV	2 : 1 (1-0)	Heynckes | Bonhof	32.000
17.	03.12.77	A	Bor. Dortmund	3 : 3 (1-2)	Simonsen | Heynckes | Del'Haye	54.000
18.	10.12.77	H	VfL Bochum	2 : 2 (1-1)	Simonsen 2	20.000
19.	17.12.77	A	Hertha BSC	1 : 2 (0-1)	Heynckes	39.000
20.	07.01.78	H	MSV Duisburg	1 : 3 (1-1)	Bonhof	24.000
21.	14.01.78	A	1860 München	1 : 1 (0-0)	Nielsen	45.000
22.	21.01.78	H	E. Frankfurt	2 : 0 (0-0)	Wohlers | Lienen	19.000
23.	28.01.78	A	Kaiserslautern	3 : 0 (0-0)	Simonsen 2 | Wohlers	26.000
24.	04.02.78	H	VfB Stuttgart	3 : 1 (1-1)	Kulik | Lienen | Bonhof	25.000
25.	11.02.78	A	FC St. Pauli	1 : 0 (1-0)	Simonsen	11.000
26.	18.02.78	H	F. Düsseldorf	3 : 2 (0-1)	Kulik | Bonhof | Heynckes	27.000
27.	25.02.78	A	1.FC Köln	1 : 1 (1-0)	Simonsen	60.000
28.	04.03.78	H	W. Bremen	4 : 0 (0-0)	Simonsen 2 | Kulik | Lienen	18.000
29.	11.03.78	A	Bay. München	1 : 1 (0-1)	Del'Haye	48.000
30.	18.03.78	H	E. Braunschweig	3 : 1 (1-1)	Bonhof | Nielsen | Del'Haye	18.000
31.	01.04.78	A	Saarbrücken	1 : 0 (0-0)	Heynckes	21.000
32.	08.05.78	H	Schalke 04	2 : 1 (1-0)	Bonhof | Vogts	55.000
33.	22.04.78	A	Hamburger SV	6 : 2 (0-1)	Nilesen 2 | Kulik 2 | Bonhof | Heynckes	61.000
34.	29.04.78	H	Bor. Dortmund	12 : 0 (6-0)	Heynckes 5 | Nielsen 2 | Del'Haye 2 | Wimmer | Kulik | Lienen	38.000

1977/78

Spieltag	Kneib	Kleff	Vogts	Klinkhammer	Wittkamp	Bonhof	Wohlers	Simonsen	Wimmer	Hannes	Kulik	Schäfer	Lienen	Heidenreich	Danner	Nielsen	Heynckes	Schäffer	Del'Haye
01.	x		x	x	x	x	x	x	o	+	x	x	o	+					
02.	x		x	x	x	x	x	x	x	+		x	o	x					
03.	x		x	x	x	x	x	x	x	+		x	x	o					
04.	x		x	x	x	x	o	x	o	+		x			+	x	x		
05.	x		x		x	x	x	x	x			x			+	x	o	x	
06.	x		x		x	x	x	x	x			x	+	o		x		x	
07.	x		x	x	x	x	o	x	x					+		x	o	x	+
08.	x		x	x	x	x		x	x			o	o		+	x		x	+
09.	x		x	x	x	x	x	x	x		x	x							x
10.	x		x	x	x	x	o	x	x	+	x	o						+	x
11.		x	x	o	x	x		x	x	+	x	x	+				o		x
12.		x	x	x	x	x	+	x	x	+	o	x					o		x
13.		x	x	x	x	x	+	x	o		o	x	+				x		x
14.		x	x	x	x	x	+	x	o		o	x				+	x		x
15.		x	x	x	x	x		x	x		x	x					x		x
16.		x	x	x	x	x	+	x	x		o	x					x		x
17.		x	x		x	x	x	x	x		o	x				+	x		x
18.		x	x		x	x	x	x	x		o	x				+	x		x
19.		x	x		x	x	x	x	o		x	x	+				x		x
20.		x	x		x	x		x	x		o	x	+		x	+	o		x
21.		x	x	x		x	x	x	o	+		o	x		x	x		+	
22.		x	x		x	x	x	x		x	x		x		o	x			+
23.		x	x		x	x	x	x	x	x	x		x			x			
24.		x	x		x	x	x	x	x	x	x		x			x			
25.		x	x		x	x	x	x	x	x	x		x			x			
26.		x	x			x	x		x	x	x	o	x		+		x		x
27.		x	x	+	x	x	x	x	x	x	o		x			o		+	
28.		x	x			x	x	x	x	x	x		o			x	x		+
29.		x	x			x	x	x	x	x	o		x			x	x		+
30.		x	x			x	x	o	x	x	x	+	x			x	o		+
31.		x	x	+	x	x				x	x	x	x		o	x	x		
32.		x	x	x	x	x	+			x		+	o		o	x	x		x
33.		x	x		x	x	o	x		x	x	+	o			x	x		+
34.		x	x		x		x	o	x	x	x		+			x	x		x

SP.:	10	24	34	18	29	33	29	31	30	21	25	25	23	5	9	22	21	7	22
T.:	0	0	2	0	2	12	3	17	3	0	7	1	5	0	0	8	18	0	6

1978 / 79

SAISONFAZIT:

Eine Saison der Gegensätze: National lief wenig zusammen, aber der UEFA-Pokal wurde zum zweitenmal (1:0 und 1:1 gegen Roter Stern Belgrad) nach Gladbach geholt. Es war Udo Latteks letzte Saison als Trainer am Bökelberg. Er wollte wechseln, obwohl sich die Mannschaft intern für ihn ausgesprochen hatte. Auch für Berti Vogts war es die sogenannte Abschlußsaison. Er hat in dieser Spielzeit nur 6 Spiele mitgemacht. Durch einen Beinbruch im Pokalspiel gegen Wuppertal wurde er außer Gefecht gesetzt und konnte erst in den letzten Spielen wieder eingesetzt werden. Er fehlte der Borussia an allen Ecken und Enden. Die Abwehr war ohne ihn total verunsichert, was sich auch darin bemerkbar machte, daß Borussia erstmals seit Jahren ein negatives Torverhältnis hatte. Aber der Hauptgrund für das schlechte Abschneiden lag nicht alleine an der Abwehr, auch der Sturm war nicht mehr so durchschlagskräftig. Ohne Heynckes war der Sturm nur ein laues Lüftchen, lediglich Simonsen konnte mit 11 erzielten Toren noch einigermaßen zufrieden sein. Danach war weit und breit kein Stürmer zu sehen. Die Mittelfeldstrategen Bruns, Kulik und teilweise Lienen (er erzielte auch das 1.000 BL-Tor für die Borussia) sorgten mit ihren Treffern dafür, daß es nicht noch schlimmer kam. Mitte der Rückrunde befand sich die Borussia nämlich in arger Abstiegsnot. Zwischenzeitlich fand sie sich über Wochen auf dem 15. Tabellenplatz wieder. Erst als aus den letzten 5 Spielen acht Punkte errungen werden konnten, waren die Grün-Weißen aus der gefährlichen Abstiegszone auf den zehnten Platz geklettert. In diesem Jahr waren einige Spieler schon zu alt und hatten ihren Zenit überschritten, dazu kam das Verletzungspech, außerdem konnten die jungen Spieler nicht richtig integriert werden. Die Saisonbilanz zeigt dann auch deutlich auf, daß die Souveränität der letzten Jahre dahin war. Lediglich 12 Siege wurden errungen, dem standen 14 Niederlagen, soviel wie nur in der ersten Saison, gegenüber. Da zudem die einstige Heimstärke verloren ging (5 Heimniederlagen und 3 Unentschieden) und auch auswärts nicht viel gewonnen werden konnte, gingen die Akteure immer nervöser in die Spiele. Für ein Debakel muß sich eigentlich Trainer Lattek verantworten, denn kurz vor dem Spiel (24. Spieltag) gegen die Bayern gab er bekannt, am Ende der Saison zu gehen. Die Spieler spielten fast unter Schock und verloren mit sage und schreibe 1:7! "Es war ein Fehler von mir", gab er nachher zu. Als neuen Coach verpflichteten die Rheinländer Assistenztrainer Jupp Heynckes!

SAISONSTATISTIK	**Platz: 10**			
	Siege:	12	Tore:	50 - 53(-3)
	Unentsch.:	8	Punkte:	32 : 36
	Niederl.:	14	Zuschauer:	335.142(19.714)

FIEBERKURVE

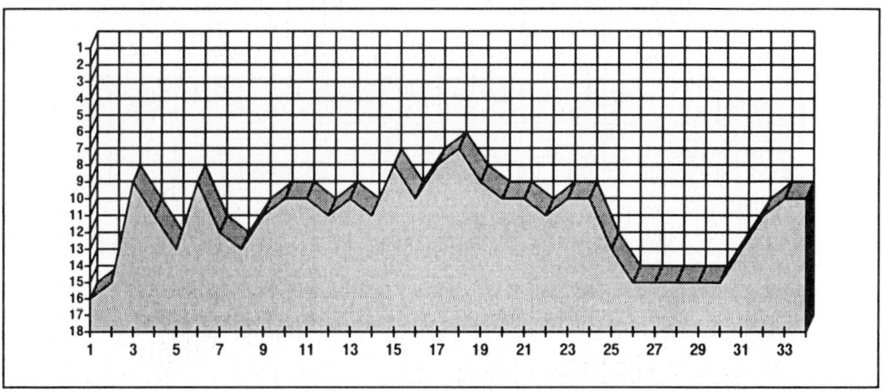

Bernard Dietz (rechts) scheitert an Borussen - Torwart Wolfgang Kneib (Duisburg - Gladbach 0:3).

1978/79

Sp.	Datum		Gegner	Ergebnis	BMG-Torschützen	Zuschauer
01.	12.08.78	A	Hamburger SV	0 : 3 (0-3)	-	59.000
02.	19.08.78	H	Bor. Dortmund	2 : 2 (2-1)	Schäffer | Simonsen	27.000
03.	25.08.78	A	MSV Duisburg	3 : 0 (2-0)	Bruns 2 | Gores	17.000
04.	02.09.78	H	Schalke 04	0 : 0 (0-0)	-	23.000
05.	09.09.78	A	E. Frankfurt	0 : 2 (0-1)	-	33.000
06.	16.09.78	H	Arm. Bielefeld	4 : 1 (2-0)	Lienen 2 | Simonsen | Nielsen	16.000
07.	30.09.78	A	Bay. München	1 : 3 (1-1)	Simonsen	76.000
08.	07.10.78	H	E. Braunschweig	2 : 3 (1-2)	Schäffer | Kulik	18.000
09.	14.10.78	H	W. Bremen	4 : 0 (1-0)	Gores | Nielsen | Del'Haye | Bruns	15.000
10.	21.10.78	A	VfL Bochum	0 : 0 (0-0)	-	28.000
11.	28.10.78	H	VfB Stuttgart	0 : 0 (0-0)	-	24.000
12.	04.11.78	A	Hertha BSC Berlin	0 : 1 (0-0)	-	24.000
13.	11.11.78	H	1.FC Köln	2 : 0 (0-0)	Del'Haye | Kulik	34.000
14.	18.11.78	A	Darmstadt 98	0 : 2 (0-1)	-	25.000
15.	25.11.78	H	Kaiserslautern	5 : 1 (2-1)	Simonsen 2 | Bruns | Del'Haye | Kulik	28.000
16.	09.12.78	A	1.FC Nürnberg	0 : 1 (0-1)	-	34.000
17.	16.12.78	H	F. Düsseldorf	1 : 0 (0-0)	Simonsen	24.000
18.	13.01.79	H	Hamburger SV	4 : 3 (2-1)	Lienen 2 | Bruns | Hannes	29.000
19.	20.01.79	A	Bor. Dortmund	1 : 1 (1-1)	Lienen	32.000
20.	27.01.79	H	MSV Duisburg	0 : 2 (0-0)	-	12.000
21.	03.02.79	A	Schalke 04	1 : 1 (1-1)	Kulik	31.000
22.	10.03.79	H	E. Frankfurt	1 : 3 (1-2)	Simonsen	19.000
23.	17.03.79	A	Arm. Bielefeld	2 : 0 (1-0)	Amrath | Bruns	32.000
24.	24.03.79	H	Bay. München	1 : 7 (1-5)	Amrath	29.000
25.	04.04.79	A	E. Braunschweig	0 : 3 (0-0)	-	27.000
26.	07.04.79	A	W. Bremen	1 : 3 (0-2)	Nielsen	22.000
27.	14.04.79	H	VfL Bochum	2 : 0 (0-0)	Kulik | Lienen	15.000
28.	18.04.79	A	VfB Stuttgart	0 : 2 (0-1)	-	57.000
29.	21.04.79	H	Hertha BSC	0 : 2 (0-1)	-	11.000
30.	05.05.79	A	1.FC Köln	1 : 1 (1-1)	Wohlers	22.000
31.	12.05.79	H	Darmstadt 98	3 : 1 (1-0)	Schäfer 2 | Lienen	11.000
32.	19.05.79	A	Kaiserslautern	3 : 1 (1-0)	Simonsen | Kulik 2	28.000
33.	02.06.79	H	1.FC Nürnberg	3 : 1 (2-0)	Simonsen 2 | Schäfer	9.000
34.	09.06.79	A	F. Düsseldorf	3 : 3 (0-1)	Danner 2 | Simonsen	31.000

1978/79

Spieltag	Kneib	Hannes	Schäffer	Wohlers	Klinkhammer	Ringels	Bruns	Nielsen	Schäfer	Simonsen	Lienen	Gores	Bödeker	Thychosen	Dudek	Amrath	Lausen	Kulik	Del'Haye	Danner	Kleff	Köppel	Vogts		
01.	x	x		x	x	o	x	x	x	x	o	x				+	+								
02.	o	x	x	x	x		x	x	x	x	x	x									+				
03.	x	x	x	x	x		x	x	x	x	o	x				+									
04.	x	x	x	x	o	+	x	x	x	x	o	x	+												
05.	x	x	x	x		x	o	x	x	o		x		+		+	x								
06.	x		x	x		x	x	x	x	x	o	x			x		+								
07.	x		x	x		x	x	x	x	x		x			o	+	+	o							
08.	x		x	x	x	o	x	x	x	o		x					+	x	+						
09.	x	x	x	x	x		o	o	x		+	x	+					x	x						
10.	x	o	o	x	x		x	x	x			x	+				+	x	x						
11.	x		x	x	x		x	x			o	x			x			x	x	+					
12.	x		x	x	x		o	x			x	o					+	x	x	x		+			
13.	x	o	x	x	x		x	x	+		x				+			x	x	o					
14.	x		x	x	x		x	x	x		x			x				x	x						
15.	x		x	x			x	o	x	x	x	+			o		+	x	x						
16.	x		x	x		x	x	x	x	x	o	+						x	o	+					
17.	x		x	x		x	x	x	x	x	x							x	x						
18.	x	x	x	x	x		x	x		x	x							x	x						
19.	x	o	x	x	x	x	x	o		x	x							x		+		+			
20.	x		x	x	x	x	+		o	x	x	x								+		o	x		
21.	x	x	x			x	+		x	x	x	x						x		o			x		
22.	x	x	x		x		x	o	x	x	x	+		+				x	o						
23.	x	x	x		o	x	x		x	o	x	+				+		x	x						
24.	x	x	x			x	x		x	x	x	+				x		x	o						
25.	x	x	x	x	x	x	x	x		x	x							x							
26.	x	x	x	o	x	o	x	x		x	x					+		x		+					
27.	x	x	x			x	o		x	x	x						+	x	x	o		+			
28.	x	x	x			x	x	o	x	x	x					+		x		o		+			
29.	x	x	x	+		x	o	o	x	x	x	+						x		x					
30.	x	x	x	x		x		x	x	x	x							x					x		
31.	x	x	x	o		x		+	x	x	x	x						o		+			x		
32.	x	x	x	x		x			x	x	o	x						x				+	x		
33.	x		x	x	x	x			o	x	x	x						x				+	x		
34.	x		x	x	x	x	o		x	x	x	+						x		+		o			
SP.:	34	22	33	28	20	23	30	26	28	28	30	24	3	3	5	8	9	27	15	13	1	8	6		
T.:	0	1	2	1	0	0	6	3	3	11	7	2	0	0	0	2	0	7	3	2	0	0	0		

1979 / 80

SAISONFAZIT:

Gegenüber der letzten verkorksten Saison steigerte sich die Borussia und fand sich am Ende auf einem oberen Tabellenplatz wieder. Punktgleich mit Dortmund kam Gladbach nur wegen der schlechteren Tordifferenz auf den siebten Platz. Trainer Jupp Heynckes verstand es in seinem ersten Jahr als Profitrainer schon recht gut, neue Leute mit ins Spielsystem einzugliedern. Mit dem Torjäger Harald Nickel (aus Braunschweig gekommen) und Lothar Matthäus holte Heynckes zwei Spieler an den Bökelberg, die noch auf sich aufmerksam machen sollten. Nickel erzielte 20 Bl-Tore und war auch im Europacup erfolgreich. Unvergessen sein TOR DES JAHRES (von der Sportschau gewählt!) im Spiel bei Inter Mailand (Endstand: 3:2 für Gladbach). Nickels Spezialität waren seine Elfmeter aus dem Stand. Im diesem UEFA-Pokal gelangte Borussia wiederum bis ins Finale, unterlag dort aber der Frankfurter Eintracht sieben Minuten vor Schluß mit 0:1 nach einem 3:2 Hinspielsieg. Mit dem erst 18jährigen Matthäus bekam Heynckes einen Rohdiamanten in die Hände. Aber auch trotz der 20 Nickel-Tore wurde deutlich, wo der Schuh drückt: im Sturm nämlich! Außer ihm war von einer weiteren Angriffsspitze nicht viel zu sehen. Aus dem Mittelfeld kamen die anderen guten Torschützen (Kulik - 5 Tore, Matthäus - 4 Tore, Lienen und Nielsen - je 7 Tore). Die Abwehr mit Schäffer, Fleer, Ringels und Libero Hannes erwies sich in einigen Spielen als nicht allzu sattelfest. Auch Torhüter Kneib, der als einziger alle 34 Spiele absolvierte, zeigte gelegentlich Schwächen. Die Saisonbilanz war nahezu ausgeglichen: 12 Siegen standen 12 Unentschieden und 10 Niederlagen gegenüber. Das Torverhältnis blieb positiv (+1). Der Besucherandrang ging deutlich zurück. Letzte Saison lag der Schnitt bei 19.714 Zuschauern pro Spiel (damaliger Rückgang von ca. 4.500 Z.), diesmal sogar noch fast 2.000 Z. weniger (17.610 Z.). Ein Indiz dafür, daß nicht mehr ein so attraktiver Fußball auf dem Bökelberg seitens der Borussia gespielt wurde. Alles in allem eine recht erfolgreiche Saison für den jungen Trainer Heynckes. In seinem ersten Jahr kletterte er immerhin drei Plätze nach oben, auch wenn die Leistung noch nicht über die gesamte Spielzeit als konstant anzusehen ist. Doch bei einer sich im Umbruch befindlichen Mannschaft eigentlich kein Wunder. Der jungen Mannschaft muß Zeit gegeben werden, damit sie, ähnlich wie unter Weisweiler, zu einer homogenen Einheit zusammenwachsen kann

SAISONSTATISTIK	**Platz: 7**			
	Siege:	12	Tore:	61 - 60(+1)
	Unentsch.:	12	Punkte:	36 : 32
	Niederl.:	10	Zuschauer:	299.366(17.610)

FIEBERKURVE

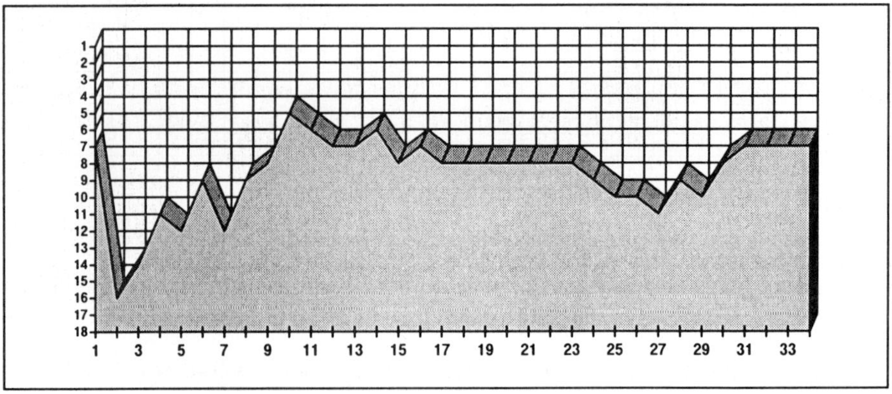

Karl del'Haye im Laufduell mit William "Jimmy" Hartwig. Szene aus Gladbach - HSV 2:2.

1979/80

Sp.	Datum		Gegner	Ergebnis	BMG-Torschützen	Zuschauer
01.	11.08.79	H	Schalke 04	1 : 1 (0-1)	Nickel	28.000
02.	18.08.79	A	Hamburger SV	0 : 3 (0-1)	-	47.000
03.	29.08.79	A	VfL Bochum	0 : 0 (0-0)	-	25.000
04.	01.09.79	H	Bay. München	2 : 1 (2-0)	Gores | Nickel	32.000
05.	08.09.79	A	Hertha BSC Berlin	1 : 3 (0-0)	Lienen	24.000
06.	15.09.79	H	MSV Duisburg	6 : 0 (1-0)	Nickel 3 | Nielsen 2 | Kulik	20.000
07.	22.09.79	A	Kaiserslautern	2 : 4 (1-2)	Lienen | Nickel	26.000
08.	06.10.79	H	E. Frankfurt	4 : 1 (3-1)	Nielsen | Lienen | Nickel | Wohlers	19.000
09.	19.10.79	A	1.FC Köln	4 : 4 (0-3)	Nickel 2 | Lienen | Nielsen	33.000
10.	27.10.79	H	W. Bremen	2 : 1 (1-0)	Nielsen | Nickel	12.000
11.	03.11.79	A	Bay. Uerdingen	1 : 0 (1-0)	Del'Haye	20.000
12.	10.11.79	H	1860 München	1 : 1 (1-0)	Schäffer	17.000
13.	17.11.79	A	Bor. Dortmund	1 : 1 (1-0)	Nickel	52.000
14.	24.11.79	H	F. Düsseldorf	2 : 1 (2-1)	Lienen | Del'Haye	20.000
15.	01.12.79	A	VfB Stuttgart	0 : 4 (0-2)	-	32.000
16.	08.12.79	H	E. Braunschweig	1 : 1 (1-1)	Matthäus	10.000
17.	15.12.79	A	B. Leverkusen	0 : 0 (0-0)	-	15.000
18.	19.01.80	A	Schalke 04	0 : 1 (0-0)	-	30.000
19.	26.01.80	H	Hamburger SV	2 : 2 (1-2)	Nickel | Schäffer	22.000
20.	02.02.80	H	VfL Bochum	3 : 2 (0-2)	Nickel | EIG.: 2 x Bast	8.000
21.	09.02.80	A	Bay. München	1 : 3 (1-1)	Schäffer	28.000
22.	23.02.80	H	Hertha BSC	4 : 1 (2-1)	Nickel 2 | Hannes | Del'Haye	8.000
23.	01.03.80	A	MSV Duisburg	0 : 3 (0-2)	-	24.000
24.	08.03.80	H	Kaiserslautern	0 : 3 (0-2)	-	15.000
25.	15.03.80	A	E. Frankfurt	2 : 5 (2-3)	Hannes | Bödeker	25.000
26.	22.03.80	H	1.FC Köln	2 : 2 (2-0)	Hannes 2	28.000
27.	29.03.80	A	W. Bremen	2 : 4 (2-2)	Matthäus | Nickel	23.000
28.	12.04.80	H	B. Uerdingen	3 : 2 (0-0)	Matthäus 2 | Del'Haye	16.000
29.	19.04.80	A	1860 München	0 : 0 (0-0)	-	20.000
30.	26.04.80	H	Bor. Dortmund	2 : 2 (0-2)	Kulik | Nickel	17.000
31.	03.05.80	A	F. Düsseldorf	4 : 1 (2-0)	Kulik | Lienen | Nickel | Nielsen	24.000
32.	17.05.80	H	VfB Stuttgart	1 : 1 (1-1)	Kulik	16.000
33.	24.05.80	A	Braunschweig	3 : 0 (1-0)	Kulik | Lienen | Nielsen	8.000
34.	31.05.80	H	B. Leverkusen	4 : 2 (2-0)	Nickel 2 | Schäfer | EIG.: Klimke	14.000

1979/80

Spieltag	Kneib	Fleer	Schäffer	Wohlers	Ringels	Kulik	Nielsen	Thychosen	Gores	Bruns	Nickel	Lienen	Schäfer	Hannes	Wielandt	Làusen	Dudek	Danner	Del'Haye	Klinkhammer	Matthäus	Bödeker			
01.	x	x	x	x	x	x	+	o	+	o	x	x	x												
02.	x	o	x	x	x	x	x			x	x	x	x	+											
03.	x	x	x		x	x	x		x		x	x	x	x											
04.	x	x	x	+	x	o	o		x		x	x	x	x				+							
05.	x	x	x	+	x	x	x		o		x	x		x				o	+						
06.	x	x	x		x	x	x		x		x	o		x				o	+	+					
07.	x	x	x		x	x	x	+	o		x	x		x							x				
08.	x	x	x	o	x		x		+		x	x	x	x						+	o				
09.	x		x	x	x		o				x	x	x	x					+	x	o	+			
10.	x	x	x	+	x		x				x	x	x	x					o		x				
11.	x	x	x	+		x	x				o	x	x	x					x	+	o				
12.	x	o	x		+	x	x				x	x	+	x					x	o	x				
13.	x	o	x		+	x	x				x	x	+	x					o	x	x				
14.	x	x	x	+	x		o				x	x	+	x					x	o	x				
15.	x	x	x		o		x				x	x	o	x				+	x	x	+				
16.	x		o		x		x				x	x	x	x				+	x	x	x				
17.	x		x		x		x				x	o	x	x	+				x	x	x				
18.	x		x		x	x	x	+			x	o	x			+			o	x	x				
19.	x	+	x		x	x	x	+			x	o	x	x					x		o				
20.	x	+	x			x	x	+			x	x	o	x					x		x	o			
21.	x		x			x	x				x	x	x	x					x		x	x			
22.	x		x		x	x	o	x			x		+	x					x		x	x			
23.	x	+			x	x	x				x	x	+	x					x	x	o	x			
24.	x		x		x	x	x		+		x	x		x					x		x	o			
25.	x		x		x	x	x				x	x		x					x		x	x			
26.	x		x		x	x	x	o			x		x	x	+		+		x		o				
27.	x	o	x		x	x	x	+			x		x	x					x	+	o				
28.	x	x	x			x			+		x	x	x	x					o	+	x	o			
29.	x		x		x	x	o				x	x	x	x					+		x	x			
30.	x	+	x		x	+	o				x	x	x	x					x		x	o			
31.	x	x	+		x	o	x				x	x	o	x					x	+	x				
32.	x	x	x		x	x	x				o	x	+	x					o		x	+			
33.	x		x		x	x	o	+				o	x	x					x	x	x	+			
34.	x	+	x		x	x		+			x	x	x	x					o	o	x				

SP.:	34	23	33	9	30	27	32	10	9	2	33	31	29	32	2	1	1	5	28	17	28	12			
T.:	0	0	2	1	0	5	7	0	1	0	20	7	2	4	0	0	0	0	4	0	4	1			

1980 / 81

SAISONFAZIT:
In dieser Saison kletterte die Borussia noch einen Platz höher - am Ende war es der 6. Platz, diesmal vor den Dortmundern. Dies bedeutete gleichzeitig wieder die Teilnahme am UEFA-Pokal, die Gladbach letzte Spielzeit verpaßt hatte. Viele junge Leute (Rahn, Wuttke etc.) holte Trainer Heynckes an den Bökelberg, die Mannschaft wurde noch weiter verjüngt. Heynckes wollte, wie schon Weisweiler vor ihm, eine Mannschaft für die Zukunft zusammenstellen. Teilweise gelang ihm dies schon in dieser Saison. Die Leistungen waren zwar noch nicht über die ganze Saison stabil, doch die Bilanz verbesserte sich etwas. Gegenüber den letzten Jahren verzeichnete die Borussia wieder mehr Siege (15), auch wurden wieder mehr Tore erzielt und ein positives Torverhältnis erreicht. Der Zuschauerzuspruch stieg auch leicht an (+ 700 Zuschauer pro Spiel). Der Saisonauftakt ging jedoch gleich nach hinten los - eine 1:2 Niederlage in Düsseldorf. Doch die nachfolgenden 3 Spiele konnten allesamt gewonnen werden. Am 10. Spieltag gab es dann die erste Heimniederlage (1:4 gegen Nürnberg). Zwei weitere sollten noch folgen (1:3 gegen den VfB Stuttgart und 1:4 gegen Bayern München). Der erste Auswärtserfolg gelang gleich am 3. Spieltag: 3:2 wurden die Bielefelder geschlagen. Es folgten noch vier weitere Auswärtssiege (5:1 in Leverkusen, 3:2 beim 1.FC Köln, 4:3 beim KSC und 3:0 in Dortmund), alle in der Rückrunde. Mit dem 3:0 Erfolg beim BVB erreichten die Gladbacher auch den wichtigen 6. Platz. Gegen den Meister FC Bayern gab es zwei glatte Niederlagen (0:4 in München und 1:4 am Bökelberg). Gegen den alten Rivalen vom Rhein, den 1.FC Köln, gingen die Fohlen zweimal als Sieger vom Platz (2:0 am 12. Spieltag und ein 3:2 Erfolg in Köln). Auswärts zeigte die Heynckes-Elf neben vielen guten Vorstellungen auch eklatante Schwächen. Viele, teilweise hohe Schlappen mußte sie hinnehmen (0:4 in Duisburg, 2:4 beim VfB und 0:4 in München). Auf dem Bökelberg gelangen auch viele hohe Erfolge, die an alte Zeiten erinnerten (2:0 gegen Köln, 4:2 gg. Bielefeld, 4:1 gg. den MSV und gar 7:1 gegen den Nachbarn aus Uerdingen). Erstaunlicherweise hatten die Gladbacher in Abwehrchef Hannes den besten Torschützen. Er schoß in seinen 33 Spielen exakt 16 Tore, und das als Libero. Genau die Hälfte erzielte er dabei vom Elfmeterpunkt aus. Er trat achtmal an und verwandelte alle Elfmeter sicher. Nach Hannes kamen Nickel (12 Treffer) und Matthäus (10 Treffer) auf den Plätzen. Überhaupt machte nur Ewald Lienen alle 34 Spiele mit, nebenbei erzielte er auch noch 4 Tore. Am 20. Spieltag tat sich etwas auf dem Torwartposten: Der noch junge Torwart Uli Sude wurde vom Routinier Wolfgang Kleff abgelöst. Die ersten 19 Spiele hatte Sude das Vertrauen von Heynckes, doch strahlte er mangels Erfahrung noch nicht die nötige Ruhe aus.

SAISONSTATISTIK	**Platz: 6**			
	Siege:	15	Tore:	68 - 64(+4)
	Unentsch.:	7	Punkte:	37 : 31
	Niederl.:	12	Zuschauer:	310.897(18.288)

FIEBERKURVE

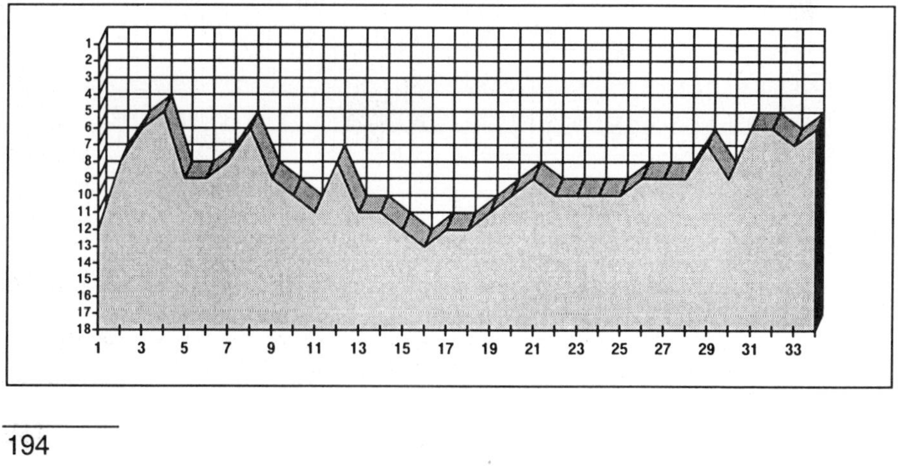

Das entscheidende Tor auf der "Alm": Hans-Günter Bruns überwindet seinen ehemaligen Mannschaftskameraden Kneib zum 3:2 für Borussia in Bielefeld.

1980/81

Sp.	Datum		Gegner	Ergebnis	BMG-Torschützen	Zuschauer
01.	16.08.80	A	F. Düsseldorf	1 : 2 (0-0)	Bruns	40.000
02.	20.08.80	H	Schalke 04	3 : 1 (1-0)	Matthäus | Nickel | Thychosen	22.000
03.	23.08.80	A	Arm. Bielefeld	3 : 2 (1-1)	Thychosen | Bruns | EIG.: Schröder	22.000
04.	03.09.80	H	B. Leverkusen	1 : 0 (0-0)	Lienen	16.000
05.	06.09.80	A	VfB Stuttgart	2 : 4 (2-2)	Hannes | Nickel	32.000
06.	13.09.80	H	Hamburger SV	2 : 2 (1-0)	Nielsen | Nickel	26.000
07.	20.09.80	A	1860 München	0 : 0 (0-0)	-	25.000
08.	27.09.80	H	VfL Bochum	2 : 1 (1-0)	Matthäus | Bruns	17.000
09.	15.10.80	A	MSV Duisburg	0 : 4 (0-1)	-	25.000
10.	18.10.80	H	1.FC Nürnberg	1 : 4 (0-1)	Nickel	10.000
11.	25.10.80	A	Kaiserslautern	2 : 3 (1-1)	Hannes | Veh	21.000
12.	01.11.80	H	1.FC Köln	2 : 0 (2-0)	Hannes 2	28.000
13.	08.11.80	A	E. Frankfurt	1 : 2 (0-1)	Nielsen	18.000
14.	15.11.80	H	Karlsruher SC	3 : 3 (1-0)	Kulik 2 | Hannes	6.000
15.	29.11.80	A	B. Uerdingen	0 : 2 (0-1)	-	13.000
16.	06.12.80	A	Bay. München	0 : 4 (0-0)	-	14.000
17.	13.12.80	H	Bor. Dortmund	1 : 0 (0-0)	Hannes	21.000
18.	17.01.81	H	F. Düsseldorf	2 : 2 (1-2)	Hannes | EIG.: Baltes	18.000
19.	24.01.81	A	Schalke 04	2 : 2 (2-1)	Hannes | Matthäus	38.000
20.	07.02.81	H	Arm. Bielefeld	4 : 2 (1-1)	Hannes | Nickel | Nielsen | Ringels	10.000
21.	14.02.81	A	B. Leverkusen	5 : 1 (1-0)	Hannes 2 | Matthäus | Nielsen | Lienen	10.000
22.	21.02.81	H	VfB Stuttgart	1 : 3 (0-1)	Matthäus	31.000
23.	07.03.81	A	Hamburger SV	1 : 2 (0-2)	Hannes	25.000
24.	14.03.81	H	1860 München	3 : 2 (2-1)	Matthäus 2 | Hannes	7.000
25.	21.03.81	A	VfL Bochum	1 : 1 (0-1)	Schäfer	25.000
26.	28.03.81	H	MSV Duisburg	4 : 1 (1-1)	Rahn 2 | Nickel | Lienen	14.000
27.	04.04.81	A	1.FC Nürnberg	0 : 2 (0-0)	-	24.000
28.	11.04.81	H	Kaiserslautern	1 : 0 (0-0)	Nickel	20.000
29.	18.04.81	A	1.FC Köln	3 : 2 (1-0)	Nickel 2 | Rahn	30.000
30.	09.05.81	H	E. Frankfurt	2 : 2 (0-2)	Loontiens | Bruns	15.000
31.	16.05.81	A	Karlsruher SC	4 : 3 (1-1)	Hannes | Matthäus | Nickel | Ringels	30.000
32.	30.05.81	H	B. Uerdingen	7 : 1 (4-0)	Hannes 2 | Nickel 2 | Bruns | Matthäus | Lienen	16.000
33.	06.06.81	H	Bay. München	1 : 4 (0-1)	Nielsen	34.000
34.	13.06.81	A	Bor. Dortmund	3 : 0 (1-0)	Bruns | Schäfer | Matthäus	54.000

1980/81

Spieltag	Sude	Fleer	Schäffer	Hannes	Ringels	Kulik	Schuhmacher	Matthäus	Frenken	Bruns	Nielsen	Thychosen	Schäfer	Rahn	Nickel	Lienen	Langers	Wielandt	Veh	Loontiens	Wuttke	Schmider	Kleff	Bödeker	
01.	x	x	x	x	x			x		+	x	+		o	x	x	o								
02.	x	+	x	x	o			x		x	o	x	x	+	x	x									
03.	x	x	x	x				x		x	x	x	x		x	x									
04.	x		x	x				x	x	x	x	o	x		x	x	+								
05.	x		x	x			x	x	x	o	x	+	x		x	x									
06.	x		x	x		+	x	x	x	o	x		x		x	x									
07.	x		x	x			x	x	x	x		o	x		x	x		+							
08.	x		x	x		+	x	x	x	o	o		x		x	x			+						
09.	x		x	x		+	x	x	x	o	x		x		x	x									
10.	x		x	x		x	x	x		o	x	x	o		+	x			+						
11.	x		x	x		x	x	x	x		o	+			x	x			x						
12.	x	+	x	x		x	x	x	x		o	+			x	x			o						
13.	x	+	x	x		x	x	x	o		x	+			x	x			o						
14.	x	x	x	x		x	x		x		o			+	x	x			x						
15.	x	x	x	x		x	o	x	x			o			x	x			+	+					
16.	x	+	x			x	x	x	+	x	+	x		o		x			o						
17.	x	x	x	x			x	x		+	x				x	x					x	o			
18.	x	x	x	x		o	x	x		+	x	o	x		+	x					x				
19.	x	x	x	x		+	x	x			o	x				x			+		x	o			
20.		x	x	x	x	+		x			x			o	x	o			+		x		x		
21.		x	x	x	x			x		+	x			o	x	x			+		o		x		
22.		x	o	x	x		+	x		+	x			o	x	x					x		x		
23.			x	x	x			x			x			x	x	x					x		x	x	
24.		x	x	x	x			x			o			x	x	x					x	+	x		
25.		x	x	x	x			x					x	o	x	x			+		o	+	x		
26.		x	x	x	x			x			+			x	x	x			+		o	o	x		
27.		x	x	x	x			x			x			o	x	x			+		+	o	x		
28.		x	x	x	x		+	x		o	o			x	x	x			+				x		
29.		x	x	x	x			x		o	x			x	x	x			+				x		
30.		x		x	x			x		x			+		x	x			o	+		o	x	x	
31.		x		x	x			x		x	+		x		x	x				+		o	x	o	
32.		o		x	x		+	x		o			x		x	x				+		x	x	x	
33.		x		x	x			x		o	+		x		x	x				+		o	x	x	
34.				x	x		x	x		o			x		x	x				+	o	+	x	x	
SP.:	19	24	29	33	17	13	19	33	12	22	28	14	15	14	32	34	2	1	17	6	12	11	15	6	
T.:	0	0	0	16	2	2	0	10	0	6	5	2	2	3	12	4	0	0	1	1	0	0	0	0	

1981 / 82

SAISONFAZIT:

Wie zwei Jahre zuvor erreichte die Borussia diesmal den siebten Tabellenplatz. Diese Saison war der BVB wieder vor den Gladbachern Sechster, womit die Fohlen den UEFA-Cup-Rang knapp verfehlten. Auch diesmal kamen wieder einige junge, hoffnungsvolle Spieler zum Bökelberg. Trainer Heynckes bastelte weiterhin an seiner Mannschaft. Da Harald Nickel den Verein verlassen hatte, mußte für entsprechenden Ersatz gesorgt werden. Mit dem Essener Frank Mill holte die Borussia einen Klassestürmer an den Bökelberg, der gleich in seiner ersten Saison 14 Tore erzielte. Neben Mill konnte noch ein klassischer Außenstürmer verpflichtet werden: Kurt Pinkall. Auch ihm gelang in seiner ersten Saison bereits der Durchbruch mit 15 erzielten Tore nbei 30 Spieleinsätzen. Aber Heynckes dachte auch an eine Verstärkung im defensiven Bereich. Hier wurde mit Uli Borowka ein Spieler geholt, der auf dem Feld seinen Mann stehen konnte. In dieser Saison kam er zwar nur zu 8 Einsätzen, doch hier deutete sich schon an, wie wertvoll er eines Tages werden könnte. Die Saison wurde optimistisch angegangen, doch bereits am 1. Spieltag gab es gegen den Aufsteiger aus Bremen eine 2:4 Heimniederlage. Die Mannschaft fing sich danach recht gut. In den ersten 3 Auswärtsspielen sprangen drei Siege heraus (2:0 in Düsseldorf, 1:0 in Braunschweig und 3:2 in Dortmund). Später siegte der VfL noch jeweils mit 1:0 in Bremen und Duisburg. Die Auswärtsbilanz in dieser Spielzeit war ausgeglichen mit 17:17 Punkten (19-26 Tore). Daheim waren die Fohlen allerdings längst nicht so souverän und gaben insgesamt 11 Punkte ab (4 Niederlagen). Der erste Heimerfolg resultierte aus einem 4:2 gegen Nürnberg am 7. Spieltag. Danach blieb die Heynckes-Elf in sechs aufeinanderfolgenden Heimspielen jeweils siegreich. Erst am 23. Spieltag unterlag sie dem BVB mit 0:1, anschließend auch dem 1.FC Köln mit 0:2 und dem HSV mit 1:3. Erst danach fing sich Gladbach wieder und schlug sogar die Bayern in einem hochklassigen Spiel mit 3:0 Toren. Zwischenzeitlich setzte es in Bielefeld mit 0:5 die höchste Saisonniederlage. Das sie auch sehr hoch gewinnen kann, bewies die Borussia am letzten Spieltag. Ein 6:1 Heimsieg gegen Darmstadt half jedoch nichts mehr. Man blieb auf Platz 7 hängen. Eine Rote Karte (für Neuling Borowka) gab es gegen Gladbach. Auf dem Torhüterposten setzte sich wieder Routinier Wolfgang Kleff durch. Er absolvierte als einziger alle 34 Bl-Spiele. Positiv ist auch zu vermerken, daß wieder mehr Zuschauer zum Bökelberg pilgerten (+ 43.000 Zuschauer; 2.600 Zuschauer pro Spiel).

SAISONSTATISTIK	**Platz: 7**			
	Siege:	15	Tore:	61 - 51(+10)
	Unentsch.:	10	Punkte:	40 : 28
	Niederl.:	9	Zuschauer:	353.899(20.818)

FIEBERKURVE

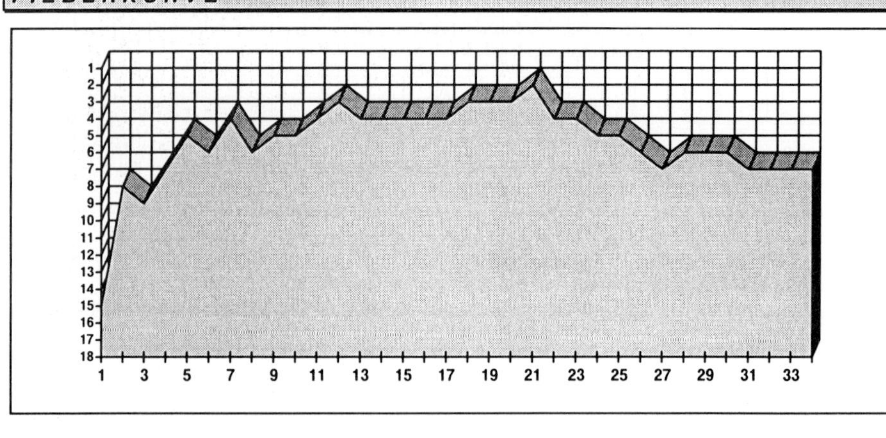

Kampf war Trumpf beim Gladbacher 3:0-Erfolg über Düsseldorf - wie hier zwischen Bruns und Sepp Weikl.

1981/82

Sp.	Datum		Gegner	Ergebnis	BMG-Torschützen	Zuschauer
01.	08.08.81	H	W. Bremen	2 : 4 (2-3)	Matthäus | Hannes	22.000
02.	15.08.81	A	F. Düsseldorf	2 : 0 (0-0)	Matthäus | Pinkall	29.000
03.	22.08.81	H	Karlsruher SC	2 : 2 (1-0)	Bruns | Schäfer	18.000
04.	26.08.81	A	Braunschweig	1 : 0 (1-0)	Wuttke	29.000
05.	05.09.81	H	Kaiserslautern	2 : 2 (2-1)	Mill | Hannes	22.000
06.	12.09.81	A	Bor. Dortmund	3 : 2 (3-0)	Mill 2 | Wuttke	45.000
07.	19.09.81	H	1.FC Nürnberg	4 : 2 (3-2)	Mill 2 | Hannes | Bruns	15.000
08.	25.09.81	A	1.FC Köln	0 : 3 (0-1)	-	46.000
09.	03.10.81	H	E. Frankfurt	1 : 0 (1-0)	EIG.: Otto	17.000
10.	17.10.81	A	Hamburger SV	1 : 1 (0-0)	Pinkall	53.000
11.	24.10.81	H	MSV Duisburg	4 : 2 (1-0)	Pinkall 2 | Mill 2	16.000
12.	31.10.81	A	VfB Stuttgart	2 : 2 (2-1)	Mill | EIG.: Förster	33.000
13.	07.11.81	A	VfL Bochum	1 : 1 (1-0)	Mill	30.000
14.	14.11.81	H	Arm. Bielefeld	3 : 1 (1-1)	Mill 2 | Wuttke	16.000
15.	28.11.81	A	Bay. München	1 : 1 (0-1)	Matthäus	53.000
16.	12.12.81	H	B. Leverkusen	3 : 1 (0-1)	Mill | Veh | Pinkall	10.000
17.	19.12.81	A	Darmstadt 98	1 : 1 (0-1)	Mill	10.000
18.	16.01.82	A	W. Bremen	1 : 0 (1-0)	Pinkall	29.000
19.	23.01.82	H	F. Düsseldorf	3 : 0 (2-0)	Bruns | Pinkall | Wuttke	24.000
20.	30.01.82	A	Karlsruher SC	1 : 1 (0-0)	Mill	20.000
21.	06.02.82	H	E. Braunschweig	4 : 2 (1-1)	Bruns 2 | Hannes | Mill	16.000
22.	13.02.82	A	Kaiserslautern	2 : 3 (1-0)	Pinkall 2	24.000
23.	27.02.82	H	Bor. Dortmund	0 : 1 (0-1)	-	29.000
24.	06.03.82	A	1.FC Nürnberg	2 : 3 (0-2)	Pinkall 2	24.000
25.	13.03.82	H	1.FC Köln	0 : 2 (0-1)	-	35.000
26.	27.03.82	A	E. Frankfurt	0 : 3 (0-2)	-	28.000
27.	03.04.82	H	Hamburger SV	1 : 3 (1-2)	Pinkall	35.000
28.	17.04.82	A	MSV Duisburg	1 : 0 (0-0)	EIG.: Saborowski	22.000
29.	24.04.82	H	VfB Stuttgart	0 : 0 (0-0)	-	16.000
30.	28.04.82	H	VfL Bochum	4 : 2 (3-1)	Pinkall 2 | Rahn | Hannes	10.000
31.	08.05.82	A	Arm. Bielefeld	0 : 5 (0-0)	-	28.000
32.	15.05.82	H	Bay. München	3 : 0 (1-0)	Hannes | Mohren | Wuttke	35.000
33.	22.05.82	A	B. Leverkusen	0 : 0 (0-0)	-	18.000
34.	29.05.82	H	Darmstadt 98	6 : 1 (1-0)	Hannes 2 | Rahn | Schäfer | Bruns | Wuttke	14.000

1981/82

Spieltag	Kleff	Fleer	Schäffer	Hannes	Ringels	Mill	Pinkall	Matthäus	Bödeker	Bruns	Schmider	Wuttke	Schäfer	Rahn	Veh	Bergfeld	Langers	Loontiens	Frenken	Born	Reich	Borowka	Mohren		
01.	x	o		x	x	x	x	x	x	o	+	x	x					+							
02.	x	+	x	x	x	x	x	x	o	o			x	x	+										
03.	x	x	x	x	x	x	o	x	+	x		+	x	o											
04.	x	x	x	x	x	x		x		o		x	x	x	+										
05.	x	x	x	x	x	x	+	x		o		o	x	x	+										
06.	x	x	x	x	x	x		x		+	+	x	x	o	o										
07.	x	x	x	x	x	x	+	x		o		x	x	+	o										
08.	x	x	x	x	x	x	+	x		x		o	x	o	+										
09.	x	x	x	x	x	x		x		x		x	x	+	o										
10.	x	x	x	x	x	x	+	x		x		o		x	x										
11.	x	x	x	x	x	x	x	x	+	o		o		+	x										
12.	x	x	x	x	x	x	x	x		x		x		+	o										
13.	x	x	x	x	x	x	x	x		x			x	+	o										
14.	x	x	x	x	x	x	x	x		x		o	x	+											
15.	x	x	x	x	x	x	x	x		x		o	x		+										
16.	x	x	x	x		x	x	x		x		x	o	+	x										
17.	x	x	x	x	o	x	x	x		x		x	x		+										
18.	x	o	x	x		x	x	x			+	x		x	x	x									
19.	x		x	x		x	o	x		x	+	x		x	x	x									
20.	x		x			x	x	x		x	o	x	+	x	o	x				+					
21.	x		x	x		o	x	x		x	x	x	+	o		x				+					
22.	x		x	x			x	x	+	x	x	x	x	x		o									
23.	x		x			x	x		x	x	x	o	x	x		o			+		+				
24.	x		x			x	x	x	x	x	x	o		x							+	x			
25.	x		x	x		x	x	x	x	x		x		x								x			
26.	x		x	x		o	x	x	x	x		+		x						o		x	+		
27.	x		x	x		o	x	x	x	x		x	+	o	+							x			
28.	x		+	x		o	x	x	x	x		x	x		x							x			
29.	x		x	x		x		x	x	x		o		x	o		+				+	x	x		
30.	x		x	x		x	x	x		o		x	+	o	x							x	+		
31.	x		x	x	x		x	x		x		x		x	o							x	+		
32.	x		x	x	x	+	o	x		o		x	x	x	x								+		
33.	x		x	x	x	o	x	x			+	x	o	x	x								+		
34.	x		x	x	x	+	x	x		o		o	x	x	x								+		
SP.:	34	18	33	31	20	32	30	33	11	32	10	32	24	30	25	6	1	1	1	3	3	8	7		
T.:	0	0	0	8	0	14	15	3	0	6	0	6	2	2	1	0	0	0	0	0	0	0	1		

1982 / 83

SAISONFAZIT:

In dieser Saison erfolgte ein klarer Rückschritt für die junge Mannschaft. Sie rutschte in der Tabelle diesmal auf Rang 12 ab. So schlecht stand der Klub schon seit Jahren nicht mehr. Selbst im Aufstiegsjahr hatte Borussia einen Punkt mehr auf dem Konto (bei Platz 13.). Die Abwehr war so löchrig wie ein Schweizer Käse. Viele Schlappen mußten verkraftet werden (2:4 in Bielefeld, 3:4 beim HSV, 1:4 gegen Stuttgart und 1:4 gegen Köln). Das es auch anders ging, bewiesen die Grün-Weißen ebenfalls recht eindeutig (5:0 gegen Düsseldorf, 5:0 gegen den KSC, 4:2 gegen Kaiserslautern und 6:4 in Dortmund). Wenig lief in diesem Jahr zusammen. Ein Indiz dafür ist auch, daß Trainer Heynckes 25 Spieler einsetzte. Die Saison begann schon schlecht, als sie noch gar nicht begonnen hatte. Stammtorwart Sude verletzte sich und konnte in den ersten Spielen nicht eingesetzt werden. Da auf der Bank noch ein Nobody (Kamps) saß, sah der Klub sich gezwungen, einen erfahrenen Torhüter zu verpflichten. Mit Hesselbach gelang dies auch vorzüglich. Er machte in den 7 Spielen seine Sache ordentlich und war Garant für manchen Erfolg. Danach kehrte Sude ins Tor zurück, wurde jedoch gegen Ende der Spielzeit durch Kamps abgelöst. Der Saisonauftakt mit einem 4:2 Sieg beim FC Schalke bescherte den Borussen den ersten Tabellenplatz. Doch danach ging es stetig bergab. Gleich am 2. Spieltag die erste von fünf Heimniederlagen (1:2 gegen Nürnberg). Danach folgten 5 Auswärtsniederlagen in Folge. Man rutschte immer tiefer nach unten. Auch daheim setzte es böse Niederlagen (je 1:4 gegen Stuttgart und Köln). Der Wendepunkt kam wohl mit dem 5:0 Erfolg gegen den KSC im Nachholspiel. Von da an ging es aufwärts. Bielefeld und Bochum wurden klar besiegt, und am letzten Spieltag folgte ein 6:4 Erfolg in Dortmund, obwohl der BVB zur Halbzeit klar mit 3:1 geführt hatte. Ein grandioser Erfolg. Doch diese Erfolgserlebnisse waren dünn gesät. Auch konnte Gladbach nur 4 Unentschieden erkämpfen. Viele Spiele wurden leichtfertig nach einer Führung noch abgegeben (in Bochum, beim HSV, gegen Stuttgart, gegen Dortmund, gegen Bremen und in Köln). Hier wären durchaus Punkte drin gewesen. So aber wurden 18 Niederlagen kassiert, so viel wie noch nie in einer Saison. Von dem großen Kader kam nur Matthäus auf die volle Anzahl von 34 Spielen (8 Tore). Alle anderen machten kaum mehr als 20 - 25 Spiele mit. Auch einen Toptorjäger hatte der VfL diese Saison nicht. Mill, Bruns und Hannes (mit je 9 Treffern) waren die besten Torschützen. Danach kamen Reich (bei nur 14 Einsätzen) und Matthäus mit je 8 Treffern. Das war es auch schon, denn danach kam nicht mehr viel. Fazit: Es kann nur besser werden!

SAISONSTATISTIK **Platz: 12**

Siege:	12	Tore:	64 - 63(+1)
Unentsch.:	4	Punkte:	28 : 40
Niederl.:	18	Zuschauer:	296.565(17.445)

FIEBERKURVE

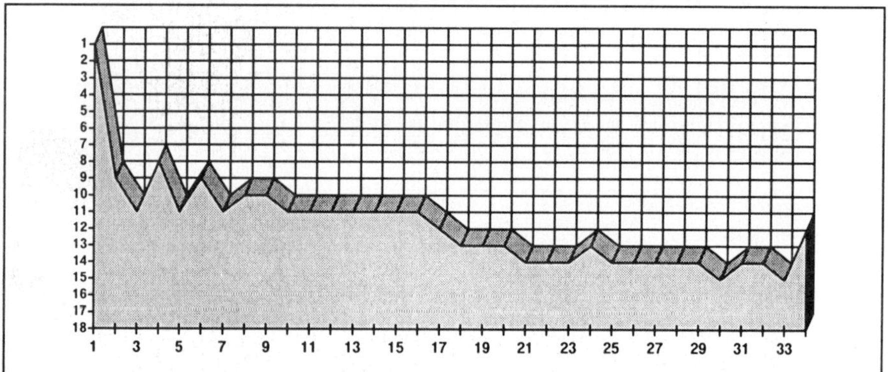

Dieses Laufduell gewann Wolfram Wuttke gegen Michael Jakobs, ansonsten hatten die Gastgeber zumeist das bessere Ende für sich (Bochum - Gladbach 3:1).

Mit einem Flugkopfball bringt Frank Schäffer seine Farben mit 1:0 in Front - Pahl und Torwart Franke waren machtlos (Gladbach - Braunschweig 3:0).

1982/83

Sp.	Datum		Gegner	Ergebnis	BMG-Torschützen	Zuschauer
01.	21.08.82	A	Schalke 04	4 : 2 (1-0)	Matthäus | Wuttke | Pinkall | Bruns	69.000
02.	25.08.82	H	1.FC Nürnberg	1 : 2 (1-1)	Schäffer	25.000
03.	01.09.82	A	W. Bremen	0 : 2 (0-1)	-	30.000
04.	04.09.82	H	F. Düsseldorf	5 : 0 (2-0)	Matthäus | Hannes | Mill | Wuttke | Rahn	18.000
05.	11.09.82	A	Karlsruher SC	0 : 2 (0-2)	-	25.000
06.	18.09.82	H	B. Leverkusen	3 : 1 (3-1)	Mill | Schmider | Hannes	10.000
07.	25.09.82	A	Arm. Bielefeld	2 : 4 (0-2)	Wuttke | Hannes	25.000
08.	01.10.82	H	E. Frankfurt	3 : 1 (0-1)	Hannes | Mill | Rahn	12.000
09.	09.10.82	A	VfL Bochum	1 : 3 (1-0)	Bruns	18.000
10.	23.10.82	H	Bay. München	0 : 0 (0-0)	-	35.000
11.	30.10.82	A	Hamburger SV	3 : 4 (2-3)	Rahn | Mill | EIG.: Kaltz	36.000
12.	06.11.82	H	E. Braunschweig	3 : 0 (2-0)	Schäffer | Mohren | Brandts	12.000
13.	13.11.82	H	VfB Stuttgart	1 : 4 (1-2)	Bruns	12.000
14.	20.11.82	A	Hertha BSC Berlin	2 : 0 (1-0)	Veh | Matthäus	21.000
15.	27.11.82	H	1.FC Köln	1 : 4 (0-1)	Bruns	25.000
16.	04.12.82	A	Kaiserslautern	0 : 3 (0-2)	-	24.000
17.	11.12.82	H	Bor. Dortmund	2 : 3 (1-1)	Ringels | Hannes	12.000
18.	22.01.83	H	Schalke 04	0 : 0 (0-0)	-	21.000
19.	29.01.83	A	1.FC Nürnberg	0 : 1 (0-0)	-	16.000
20.	05.02.83	H	W. Bremen	1 : 2 (0-0)	Reich	8.000
21.	19.02.83	A	F. Düsseldorf	1 : 2 (0-1)	Ringels	17.000
22.	26.02.83	H	Karlsruher SC	5 : 0 (3-0)	Reich 3 | Bruns | Hannes	13.000
23.	05.03.83	A	B. Leverkusen	2 : 3 (2-1)	Reich | Mill	13.000
24.	12.03.83	H	Arm. Bielefeld	3 : 0 (1-0)	Reich | Mill | Ringels	11.000
25.	19.03.83	A	E. Frankfurt	0 : 3 (0-2)	-	16.000
26.	26.03.83	H	VfL Bochum	3 : 1 (2-1)	Reich | Hannes | Matthäus	10.000
27.	09.04.83	A	Bay. München	1 : 3 (0-1)	Bruns	25.000
28.	16.04.83	H	Hamburger SV	1 : 1 (0-0)	Matthäus	28.000
29.	30.04.83	A	E. Braunschweig	0 : 0 (0-0)	-	14.000
30.	07.05.83	A	VfB Stuttgart	2 : 3 (0-1)	Brandts | Matthäus	23.000
31.	14.05.83	H	Hertha BSC	3 : 1 (2-1)	Ringels | Schäfer | Hannes	20.000
32.	21.05.83	A	1.FC Köln	1 : 2 (1-0)	Bruns	16.000
33.	28.05.83	H	Kaiserslautern	4 : 2 (2-2)	Mill 2 | Reich | Matthäus	12.000
34.	04.06.83	A	Bor. Dortmund	6 : 4 (1-3)	Bruns 2 | Matthäus | Mill | Brandts | Hannes	16.000

1982/83

Spieltag	Hesselbach	Sude	Ringels	Schäffer	Hannes	Borowka	Veh	Matthäus	Bruns	Rahn	Wuttke	Pinkall	Mohren	Mill	Schmider	Hopfstock	Hochstätter	Criens	Brandts	Pickenäcker	Schäfer	Herlovsen	Reich	Drehsen	Kamps
01.	x		x	x	x	x	x	x	o	x	x	x	+												
02.	x		x	x	x	x	x	x	x	o	x	x		+											
03.	x		x	o	x	x	x	x	x	x	o	x	+	+											
04.	x		x		x	x	x	x	o	x	x	+	x	o	+										
05.	x		x		x	x	x	x	x	x	x	+	o	x											
06.	x		x		x	x	x	x	x	x	x			x	x										
07.	x		x		x	x	o	x	x	x	x	x	+	x											
08.		x	x		x	x	+	x		x	x	o	x	x		x									
09.		x	x	+	x	+		x	o	x	x	x	x	x		o									
10.		x	x	x	x	x	x	x	o	x	x	+		x											
11.		x	x	x	x	x	o	x	x	x	o	+		x			+								
12.		x		x		x	x	x	x	o	o	+	x	x	x				+						
13.		x	x	x		o		x	o	x	x	+	+	x	x				x						
14.		x	x	x		x	x	x	o	x		x	+	x	x										
15.		x	x	x	+	o	o	x	x	x	+	x		x	x										
16.		x	x	x		x	+	x		x		o	x	x	o			+							
17.		x	x	x	x	x	o	o		x		x	x	x				+		+					
18.		x	x	x		x	o	x		x		x		x	x		+			x					
19.		x	x	x			x	x		x		x			x				x	x	x				
20.		x	x	x		x		x	o			x	+		x		+				x	o	x		
21.		x	x	x		x		x	x	x				x	x							x	x		
22.		x	o		x	x		x	x	x				x	x						x		x	+	
23.		x	x	x		x		x	x			+		x	x						x	x	o		
24.		o	x	+		x		x	x					x	x	x					x		x	o	+
25.			o	+		x		x	x	x				x	x	+					x		x	o	x
26.			x	+	x	x		x	o	o			+	x	x						x		x		x
27.				x	x			x	x	+			x	x	x				+		o		x	o	x
28.				x	x	x		x	x				x		x					x	x		x		x
29.			x	x	x	x		x	x				x		x						x		x		x
30.			x	x		x	o	x	x				x		x		+		x				x		x
31.			x	x	x			x	o				+	x	x				+	x	o		x		x
32.			x	x	x			x	x					x	x			+		x	x		o		x
33.			x	x	x			x	o				+	x	x					x	x		x		x
34.			x		x			x	x				+	x	o	x			x	x	x				x

SP.:	7	16	31	27	23	28	18	34	29	24	14	20	21	28	24	5	4	3	7	8	14	3	14	4	12
T.:	0	0	4	2	9	0	1	8	9	3	3	1	1	9	1	0	0	0	3	0	1	0	8	0	0

1983 / 84

SAISONFAZIT:

Viel hatten die Verantwortlichen für diese Spielzeit nicht erwartet, doch sie wurden eines Besseren belehrt. Am Ende belegte Borussia punktgleich mit dem Deutschen Meister aus Stuttgart und dem Tabellenzweiten aus Hamburg den undankbaren dritten Platz. Welch eine Steigerung. Von Platz 12 auf Rang 3 in dieser Saison. Lediglich das Torverhältnis entschied gegen Gladbach. Ein bißchen weniger Pech in der Rückrunde (1:1 gegen Frankfurt, 1:2 beim HSV und 1:4 in Dortmund), und die Borussia hätte wohl Deutscher Meister werden können. Aber nicht nur in der Bundesliga sorgte Gladbach für Aufsehen, auch im DFB-Pokal leistete der Klub Glanzvolles. Nach einem dramatischen Halbfinalkampf (5:4 n.V. gegen Bremen) erreichten die Borussen das Finale. Dort unterlagen sie erst im Elfmeterschießen (6-7) gegen Bayern München. Welch eine Dramatik lag in diesen beiden Spielen. Das übertrug sich auch auf das Bundesligageschehen. Über die ganze Saison hatte der VfL gute Leistungen gebracht und sehr konstant gespielt. Dies schlug sich auch in den Zuschauerzahlen deutlich nieder. Diese Saison kamen fast 5.500 Zuschauer mehr pro Spiel als vergangene Spielzeit. Gegenüber der letzten Saison wurden 20 Punkte mehr ergattert. Eine unglaubliche Steigerung innerhalb eines Jahres. Selbst die Torfabrik produzierte wieder auf Hochtouren (81 Treffer) und auch die Abwehrleistungen stabilisierten sich (nur 48 Gegentore). Mit Frontzeck trat ein sehr junger Spieler ins Rampenlicht. In seiner ersten Profi-saison fehlte er nur in einem Spiel und erzielte 5 Tore. Neben Torjäger Mill (19 Treffer) entwickelte sich ein Spieler, obwohl im Mittelfeld eingesetzt, immer mehr zum Goalgetter: Uwe Rahn. In 31 Spielen erzielte er 14 Tore. Danach kam schon Mittelfeldregisseur Matthäus mit 11 Treffern auf den internen 3. Platz. Mit Bernd Krauss kam zudem ein Mann an den Bökelberg, der heute den Cheftrainer-Posten innehat. Viele junge Spieler, die ein Jahr zuvor noch über Kurzeinsätze nicht hinauskamen, wuchsen in diesem Jahr zu Stammspielern heran. Der Saisonauftakt verlief mit 1:3 Punkten wenig verheißungsvoll. Ab dem 5. Spieltag stabilisierten sich die Leistungen. Hohe Siege wurden herausgeschossen (4:0 in Bochum, 4:2 gegen Köln, 4:0 gegen den HSV, 6:2 gegen Braunschweig, 4:2 gegen Bochum, 3:0 gegen Bayern und 7:1 gegen Uerdingen). Mit dem 1:4 in Dortmund mußten alle Meisterschaftsträume aufgegeben werden. Das Pokalspiel wenige Tage zuvor hatte zu viel Kraft gekostet, daher konnte dem BVB nur eine Halbzeit standgehalten werden. Auch die folgenden drei Siege halfen nichts. Es blieb beim glänzenden dritten Tabellenplatz. Abschied nahm am Ende der Saison Mittelfeldregisseur Lothar Matthäus, er ging zu Bayern München.

SAISONSTATISTIK **Platz: 3**

Siege:	21	Tore:	81 - 48(+33)
Unentsch.:	6	Punkte:	48 : 20
Niederl.:	7	Zuschauer:	387.800(22.812)

FIEBERKURVE

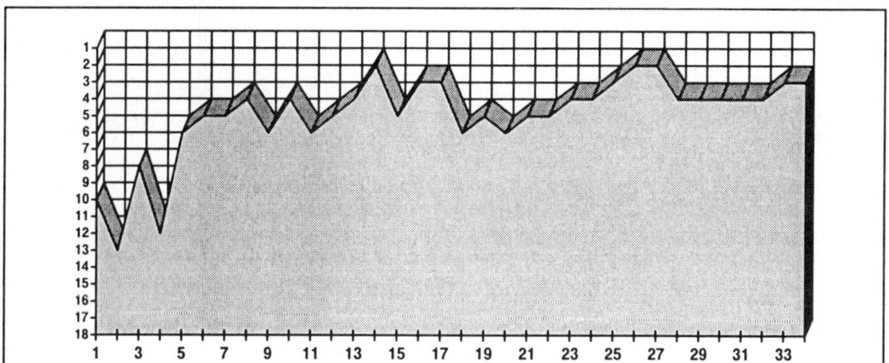

Als Handballer versucht sich Dieter Schatzschneider gegen Michael Frontzeck. Mit Fußball taten sich die Hamburger an diesem Tag schwerer, sie verloren mit 0:4.

Kurioses Tor: Lothar Matthäus lief in den Abschlag von Rüdiger Vollborn und erzielte den 2:1-Siegtreffer der Borussia in Leverkusen.

1983/84

Sp.	Datum		Gegner	Ergebnis	BMG-Torschützen	Zuschauer
01.	13.08.83	H	F. Düsseldorf	1 : 1 (0-1)	Pinkall	25.000
02.	20.08.83	A	Kick. Offenbach	3 : 4 (1-4)	Rahn | Matthäus | Criens	25.000
03.	24.08.83	H	W. Bremen	3 : 1 (1-0)	Lienen | Mill | Frontzeck	22.000
04.	31.08.83	A	E. Braunschweig	1 : 3 (1-1)	Bruns	17.000
05.	03.09.83	H	W. Mannheim	3 : 0 (1-0)	Rahn | Lienen | Krauss	13.000
06.	10.09.83	A	VfL Bochum	4 : 0 (0-0)	Lienen 2 | Mill | Matthäus	20.000
07.	17.09.83	A	VfB Stuttgart	0 : 0 (0-0)	-	20.000
08.	24.09.83	H	1.FC Köln	4 : 2 (3-1)	Mill | Rahn | Hannes | Lienen	30.000
09.	01.10.83	A	Bay. München	0 : 4 (0-2)	-	70.000
10.	15.10.83	H	1.FC Nürnberg	2 : 0 (2-0)	Matthäus | Rahn	14.000
11.	22.10.83	A	E. Frankfurt	1 : 1 (0-1)	Rahn	23.000
12.	29.10.83	H	Hamburger SV	4 : 0 (1-0)	Mill | Lienen | Hannes | Bruns	35.000
13.	05.11.83	A	Kaiserslautern	2 : 0 (0-0)	Mill | Matthäus	25.000
14.	12.11.83	H	Bor. Dortmund	2 : 1 (2-0)	Mill | Hochstätter	28.000
15.	26.11.83	A	B. Uerdingen	1 : 1 (0-1)	Criens	27.000
16.	03.12.83	H	B. Leverkusen	3 : 1 (1-0)	Mill | Frontzeck | Bruns	21.000
17.	10.12.83	A	Arm. Bielefeld	2 : 2 (0-1)	Rahn | Mill	23.000
18.	21.01.84	A	F. Düsseldorf	1 : 4 (0-4)	Rahn	63.000
19.	28.01.84	H	Kick. Offenbach	3 : 2 (2-0)	Hannes | Rahn | Matthäus	12.000
20.	04.02.84	A	W. Bremen	0 : 2 (0-0)	-	32.000
21.	11.02.84	H	E. Braunschweig	6 : 2 (1-1)	Mill 2 | Hannes 2 | Rahn | Frontzeck	10.000
22.	21.04.84	A	W. Mannheim	3 : 2 (1-1)	Matthäus 2 | Bruns	39.000
23.	25.02.84	H	VfL Bochum	4 : 2 (1-2)	Mill 2 | Bruns | Rahn	11.000
24.	10.03.84	H	VfB Stuttgart	2 : 0 (0-0)	Bruns | Mill	25.000
25.	17.03.84	A	1.FC Köln	2 : 1 (0-1)	Matthäus | Rahn	41.000
26.	24.03.84	H	Bay. München	3 : 0 (0-0)	Mill 2 | Criens	34.000
27.	31.03.84	A	1.FC Nürnberg	3 : 1 (1-0)	Rahn 2 | Criens	18.000
28.	07.04.84	H	E. Frankfurt	1 : 1 (0-0)	Lienen	17.000
29.	14.04.84	A	Hamburger SV	1 : 2 (1-0)	Mill	61.000
30.	28.04.84	H	Kaiserslautern	3 : 2 (1-0)	Mill | Rahn | Frontzeck	22.000
31.	05.05.84	A	Bor. Dortmund	1 : 4 (1-1)	Pinkall	42.000
32.	12.05.84	H	B. Uerdingen	7 : 1 (2-0)	Lienen 2 | Matth. 2 | Mill | Frontzeck | Borowka	14.000
33.	19.05.84	A	B. Leverkusen	2 : 1 (1-0)	Hannes | Matthäus	15.000
34.	26.05.84	H	Arm. Bielefeld	3 : 0 (2-0)	Mill | Criens | Bruns	12.000

1983/84

Spieltag	Kamps	Krauss	Hannes	Ringels	Frontzeck	Bruns	Matthäus	Pinkall	Schäfer	Rahn	Herbst	Criens	Lienen	Mill	Sude	Hochstätter	Herlovsen	Borowka							
01.	x	x	x	x	x	x	x	x	o	+	o	+	x												
02.	x	x	o	x	x	x	x	o	x	x		+	x	+											
03.		x	x	x	x	+	x	+	x	x		o	o	x	x										
04.		x	x		x	x	x	+	x	x		o	x	x	x										
05.		x	x		x	x	x	+	x	x			x	o	x	o	+								
06.		x	x		x	x	x		x	x		+	x	o	x	o	+								
07.		x	x		x	x	x		o	x		+	x	o	x		x	+							
08.		x	x		x	x	x		x	o			x	x	x	+	x								
09.		x	x		x	x	x		x	x		+	x	o	x		x								
10.		x	x	+	x	x	x		o	o			x	x	x	+	x								
11.		x	x	+	x	x	x		o	x		+	x	o	x		x								
12.		x	x	+	x	x	x		x	x			x	x	x		o								
13.		x		x	x	x	x		o	x			x	x	x	+	x								
14.		x		x		x	x		x	o		+	x	o	x	+	x	x							
15.		x		x	x	x	x	+	x	x		+	o	o	x		x								
16.		x		x	x	x	x		x	x		+	o	x	x		o	+							
17.		o	+	x	x	x	x		o	x		+	x	x	x		x								
18.		o	x	x	x	x	x			x		+	x	x	x		o	+							
19.		x	x		x	x	x		+	x		x	o	x	x		x								
20.		o	x		x	x	x			x		+	x	x	x		x	x							
21.		x	x		+	x	x		x	o		+	x	x	x		o	x							
22.			o		x	x	x		x	x		+	x	x	x		x	x							
23.		x	o		x	x	x		x	x			x	x	x		o	+	+						
24.		x			x	x	x		x	x	o	+	x		x		x	x							
25.		x		+	x	x	x		o	x		+	x	o	x		x	x							
26.		x		+	x		x		x	x		+	x	o	x	o	x	x							
27.		x			o	x	x	+	x	x		+	x	o	x		x	x							
28.		x	+		x	x	x		o	x		+	o	x	x		x	x							
29.		x			o	x	+	+	x	x		o	x	x	x		x	x							
30.		x	x		+	x	x	+		x		o	o	x	x		x	x							
31.		x	x	+	o	x	x	x				+	x	o	x		x	x							
32.			x	x	+	x	x	+				x	x	o	x		o	x	x						
33.		x	x	+	x	x	x					x	o	x	x		x	x							
34.			x	x	+	x	x		o	x		+	x	x	x		x	o							

SP.:	2	31	25	18	33	33	34	11	28	31	2	29	34	32	32	7	30	19	2						
T.:	0	1	6	0	5	7	11	2	0	14	0	5	9	19	0	1	0	1	0						

1984 / 85

SAISONFAZIT:
Die Borussia konnte sich in ihren Leistungen stabilisieren und erreichte einen hervorragenden vierten Platz. Die beiden in der letzten Saison vor ihnen plazierten Teams fielen dieses Jahr zurück und landeten hinter der Borussia (Meister VfB gar nur auf Platz 10!). Das es nur zum vierten Platz reichte, lag an den Bayern (Matthäus), Bremern und Kölner, die sich am Anfang der Saison mit Millioneneinkäufen verstärken konnten. Die Borussia hingegen mußte mit dem Spielermaterial (nur durch junge, noch unerfahrene Leute ergänzt) aus der letzten Saison auskommen, zudem hatte der Klub noch mit Matthäus seinen besten Spieler verloren. Aber die Rheinländer gingen frohen Mutes in diese Saison, die für Torhüter Sude zur erfolgreichsten Serie werden sollte (als Elfmeterkiller ging er in die Geschichte ein, denn bei 7 Elfmetern ließ er sich nur einmal bezwingen). Auch sonst zeigte er überragende Spiele und war sicherer Rückhalt. Der Saisonstart verlief diesmal optimal - 7:1 Punkte am Anfang. Dann gab es jedoch zwei Auswärtsniederlagen (Leverkusen / Kaiserslautern) hintereinander und der VfL fiel etwas zurück. Das die Torfabrik weiterhin erstklassig funktionierte, bewiesen die vielen hohen Torergebnisse (lediglich in 5 Spielen blieb Gladbach ohne Treffer). Mit einem Kantersieg konnte sich die Borussia auch schmücken: Mit sage und schreibe 10:0 wurden die Braunschweiger (bei der Eintracht gab es ein 4:0) wieder heimgeschickt. Das war jedoch nicht der einzige hohe Erfolg, denn auch der 1.FC Kaiserslautern kam mit 1:7 recht deutlich unter die Räder. Den wohl grandiosesten Sieg errang Borussia am 14. Spieltag: Im Kölner Stadion siegte sie mit 5:1 (bereits zur Halbzeit führte sie 4:0)! So ein Debakel hatten die Kölner schon lange nicht mehr erlebt. Dicke Schlappen setzte es mit 1:4 in Schalke und 0:4 in Bayern. Zudem gab es wieder einige Spiele, in denen nach einer Führung noch Punkte verloren wurden, teilweise sogar erst in den Schlußminuten (in Hamburg vier Minuten vor Schluß durch Kaltz 1:1, gegen Dortmund in der 90. Minute durch Zorc das 1:1, gegen Leverkusen zwei Minuten vor Schluß durch Götz das 1:1 und daheim gegen Köln drei Minuten vor Ende durch Allofs das 2:3). Ein bißchen mehr Konzentration in den letzten Minuten, und Borussia hätte viel mehr Punkte bekommen können. Dies hätte sich dann auch in der Tabelle niedergeschlagen, denn der Drittplazierte Köln lag nur einen Punkt vor der Borussia. Negativ an dieser Saison war der Zuschauerrückgang von knapp 3.000 pro Spiel auf insgesamt 339.089 Zuschauer.

SAISONSTATISTIK	**Platz: 4**			
	Siege:	15	Tore:	77 - 53(+24)
	Unentsch.:	9	Punkte:	39 : 29
	Niederl.:	10	Zuschauer:	339.089(19.946)

FIEBERKURVE

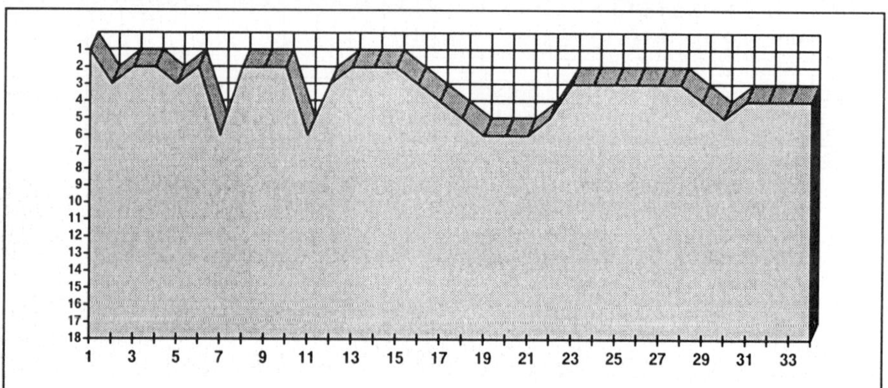

Der Uerdinger Raschid überrennt Winfried Schäfer wie auch sein Klub die Borussia mit 3:2.

Frank Mill gleicht zum 1:1 aus, Ingendae ist chancenlos.

1984/85

Sp.	Datum		Gegner	Ergebnis	BMG-Torschützen	Zuschauer
01.	25.08.84	H	Schalke 04	3 : 1 (2-1)	Mill 3	34.000
02.	29.08.84	A	Hamburger SV	1 : 1 (1-0)	Criens	30.000
03.	08.09.84	A	Bor. Dortmunmd	3 : 2 (2-1)	Mill 2 | Hochstätter	31.000
04.	15.09.84	H	VfL Bochum	4 : 3 (2-0)	Rahn 2 | Mill | Bruns	15.000
05.	22.09.84	A	B. Leverkusen	2 : 3 (1-1)	Hochstätter | Criens	18.000
06.	29.09.84	H	Karlsruher SC	3 : 3 (0-1)	Bruns | Rahn | Criens	13.000
07.	06.10.84	A	Kaiserslautern	0 : 2 (0-1)	-	25.000
08.	10.10.84	H	E. Braunschweig	10 : 0 (5-0)	Rahn 3 | Criens 3 | Borow. | Dreh. | Krauss | Hannes	14.000
09.	20.10.84	A	Arm. Bielefeld	3 : 3 (1-1)	Bruns | Krauss | Lienen	18.000
10.	27.10.84	H	W. Bremen	1 : 1 (0-0)	Mill	27.000
11.	03.11.84	A	B. Uerdingen	2 : 3 (1-1)	Mill | Hannes	25.000
12.	10.11.84	H	Bay. München	3 : 2 (3-1)	Mill | Borowka | Frontzeck	33.000
13.	14.11.84	H	VfB Stuttgart	2 : 1 (0-1)	Criens | EIG.: B. Förster	43.000
14.	17.11.84	A	1.FC Köln	5 : 1 (4-0)	Rahn 2 | Mill | Drehsen | Bruns	18.000
15.	24.11.84	A	W. Mannheim	3 : 1 (3-0)	Hannes 2 | Rahn	23.000
16.	01.12.84	H	F. Düsseldorf	0 : 2 (0-1)	-	22.000
17.	08.12.84	A	E. Frankfurt	1 : 1 (1-0)	Bruns	40.000
18.	02.02.85	A	Schalke 04	1 : 4 (0-1)	Rahn	40.000
19.	09.02.85	H	Hamburger SV	0 : 1 (0-0)	-	23.000
20.	27.02.85	H	Bor. Dortmund	1 : 1 (0-0)	Criens	10.000
21.	02.03.85	A	VfL Bochum	2 : 0 (0-0)	Hochstätter | Drehsen	25.000
22.	09.02.85	H	B. Leverkusen	1 : 1 (0-0)	Herlovsen	15.000
23.	16.03.85	A	Karlsruher SC	1 : 0 (0-0)	Borowka	18.000
24.	22.03.85	H	Kaiserslautern	7 : 1 (2-0)	Rahn 2 | Frontzeck 2 | Herlovsen | Mill | Criens	11.000
25.	30.03.85	A	Braunschweig	4 : 0 (1-0)	Mill 2 | Bruns | EIG.: Gorski	20.000
26.	03.04.85	H	Arm. Bielefeld	2 : 0 (1-0)	Mill | Borowka	18.000
27.	13.04.85	A	W. Bremen	0 : 2 (0-1)	-	41.000
28.	20.04.85	H	B. Uerdingen	0 : 0 (0-0)	-	17.000
29.	04.05.85	A	Bay. München	0 : 4 (0-1)	-	75.000
30.	11.05.85	H	1.FC Köln	2 : 3 (1-1)	Borowka | Rahn	26.000
31.	18.05.85	A	VfB Stuttgart	3 : 2 (2-0)	Drehsen | Lienen | Criens	22.000
32.	25.05.85	H	W. Mannheim	3 : 0 (1-0)	Criens 2 | Mill	13.000
33.	01.06.85	A	F. Düsseldorf	1 : 2 (1-1)	Mill	19.000
34.	08.06.85	H	E. Frankfurt	3 : 3 (1-2)	Rahn 2 | Bruns	9.000

1984/85

Spieltag	Sude	Ringels	Drehsen	Bruns	Frontzeck	Borowka	Rahn	Veh	Krisp	Hochstätter	Lienen	Mill	Criens	Herlovsen	Krauss	Herbst	Hannes	Schäfer	Hecking
01.	x	x	x	x	x	x	x	o	+	o	+	x	x						
02.	x	x	x	x	x	x	x	x		o	+	x	x	+					
03.	x		+	x	x	x	x	x		o		x	o	x	x	+			
04.	x		+	x	x	x	x		+	x	x	x	x	o	o				
05.	x			x	x	x	x			x	x	x	x	o	x	+			
06.	x			x	x	x	x	o		x		x	x	x	x	+			
07.	x		+	x	x	x	x	+		o	x		x		x	x	o		
08.	x		o	x	x	x	x				x	x	o		x	x	+	+	
09.	x		x	x	x	x	x				x	o	x	+	x	o	+		
10.	x			x	x	x	x				+	x	o	x	x	+	x	o	
11.	x			x	+	x	x				+	x	x	x	x	o	x	o	
12.	x			x	x	x	x			+	x	o	o	x	x	+	x		
13.	x		o	x	x	x	x				x	x	+	x	x		x		
14.	x		o	x	x	x	x				x	x	+	x	x	+	o		
15.	x		+	x	x	x	x				x	o	o	x	x	+	x		
16.	x			x	x	x	x				o	x	x	o	x	+	x		+
17.	x		x	x	x		x			o	o	x	x	x	+	+	x		
18.	x	+		x	x	x	x			+	x	x	x		x		o	o	
19.	x	x		x	x	o	x			x	o	x	+	x	x		+		
20.	x	x	+		x	x	x		o		x	x	o	x		+	x		
21.	x	x	+	x	x	x	x			o		x	x	x	x				
22.	x	x		x	x	x	x			o	x	x		x	o		+		+
23.	x	x	+	x	x	x	x			o	x		+	x	x				o
24.	x	x		x	x	+	x				x	x	o	x	x		o		+
25.	x	x	+	x	x	x	x				o	x	o	x	x	+			
26.	x	x		x	x	x	x			+	x	x	o	o	x	+			
27.	x		x			x	x			o	+	x	x	x	o	+	x		
28.	x		o		x	x	x		+	o	x		x	x		+	x		x
29.	x	x	+	x	o	x	o				x	x	x	x		+	x		
30.	x	o	x	x	x	x	x			o	+	x	x		+		x		
31.	x	x	x	x		x	x			o	x	+	o	x		+	x		
32.	x		x	x	x	x	x		+		x	o	x	x	o	+			
33.	x	x	o	x		x	x				o	x	x	x	x	+	+		
34.	x	x	x	x			x				x	o	x	x	x		x		+

SP.:	34	16	23	31	31	32	34	5	5	20	32	31	31	29	28	22	23	4	6
T.:	0	0	4	8	3	5	14	0	0	3	2	16	12	2	2	0	4	0	0

1985 / 86

SAISONFAZIT:

In dieser Saison konnte der VfL wieder den vierten Platz belegen. Neben den beiden überragenden Mannschaften aus München und Bremen, die mit einem 4-Punkte-Vorsprung ins Ziel gingen, waren die nächsten fünf Teams nahezu gleichwertig. Nach Platz sieben tat sich schon eine große Lücke auf. Knapp vor der Borussia plazierte sich der Nachbar aus Uerdingen nach einer glänzenden Saison auf Platz 3. Gegenüber der letzten Saison wurden drei Punkte mehr erreicht, lediglich die Torausbeute (65 Treffer) war etwas geringer. Neben der ausgeglichenen Auswärtsbilanz (17:17 Punkte, 26-33 Tore) bewies die Heynckes-Elf diesmal daheim wieder fast alte Stärke und gab nur 9 Punkte (2 Niederlagen, 5 Unentschieden) ab. Diese beiden Heimniederlagen bezogen die Fohlen gegen Bremen (1:2) und Uerdingen (1:2). Am letzten Spieltag gab es in München gegen den neuen Deutschen Meister eine 0:6 Packung. Gladbach hatte nichts mehr zu gewinnen und hatte wohl dieses Spiel als einen Betriebsausflug abgehakt. Neben 2 Roten Karten (für Bruns und Thorstvedt) war auch negativ zu bemerken, daß der Zuschauerzuspruch wiederum zurück ging. Fast 3.500 Zuschauer pro Spiel kamen weniger zum Bökelberg (Gesamt:278.525 Zuschauer in 17 Heimspielen). Die Saison begann recht gut. Von den ersten 8 Partien ging nur das Spiel beim HSV mit 1:4 verloren. In Nürnberg und Hannover gelangen Auswärtssiege. So ging das die ganze Saison über. Nach einigen ungeschlagenen Spielen verlor Borussia immer mal wieder eine Begegnung. Größere Sieges- oder gar Niederlagenserien gab es nicht. Über die ganze Saison hinweg boten die Grün-Weißen konstante Leistungen. In einigen Spielen bewies die Borussia, welch großartigen Fußball sie schon wieder spielen kann. So bezogen Schalke (0:4), Düsseldorf (1:5), Kaiserslautern (0:3) und auch Bayern München (2:4) dicke Packungen.Neben Mill (diesmal 13 Treffer) entwickelte sich Criens immer mehr zum Torjäger (12 Treffer). Danach kam Mittelfeldregisseur Rahn mit 9 Torerfolgen. Der in den vergangenen Jahren so erfolgreiche Pinkall blieb diesmal bei 3 Torerfolgen stehen. Trainer Heynckes hatte in dieser Saison einen großen Spielerkader, aus dem 22 Spieler zum Einsatz kamen. Lediglich die Spieler Budde (3 Einsätze), Hoffmann, Jung und Torhüter Kamps (je 1 Einsatz) kamen nur selten zum Zuge. Vom gesamten Kader absolvierte keiner alle Spiele. Dauerrenner Lienen und Criens kamen auf je 32 Einsätze.

SAISONSTATISTIK	**Platz: 4**			
	Siege:	15	Tore:	65 - 51(+14)
	Unentsch.:	12	Punkte:	42 : 26
	Niederl.:	7	Zuschauer:	278.525(16.384)

FIEBERKURVE

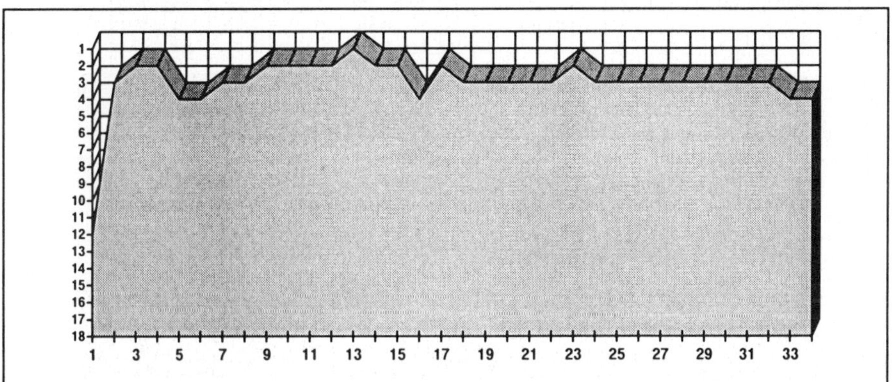

Den Torreigen beim 3:0 gegen Kaiserslautern eröffnet Wilfried Hannes. Als Zuschauer fungieren (von links) Rahn, Eilenfeldt, Geye, Wolf, Mill und Schupp.

1985/86

Sp.	Datum		Gegner	Ergebnis	BMG-Torschützen	Zuschauer
01.	10.08.85	A	VfB Stuttgart	0 : 0 (0-0)	-	31.000
02.	17.08.85	H	Schalke 04	4 : 0 (1-0)	Hannes | Drehsen | Mill | Criens	25.000
03.	21.08.85	A	Hannover 96	3 : 2 (2-0)	Mill 2 | Drehsen	53.000
04.	31.08.85	H	Saarbrücken	2 : 0 (0-0)	Rahn | Pinkall	14.000
05.	04.09.85	A	Hamburger SV	1 : 4 (0-3)	Bruns	30.000
06.	07.09.85	H	1.FC Köln	1 : 1 (0-0)	Rahn	25.000
07.	14.09.85	A	1.FC Nürnberg	4 : 2 (2-0)	Criens 2 | Bruns | Hochstätter	48.000
08.	21.09.85	H	F. Düsseldorf	5 : 1 (1-0)	Mill 2 | Rahn | Bruns | Hochstätter	17.000
09.	28.09.85	A	W. Mannheim	1 : 3 (1-2)	Hochstätter	25.000
10.	05.10.85	H	VfL Bochum	2 : 0 (0-0)	Mill | Criens	13.000
11.	11.10.85	A	E. Frankfurt	1 : 1 (1-1)	Criens	24.000
12.	26.10.85	H	Kaiserslautern	3 : 0 (1-0)	Hannes 2 | Criens	18.000
13.	02.11.85	A	Bor. Dortmund	3 : 2 (1-1)	Mill 2 | Borowka	43.000
14.	09.11.85	H	B. Leverkusen	2 : 2 (0-1)	Drehsen | Herbst	20.000
15.	20.11.85	H	W. Bremen	1 : 2 (0-0)	Hannes	28.000
16.	23.11.85	A	B. Uerdingen	1 : 1 (1-0)	Hannes	16.000
17.	30.11.85	H	Bay. München	4 : 2 (2-0)	Criens 2 | Rahn | Drehsen	33.000
18.	07.12.85	H	VfB Stuttgart	1 : 1 (0-0)	Drehsen	12.000
19.	14.12.85	A	Schalke 04	2 : 2 (1-2)	Rahn | Pinkall	23.000
20.	25.01.86	H	Hannover 96	4 : 3 (2-1)	Hochstätter | Drehsen | Criens | Hannes	8.000
21.	01.02.86	A	Saarbrücken	3 : 1 (0-0)	Borowka | Mill | Drehsen	20.000
22.	08.02.86	H	Hamburger SV	2 : 1 (0-1)	Mill 2	15.000
23.	15.02.86	A	1.FC Köln	2 : 0 (1-0)	Criens 2	18.000
24.	22.02.86	H	1.FC Nürnberg	3 : 0 (2-0)	Hochstätter | Mill | Winkhold	9.000
25.	01.03.86	A	F. Düsseldorf	0 : 2 (0-0)	-	14.000
26.	08.03.86	H	W. Mannheim	1 : 1 (1-0)	Hochstätter	10.000
27.	15.03.86	A	VfL Bochum	2 : 2 (1-0)	Criens | Rahn	20.000
28.	22.03.86	H	E. Frankfurt	1 : 1 (0-1)	Rahn	7.000
29.	29.03.86	A	Kaiserslautern	1 : 1 (0-0)	Pinkall	19.000
30.	05.04.86	H	Bor. Dortmund	2 : 1 (2-0)	Mill | Krauss	10.000
31.	12.04.86	A	B. Leverkusen	1 : 3 (0-2)	Rahn	13.000
32.	19.04.86	A	W. Bremen	1 : 1 (0-0)	Hochstätter	40.000
33.	22.04.86	H	B. Uerdingen	1 : 2 (0-0)	Rahn	10.000
34.	26.04.86	A	Bay. München	0 : 6 (0-2)	-	70.000

1985/86

Spieltag	Sude	Borowka	Bruns	Hannes	Frontzeck	Herlovsen	Hochstätter	Drehsen	Krauss	Lienen	Criens	Mill	Rahn	Winkhold	Herbst	Pinkall	Hoffmann	Krisp	Budde	Jung	Thorstvedt	Kamps			
01.	x	x	x	x	x	x	o	+	x	o	+	x	x												
02.	x	x	x	x	o			x	x	x	x	x	x	+											
03.	x	x	x	x		o	+	x	x	x	o	x	x		+										
04.	x	o	x	x		x		x	x	x	o	x	x	+		+									
05.	x	x	x	x			+	x	x	x	o	o	x	x		+									
06.	x	x	x				o	x	x	x	x	x	x	o	+		+								
07.	x	x	x			x	o	x		x	o	x	x	x	+	+									
08.	x	x	x		o	x	x	x			x	o	x	x	+	+									
09.	x	x			x	x	o	x		x		x	x	o		+		x	+						
10.	x				x	x	x	x		x	+	x	x	o	+			x	o						
11.	x			x	+	x	o	x		x	o	x	x	+	+			x							
12.	x	x	x	x	x	x		x		+	+	o	o	x		x									
13.	x	x	x	x	x	x		x			+	x		x	x	o									
14.	x		x	x	x	x		x	+	+	o	x	x	o	x										
15.	x	x	x	x	x			x	x	+	+	x	x		o	o									
16.	x		x	x	x		x			o	x		x	x		x		x		+					
17.	x	x	x	x	x	o		x		x	o	x	x			+		+							
18.	x	x	x	o	x		+	x		x	x	x	x		+			o							
19.	x		x	x	x		x	x		o	x	o	x	x		+			+						
20.	x	x	x	x	+		x	x		o	x	x		x				x							
21.	x	x	x		x		x	x		x	x	o		x		+		x							
22.	x	x	x	x	x		x	x		o	x	x		x				+							
23.		x	x		x		x			x	x	x	x	x	x						x				
24.	x	x	x		x		x	x	+	x	x	x		o				x							
25.	x	x	x	x	x		o	x		x	x	x		+		+		o							
26.		x	x	x	x		x		x	x	x	x	x								x				
27.	x	x	x		x		x	+		o	x	x	o	x	+			x							
28.		x			x		x		x	x	x	o	x	x	+	+		o			x				
29.		x	x		x		o		x	o	x		x	x	+	x		+			x				
30.		x	x				o		x	x	+		x	x	x	o					x	+			
31.		x	x		x		x			o	x	o	x	x	x	+		+			x				
32.		x	x	x	x		o		+		x		x		x	x		x			x				
33.		x	x	x	x		x		+	+	x		x		x	o		o			x				
34.		x	x	x	x				x	o	o	x	x	x	+	+					x				
SP.:	25	29	30	21	28	12	26	24	16	32	32	30	28	27	19	21	1	17	3	1	9	1			
T.:	0	2	3	6	0	0	7	7	1	0	12	13	9	1	1	3	0	0	0	0	0	0			

1986 / 87

SAISONFAZIT:
Wieder konnte sich die Borussia steigern (im UEFA-Pokal kam sie bis ins Halbfinale), am Ende sprang Platz 3 heraus. Vier Punkte Rückstand zum HSV (2.) und drei Punkte Vorsprung gegenüber dem Vierten aus Dortmund. Überragende Mannschaft 86/87 war der FC Bayern mit einem 6-Punkte-Vorsprung vor dem HSV. Gegen den Deutschen Meister setzte es für die Borussia zwei Niederlagen (0:1 und 1:3), auch gegen den Vizemeister HSV blieb sie sieglos (0:3 und 1:3). Die Saison begann schlecht, erst am 8. Spieltag konnte der erste Sieg eingefahren werden (2:1 gg. Leverkusen). Die ersten beiden Heimspiele wurden gegen die Nordvertreter HSV (0-3) und Bremen (1-2) verloren. Auch auswärts beim Aufsteiger BW Berlin setzte es trotz einer 2:1 Führung in den Schlußminuten eine 2:3 Niederlage. Gegen Ende der Hinrunde fing sich die Borussia, die Mannschaft hatte sich eingespielt und feierte große Erfolge. Mit 5:0 und 4:0 wurden der FC Homburg und der VfB nach Hause geschickt. Auch auswärts verbuchte der VfL den ersten Sieg: 2:1 beim FC Schalke. Auch der 1.FC Köln wurde glatt mit 3:1 besiegt. Den wohl glanzvollsten Sieg erspielte Gladbach beim SV Werder Bremen. Mit sage und schreibe 7:1 wurde das Weserstadion gestürmt. Zur Halbzeit stand es gerade mal 0:1, doch danach waren die Borussen nicht mehr aufzuhalten. Ein Debakel für die Bremer und gleichzeitig die höchste Heimniederlage. Nach zwei Niederlagen in Folge (0:4 in Frankfurt und 0:1 gegen Bayern) begann dann die Superserie: Die Fohlen blieben bis zum Schluß ohne Punktverlust! 10 Siege hintereinander mit einem Torverhältnis von 35-8! Von Platz zwölf auf Rang 3! Einmalig! Glatten Auswärtssiegen (2:0 in Leverkusen, 4:2 beim VfB, 2:0 in Dortmund u. 4:2 in Köln) folgten ebenso klare Heimsiege (3:1 gg. Schalke, 4:1 gg. Düsseldorf, 7:2 gg. Mannheim u. 4:0 gg. Nürnberg). In die Schlagzeilen schoß sich in dieser Saison Uwe Rahn. Insgesamt 24 Mal traf er ins Schwarze und holte sich die Torjägerkanone. Allein 14 Treffer erzielte er in o.g. Superserie. Der Lohn für ihn: Auszeichnung als Fußballer des Jahres 1987! Das 1.500 Bl-Tor für die Borussia erzielte ebenfalls Rahn (7. Spieltag in München zum 1:3 Endstand). Mit 74 Torerfolgen war der Angriff der Torgefährlichste in dieser Saison. Für Torjäger Mill kam zu Saisonbeginn Günter Thiele an den Bökelberg. Nach Rahn (24 Tore) und Hochstätter (10 Tore) war er mit 9 Treffern am Erfolgreichsten. Im Tor wurde Sude von Uwe Kamps abgelöst, der seine Sache sehr gut machte (44 Gegentore). Für Trainer Heynckes war es die letzte Saison als Cheftrainer am Bökelberg. Er wechselte nach München. Für ihn kam Assistenztrainer Wolf Werner in der nächsten Saison zum Zuge.

SAISONSTATISTIK **Platz: 3**

Siege:	18	Tore:	74 - 44(+30)
Unentsch.:	7	Punkte:	43 : 25
Niederl.:	9	Zuschauer:	288.000(16.941)

FIEBERKURVE

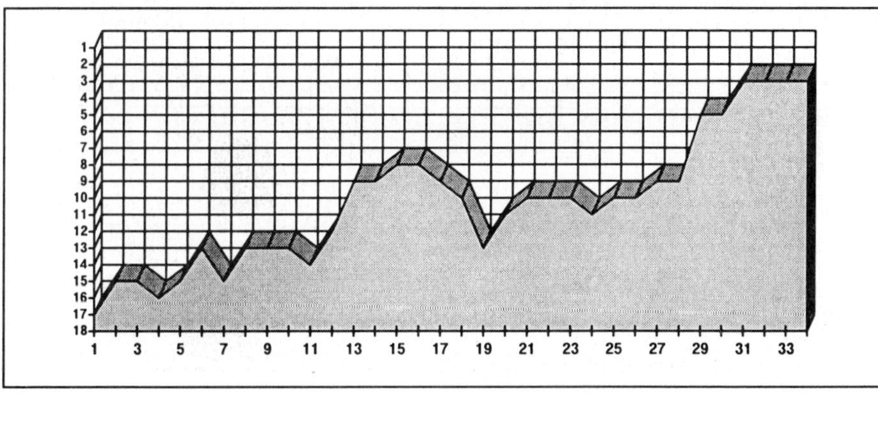

Hans-Jörg Criens erzielt das 2:0 (Endstand 2:1) gegen Blau-Weiß 90 Berlin. Rechts lauert Günter Thiele.

1986/87

Sp.	Datum		Gegner	Ergebnis	BMG-Torschützen	Zuschauer
01.	09.08.86	H	Hamburger SV	0 : 3 (0-0)	-	24.000
02.	16.08.86	A	Kaiserslautern	1 : 1 (1-0)	Drehsen	32.000
03.	23.08.86	A	BW 90 Berlin	2 : 3 (2-1)	Drehsen | Frontzeck	33.000
04.	03.09.86	H	W. Bremen	1 : 2 (1-1)	Thiele	22.000
05.	06.09.86	A	VfL Bochum	1 : 1 (0-1)	Thiele	18.000
06.	13.09.86	H	E. Frankfurt	1 : 1 (0-0)	Rahn	12.000
07.	20.09.86	A	Bay. München	1 : 3 (0-1)	Rahn	64.000
08.	27.09.86	H	B. Leverkusen	2 : 1 (2-0)	Thiele | Bruns	18.000
09.	04.10.86	A	W. Mannheim	1 : 1 (0-1)	Lienen	16.000
10.	11.10.86	H	FC Homburg	5 : 0 (0-0)	Rahn 2 | Thiele 2 | Lienen	12.000
11.	18.10.86	A	B. Uerdingen	1 : 1 (0-0)	Rahn	26.000
12.	01.11.86	H	VfB Stuttgart	4 : 0 (1-0)	Rahn | Thiele | Borowka | Criens	24.000
13.	08.11.86	A	Schalke 04	2 : 1 (0-0)	Rahn | Frontzeck	27.000
14.	15.11.86	H	Bor. Dortmund	2 : 2 (1-1)	Rahn 2	22.000
15.	22.11.86	A	F. Düsseldorf	1 : 1 (0-1)	Drehsen	30.000
16.	29.11.86	H	1.FC Köln	3 : 1 (3-0)	Hochstätter 2 | Bakalorz	31.000
17.	06.12.86	A	1.FC Nürnberg	0 : 2 (0-0)	-	41.000
18.	21.02.87	A	Hamburger SV	1 : 3 (1-1)	Frontzeck	29.000
19.	28.02.87	H	Kaiserslautern	0 : 1 (0-1)	-	14.000
20.	14.03.87	H	BW 90 Berlin	2 : 1 (1-0)	Frontzeck | Criens	12.000
21.	21.03.87	A	W. Bremen	7 : 1 (1-0)	Criens 2 | Drehs. | Rahn | Hochst. | Krauss | Baka.	29.000
22.	28.03.87	H	VfL Bochum	2 : 1 (2-1)	Criens | Hochstätter	12.000
23.	04.04.87	A	E. Frankfurt	0 : 4 (0-0)	-	21.000
24.	11.04.87	H	Bay. München	0 : 1 (0-1)	-	33.000
25.	15.04.87	A	B. Leverkusen	2 : 0 (1-0)	Herlovsen | Thiele	15.000
26.	25.04.87	H	W. Mannheim	7 : 2 (3-1)	Rahn 4 | Criens 2 | Borowka	6.000
27.	02.05.87	A	FC Homburg	2 : 0 (2-0)	Rahn | Winkhold	13.000
28.	09.05.87	H	B. Uerdingen	2 : 0 (1-0)	Hochstätter | Thiele	12.000
29.	16.05.87	A	VfB Stuttgart	4 : 2 (1-0)	Rahn 2 | Bruns | Hochstätter	20.000
30.	23.05.87	H	Schalke 04	3 : 1 (0-0)	Rahn 2 | Hochstätter	17.000
31.	30.05.87	A	Bor. Dortmund	2 : 0 (2-0)	Hochstätter | Rahn	54.000
32.	06.05.87	H	F. Düsseldorf	4 : 1 (2-0)	Hochstätter | Borowka | Bruns | EIG.: Weikl	12.000
33.	13.06.87	A	1.FC Köln	4 : 2 (2-1)	Rahn 2 | Hochstätter | Thiele	30.000
34.	17.06.87	H	1.FC Nürnberg	4 : 0 (2-0)	Rahn 2 | Drehsen | Frontzeck	14.000

1986/87

Spieltag	Bruns	Drehsen	Borowka	Krauss	Winkhold	Lienen	Krisp	Brandts	Frontzeck	Thiele	Budde	Rahn	Criens	Kamps	Bakalorz	Herlovsen	Hochstätter	Thorstvedt	Eichin	Sieburg					
01.	x	x	x	x	x	o	+	x	x	o	+	x						x							
02.	x	x	x		x	o	+	x	x	x	+	x	o					x							
03.	x	x	x	x	x			x	x	x	x	x						x							
04.	x	x	x	x	o	+		o	x	x	x	x		x	+										
05.		x	x	x	x	x	+	o	x	x	o	x		x	+										
06.	x	x	x	x	x	o		x	x	x	+	x		x											
07.	x	x	x	x	x	x		+	x		o	x		x	x										
08.	x	x	x	x	x	x		+	x	x		x		x	o										
09.	x	x	x	x	x	x			x	x		x		x	x										
10.	x	x	x	x	x	o	+	+	x	x		x		x	o										
11.	x	x	x	x	o	o	+	+	x	x		x		x	x										
12.	x	x	x	x	x	x		+	x	o		x	+	x	o										
13.	x	x	x	x	x	x			x	o		x	+	x	x										
14.	x	x	x	o	x	o		+	x	+		x	x	x	x										
15.	x	x	x			+		x	x	o		x	+	x	x	x	o								
16.	x	x	x		x	x	+		x	+		o	x	x	o		x								
17.	x	x	x		x	x	o		x	+		x	x	x	o	+									
18.	x	x		x	x	o		x	+			x	x	x	o	+	x								
19.	x	x	x	o	x	x		+	x	+		x	x	x			o								
20.	x	x	x	x				+	x	+		o	x	x	o	x	x								
21.		x	x	x	x			+	x	+		x	o	x	x	x	o								
22.	x	x	x	x	+				x	o		x	x	x	x	x	o								
23.	x		x	x	x	x		o	x	x			x	x	+	+	o								
24.	x	x	x	x	x	o		+	x	+			x	x		x	o								
25.	x	x	x		x	x		+	x	x			o	x		x	x								
26.	x	o	x	x	+	x			x	o		x	+	x		x	x								
27.	x	x	x	x	x				x	o		x	+	x		x	o		*						
28.	x	x	x	x	x	+		+	x	x		x		x		o	o								
29.	x	x	x	x	x			+	x	x		o	+	x		x	o								
30.	x	x	x	x	o	+			x	o		x	+	x		x	x								
31.	x	x	x	x	x	+			x	o		x	+	x		x	o								
32.	x	x	x	x	x	+		+	x			o	x	x		o	o								
33.	x	x	x	o	x	+			x	x		x	+	x		o	x								
34.	x	x	x		o	x	+		x	o		x	+	x			x			*					

SP.:	32	33	33	28	32	28	8	23	34	31	7	31	23	31	18	17	19	3	1	1					
T.:	3	5	3	1	1	2	0	0	5	9	0	24	7	0	2	1	10	0	0	0					

1987 / 88

SAISONFAZIT:

Obwohl die Borussia die Superserie vom Ende der Vorsaison noch mit 2 Siegen (2:1 in Bochum u. 2:1 gg. Uerdingen) erhöhte, fiel sie doch in dieser Spielzeit auf Rang 7 zurück. Unter ihrem neuen Trainer Werner und mit den neuen, jungen Spielern Effenberg, Willaarts und Herbst fand sie nicht zur Form der vergangenen Saison. Mit Borowka, Sude und Lienen gingen wichtige Leistungsträger. Katastrophal die Rückrunde. Ganze 12 Punkte wurden errungen. Etliche Niederlagen mußte der VfL hinnehmen. Durch die schlechte Rückrunde fiel die Borussia auf den enttäuschenden siebten Rang zurück. Ein Rückschritt unter Wolf Werner. Auch Top-Torjäger Uwe Rahn konnte nicht an seine letzte Saison anknüpfen. Durch Verletzungen zurückgeworfen erzielte er nur noch 12 Treffer. Ihm am nächsten kamen Christian Hochstätter mit 11 Toren und Hans-Jörg Criens mit 10 Torerfolgen. Ansonsten tat sich sehr wenig im Sturm. Diese drei erzielten über die Hälfte aller Tore. Auch sonst etliches Negatives: 3 Rote Karten (Thiele, Drehsen und Krisp) und der Zuschauerrückgang um fast 2.000 Zuschauer pro Spiel auf knapp 15.000 Zuschauer. Dabei hatte die Saison recht vielversprechend begonnen. Die Superserie konnte fortgesetzt werden, doch mit dem 0:6 in Stuttgart war dies vorbei. Ein Debakel! Aber Borussia fing sich und besiegte Leverkusen (2:1) und Bayern München recht klar (2:0). Selbst in Mannheim gewann sie mit 3:0. Nach dem 0:3 in Nürnberg folgte ein Triumph auf dem Bökelberg: der glorreiche Hamburger SV wurde mit 8:2 abgefertigt. Am 14. Spieltag die erste Heimniederlage (1:2 gegen Bremen). Die Rückrunde begann wieder mit 2 Siegen, doch danach folgten fünf Niederlagen. Erst ein 0:0 in Homburg brachte wieder einen Punkt. Nach dem 3:0 Erfolg gg. Nürnberg folgten wieder 4 Niederlagen in Folge. Diese beiden Niederlagenserien brachten die Borussen um einen besseren Platz. Erst gegen Schalke (1:1),in Hannover (4:2) und mit dem 2:2 gegen den KSC fingen sich die Fohlen wieder einigermaßen. Mit der 2:5 Niederlage in Kaiserslautern ging nicht nur die schwache Rückrunde zu Ende, sondern auch eine verkorkste Saison, denn auch im Europapokal erfolgte schon in Runde 1 gegen Espanol Barcelona (0:1 und 1:4) das Aus. Fazit: Wolf Werner konnte das Erbe von Heynckes nicht erfolgreich weiterführen, sondern die Borussia tat unter ihm sogar einen Schritt nach hinten. Auch der große Spielerkader ist ein Beweis dafür, daß Werner die richtige Formation nicht gefunden hatte. "So etwas darf sich nicht wiederholen", so Helmut Grashoff nach der Saison.

SAISONSTATISTIK	**Platz: 7**			
	Siege:	14	Tore:	55 - 53(+2)
	Unentsch.:	5	Punkte:	33 : 35
	Niederl.:	15	Zuschauer:	255.732(15.028)

FIEBERKURVE

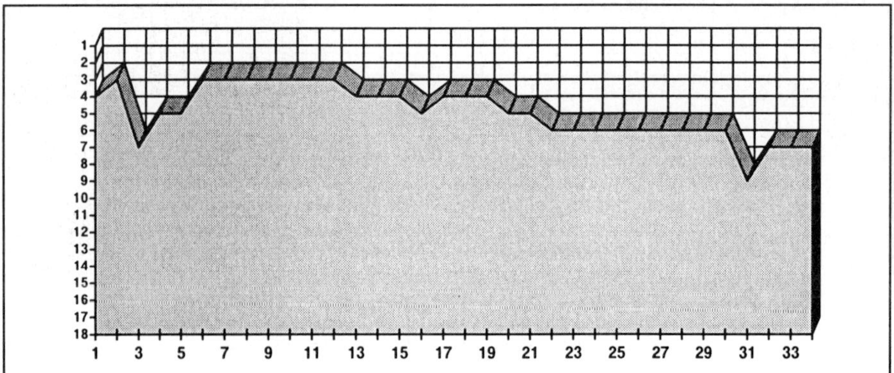

Blindes Verständnis : Paul Steiner (Köln) und Günter Thiele sind alte Bekannte - wie auch ihre Klubs. Diesmal gewann Köln am Bökelberg 1:0.

1987/88

Sp.	Datum		Gegner	Ergebnis	BMG-Torschützen	Zuschauer
01.	01.08.87	A	VfL Bochum	2 : 1 (2-0)	Bruns | Rahn	30.000
02.	08.08.87	H	B. Uerdingen	2 : 1 (0-1)	Criens | Frontzeck	22.000
03.	15.08.87	A	VfB Stuttgart	0 : 6 (0-2)	-	50.000
04.	22.08.87	H	B. Leverkusen	2 : 1 (0-1)	Willaarts | Rahn	17.000
05.	26.08.87	A	Bor. Dortmund	1 : 1 (1-0)	Willaarts	54.000
06.	02.09.87	H	Bay. München	2 : 0 (2-0)	Rahn 2	34.000
07.	05.09.87	A	W. Mannheim	3 : 0 (2-0)	Thiele | Criens | Hochstätter	15.000
08.	12.09.87	H	FC Homburg	2 : 0 (2-0)	Bakalorz | Hochstätter	12.000
09.	19.09.87	A	1.FC Nürnberg	0 : 3 (0-1)	-	34.000
10.	26.09.87	H	Hamburger SV	8 : 2 (3-1)	Rahn 2 | Criens 2 | Hochstätter | Thiele | Frontzeck | EIG.: Beiersdorfer	16.000
11.	03.10.87	H	E. Frankfurt	3 : 1 (2-1)	Hochstätter | Bakalorz | Drehsen	11.000
12.	10.10.87	A	1.FC Köln	1 : 4 (1-2)	Rahn	59.000
13.	17.10.87	H	W. Bremen	1 : 2 (1-1)	Bakalorz	19.000
14.	31.10.87	A	Schalke 04	3 : 0 (1-0)	Drehsen | Hochstätter | Thiele	35.000
15.	07.11.87	H	Hannover 96	1 : 2 (0-0)	Drehsen	10.000
16.	14.11.87	A	Karlsruher SC	2 : 2 (1-0)	Criens | Bruns	25.000
17.	21.11.87	H	Kaiserslautern	1 : 0 (1-0)	Frontzeck	9.000
18.	28.11.87	H	VfL Bochum	3 : 0 (2-0)	Hochstätter 2 | Krauss	8.000
19.	05.12.87	A	B. Uerdingen	4 : 2 (2-1)	Criens 2 | Rahn 2	15.000
20.	20.02.88	H	VfB Stuttgart	0 : 1 (0-0)	-	16.000
21.	27.02.88	A	B. Leverkusen	1 : 2 (0-0)	Bruns	10.000
22.	05.03.88	H	Bor. Dortmund	0 : 3 (0-2)	-	9.000
23.	12.03.88	A	Bay. München	0 : 1 (0-0)	-	18.000
24.	19.03.88	H	W. Mannheim	0 : 1 (0-0)	-	7.000
25.	26.03.88	A	FC Homburg	0 : 0 (0-0)	-	6.000
26.	30.03.88	H	1.FC Nürnberg	3 : 0 (2-0)	Hochstätter 2 | Criens	9.000
27.	02.04.88	A	Hamburger SV	1 : 2 (0-1)	Rahn	14.000
28.	09.04.88	A	E. Frankfurt	0 : 2 (0-1)	-	22.000
29.	16.04.88	H	1.FC Köln	0 : 1 (0-0)	-	26.000
30.	23.04.88	A	W. Bremen	0 : 2 (0-0)	-	26.000
31.	04.05.88	H	Schalke 04	1 : 1 (0-1)	Bruns	13.000
32.	07.05.88	A	Hannover 96	4 : 2 (2-1)	Effenberg | Hochstätter | Criens | Rahn	23.000
33.	14.05.88	H	Karlsruher SC	2 : 2 (2-0)	Rahn | Criens	8.000
34.	21.05.88	A	Kaiserslautern	2 : 5 (2-1)	Hochstätter | EIG.: Wolf	34.000

1987/88

Spieltag	Kamps	Bruns	Drehsen	Krisp	Herlovsen	Hochstätter	Criens	Frontzeck	Rahn	Thiele	Willaarts	Herbst	Bakalorz	Budde	Winkhold	Eichin	Krauss	Effenberg	Neun	Hoffmann	Brandts	Huschbeck			
01.	x	x	x	x	x	x	+	x	x	+	o	x								o					
02.	x	x	x	x	x	o	x	x	x		o	x	+	+											
03.	x	x	x	x	x	x	x	x	x			x	+							o					
04.	x	x	x		x	x	o	x	x		x	o	+	+	x										
05.	x	x	x		x	x	+	x	x		o	x	o	+	x										
06.	x	x	x	+	x	o	x	x	p	+		x	x		x										
07.	x	x	x	+	x	o	x	x		x		x	x		o						+				
08.	x	x	x		o	x	o	x	x		+	x	x		x						+				
09.	x	x	x	o	x	x	+	x	x		o	x		+	x										
10.	x	x	x	+	x	o	x	x	x	+		x	o		x										
11.	x	x	x	+	x	x	o	x	x	+			x		x	o									
12.	x	x	x	+	x	x	x	x	x	o		o	+		x										
13.	x	x	x	o	x	x	x	x	x	+			o	+	x										
14.	x	x	x	o	x	o	x	x	x	+			x	+			x								
15.	x	x	x	x	o	x	o	x	x	+		+	x				x								
16.	x	x	x	o	x		x	x		x		x	+	+			x			o					
17.	x	x		x	x	x	x	x					x	o			x	+		o	+				
18.	x	x		x	x	x	x	x			+		x	+	o		x	o							
19.	x	x		+		x	x	x	o			x			x		x	x	x						
20.	x	x		x	x			x	x	x	+				x		o	x	x						
21.	x	x		x		x	x	x		+		o	+		x		x	x	o						
22.	x	x		+	o	x	x	x	o		+	x			x			x	x						
23.	x	x				x	x	x		o			x	+		x	x		x						
24.	x	x		+		x	x	x		x	+				x	x	o	x	o						
25.	x	x	x	x		x	x	x		x		+				o	o		x	+					
26.	x	x	x			o	o	x					+	x	x	x		x	x	+					
27.	x	x	x			x	x	x	x	+				o	o	x		+	x						
28.	x	x	x			x	x	x	x	+					o	x		o	o	+					
29.	x	x				o	x	x	x	o				+	x	x	x	+	x						
30.	x	x		+		x	x	x	x				o		o	x	x	+							
31.	x	x		x		x	x	x	x	o			+				x		x						
32.	x	x		+		o	x	x	x							x	o	x	x	+					
33.	x			x		x	x	x	x						+	x	x	o	o	+					
34.	x	x		x		o	x		x						x	x	+	x	x			+			

SP.:	34	33	20	26	20	32	34	33	25	19	10	22	21	13	24	12	17	15	15	9	3	1			
T.:	0	4	3	0	0	11	10	3	12	3	2	0	3	0	0	0	1	1	0	0	0	0			

1988 / 89

SAISONFAZIT:

Nach der verkorksten letzten Saison sollte in dieser Spielzeit ein UEFA-Pokalplatz herausspringen. Dieses Ziel verpaßte Borussia um einen Platz. Sie belegte den sechsten Platz. Theoretisch bestand noch eine minimale Chance, doch Bremen verlor das DFB-Pokalfinale gegen Dortmund. Bei einem Bremer Sieg wären die Borussen international doch noch dabei gewesen. Aber sie hatten es selbst in der Hand. Gegen den unmittelbaren Konkurrenten Stuttgart (1:2) und gegen den HSV (0:4) setzte es zwei Niederlagen. Den Spielerkader wurde geringfügig verbessert (Straka) und die Saison begann auch recht vielversprechend. Kaiserslautern und der Deutsche Meister Werder Bremen wurden jeweils mit 4:1 deutlich in die Schranken gewiesen. Zwischendurch gab es zwei klare Auswärtsniederlagen (1:3 in Leverkusen und 1:4 in Mannheim). Diese 10 Tore bedeuteten auch schon fast 1/4 aller erzielten Treffer. 44 Tore zeugen wahrlich nicht von Durchschlagskraft im Angriff. Der Sturm war gegenüber den letzten Jahren nur ein laues Lüftchen. Vor zwei Jahren hatten die Borussen noch 30 Tore mehr erzielt. Criens war als Torjäger fast Alleinunterhalter. Ihm gelangen 13 Treffer. Trotzdem eine stattliche Anzahl. Danach folgten Hochstätter (8 Treffer) und Bruns (6 Treffer). Der Top-Torjäger aus den vergangenen Jahren, Uwe Rahn, war total von der Rolle. Verletzungspech und überzogene Zeitungsmeldungen (7 Mio. für Rahn aus Eindhoven) brachten Uwe total aus dem Tritt. Mitte der Saison wurde er an den 1.FC Köln ausgeliehen, auch dort konnte er nicht überzeugen. Nach der 0:3 Niederlage in München wurden 20:8 Punkte in Folge erzielt. Kuriosum in dieser Saison war die Spielwiederholung beim KSC! Im regulären Spiel hatte Hochstätter ein Feuerzeug an den Kopf bekommen und konnte nicht weiterspielen. Das Spiel mußte folglich wiederholt werden (2:2). In all diesen und den nächsten Spielen fielen selten mehr als zwei Treffer für die Borussia. Die Spiele gingen alle sehr knapp aus (Ausnahme: 0:3 bei den Stuttg. Kickers und 1:3 in Köln). Doch wenn der Sturm wenig Tore erzielt, so muß auf die Abwehr Verlaß sein. Und die stand in dieser Saison so gut wie schon lange nicht mehr. Mit Straka stabilisierte sich die Hintermannschaft doch erheblich. Der Tscheche räumte viel weg. Mit Krauss, Bruns, Straka, Winkhold und dem Abfangjäger Effenberg verfügten die Fohlen über ein starkes Bollwerk. Negativ wieder einmal der Zuschauerrückgang (minus 20.000/Saison) und die drei Roten Karten (Effenberg, Krauss und Neun). Auch in der zweiten Trainersaison konnte noch keine Stabilität von Wolf Werner hereingebracht werden. Es bleibt noch viel Arbeit für ihn, um an die glänzenden Erfolge seiner Vorgänger anzuknüpfen.

SAISONSTATISTIK **Platz: 6**

Siege:	12	Tore:	44 - 43(+1)
Unentsch.:	14	Punkte:	38 : 30
Niederl.:	8	Zuschauer:	233.200(13.718)

FIEBERKURVE

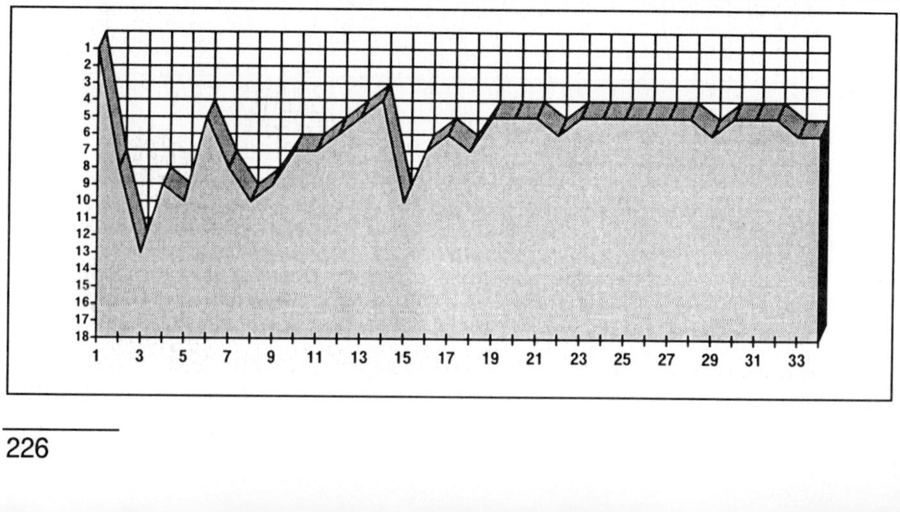

Keine Tore zwischen Gladbach und Uerdingen im Niederrhein-Derby: Bruns (links) verfolgt Dietmar Klinger, im Hintergrund Rahn in seinem vorletzten Spiel für den VfL.

Stefan Effenberg stemmt sich Waldhof-Libero Günter Güttler entgegen. Waldhof entführte mit dem 1:1 einen Punkt.

1988/89

Sp.	Datum		Gegner	Ergebnis	BMG-Torschützen	Zuschauer
01.	23.07.88	H	Kaiserslautern	4 : 1 (1-1)	Hochstätter | Drehsen | Winkhold | Krauss	12.000
02.	30.07.88	A	B. Leverkusen	1 : 3 (0-2)	Criens	18.000
03.	13.08.88	A	W. Mannheim	1 : 4 (0-2)	Effenberg	12.000
04.	20.08.88	H	W. Bremen	4 : 1 (1-0)	Criens 3 | Hochstätter	12.000
05.	27.08.88	A	Bor. Dortmund	0 : 0 (0-0)	-	40.000
06.	03.09.88	H	Hannover 96	2 : 0 (1-0)	Frontzeck | Hochstätter	10.000
07.	10.09.88	A	Bay. München	0 : 3 (0-2)	-	31.000
08.	13.09.88	H	Stuttg. Kickers	1 : 1 (1-0)	Thiele	7.000
09.	01.10.88	A	FC St. Pauli	1 : 1 (1-0)	Criens	17.000
10.	08.10.88	H	1.FC Köln	1 : 0 (1-0)	Criens	18.000
11.	22.10.88	A	B. Uerdingen	0 : 0 (0-0)	-	22.000
12.	29.10.88	H	1.FC Nürnberg	1 : 1 (1-0)	Effenberg	9.000
13.	05.11.88	A	VfL Bochum	2 : 1 (1-1)	Criens | Hochstätter	32.000
14.	12.11.88	H	E. Frankfurt	2 : 1 (1-1)	Criens | Budde	10.000
15.	19.11.88	A	Karlsruher SC	2 : 2 (1-2)	Criens | Thiele	35.000
16.	26.11.88	H	VfB Stuttgart	2 : 2 (1-0)	Bruns | Drehsen	15.000
17.	03.12.88	A	Hamburger SV	2 : 1 (1-1)	Effenberg | Krauss	12.000
18.	18.02.89	A	Kaiserslautern	0 : 0 (0-0)	-	25.000
19.	25.02.89	H	B. Leverkusen	2 : 0 (1-0)	Hochstätter | Budde	14.000
20.	04.03.89	H	W. Mannheim	1 : 1 (1-0)	Criens	11.000
21.	11.03.89	A	W. Bremen	0 : 2 (0-2)	-	21.000
22.	18.03.89	H	Bor. Dortmund	1 : 1 (0-0)	Bruns	21.000
23.	25.03.89	A	Hannover 96	1 : 0 (1-0)	Criens	19.000
24.	01.04.89	H	Bay. München	2 : 1 (1-1)	Neun | Hochstätter	34.000
25.	08.04.89	A	Stuttg. Kick.	0 : 3 (0-1)	-	9.000
26.	15.04.89	H	FC St. Pauli	2 : 2 (1-1)	Criens 2	12.000
27.	29.04.89	A	1.FC Köln	1 : 3 (0-3)	Bruns	40.000
28.	06.05.89	H	B. Uerdingen	3 : 0 (1-0)	Winter | Straka | Hochstätter	11.000
29.	13.05.89	A	1.FC Nürnberg	0 : 0 (0-0)	-	20.000
30.	20.05.89	H	VfL Bochum	2 : 0 (2-0)	Bruns | Winter	8.000
31.	25.05.89	A	E. Frankfurt	1 : 1 (0-0)	Bruns	23.000
32.	03.06.89	H	Karlsruher SC	1 : 1 (0-1)	Hochstätter	7.000
33.	10.06.89	A	VfB Stuttgart	1 : 2 (1-1)	Bruns	35.000
34.	17.06.89	H	Hamburger SV	0 : 4 (0-0)	-	22.000

1988/89

Spieltag	Kamps	Bruns	Straka	Eichin	Krauss	Effenberg	Winkhold	Hochstätter	Neun	Drehsen	Frontzeck	Budde	Rahn	Criens	Lange	Kretzschmar	Thiele	Herlovsen	Winter	Huschbeck	Rekdal	Kopp	Sörloth	Stefes	Willaarts
01.	x	x	x	x	x	o	+	o	+	x	x	x	x												
02.	x	x	x	x	x	o	+	x		x	x	o	x	+											
03.	x	o	x	+	+	x	x	x		o	x		x	x	x										
04.	x	x	x	x	x	x	+	o		x	x			x	o	+									
05.	x	x	x	x	x	x	+	o		x	x			x	o	+									
06.	x	x	x	x	x	x	+	x		x	x		+	o	o										
07.	x	x	x	x	x	o	+	x		x	x		+	x	o										
08.	x	x	x		x	x	+	x		o	x		x	+	o		x								
09.	x	o	+			x	x	x		x	x		x	x		+		x	o						
10.	x	o	x			x	x	o		x	x		+	x		o	x	x							
11.	x	o	x			x	x	x	x	x			x	x			+	x							
12.	x	o				x	x		x	x	x		o	x	+		x	+							+
13.	x		x	+	+	x	x	o	x	x	x			x			o	x							
14.	x	x	o		+		x	x	o	x	x	+		x			x	x							
15.	x	x	x	x		x	x	x	o	o	x	+		x			+								
16.	x	x	x		x	x			x	x	x	o		x			+	x							
17.	x	x	x		x	x		x		x	x			x						x	x			x	
18.	x	+	x	x	x	x	x	x	x		o			x											
19.	x	x	x	x		x	x	o	x		x	o		x	+		+								
20.	x	x		x	x	o	x	x	o					x	x	+	x					+			
21.	x	x	x	x	x	x	o	x			x			x	o		+		+						
22.	x	x	x	o		x	x	x	x		x			x	x		+		+			o			
23.	x	x	x	x	+	x	x	o			x			x	+				o						
24.	x	x	x	x	+	x	o	x	x		x			o	+						x				
25.	x	x	x	x	x	o		x	x		x				+	+			x		o				
26.	x	x	x	x	x	x		x	x					o			+		+	x	o				
27.	x	x		o	x		x	x			x			x		+			+	x	x			o	
28.	x		x		x			x	+		x			x		x			x	x	+		o	o	
29.	x	x	x	+	x		o	x			x			x					+	x			o	x	
30.	x	x	x	x	x	o	+	x	+		x			x					o					x	
31.	x	o	x	x	x	x	o		+	x	x			x					+				x		
32.	x	x		x	o	x	x	x		x	x			x					+		+		o		
33.	x	o	x	x	x		o	x	x	x	x			x					+				+		
34.	x	x	x		x	x	+	o		x	x			x					+					o	
SP.:	34	32	30	25	27	29	29	31	18	21	31	6	10	32	14	8	13	7	14	5	7	2	5	6	1
T.:	0	6	1	0	2	3	1	8	1	2	1	2	0	13	0	0	2	0	2	0	0	0	0	0	0

1989 / 90

SAISONFAZIT:

Diese Saison sollte ein Neuanfang im 25. Jahr der Bundesliga-Zugehörigkeit werden, doch es kam ganz anders. Erst am vorletzten Spieltag (3:1 gegen Stuttgart) konnte sich Borussia vor dem Abstieg retten, am letzten Spieltag "einigten" sich dann die Tabellennachbarn aus Uerdingen und Gladbach auf ein 0:0, was beiden reichte und Bochum in die Qualifikation schickte. Am Ende erreichten die Fohlen nur den enttäuschenden 15. Rang. Welch ein Abstieg gegenüber den letzten Jahren. Der Neuaufbau (für Frontzeck/Drehsen und Thiele kamen Klinkert/Marell/Spies/Wynhoff/Max und hoffnungsvolle Amateure wie Pflipsen) geriet fast zum Eigentor. Nur mit Mühe konnte die Klasse erhalten werden. Für die Misere wurde Trainer Wolf Werner verantwortlich gemacht und mußte seinen Stuhl räumen. Der erste Trainer-Rauswurf am Bökelberg. Für ihn übernahm Gerd vom Bruch den Posten. Mitte der Saison kam der Stürmerstar Igor Belanow aus Rußland, doch auch er konnte nicht viel bewegen. Positiv an diesem Abstiegskampf: der Zuschauerzuspruch. Gegenüber der letzten, einigermaßen erfolgreichen Saison, stieg der Schnitt um knapp 7.000 pro Spiel auf ca. 350.000 Zuschauer an. Was ein Abstiegskampf doch an Zuschauermassen bewegen kann! Die Saison begann nicht schlecht. Nach der Auftaktniederlage auf dem Betzenberg (1:2) folgten zwei wichtige Punktgewinne gegen Bayern (0:0) und in Leverkusen (0:0). Nach dem ersten Saisonsieg gegen St. Pauli (4:1) folgten wiederum zwei 0:0 Spiele (in Bremen und gg. Dortmund). Insgesamt spielte Gladbach siebenmal 0:0. Auch ein Beleg, warum am Ende mit 37 Treffern so wenig wie noch nie erzielt wurden. Welch ein Rückschritt von der einstigen Torfabrik zur "Maurermannschaft" unter Gerd vom Bruch. Nach dem 3:1 Heimsieg gegen Düsseldorf folgten vier Heimniederlagen in Folge (Köln, HSV, Bochum und Uerdingen). Überhaupt hatte Borussia zwischen dem 11. und 17. Spieltag sieben Niederlagen zu beklagen. So fiel man immer tiefer nach unten. Erschreckend schwach auch die Auswärtsbilanz mit 9 Punkten (3 Siege nur). Nur einmal zuvor erreichten die Gladbacher weniger Punkte in der Fremde (in der Saison 82/83 7 Punkte). Dank einer starken Heimserie in der Rückrunde gelangen viele wichtige Punktgewinne, auch gegen unmittelbare Konkurrenten. Da auch auswärts zweimal gewonnen wurde (1:0 in Düsseldorf und 3:1 in Homburg), konnten sich die Fohlen etwas vom Tabellenende absetzen. Neben dem großen Spielerkader (25 Spieler kamen zum Einsatz und nur Torhüter Uwe Kamps absolvierte alle Spiele) schlugen auch wieder zwei Rote Karten negativ zu Buche (Winkhold und Belanow). Eine Saison, die man getrost zu den Akten legen kann!

SAISONSTATISTIK	Platz: 15			
	Siege:	11	Tore:	37 - 45(-8)
	Unentsch.:	8	Punkte:	30 : 38
	Niederl.:	15	Zuschauer:	348.189(20.482)

FIEBERKURVE

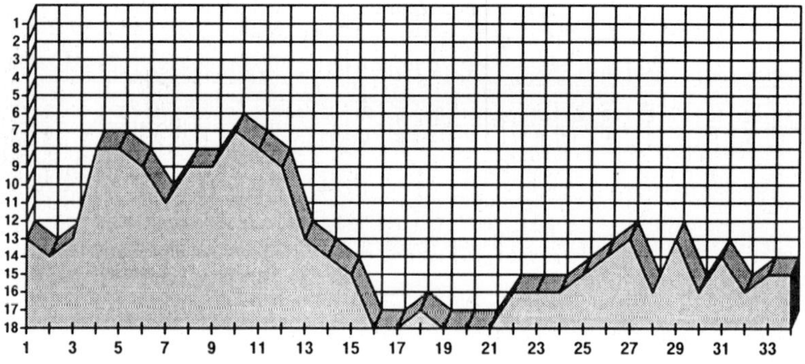

Standfußball: Hetmanski und Hochstätter beim torlosen Remis in Gladbach.

Nach sieben Niederlagen in Folge und der Entlassung von Trainer Werner kam dieses Tor einer Erlösung gleich: Effenberg überwindet Lauterns Torwart Ehrmann per Elfmeter zum 1:0 - Endstand: 3:1.

1989/90

Sp.	Datum		Gegner	Ergebnis	BMG-Torschützen	Zuschauer
01.	29.07.89	A	Kaiserslautern	2 : 1 (2-0)	Effenberg	28.000
02.	05.08.89	H	Bay. München	0 : 0 (0-0)	-	34.000
03.	12.08.89	A	B. Leverkusen	0 : 0 (0-0)	-	17.000
04.	16.08.89	H	St. Pauli	4 : 1 (0-0)	Effenberg | Criens | Hochstätter | Budde	12.000
05.	23.08.89	A	W. Bremen	0 : 0 (0-0)	-	21.000
06.	26.08.89	H	Bor. Dortmund	0 : 0 (0-0)	-	28.000
07.	02.09.89	A	1.FC Nürnberg	0 : 2 (0-0)	-	26.000
08.	09.09.89	H	F. Düsseldorf	3 : 1 (1-0)	Bruns | Budde | Criens	28.000
09.	16.09.89	H	FC Homburg	0 : 0 (0-0)	-	8.000
10.	20.09.89	A	Karlsruher SC	1 : 0 (1-0)	Spies	18.000
11.	30.09.89	H	1.FC Köln	0 : 2 (0-0)	-	28.000
12.	07.10.89	A	W. Mannheim	2 : 4 (0-2)	Effenberg | Bruns	12.000
13.	14.10.89	H	Hamburger SV	1 : 3 (1-1)	Criens	20.000
14.	21.10.89	A	E. Frankfurt	0 : 3 (0-0)	-	27.000
15.	28.10.89	H	VfL Bochum	1 : 2 (0-1)	Bruns	10.000
16.	04.11.89	A	VfB Stuttgart	0 : 4 (0-1)	-	28.000
17.	18.11.89	H	B. Uerdingen	0 : 1 (0-1)	-	16.000
18.	25.11.89	H	1.FC Kaiserslt.	3 : 1 (0-0)	Effenberg 2 | Belanow	13.000
19.	02.12.89	A	Bay. München	0 : 2 (0-1)	-	20.000
20.	09.12.89	H	B. Leverkusen	1 : 1 (1-0)	Belanow	16.000
21.	16.12.89	A	FC St. Pauli	1 : 2 (1-1)	Criens	17.000
22.	24.02.90	H	W. Bremen	4 : 0 (3-0)	Belanow 2 | Hochstätter | Criens	25.000
23.	03.03.90	A	Bor. Dortmund	0 : 3 (0-2)	-	51.000
24.	10.03.90	H	1.FC Nürnberg	3 : 0 (3-0)	Klinkert | Hochstätter | Criens	17.000
25.	17.03.90	A	F. Düsseldorf	1 : 0 (0-0)	Effenberg	50.000
26.	24.03.90	A	FC Homburg	3 : 1 (2-0)	Criens | Hochstätter | ElG.: Herrmann	10.000
27.	31.03.90	H	Karlsruher SC	0 : 0 (0-0)	-	22.000
28.	07.04.90	A	1.FC Köln	0 : 3 (0-1)	-	30.000
29.	14.04.90	H	W. Mannheim	2 : 0 (1-0)	Hochstätter | Criens	16.000
30.	21.04.90	A	Hamburger SV	0 : 3 (0-1)	-	27.000
31.	28.04.90	H	E. Frankfurt	2 : 1 (1-0)	Criens | Spies	22.000
32.	02.05.90	A	VfL Bochum	1 : 2 (1-2)	Hochstätter	38.000
33.	05.05.90	H	VfB Stuttgart	3 : 1 (1-0)	Spies | Hochstätter | Criens	30.000
34.	12.05.90	A	B. Uerdingen	0 : 0 (0-0)	-	25.000

1989/90

Spieltag	Kamps	Eichin	Klinkert	Straka	Neun	Hochstätter	Winkhold	Effenberg	Spies	Bruns	Max	Bodden	Winter	Criens	Budde	Rekdal	Lange	Krauss	Stefes	Huschbeck	Wynhoff	Belanow	Bierhoff	Meier	Pflipsen
01.	x	x	x	x	x	x	o	x	x	o	x	+	+												
02.	x	x	x	x	x	x	x	x	o	+	o		+	x											
03.	x	x	x	x	x	o	x	x	x	+	o		+	x											
04.	x	x	x	x	x	x	x	x	o	+	o			x	+										
05.	x	x	x	x	x	x	x	x	o	+			+	x	o										
06.	x	x	x	x	x	x	o	x	x	+			+	x	o										
07.	x	x	x	x	x	x	x		x	+				x	o	o	+								
08.	x	x	x	x			x		+	o				x	o		x	x	x	+					
09.	x	x	x	x		x	x		+	o		+		x	o			x	x						
10.	x	x	x	o	x			x	x	+				x	o			x	x	+					
11.	x	x	x		x			x	x	x	+		+	x	o		o		x						
12.	x	x	x	+	x			o	x	x	+		x		o			x	x						
13.	x	x	x	o	x				x	x	o		+	x				x	x		+				
14.	x	x	x	x	x		x	x	o	+			x	x	+		o								
15.	x	x	x	x	x		x	x	+	x			+o	x	x				o						
16.	x	x	x	x	x		x	x	x	x		+		o				+				o			
17.	x	x	o		x		x	x	o	x				x	+			+		x		x			
18.	x	x		x	o			x	x	x				x				x	+	x		o			+
19.	x	o	+	x				x	x	x				x	+			x	+	o		x			
20.	x	x	x	x	x			x	x	x			+	x				o	+			o			
21.	x	x		o	x	x		x		x				x		+	x			+	+		o		
22.	x	x	x	x	x	x		x		+	+			x				x				o		o	
23.	x	o	x	x	x	x		x			+							o	+			x	o	x	
24.	x	x	x	x	o	x					+			x				x	x	+		o		x	
25.	x		o	x	x	x		x		+				x				x	+	x		o		x	
26.	x	x	x	x	o		x							x				x	+			o	+	x	
27.	x	x	x	x	x	x	+	x						x				o				o	+	x	
28.	x	x	x	x	x	x		x	+									o				x	+	o	
29.	x	o	x	x	x	o	x	x	+											+		x		x	
30.	x	x	x	x	x	x	o	x						o					+			x	+	x	
31.	x	x	x	x	x	o		x	+					o				x	x				+	x	
32.	x	x	x	x	x	x		x	+					x					x	o			+	o	
33.	x		x	o		o		x	x	x	+			x				x	x	+				x	
34.	x	x	x		x	x		x	x	x				x				x						x	

SP.:	34	32	32	31	30	22	16	29	26	25	11	3	11	31	13	2	5	20	18	11	2	14	8	13	1
T.:	0	0	1	0	0	7	0	6	3	3	0	0	0	10	2	0	0	0	0	0	0	4	0	0	0

1990 / 91

SAISONFAZIT:
Zu Beginn der Saison stand fest, daß es auch diesmal eine schwierige Spielzeit werden würde. Viele Spieler hatten ihre Laufbahn beendet: Bruns, Krauss und Herlovsen. Daneben verließ auch der wohl wichtigste Mann aus dem Mittelfeld den Verein: Stefan Effenberg ging zum FC Bayern. Mit Schneider (aus Nürnberg) und Drehsen (zurück vom 1.FC Köln) kamen lediglich zwei bundesligaerfahrene Spieler. Das konnte eigentlich nicht gutgehen. So gab es vor Beginn auch nur ein Ziel: Klassenerhalt! Das am Ende ein neunter Platz heraussprang, lag an der erfolgreichen Rückrunde. Gerade auswärts trumpften die Borussen erfolgreich auf, und das ohne Torjäger Hans-Jörg Criens, der wegen einer Verletzung die starke Schlußserie (16:6 Punkte) größtenteils von außen verfolgen mußte. Doch die Borussia zeigte gerade gegen Ende wieder alte Stärken: der Konterfußball. Mit flinken Leuten wie Pflipsen, Wynhoff, Max und Schneider hatte Trainer Gerd vom Bruch eine gute Kontermannschaft zusammengestellt. Mit Kastenmaier (von Bayern) wurde kurz nach Saisonbeginn auch noch ein Spieler geholt, der kaum mehr aus der Mannschaft herauszudenken ist. Der Start ging in die Hose. Nach 6 Spieltagen standen die Rheinländer am Tabellenende. Erst am 8. Spieltag gelang der erste Sieg (2:0 gegen Hertha BSC). Erst als Kastenmaier kam, wurde es besser. Mit ihm gelang auch in seinem ersten Spiel ein beachtliches 1:1 in Dortmund. Den Rückschlag (1:4 in München) verdaute Borussia schnell und besiegte die Nürnberger auf dem Bökelberg mit 2:0. In der Hinrunde wurde fünfmal 1:1 Unentschieden gespielt, dreimal sogar hintereinander (11. - 13. Spieltag). Zwischen dem 15. und 18. Spieltag gelang nicht viel (1:7 Punkte). Nach zwei aufeinanderfolgenden Unentschieden (zweimal 1:1: Bremen und Wattenscheid) trumpfte die Borussia zum erstenmal auch auswärts auf: Der 1.FC Köln wurde mit 3:1 besiegt. Nach einem erneuten 1:1 gegen den HSV (insgesamt gab es 14 Mal 1:1!) mußte der VfL mit dem 1:5 in Frankfurt die höchste Niederlage hinnehmen. Doch diese Niederlage war richtungsweisend. Danach ging kein einziges Spiel mehr verloren und 16:6 Punkte in Folge errungen. Mit 5:2 gewann Borussia überlegen in Leverkusen und der fast feststehende Meister aus Kaiserslautern bekam das Fürchten gelehrt. Mit 2:3 unterlagen die "Roten Teufel" den Borussen und mußten bis zum Finale in Köln (6:2) um den Titel zittern. Der 2:0 Heimerfolg gegen Düsseldorf beendete die erfolgreiche Aufholjagd bis zum neunten Platz. Mit Gerd vom Bruch scheint man auf dem richtigen Weg zu sein, um wieder auf Dauer in obere Tabellenregionen zu gelangen.

SAISONSTATISTIK	Platz: 9			
	Siege:	9	Tore:	49 - 54(-5)
	Unentsch.:	17	Punkte:	35 : 33
	Niederl.:	8	Zuschauer:	328.746(19.338)

FIEBERKURVE

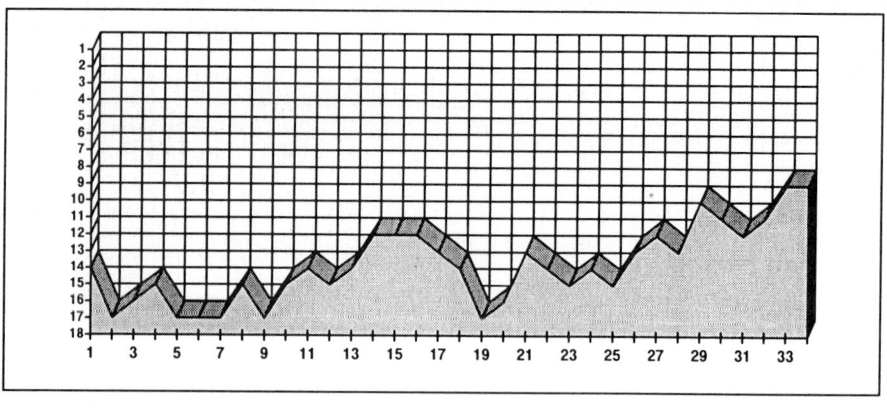

Vorbildliche Schußhaltung demonstriert hier Hans-Jörg Criens, der frei vor Bremens Torhüter Oliver Reck auftaucht. Aus Gladbach - Bremen 1:1.

1990/91

Sp.	Datum		Gegner	Ergebnis	BMG-Torschützen	Zuschauer
01.	11.08.90	H	VfL Bochum	1 : 2 (1-1)	Stefes	17.000
02.	18.08.90	A	W. Bremen	0 : 3 (0-2)	-	19.000
03.	25.08.90	A	Wattenscheid	1 : 1 (0-1)	Meier	17.000
04.	01.09.90	H	1.FC Köln	2 : 2 (0-1)	Criens | Pflipsen	19.000
05.	08.09.90	A	Hamburger SV	0 : 3 (0-2)	-	16.000
06.	15.09.90	H	E. Frankfurt	1 : 1 (0-0)	Max	15.000
07.	22.09.90	A	Bor. Dortmund	1 : 1 (1-1)	Criens	39.000
08.	29.09.90	H	Hertha BSC Berlin	2 : 0 (2-0)	Criens | Max	18.000
09.	06.10.90	A	Bayern München	1 : 4 (0-0)	Kastenmaier	51.000
10.	13.10.90	H	1.FC Nürnberg	2 : 0 (1-0)	Criens | Max	17.000
11.	20.10.90	A	B. Uerdingen	1 : 1 (1-1)	Criens	23.000
12.	27.09.90	H	B. Leverkusen	1 : 1 (1-0)	Criens	18.000
13.	10.11.90	A	FC St. Pauli	1 : 1 (0-0)	Schneider	19.000
14.	17.11.90	H	VfB Stuttgart	2 : 0 (1-0)	Max | Criens	13.000
15.	24.11.90	A	Karlsruher SC	2 : 3 (2-0)	Klinkert | Kastenmaier	15.000
16.	08.12.90	H	Kaiserslautern	2 : 2 (1-1)	Criens 2	22.000
17.	15.12.90	A	F. Düsseldorf	1 : 4 (1-2)	Kastenmaier	22.000
18.	23.02.91	A	VfL Bochum	0 : 3 (0-2)	-	24.000
19.	02.03.91	H	W. Bremen	1 : 1 (1-0)	Pflipsen	25.000
20.	09.03.91	H	Wattenscheid	1 : 1 (0-0)	Salou	14.000
21.	16.03.91	A	1.FC Köln	3 : 1 (2-1)	Max 2 | EIG.: Götz	28.000
22.	23.03.91	H	Hamburger SV	1 : 1 (1-1)	Kastenmaier	24.000
23.	02.04.91	A	E. Frankfurt	1 : 5 (1-4)	Spies	15.000
24.	06.04.91	H	Bor. Dortmund	2 : 1 (0-1)	Kastenmaier | Spies	25.000
25.	13.04.91	A	Hertha BSC	1 : 1 (1-1)	Schneider	8.000
26.	17.04.91	H	Bay. München	1 : 1 (0-0)	Criens	34.000
27.	20.04.91	A	1.FC Nürnberg	2 : 2 (0-1)	Criens 2	23.000
28.	04.05.91	H	B. Uerdingen	1 : 1 (0-0)	Meier	15.000
29.	11.05.91	A	B. Leverkusen	5 : 2 (0-0)	Pflipsen | Wynhoff | Kastenm. | Schulz | Spies	20.000
30.	18.05.91	H	FC St. Pauli	1 : 1 (1-1)	Kastenmaier	16.000
31.	25.05.91	A	VfB Stuttgart	1 : 1 (1-1)	Max	32.000
32.	01.06.91	H	Karlsruher SC	2 : 1 (1-0)	Pflipsen | Wynhoff	15.000
33.	08.06.91	A	1.FC Kaiserslt.	3 : 2 (2-0)	Kastenmaier 2 | Wynhoff	38.000
34.	15.06.91	H	F. Düsseldorf	2 : 0 (0-0)	Wynhoff | Schneider	22.000

1990/91

Spieltag	Kamps	Drehsen	Eichin	Klinkert	Stefes	Schneider	Meier	Neun	Schulz	Belanow	Criens	Marell	Brunn	Wynhoff	Pflipsen	Spies	Max	Straka	Hochstätter	Kastenmaier	Salou	Huschbeck	Winter	Pfannkuch	
01.	x	x	x	x	x	x	o	o	+	x	x	+				x									
02.	x	+	x	o	x	x	x	x		x	x			+								o			
03.	x	x	x		x	x	x	o	x	ü	x			x	o	+									
04.	x	x	x	x	x	x	x	o	x	x	x			o	x										
05.	x	x		x	x	x	o	o	+	x	x				x	+	+								
06.	x		x	x	x	x	x	x	x	+	o				o		x	x	+						
07.	x		x	x	x	x	o	x		+	x				x		o		+	x					
08.	x		x	x	o	x	x	x		+	o				x		x		+	x					
09.	x		x	x		x		x						+	o	+	x		o	x			x		
10.	x		x	x		x	o	x	x	+	o				+		x		x	x					
11.	x		o	x		x	+	x	x		x			+			o		x	x			x		
12.	x		x	x		x	o	x	x		x				x		o	+	x	x					
13.	x		x	x		x		x	+		x			x	o		+	x	+	o			x		
14.	x		x	x	+	x	o	x			x			+	x		o	x		x					
15.	x		x	x		x		x			x	+		+	x		o	o		x			x		
16.	x		x	x	+	x	x	x		+	x				x		o	o		x					
17.	x		x	x		x	x	x			x			+	o		+	o	x	x					
18.				x	o	o	x	x			x		x		x	+	x		x	x	+				
19.			x	x		x	o				x		x	+	x		o	x	x	x	+				
20.			x	x		x	o	x			x		x	+	x		o		x	x	+				
21.			x	x	+	x		x			x		x	+	o		x	x	x	o					
22.			x	x		x	+	x			x		x		x		o	o	x	x	+				
23.			x	x	x	o		x	+				x	x		x	x			o	+			x	
24.	x		x	x	+	x	o	x			x			+		o	x		x	x					
25.	x		x	x		x		x			x				o	x	x	+	x	o	+				
26.	x		x	x		x	o	x			x				+		x	x	x	x					
27.	x		x	x	o	x		x			x			+			x	x	x	o	+				
28.	x		x	x	x		+	x			x				o		o	x	x	x	+				
29.	x			x		x		x	x					o	x	+	+	x	x	x	o				
30.	x			x		x		x	o					o	x	+	+	x	x	x	x				
31.	x		x	x		x	+		x					o	x	o	x	x	x		x				
32.	x			x		x		x	x					x	o	+	o	x	x	x	+				
33.	x		+	x		x	+	x	x					x	o		x	x	o	x					
34.	x		x			x	+	x	x					x	o		o	x	x	x	+				

SP.:	28	5	29	32	16	33	24	32	16	10	26	2	6	21	28	12	30	20	25	27	13	1	4	1	
T.:	0	0	0	1	1	3	2	0	1	0	12	0	0	4	4	3	7	0	0	9	1	0	0	0	

1991 / 92

SAISONFAZIT:

Erstmalig umfaßte die Bundesliga 20 Vereine - eine Mammutsaison mit den beiden Teams aus dem Osten: Dynamo Dresden und Hansa Rostock. Das bedeutete aber auch 38 Spiele für jede Mannschaft. Borussia hatte sich viel vorgenommen. Mit den Verstärkungen Fach und Stadler wollte sie diesmal nicht gegen den Abstieg kämpfen. Doch ein klassischer Fehlstart bugsierte das Team gleich ans Tabellenende. Der erste Sieg gelang erst am 6. Spieltag mit einem 3:1 über Düsseldorf. Auch die verletzungsbedingten Ausfälle von Stammspielern (Stadler, Hochstätter, Pflipsen, Criens...) machten sich negativ bemerkbar. Ende September dann der 2. vorzeitige Trainerwechsel am Bökelberg. Für den glücklosen Gerd vom Bruch kam Jürgen Gelsdorf. Unter seiner Regie stabilisierten sich die Leistungen, auch gelang beim VfB Stuttgart der erste Auswärtssieg (1:0). Doch Turbulenzen hinter den Kulissen (Kompetenzgerangel zwischen Manager Rüßmann und Trainer Gelsdorf) verhinderten, daß endlich Ruhe ins Team kam. In der Rückrunde standen bewährte Kräfte (Hochstätter / Criens) wieder zur Verfügung. Eine Serie von 9 Spielen ohne Niederlage brachte Gladbach auf den 10. Platz. Nun aber versäumte es die Mannschaft, sich vorzeitig zu sichern. Einige Spiele wurden leichtfertig verloren (u.a. 0:1 zu Hause gegen den VfB Stuttgart), sodaß bis zum vorletzten Spieltag gezittert wurde. Erst mit dem 2:1 gegen die Stuttgarter Kickers war man gerettet. Eine Zittersaison (was sich auch in 4 Gelb-Roten Karten für Fach, Klinkert, Stefes und Neun bemerkbar machte) war für das Team mit einem letztendlich enttäuschenden 13. Rang zu Ende gegangen! Hervorzuheben ist allenfalls eine starke Abwehr mit einem umsichtigen Libero Fach vor Torhüter Kamps, der eine ausgezeichnete Rückrunde absolvierte. Neben Kamps machte nur noch Kastenmaier alle 38 Spiele mit, wobei der Ex-Münchner als gefürchteter Freistoßspezialist auch noch 6 Treffer erzielte. Der Schwede Dahlin, Mitte der Saison zum Bökelberg gekommen, bewies in einigen Spielen seine enorme Torgefährlichkeit, war jedoch sehr verletzungsanfällig, weshalb auch er in einigen Spielen fehlte. Criens bewies in den letzten Spielen, wie wichtig er für die Borussia ist.

SAISONSTATISTIK	**Platz: 13**			
	Siege:	10	Tore:	37 - 49(-12)
	Unentsch.:	14	Punkte:	34 : 42
	Niederl.:	14	Zuschauer:	424.443(22.339)

FIEBERKURVE

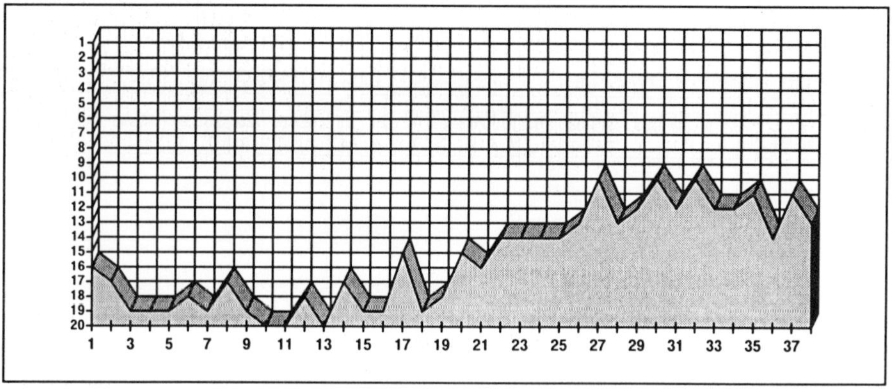

Andrzej Rudy überwindet mit diesem Schuß Uwe Kamps, der Ball geht aber am Tor vorbei (Köln - Gladbach 1:1).

1991/92

Sp.	Datum		Gegner	Ergebnis	BMG-Torschützen	Zuschauer
01.	03.08.91	A	B. Leverkusen	0 : 1 (0-1)	-	24.000
02.	10.08.91	H	MSV Duisburg	0 : 0 (0-0)	-	34.500
03.	14.08.91	A	Karlsruher SC	0 : 2 (0-2)	-	18.000
04.	21.08.91	H	W. Bremen	0 : 2 (0-0)	-	20.000
05.	24.08.91	A	Hansa Rostock	1 : 2 (1-1)	Fach	18.000
06.	28.08.91	H	F. Düsseldorf	3 : 1 (1-0)	Kastenmaier 2 | Fach	20.000
07.	31.08.91	A	Schalke 04	1 : 3 (0-2)	Klinkert	55.600
08.	07.09.91	H	Dynamo Dresden	1 : 0 (1-0)	Wynhoff	13.600
09.	14.09.91	A	VfL Bochum	1 : 3 (0-1)	Schulz	18.000
10.	21.09.91	H	1.FC Köln	2 : 2 (1-1)	Kastenmaier | Fach	23.100
11.	28.09.91	A	Kaiserslautern	2 : 4 (1-3)	Max | Salou	34.100
12.	05.10.91	H	Hamburger SV	1 : 0 (1-0)	Max	22.000
13.	12.10.91	A	E. Frankfurt	0 : 0 (0-0)	-	33.000
14.	19.10.91	H	1.FC Nürnberg	1 : 0 (1-0)	Salou	18.500
15.	26.10.91	A	Bay. München	0 : 3 (0-1)	-	36.000
16.	02.11.91	H	Bor. Dortmund	1 : 1 (0-0)	Salou	29.500
17.	09.11.91	A	VfB Stuttgart	1 : 0 (1-0)	Fach	19.000
18.	16.11.91	A	Stuttg. Kickers	0 : 3 (0-1)	-	6.000
19.	23.11.91	H	Wattenscheid 09	1 : 0 (1-0)	Stadler	13.700
20.	30.11.91	H	B. Leverkusen	2 : 2 (0-1)	Klinkert | Kastenmaier	14.500
21.	07.12.91	A	MSV Duisburg	1 : 1 (0-1)	Salou	25.000
22.	14.12.92	H	Karlsruher SC	1 : 0 (1-0)	Dahlin	11.900
23.	08.02.92	A	W. Bremen	0 : 0 (0-0)	-	15.700
24.	15.02.92	H	H. Rostock	1 : 1 (1-0)	Max	12.000
25.	22.02.92	A	F. Düsseldorf	1 : 1 (1-1)	Salou	18.500
26.	29.02.92	H	Schalke 04	1 : 1 (0-0)	Criens	34.500
27.	07.03.92	A	Dyn. Dresden	2 : 1 (1-0)	Criens | Klinkert	14.000
28.	14.03.92	H	VfL Bochum	1 : 2 (0-1)	Schulz	13.500
29.	21.03.92	A	1.FC Köln	1 : 1 (1-1)	Max	27.000
30.	28.03.92	H	Kaiserslautern	1 : 0 (1-0)	Criens	18.000
31.	04.04.92	A	Hamburger SV	1 : 0 (1-0)	Eck	25.800
32.	11.04.92	H	E. Frankfurt	1 : 1 (1-0)	Criens	28.500
33.	18.04.92	A	1.FC Nürnberg	1 : 2 (0-1)	Criens	43.000
34.	25.04.92	H	Bay. München	1 : 1 (0-0)	Criens	34.500
35.	02.05.92	A	Bor. Dortmund	2 : 2 (1-0)	Pflipsen| Schneider	52.600
36.	05.05.92	H	VfB Stuttgart	0 : 1 (0-1)	-	22.000
37.	09.05.92	H	Stuttg. Kickers	2 : 1 (0-1)	Criens | Kastenmaier	17.000
38.	16.05.92	A	Wattenscheid	2 : 3 (2-1)	Dahlin | Kastenmaier	18.000

1991/92

Spieltag	Kamps	Fach	Klinkert	Kastenmaier	Schulz	Hochstätter	Steffen	Pflipsen	Schneider	Max	Neun	Wynhoff	Criens	Meier	Eichin	Salou	Stadler	Huschbeck	Stefes	Dahlin	Hoersen				
01.	x	x	x	o	+	x	x	x	o	+	x	x	x												
02.	x	x	x	x		x	o	x	x	x	x	+	o	+											
03.	x	x	x	o	ü	x		o	x	x	x	+	x		x										
04.	x	x	x	o	+	x		x	x	+	x	x	x		o										
05.	x	x	x	x	x	x	o	x			x	x	o	+		+									
06.	x	x	x	x	x	o	x		+	x	x	x		o			+								
07.	x	x	x	x	x		x	o	x	+	x	x		o			+								
08.	x	x	x	x	+		o	x	x	o	x	x				+	x								
09.	x	x	x	o	x		x		x	o	x	x		+		+	x								
10.	x	x	x	x	o		+		x	+	x	x		o		x	x								
11.	x	x	o	x					x	x	x	o			x	+	x	+	x						
12.	x	x	x	x				x	x	x	x	o		+		+	x			o					
13.	x	x	x	x					x	x	x	o		o	x		x		+	+					
14.	x	x	x	x				+	x	o	x	+		o	x	x	x								
15.	x	x	x	x					x	x	x	+		x	x	x	x								
16.	x	x	x	x		+			x	o	x	+		o	x	x	x								
17.	x	x	x	x					x	o	x	o			x	o	x	+	+						
18.	x	x	x	x					o	x		x			x	x	x		o	+	+				
19.	x	x	x	x					x			+		o	x	x	x		+	o	x				
20.	x	x	x	x					x	o		x		o	x	x	x			+	x				
21.	x	x	x	x					x	o		x			x	x	x	+			x				
22.	x	x		x					x	o		x			x	x	x	+	+	o	x				
23.	x	x	x	x	+	x	x	x		o	x				x	x	x								
24.	x		x	x		x	x	x		o	x				x	x	x			+					
25.	x	x	x	x		x	ü	o		x	x				x	o	x			+					
26.	x	x	x	x	+	x				o	x		x		x	o				+					
27.	x	x	x	x	x	o	+			+	x		x		x	o	x								
28.	x	x	x	x	x	x	x			+	o		x		x	o				+					
29.	x	x	x	x	x		x		x	o	x		x			+	x								
30.	x	x	x	x	x		x		x	o	x	+	x					x							
31.	x	x	x	o	x		x	+	x	o		x	x					x		+					
32.	x	x	x	x	x		x		x	o	x	+	o			+		x							
33.	x	x	x	x	x		x		o	x	o	+	x			+		x							
34.	x	x	x	x	x			o	x	x	x	+	x					x							
35.	x	x	x	x	x	+		o	x	+	x		o			x		x							
36.	x	x	x	x	x			x	x	+	x	+	x			o		o							
37.	x	x	x	x	+	x		o	x	x	x		x					x							
38.	x		x	x	o	x		o	x	+	x	+	x					x		x					

SP.:	38	36	37	38	23	16	18	18	31	36	32	29	18	13	19	26	23	13	6	12	5				
T.:	0	4	3	6	2	0	0	1	1	4	0	1	7	0	0	5	1	0	0	2	0				

1992 / 93

SAISONFAZIT:
Jürgen Gelsdorf ging mit Borussia in die zweite Saison. Nach dem verkorksten Jahr 91/92 war diese Serie ein sicherer Mittelfeldplatz das Ziel, was am Ende auch mit dem neunten Platz recht gut gelang. Mit Mölby und Nielsen (beide Dänemark) hatte sich Gladbach gut im Mittelfeld (Meier leitete in dieser Saison die Jugend der Borussia) verstärkt, und von Martin Dahlin erhoffte man sich dieses Jahr den Durchbruch. Nach einer für ihn erfolgreichen EM wollte er sich nun durchsetzen. Teilweise gelang ihm dies auch. Vor allem gegen Mitte der Rückrunde zeigte er seine Qualitäten, als ihm viele Treffer gelangen. Insgesamt war er zehnmal erfolgreich. Hätte er nicht in Saarbrücken die Rote Karte gesehen, vielleicht hätte die Borussia noch mehr als Platz 9 erreicht. Neben Dahlin erzielte noch ein anderer Borusse 10 Treffer: der Shooting-Star der Saison Kalla Pflipsen! Er war der überragende Spielgestalter. Fehlte er einmal oder war er nicht in guter Form, so konnte auch die Borussia nicht gewinnen. In den ersten 6 Spielen war er nicht dabei und Borussia kam über einen Sieg (2:1 in Schalke) nicht hinaus. Die Saison begann, wie schon in den letzten Jahren, ziemlich schlecht. Nach dem 14. Spieltag lag Gladbach auf einem Abstiegsplatz (17.). Wenig gelang bis Ende November. Dann kündigte Jürgen Gelsdorf und wechselte zum Konkurrenten Bochum (stieg am Ende mit Bochum in die 2. Liga ab!). Assistenztrainer Bernd Krauss (jahrelang Spieler am Bökelberg) übernahm die Mannschaft, und es wurde besser. Erste Achtungserfolge (1:1 gegen den VfB) gelangen. Auch der erste Auswärtssieg (1:0 in Nürnberg) stellte sich ein. Das Präsidium übertrug nun Bernd Krauss die Chefrolle. In der Winterpause wurde hart und gut gearbeitet, wie Krauss nachher sagte, und der Erfolg stellte sich ein. Zwischen dem 20. und 27. Spieltag gab es keine Niederlage (12:2 Punkte). Den Bayern wurde ein 2:2 Unentschieden abgetrotzt. Doch es gab auch immer wieder Rückschläge (1:2 in Bochum, 1:3 in Wattenscheid und 0:3 gegen Dortmund). Nach drei Siegen in Folge etablierte man sich im gesicherten Mittelfeld. Am Ende stand ein hervorragender neunter Platz. Mit ein bißchen mehr Fortune wäre fast sogar noch mehr (UEFA-Pokalplatz) drin gewesen, doch das wäre wohl zu früh für diese junge Elf gekommen. Erfolgreiche Maßnahme von Trainer Krauss war auch der Torwartwechsel. Für den bis dahin glücklosen Kamps kam Heyne ins Tor. Erst als sich der Ex-Magdeburger gegen Ende der Spielzeit verletzte, kam Kamps wieder zum Zuge und machte seine Sache auch ganz gut. Eine junge Elf für eine bessere Zukunft?

SAISONSTATISTIK **Platz: 9**

Siege:	13	Tore:	59 - 59(0)
Unentsch.:	9	Punkte:	35 : 33
Niederl.:	12	Zuschauer:	387.917(22.819)

FIEBERKURVE

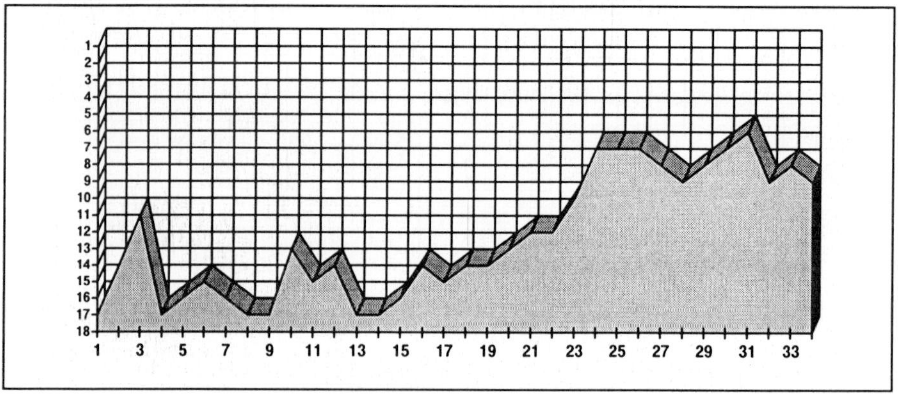

Christian Hochstätter versucht den Dresdener Ralf Hauptmann zu stoppen. Ansonsten liefen die Sachsen meist den Borussen hinterher, Gladbach gewann 5:1.

Frank Schulz spielt den Ball vor dem Uerdinger Andreas Sassen ab. Die Gäste brachten Gladbach mit 0:4 eine derbe Niederlage bei.

1992/93

Sp.	Datum		Gegner	Ergebnis	BMG-Torschützen	Zuschauer
01.	15.08.92	A	Karlsruher SC	2 : 4 (2-1)	Fach | Ertl	22.000
02.	22.08.92	H	VfL Bochum	1 : 1 (1-1)	EIG: Kempe	22.000
03.	26.08.92	A	Schalke 04	2 : 1 (1-0)	Wynhoff | Schulz	53.000
04.	29.08 92	H	B. Uerdingen	0 : 4 (0-3)	-	19.000
05.	02.09.92	A	Kaiserslautern	0 : 0 (0-0)	-	34.000
06.	05.09.92	H	E. Frankfurt	3 : 3 (1-2)	Nielsen | Criens | Wynhoff	18.000
07.	19.09.92	A	Dyn. Dresden	0 : 1 (0-0)	-	14.000
08.	26.09.92	H	1.FC Köln	1 : 2 (1-1)	Dahlin	32.000
09.	03.10.92	A	Bay. München	2 : 2 (1-0)	Criens | Max	64.000
10.	17.10.92	H	Wattenscheid	4 : 1 (2-0)	Pflipsen 2 | Dahlin | Max	14.000
11.	24.10.92	A	Bor. Dortmund	1 : 4 (1-3)	Kastenmaier	42.000
12.	31.10.92	H	Hamburger SV	0 : 0 (0-0)	-	18.000
13.	14.11.92	H	Saarbrücken	2 : 5 (0-2)	Dahlin | Neun	18.000
14.	21.11.92	A	W. Bremen	0 : 2 (0-0)	-	18.000
15.	28.11.92	H	VfB Stuttgart	1 : 1 (0-0)	Pflipsen	15.000
16.	05.12.92	A	1.FC Nürnberg	1 : 0 (0-0)	Pflipsen	28.000
17.	12.12.92	H	B. Leverkusen	2 : 2 (1-2)	Kastenmaier | Wynhoff	16.000
18.	20.02.93	H	Karlsruher SC	3 : 1 (1-0)	Criens 2 | Dahlin	18.000
19.	27.02.93	A	VfL Bochum	1 : 2 (0-1)	Max	25.000
20.	06.03.93	H	Schalke 04	2 : 0 (2-0)	Fach | Kastenmaier	29.000
21.	13.03.93	A	B. Uerdingen	3 : 1 (2-1)	Wynhoff | Kastenmaier | Fach	23.000
22.	20.03.93	H	Kaiserslautern	2 : 2 (2-2)	Kastenmaier 2	29.000
23.	27.03.93	A	E. Frankfurt	3 : 1 (0-0)	Dahlin | Klinkert | Kastenmaier	26.000
24.	03.04.93	H	Dyn. Dresden	5 : 1 (1-1)	Pflipsen 3 | Hochstätter | Wynhoff	28.000
25.	10.04.93	A	1.FC Köln	2 : 1 (0-0)	Schneider | Dahlin	55.000
26.	17.04.93	H	Bay. München	2 : 2 (0-2)	Dahlin 2	34.000
27.	24.04.93	A	Wattenscheid	1 : 3 (0-2)	Dahlin	16.000
28.	27.04.93	H	Bor. Dortmund	0 : 3 (0-2)	-	32.000
29.	01.05.93	A	Hamburger SV	2 : 0 (1-0)	Kastenmaier | Neun	21.000
30.	08.05.93	A	Saarbrücken	4 : 0 (1-0)	Dahlin | Fach | Pflipsen | Neun	25.000
31.	15.05.93	H	W. Bremen	3 : 1 (1-0)	Pflipsen | Fach | Nielsen	31.000
32.	22.05.93	A	VfB Stuttgart	2 : 3 (1-2)	Wynhoff | Klinkert	46.000
33.	29.05.93	H	1.FC Nürnberg	2 : 1 (0-0)	Pflipsen | Kastenmaier	28.000
34.	05.06.93	A	B. Leverkusen	0 : 4 (0-1)	-	25.000

1992/93

Spieltag	Heyne	Kastenmaier	Eichin	Stadler	Wynhoff	Schneider	Pflipsen	Neun	Mölby	Kamps	Max	Criens	Dahlin	Hochstätter	Klinkert	Fach	Hoersen	Ertl	Schulz	Salou	Nielsen	Steffen	Hock		
01.		o		x		x			x	x		x	x	+	x	x	+	o	x						
02.				x		x			x	x	+	x			x	x	x		x	o	x				
03.				x	x	x				x	o	+			x	x	x	+	x	x	o				
04.				x	x				x	x		o	+		x	x	x	+	x	x	o				
05.			+	x	x	x			x	x		+		o	x	x		o		x	x				
06.				+	x	x			x	x		+		o	x	x		o	x	x	x				
07.				x	x	x	+		o	x			+		x	x	o		x	x	x				
08.		x	x		o	x	o		x	x		+	x		x	x				x		+			
09.	x	x	x			x	o		x		+	x	x		x				x		+	o			
10.		x				x	x	x		x	+	x	o		x	x		o		+	x				
11.		x				x	x	x		x	+	x	x		x	x		o	+		o				
12.		x		x		x	x	x	x	x	o	x	x			o		+			+				
13.		x	x	+	x	x	x	x		x		x	x		o			o		+					
14.	x	x	x	x	o	x	x	x			+	x					x			x					
15.	x	x	x	x	o	x	x	x	+		o	x			+		x								
16.	x	x	x	x	x	x	x	x			o	x					x				+				
17.	x	x	x	x	x	x	x	x	o		x	x	+												
18.	x	x	x		x	+	x	x			+	x	o	x	x	o									
19.	x	x	x		o		x	x			+	x	x	x	x	x									
20.	x	x	o	+	x	+	o	x			x	x		x	x	x									
21.	x	x	x		x	+	x	x			o	o		x	x	x				+					
22.	x	x	x		x	+	x	x			x		+	x	x	o				o					
23.	x	x	x		x	x	o	x					x	x	x		+			o	+				
24.	x	x	x		x	x	x	x			o		o	x	x					+	+				
25.	x	x	x		x	x	x	x			o		o	x	x					+	+				
26.	x	x	x		o	x	x	x			o		x	x	x					+	+				
27.	x	x	x		x	x	o	x			+		x	x	x					o	+				
28.		x	x		x	x	o	x		x	o			x	x		+			x	+				
29.		x	x	+	x	x		x	o	x			x	x	x					+	o				
30.		x	x		x	x	+	x	o	x			x	x	x	+					o				
31.		x	x	+	x	x	o	x		x				x	x	x				+	o				
32.		x	x	+	o	x	x	x		x		+		x	x	x					o				
33.		x	x		x	+	x	x		x		o		x	x	x				+	o				
34.		o	x		x	x	x	o	+	x	x			x	x	x							+		

SP.:	15	28	25	17	28	32	27	25	14	19	21	22	20	20	30	21	10	9	8	21	22	2	1		
T.:	0	9	0	0	6	1	10	3	0	0	3	4	10	1	2	5	0	1	1	0	2	0	0		

Tabellen

65/66	Verein	S	U	N	Tore	Pkt.
01.	München 60	20	10	4	80-40	50:18
02.	B. Dortmund	19	9	6	70-36	47:21
03.	B. München	20	7	7	71-38	47:21
04.	W. Bremen	21	3	10	76-40	45:23
05.	1.FC Köln	19	6	9	74-41	44:24
06.	Nürnberg	14	11	9	54-43	39:29
07.	Frankfurt	16	6	12	64-46	38:30
08.	Meider. SV	14	8	12	70-48	36:32
09.	Hamburg. SV	13	8	13	64-52	34:34
10.	Braunschw.	11	12	11	49-49	34:34
11.	VFB Stuttg.	13	6	15	42-48	32:36
12.	Hannover	13	8	15	59-57	30:38
13.	**Mönchengl.**	**9**	**11**	**14**	**57-68**	**29:39**
14.	Schalke 04	10	7	17	33-55	27:41
15.	Kaiserslt.	8	10	16	42-65	26:42
16.	Karlsruhe	9	6	19	35-71	24:44
17.	Neunkirchen	9	4	21	32-82	22:46
18.	Tasmania B.	2	4	28	15-108	8:60

66/67	Verein	S	U	N	Tore	Pkt.
01.	Braunschw.	17	9	8	49-27	43:25
02.	München 60	17	7	10	60-47	41:27
03.	B. Dortmund	15	9	10	70-41	39:29
04.	E. Frankfurt	15	9	10	66-49	39:29
05.	Kaiserslt.	13	12	9	43-42	38:30
06.	B. München	16	5	13	62-47	37:31
07.	1.FC Köln	14	9	11	48-48	37:31
08.	**Mönchengl.**	**12**	**10**	**12**	**70-49**	**34:34**
09.	Hannover	13	8	13	40-46	34:34
10.	Nürnberg	12	10	12	43-50	34:34
11.	MSV Duisb.	10	13	11	40-42	33:35
12.	VFB Stuttg.	10	13	11	48-54	33:35
13.	Karlsruhe	11	9	14	54-62	31:37
14.	Hamburg. SV	10	10	14	37-53	30:38
15.	Schalke 04	12	6	16	37-63	30:38
16.	W. Bremen	10	9	15	49-56	29:39
17.	F. Düsseld.	9	7	18	44-66	25:43
18.	RW Essen	6	13	15	35-53	25:43

67/68	Verein	S	U	N	Tore	Pkt.
01.	Nürnberg	19	9	6	71-37	47:21
02.	W. Bremen	18	8	8	68-51	44:24
03.	**Mönchengl.**	**15**	**12**	**7**	**77-45**	**42:26**
04.	1.FC Köln	17	4	13	68-52	38:30
05.	B. München	16	6	12	68-58	38:30
06.	E. Frankfurt	15	8	11	58-51	38:30
07.	MSV Duisb.	13	10	11	69-58	36:32
08.	VFB Stuttg.	14	7	13	65-54	35:33
09.	Braunschw.	15	5	14	37-39	35:33
10.	Hannover	12	10	12	48-52	34:34
11.	Al. Aachen	13	8	13	52-66	34:34
12.	München 60	11	11	12	55-39	33:35
13.	Hamburg. SV	11	11	12	51-54	33:35
14.	B. Dortmund	12	7	15	60-59	31:37
15.	Schalke 04	11	8	15	42-48	30:38
16.	Kaiserslt.	8	12	14	39-67	28:40
17.	Neunkirchen	7	5	22	33-93	19:49
18.	Karlsruhe	6	5	23	32-70	17:51

68/69	Verein	S	U	N	Tore	Pkt.
01.	B. München	18	10	6	61-31	46:22
02.	Al. Aachen	16	6	12	57-51	38:30
03.	**Mönchengl.**	**13**	**11**	**10**	**61-46**	**37:31**
04.	Braunschw.	13	11	11	46-43	37:31
05.	VFB Stuttg.	14	8	12	60-54	36:32
06.	Hamburg. SV	13	10	11	55-55	36:32
07.	Schalke 04	14	7	13	45-50	35:33
08.	E. Frankfurt	13	8	13	46-43	34:34
09.	W. Bremen	14	6	14	59-59	34:34
10.	München 60	15	4	15	44-59	34:34
11.	Hannover	9	14	11	47-45	32:36
12.	MSV Duisb.	8	16	10	33-37	32:36
13.	1.FC Köln	13	6	15	47-56	32:36
14.	Hertha BSC	12	8	14	31-39	32:36
15.	Kaiserslt.	12	6	16	45-47	30:38
16.	B. Dortmund	11	8	15	49-54	30:38
17.	Nürnberg	9	11	14	45-55	29:39
18.	K. Offenbach	10	8	16	42-59	28:40

69/70	Verein	S	U	N	Tore	Pkt.
01.	**Mönchengl.**	**23**	**5**	**6**	**71-29**	**51:17**
02.	B. München	21	5	8	88-37	47:21
03.	Hertha BSC	20	5	9	67-41	45:23
04.	1.FC Köln	20	3	11	83-38	43:25
05.	B. Dortmund	14	8	12	60-67	36:32
06.	Hamburg. SV	12	11	11	57-54	35:33
07.	VfB Stuttg.	14	7	13	59-62	35:33
08.	E. Frankfurt	12	10	12	54-54	34:34
09.	Schalke 04	11	12	11	43-54	34:34
10.	Kaiserslaut.	10	12	12	44-55	32:36
11.	W. Bremen	10	11	13	38-47	31:37
12.	RW Essen	8	15	11	41-54	31:38
13.	Hannover	11	8	15	49-61	30:38
14.	Oberhausen	11	7	16	50-62	29:39
15.	MSV Duisb.	9	11	14	35-48	29:39
16.	Braunschw.	9	10	15	40-49	28:40
17.	60 München	9	7	18	41-56	25:43
18.	Al. Aachen	5	7	22	31-83	17:51

70/71	Verein	S	U	N	Tore	Pkt.
01.	**Mönchengl.**	**20**	**10**	**4**	**77-35**	**50:18**
02.	B. München	19	10	5	74-36	48:20
03.	Hertha BSC	16	9	9	61-43	41:27
04.	Braunschw.	16	7	11	52-40	39:29
05.	Hamburg. SV	13	11	10	54-63	37:31
06.	Schalke 04	15	6	13	44-40	36:32
07.	MSV Duisb.	12	11	11	43-47	35:33
08.	Kaiserslaut.	15	4	15	54-57	34:34
09.	Hannover	12	9	13	53-49	33:35
10.	W. Bremen	11	11	12	41-40	33:35
11.	1.FC Köln	11	11	12	46-56	33:35
12.	VfB Stuttg.	11	8	15	49-49	30:38
13.	B. Dortmund	10	9	15	54-60	29:39
14.	A. Bielefeld	12	5	17	34-53	29:39
15.	E. Frankfurt	11	6	17	39-56	28:40
16.	Oberhausen	9	9	16	54-69	27:41
17.	K. Offenbach	9	9	16	49-65	27:41
18.	RW Essen	7	9	18	48-68	23:45

71/72	Verein	S	U	N	Tore	Pkt.
01.	B. München	24	7	3	101-38	55:13
02.	Schalke 04	24	4	6	76-35	52:16
03.	**Mönchengl.**	**18**	**7**	**9**	**82-40**	**43:25**
04.	1.FC Köln	15	13	6	64-44	43:25
05.	E. Frankfurt	16	7	11	71-61	39:29
06.	Hertha BSC	14	9	11	46-55	37:31
07.	Kaiserslaut.	14	7	13	59-53	35:33
08.	VfB Stuttg.	13	9	12	52-56	35:33
09.	VfL Bochum	14	6	14	59-69	34:34
10.	Hamburg. SV	13	7	14	52-52	33:35
11.	W. Bremen	11	9	14	63-58	31:37
12.	Braunschw.	8	15	11	43-48	31:37
13.	F. Düsseld.	10	10	14	40-53	30:38
14.	MSV Duisb.	10	7	17	36-51	27:41
15.	Oberhausen	7	11	16	33-66	25:43
16.	Hannover	10	3	21	54-69	23:45
17.	B. Dortmund	6	8	20	34-83	20:48
18.	A. Bielefeld	6	7	21	0-0	0:0

72/73	Verein	S	U	N	Tore	Pkt.
01.	B. München	25	4	5	93-29	54:14
02.	1.FC Köln	16	9	7	66-51	43:25
03.	F. Düsseld.	15	12	7	62-45	42:26
04.	Wuppert. SV	15	10	9	62-49	40:28
05.	**Mönchengl.**	**17**	**5**	**12**	**82-61**	**39:29**
06.	VfB Stuttg.	17	3	14	71-65	37:31
07.	K. Offenbach	14	7	13	61-60	35:33
08.	E. Frankfurt	15	4	15	58-54	34:34
09.	Kaiserslaut.	12	10	12	58-68	34:34
10.	MSV Duisb.	12	9	13	53-54	33:35
11.	W. Bremen	12	7	15	50-52	31:37
12.	VfL Bochum	11	9	14	50-68	31:37
13.	Hertha BSC	11	8	15	53-64	30:38
14.	Hamburg. SV	10	8	16	53-59	28:40
15.	Schalke 04	10	8	16	46-61	28:40
16.	Hannover	9	8	17	49-65	26:42
17.	Braunschw.	9	7	18	33-56	25:43
18.	Oberhausen	9	4	21	45-84	22:46

73/74	Verein	S	U	N	Tore	Pkt.
01.	B. München	20	9	5	95-53	49:19
02.	**Mönchengl.**	**21**	**6**	**7**	**93-52**	**48:20**
03.	F. Düsseld.	16	9	9	61-47	41:27
04.	E. Frankfurt	15	11	8	63-50	41:27
05.	1.FC Köln	16	7	11	69-56	39:29
06.	Kaiserslaut.	15	8	11	80-69	38:30
07.	Schalke 04	16	5	13	72-68	37:31
08.	Hertha BSC	11	11	12	56-60	33:35
09.	VfB Stuttg.	12	7	15	58-57	31:37
10.	K. Offenbach	11	9	14	56-62	31:37
11.	W. Bremen	9	13	12	48-56	31:37
12.	Hamburg. SV	13	5	16	53-62	31:37
13.	RW Essen	10	11	13	56-70	31:37
14.	VfL Bochum	9	12	13	45-57	30:38
15.	MSV Duisb.	11	7	16	42-56	29:39
16.	Wuppertal	8	9	17	42-65	25:43
17.	Fort. Köln	8	9	17	46-79	25:43
18.	Hannover	6	10	18	50-66	22:46

74/75	Verein	S	U	N	Tore	Pkt.
01.	**Mönchengl.**	**21**	**8**	**5**	**86-40**	**50:18**
02.	Hertha BSC	19	6	9	61-43	44:24
03.	E. Frankfurt	18	7	9	89-49	43:25
04.	Hamburg. SV	18	7	9	55-38	43:25
05.	1.FC Köln	17	7	10	77-51	41:27
06.	F. Düsseld.	16	9	9	66-55	41:27
07.	Schalke 04	16	7	11	52-37	39:29
08.	K. Offenbach	17	4	13	72-62	38:30
09.	Braunschw.	14	8	12	52-42	36:32
10.	B. München	14	6	14	57-63	34:34
11.	VfL Bochum	14	5	15	53-53	33:35
12.	RW Essen	10	12	12	56-68	32:36
13.	Kaiserslaut.	13	5	16	56-55	31:37
14.	MSV Duisb.	12	6	16	59-77	30:38
15.	W. Bremen	9	7	18	45-69	25:43
16.	VfB Stuttg.	8	8	18	50-79	24:44
17.	T.B. Berlin	5	6	23	38-89	16:52
18.	Wuppertal	2	8	24	32-86	12:56

75/76	Verein	S	U	N	Tore	Pkt.
01.	**Mönchengl.**	**16**	**13**	**5**	**66-37**	**45:23**
02.	Hamburg. SV	17	7	10	59-32	41:27
03.	B. München	15	10	9	72-50	40:28
04.	1.FC Köln	14	11	9	62-45	39:29
05.	Braunschw.	14	11	9	52-48	39:29
06.	Schalke 04	13	11	10	76-55	37:31
07.	Kaiserslaut.	15	7	12	66-60	37:31
08.	RW Essen	13	11	10	61-67	37:31
09.	E. Frankfurt	13	10	11	79-58	36:32
10.	MSV Duisb.	13	7	14	55-62	33:35
11.	Hertha BSC	11	10	13	59-61	32:36
12.	F. Düsseld.	10	10	14	47-57	30:38
13.	W. Bremen	11	8	15	44-55	30:38
14.	VfL Bochum	12	6	16	49-62	30:38
15.	Karlsr. SC	12	6	16	46-59	30:38
16.	Hannover	9	9	16	48-60	27:41
17.	K. Offenbach	9	9	16	40-72	27:41
18.	B. Uerdingen	6	10	18	28-69	22:46

76/77	Verein	S	U	N	Tore	Pkt.
01.	**Mönchengl.**	**17**	**10**	**7**	**58-34**	**44:24**
02.	Schalke 04	17	9	8	77-52	43:25
03.	Braunschw.	15	13	6	56-38	43:25
04.	E. Frankfurt	17	8	9	86-57	42:26
05.	1.FC Köln	17	6	11	83-61	40:28
06.	Hamburg. SV	14	10	10	67-56	38:30
07.	B. München	14	9	11	74-65	37:31
08.	B. Dortmund	12	10	12	73-64	34:34
09.	MSV Duisb.	11	12	11	60-51	34:34
10.	Hertha BSC	13	8	13	55-54	34:34
11.	W. Bremen	13	7	14	51-59	33:35
12.	F. Düsseld.	11	9	14	52-54	31:37
13.	Kaiserslaut.	12	5	17	53-59	29:39
14.	Saarbrücken	9	11	14	43-55	29:39
15.	VfL Bochum	11	7	16	47-62	29:39
16.	Karlsruh. SC	9	10	15	53-75	28:40
17.	T.B. Berlin	6	10	18	47-85	22:46
18.	RW Essen	7	8	19	49-103	22:46

77/78	Verein	S	U	N	Tore	Pkt.
01.	1.FC Köln	22	4	8	86-41	48:20
02.	**Mönchengl.**	**20**	**8**	**6**	**86-44**	**48:20**
03.	Hertha BSC	15	10	9	59-48	40:28
04.	VfB Stuttg.	17	5	12	58-40	39:29
05.	F. Düsseld.	15	9	10	49-36	39:29
06.	MSV Duisb.	15	7	12	62-59	37:31
07.	E. Frankfurt	16	4	14	59-52	36:32
08.	Kaiserslaut.	16	4	14	64-64	36:32
09.	Schalke 04	14	6	14	47-52	34:34
10.	Hamburg. SV	14	6	14	61-67	34:34
11.	B. Dortmund	14	5	15	57-71	33:35
12.	B. München	11	10	13	62-64	32:36
13.	Braunschw.	14	4	16	43-53	32:36
14.	VfL Bochum	11	9	14	49-51	31:37
15.	W. Bremen	13	5	16	48-57	31:37
16.	60 München	7	8	19	41-60	22:46
17.	Saarbrücken	6	10	18	39-70	22:46
18.	St. Pauli	6	6	22	44-86	18:50

78/79	Verein	S	U	N	Tore	Pkt.
01.	Hamburg. SV	21	7	6	78-32	49:19
02.	VfB Stuttg.	20	8	6	73-34	48:20
03.	Kaiserslaut.	16	11	7	62-47	43:25
04.	B. München	16	8	10	69-46	40:28
05.	E. Frankfurt	16	7	11	50-49	39:29
06.	1.FC Köln	13	12	9	55-47	38:30
07.	F. Düsseld.	13	11	10	70-59	37:31
08.	VfL Bochum	10	13	11	47-46	33:35
09.	Braunschw.	10	13	11	50-55	33:35
10.	**Mönchengl.**	**12**	**8**	**14**	**50-53**	**32:36**
11.	W. Bremen	10	11	13	48-60	31:37
12.	B. Dortmund	10	11	13	54-70	31:37
13.	MSV Duisb.	12	6	16	43-56	30:38
14.	Hertha BSC	9	11	14	40-50	29:39
15.	Schalke 04	9	10	15	55-61	28:40
16.	A. Bielefeld	9	8	17	43-56	26:42
17.	1.FC Nürnb.	8	8	18	36-67	24:44
18.	Darmstadt 98	7	7	20	40-75	21:47

79/80	Verein	S	U	N	Tore	Pkt.
01.	B. München	22	6	6	84-33	50:18
02.	Hamburg. SV	20	8	6	86-35	48:20
03.	VfB Stuttg.	17	7	10	75-53	41:27
	Kaiserslaut.	18	5	11	75-53	41:27
05.	1.FC Köln	14	9	11	72-55	37:31
06.	B. Dortmund	14	8	12	64-56	36:32
07.	**Mönchengl.**	**12**	**12**	**10**	**61-60**	**36:32**
08.	Schalke 04	12	9	13	40-51	33:35
09.	E. Frankfurt	15	2	17	65-61	32:36
10.	VfL Bochum	13	6	15	41-44	32:36
11.	F. Düsseld.	13	6	15	62-72	32:36
12.	Leverkusen	12	8	14	45-61	32:36
13.	60 München	10	10	14	42-53	30:38
14.	MSV Duisb.	11	7	16	43-57	29:39
15.	Uerdingen	12	5	17	43-61	29:39
16.	Hertha BSC	11	7	16	41-61	29:39
17.	W. Bremen	11	3	20	52-93	25:43
18.	Braunschw.	6	8	20	32-64	20:48

80/81	Verein	S	U	N	Tore	Pkt.
01.	B. München	22	9	3	89-41	53:15
02.	Hamburg. SV	21	7	6	73-43	49:19
03.	VfB Stuttg.	19	8	7	70-44	46:22
04.	Kaiserslaut.	17	10	7	60-37	44:24
05.	E. Frankfurt	13	12	9	61-57	38:30
06.	**Mönchengl.**	**15**	**7**	**12**	**68-64**	**37:31**
07.	B. Dortmund	13	9	12	69-59	35:33
08.	1.FC Köln	12	10	12	54-55	34:34
09.	VfL Bochum	9	15	10	53-45	33:35
10.	Karlsruh. SC	9	14	11	56-63	32:36
11.	Leverkusen	10	10	14	52-53	30:38
12.	MSV Duisb.	10	9	15	45-58	29:39
13.	F. Düsseld.	10	8	16	45-58	28:40
14.	1.FC Nürnb.	11	6	17	47-57	28:40
15.	A. Bielefeld	10	6	18	46-65	26:42
16.	60 München	9	7	18	49-67	25:43
17.	Schalke 04	8	7	19	43-88	23:45
18.	Uerdingen	8	6	20	47-79	22:46

81/82	Verein	S	U	N	Tore	Pkt.
01.	Hamburg. SV	18	12	4	95-45	48:20
02.	1.FC Köln	18	9	7	72-38	45:23
03.	B. München	20	3	11	77-56	43:25
04.	Kaiserslaut.	16	10	8	70-61	42:26
05.	W. Bremen	17	8	9	61-52	42:26
06.	B. Dortmund	18	5	11	59-40	41:27
07.	**Mönchengl.**	**15**	**10**	**9**	**61-51**	**40:28**
08.	E. Frankfurt	17	3	14	83-72	37:31
09.	VfB Stuttg.	13	9	12	62-55	35:33
10.	VfL Bochum	12	8	14	52-51	32:36
11.	Braunschw.	14	4	16	61-66	32:36
12.	A. Bielefeld	12	6	16	46-50	30:38
13.	1.FC Nürnb.	11	6	17	53-72	28:40
14.	Karlsruh. SC	9	9	16	50-68	27:41
15.	F. Düsseld.	6	13	15	48-73	25:43
16.	Leverkusen	9	7	18	45-72	25:43
17.	Darmstadt	5	11	18	46-82	21:47
18.	MSV Duisb.	8	3	23	40-77	19:49

82/83	Verein	S	U	N	Tore	Pkt.
01.	Hamburg. SV	20	12	2	79-33	52:16
02.	W. Bremen	23	6	5	76-38	52:16
03.	VfB Stuttg.	20	8	6	80-47	48:20
04.	B. München	17	10	7	74-33	44:24
05.	1.FC Köln	17	9	8	69-42	43:25
06.	Kaiserslaut.	14	13	7	57-44	41:27
07.	B. Dortmund	16	7	11	78-62	39:29
08.	A. Bielefeld	12	7	15	46-71	31:37
09.	Düsseldorf	11	8	15	63-75	30:38
10.	E. Frankfurt	12	5	17	48-57	29:39
11.	Leverkusen	10	9	15	43-66	29:39
12.	**Mönchengl.**	**12**	**4**	**18**	**64-63**	**28:40**
13.	VfL Bochum	8	12	14	43-49	28:40
14.	1.FC Nürnb.	11	6	17	44-70	28:40
15.	Braunschw.	8	11	15	42-65	27:41
16.	Schalke 04	8	6	20	48-68	22:46
17.	Karlsruh. SC	7	7	20	39-86	21:47
18.	Hertha BSC	5	10	19	43-67	20:48

83/84	Verein	S	U	N	Tore	Pkt.
01.	VfB Stuttg.	19	10	5	79-33	48:20
02.	Hamburg. SV	21	6	7	75-36	48:20
03.	**Mönchengl.**	**21**	**6**	**7**	**81-48**	**48:20**
04.	B. München	20	7	7	84-41	47:21
05.	W. Bremen	19	7	8	79-46	45:24
06.	1.FC Köln	16	6	12	70-57	38:30
07.	Leverkusen	13	8	13	50-50	34:34
08.	A. Bielefeld	12	9	13	40-49	33:35
09.	Braunschw.	13	6	15	54-69	32:36
10.	Uerdingen	12	7	15	66-79	31:37
11.	W. Mannheim	10	11	13	45-58	31:37
12.	Kaiserslaut.	12	6	16	68-69	30:38
13.	B. Dortmund	11	8	15	54-65	30:38
14.	F. Düsseld.	11	7	16	63-75	29:39
15.	VfL Bochum	10	8	16	58-70	28:40
16.	E. Frankfurt	7	13	14	45-61	27:41
17.	K. Offenbach	7	5	22	48-106	19:49
18.	1.FC Nürnb.	6	2	26	38-85	14:54

84/85	Verein	S	U	N	Tore	Pkt.
01.	B. München	21	8	5	79-38	50:18
02.	W. Bremen	18	10	6	87-51	46:22
03.	1.FC Köln	18	4	12	69-66	40:28
04.	**Mönchengl.**	**15**	**9**	**10**	**77-53**	**39:29**
05.	Hamburg. SV	14	9	11	58-49	37:31
06.	W. Mannheim	13	11	10	47-50	37:31
07.	Uerdingen	14	8	12	57-52	36:32
08.	Schalke 04	13	8	13	63-62	34:34
09.	VfL Bochum	12	10	12	52-54	34:34
10.	VfB Stuttg.	14	5	15	79-59	33:35
11.	Kaiserslaut.	11	11	12	56-60	33:35
12.	E. Frankfurt	10	12	12	62-67	32:36
13.	Leverkusen	9	13	12	52-54	31:37
14.	B. Dortmund	13	4	17	51-65	30:38
15.	F. Düsseld.	10	9	15	53-66	29:39
16.	A. Bielefeld	8	13	13	46-61	29:39
17.	Karlsruh. SC	5	12	17	47-88	22:46
18.	Braunschw.	8	2	23	39-79	20:48

85/86	Verein	S	U	N	Tore	Pkt.
01.	B. München	21	7	6	82-31	49:19
02.	W. Bremen	20	9	5	83-41	49:19
03.	Uerdingen	19	7	8	63-60	45:23
04.	**Mönchengl.**	**15**	**12**	**7**	**65-51**	**42:26**
05.	VfB Stuttg.	17	7	10	69-45	41:27
06.	Leverkusen	15	10	7	63-51	40:28
07.	Hamburg. SV	17	5	12	52-35	39:29
08.	W. Mannheim	11	11	12	41-44	33:35
09.	VfL Bochum	14	4	16	55-57	32:36
10.	Schalke 04	11	8	15	53-58	30:38
11.	Kaiserslaut.	10	10	14	49-54	30:38
12.	1.FC Nürnb.	12	5	17	51-54	29:39
13.	1.FC Köln	9	11	14	46-59	29:39
14.	F. Düsseld.	11	7	16	54-78	29:39
15.	E. Frankfurt	7	14	13	35-49	28:40
16.	B. Dortmund	10	8	16	49-65	28:40
17.	Saarbrücken	6	9	19	39-68	21:47
18.	Hannover 96	5	8	21	43-92	18:50

86/87	Verein	S	U	N	Tore	Pkt.
01.	B. München	20	13	1	67-31	53:15
02.	Hamburg. SV	19	9	6	69-37	47:21
03.	**Mönchengl.**	**18**	**7**	**9**	**74-44**	**43:25**
04.	B. Dortmund	15	10	9	70-50	40:28
05.	W. Bremen	17	6	11	65-54	40:28
06.	Leverkusen	16	7	11	56-38	39:29
07.	Kaiserslaut.	15	7	12	64-51	37:31
08.	Uerdingen	12	11	11	51-49	35:33
09.	1.FC Nürnb.	12	11	11	62-62	35:33
10.	1.FC Köln	13	9	12	50-53	35:33
11.	VfL Bochum	9	14	11	52-44	32:36
12.	VfB Stuttg.	13	6	15	55-49	32:36
13.	Schalke 04	12	8	14	50-58	32:36
14.	W. Mannheim	10	8	16	52-71	28:40
15.	E. Frankfurt	8	9	17	42-53	25:43
16.	FC Homburg	6	9	19	33-79	21:47
17.	F. Düsseld.	7	6	24	42-91	20:48
18.	BW 90 Berlin	3	12	19	36-76	18:50

87/88	Verein	S	U	N	Tore	Pkt.
01.	W. Bremen	22	8	4	61-22	52:16
02.	B. München	22	4	8	83-45	48:20
03.	1.FC Köln	18	12	4	57-28	48:20
04.	VfB Stuttg.	16	8	10	69-49	40:28
05.	1.FC Nürnb.	13	11	10	44-40	37:31
06.	Hamburg. SV	13	11	10	63-68	37:31
07.	**Mönchengl.**	**14**	**5**	**15**	**55-53**	**33:35**
08.	Leverkusen	10	12	12	53-60	32:36
09.	E. Frankfurt	10	11	13	51-50	31:37
10.	Hannover 96	12	7	15	59-60	31:37
11.	Uerdingen	11	9	14	59-61	31:37
12.	VfL Bochum	10	10	14	47-51	30:38
13.	B. Dortmund	9	11	14	51-54	29:39
14.	Kaiserslaut.	11	7	16	53-62	29:39
15.	Karlsruh. SC	9	11	14	37-55	29:39
16.	W. Mannheim	7	14	13	35-50	28:40
17.	FC Homburg	7	10	17	37-70	24:44
18.	Schalke 04	8	7	19	48-84	23:45

88/89	Verein	S	U	N	Tore	Pkt.
01.	B. München	19	12	3	67-26	50:18
02.	1.FC Köln	18	9	7	58-30	45:23
03.	W. Bremen	18	8	8	55-32	44:24
04.	Hamburg. SV	17	9	8	60-36	43:25
05.	VfB Stuttg.	16	7	11	58-49	39:29
06.	**Mönchengl.**	**12**	**14**	**8**	**44-43**	**38:30**
07.	B. Dortmund	12	13	9	56-40	37:31
08.	Leverkusen	10	14	10	45-44	34:34
09.	Kaiserslaut.	10	13	11	47-44	33:35
10.	St. Pauli	9	14	11	41-42	32:36
11.	Karlsruh. SC	12	8	14	48-51	32:36
12.	W. Mannheim	10	11	13	43-52	31:37
13.	Uerdingen	10	11	13	50-60	31:37
14.	1.FC Nürnb.	8	10	16	36-54	26:42
15.	VfL Bochum	9	8	17	37-57	26:42
06.	E. Frankfurt	8	10	16	30-53	26:42
17.	Stuttg. K.	10	6	18	41-68	26:42
18.	Hannover 96	4	11	19	36-71	19:49

89/90	Verein	S	U	N	Tore	Pkt.
01.	B. München	19	11	4	64-28	49:19
02.	1.FC Köln	17	9	8	43-25	43:25
03.	E. Frankfurt	15	11	8	61-40	41:27
04.	B. Dortmund	15	11	8	51-35	41:27
05.	Leverkusen	12	15	7	40-32	39:29
06.	VfB Stuttg.	15	6	13	53-47	36:32
07.	W. Bremen	10	14	10	49-41	34:34
08.	1.FC Nürnb.	11	11	12	42-46	33:35
09.	F. Düsseld.	10	12	12	41-41	32:36
10.	Karlsruh. SC	10	12	12	32-39	32:36
11.	Hamburg. SV	13	5	16	39-46	31:37
12.	Kaiserslaut.	10	11	13	42-55	31:37
13.	St. Pauli	9	13	12	31-46	31:37
14.	Uerdingen	10	10	14	41-48	30:38
15.	**Mönchengl.**	**11**	**8**	**15**	**37-45**	**30:38**
16.	VfL Bochum	11	7	16	44-53	29:39
17.	W. Mannheim	10	6	18	36-53	26:42
18.	FC Homburg	8	8	18	33-51	24:44

90/91	Verein	S	U	N	Tore	Pkt.
01.	Kaiserslaut.	19	10	5	72-45	48:20
02.	B. München	18	9	7	74-41	45:23
03.	W. Bremen	14	14	6	46-29	42:26
04.	E. Frankfurt	15	10	9	63-40	40:28
05.	Hamburg. SV	16	8	10	60-38	40:28
06.	VfB Stuttg.	14	10	10	57-44	38:30
07.	1.FC Köln	13	11	10	50-43	37:31
08.	Leverkusen	11	13	10	46-45	35:33
09.	**Mönchengl.**	**9**	**17**	**8**	**49-54**	**35:33**
10.	B. Dortmund	10	14	10	34-34	34:34
11.	Wattenscheid	9	15	10	42-51	33:35
12.	F. Düsseld.	11	10	13	40-49	32:36
13.	Karlsruh. SC	8	15	11	46-52	31:37
14.	VfL Bochum	9	11	14	50-52	29:39
15.	1.FC Nürnb.	10	9	15	40-54	29:39
16.	St. Pauli	6	15	13	33-53	27:41
17.	Uerdingen	5	13	16	34-54	23:45
18.	Hertha BSC	3	8	23	37-84	14:54

91/92	Verein	S	U	N	Tore	Pkt.
01.	VfB Stuttg.	21	7	7	62-32	52:24
02.	B. Dortmund	20	6	6	66-47	52:24
03.	E. Frankfurt	18	6	6	76-41	50:26
04.	1.FC Köln	13	7	7	58-41	44:32
05.	Kaiserslaut.	17	10	11	58-42	44:32
06.	Leverkusen	15	13	10	53-39	43:44
07.	1.FC Nürnb.	18	7	13	54-51	43:33
08.	Karlsruh. SC	16	9	13	48-50	41:35
09.	W. Bremen	11	16	11	44-45	38:38
10.	B. München	13	10	15	59-61	36:40
11.	Schalke 04	11	12	15	45-45	34:42
12.	Hamburg. SV	9	16	13	32-43	34:42
13.	**Mönchengl.**	**10**	**14**	**14**	**37-49**	**34:42**
14.	D. Dresden	12	10	16	34-50	34:42
15.	VfL Bochum	10	13	15	38-55	33:43
16.	Wattenscheid	9	14	15	50-60	32:44
17.	Stuttg. K.	10	11	17	53-64	31:45
18.	H. Rostock	10	11	17	43-55	31:45
19.	MSV Duisb.	7	16	15	43-55	30:46
20.	F. Düsseld.	6	12	20	41-69	24:52

92/93	Verein	S	U	N	Tore	Pkt.
01.	W. Bremen	19	10	5	63-30	48:20
02.	B. München	18	11	5	74-45	47:21
03.	Frankfurt	15	12	7	56-39	42:26
04.	B. Dortmund	18	5	11	61-43	41:27
05.	Leverkusen	14	12	8	64-45	40:28
06.	Karlsr. SC	14	11	9	60-54	39:29
07.	VfB Stuttg.	12	12	10	56-50	36:32
08.	Kaiserslt.	13	9	12	50-40	35:33
09.	**Mönchengl.**	**13**	**9**	**12**	**59-59**	**35:33**
10.	Schalke	11	12	11	42-43	34:34
11.	Hamb. SV	8	15	11	42-44	31:37
12.	1.FC Köln	12	4	18	41-51	28:40
13.	Nürnberg	10	8	16	30-47	28:40
14.	Wattensch.	10	8	16	46-67	28:40
15.	D. Dresden	7	13	14	32-49	27:41
16.	Bochum	8	10	16	45-52	26:42
17.	Uerdingen	7	10	17	35-64	24:44
18.	1.FC Saarbr.	5	13	16	37-71	23:45

Ligen - Zugehörigkeit

SAISON	L I G A	PLAZIERUNG
1949/50	2. Liga WEST Gruppe 2	2
1950/51	Oberliga WEST	14
1951/52	2. Liga WEST Gruppe 2	1
1952/53	Oberliga WEST	14
1953/54	Oberliga WEST	13
1954/55	Oberliga WEST	14
1955/56	Oberliga WEST	11
1956/57	Oberliga WEST	16
1957/58	2. Liga WEST Gruppe 2	2
1958/59	Oberliga WEST	13
1959/60	Oberliga WEST	14
1960/61	Oberliga WEST	6
1961/62	Oberliga WEST	13
1962/63	Oberliga WEST	11
1963/64	Regionalliga WEST	8
1964/65	Regionalliga WEST	1
1965/66	1. Bundesliga	13
1966/67	1. Bundesliga	8
1967/68	1. Bundesliga	3
1968/69	1. Bundesliga	3
1969/70	1. Bundesliga	1
1970/71	1. Bundesliga	1
1971/72	1. Bundesliga	3
1972/73	1. Bundesliga	5
1973/74	1. Bundesliga	2
1974/75	1. Bundesliga	1
1975/76	1. Bundesliga	1
1976/77	1. Bundesliga	1
1977/78	1. Bundesliga	2
1978/79	1. Bundesliga	10
1979/80	1. Bundesliga	7
1980/81	1. Bundesliga	6
1981/82	1. Bundesliga	7
1982/83	1. Bundesliga	12
1983/84	1. Bundesliga	3
1984/85	1. Bundesliga	4
1985/86	1. Bundesliga	4
1986/87	1. Bundesliga	3
1987/88	1. Bundesliga	7
1988/89	1. Bundesliga	6
1989/90	1. Bundesliga	15
1990/91	1. Bundesliga	9
1991/92	1. Bundesliga	12
1992/93	1. Bundesliga	9

Alle BL - Ergebnisse auf einen Blick

	Alemannia Aachen		BW 90 Berlin		Hertha BSC Berlin		Tasmania Berlin		T. Bor. Berlin		Arminia Bielefeld	
	H	A	H	A	H	A	H	A	H	A	H	A
65/66:							5-0	0-0				
66/67:												
67/68:	3-0	0-0										
68/69:	2-2	1-2			0-1	1-2						
69/70:	5-1	3-0			1-1	1-1						
70/71:					4-0	2-4					0-2	2-0
71/72:					5-2	1-2					5-1	3-2
72/73:					2-2	1-3						
73/74:					1-1	4-3						
74/75:					1-1	1-2			3-1	4-1		
75/76:					1-1	0-3						
76/77:					2-1	1-0			3-0	1-0		
77/78:					2-1	1-2						
78/79:					0-2	0-1					4-1	2-0
79/80:					4-1	1-3						
80/81:											4-2	3-2
81/82:											3-1	0-5
82/83:					3-1	2-0					3-0	2-4
83/84:											3-0	2-2
84/85:											2-0	3-3
85/86:												
86/87:			2-1	2-3								
87/88:												
88/89:												
89/90:												
90/91:					2-0	1-1						
91/92:												
92/93:												

	VfL Bochum		E. Braunschweig		Werder Bremen		Darmstadt 98		Borussia Dortmund		Dynamo Dresden	
	H	A	H	A	H	A	H	A	H	A	H	A
65/66:			1-0	1-1	0-7	0-2			4-5	1-3		
66/67:			0-0	1-2	1-1	2-2			4-0	2-3		
67/68:			2-0	1-2	3-1	4-0			2-2	1-3		
68/69:			1-1	0-0	1-1	5-6			1-0	3-1		
69/70:			1-0	1-0	1-0	0-0			4-2	1-2		
70/71:			3-1	1-1	0-2	1-1			3-2	4-3		
71/72:	1-1	2-0	4-1	1-2	2-2	2-2			7-1	0-0		
72/73:	6-0	0-3	4-0	0-0	3-1	1-1						
73/74:	2-0	1-1			3-1	3-2						
74/75:	3-0	0-0	2-0	3-1	4-2	4-1						
75/76:	1-1	0-2	0-0	0-0	3-0	2-2						
76/77:	4-2	0-0	1-1	1-1	3-1	0-1			1-1	0-0		
77/78:	2-2	0-0	3-1	6-0	4-0	2-3			12-0	3-3		
78/79:	2-0	0-0	2-3	0-3	4-0	1-3	3-1	0-2	2-2	1-1		
79/80:	3-2	0-0	1-1	3-0	2-1	2-4			2-2	1-1		
80/81:	2-1	1-1					6-1	1-1	1-0	3-0		
81/82:	4-2	1-1	4-2	1-0	2-4	1-0			0-1	3-2		
82/83:	3-1	1-3	3-0	0-0	1-2	0-2			2-3	6-4		
83/84:	4-2	4-0	6-2	1-3	3-1	0-2			2-1	1-4		
84/85:	4-3	2-0	10-0	4-0	1-1	0-2			1-1	3-2		
85/86:	2-0	2-2			1-2	1-1			2-1	3-2		
86/87:	2-1	1-1			1-2	7-1			2-2	2-0		
87/88:	3-0	2-1			1-2	0-2			0-3	1-1		
88/89:	2-0	2-1			4-1	0-2			1-1	0-0		
89/90:	1-2	1-2			4-0	0-0			0-0	0-3		
90/91:	1-2	0-3			1-1	0-3			2-1	1-1		
91/92:	1-2	1-3			0-2	0-0			1-1	2-2	1-0	2-1
92/93:	1-1	1-2			3-1	0-2			0-3	1-4	5-1	0-1

	M S V Duisburg		Fortuna Düsseldorf		Rot-Weiß Essen		Eintracht Frankfurt		Hamburger S V		Hannover 9 6	
	H	A	H	A	H	A	H	A	H	A	H	A
65/66:	1-2	2-3					1-2	1-3	0-0	0-5	2-0	1-2
66/67:	3-3	3-1	3-1	2-2	4-3	1-2	0-0	0-1	4-2	0-2	2-0	1-1
67/68:	1-1	2-2					1-1	1-3	4-1	3-2	5-1	1-1
68/69:	1-0	1-1					2-3	1-1	1-2	0-2	3-2	3-2
69/70:	4-1	1-0			2-1	0-1	1-2	2-1	4-3	3-1	5-0	0-1
70/71:	1-0	1-1			4-3	2-1	5-0	4-1	3-0	2-2	0-0	1-1
71/72:	3-0	5-1	1-2	2-0			6-2	0-3	1-0	0-1	3-0	0-2
72/73:	4-3	2-2	2-3	3-1			0-2	0-3	6-1	3-1	3-1	2-1
73/74:	3-2	2-1	1-2	0-1	2-2	6-2	0-0	0-1	6-1	0-1	4-3	2-0
74/75:	4-1	1-1	3-1	2-3	1-1	3-1	3-0	1-1	1-3	1-1		
75/76:	3-0	3-2	1-0	1-1	1-2	3-1	4-2	1-1	1-1	0-0	2-0	3-3
76/77:	1-1	2-3	3-1	1-0	6-0	0:1	1-3	3-1	0-0	1-4		
77/78:	1-3	1-1	3-2	3-1			2-0	2-4	2-1	6-2		
78/79:	0-2	3-0	1-0	3-3			1-3	0-2	4-3	0-3		
79/80:	6-0	0-3	2-1	4-1			4-1	2-5	2-2	0-3		
80/81:	4-1	0-4	2-2	1-2			2-2	1-2	2-2	1-2		
81/82:	4-2	1-0	3-0	2-0			1-0	0-3	1-3	1-1		
82/83:			5-0	1-2			3-1	0-3	1-1	3-4		
83/84:			1-1	1-4			1-1	1-1	4-0	1-2		
84/85:			0-2	1-2			3-3	1-1	0-1	1-1		
85/86:			5-1	0-2			1-1	1-1	2-1	1-4	4-3	3-2
86/87:			4-1	1-1			1-1	0-4	0-3	1-3		
87/88:							3-1	0-2	8-2	1-2	1-2	4-2
88/89:							2-1	1-1	0-4	2-1	2-0	1-0
89/90:			3-1	1-0			2-1	0-3	1-3	0-3		
90/91:			2-0	1-4			1-1	1-5	1-1	0-3		
91/92:	0:0	1:1	3-1	1-1			1-1	0-0	1-0	0-1		
92/93:							3-3	3-1	0-0	2-0		

	FC Homburg/Saar H	FC Homburg/Saar A	Kaiserslautern H	Kaiserslautern A	Karlsruher SC H	Karlsruher SC A	Fortuna Köln H	Fortuna Köln A	1. FC Köln H	1. FC Köln A	Bayer 04 Leverkusen H	Bayer 04 Leverkusen A
65/66:			2-0	2-1	1-1	3-3			2-3	2-2		
66/67:			1-1	0-1	3-1	3-3			3-0	2-1		
67/68:			8-2	1-0	0-0	2-3			1-0	5-2		
68/69:			4-0	0-2					2-1	4-1		
69/70:			1-1	4-1					2-0	1-0		
70/71:			5-0	1-0					1-1	2-3		
71/72:			2-1	0-1					3-0	3-4		
72/73:			6-2	1-3					5-2	1-3		
73/74:			2-2	4-2			3-1	5-3	1-1	1-0		
74/75:			3-0	3-1					1-1	2-1		
75/76:			3-0	3-0	4-0	4-2			2-1	4-0		
76/77:			0-0	2-1	5-1	0-4			3-1	3-0		
77/78:			2-2	3-0					2-5	1-1		
78/79:			5-1	3-1					2-0	1-1		
79/80:			0-3	2-4					2-2	4-4	4-2	0-0
80/81:			1-0	2-3	3-3	4-3			2-0	3-2	1-0	5-1
81/82:			2-2	2-3	2-2	1-1			0-2	0-3	3-1	0-0
82/83:			4-2	0-3	5-0	0-2			1-4	1-2	3-1	2-3
83/84:			3-2	2-0					4-2	2-1	3-1	2-1
84/85:			7-0	0-2	3-3	1-0			2-3	5-1	1-1	2-3
85/86:			3-0	1-1					1-1	2-0	2-2	1-3
86/87:	5-0	2-0	0-1	1-1					3-1	4-2	2-1	2-0
87/88:	2-0	0-0	1-0	2-5	2-2	2-2			0-1	1-4	2-1	1-2
88/89:			4-1	0-0	1-1	2-2			1-0	1-3	2-0	1-3
89/90:	0-0	3-1	3-1	1-2	0-0	1-0			0-2	0-3	1-1	0-0
90/91:			2-2	3-2	2-1	2-3			2-2	3-1	1-1	5-2
91/92:			1-0	2-4	1-0	0-2			2-2	1-1	2-2	0-1
92/93:			2-2	0-0	3-1	2-4			1-2	2-1	2-2	0-4

	Waldhof Mannheim		Bayern München		TSV 1860 München		Borussia Neunkirchen		1. FC Nürnberg		RW Oberhausen	
	H	A	H	A	H	A	H	A	H	A	H	A
65/66:			1-2	2-5	1-1	3-3	4-1	1-1	8-3	2-2		
66/67:			1-2	3-4	2-3	3-4			2-0	0-1		
67/68:			1-1	1-3	1-1	0-0	10-0	3-0	1-1	0-1		
68/69:			1-1	0-0	3-0	4-0			1-1	0-4		
69/70:			2-1	0-1	3-1	3-0					6-1	4-3
70/71:			3-1	2-2							6-0	2-0
71/72:			2-2	0-2							5-2	4-0
72/73:			0-3	0-3							4-1	3-1
73/74:			5-0	3-4								
74/75:			1-2	1-1								
75/76:			4-1	0-4								
76/77:			1-0	2-2								
77/78:			2-0	1-1	2-1	1-1						
78/79:			1-7	1-3					3-1	0-1		
79/80:			2-1	1-3	1-1	0-0						
80/81:			1-4	0-4	3-2	0-0			1-4	0-2		
81/82:			3-0	1-1					4-2	2-3		
82/83:			0-0	1-3					1-2	0-1		
83/84:	3-0	3-2	3-0	0-4					2-0	3-1		
84/85:	3-0	3-1	3-2	0-4								
85/86:	1-1	1-3	4-2	0-6					3-0	4-2		
86/87:	7-2	1-1	0-1	1-3					4-0	0-2		
87/88:	0-1	3-0	2-0	0-1					3-0	0-3		
88/89:	1-1	1-4	2-1	0-3					1-1	0-0		
89/90:	2-0	2-4	0-0	0-2					3-0	0-2		
90/91:			1-1	1-4					2-0	2-2		
91/92:			1-1	0-3					1-0	1-2		
92/93:			2-2	2-2					2-1	1-0		

	Kickers Offenbach		FC St. Pauli		Hansa Rostock		1.FC Saar-brücken		Schalke 04		V f B Stuttgart	
	H	A	H	A	H	A	H	A	H	A	H	A
65/66:									2-0	0-0	1-0	0-5
66/67:									11-0	0-0	1-2	2-0
67/68:									1-6	4-3	1-1	3-1
68/69:	4-1	0-1							3-0	1-1	4-4	3-0
69/70:									2-0	0-2	3-0	0-0
70/71:	2-0	3-1							2-0	0-0	4-1	1-1
71/72:									7-0	1-1	0-0	1-0
72/73:	3-2	1-2							4-1	2-2	3-4	0-3
73/74:	5-1	3-2							6-0	0-2	3-1	1-6
74/75:	5-2	3-4							1-0	3-1	5-1	2-1
75/76:	2-0	1-1							0-2	2-2		
76/77:							3-0	2-2	2-0	0-1		
77/78:			2-1	1-0			6-1	1-0	2-1	2-1	3-1	0-2
78/79:									0-0	1-1	0-0	0-2
79/80:									1-1	0-1	1-1	0-4
80/81:									3-1	2-2	1-3	2-4
81/82:											0-0	2-2
82/83:									0-0	4-2	1-4	2-3
83/84:	3-2	3-4									2-0	0-0
84/85:									3-1	1-4	2-1	3-2
85/86:							2-0	3-1	4-0	2-2	1-1	0-0
86/87:									3-1	2-1	4-0	4-2
87/88:									1-1	3-0	0-1	0-6
88/89:			2-2	1-1							2-2	1-2
89/90:			4-1	1-2							3-1	0-4
90/91:			1-1	1-1							2-0	1-1
91/92:					1-1	1-2			1-1	1-3	0-1	1-0
92/93:							2-5	4-0	2-0	2-1	1-1	2-3

	Stuttgarter Kickers		Bayer 05 Uerdingen		Watten-scheid 09		Wupper-taler SV	
	H	A	H	A	H	A	H	A
65/66:								
66/67:								
67/68:								
68/69:								
69/70:								
70/71:								
71/72:								
72/73:							2-1	5-0
73/74:							7-1	4-2
74/75:							6-2	5-1
75/76:			6-1	1-1				
76/77:								
77/78:								
78/79:								
79/80:			3-2	1-0				
80/81:			7-1	0-2				
81/82:								
82/83:								
83/84:			7-1	1-1				
84/85:			0-0	2-3				
85/86:			1-2	1-1				
86/87:			2-0	1-1				
87/88:			2-1	4-2				
88/89:	1-1	0-3	3-0	0-0				
89/90:			0-1	0-0				
90/91:			1-1	1-1	1-1	1-1		
91/92:	2-1	0-3			1-0	2-3		
92/93:			0-4	3-1	4-1	1-3		

HEIM - AUSWÄRTSBILANZ

Saison*	Heimbilanz S	U	N	Tore	Punkte	Auswärtsbilanz S	U	N	Tore	Punkte
65/66:	8	3	6	36-27	19:15	1	8	8	21-41	10:24
66/67:	9	5	3	45-19	23:11	3	5	9	25-30	11:23
67/68:	8	8	1	45-19	24:10	7	4	6	32-26	18:16
68/69:	8	6	3	34-20	22:12	5	5	7	27-26	15:19
69/70:	14	2	1	47-15	30:4	9	3	5	24-14	21:13
70/71:	13	2	2	46-13	28:6	7	8	2	31-22	22:12
71/72:	12	4	1	57-17	28:6	6	3	8	25-23	15:19
72/73:	12	1	4	57-29	25:9	5	4	8	25-32	14:20
73/74:	11	5	1	54-19	27:7	10	1	6	39-33	21:13
74/75:	12	3	2	47-18	27:7	9	5	3	39-22	23:11
75/76:	11	4	2	38-12	26:8	5	9	3	28-25	19:15
76/77:	11	5	1	39-13	27:7	6	5	6	19-21	17:17
77/78:	13	2	2	52-22	28:6	7	6	4	34-22	20:14
78/79:	9	3	5	34-26	21:13	3	5	9	16-27	11:23
79/80:	9	7	1	40-24	25:9	3	5	9	21-36	11:23
80/81:	10	4	3	40-28	24:10	5	3	9	28-36	13:21
81/82:	10	3	4	42-25	23:11	5	7	5	19-26	17:17
82/83:	9	3	5	39-22	21:13	3	1	13	25-41	7:27
83/84:	15	2	0	54-16	32:2	6	4	7	27-32	16:18
84/85:	8	6	3	45-22	22:12	7	3	7	32-31	17:17
85/86:	10	5	2	39-18	25:9	5	7	5	26-33	17:17
86/87:	11	2	4	42-18	24:10	7	5	5	32-26	19:15
87/88:	9	2	6	31-18	20:14	5	3	9	24-35	13:21
88/89:	9	7	1	31-17	25:9	3	7	7	13-26	13:21
89/90:	8	5	4	27-14	21:13	3	3	11	10-31	9:25
90/91:	6	10	1	25-16	22:12	3	7	7	24-38	13:21
91/92:	8	8	3	21-16	24:14	2	6	11	16-33	10:28
92/93:	6	7	4	33-30	19:15	7	2	8	26-29	16:18

GESAMT:		S	U	N	Tore	Punkte
	HEIM:	**279**	**124**	**75**	**1140 - 553**	**682 : 274**
	AUSW.:	**147**	**134**	**197**	**708 - 817**	**428 : 528**
	=	**426**	**258**	**262**	**1848 - 1370**	**1110 : 802**

Bilanz gegen die anderen Vereine

Verein		SP	S	U	N	Tore	Punkte
Alemannia	Heim:	3	2	1	-	10 - 3	5 : 1
Aachen	Ausw.:	3	1	1	1	4 - 2	3 : 3
	GES.:	**6**	**3**	**2**	**1**	**14 - 5**	**8 : 4**
Blau-Weiß	Heim:	1	1	-	-	2 - 1	2 : 0
Berlin	Ausw.:	1	-	-	1	2 - 3	0 : 2
	GES.:	**2**	**1**	**-**	**1**	**4 - 4**	**2 : 2**
Hertha BSC	Heim:	14	7	5	2	28 - 15	19 : 9
Berlin	Ausw.:	14	3	2	9	17 - 27	8 : 20
	GES.:	**28**	**10**	**7**	**11**	**45 - 42**	**27 : 29**
Tasmania	Heim:	1	1	-	-	5 - 0	2 : 0
Berlin	Ausw.:	1	-	1	-	0 - 0	1 : 1
	GES.:	**2**	**1**	**1**	**-**	**5 - 0**	**3 : 1**
Tennis Bor.	Heim:	2	2	-	-	6 - 1	4 : 0
Berlin	Ausw.:	2	2	-	-	5 - 1	4 : 0
	GES.:	**4**	**4**	**-**	**-**	**11 - 2**	**8 : 0**
Arminia	Heim:	8	7	-	1	24 - 7	14 : 2
Bielefeld	Ausw.:	8	4	2	2	17 - 18	10 : 6
	GES.:	**16**	**11**	**2**	**3**	**41 - 25**	**24 : 8**
VfL	Heim:	22	15	4	3	54 - 25	34 : 10
Bochum	Ausw.:	22	5	10	7	22 - 26	20 : 24
	GES.:	**44**	**20**	**14**	**10**	**76 - 51**	**54 : 34**
Eintracht	Heim:	18	12	5	1	48 - 13	29 : 7
Braunschweig	Ausw.:	18	6	7	5	25 - 16	19 : 17
	GES.:	**36**	**18**	**12**	**6**	**73 - 29**	**48 : 24**
SV Werder	Heim:	27	14	5	8	56 - 39	33 : 21
Bremen	Ausw.:	27	5	9	13	38 - 47	19 : 35
	GES.:	**54**	**19**	**14**	**21**	**94 - 86**	**52 : 56**
Darmstadt	Heim:	2	2	-	-	9 - 2	4 : 0
98	Ausw.:	2	-	1	1	1 - 3	1 : 3
	GES.:	**4**	**2**	**1**	**1**	**10 - 5**	**5 : 3**

Verein		SP	S	U	N	Tore	Punkte
Borussia	Heim:	24	10	9	5	56 - 35	29 : 19
Dortmund	Ausw.:	24	8	9	7	43 - 45	25 : 23
	GES.:	**48**	**18**	**18**	**12**	**99 - 80**	**54 : 42**
Dynamo	Heim:	2	2	-	-	6 - 1	4 : 0
Dresden	Ausw.:	2	1	-	1	2 - 2	2 : 2
	GES.:	**4**	**3**	**-**	**1**	**8 - 3**	**6 : 2**
MSV	Heim:	18	11	4	3	44 - 22	26 : 10
Duisburg	Ausw.:	18	7	7	4	31 - 27	21 : 15
	GES.:	**36**	**18**	**11**	**7**	**75 - 49**	**47 : 25**
Fortuna	Heim:	20	14	2	4	48 - 22	30 : 10
Düsseldorf	Ausw.:	20	7	5	8	31 - 31	19 : 21
	GES.:	**40**	**21**	**7**	**12**	**79 - 53**	**49 : 31**
Rot-Weiß	Heim:	7	4	2	1	20 - 12	10 : 4
Essen	Ausw.:	7	4	-	3	15 - 9	8 : 6
	GES.:	**14**	**8**	**2**	**4**	**35 - 21**	**18 : 10**
Eintracht	Heim:	28	11	11	6	55 - 38	33 : 23
Frankfurt	Ausw.:	28	4	8	16	27 - 58	16 : 40
	GES.:	**56**	**15**	**19**	**22**	**82 - 96**	**49 : 63**
Hamburger	Heim:	28	13	8	7	60 - 41	34 : 22
SV	Ausw.:	28	6	5	17	33 - 57	17 : 39
	GES.:	**56**	**19**	**13**	**24**	**93 - 98**	**51 : 61**
Hannover	Heim:	13	11	1	1	36 - 12	23 : 3
96	Ausw.:	13	6	4	3	22 - 18	16 : 10
	GES.:	**26**	**17**	**5**	**4**	**58 - 30**	**39 : 13**
FC Hom-	Heim:	3	2	1	-	7 - 0	5 : 1
burg	Ausw.:	3	2	1	-	5 - 1	5 : 1
	GES.:	**6**	**4**	**2**	**-**	**12 - 1**	**10 : 2**
1.FC Kai-	Heim:	28	18	8	2	77 - 28	44 : 12
serslautern	Ausw.:	28	12	4	12	45 - 44	28 : 28
	GES.:	**56**	**30**	**12**	**14**	**122 - 72**	**72 : 40**

Verein		SP	S	U	N	Tore	Punkte
Karlsruher	Heim:	15	7	8	-	35 - 16	22 : 8
SC	Ausw.:	15	4	5	6	27 - 34	13 : 17
	GES.:	**30**	**11**	**13**	**6**	**62 - 50**	**35 : 25**
1.FC	Heim:	28	13	7	8	51 - 40	33 : 23
Köln	Ausw.:	28	15	5	8	61 - 47	35 : 21
	GES.:	**56**	**28**	**12**	**16**	**112 - 87**	**68 : 44**
Fortuna	Heim:	1	1	-	-	3 - 1	2 : 0
Köln	Ausw.:	1	1	-	-	5 - 3	2 : 0
	GES.:	**2**	**2**	**-**	**-**	**8 - 4**	**4 : 0**
Bayer 04	Heim:	14	8	6	-	29 - 16	22 : 6
Leverkusen	Ausw.:	14	4	3	7	21 - 23	11 : 17
	GES.:	**28**	**12**	**9**	**7**	**50 - 39**	**33 : 23**
Waldhof	Heim:	7	4	2	1	17 - 5	10 : 4
Mannheim	Ausw.:	7	3	1	3	14 - 15	7 : 7
	GES.:	**14**	**7**	**3**	**4**	**31 - 20**	**17 : 11**
Bayern	Heim:	28	13	8	7	49 - 38	34 : 22
München	Ausw.:	28	-	7	21	23 - 78	7 : 49
	GES.:	**56**	**13**	**15**	**28**	**72 -116**	**41 : 71**
TSV 1860	Heim:	8	4	3	1	16 - 10	11 : 5
München	Ausw.:	8	2	5	1	14 - 8	9 : 7
	GES.:	**16**	**6**	**8**	**2**	**30 - 18**	**20 : 12**
Borussia	Heim:	2	2	-	-	14 - 1	4 : 0
Neunkirchen	Ausw.:	2	1	1	-	4 - 1	3 : 1
	GES.:	**4**	**3**	**1**	**-**	**18 - 2**	**7 : 1**
1.FC	Heim:	17	12	3	2	42 - 16	27 : 7
Nürnberg	Ausw.:	17	3	3	11	15 - 29	9 : 25
	GES.:	**34**	**15**	**6**	**13**	**57 - 45**	**36 : 32**
Rot-Weiß	Heim:	4	4	-	-	21 - 4	8 : 0
Oberhausen	Ausw.:	4	4	-	-	13 - 4	8 : 0
	GES.:	**8**	**8**	**-**	**-**	**34 - 8**	**16 : 0**

Verein		SP	S	U	N	Tore	Punkte
Kickers	Heim:	7	7	-	-	24 - 8	14 : 0
Offenbach	Ausw.:	7	2	1	4	14 - 15	5 : 9
	GES.:	**14**	**9**	**1**	**4**	**38 - 23**	**19 : 9**
FC St.	Heim:	4	2	2	-	9 - 5	6 : 2
Pauli	Ausw.:	4	1	2	1	4 - 4	4 : 4
	GES.:	**8**	**3**	**4**	**1**	**13 - 9**	**10 : 6**
Hansa	Heim:	1	-	1	-	1 - 1	1 : 1
Rostock	Ausw.:	1	-	-	1	1 - 2	0 : 2
	GES.:	**2**	**-**	**1**	**1**	**2 - 3**	**1 : 3**
1.FC	Heim:	4	3	-	1	13 - 6	6 : 2
Saarbrücken	Ausw.:	4	3	1	-	10 - 3	7 : 1
	GES.:	**8**	**6**	**1**	**1**	**23 - 9**	**13 : 3**
Schalke	Heim:	23	16	5	2	61 - 16	37 : 9
04	Ausw.:	23	7	10	6	33 - 33	24 : 22
	GES.:	**46**	**23**	**15**	**8**	**94 - 49**	**61 : 31**
VfB	Heim:	26	11	9	6	48 - 31	31 : 21
Stuttgart	Ausw.:	26	8	6	12	31 - 54	22 : 30
	GES.:	**52**	**19**	**15**	**18**	**79 - 85**	**53 : 51**
Stuttgarter	Heim:	2	1	1	-	3 - 2	3 : 1
Kickers	Ausw.:	2	-	-	2	0 - 6	0 : 4
	GES.:	**4**	**1**	**1**	**2**	**3 - 8**	**3 : 5**
Bayer 05	Heim:	12	7	2	3	32 - 14	16 : 8
Uerdingen	Ausw.:	12	3	7	2	15 - 13	13 : 11
	GES.:	**24**	**10**	**9**	**5**	**47 - 27**	**29 : 19**
Watten-	Heim:	3	2	1	-	6 - 2	5 : 1
scheid 09	Ausw.:	3	-	1	2	4 - 7	1 : 5
	GES.:	**6**	**2**	**2**	**2**	**10 - 9**	**6 : 6**
Wuppertaler	Heim:	3	3	-	-	15 - 4	6 : 0
SV	Ausw.:	3	3	-	-	14 - 3	6 : 0
	GES.:	**6**	**6**	**-**	**-**	**29 - 7**	**12 : 0**

Siege / Unentschieden / Niederlagen

SIEGESSERIEN:

- 5 Siege hintereinander:

1970/71:	15. - 19. Spieltag
1972/73:	19. - 23. Spieltag
1976/77:	5. - 9. Spieltag
1977/78:	30. - 34. Spieltag

- 6 Siege hintereinander:

1974/75:	29. - 34. Spieltag

- 12 Siege hintereinander:

1986/87 & 87/88: 25. - 34. Sp. und 1. - 2. Spieltag

1. Spiel:	B. Leverkusen - Borussia	0 : 2	86/87
2. Spiel:	Borussia - Waldh. Mannheim	7 : 2	
3. Spiel:	FC Homburg - Borussia	0 : 2	
4. Spiel:	Borussia - Bayer Uerdingen	2 : 0	
5. Spiel:	VfB Stuttgart - Borussia	2 : 4	
6. Spiel:	Borussia - Schalke 04	3 : 1	
7. Spiel:	B. Dortmund - Borussia	0 : 2	
8. Spiel:	Borussia - Fort. Düsseldorf	4 : 1	
9. Spiel:	1.FC Köln - Borussia	2 : 4	
10. Spiel:	Borussia - 1.FC Nürnberg	4 : 0	
11. Spiel:	VfL Bochum - Borussia	1 : 2	87/88
12. Spiel:	Borussia - B. Uerdingen	2 : 1	

Borussia Mönchengladbach hält mit diesen 12 Siegen hintereinander die zweitlängste Siegesserie aller Zeiten in der 1. Fußball-Bundesliga (den Rekord hält Bayern München mit 13 Siegen). Diese 12 Spiele beinhalten 6 Heim- sowie 6 Auswärtserfolge. Dabei wurden 38 Tore (10 Gegentreffer) erzielt. Uwe Rahn erzielte alleine 15 Treffer, danach folgt Hochstätter mit 6 Toren.

AM LÄNGSTEN UNBESIEGT:

- 17 Spiele hintereinander:	1974/75	11. - 27. Spieltag
- 15 Spiele hintereinander:	1969/70 1970/71	33. - 34. Spieltag & 1. - 13. Spieltag
- 14 Spiele hintereinander:	1977/78	21. - 34. Spieltag
- 12 Spiele hintereinander:	1975/76	10. - 21. Spieltag
	1986/87 1987/88	25. - 34. Spieltag & 1. - 2. Spieltag
- 11 Spiele hintereinander:	1969/70	7. - 17. Spieltag

HÖCHSTE SIEGE:

HEIM

- VfL Bochum	6:0
- E. Braunschweig	6:2, 10:0
- RW Oberhausen	6:1, 6:0
- Darmstadt -	6:1
- Bor. Dortmund	7:1, 12:0
- MSV Duisburg	6:0
- RW Essen	6:0
- Eintr. Frankfurt	6:2
- Hamburger SV	6:1, 6:1, 8:2
- Kaiserslautern	8:2, 6:2, 7:0
- Bor. Neunkirchen	10:0
- 1.FC Nürnberg	8:3
- FC Schalke	11:0, 7:0, 6:0
- 1.FC Saarbrücken	6:1
- Bayer Uerdingen	6:1, 7:1, 7:1
- Wuppertaler SV	7:1, 6:2
- Waldh. Mannheim	7:2

AUSWÄRTS

- E. Braunschweig	6:0
- Werder Bremen	7:1
- Bor. Dortmund	6:4
- RW Essen	6:2
- Hamburger SV	6:2

HÖCHSTE UNENTSCHIEDEN:

HEIM

- VfB Stuttgart 4:4

AUSWÄRTS

- 1.FC Köln 4:4

HÖCHSTE NIEDERLAGEN:

HEIM

- Werder Bremen	0:7
- Bayern München	1:7
- FC Schalke	1:6

AUSWÄRTS

- Bayern München	0:6
- VfB Stuttgart	1:6, 0:6

Wie oft welches Resultat?

SIEGE

	HEIM	AUSW.
1:0	25	22
2:0	37	16
3:0	31	12
4:0	12	7
5:0	8	1
6:0	6	0
7:0	2	0
10:0	2	0
11:0	1	0
12:0	1	0
2:1	32	19
3:1	40	23
4:1	19	6
5:1	9	4
6:1	5	1
7:1	4	1
3:2	11	15
4:2	15	9
5:2	4	2
6:2	4	2
7:2	1	0
8:2	2	0
4:3	8	5
5:3	0	1
6:4	0	1
8:3	1	0

NIEDERLAGEN

	HEIM	AUSW.
0:1	10	24
0:2	10	29
0:3	5	26
0:4	2	11
0:5	0	3
0:6	0	2
0:7	1	0
1:2	22	28
1:3	7	24
1:4	4	10
1:5	0	1
1:6	1	1
1:7	1	0
2:3	7	18
2:4	1	9
2:5	2	3
3:4	1	7
4:5	1	0
5:6	0	1

UNENTSCHIEDEN

	HEIM	AUSW.
0 : 0	22	39
1 : 1	66	64
2 : 2	30	24
3 : 3	5	7
4 : 4	1	1

Hattrick - 3 - 4 - 5 Tore in einem Spiel

3 Tore in einem Bl-Spiel: Hattrick = [*]

- Jupp Heynckes	13.03.66	BMG - Nürnberg	8 : 3
- Herbert Laumen	13.05.66	1860 München - BMG	3 : 3
- Herbert Laumen	07.01.67	BMG - Schalke 04	11 : 0
- Peter Meyer	19.08.67	Schalke - BMG	3 : 4
- Peter Meyer	09.09.67	BMG - Kaiserslautern	8 : 2
- Herbert Laumen [*]	30.09.67	BMG - Hannover	5 : 1
- Günter Netzer	18.01.69	1.FC Köln - BMG	1 : 4
- Horst Köppel	15.11.69	BMG - VfB Stuttgart	3 : 0
- Günter Netzer	15.04.72	BMG - Bor. Dortmund	7 : 1
- Jupp Heynckes	02.12.72	BMG - 1.FC Köln	5 : 2
- Jupp Heynckes	05.03.73	Wuppertaler SV - BMG	0 : 5
- Jupp Heynckes	18.08.73	RW Essen - BMG	2 : 6
- Jupp Heynckes [*]	05.01.74	Fortuna Köln - BMG	3 : 5
- Horst Köppel	27.04.74	BMG - Hamb. SV	6 : 1
- Allan Simonsen	19.10.74	Kick. Offenbach - BMG	4 : 3
- Jupp Heynckes	15.02.75	T. B. Berlin - BMG	1 : 4
- Jupp Heynckes	24.05.75	BMG - Wuppertaler SV	6 : 2
- Jupp Heynckes	28.08.76	BMG - VfL Bochum	4 : 2
- Jupp Heynckes	25.09.76	BMG - RW Essen	6 : 0
- Allan Simonsen [*]	29.10.77	Braunschweig - BMG	0 : 6
- Harald Nickel	15.09.79	BMG - MSV Duisburg	6 : 0
- Siggi Reich	27.02.83	BMG - Karlsruher SC	5 : 0
- Frank Mill	25.08.84	BMG - Schalke 04	3 : 1
- Uwe Rahn	10.10.84	BMG - Braunschweig	10 : 0
- Jörg Criens	10.10.84	BMG - Braunschweig	10 : 0
- Jörg Criens	20.08.88	BMG - W. Bremen	4 : 1

4 Tore in einem Bl-Spiel:

- Bernd Rupp	07.01.67	BMG - Schalke 04	11 : 0
- Herbert Laumen	31.09.67	BMG - Hannover 96	5 : 1
- Peter Meyer	04.11.67	BMG - B. Neunkirchen	10 : 0
- Uwe Rahn	25.04.87	BMG - W. Mannheim	7 : 2

5 Tore in einem Bl-Spiel:

- Jupp Heynckes	29.04.78	BMG - Bor. Dortmund	12 : 0

SPIELERBILANZ:

Spieler	3 Tore	4 Tore	5 Tore	Hattrick
Jörg Criens	2			
Jupp Heynckes	8		1	1
Herbert Laumen	3	1		1
Horst Köppel	2			
Frank Mill	1			
Peter Meyer	2	1		
Günter Netzer	2			
Harald Nickel	1			
Uwe Rahn	1	1		
Siggi Reich	1			
Bernd Rupp		1		
Allan Simonsen	3			1

Gute Haltungsnoten bekommt Horst Köppel für diesen Schuß auf das von Rynio gehütete BVB-Tor. Köppel erzielte zweimal drei Tore innerhalb eines Spiels.

Spieler - ABC

Name, Vorname	Geb.-datum	Spieljahre	Spiele	Tore
Ackermann, Klaus	20.03.46	67-69	60	10
Amrath, Klaus	25.01.54	78-79	8	2
Bakalorz, Dirk	22.08.63	86-88	39	5
Belanow, Igor	25.09.60	89-91	24	4
Bergfeld, Manfred	13.03.61	81-82	6	0
Bierhoff, Oliver	01.05.68	89-90	8	0
Bleidick, Hartwig	26.12.44	68-73	114	6
Bödeker, Ralf	12.05.58	78-82	32	1
Bodden, Olaf	04.05.68	89-90	3	0
Bonhof, Rainer	29.03.52	70-78	231	42
Born, Stefan	07.03.58	81-82	3	0
Borowka, Ulrich	19.05.62	81-87	149	11
Brandts, Andreas	09.04.62	82-83 + 86-88	33	3
Brunn, Uwe (TW)	20.11.67	88-91	6	0
Bruns, Hans-Günter	15.11.54	78-79 + 80-90	331	61
Budde, Christoph	11.02.63	85-90	42	4
Criens, Hans-Jörg	18.12.60	82-93	281	92
Dahlin, Martin	16.04.68	91-93	32	12
Danner, Dietmar	29.11.50	71-80	179	27
Danner, Volker (TW)	21.08.42	66-70	93	0
Del'Haye, Karl	18.08.55	74-80	87	14
Dietrich, Peter	06.03.44	67-71	103	11
Drehsen, Hans-Georg	30.12.64	82-89 + 90-91	130	21
Dudek, Helmut	14.12.57	78-80	6	0
Durkovic, Vladimir	06.11.38	66-67	10	0
Effenberg, Stefan	02.08.68	87-90	73	10
Eichin, Thomas	09.10.66	86-93	143	0
Elfert, Gerhard	06.09.42	65-67	42	4
Ernst, Arno	29.09.41	65-67	4	0
Ertl, Stefan	06.09.69	92-93	9	1
Fach, Holger	06.09.62	91-93	57	9
Fleer, Jürgen	26.02.57	79-84	67	0
Frenken, Friedhelm	02.09.56	80-82	13	0
Frontzeck, Michael	26.03.64	83-89	190	17
Fuhrmann, Adalbert	24.04.54	72-73	7	0
Gores, Rudi	05.09.57	78-80	33	3
Hannes, Wilfried	17.05.57	75-86	261	58
Hecking, Dieter	12.09.64	84-85	6	0
Heidenreich, Herbert	15.11.54	76-78	25	2
Herbst, Thomas	05.10.62	83-88	65	1
Hesselbach, Paul (TW)	06.07.51	82-83	7	0
Heynckes, Josef	09.05.45	65-67 + 70-78	283	195
Heyne, Dirk (TW)	10.10.57	91-93	15	0
Hilkes, Lorenz	31.08.50	74-75	5	0
Hochstätter, Christian	19.10.63	82-93	222	48

Name, Vorname	Geb.-datum	Spieljahre	Spiele	Tore
Hock, Christian	11.04.70	92-93	1	0
Hoersen, Thomas	11.01.72	91-93	15	0
Hoffmann, Guido	20.12.65	85-88	10	0
Hopfstock, Klaus	02.06.62	82-83	5	0
Huschbeck, Thomas	17.12.67	87-92	31	0
Jansen, Albert	03.11.36	65-66	30	0
Jensen, Henning	17.08.49	72-76	125	44
Jung, Jörg	22.11.65	85-88	1	0
Kaiser, Werner	29.08.49	69-70	10	4
Kamps, Uwe (TW)	12.06.64	82-93	233	0
Kastenmaier, Thomas	31.05.66	90-93	93	24
Kempers, Manfred	08.02.48	66-68	10	0
Kleff, Wolfgang (TW)	16.11.46	68-79 + 80-82	321	0
Klinkert, Michael	07.07.68	89-93	131	7
Klinkhammer, Hans	23.08.53	73-80	149	2
Kneib, Wolfgang (TW)	20.11.52	75-80	112	0
Kopp, Guido	23.02.66	88-89	2	0
Köppel, Horst	17.05.48	68-71 + 73-78	184	38
Köstner, Günther	30.01.52	73-75	29	3
Kracke, Peter	01.06.43	69-70	2	0
Krätschmer, Rudolf (TW)	07.05.45	65-66	6	0
Krauss, Bernd	08.05.57	83-90	167	8
Kremers, Erwin	24.03.49	67-69	24	1
Kremers, Helmut	24.03.49	67-69	14	1
Kretzschmar, Jörg	09.12.64	88-89	8	0
Krisp, Thomas	25.09.61	84-88	56	0
Kulik, Christian	06.12.52	71-81	220	38
Lange, Jürgen	08.01.67	88-90	19	0
Langers, Robert	01.08.60	80-82	3	0
Laumen, Herbert	11.08.43	65-71	186	97
Lausen, Helmut	09.06.52	78-80	10	0
Le Fevre, Ulrich	25.06.46	69-72	90	21
Lienen, Ewald	28.11.53	77-81 + 83-87	244	36
Loontiens, Peter	16.09.58	80-82	7	1
Lowin, Heinz	25.12.38	65-67	39	0
Marell, Carsten	08.09.70	89-91	2	0
Matthäus, Lothar	21.03.61	79-84	162	36
Max, Martin	07.08.68	89-93	98	14
Meier, Norbert	20.09.58	89-92	50	2
Meyer, Peter	18.02.40	67-70	19	19
Michallik, Heinz	21.07.47	71-74	39	0
Milder, Egon	22.04.42	65-69	123	11
Mill, Frank	23.07.58	81-86	153	71
Mohren, Markus	11.03.61	81-83	28	2
Mölby, Johnny	04.02.69	92-93	14	0
Müller, Ludwig	25.08.41	69-72	81	6
Netzer, Günter	14.09.44	65-73	230	82
Neun, Jörg	07.05.66	87-93	152	4
Nickel, Harald	21.07.53	79-81	65	32

Name, Vorname	Geb.-datum	Spieljahre	Spiele	Tore
Nielsen, Carsten	12.08.55	76-81	109	23
Nielsen, Peter	03.06.68	92-93	22	2
Orzessek, Manfred (TW)	30.06.33	65-67	29	0
Pfannkuch, Thomas	21.02.70	90-91	1	0
Pflipsen, Karlheinz	31.10.70	89-93	74	15
Pickenäcker, Ingo	07.04.62	82-83	8	0
Pinkall, Kurt	25.06.55	81-84 + 85-86	82	21
Pöggeler, Rudolf	12.04.39	65-69	76	3
Posner, Walter	22.02.53	74-75	2	0
Rahn, Uwe	21.05.62	80-89	227	81
Raßmanns, Heinz-Willi	10.04.40	65-66	6	0
Reich, Siegfried	29.09.59	81-83	17	8
Rekdal, Kjetil-Andre	06.11.68	89-90	9	0
Ringels, Norbert	16.09.56	75-86	163	6
Rosenthal, Shmuel	22.04.47	72-73	13	1
Rupp, Bernd	24.02.42	65-67 + 72-74	119	50
Salou, Bachirou	15.09.70	90-93	60	6
Schäfer, Winfried	10.01.50	68-70 + 77-85	210	15
Schäffer, Frank	06.07.52	74-83	229	6
Schmider, Bernd	03.05.55	80-83	45	1
Schneider, Martin	24.11.68	90-93	96	5
Schollbach, Dieter	19.09.47	66-67	2	0
Schuhmacher, Michael	20.08.57	80-81	19	0
Schulz, Frank	18.02.61	90-93	47	4
Sieburg, Richard	24.09.65	86-88	1	0
Sieloff, Klaus-Dieter	27.02.42	69-74	123	15
Simonsen, Allan	15.12.52	72-79	178	76
Sörloth, Göran	16.07.62	88-89	5	0
Spies, Michael	09.07.65	89-91	38	6
Spinnler, Erwin	11.04.47	65-70	45	0
Stadler, Joachim	15.01.70	91-93	40	1
Stefes, Manfred	28.03.67	88-92	46	1
Steffen, Horst	03.03.69	91-93	20	0
Stielike, Ulrich	15.11.54	72-77	109	12
Straka, Frantisek	21.05.58	88-91	81	1
Sude, Ulrich (TW)	19.04.56	80-86	126	0
Surau, Ulrich	19.08.52	71-76	57	3
Thiele, Günter	07.11.61	86-89	63	14
Thorstvedt, Erik (TW)	28.10.62	85-87	12	0
Thychosen, Steen	22.09.58	78-81	27	2
Veh, Armin	01.02.61	80-83 +84-85	65	3
Vogts, Hans-Hubert	30.12.46	65-79	419	33
Waddey, Werner	22.03.46	65-68	22	0
Wielandt, Ulrich	22.04.56	79-81	3	0
Willaarts, Eric	25.08.61	87-89	11	2
Wimmer, Herbert	09.11.44	66-78	366	51
Wimmer, Walter	30.11.43	65-67	33	1

Name, Vorname	Geb.-datum	Spieljahre	Spiele	Tore
Winkhold, André	04.03.62	85-90	128	3
Winkler, Klaus	25.05.49	67-69	5	0
Winter, Thomas	22.09.67	88-91	29	2
Wittkamp, Hans-Jürgen	23.07.47	71-78	179	29
Wittmann, Heinz	12.09.43	65-72	123	0
Wloka, Hans-Jürgen	12.09.51	70-72	30	3
Wohlers, Horst	06.08.49	75-80	95	7
Wuttke, Wolfram	17.11.61	80-83	58	9
Wynhoff, Peter	29.10.68	89-93	80	11
Zimmermann, Gerd	26.09.49	68-70	8	0
Zoppke, Siegfried	30.03.53	71-72	3	0

STAND: Ende Saison 1992/93!

Elfmeterstatistik

SCHEMA:

Für	Elfmeter	Quote	Elfmeterschütze (T= Treffer; V= Verschossen)

65/66

B.M.G.	10	[8-2]	**T:** Netzer 4, Milder 4 **V:** Netzer, Milder
	8	[6-2]	**T:** 2 x Emmerich/Dortm., Sieloff/VFB, Höttges/Bremen, Siemensmeyer/Hann., Witlatschil/KSC **V:** Laszig/Hannover, Heiden/Neunkirchen

66/67

BMG	9	[5-4]	**T:** Netzer 3, Milder 2 **V:** Netzer, Laumen, Milder, Elfert
	7	[5-2]	**T:** 2 x Wild/KSC, Höttges/Bremen, Küppers/1860 M., Manglitz/Duisb **V:** Pohlschmidt/HSV, Schämer/Frankf.

67/68

BMG	9	[8-1]	**T:** Netzer **V.:** Netzer
	3	[1-2]	**T:** Kraus/Schalke **V:** Kurrat/Dortm., Skoblar/Hannover

68/69

BMG	8	[8-0]	**T:** Netzer 6, Milder 2 **V:** -
	4	[4-0]	**T:** Kurrat/Dortm., Cebinac/Nürnb., Hellingrath/Hannover, Schütz/Bremen **V.:-**

69/70

BMG	2	[1-1]	**T:** Netzer **V:** Netzer
	0		**T:** - **V.:** -

70/71

BMG	6	[5-1]	**T:** Sieloff 4, Müller **V:** Sieloff
	2	[2-0]	**T:** Zaczyk/HSV, Varga/Hertha **V.:** -

71/72

BMG	13	[9-4]	**T:** Netzer 6, Müller, Heynckes, Sieloff **V:** Netzer 2, Heynckes, Sieloff
	3	[1-2]	**T:** Horr/Hertha **V:** Fichtel/Schalke, Bründl/Braunschw.

Für	Elfmeter	Quote	Elfmeterschütze (T= Treffer; V= Verschossen)
72/73			
BMG	11	[8-3]	**T:** Heynckes 5, Danner 2, Netzer **V:** Heynckes 2, Danner
	6	[4-2]	**T:** Kohle/Wuppert., Reimann/Hannover, Kapellmann/ Köln, Grabowski/Frankf., **V:** Friedrich/Kaiserslt., Volkert/HSV
73/74			
BMG	7	[5-2]	**T:** Heynckes 3, Danner, Bonhof **V:** Heynckes, Sieloff
	5	[5-0]	**T:** Ritschel/Offenb., Bast/Essen, Kohle/Wuppert., Diehl/Kaiserslt., Brenninger/VFB **V:** -
74/75			
BMG	7	[6-1]	**T:** Simonsen 5, Bonhof **V:** Heynckes
	7	[4-3]	**T:** Geye/Düsseld., Ritschel/Offenb., Müller/Bayern, Löhr/Köln **V:** Handschuh/Braunschw., Bracht/Bremen, Bücker/Duisb.
75/76			
BMG	5	[3-2]	**T:** Heynckes, Bonhof, Simonsen **V:** Simonsen
	3	[2-1]	**T:** Müller/Bayern, Hickersberger/Offenb. **V:** Roentved/Bremen
76/77			
BMG	1	[1-0]	**T:** Bonhof **V:** -
	3	[2-1]	**T:** Nickel/Frankf., Huber/Dortm. **V:** Denz/Saarbr.
77/78			
BMG	6	[6-0]	**T:** Bonhof **V:** -
	4	[4-0]	**T:** Nickel/Frankf., Breitner/Braunschw., Röber & Höttges/Bremen **V:** -
78/79			
BMG	2	[1-1]	**T:** Hannes **V:** Hannes
	10	[5-5]	**T:** Kaltz/HSV, Nickel/Braunschw., Weyerich/Nürnb., Breitner/Bayern, Röber/Bremen **V:** Pirrung & Meier/Kais., Keegan/HSV, Müller/Bayern, Röber/Bremen
79/80			
BMG	10	[7-3]	**T:** Nickel 5, Hannes 2 **V:** Nickel 2, Hannes
	6	[3-3]	**T:** Röber/Bremen, 2 x Volkert/HSV **V:** Augenthaler/Bayern, Neues/Kaiserslt., Merkhoffer/Braunschw.

Für	Elfmeter	Quote	Elfmeterschütze (T= Treffer; V= Verschossen)

80/81

BMG	8	[8-0]	**T:** Hannes 8 **V:** -
	2	[1-1]	**T:** Abel/Bochum **V:** Briegel/Kais.

81/82

BMG	13	[8-5]	**T:** Hannes 4, Mill 4 **V:** Hannes 2, Mill 2, Bruns
	5	[4-1]	**T:** Möhlmann/Bremen, Briegel/Kais., Weyerich/Nürnb., Pagelsdorf/Bielefeld **V:** -Günther/KSC

82/83

BMG	9	[7-2]	**T:** Hannes 6, Matthäus **V:** Mill, Hannes
	3	[1-2]	**T:** Allgöwer/VFB **V:** Gelsdorf/Leverk., Briegel/Kais.

83/84

BMG	9	[7-2]	**T:** Hannes 4, Matthäus 2, Bruns **V:** Hannes, Matthäus
	6	[5-1]	**T:** Rummenigge/Bayern, Woelk/Bochum, Hollmann/Braunschw., Raducanu & Zorc/Dortm. **V:** Körbel/Frankf.

84/85

BMG	5	[3-2]	**T:** Mill 2, Bruns **V:** Mill, Bruns
	7	[1-6]	**T:** Kaltz/HSV **V:** Allofs & Engels/Köln, Meier & Reinders/Bremen, Sebert/Mannh., Zewe/Düsseld.

85/86

BMG	12	[9-3]	**T:** Hannes 5, Rahn 2, Mill 2 **V:** Hannes, Bruns, Rahn
	2	[2-0]	**T:** Grahammer/Nürnb., Rummenigge/Bayern **V:** -

86/87

BMG	6	[4-2]	**T:** Rahn 3, Frontzeck **V:** Frontzeck 2
	6	[4-2]	**T:** Weikl/Düsseld., 2 x Kutzop/Bremen, Lameck/ Bochum **V:** Sebert/Mannh., Woodcock/Köln

87/88

BMG	2	[2-0]	**T:** Rahn, Bruns **V:** -
	2	[1-1]	**T:** Kaltz/HSV **V:** Kohr/Kaiserslt.

88/89

BMG	2	[2-0]	**T:** Criens, Drehsen **V:** -
	2	[1-1]	**T:** Leifeld/Bochum **V:** Körbel/Frankf.

Für	Elfmeter	Quote	Elfmeterschütze (T= Treffer; V= Verschossen)

89/90

BMG	5	[5-0]	**T:** Effenberg 3, Bruns 2 **V:** -
	5	[3-2]	**T:** Kuntz/Kais., Dais/Mannh., Walter/VFB **V:** Wegmann/Bochum, Körbel/Frankf.

90/91

BMG	3	[2-1]	**T:** Criens, Kastenmaier **V:** Kastenmaier
	2	[2-0]	**T:** Strunz/Bayern, Kranz/Kais. **V:** -

91/92

BMG	2	[2-0]	**T:** Criens **V:** -
	3	[2-1]	**T:** Heinemann/Bochum, Zarate/Nürnberg **V:** Thon/Bayern

92/93

BMG	5	[4-1]	**T:** Kastenmaier 2, Criens, Nielsen **V:** Criens
	4	[2-2]	**T:** Thon/Bayern, Funkel/Kaiserslt. **V:** Anderbrügge/Schalke, Buchwald/VfB Stuttgart

*** Elfmeter für die Borussia:**

187 **davon:** - Tore 144 - Verschossen 43

Elfmeterschütze	Elfmeter	Tore	Versch.	%
Bonhof	10	10	0	100
Bruns	8	5	3	62,50
Criens	6	5	1	83,33
Danner	4	3	1	75
Drehsen	1	1	0	100
Effenberg	3	3	0	100
Elfert	1	0	1	0
Frontzeck	3	1	2	33,33
Hannes	37	30	7	81,89
Heynckes	15	10	5	66,67
Kastenmaier	4	3	1	75
Laumen	1	0	1	0
Matthäus	4	3	1	75
Milder	10	8	2	80
Mill	12	8	4	66,67
Müller	2	2	0	100
Netzer	35	29	6	82,86
Nickel	7	5	2	71,43
Nielsen	1	1	0	100
Rahn	7	6	1	85,71
Sieloff	8	5	3	62,50
Simonsen	8	6	2	75
GESAMT:	**187**	**144**	**43**	**77,01**

*** Elfmeter gegen die Borussia:**

120 **davon:** - Tore 77 (64,17%) - Verschossen 43 (35,83%)

Folgende Bl-Vereine erhielten die Elfmeter zugesprochen:

Werder Bremen	15	10-5	Hamburger SV	9	6-3	Kaiserslautern	12	5-7
Bor. Dortmund	7	6-1	Bay. München	10	7-3	Braunschwieg	6	3-3
E. Frankfurt	7	3-4	Hannover 96	5	3-2	1.FC Köln	5	2-3
1.FC Nürnberg	5	5-0	VfL Bochum	6	5-1	Karlsruher SC	4	3-1
K. Offenbach	3	3-0	VfB Stuttgart	5	4-1	Hertha BSC	2	2-0
Wuppert. SV	2	2-0	Schalke 04	3	1-2	MSV Duisburg	2	1-1
W. Mannheim	3	1-2	1860 München	1	1-0	RW Essen	1	1-0
Arm. Bielefeld	1	1-0	B. Neunkirchen	1	0-1	B. Leverkusen	1	0-1
Saarbrücken	1	0-1						

Aus der Sicht der MÖNCHENGLADBACHER Torhüter

SAISON		**scheiterten am Borussen Torhüter**		**konnten gegen den Gladbacher Torhüter verwandelt werden**		
65/66:	2	Orzessek	6	Orezessek	4	(VFB, KSC, Hannover, Bremen)
				Krätschmer	2	(2 x Dortm.)
66/67:	2	Danner	5	Danner	4	(Bremen, Duisb., 2 x KSC)
				Orzessek	1	(1860 M.)
67/68:	2	Danner	1	Danner		(Schalke)
68/69:	0		4	Danner	3	(Dortm., Nürnb., Hannover)
				Kleff	1	(Braunschw.)
69/70:	0		0			
70/71:	0		2	Kleff		(HSV, Hertha)
71/72:	2	Kleff	1	Kleff		(Hertha)
72/73:	2	Kleff	4	Kleff		(Wuppertal, Hannover, Frankf., Köln)
73/74:	0		5	Kleff		(Offenb., RWE, Wuppert., Kais., VFB)
74/75:	3	Kleff	4	Kleff		(Düsseld., Offenb., Bayern, Köln)
75/76:	1	Kleff	2	Kleff		(Bayern, Offenb.)
76/77:	1	Kneib	2	Kneib		(Frankf., Dortm.)
77/78:	0		4	Kleff	3	(Braunschw., 2 x Bremen)
				Kneib	1	(Frankf.)
78/79:	5	Kneib	5	Kneib		(HSV, Braunschw., Nürnb., Bremen, Bayern)
79/80:	3	Kneib	3	Kneib		(Bremen, 2 x HSV)
80/81:	1	Kleff	1	Sude		(Bochum)
81/82:	1	Kleff	4	Kleff		(Nürnb., Kais., Bremen, Bielef.)
82/83:	2	Sude 1 (Leverk.) Kamps 1 (Kaiserslt.)	1	Kamps		(VFB)
83/84:	1	Sude	5	Sude		(Bayern, Bochum, 2 x BVB, Braunschw.)
84/85:	6	Sude	1	Sude		(HSV)

SAISON		scheiterten am Borussen Torhüter		konnten gegen den Gladbacher Torhüter verwandelt werden	
85/86:	0		2	Sude	(Nürnb., Bayern)
86/87:	2	Kamps	4	Kamps	(Düsseld., 2 x Bremen, Bochum)
87/88:	1	Kamps	1	Kamps	(HSV)
88/89:	1	Kamps	1	Kamps	(Bochum)
89/90:	2	Kamps	3	Kamps	(Kaiserslt., Mannheim, VFB)
90/91:	0		2	Kamps	(Bayern, Kaiserslt.)
91/92:	1	Kamps	2	Kamps	(Bochum, Nürnb.)
92/93:	2	Heyne 1 (Schalke) Kamps 1 (Stuttgart)	2	Heyne	(Bayern, Kaiserslaut.)

*** TW - Übersicht:**

Torhüter	gehalt.	nicht geh.	Gesamt	%
Danner	4	8	12	33,33
Heyne	1	2	3	33,33
Kamps	9	14	23	39,13
Kleff	10	26	36	27,78
Kneib	9	11	20	45
Krätschmer	-	2	2	0
Orzessek	2	5	7	28,57
Sude	8	9	17	47,05
GESAMT:	**41**	**75**	**116**	**35,34**

EIGENTORE

*** Von den Borussen - Spielern:**

Spieler	Sp.	Paarung	Saison
01. Wimmer	28.	VfB Stuttgart - Borussia	65/66
02. Müller	27.	Borussia - 1860 München	69/70
03. Wittmann	21.	Borussia - Arm. Bielefeld	70/71
04. Bonhof	4.	Wuppertaler SV - Borussia	73/74
05. Wittkamp	34.	Bay. München - Borussia	76/77
06. Hannes	29.	Borussia - Hertha BSC	78/79
07. Matthäus	3.	Arm. Bielefeld - Borussia	79/80
08. Hannes	27.	Nürnberg - Borussia	80/81
09. Kamps (TW)	33.	Borussia - Kaiserslautern	82/83
10. Herlovsen	33.	B. Leverkusen - Borussia	83/84
11. Hannes	10.	Borussia - W. Bremen	84/85
12. Hannes	19.	Schalke 04 - Borussia	85/86
13. Winkhold	31.	B. Leverkusen - Borussia	85/86
14. Winkhold	8.	Borussia - B. Leverkusen	86/87
15. Thiele	23.	E. Frankfurt - Borussia	86/87
16. Herbst	12.	1.FC Köln - Borussia	87/88
17. Effenberg	28.	1.FC Köln - Borussia	89/90
18. Klinkert	31.	Borussia - E. Frankfurt	89/90
19. Klinkert	7.	Schalke 04 - Borussia	91/92
20. Klinkert	27.	Dyn. Dresden - Borussia	91/92

*** Vom Bundesliga - Gegner:**

	Spieler/Verein	Sp.	Paarung	Saison
01.	Schneider/Kaiserslt.	10.	Kaiserslautern - Borussia	65/66
02.	Brase/Braunschweig	34.	E. Braunschw. - Borussia	65/66
03.	Schwarzenbeck/Bayern M.	22.	Borussia - Bayern M.	66/67
04.	Frankowski/RW Essen	27.	Borussia - RWE	66/67
05.	Horst/Hamburger SV	13.	HSV - Borussia	67/68
06.	Martinelli/Alem. Aachen	28.	Aachen - Borussia	69/70
07.	Eisele/VfB Stuttgart	13.	Borussia - VfB	70/71
08.	Reich/Kick. Offenbach	18.	Offenbach - Borussia	70/71
09.	Hanisch/Hertha BSC	29.	Borussia - Hertha	72/73
10.	Weiner/Hertha BSC	20.	Hertha - Borussia	73/74
11.	Entenmann/VfB Stuttgart	12.	VfB - Borussia	74/75
12.	Merkhoffer/Braunschweig	16.	E. Braunschw. - Borussia	74/75
13.	Toppmöller/Kaiserslt.	21.	Borussia - Kaiserslautern	74/75
14.	Riedl/Kaiserslt.	2.	Borussia - Kaiserslautern	75/76
15.	Wörmer/RW Essen	5.	RWE - Borussia	75/76
16.	Fuchs/Karlsruher SC	11.	KSC - Borussia	75/76
17.	Wesche/Hannover 96	18.	Hannover - Borussia	75/76
18.	Förster/Saarbrücken	32.	Saarbrücken - Borussia	76/77
19.	Brei/F. Düsseldorf	9.	Düsseldorf - Borussia	77/78
20.	Heck/Saarbrücken	14.	Borussia - Saarbrücken	77/78
21.	Bast/VfL Bochum	20.	Borussia - Bochum	79/80
22.	Bast/VfL Bochum	20.	Borussia - Bochum	79/80
23.	Klimke/B. Leverkusen	34.	Borussia - Leverkusen	79/80
24.	Schröder/Arm. Bielefeld	3.	Bielefeld - Borussia	80/81
25.	Baltes/F. Düsseldorf	18.	Borussia - Düsseldorf	80/81
26.	Otto/Eintr. Frankfurt	9.	Borussia - Frankfurt	81/82
27.	K. H. Förster/VfB Stuttg.	12.	VfB - Borussia	81/82
28.	Saborowski/MSV Duisburg	28.	Duisburg - Borussia	81/82
29.	Kaltz/Hamburger SV	11.	HSV - Borussia	82/83
30.	B. Förster/VfB Stuttg.	14.	VfB - Borussia	84/85
31.	Gorski/Braunschweig	25.	E. Braunschw. - Borussia	84/85
32.	Weikl/F. Düsseldorf	32.	Borussia - Düsseldorf	86/87
33.	Beiersdorfer/Hamb. SV	10.	Borussia - HSV	87/88
34.	Wolf/Kaiserslautern	34.	Kaiserslt. - Borussia	87/88
35.	Herrmann/FC Homburg	26.	Homburg - Borussia	89/90
36.	Götz/1.FC Köln	21.	Köln - Borussia	90/91
37.	Kempe/VfL Bochum	2.	Borussia - Bochum	92/93

*** Zusammenfassung:**

• Die 20 Eigentore der Borussen-Spieler verteilen sich folgendermaßen:

je 1 Eig.:	Lowin, Müller, Wittmann, Bonhof, Wittkamp, Matthäus, Kamps, Herlovsen, Herbst, Thiele, Effenberg;
je 2 Eig.:	Winkhold
je 3 Eig.:	Klinkert
je 4 Eig.:	Hannes

Im Heimspiel "erzielt"	7 x
Im Auswärtsspiel "erzielt"	13 x

Als BL-Gegner profitierten hiervon folgende Teams:

VfB Stuttgart	[1]	Arm. Bielefeld	[2]	Bay. München	[1]
1.FC Nürnberg	[1]	B. Leverkusen	[3]	Schalke 04	[2]
1.FC Köln	[2]	1860 München	[1]	Wuppert. SV	[1]
Kaiserslautern	[1]	W. Bremen	[1]	E. Frankfurt	[2]
Dyn. Dresden	[1]	Hertha BSC	[1]		

• Die 37 Eigentore des Gegners verteilen sich folgendermaßen:

Kaiserslautern	[4]	VfB Stuttgart	[4]	F. Düsseldorf	[3]
Braunschweig	[3]	Hamburger SV	[3]	VfL Bochum	[3]
Saarbrücken	[2]	RW Essen	[2]	Hertha BSC	[2]
B. Leverkusen	[1]	Karlsruher SC	[1]	Hannover 96	[1]
K. Offenbach	[1]	Alem. Aachen	[1]	E. Frankfurt	[1]
MSV Duisburg	[1]	A. Bielefeld	[1]	1.FC Köln	[1]
Bay. München	[1]	FC Homburg	[1]		

Im Bökelberg - Stadion "erzielt"	15 x
Im heimischen Stadion "erzielt"	22 x

Gelb-Rote Karten

*** Von den Borussen - Spielern:**

Spieler	Sp.	Paarung	Saison
01. Stefes	11.	Kaiserslautern - Borussia	91/92
02. Klinkert	21.	MSV Duisburg - Borussia	91/92
03. Fach	23.	W. Bremen - Borussia	91/92
04. Neun	30.	Borussia - Kaiserslautern	91/92
05. Dahlin	1.	Karlsruher SC - Borussia	92/93
06. Schulz	3.	Borussia - Uerdingen	92/93
07. Mölby	9.	Bay. München - Borussia	92/93
08. Klinkert	11.	B. Dortmund - Borussia	92/93

*** Vom Bundesliga - Gegner:**

Spieler/Verein	Sp.	Paarung	Saison
01. Reich/Karlsruher SC	18.	Borussia - KSC	92/93
02. Wagner/Kaiserslaut.	22.	Borussia - Kaiserslt.	92/93
03. Foda/B. Leverkusen	34.	Leverkusen - Borussia	92/93

*** Zusammenfassung:**

• Die 8 Gelb-Roten Karten der Borussen-Spieler verteilen sich folgendermaßen:

je 1 x G-R: Stefes, Fach, Neun, Dahlin, Schulz, Mölby;

je 2 x G-R: Klinkert

Im Heimspiel "erhalten"	2 x
Im Auswärtsspiel "erhalten"	6 x

Die jeweiligen BL-Gegner:

Kaiserslautern	[2]	MSV Duisburg	[1]	W. Bremen	[1]
Karlsruher SC	[1]	B. Uerdingen	[1]	Bay. München	[1]
Bor. Dortmund	[1]				

• Die 3 Gelb-Roten Karten des Gegners verteilen sich folgendermaßen:

Karlsruher SC	[1]	Kaiserslautern	[1]	B. Leverkusen	[1]

Im Bökelberg-Stadion "erhalten"	2 x
Im heimischen Stadion "erhalten"	1 x

ROTE KARTEN

*** Von den Borussen - Spielern:**

	Spieler	Sp.	Paarung	Saison
01.	Jansen	1.	Neunkirchen - Borussia	65/66
02.	Wimmer	1.	Kaiserslautern - Borussia	71/72
03.	Bonhof	10.	K. Offenbach - Borussia	74/75
04.	Wohlers	18.	Borussia - Hamburger SV	78/79
05.	Kulik	7.	Kaiserslautern - Borussia	79/80
06.	Kulik	13.	B. Dortmund - Borussia	79/80
07.	Borowka	31.	Arm. Bielefeld - Borussia	81/82
08.	Mill	27.	Bay. München - Borussia	82/83
09.	Frontzeck	32.	Borussia - W. Mannheim	84/85
10.	Bruns	16.	B. Uerdingen - Borussia	85/86
11.	Thorstvedt (TW)	30.	Borussia - B. Dortmund	85/86
12.	Thiele	16.	Karlsruher SC - Borussia	87/88
13.	Drehsen	28.	E. Frankfurt - Borussia	87/88
14.	Krisp	34.	Kaiserslautern - Borussia	87/88
15.	Effenberg	17.	Hamburger SV - Borussia	88/89
16.	Krauss	18.	Kaiserslautern - Borussia	88/89
17.	Neun	33.	VfB Stuttgart - Borussia	88/89
18.	Winkhold	17.	Borussia - B. Uerdingen	89/90
19.	Belanow	28.	Hamburger SV - Borussia	89/90
20.	Straka	6.	Borussia - E. Frankfurt	90/91
21.	Criens	17.	Düsseldorf - Borussia	90/91
22.	Salou	14.	W. Bremen - Borussia	92/93
23.	Kastenmaier	17.	Borussia - B. Leverkusen	92/93
24.	Dahlin	30.	Saarbrücken - Borussia	92/93

*** Vom Bundesliga - Gegner:**

	Spieler/Verein	Sp.	Paarung	Saison
01.	Blusch/E. Frankfurt	9.	Borussia - Frankfurt	66/67
02.	Höttges/W. Bremen	17.	Borussia - W. Bremen	68/69
03.	Pirsig/MSV Duisburg	5.	Borussia - Duisburg	74/75
04.	Neues/RW Essen	22.	Borussia - RWE	75/76
05.	Kliemann/Hertha BSC	19.	Borussia - Hertha BSC	76/77
06.	Reimann/Hamburger SV	6.	Borussia - HSV	80/81
07.	Nachtweih/E. Frankfurt	9.	Borussia - Frankfurt	81/82
08.	Dremmler/Bay. München	10.	Borussia - Bayern M.	82/83
09.	Hieronymus/Hamburger SV	12.	Borussia - HSV	83/84
10.	Scheike/Braunschweig	21.	Borussia -Braunschweig	83/84
11.	Claesen/VfB Stuttgart	14.	Borussia - VfB	84/85
12.	Groh/Kaiserslautern	2.	Kaiserslt. - Borussia	86/87
13.	Foda/Kaiserslautern	1.	Borussia - Kaiserslautern	88/89
14.	Lesniak/B. Leverkusen	19.	Borussia - Leverkusen	88/89
15.	Mill/Bor. Dortmund	7.	Dortmund - Borussia	90/91
16.	Kruse/Hertha BSC	8.	Borussia - Hertha BSC	90/91

	Spieler/Verein	Sp.	Paarung	Saison
17.	Kaiser/Fort. Düsseld.	34.	Borussia - Düsseldorf	90/91
18.	Schmidt/Bor. Dortmund	16.	Borussia - Dortmund	91/92
19.	Kranz/Kaiserslautern	30.	Borussia - Kaiserslt.	91/92
20.	Kristl/Saarbrücken	30.	Saarbrücken - Borussia	92/93

*** Zusammenfassung:**

• Die 24 Rote Karten der Borussen-Spieler verteilen sich folgendermaßen:

je 1 x Rot: Jansen, Wimmer, Bonhof, Wohlers, Borowka, Mill, Frontzeck, Bruns, Thorstvedt, Thiele, Drehsen, Krisp, Krauss, Neun, Effenberg, Winkhold, Belanow, Straka, Criens, Salou, Kastenmaier, Dahlin;

je 2 x Rot: Kulik

Im Heimspiel "erhalten" 6 x

Im Auswärtsspiel "erhalten" 18 x

Die jeweiligen BL-Gegner:

Neunkirchen	[1]	Kaiserslautern	[4]	K. Offenbach	[1]
Hamburger SV	[3]	Bor. Dortmund	[2]	Arm. Bielefeld	[1]
Bay. München	[1]	W. Mannheim	[1]	B. Uerdingen	[2]
Karlsruher SC	[1]	E. Frankfurt	[2]	VfB Stuttgart	[1]
F. Düsseldorf	[1]	W. Bremen	[1]	Saarbrücken	[1]
B. Leverkusen	[1]				

• Die 21 Roten Karten des Gegners verteilen sich folgendermaßen:

E. Frankfurt	[2]	W. Bremen	[1]	MSV Duisburg	[1]
RW Essen	[1]	Hertha BSC	[2]	Hamburger SV	[2]
Bay. München	[1]	Braunschweig	[1]	VfB Stuttgart	[1]
Kaiserslautern	[3]	B. Leverkusen	[1]	Bor. Dortmund	[2]
F. Düsseldorf	[1]	Saarbrücken	[1]	Karlsruher SC	[1]

Im Bökelberg - Stadion "erhalten" 17 x

Im heimischen Stadion "erhalten" 4 x

Das erste Tor in einem BL-Spiel

Diese Übersicht bezieht sich auf das **erste Tor**, das in einem Bundesligaspiel von einem Borussenspieler erzielt worden ist. Dabei ist es völlig egal, ob dieses Tor ein sog. Führungstreffer, das Anschlußtor oder evtl. der vermeintliche Ehrentreffer war. Der Schütze, welcher das erste Tor schoß, ist in dieser Statistik erfaßt worden.

Wie oft?	Spieler
73 x	Heynckes
43 x	Criens
42 x	Laumen
38 x	Netzer
35 x	Simonsen, Bruns
31 x	Rahn
30 x	Mill
24 x	Hochstätter
21 x	Bonhof
20 x	Jensen, Hannes
19 x	Rupp
14 x	Kulik, H. Wimmer
12 x	Matthäus, Köppel
11 x	Vogts, Kastenmaier, Drehsen
10 x	Pflipsen, Lienen, Pinkall
9 x	Effenberg
8 x	Max, Dahlin, Wittkamp, Sieloff
7 x	C. Nielsen, le Fevre
6 x	Milder
5 x	D. Danner, Ackermann, Meyer, Fach, Salou, M. Frontzeck, Thiele, Schäfer,
4 x	Klinkert, Borowka, Schäffer, Wuttke, Reich, Müller, Kaiser, Dietrich
3 x	Schneider, Spies, Bakalorz, Ringels, Wohlers, Stielike, Wynhoff
2 x	Wynhoff, Schulz, Meier, Belanow, Willaarts, Herlovsen, Brandts, Nickel, Del'Haye, Amrath, Surau,
1 x	Veh, Thychosen, Stadler, Stefes, Neun, Winter, Loontiens, Gores, Heidenreich, Klinkhammer, Bleidick, H. Kremers, W. Wimmer, Elfert, Pöggeler, Nielsen

Die Bundesliga-Trainer

Der heutige Coach Bernd Krauss ist erst der siebte Trainer, der auf dem Bökelberg den Posten als Cheftrainer übernahm. Hennes Weisweiler führte die Borussia 1965 aus der Regionalliga in die höchste deutsche Spielklasse. Als Bundesliga-Trainer war der Hennes 10 Jahre am Bökelberg tätig. Nach dem dritten Meistertitel gab er dann überraschend seinen Abschied bekannt. 1975 wechselte er nach Spanien zum FC Barcelona. Für ihn kam Udo Lattek, der Meistertrainer von Bayern München, an den Bökelberg. Unter ihm feierte man noch zweimal den Deutschen Meistertitel. Abgelöst wurde Lattek vom damaligen Assistenztrainer Jupp Heynckes, der jahrelang zuvor als Torjäger in Diensten der Borussia stand. Nach acht Jahren wechselte Heynckes zum FC Bayern und sein Assistent Wolf Werner übernahm den Trainerposten. Den allererste vorzeitige Trainerwechsel wurde mit der Ablösung von Wolf Werner vollzogen. Ihn löste Gerd vom Bruch ab, der jedoch nicht allzu lange auf diesem Posten saß, denn auch er mußte vorzeitig gehen. Ein Novum gab es unter Jürgen Gelsdorf, denn dieser warf von sich aus das Handtuch und wechselte mitten in der Saison zum VfL Bochum. Ihn löste der heutige Trainer Bernd Krauss ab. Zunächst nur als Interimstrainer verpflichtet, erhielt er Wochen später das volle Vertrauen des Präsidiums und wurde Cheftrainer, nach Heynckes wiederum ein Ex-Spieler der Borussia auf der Bank. Ein gutes Omen?

Die Trainer und ihre Erfolge in der Übersicht

Trainer	von - bis	Erfolge	BL-Bilanz
Hennes Weisweiler	1965 - 1975	Deutscher Meister 1970/1971/ 1975 Vizemeister 1974 DFB-Pokalsieger 1973 UEFA-Cup Finalist 1973 UEFA - Pokalsieger 1975	423 Pkt./340 Sp. => 1,244 Pkt./Sp.
Udo Lattek	1975 - 1979	Deutscher Meister 1976/1977 Vizemeister '78 / Supercupsieger '77 UEFA - Pokalsieger 1979	169 Pkt./136 Sp. => 1,243 Pkt./Sp.
Jupp Heynckes	1979 - 1987	Finalteilnahme UEFA-Cup 1980 3. Platz (punktgl. mit Meister VfB) + Endspielteiln. DFB-Pokal 1984	313 Pkt./272 Sp. => 1,151 Pkt./Sp.
Wolf Werner	1987 - 21.11.89		82 Pkt./85 Sp. => 0,965 Pkt./Sp.
Gerd vom Bruch	22.11.89 - 25.09.91		60 Pkt./61 Sp. => 0,984 Pkt./Sp.
Jürgen Gelsdorf	26.09.91 - 06.11.93	DFB-Pokalfinalist 1992	37 Pkt./42 Sp. => 0,881 Pkt./Spiel
Bernd Krauss	06.11.92 - ...		26 Pkt./22 Sp. => 1,182 Pkt./Sp.

Der JOKER

Der JOKER ist ein Spieler, der es wie kein anderer versteht, sofort nach seiner Einwechslung ins Spiel, ein Tor zu erzielen! Ausgewechselt werden durfte erst ab der Saison 1968/69, eine Saison vorher durfte nur der Torhüter gewechselt werden. Bis 1967 war eine Auswechslung eines Spielers nicht erlaubt. Das Spiel wurde dann, falls ein Spieler verletzt ausscheiden mußte, in Unterzahl fortgeführt.

Spieler	1. BL	EC	DFB-Pokal
Klaus AMRATH	1	-	-
Andreas BRANDTS	1	1	1
Hans-Günter BRUNS	1	-	1
Christoph BUDDE	2	-	-
Hans-Jörg CRIENS	9	1	3
Dietmar DANNER	2	-	-
Calle DEL'HAYE	2	-	-
Holger FACH	1	-	-
Ulrik le FEVRE	1	2	-
Michael FRONTZECK	3	-	-
Wilfried HANNES	4	1	-
Herbert HEIDENREICH	-	-	1
Jupp HEYNCKES	1	-	1
Christian HOCHSTÄTTER	1	-	2
Henning JENSEN	-	2	-
Werner KAISER	1	-	-
Hans KLINKHAMMER	-	1	-
Horst KÖPPEL	-	1	-
Christian KULIK	-	-	1
Herbert LAUMEN	1	-	-
Helmut LAUSEN	-	1	1
Ewald LIENEN	1	-	1
Peter LOONTIENS	1	-	-
Lothar MATTHÄUS	2	-	-
Martin MAX	3	-	1
Norbert MEIER	1	-	-
Markus MOHREN	1	-	-
Günter NETZER	-	-	1
Harald NICKEL	1	-	-
Carsten NIELSEN	1	-	-
Kurt PINKALL	2	-	-
Norbert RINGELS	-	1	-
Bernd RUPP	-	1	-
Bachirou SALOU	2	-	-
Winfried SCHÄFER	1	-	-
Michael SPIES	2	-	-
Günter THIELE	4	-	1
André WINKHOLD	1	-	-
Thomas WINTER	-	-	1
Hans-Jürgen WITTKAMP	-	1	1

Ewige Trefferquotenliste
1. BUNDESLIGA

Pl.	Spieler	Tore	Spiele	Quote/Spiel
1.	Peter Meyer	19	19	1,000
2.	Jupp Heynckes	195	283	0,689
3.	Herbert Laumen	97	186	0,522
4.	Harald Nickel	32	65	0,492
5.	Frank Mill	71	153	0,464
6.	Allan Simonsen	76	178	0,427
7.	Bernd Rupp	50	119	0,420
8.	Martin Dahlin	12	32	0,375
9.	Uwe Rahn	81	227	0,357
	Günter Netzer	82	230	0,357
11.	Henning Jensen	44	125	0,327
	Hans-Jörg Criens	92	281	0,327
13.	Thomas Kastenmaier	24	93	0,258
14.	Ulrik le Fevre	21	90	0,233
15.	Kurt Pinkall	21	92	0,228
16.	Günter Thiele	14	63	0,222
	Wilfried Hannes	58	261	0,222
	Lothar Matthäus	36	162	0,222
19.	Christian Hochstätter	48	222	0,216
20.	Carsten Nielsen	23	109	0,211
21.	Horst Köppel	38	184	0,207
22.	Karlheinz Pflipsen	15	74	0,203
23.	Hans-Günter Bruns	61	331	0,184
24.	Rainer Bonhof	42	231	0,182
25.	Christian Kulik	38	220	0,173
26.	Klaus Ackermann	10	60	0,167
27.	Hans-Georg Drehsen	21	130	0,162
	Jürgen Wittkamp	29	179	0,162
29.	Karl Del'Haye	14	87	0,161
30.	Dietmar Danner	27	179	0,151

Grundlage der Liste: mehr als 10 Bundesligatreffer!

Erläuterung:
Der Spieler Meyer absolvierte für die Borussia in der 1.BL insgesamt 19 Spiele, wobei er zu 19 Torerfolgen kam. Dies bedeutet, daß Meyer *theoretisch* in jedem BL-Spiel einen Treffer erzielt hat.

JUBILÄUMSTORE

Tor	Spieler	Jahr	SP	Spielpaarung	Ergeb.	zum (Min)
1.	Elfert	65/66	1	Neunkirchen - BMG	1:1	0-1 (21.)
50.	Rupp	65/66	29	BMG - Tasmania B.	5:0	1-0 (40.)
100.	Heynckes	66/67	20	BMG - Hamb. SV	4:2	3-2 (73.)
200.	Vogts	67/68	30	BMG - Hamb. SV	4:1	4-0 (75.)
300.	Laumen	69/70	17	BMG - Oberhausen	6:1	1-0 (15.)
400.	Laumen	70/71	31	BMG - Hertha BSC	4:0	3-0 (52.)
500.	Heynckes	72/73	2	Hamb. SV - BMG	1:3	0-1 (22.)
600.	Heynckes	73/74	6	Bremen - BMG	2:3	2-3 (86.)
700.	Heynckes	74/75	14	Wuppertal - BMG	1:5	1-2 (61.)
800.	Vogts	75/76	21	Duisburg - BMG	2:3	2-3 (90.)
900.	Heynckes	77/78	12	BMG - Bayern M.	2:0	2-0 (48.)
1000.	Lienen	78/79	19	Dortmund - BMG (erst am 31.3.79)	1:1	0-1 (2.)
1100.	Hannes	80/81	14	BMG - Karlsruhe	3:3	3-1 (67.)
1200.	Wuttke	81/82	32	BMG - Bayern M.	3:0	3-0 (80.)
1300.	Hochstätter	83/84	14	BMG - Dortmund	2:1	2-0 (33.)
1400.	Hochstätter	84/85	21	Bochum - BMG	0:2	0-1 (74.)
1500.	Rahn	86/87	7	Bayern M. - BMG	3:1	1-3 (68.)
1600.	Bruns	87/88	16	Karlsruhe - BMG	2:2	2-2 (82.)
1700.	Hochstätter	89/90	32	Bochum - BMG	2:1	1-2 (37.)
1800.	Max	92/93	9	Bayern M. - BMG	2:2	2-2 (90.)

Außerdem erzielten:

Günter Netzer — Das **5000. Bl-Tor** am 18.01.1969 in der 64. Minute der Begeg= nung 1.FC Köln - Borussia zum 0:3 (Endstand: 1:4)!

und

Martin Dahlin — Das **29000. Bl-Tor** am 17.04.1993 in der 71. Minute der Begeg= nung Borussia - Bayern München zum 2:2 (Endstand: 2:2)!

TABELLEN=

HINRUNDEN - SPIELTAGE

Saison	1	2	3	4	5	6	7	8	9	10	11	12	13	14	15	16	17	18	19
65/66	8	4	2	6	8	13	13	13	12	9	8	10	12	12	12	13	12	10	10
66/67	9	10	16	9	11	6	8	5	5	7	6	7	9	7	6	4	5	4	5
67/68	8	8	2	2	4	2	3	2	5	4	5	4	3	3	3	3	2	4	3
68/69	6	4	8	5	4	3	3	2	2	2	2	2	2	3	3	3	2	2	2
69/70	17	12	7	2	4	7	6	7	4	2	1	3	2	1	1	1	1	1	1
70/71	3	1	3	4	1	1	1	1	1	1	1	1	1	2	2	2	2	2	1
71/72	12	7	3	4	9	5	3	3	4	4	4	3	3	3	3	3	3	3	3
72/73	6	2	2	3	7	10	8	11	7	7	5	8	7	7	10	7	8	9	6
73/74	2	1	3	1	1	1	1	1	1	1	1	2	1	2	2	3	3	2	3
74/75	14	15	10	7	4	4	3	4	7	10	9	8	7	6	5	3	1	1	1
75/76	6	3	3	1	1	1	3	1	3	3	2	1	1	1	1	1	1	1	1
76/77	10	6	3	3	2	2	1	1	1	1	1	1	1	1	1	1	1	1	1
77/78	9	4	7	5	8	7	11	8	6	9	11	8	5	4	2	2	2	2	2
78/79	16	15	9	11	13	9	12	13	11	10	10	11	10	11	8	10	8	7	9
79/80	7	16	14	11	12	9	12	9	8	5	6	7	7	6	8	7	8	8	8
80/81	12	8	6	5	9	9	8	6	9	10	11	8	11	11	12	13	12	12	11
81/82	15	8	9	7	5	6	4	6	5	5	4	3	4	4	4	4	4	3	3
82/83	1	9	11	8	11	9	11	10	10	11	11	11	11	11	11	11	12	13	13
83/84	10	13	8	12	6	5	5	4	6	4	6	5	4	2	5	3	3	6	5
84/85	1	3	2	2	3	2	6	2	2	2	6	3	2	2	2	3	4	5	6
85/86	12	3	2	2	4	4	3	3	2	2	2	2	1	2	2	4	2	3	3
86/87	17	15	15	16	15	13	15	13	13	13	14	12	9	9	8	8	9	10	13
87/88	4	3	7	5	5	3	3	3	3	3	3	4	4	4	4	5	4	4	4
88/89	1	8	13	9	10	5	8	10	9	7	7	6	5	4	10	7	6	7	5
89/90	13	14	13	8	8	9	11	9	9	7	8	9	13	15	16	18	18	17	18
90/91	14	17	16	15	17	17	17	15	17	15	14	15	14	12	12	12	13	14	17
91/92	16	17	19	19	19	18	19	17	19	20	20	18	20	17	19	19	15	19	17
92/93	17	14	11	17	16	15	16	17	17	13	15	14	17	17	16	14	15	15	14

PLAZIERUNGEN

RÜCKRUNDEN - SPIELTAGE

20	21	22	23	24	25	26	27	28	29	30	31	32	33	34	Spieltage 35	36	37	38	Saison
10	10	10	10	11	10	11	10	11	11	11	12	12	13	13					**65/66**
4	5	7	8	5	6	7	6	7	9	9	8	11	11	8					**66/67**
2	2	2	3	2	2	2	3	3	3	2	3	3	3	3					**67/68**
2	3	4	3	5	3	5	3	4	4	5	4	2	2	3					**68/69**
1	2	2	2	2	2	2	2	1	1	1	1	1	1	1					**69/70**
1	1	1	1	1	1	1	1	1	1	1	1	1	2	1					**70/71**
3	3	3	3	3	3	3	3	3	3	3	3	3	3	3					**71/72**
6	6	4	3	4	5	5	3	4	4	3	2	3	5	5					**72/73**
3	2	4	2	2	2	2	2	2	2	2	2	2	2	2					**73/74**
1	1	1	1	1	1	1	1	1	1	1	1	1	1	1					**74/75**
1	1	1	1	1	1	1	1	1	1	1	1	1	1	1					**75/76**
1	1	1	1	1	2	1	1	1	1	1	1	1	1	1					**76/77**
3	5	2	2	2	2	2	2	2	2	2	2	2	2	2					**77/78**
10	10	11	10	10	13	15	15	15	15	15	13	11	10	10					**78/79**
8	8	8	8	9	10	10	11	9	10	8	7	7	7	7					**79/80**
10	9	10	10	10	10	9	9	9	7	9	6	6	7	6					**80/81**
3	2	4	4	5	5	6	7	6	6	6	7	7	7	7					**81/82**
13	14	14	14	13	14	14	14	14	14	15	14	14	15	12					**82/83**
6	5	5	4	4	3	2	2	4	4	4	4	4	3	3					**83/84**
6	6	5	3	3	3	3	3	3	4	5	4	4	4	4					**84/85**
3	3	3	2	2	3	3	3	3	3	3	3	3	4	4					**85/86**
11	10	10	10	11	10	10	9	9	5	5	3	3	3	3					**86/87**
5	5	6	6	6	6	6	6	6	6	6	9	7	7	7					**87/88**
5	5	6	5	5	5	5	5	5	6	5	5	5	6	6					**88/89**
18	18	16	16	16	15	14	13	16	13	16	14	16	15	15					**89/90**
16	13	14	15	14	15	13	12	13	10	11	12	11	9	9					**90/91**
15	15	14	14	14	14	13	10	12	12	12	12	10	12	12	11	14	11	13	**91/92**
13	12	12	10	7	7	7	8	9	8	7	6	9	8	9					**92/93**

Wann war die Borussia das erste Mal TABELLENFÜHRER der 1. Fußball-Bundesliga?

* Saison 1969/70:
    * 11. Spieltag, 01.11.1969

Mönchengladbach - Alem. Aachen 5 : 1

* (abgelöst als Spitzenreiter wurde hierdurch: Bayern München (1:2 gg. Hertha BSC)

Insgesamt war die Borussia auf folgenden Plätzen zu finden:

1. Platz:	126 x	**2.** Platz:	107 x	**3.** Platz:	119 x
4. Platz:	68 x	**5.** Platz:	60 x	**6.** Platz:	55 x
7. Platz:	48 x	**8.** Platz:	43 x	**9.** Platz:	43 x
10. Platz:	47 x	**11.** Platz:	41 x	**12.** Platz:	33 x
13. Platz:	35 x	**14.** Platz:	31 x	**15.** Platz:	30 x
16. Platz:	17 x	**17.** Platz:	19 x	**18.** Platz:	7 x
19. Platz:	8 x	**20.** Platz:	3 x		

FIEBERKURVE

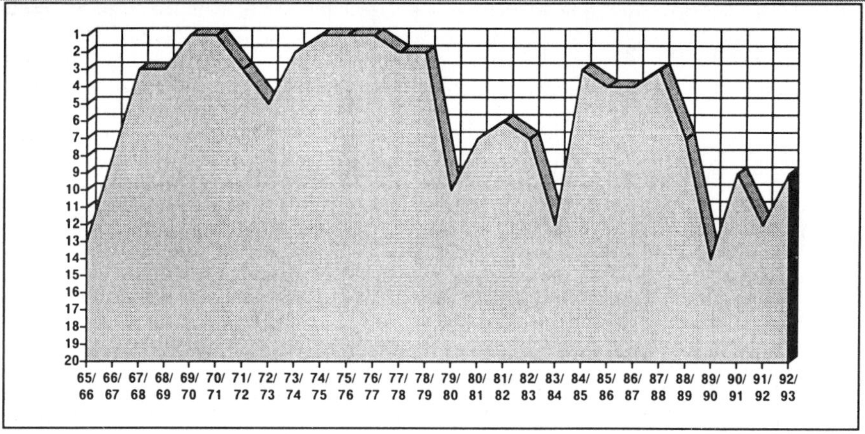

1. BL: Aufstiegsrunde 1965

Teilnehmerfeld:	Gruppe 1	- Holstein Kiel	[Nordmeister]
		- Borussia Mönchengladbach	**[Westmeister]**
		- SSV Reutlingen	[Südzweiter]
		- VfR Wormatia Worms	[Südwestzweiter]

Die sechs Gruppenspiele der Borussia:

1. SPIEL: 29. Mai 1965:

Wormatia Worms - Borussia 1 : 5 (0-2); 20.000 Zuschauer
Worms: Stojanovic - Schweizer, Hess, Planner, Lösch, Steffen, Kraft, Küchmeister, Wittemaier, Seider, Franzreb. **Borussia**: Orzessek - Wimmer, Ernst, Jansen, Milder, Lowin, Laumen, Rupp, Heynckes, Netzer, Waddey. **SR**: Seekamp / Bremen. **Tore**: 0-1 Rupp 11., 0-2 Laumen 26., 0-3 Heynckes 47., 0-4 Heynckes 53., 0-5 Rupp 59., 1-5 Franzreb 70. **V**: Netzer (Gladbach) verschießt in der 65. Minute einen Elfmeter!

Spielbericht: 20000 Zuschauer waren zum ersten Aufstiegsspiel gekommen. Von Anfang an bestimmten die Borussen das Spielgeschehen und bereits nach 9 Minuten stand es 1-0. Rupp erlief einen Steilpaß von Heynckes und schoß unhaltbar für Stojanovic ein. Eine Viertelstunde später vollstreckte Laumen nach Musterpaß von Rupp. Einzige Chance für die Wormatia: Lattenkopfball von Wittemaier in der 31. Minute. Gleich nach Beginn der 2. Halbzeit wieder ein Lattenkracher von Wittemaier - den zurückspringenden Ball konnte Orzessek zur Ecke schlagen. Ein Doppelschlag von Heynckes entschied das Spiel endgültig. Fünf Minuten später fiel das 5-0 durch Rupp. In der 65.Minute die Chance für Gladbach zum 6-0, doch Netzer konnte einen Elfmeter (Rupp fiel im Strafraum um) nicht verwandeln. Dann noch der Ehrentreffer durch einen 18-Meter-Freistoß von Franzreb. Alles in allem ein hochverdienter Auswärtssieg für die jungen Fohlen.

2. SPIEL: 05. Juni 1965:

Borussia - Holstein Kiel 1 : 0 (0-0); 35.000 Z.
Borussia: Orzessek - Wimmer, Ernst, Jansen, Milder, Lowin, Laumen, Rupp, Heynckes,Netzer, Waddey. **Kiel**: Möck - Harm, Jeß, Ehlers, Bähnck, Tams, Koll, Hönig, Rohwedder, Saborowski, Podlich. **SR:** Sparing / Kassel. **Tor:** 1-0 Milder 89. **V:** Platzverweis für den Kieler Kapitän Ehlers (90. Minute)!

Spielbericht: Die Entscheidung in diesem Spiel fiel in der Nachspielzeit durch einen Treffer von Milder. Die 35000 Zuschauer sahen ein mäßiges Spiel. Die ersten beiden Chancen erspielte sich der Kieler Saborowski. Doch Orzessek war auf dem Posten. Erst in der 30. Minute die erste Chance durch Waddey, doch sein Schuß landete an der Querlatte. Dann hatte wiederum Waddey die Führung auf dem Fuß, doch er scheiterte an Möck. Kurz nach der Halbzeit eine Chance durch Laumen. Vergeben. Nach gut 50 Spielminuten die Riesenmöglichkeit für die Gäste: Saborowski stand allein vor Orzessek, hob den Ball über ihn hinweg, doch dieser kann im allerletzten Moment noch die Hände an den Ball bekommen und abwehren. Das die Norddeutschen in diesem Spiel hart zur Sache gingen, beweisen zwei Verwarnungen für Harm und Koll sowie der Platzverweis für Ehlers! Nach dem Foul von Ehlers an Heynckes hob Netzer den fälligen Freistoß gefühlvoll in den Strafraum auf den Kopf von Milder. Dieser ließ sich diese Möglichkeit nicht entgehen und köpfte unbehindert zum Siegtreffer ein - 1:0!

3. SPIEL: 13. Juni 1965:

SSV Reutlingen - **Borussia** 1 : 1 (1-1); 20.000 Z.
Reutlingen: Diegelmann - Kosterz, Schafstall, Kasperski, Schießl, Kammal, Jost, Ammer,Tagliaferri, Schmid, Thommes. **Borussia:** Orzessek - Wimmer, Ernst, Jansen, Milder, Lowin, Laumen, Rupp, Netzer, Heynckes, Waddey. **SR:** Mathieu / Saarbrücken. **Tore:** 1-0 Schmid 1., 1-1 Netzer 15.

Spielbericht: Bereits nach einer Viertelstunde stand das Ergebnis in dieser Paarung fest. In einem mäßigen Spiel vor 18000 enttäuschten Zuschauern im Reutlinger Kreuzeiche-Stadion boten beide Teams nach dem 1:1 zu wenig. Die Gladbacher Spitzen Rupp und Heynckes waren bei Schießl und Kasperski gut aufgehoben und konnten sich nie durchsetzen. Auch der Sturm der Heimmannschaft brachte nichts Nennenswertes auf die Beine. Die Angriffe wurden sicher abgefangen. Bereits nach einer Minute ging der SSV durch einen Kopfball von Schmid in Führung. Gladbach ließ sich jedoch nicht aus der Ruhe bringen und erzielte nach einer Viertelstunde den Ausgleich. Netzers Schrägschuß schlug unhaltbar in der äußersten Torecke ein. Kurz vor Ende bot sich Waddey noch die Chance zur Führung, doch sein Kopfball strich am Tor vorbei.

4. SPIEL: 16. Juni 1965:

Borussia - SSV Reutlingen 7 : 0 (4-0); 35.000 Z.
Borussia: Orzessek - Wimmer, Ernst, Jansen, Milder, Lowin, Laumen, Rupp, Netzer, Heynckes, Waddey. **Reutlingen:** Diegelmann - Kosterz, Schafstall, Kasperski, Fritschi, Gross, Ammer, Tagliaferri, Schmid, Thommes, Zapf. **SR:** Spinnler / Mainz. **Tore:** 1-0 Rupp 8., 2-0 Heynckes 11., 3-0 Rupp 21., 4-0 Heynckes 25., 5-0 Heynckes 48., 6-0 Netzer 58. Elfmeter, 7-0 Netzer 74.

Spielbericht: Im Rückspiel erlebten die 35000 Zuschauer eine völlig andere Borussia. In hervorragender Form überrannte sie den SSV, der sich von Beginn in die eigene Abwehr zurückzog. Mit einem Abwehrriegel wollten die Gäste die Borussia knacken, doch bereits nach 25 Minuten war die Partie entschieden: Vier Tore innerhalb weniger Minuten durch den gefürchteten Sturm. Hätte Diegelmann nicht bei einigen weiteren guten Möglichkeiten glänzend reagiert, zur Pause hätte es weitaus höher als 4:0 für Gladbach stehen können. Nach der Pause legte Heynckes nach einem Alleingang noch einen drauf und erhöhte auf 5:0. Der glänzend aufspielende Regisseur Netzer fügte noch zwei Tore (mit einem Elfmeter zum 6-0 nach einem Foul von Fritschi an Rupp) zum Endstand von 7:0 bei. Ein auch in dieser Höhe völlig verdienter Sieg der Fohlen-Elf.

5. SPIEL: 19. Juni 1965:

Holstein Kiel - **Borussia** 4 : 2 (1-1); 11.000 Z.
Kiel: Möck - Harm, Balsam, Jeß, Bähnck, Tams, Koll, Hönig, Podlich, Saborowski, Rohwedder. **Borussia**: Orzessek - Wimmer, Ernst, Jansen, Milder, Lowin, Laumen, Heynckes,Rupp, Netzer, Waddey. **SR:** Jacobi / Sandhausen. **Tore:** 0-1 Heynckes 7., 1-1 Saborowski 10., 1-2 Netzer 55., 2-2 Rohwedder 69., 3-2 Koll 78., 4-2 Koll 90. **V:** Verschossener Elfmeter von Koll (Kiel) in der 65. Minute!

Spielbericht: Durch das Kieler 4-2 war die Entscheidung in der Gruppe 2 vertagt. Die Entscheidung in dieser Partie fiel durch Koll kurz vor Schluß. Bis zur 70. Minute war die

Begegnung ausgeglichen. Den Führungstreffer von Heynckes nach wenigen Minuten konnte Saborowski bereits kurze Zeit später ausgleichen. In der 23. Minute flog ein Kopfball von Waddey an die Latte. Danach mußte noch zweimal Orzessek gegen Kieler Angreifer klären. Gladbach ging zwar noch einmal durch Netzer in Front, doch Rohwedder glich aus, nachdem zuvor Koll per Strafstoß an Orzessek scheiterte. Der Kieler Koll ließ sich durch diese mißlungene Aktion aber nicht entmutigen und sorgte schließlich mit seinen zwei Treffern für die erste Niederlage der Gladbacher.

6. SPIEL: 26. Juni 1965:

Borussia - Wormatia Worms 1 : 1 (0-0); 32.000 Z.
Borussia: Orzessek - Wimmer, Ernst, Jansen, Pöggeler, Lowin, Heynckes, Laumen, Rupp,Netzer, Waddey. **Worms:** Stojanovic - Gleim, Hess, Steffen, Kraft, Küchmeister, Morgenstern, Bachmann, Bedürftig, Kappes, Wittemaier.**SR:** Schulenburg / Hamburg. **Tore:** 0-1 Bedürftig 60., 1-1 Netzer 69.

Spielbericht: Durch Netzers Tor wurde die Fahrkarte zur 1. Bundesliga gelöst. Nachdem der Gast überraschend nach einer Stunde in Führung gegangen war, besorgte Netzer durch einen 18-Meter-Schuß ins lange Eck den hochverdienten Ausgleich. In der 1. Halbzeit hatte die Borussia eine Vielzahl von guten Tormöglichkeiten, doch sie blieben ungenutzt. Die einzelnen Chancen: In der 3. Minute wurde ein Tor von Heynckes nicht anerkannt; Stojanovic parierte zweimal gegen Netzer und Rupp; Heynckes scheiterte in der 35. Minute am Wormser Keeper; Pfostenschuß von Rupp (35.). Auch in der zweiten Hälfte wurden gute Chancen nicht in Tore umgemünzt. Der Schlußpfiff dieser Begegnung vom ausgezeichnet leitenden Schiedsrichter ging in einem ohrenbetäubenden Lärm unter. Es war geschafft, die Borussia ist erstklassig, und was zu diesem Zeitpunkt noch niemand vorhersehen konnte: Der VfL sollte zusammen mit Bayern München (Erster dieser Aufstiegsrunde in Gruppe 2) zu einer der erfolgreichsten Aufstiegsmannschaften der 1. Bundesliga werden.

Alle Spiele im Überblick (mit Tabellenendstand):

Platz	Verein	**BMG**	SSV	Kiel	W.W.	Tore	Punkte
1.	Borussia	*	7:0 1:1	1:0 2:4	1:1 5:1	17-7	8-4
2.	Reutlingen	1:1 0:7	*	1:1 1:1	3:0 2:1	8-11	7-5
3.	H. Kiel	4:2 0:1	1:1 1:1	*	3:4 3:0	12-9	6-6
4.	W. Worms	1:5 1:1	1:2 0:3	0:3 4:3	*	7-17	3-9

Spieler - ABC: (in Klammern erzielte Tore)

6 Einsätze: Orzessek, Wimmer, Ernst, Jansen, Lowin, Laumen (1), Heynckes (6), Rupp (4), Netzer (5) und Waddey

5 Einsätze: Milder (1)

1 Einsatz: Pöggeler

Mit seiner Verpflichtung als Trainer 1964 begann der Aufstieg der Borussia vom Regionalligisten zum europäischen Spitzenclub: ***Hennes Weisweiler****. Bis 1975 blieb er am Niederrhein, führte seine "Fohlen" zu drei Meistertiteln, dem DFB-Pokalsieg 1973 und dem UEFA-Cup-Gewinn 1975. "Don Hennes" wechselte für ein Jahr zum FC Barcelona, kam aber bereits 1976 wieder ins Rheinland, wo er den 1.FC Köln erfolgreich übernahm. Cosmos New York (1980/81) und Grasshoppers Zürich (1981-1983) waren Weisweilers letzte Stationen, ehe er, gerade 63jährig, am 5 Juli 1983 in der Schweiz verstarb.*

Regionalliga WEST

1963/64

Sp.	Datum		Gegner	Ergebnis	BMG-Torschützen	Zuschauer
01.	04.08.63	A	RW Oberhausen	1 : 2 (1-0)	Netzer	6.000
02.	11.08.63	H	STV Horst-Emscher	4 : 0 (2-0)	Kohn 3 | Netzer	8.000
03.	18.08.63	A	SW Essen	5 : 1 (2-1)	Mühlhausen 3 | Kohn | Laumen EIG.: Ingenbold	5.000
04.	25.08.63	H	Alem. Aachen	2 : 3 (1-1)	Netzer | Laumen	21.000
05.	28.08.63	H	VfB Bottrop	1 : 1 (0-1)	Mühlhausen	6.000
06.	08.09.63	A	F. Düsseldorf	1 : 2 (1-1)	Mühlhausen	14.000
07.	15.09.63	H	Viktoria Köln	0 : 2 (0-1)	-	7.000
08.	22.09.63	A	Hamborn 07	0 : 1 (0-0)	-	2.000
09.	29.09.63	H	Lüner SV	6 : 1 (0-1)	Kohn 4 | Weigel | Laumen	2.000
10.	06.10.63	A	SpVgg Herten	1 : 3 (1-0)	Netzer	2.000
11.	13.10.63	H	Duisburg 48/99	2 : 0 (1-0)	Pöggeler | Schommen	5.000
12.	20.10.63	A	RW Essen	5 : 1 (2-1)	Pöggeler 3 | Kohn 2	9.000
13.	27.10.63	H	Duisburger SV	1 : 3 (1-0)	EIG.: Bohnes	7.000
14.	03.11.63	A	Westf. Herne	2 : 0 (0-0)	Netzer 2	4.000
15.	10.11.63	H	Spfr. Siegen	3 : 1 (0-1)	Pöggeler 3	6.000
16.	17.11.63	A	B. Leverkusen	0 : 2 (0-2)	-	3.000
17.	24.11.63	H	Arm. Bielefeld	5 : 0 (2-0)	Mühlhausen 2 | Kohn 2 | Pöggeler	6.000
18.	01.12.63	A	Wuppertaler SV	1 : 1 (0-0)	Crawatzo	18.000
19.	08.12.63	H	STV Marl-Hüls	1 : 0 (0-0)	Mühlhausen	10.000
20.	29.12.63	A	STV Horst-Emscher	2 : 1 (1-1)	Netzer | Laumen	4.000
21.	05.01.64	H	RW Oberhausen	3 : 1 (1-1)	Laumen 2 | Milder	12.000
22.	12.01.64	A	Alem. Aachen	0 : 3 (0-1)	-	22.000
23.	19.01.64	A	VfB Bottrop	1 : 0 (0-0)	Kohn	3.000
24.	26.01.64	H	F. Düsseldorf	0 : 0 (0-0)	-	25.000
25.	02.02.64	A	Viktoria Köln	1 : 1 (1-1)	Pöggeler	9.000
26.	16.02.64	H	Hamborn 07	2 : 0 (1-0)	Mühlhausen 2	8.000
27.	23.02.64	H	SW Essen	1 : 2 (0-2)	Lowin	12.000
28.	01.03.64	A	Lüner SV	2 : 1 (1-1)	Lowin | Kohn	5.000
29.	08.03.64	H	SpVgg Herten	5 : 2 (2-0)	Kohn 4 | Pöggeler	7.000
30.	15.03.64	H	RW Essen	3 : 0 (2-0)	Mühlhausen | Schommen | Netzer	7.000
31.	22.03.64	A	Duisburg 48/99	3 : 0 (1-0)	Kohn 2 | Crawatzo	6.000
32.	30.03.64	H	Westf. Herne	2 : 2 (1-0)	Kohn | Netzer	14.000
33.	05.04.64	A	Duisburger SV	1 : 1 (0-1)	Laumen	3.000
34.	12.04.64	H	Wuppertaler SV	0 : 1 (0-1)	-	20.000
35.	19.04.64	A	Marl-Hüls	1 : 2 (0-1)	Pöggeler	6.000
36.	26.04.64	H	B. Leverkusen	0 : 2 (0-1)	-	4.000
37.	03.05.64	A	Arm. Bielefeld	2 : 3 (1-2)	Schommen | Laumen	4.000
38.	10.05.64	A	Spfr. Siegen	1 : 1 (1-0)	Kohn	5.000

Saisonstatistik: *Platz:* **8**

17 *Siege* / 7 *Unentschieden* / 14 *Niederlagen*
71 - 47 *Tore; Diff.:* + 24;
41 : 35 *Punkte*
180.000 *Zuschauer*

1963/64

Spieltag	Orzessek	A. Jansen	Höttges	Lowin	Schommen	Raßmanns	Pöggeler	Mühlhausen	Kohn	Netzer	Weigel	Crawatzo	Laumen	de Lange	Milder	Gollers	Wimmer	Ernst							
01.	x	x	x	x	x	x	x	x	x	x	x														
02.	x	x	x	x	x	x	x		x	x	x	x													
03.	x	x	x	x	x	x			x	x		x	x												
04.	x	x	x	x	x			x	x	x	x	x	x												
05.	x	x	x	x	x	x		x		x	x	x	x												
06.	x	x		x	x	x	x	x		x		x		x	x										
07.	x	x		x	x		x	x	x	x			x	x	x										
08.	x	x		x			x	x	x		x	x	x			x	x								
09.	x	x		x	x		x	x	x		x	x	x	x											
10.	x	x		x	x	x	x	x		x	x		x	x											
11.	x	x	x	x	x	x	x		x	x		x			x										
12.	x	x	x	x	x	x	x		x	x		x			x										
13.	x	x	x	x	x	x	x		x	x		x			x										
14.	x	x	x	x	x		x	x	x	x		x			x										
15.	x	x		x	x		x	x	x	x		x			x		x								
16.	x	x	x	x	x		x	x	x	x		x			x										
17.	x	x	x	x			x	x	x	x		x			x		x								
18.	x	x	x	x			x	x	x	x		x			x		x								
19.	x	x	x	x			x	x	x	x		x			x		x								
20.	x	x	x	x	x			x	x	x		x	x		x										
21.	x	x	x	x	x			x	x	x		x	x		x										
22.	x	x	x	x	x			x	x	x		x	x		x										
23.	x	x	x	x	x			x	x	x		x	x		x										
24.	x	x	x	x	x		x	x	x	x			x		x										
25.	x			x	x		x	x	x	x			x		x	x	x								
26.	x	x	x	x	x		x	x		x			x		x		x								
27.	x	x	x	x	x		x	x		x			x		x		x								
28.	x	x	x	x	x			x	x	x		x	x		x										
29.	x	x	x	x	x	x	x		x			x	x		x										
30.	x	x	x	x	x		x	x	x	x		x			x										
31.	x	x	x	x			x	x	x	x		x			x		x								
32.	x	x	x	x	x		x	x	x	x		x			x										
33.	x	x	x	x	x			x	x	x		x	x		x										
34.	x	x	x	x	x			x	x	x	x		x		x										
35.	x	x	x	x	x		x	x	x	x					x			x							
36.	x	x		x	x		x	x	x	x		x		x	x										
37.	x	x	x	x	x		x	x		x		x	x	x											
38.	x	x	x	x	x			x	x	x		x	x		x										
Sp.:	38	37	30	38	33	10	30	32	32	35	8	29	21	6	29	2	9	1							
T.:				1	3		11	10	22	9	1	2	9		1										

1964/65

Sp.	Datum		Gegner	Ergebnis	BMG-Torschützen	Zuschauer
01.	09.08.64	H	B. Leverkusen	4 : 2 (0-1)	Heynckes | Netzer | Rupp | Waddey	12.000
02.	16.08.64	A	Viktoria Köln	2 : 0 (1-0)	Pöggeler 2	10.000
03.	23.08.64	H	Westfalia Herne	7 : 3 (2-1)	Heynckes 4 | Rupp 3	22.000
04.	30.08.64	A	STV Marl-Hüls	1 : 0 (0-0)	Waddey	11.000
05.	06.09.64	A	STV Horst Emscher	10 : 1 (2-0)	Heynckes 3 | Rupp 5 | Netzer | Waddey	10.000
06.	13.09.64	H	Fort. Düsseldorf	1 : 2 (0-1)	Heynckes	38.000
07.	20.09.64	A	SW Essen	4 : 3 (1-2)	Heynckes 2 | Netzer | Rupp	12.000
08.	04.10.64	H	RW Oberhausen	3 : 0 (1-0)	Netzer 2 | Heynckes	30.000
09.	11.10.64	A	Pr. Münster	1 : 0 (0-0)	Pöggeler	30.000
10.	18.10.64	H	E. Gelsenkirchen	2 : 0 (1-0)	Rupp | Netzer	20.000
11.	25.10.64	A	Eintr. Duisburg	5 : 1 (1-0)	Netzer 2 | Laumen | Rupp | Pöggeler	9.000
12.	08.11.64	H	Hamborn 07	1 : 0 (1-0)	Laumen	15.000
13.	15.10.64	A	Alem. Aachen	0 : 2 (0-1)	-	35.000
14.	22.10.64	H	Wuppertaler SV	6 : 1 (0-0)	Rupp 3 | Netzer | Heynckes | EIG.: Reichert	14.000
15.	29.10.64	A	RW Essen	2 : 5 (0-1)	Heynckes | EIG.: Fetting	20.000
16.	06.12.64	H	Arm. Bielefeld	1 : 1 (1-1)	Rupp	14.000
17.	13.12.64	A	Homburger SV	3 : 0 (3-0)	Heynckes 2 | Netzer	4.000
18.	20.12.64	A	B. Leverkusen	0 : 0 (0-0)	-	6.000
19.	03.01.65	H	Viktoria Köln	1 : 0 (0-0)	Wimmer	20.000
20.	10.01.65	A	Westf. Herne	1 : 2 (0-0)	Laumen	8.000
21.	24.01.65	H	STV Marl-Hüls	5 : 1 (2-0)	Waddey 2 | Milder | Rupp | Laumen	13.000
22.	31.01.65	H	Horst Emscher	7 : 1 (4-0)	Milder 3 | Laumen 2 | Waddey | Heynckes	17.000
23.	14.02.65	A	F. Düsseldorf	0 : 4 (0-2)	-	35.000
24.	21.02.65	H	SW Essen	2 : 2 (0-0)	Netzer 2	15.000
25.	28.02.65	A	RW Oberhausen	2 : 0 (1-0)	Waddey 2	24.000
26.	21.03.65	H	Pr. Münster	0 : 0 (0-0)	-	18.000
27.	28.03.65	A	Eintracht Gelsenk.	2 : 2 (2-1)	Heynckes | Lowin	20.000
28.	04.04.65	H	E. Duisburg	2 : 0 (2-0)	Heynckes | Netzer	17.000
29.	11.04.65	A	Hamborn 07	3 : 1 (3-1)	Milder | Rupp | Netzer	8.000
30.	18.04.65	H	Homburger SV	2 : 0 (1-0)	Rupp | Heynckes	10.000
31.	02.05.65	H	Alem. Aachen	2 : 0 (1-0)	Rupp | Netzer	35.000
32.	13.05.65	A	Wuppertaler SV	4 : 2 (2-0)	Rupp | Milder | Netzer | Heynckes	12.000
33.	16.05.65	H	RW Essen	5 : 2 (1-0)	Heynckes 2 | Rupp 2 | Netzer	25.000
34.	22.05.65	A	Arm. Bielefeld	1 : 1 (0-1)	Milder	16.000

Saisonstatistik: *Platz:* **1**

23 *Siege* / 6 *Unentschieden* / 5 *Niederlagen*
92 - 39 *Tore; Diff.:* + 53;
52 : 16 *Punkte*
335.000 *Zuschauer*

1964/65

Spieltag	Orzessek	A. Jansen	Ernst	Milder	Wimmer	Lowin	Pöggeler	Heynckes	Rupp	Netzer	Waddey	Schommen	Laumen	Raßmanns	Krätschmer
01.	x	x	x	x	x	x	x	x	x	x	x				
02.	x	x	x	x	x	x	x	x	x	x	x				
03.	x	x	x	x	x	x	x	x	x	x	x				
04.	x	x	x	x	x	x	x	x	x	x	x				
05.	x	x	x	x	x	x	x	x	x	x	x				
06.	x	x	x	x	x	x	x	x	x	x	x				
07.	x	x		x	x	x		x	x	x	x	x	x		
08.	x	x	x	x	x		x	x	x	x	x		x		
09.	x	x	x	x	x	x	x		x	x	x		x		
10.	x	x	x	x	x	x	x		x	x	x		x		
11.	x	x	x	x	x	x	x		x	x	x		x		
12.	x	x	x	x	x	x	x		x	x	x		x		
13.	x	x	x	x	x	x	x		x	x	x		x		
14.	x	x	x		x	x	x	x	x	x	x		x		
15.	x	x	x		x	x	x	x	x	x	x		x		
16.	x	x	x		x	x	x	x	x	x	x		x		
17.	x	x	x	x	x	x	x	x	x	x	x				
18.	x	x	x	x	x	x	x	x	x	x	x				
19.	x	x	x	x	x	x		x	x	x	x		x		
20.	x	x	x	x	x	x	x		x	x	x		x		
21.	x	x	x	x	x	x		x	x	x	x		x		
22.	x	x	x	x	x	x	x	x	x		x		x		
23.	x	x	x	x	x	x		x	x	x	x		x		
24.	x		x	x	x	x			x	x	x	x	x	x	
25.	x	x	x	x	x	x			x	x	x		x	x	
26.	x	x	x	x	x	x		x	x	x	x		x		
27.	x	x	x	x		x		x	x	x	x	x	x		
28.	x	x	x	x		x	x	x	x	x	x		x		
29.		x	x	x			x	x	x	x	x		x	x	x
30.	x	x	x	x			x	x	x	x	x		x	x	
31.	x	x	x	x	x	x		x	x	x	x		x		
32.	x	x	x	x	x	x		x	x	x	x		x		
33.	x	x	x	x	x	x		x	x	x	x		x		
34.		x	x	x	x	x	x		x		x		x	x	x

Sp.:	32	33	33	31	30	31	23	25	34	32	34	3	26	5	2
T.:				7	1	1	4	23	23	17	8		6		

Regionalliga - Mosaik

1. ABSCHLUSSTABELLEN:

1963/64		SP	S	U	N	Tore			Punkte		
01.	Alem. Aachen	38	27	5	6	105	-	37	59	:	17
02.	Wuppertaler SV	38	19	14	5	66	-	36	52	:	24
03.	F. Düsseldorf	38	21	8	9	83	-	50	50	:	26
04.	TSV Marl-Hüls	38	20	8	10	56	-	41	48	:	28
05.	Viktoria Köln	38	19	7	12	77	-	53	45	:	31
06.	Westf. Herne	38	17	10	11	69	-	63	44	:	32
07.	RW Oberhausen	38	16	10	12	68	-	58	42	:	34
08.	**Mönchengladbach**	38	17	7	14	71	-	47	41	:	35
09.	Duisburger SpV	38	13	13	12	54	-	55	39	:	37
10.	Rot-Weiß Essen	38	13	12	13	70	-	64	38	:	38
11.	Arm. Bielefeld	38	14	10	14	65	-	74	38	:	38
12.	B. Leverkusen	38	13	9	16	62	-	62	35	:	41
13.	SW Essen	38	13	8	17	60	-	71	34	:	42
14.	Spfr. Hamborn 07	38	12	10	16	49	-	71	34	:	42
15.	STV Horst Emscher	38	11	9	18	56	-	75	31	:	45
16.	SpVg Herten	38	12	7	19	55	-	79	31	:	45
17.	VfB Bottrop	38	11	8	19	53	-	68	30	:	46
18.	Spfr. Siegen	38	9	11	18	69	-	85	29	:	47
19.	Duisburg 48/99	38	9	4	25	47	-	88	22	:	54
20.	Lüner SV	38	5	8	25	41	-	101	18	:	58

1964/65		SP	S	U	N	Tore			Punkte		
01.	**Mönchengladbach**	34	23	6	5	92	-	39	52	:	16
02.	Alem. Aachen	34	21	7	6	69	-	23	49	:	19
03.	F. Düsseldorf	34	18	7	9	71	-	38	43	:	25
04.	RW Oberhausen	34	17	8	9	55	-	35	42	:	26
05.	A. Bielefeld	34	15	9	10	68	-	52	39	:	29
06.	Wuppertal	34	14	8	12	54	-	52	36	:	32
07.	RW Essen	34	14	6	14	56	-	53	34	:	34
08.	Pr. Münster	34	13	7	14	50	-	48	33	:	35
09.	SW Essen	34	10	13	11	58	-	59	33	:	35
10.	Vikt. Köln	34	14	5	15	41	-	48	33	:	35
11.	E. Duisburg	34	10	12	12	41	-	53	32	:	36
12.	Westf. Herne	34	13	5	16	45	-	56	31	:	37
13.	Eintr. Gelsenk.	34	10	10	14	46	-	57	30	:	38
14.	Hamborn 07	34	9	11	14	49	-	68	29	:	39
15.	Marl-Hüls	34	10	8	16	36	-	59	28	:	40
16.	Leverkusen	34	8	10	16	48	-	55	26	:	42
17.	Horst Emscher	34	6	10	18	33	-	79	22	:	46
18.	Homberger SV	34	6	8	20	24	-	62	20	:	48

2. ZUSCHAUERBILANZ:

1963/64:	180.000	9.474 Z. pro Spiel
1964/65:	335.000	19.706 Z. pro Spiel
Gesamt:	515.000	14.306 Z. pro Spiel

3. SPIELER - ABC:

Spieler	63/64 SP	63/64 T	64/65 SP	64/65 T	GESAMT SP	GESAMT T
Crawatzo	29	2			29	2
de Lange	6				6	0
Ernst	1		33		34	0
Gollers	2				2	0
Heynckes			25	23	25	23
Höttges	30				30	0
Jansen	37		33		70	0
Kohn	32	22			32	22
Krätzschmer			2		2	0
Laumen	21	9	26	6	47	15
Lowin	38	1	31	1	69	2
Milder	29	1	31	7	60	8
Mühlhausen	32	10			32	10
Netzer	35	9	32	17	67	26
Pöggeler	30	11	23	4	53	15
Orzessek (TW)	38		32		70	0
Raßmanns	10		5		15	0
Rupp			34	23	34	23
Schommen	33	3	3		36	3
Waddey			34	8	34	8
Weigel	8	1			8	1
Wimmer	9		30	1	39	1

4. HEIM/AUSWÄRTSBILANZ:

1963/64:	**Heim**	19	10	3	6	41-21 T.	23:15 Pkt.
	Ausw.	19	7	4	8	30-26 T.	18:20
1964/65:	**Heim**	17	13	3	1	51-15 T.	29:05 Pkt.
	Ausw.	17	10	3	4	41-24 T.	23:11
GESAMT:	**Heim**	36	23	6	7	92-36 T.	52:20 Pkt.
	Ausw.	36	17	7	12	71-50 T.	41:31
	=	72	40	13	19	163-86 T.	93:51

5. EIGENTORE:

von der Borussia:	**63/64:**	Lowin (gg. Herne)	32. Sp.
		Jansen (gg. Leverk.)	36. Sp.
	64/65:	-	
vom Gegner:	**63/64:**	Ingenbold / SW Essen	3. Sp.
		Bohnes / Duisburger SV	13. Sp.
	64/65:	Reichert / Wuppertal	14. Sp.
		Fetting / RW Essen	15. Sp.

6. ELFMETER:

1963/64: 5 Elfmeter [4 verwandelt / 1 verschossen]

TORE:	Mühlhausen	3
	Schommen	1
VERSCHOSSEN:	Mühlhausen	1

Gegen Gladbach:	Mozin/SW Essen	3. Sp.(verschossen)
	Wacker / Duisb. SV	13. Sp.
	Pyka / W. Herne	14. Sp.(verschossen)
7 [4-3]	Tönges / Wuppertal	18. Sp.(verschossen)
	Martinelli / Aachen	22. Sp.
	Cieslarczyk / Herne	32. Sp.
	Schöngen / Marl-Hüls	35. Sp.

1964/65: 16 Elfmeter [13 verwandelt / 3 verschossen]

TORE:	Netzer	12
	Milder	1
VERSCHOSSEN:	Netzer	2
	Milder	1

Gegen Gladbach:	Sondermann / Herne	3. Sp.
	Mozin / SW Essen	7. Sp.
5 [4-1]	Fallisch / RW Essen	15. Sp.
	Wirth / Hamborn	29. Sp.(verschossen)
	Hasebrink / RW Essen	33. Sp.

GESAMT:	Netzer	14	[12 / 2]
	Mühlhausen	4	[3 / 1]
21 [17/4]	Milder	2	[1 / 1]
	Schommen	1	[1 / 0]

Gg. Gladbach: *12 Elfmeter [8 verwandelt / 4 verschossen]*

7. HATTRICK - 3 - 4 - 5 TORE IN EINEM SPIEL:

3 Tore:	63/64:	Kohn	2.	Borussia - Horst Emscher	4 : 0
		Pöggeler	12.	RW Essen - Borussia	1 : 5
		Pöggeler	15.	Borussia - Spfr. Siegen	3 : 1
	64/65:	Rupp	3.	Borussia - W. Herne	7 : 3
		Heynckes	5.	Horst Emscher - Borussia	1 : 10
		Rupp	14.	Borussia - Wuppertal	6 : 1
		Milder	22.	Borussia - Horst Emscher	7 : 1
4 Tore:	63/64:	Kohn	9.	Borussia - Lüner SV	6 : 1
		Kohn	29.	Borussia - Herten	5 : 2
	64/65:	Heynckes	3.	Borussia - W. Herne	7 : 3
5 Tore:	64/65:	Rupp	5.	Horst Emscher - Borussia	1 : 10

8. BILANZ GEGEN DIE REGIONALLIGA-GEGNER:

	1963/64		1964/65		GESAMT					
Verein	H	A	H	A	SP	S	U	N	Tore	Pkt.
Alem. Aachen	2-3	0-3	2-0	0-2	4	1	-	3	4-8	2:6
A. Bielefeld	5-0	2-3	1-1	1-1	4	1	2	1	9-5	4:4
VfB Bottrop	1-1	1-0			2	1	1	-	2-1	3:1
Duisburger SV	1-3	1-1			2	-	1	1	2-4	1:3
Duisburg 48/99	2-0	3-0			2	2	-	-	5-0	4:0
E. Duisburg			2-0	5-1	2	2	-	-	7-1	4:0
F. Düsseldorf	0-0	1-2	1-2	0-4	4	-	1	3	2-8	1:7
RW Essen	3-0	5-1	5-2	2-5	4	3	-	1	15-8	6:2
SW Essen	1-2	5-1	2-2	4-3	4	2	1	1	12-8	5:3
E. Gelsenk.			2-0	2-2	2	1	1	-	4-2	3:1
Hamborn 07	2-0	0-1	1-0	3-1	4	3	-	1	6-2	6:2
Westf. Herne	2-2	2-0	7-3	1-2	4	2	1	1	12-7	5:3
SpVgg Herten	5-2	1-3			2	1	-	1	6-5	2:2
Homberger SV			2-0	3-0	2	2	-	-	5-0	4:0
Horst Emscher	4-0	2-1	7-1	10-1	4	4	-	-	23-3	8:0
Vikt. Köln	0-2	1-1	1-0	2-0	4	2	1	1	4-3	5:3
B. Leverkusen	0-2	0-2	4-2	0-0	4	1	1	2	4-6	3:5
Lüner SV	6-1	2-1			2	2	-	-	8-2	4:0
Marl-Hüls	1-0	1-2	5-1	1-0	4	3	-	1	8-3	6:2
Pr. Münster			0-0	1-0	2	1	1	-	1-0	3:1
RW Oberhausen	3-1	1-2	3-0	2-0	4	3	-	1	9-3	6:2
Spfr. Siegen	3-1	1-1			2	1	1	-	4-2	3:1
Wuppert. SV	0-1	1-1	6-1	4-2	4	2	1	1	11-5	5:3

9. ROTE KARTE:

1 Rote Karte wurde in den beiden Spielzeiten verhängt:

Der Horst-Emscher Kacmarczik erhielt sie in der Saison 1964/65 am 5. Spieltag (STV Horst-Emscher - Borussia 1 : 10)!

Nie mehr "Zweite Liga": Jupp Heynckes schießt beim 7:0 gegen den SSV Reutlingen in der Aufstiegsrunde 1965 auf das Tor der Gäste.

Europapokal

Das im Nachhinein annullierte Spiel gegen Inter Mailand (7:1, Saison 71/72) wurde in den Statistiken berücksichtigt.

Die Europapokalspiele

Pokalsieger 1960/61

1.	11.11.60	Viertelf.	**Borussia** - Gl. Rangers (in Düsseldorf)	0 : 3
2.	30.11.		Glasgow Rangers - **Borussia**	8 : 0

Landesmeister 1970/71

3.	15.09.70	Vorrunde	EPA Larnax - **Borussia** (in Augsburg)	0 : 6
4.	22.09.		**Borussia** - EPA Larnax	10 : 0
5.	21.10.	Achtelf.	**Borussia** - FC Everton	1 : 1
6.	04.11.		FC Everton - **Borussia**	1 : 1 n.V.
		* *Elfmeterschießen:* 4 - 3 für den FC Everton!		

Landesmeister 1971/72

7.	15.09.71	Vorrunde	Cork Hibernian - **Borussia**	0 : 5
8.	29.09.		**Borussia** - C. Hibernian	2 : 1
9.	20.10.	Achtelf.	**Borussia** - I. Mailand (später annulliert!)	7 : 1
10.	03.11.		Inter Mailand - **Borussia**	4 : 2
11.	01.12.		**Borussia** - I. Mailand (in Berlin)	0 : 0

UEFA - Pokal 1972/73

12.	13.09.72	Runde 1	FC Aberdeen - **Borussia**	2 : 3
13.	27.09.		**Borussia** - FC Aberdeen (in Nürnberg)	6 : 3
14.	25.10.	Runde 2	**Borussia** - H. Kopenhagen (in Nürnberg)	3 : 0
15.	08.11.		Hvidovre Kopenhagen - **Borussia**	1 : 3
16.	28.11.	Runde 3	1.FC Köln - **Borussia**	0 : 0
17.	13.12.		**Borussia** - 1.FC Köln	5 : 0
18.	06.03.73	Viertelf.	1.FC Kaiserslautern - **Borussia**	1 : 2
19.	20.03.		**Borussia** - Kaiserslautern	7 : 1
20.	11.04.	Halbf.	**Borussia** - Twente Enschede	3 : 0
21.	25.04.		Tw. Enschede - **Borussia**	1 : 2
22.	09.05.	**1. Finale**	FC Liverpool - **Borussia**	3 : 0
23.	23.05.	**2. Finale**	**Borussia** - FC Liverpool	2 : 0

Pokalsieger 1973/74

24.	20.09.73	Runde 1	IB Vestmannayear - **Borussia**	0 : 7
25.	03.10.		**Borussia** - IB Vestmannayear	9 : 1
26.	24.10.	Achtelf.	**Borussia** - Glasgow Rangers	3 : 0
27.	07.11.		Gl. Rangers - **Borussia**	3 : 2
28.	05.03.74	Viertelf.	Glentoran Belfast - **Borussia**	0 : 2
29.	20.03.		**Borussia** - Gl. Belfast	5 : 0
30.	10.04.	Halbf.	AC Mailand - **Borussia**	2 : 0
31.	24.04.		**Borussia** - AC Mailand	1 : 0

UEFA - Pokal 1974/75

32.	18.09.74	Runde 1	Wacker Innsbruck - **Borussia**	2 : 1
33.	01.10.		**Borussia** - W. Innsbruck	3 : 0
34.	22.10.	Runde 2	**Borussia** - Olympique Lyon	1 : 0
35.	05.11.		Olymp. Lyon - **Borussia**	2 : 5
36.	19.11.	Runde 3	**Borussia** - Real Saragossa	5 : 0
37.	03.12.		R. Saragossa - **Borussia**	2 : 4
38.	04.03.75	Viertelf.	Banik Ostrau - **Borussia**	0 : 1
39.	18.03.		**Borussia** - Banik Ostrau	3 : 1
40.	08.04.	Halbf.	1.FC Köln - **Borussia**	1 : 3
41.	22.04.		**Borussia** - 1.FC Köln	1 : 0
42.	07.05.	**1. Finale**	**Borussia** - Twente Enschede	0 : 0
43.	21.05.	**2. Finale**	Tw. Enschede - **Borussia**	1 : 5

UEFA-Cupsieger 74/75: Borussia Mönchengladbach

Landesmeister 1975/76

44.	17.09.75	Vorrunde	**Borussia** - Wacker Innsbruck	1 : 1
45.	01.10.		W. Innsbruck - **Borussia**	1 : 6
46.	22.10.	Achtelf.	**Borussia** - Juv. Turin (in Düsseld.)	2 : 0
47.	05.11.		Juventus Turin - **Borussia**	2 : 2
48.	03.03.76	Viertelf.	**Borussia** - Real Madrid (in Düsseld.)	2 : 2
49.	17.03.		Real Madrid - **Borussia**	1 : 1

Landesmeister 1976/77

50.	15.09.76	Vorrunde	Austria/WAC Wien - **Borussia**	1 : 0
51.	29.09.		**Borussia** - Austria/WAC Wien	3 : 0
52.	20.10.	Achtelf.	AC Turin - **Borussia**	1 : 2
53.	03.11.		**Borussia** - AC Turin (in Düsseld.)	0 : 0
54.	02.03.77	Viertelf.	**Borussia** - FC Brügge (in Düsseld.)	2 : 2
55.	16.03.		FC Brügge - **Borussia**	0 : 1
56.	06.04.	Halbf.	Dynamo Kiew - **Borussia**	1 : 0
57.	20.04.		**Borussia** - Dyn. Kiew (in Düsseld.)	2 : 0
58.	25.05.	Finale	FC Liverpool - **Borussia** (in Rom/Italien)	3 : 1

Landesmeister 1977/78

59.	14.09.77	Vorrunde	Vasas Budapest - **Borussia**	0 : 3
60.	28.09.		**Borussia** - V. Budapest	1 : 1
61.	19.10.	Achtelf.	Roter Stern Belgrad - **Borussia**	0 : 3
62.	02.11.		**Borussia** - R. St. Belgrad	5 : 1
63.	01.03.78	Viertelf.	Wacker Innsbruck - **Borussia**	3 : 1
64.	15.03.		**Borussia** - W. Innsbruck	2 : 0
65.	29.03.	Halbf.	**Borussia** - FC Liverpool (in Düsseld.)	2 : 1
66.	12.04.		FC Liverpool - **Borussia**	3 : 0

UEFA - Pokal 1978/79

67.	13.09.78	Runde 1	**Borussia** - Sturm Graz	5 : 1
68.	27.09.		St. Graz - **Borussia**	1 : 2
69.	18.10.	Runde 2	Benfica Lissabon - **Borussia**	0 : 0
70.	01.11.		**Borussia** - B. Lissabon	2 : 0 n.V.
71.	21.11.	Runde 3	**Borussia** - Slask Breslau	1 : 1
72.	06.12.		Sl. Breslau - **Borussia**	2 : 4
73.	07.03.79	Viertelf.	Manchester City - **Borussia**	1 : 1
74.	21.03.		**Borussia** - Manchester City	3 : 1
75.	11.04.	Halbf.	MSV Duisburg - **Borussia**	2 : 2
76.	25.04.		**Borussia** - MSV Duisburg	4 : 1
77.	09.05.	**1. Finale**	Roter Stern Belgrad - **Borussia**	1 : 1
78.	23.05.	**2. Finale**	**Borussia** - R. St. Belgrad (in Düsseld.)	1 : 0

UEFA-Cupsieger 78/79: Borussia Mönchengladbach

UEFA - Pokal 1979/80

79.	19.09.79	Runde 1	**Borussia** - Viking Stavanger	3 : 0
80.	03.10.		Vik. Stavanger - **Borussia**	1 : 1
81.	24.10.	Runde 2	**Borussia** - Inter Mailand	1 : 1
82.	07.11.		Inter Mailand - **Borussia**	2 : 3 n.V.
83.	28.11.	Runde 3	**Borussia** - Universitatea Craiova	2 : 0
84.	12.12.		Univ. Craiova - **Borussia**	1 : 0
85.	05.03.80	Viertelf.	AS St. Etienne - **Borussia**	1 : 4
86.	19.03.		**Borussia** - AS St. Etienne	2 : 0
87.	09.04.	Halbf.	VfB Stuttgart - **Borussia**	2 : 1
88.	23.04.		**Borussia** - VfB Stuttgart	2 : 0
89.	07.05.	**1. Finale**	**Borussia** - Eintracht Frankfurt	3 : 2
90.	21.05.	**2. Finale**	Eintr. Frankfurt - **Borussia**	1 : 0

UEFA - Pokal 1981/82

91.	16.09.81	Runde 1	1.FC Magdeburg - **Borussia**	3 : 1
92.	30.09.		**Borussia** - 1.FC Magdeburg	2 : 0
93.	21.10.	Runde 2	**Borussia** - Dundee United	2 : 0
94.	04.11.		Dundee United - **Borussia**	5 : 0

UEFA - Pokal 1984/85

95.	19.09.84	Runde 1	Dukla Banska Bystrica - **Borussia**	2 : 3
96.	03.10.		**Borussia** - D. B. Bystrica	4 : 1
97.	24.10.	Runde 2	**Borussia** - Widzew Lodz	3 : 2
98.	07.11.		Widzew Lodz - **Borussia**	1 : 0

UEFA - Pokal 1985/86

99.	18.08.85	Runde 1	**Borussia** - Lech Posen	1 : 1
100.	02.10.		L. Posen - **Borussia**	0 : 2
101.	23.10.	Runde 2	Sparta Rotterdam - **Borussia**	1 : 1
102.	06.11.		**Borussia** - Sp. Rotterdam	5 : 1
103.	27.11.	Runde 3	**Borussia** - Real Madrid (in Düsseld.)	5 : 1
104.	11.12.		Real Madrid - **Borussia**	4 : 0

UEFA - Pokal 1986/87

105.	17.09.86	Runde 1	**Borussia** - Partizan Belgrad	1 : 0
106.	01.10.		Part. Belgrad - **Borussia**	1 : 3
107.	22.10.	Runde 2	**Borussia** - Feyenoord Rotterdam	5 : 1
108.	05.11.		Feyen. Rotterdam - **Borussia**	0 : 2
109.	26.11.	Runde 3	Glasgow Rangers - **Borussia**	1 : 1
110.	10.12.		**Borussia** - Gl. Rangers	0 : 0
111.	04.03.87	Viertelf.	**Borussia** - Vitoria Guimaraes	3 : 0
112.	18.03.		Vit. Guimaraes - **Borussia**	2 : 2
113.	08.04.	Halbf.	Dundee United - **Borussia**	0 : 0
114.	22.04.		**Borussia** - Dundee United	0 : 2

UEFA - Pokal 1987/88

115.	16.09.	Runde 1	**Borussia** - Espanól Barcelona	0 : 1
116.	30.09.		Esp. Barcelona - **Borussia**	4 : 1

EC - SPIELAUFSTELLUNGEN

1960 / 61

CUP DER POKALSIEGER:

Vorrunde: 15.11. und 30.11.1960

GLADBACH - Glasgow Rangers 0 : 3 (0-2); **Z**: 43.000
G.: Dresbach - Pfeiffer, de Lange, Mühlhausen, Frontzeck, Kablitz, Brungs, Brülls, Kohn, Fendel, Bedürftig;
GR.: Niven - Shearer, Caldow, Davis, Paterson, Baxter, Scott, Brand, McMillan, Miller, Wilson;
SR: Damiani/Jugoslawien
T: 0-1 Miller 22., 0-2 Scott 25., 0-3 McMillan 58.;
BV: Mühlhausen (Gladbach) verschießt in der 39. Minute einen Foulelfmeter!

Die 43000 Zuschauer im Düsseldorfer Rheinstadion sahen das erste Auftreten BORUSSIAs auf internationaler Bühne. Bereits nach wenigen Minuten die Chance zur Führung, doch Kohn kommt um einen Schritt zu spät, nachdem Torwart Niven eine harmlose Rückgabe aus den Händen fallen ließ. In der 8. Minute die erste Chance der Rangers: Brand schießt ungehindert aufs Tor, doch Pfeiffer klärt einen Meter vor der Linie. Die Zuschauer atmen auf. Gladbach antwortet durch Kohn, doch sein Spannschuß geht zwei Meter übers Tor. Dann wieder eine Möglichkeit durch Wilson - knapp vorbei. Im Gegenzug verschießt Fendel. Schließlich fällt das 0:1! McMillan dribbelt fast vom Mittelfeld aus in den Strafraum, passt zu Miller, der aus kurzer Distanz verwandelt. Scott nutzt die Verwirrung der Abwehr wenig später zum 0:2. Fast gelingt Wilson noch das 3:0, doch Dresbach wirft sich ihm vor die Füße. Dann die Chance zum Anschlußtreffer - Brülls wird im Strafraum gelegt. Elfmeter! Mühlhausen legt sich den Ball zurecht, doch sein Schuß ist nicht placiert genug und wird von Niven gehalten. Zur Halbzeit bleibt es bei der 2:0 Führung der Schotten. Gleich nach Wiederanpfiff zwei Ecken der Rangers, doch sie bringen nichts ein. Daraufhin eine turbulente Situation im Rangers-Strafraum. Die Schotten bringen den Ball nicht heraus, doch es folgt kein placierter Torschuß. Nachdem Brand einen Kopfball an den Pfosten gesetzt hat, gelingt ihm in der 58. Minute das 3:0 durch einen 25-m-Schuß - unhaltbar für Dresbach. Die Schotten bestimmen nun eindeutig das Spiel. Dann ein Lattenschuß durch Millar, im Gegenzug boxt Niven einen Schuß von Brülls über die Latte. Es bleibt beim verdienten Erfolg für die Rangers, wenngleich die Borussen ein Tor verdient gehabt hätten.

Glasgow Rangers - **GLADBACH** 8 : 0 (5-0); **Z:** 35.000
GR.: Niven - Shearer, Caldow, Davis, Paterson, Baxter, Scott, McMillan, Miller, Brand, Wilson;
G.: G. Jansen - Pfeiffer, de Lange, A. Jansen, Fendel, Göbbels, Frontzeck, Brungs, Brülls, Kohn, Mühlhausen;
T: 1-0 Baxter 2., 2-0 Brand 16., 3-0 Pfeiffer 31. Eigentor, 4-0 Brand 43., 5-0 Miller 44., 6-0 Brand 50., 7-0 Miller 52., 8-0 Davis 65.
SR: Rigatol/Italien

Es war ein trüber Abend im Ibrox-Park vor 35.000 Zuschauern. Tagelang hatte es geregnet, der Boden war sehr tief. Bereits nach zwei Minuten durch Baxter die Führung. Dann blieb der Ball im Schlamm liegen und Brand brauchte nur noch einzuschießen. Für das 3:0 sorgte Pfeiffer mit einem Eigentor. Die Rangers spielten wie im Rausch und ließen Gladbach keine Chance. Bis zur Pause sorgten Brand und Miller für das 5:0. Wiederum Brand und Miller erhöhten auf 7:0. Davis legte nach 65. Minuten noch ein Tor drauf zum Endstand von 8:0! Zwischendurch mußte auch noch Torhüter Jansen behandelt werden - in diesen Minuten ging Spieler Mühlhausen für ihn ins Tor. Er überstand diese Phase ohne Gegentor. Die fairen schottischen Zuschauer spendeten bei vielen guten Szenen der Borussen Beifall für die aufopferungsvoll kämpfenden Deutschen.

SAISONFAZIT:
Durch den Gewinn des DFB-Vereinspokals war die BORUSSIA dazu berechtigt, Deutschland im Europapokal zu vertreten.

Im von der UEFA erstmalig ausgespielten Cup der Pokalsieger traf die BORUSSIA gleich bei ihrem ersten Auftreten auf europäischer Bühne auf die schottische Spitzenmannschaft Glasgow Rangers. Die Rangers drangen bis ins Finale vor und wurden hier erst durch den AC Florenz besiegt. Gegen dieses Team hatte der westdeutsche Oberligist nicht den Hauch einer Chance. Daheim wurde Gladbach mit 3:0 besiegt, und im Rückspiel gab es eine deftige 8:0 Packung.

1970 / 71

LANDESMEISTER:

Vorrunde: 16.09. und 22.09.1970

EPA Larnax - **GLADBACH** 0 : 6 (0-3); **Z:** 18.000
L.: Alkiviadis - Kantzilieris, Alexandrou, Chatzijannakou, Pavlidis, Georgiou, Kyriakou, Kuthredis, L. Theodorou, Vassilou, Panajotou;
G.: Kleff - Vogts, Müller, Sieloff, Wittmann, Dietrich (67.Bonhof), Köppel, Netzer, le Fevre, Laumen (55.Heynckes), Wimmer;
SR: Koucera/Tschechoslowakei
T: 0-1 Laumen 6., 0-2 Köppel 28., 0-3 Laumen 35., 0-4 Köppel 48., 0-5 Netzer 57., 0-6 Heynckes 84.

GLADBACH - EPA Larnax 10 : 0 (5-0); **Z:** 15.000
G.: Kleff - Vogts, Müller, Sieloff, Wittmann, Wimmer (65.le Fevre), Laumen, Köppel (69.Bonhof), Netzer, Heynckes, Dietrich;
L.: Alkiviadis (46.Theodosis) - Christodoulou, Pavlidis, Kantzilieris, Panayiotou, Georgiou, Theodorou, Konstantas (46.Savidis), Kyriakou, Kythredis, Vassiliou;
SR: Smeljkal/Tschechoslowakei
T: 1-0 Netzer 19., 2-0 Wimmer 30., 3-0 Köppel 35., 4-0 Dietrich 40., 5-0 Sieloff 44. Elfmeter, 6-0 Laumen 50., 7-0 Laumen 56., 8-0 Köppel 60., 9-0 Heynckes 73., 10-0 Vogts 82.

Achtelfinale: 21.10. und 04.11.1970

GLADBACH - FC Everton 1 : 1 (1-0); **Z:** 32.000
G.: Kleff - Vogts, Müller, Sieloff, Wittmann, Dietrich (68.Bleidick), le Fevre, Laumen, Köppel, Netzer, Heynckes;
E.: Rankin - Wright, Newton, Kendall, Kenyon, Whittle, Harvey, Ball, Hurst, Royle, Morrissey;
SR: Krnaschwili/UdSSR
T: 1-0 Vogts 35., 1-1 Kendall 47.

FC Everton - **GLADBACH** 1 : 1 n.V. (1-1, 1-1); **Z:** 45 000

E.: Rankin - Wright, Newton (91.Brown), Kendall, Kenyon, Harvey, Ball, Whittle (91.Husband), Royle, Hurst, Morrissey;

G.: Kleff - Vogts, Sieloff, Müller, Wittmann, Dietrich, le Fevre (106.Wloka), Laumen, Netzer, Heynckes, Köppel;

T: 1-0 Morrissey 1., 1-1 Laumen 35.

SR: Sbardella/Italien

* *Entscheidung durch Elfmeterschießen:* 4 - 3 für den FC Everton!

- Royle verschossen		- Sieloff	0-1
- Ball	1-1	- Laumen versch.	1-1
- Morrissey	2-1	- Heynckes	2-2
- Kendall	3-2	- Köppel	3-3
- Brown	4-3	- Müller versch.	

SAISONFAZIT:

Die Premiere im Cup der Landesmeister fand im Augsburger Rosenaustadion statt, weil BORUSSIAS Gegner, EPA Larnax, aus finanziellen Gründen sein Heimspiel verkauft hatte. Knapp 18000 Zuschauer erlebten eine technisch sehr versierte BORUSSIA, die verdient mit 6:0 gewann. Das Rückspiel eine Woche später in Gladbach war reine Formsache. Es wurde zu einem wahren Schützenfest: 10:0 wurde die Mannschaft aus Zypern nach Hause geschickt.

Die Auslosung in Amsterdam ergab dann die englische Mannschaft des FC Everton. Auf dem Bökelberg erlebten 32000 Zuschauer eine spannende Partie, in der die BORUSSIA durch Vogts 1-0 in Führung ging, und einige Minuten nach der Halbzeit den Ausgleich durch Kendall hinnehmen mußte. Kleff stand zu weit vor seinem Tor und mußte einen 30 m Schuß passieren lassen. Die Engländer spielten all ihre Routine aus und retteten das für sie wichtige 1:1 nach Hause. Im Goodison Park wurde die BORUSSIA von 45000 tobenden Fans empfangen. Gleich nach Anpfiff gelang Morrissey das 1-0. In der Folgezeit mußte die Borussen-Abwehr Schwerstarbeit verrichten und es war Kleff zu verdanken, daß es nach einer halben Stunde nur 1-0 stand. Die Fohlen spielten danach immer besser auf und kamen in der 35. Minute zum wichtigen Ausgleich. Laumen setzte einen abprallenden Ball ins Netz. Kleff wurde danach zum Held des Abends. Er hielt seinen Kasten sauber, auch die Verlängerung konnte keine Entscheidung bringen. Es kam zum Elfmeterschießen, indem es gut für die Borussen begann, denn Kleff konnte den ersten Elfmeter von Royle halten. Doch kurz danach verschoß Laumen. Nachdem Brown zum 4-3 traf, war Müller an der Reihe. Er schoß plaziert, doch Torhüter Rankin, der sich viel zu früh bewegte, konnte den Elfmeter abwehren. In der Aufregung protestierte keiner der Borussen und der FC Everton zog als glücklicher Sieger in die nächste Runde ein. BORUSSIA hatte alles gegeben, doch am Ende fehlte das Quentchen Glück.

1971 / 72

LANDESMEISTER:

Vorrunde: 15.09. und 29.09.1971

Cork Hibernian - **GLADBACH** 0 : 5 (0-5); **Z:** 12.000

H.: Grady - Bacuzzi, O'Mahoney, Conelly, Herrick, Lawson (73.Brower), Sweeney, Wallace, Denneby, Marsden (65.McCawitt), Wigginton;

G.: Kleff - Müller, Vogts (69. Wittkamp), Sieloff, Bleidick, Bonhof, Wloka, Wimmer, Netzer, Heynckes, le Fevre;

SR: Schaut/Belgien

T: 0-1 Wloka 7., 0-2 Heynckes 19., 0-3 Wloka 30., 0-4 le Fevre 33., 0-5 le Fevre 40.

GLADBACH - C. Hibernian 2 : 1 (0-1); **Z:** 10.000

G.: Kleff - Bonhof, Müller, Sieloff, Bleidick, Wimmer, Wloka, Heynckes, Danner (46.Wittkamp), Netzer, le Fevre;

H.: Grady - Bacuzzi, O'Mahoney, Sheehan, Herrick, Sweeney, Lawson, Denneby, Marsden, Wigginton, Wallace;

SR: Krnavek/Tschechoslowakei

T: 0-1 Denneby 32., 1-1 Sieloff 60., 2-1 Wimmer 82.

Achtelfinale: 20.10. und 03.11.1971

GLADBACH - Inter Mailand 7 : 1 (5-1); **Z:** 32.000 (ausverkauft)

G.: Kleff - Vogts, Müller, Sieloff, Bleidick, Bonhof, Netzer (80.Wittkamp), Kulik, Wimmer, Heynckes, le Fevre;

M.: Vieri - Oriali, Giubertoni, Jai, Burgnich, Facchetti, Fabbian, Coros, Bedin, Mazzola, Boninsegna (29.Ghio);

SR: Dorpmanns/Niederlande

T: 1-0 Heynckes 7., 1-1 Boninsegna 20., 2-1 le Fevre 32., 3-1 le Fevre 36., 4-1 Netzer 38., 5-1 Heynckes 43., 6-1 Netzer 57., 7-1 Sieloff 74. Elfmeter;

BV: Rote Karte für Corso (Inter) in der 86. Minute!

ANMERKUNG: Dieses Spiel wurde später von der UEFA annulliert, die BORUSSIA mußte das Spiel im Berliner Olympiastadion wiederholen (01.12.72)!

Ulrik le Fevre erzielte das 2:1 gegen Inter Mailands Torhüter Vieri.
Jupp Heynckes beobachtet die Szene.

Mönchengladbachs Feuerwerk: Sieben Tore und ein Wurfgeschoß! Auf dem ausverkauften Bökelberg lagen sich nach dem Schlußpfiff wildfremde Menschen in den Armen. Sie hatten Superfußball gesehen. Mit 7:1 wurde der italienische Meister nach Hause geschickt. Netzer & Co. nahmen die Inter-Elf nach allen Regeln der Kunst auseinander und deklassierten sie am Ende sogar. Der gefürchtete Catenaccio konnte zu keiner Zeit von Inter angewendet werden, denn die Gäste wurden von Anfang an überrannt. Getrübt wurde das Festival jedoch von einem bedauerlichen Zwischenfall. Nach einem Einwurf wurde Boninsegna in der 29. Minute durch eine Büchse am Kopf getroffen. Die Büchse hätte genausogut den daneben stehenden Müller treffen können. Der bärenstarke Boninsegna spielte den "sterbenden Schwan" und wurde in die Kabine getragen. Erst nach einigen Minuten wurde das Spiel fortgesetzt. Inter spielte fortan unter Protest weiter, Mailand stand dem Angriffswirbel hilflos gegenüber, verlor sogar noch kurz vor Schluß Corso durch die Rote Karte nach einem Foul an Vogts.
Bereits in der 7. Minute eröffnete Heynckes den Torreigen. Auch der Ausgleich durch einen abgefälschten Freistoß von Boninsegna konnte die BORUSSIA nicht aufhalten. Danach schossen le Fevre (zweimal), Netzer und Heynckes die 5-1 Halbzeit-Führung. Nochmals Netzer und ein verwandelter Elfmeter von Sieloff vollendeten die Riesensensation. Tosender Beifall von den Rängen, als Netzer sich in der 80. Minute auswechseln ließ. Einige Tage später kam die Ernüchterung: das Spiel wurde von der UEFA annulliert und in Berlin neu angesetzt! Die in den UEFA-Gremien stark vertretenen Italiener erreichten schließlich die Aufhebung des 7:1-Sieges. Auch die Richter fielen auf die schauspielerische Glanzrolle von Boninsegna herein. BORUSSIA wurde um die Früchte ihrer Sternstunde gebracht, denn es weiß eigentlich niemand, von wem die Büchse geworfen wurde: von einem italienischen oder deutschen Fan!

Inter Mailand - **GLADBACH** 4 : 2 (2-1); **Z:** 80.000

M.: Bordon - Oriali, Giubertoni, Burgnich, Facchetti, Bedin, Mazzola, Beluggi, Jair, Frustalupi, Boninsegna (Ghio);

G.: Kleff - Sieloff, Vogts, Müller, Wimmer, Bleidick (22.Wittkamp), Bonhof, Netzer, Heynckes, Kulik, le Fevre;

SR: Scheurer/Schweiz

T: 1-0 Beluggi 10., 2-0 Boninsegna 13., 2-1 le Fevre 38., 3-1 Mazzola 57., 3-2 Wittkamp 89., 4-2 Ghio 90.

Im Hexenkessel von San-Siro unterlag die BORUSSIA vor 80.000 Zuschauern gegen Inter mit 2-4. Unter den ohrenbetäubenden Anfeuerungsrufen der Tifosi legte Inter ein unheimliches Tempo vor. Gladbach mußte das Mittelfeld preisgeben und zog sich in die Abwehr zurück. Bereits in der 10. Minute fiel das 1-0. Sieloff konnte einen Inter-Freistoß nur kurz abwehren und Bellugi zog aus 25 Metern unhaltbar zur Führung ab. Drei Minuten später sogar schon das 2-0! Boninsegna war im Strafraum zur Stelle und schoß ein. Nach 20 Minuten konnte sich die BORUSSIA endlich besser in Szene setzen. Die Teams wurden gleichwertig, es wurde aber überhart gespielt. In der 38. Minute gelang der Anschlußtreffer durch le Fevre. Er köpfte zum 1-2 ein. Ein Netzer-Freistoß strich kurz danach knapp über die Querlatte. Mazzola sorgte daraufhin für die 3-1 Führung der Tifosi. Die Partie wogte hin und her und in der 89. Minute jubelten die Mannen um Netzer: Wittkamp schoß zum 2-3 ein. Ein Wunschergebnis! Doch die Freude dauerte nicht lange, denn fast mit dem Schlußpfiff stellte Ghio den 4-2 Endstand für Inter her. Trotzdem, mit den beiden Auswärtstoren war für die BORUSSIA noch alles drin.

Per Faustabwehr klärt Inter-Keeper Bordon gegen Rainer Bonhof

3. Spiel am 01.12. in Berlin:

GLADBACH - I. Mailand 0 : 0 (0-0); **Z:** 84.000

G.: Kleff - Vogts, Müller(89.Wloka), Sieloff, Bonhof, Danner (45.Wittkamp), Wimmer, Netzer, Kulik, Heynckes, le Fevre;

M.: Bordon - Burgnich, Beluggi, Facchetti, Oriali, Bedin, Giubertoni, Mazzola, Frustalupi, Ghio (73.Pellizaro), Boninsegna;

SR: Taylor/England

BV: Sieloff (Gladbach) verschießt in der 17. Minute einen Foulelfmeter!

Im Berliner Olympiastadion fand die BORUSSIA nie zu ihrem Spiel. Gegen die brutal einsteigenden Italiener (Luggi Müller brach sich in einem Zweikampf gegen Boninsegna kurz vor Spielende ein Bein) hatte Gladbach keine Mittel, den Abwehrriegel der Italiener zu knacken. Diese zogen sich komplett in die eigene Hälfte zurück, teilweise standen alle Inter-Stars im Strafraum. So verpuffte mancher Sturmlauf. Auch Sieloff konnte die BORUSSIA nicht in Führung bringen, er scheiterte per Elfmeter an Bordon. Der italienische Torhüter ahnte die Ecke und hielt den Elfmeter. Kurz danach köpfte le Fevre an die Querlatte. Dann rutschte Heynckes einen Meter vor der Torlinie am Ball vorbei. In der zweiten Halbzeit verzögerten die Italiener das Spiel noch mehr. Die cleveren Mailänder ermauerten sich ein 0:0, die BORUSSIA scheiterte sehr unglücklich.

Mit diesem Elfmeter scheiterte Sieloff an Ivano Bordon und vergab die Großchance zur Führung.

SAISONFAZIT:
In ihrer zweiten Saison im Europapokal der Landesmeister zog Gladbach in der ersten Runde als Gegner die irische Mannschaft Cork Hibernian. Bereits im Hinspiel im Flowers-Lodge-Stadion von Cork fiel die Entscheidung: 5-0 für die BORUSSIA. In ganz Irland hatte man so ein Team noch nicht gesehen. Den Iren gab die BORUSSIA in der ersten Halbzeit eine Fußball-Lektion erster Güte. Die irische Abwehr stand von Beginn an unter Dauerdruck und auch die nötigen Tore ließen nicht lange auf sich warten. Zweimal Wloka, zweimal le Fevre und einmal Heynckes schossen eine 5-0 Halbzeitführung heraus. In der zweiten Halbzeit ließ Borussia dann Ball und Gegner geschickt laufen, ohne allerdings Torchancen zu erzwingen. Die Fohlen schonten sich bereits für das nächste schwere BI-Spiel gegen Duisburg.
Im Rückspiel gab es nichts Aufregendes. Vor knapp 10000 Zuschauern gingen die Iren trotz Gladbacher Daueroffensive in der 32. Minute mit 1-0 in Führung. Einen Eckball von Lawson erwischte Denneby mit dem Kopf - es stand 0-1. Trotz guter Chancen gelang erst in der 60. Minute durch Sieloff mit einem 25-Meter-Schuß der Ausgleich. Wimmer gelang 8 Minuten vor Ende der 2-1 Siegtreffer. Die erste Runde war überstanden.
In der zweiten Runde standen sich dann Gladbach und das italienische Superteam von Internazionale Mailand gegenüber. Auf dem Bökelberg war die Hölle los und unter tosendem Beifall wurde Inter mit sage und schreibe 7-1 Toren besiegt. Doch dieses Spiel wurde wegen eines Büchsenwurfs später annulliert und mußte dann auf einem neutralen Platz (Berlin) neu ausgetragen werden.
Im Rückspiel in Mailand bezog die BORUSSIA eine 2-4 Niederlage gegen eine hart einsteigende Mannschaft aus Mailand. Das Spiel in Berlin brachte für Gladbach nicht die erhoffte Wende, es blieb schließlich beim 0-0. Die BORUSSIA war recht unglücklich ausgeschieden und Inter Mailand, eine renommierte europäische Mannschaft, kam dank UEFA-Hilfe in die nächste Runde.

1972 / 73

UEFA - POKAL

1. Runde: 13.09. und 27.09.1972

FC Aberdeen - **GLADBACH** 2 : 3 (0-2); **Z:** 25.000
A.: Geoghegan - Willoughby, Boel, Young, Hermiston, Taylor, Robb, Jarvie, Forrest, Harper, Graham;
G.: Kleff - Michallik, Rosenthal, Netzer (46.Danner), Vogts, Bonhof, Wimmer, Kulik (75.Bleidick), Rupp, Heynckes, Jensen;
SR: Machin/Frankreich
T: 0-1 Kulik 20., 0-2 Heynckes 39., 1-2 Harper 55., 2-2 Jarvie 71., 2-3 Jensen 75.

GLADBACH - FC Aberdeen 6 : 3 (2-3); **Z:** 25.000 in Nürnberg
G.: Kleff - Michallik, Rosenthal, Bonhof, Vogts, Danner, Heynckes, Wimmer, Kulik, Rupp (46.Fuhrmann), Jensen (40.Bleidick);
A.: Clark - Murray, Willoughby, Boel, Taylor, Young, Hermiston, Jarvie, Robb, Harper, Graham;
SR: Rion/Belgien
T: 1-0 Rupp 2., 1-1 Jarvie 22., 1-2 Willoughby 25., 2-2 Heynckes 39. Elfmeter, 2-3 Murray 44., 3-3 Vogts 70., 4-3 Heynckes 75., 5-3 Danner 86. Elfmeter, 6-3 Heynckes 89.

2. Runde: 25.10. und 08.11.1972

GLADBACH - Hvidovre Kopenhagen 3 : 0 (1-0); **Z:** 11.000 in Nürnb.
G.: Kleff - Michallik, Surau, Vogts, Bleidick, Danner, Fuhrmann (46.Rosenthal), Wimmer, Bonhof, Kulik, Netzer;
K.: Hildebrandt - Worby, Lund, Frederiksen, Pederson, Klemp, Norregaard (72.Mathiasen), Wagener, Kjeldergaard, Ziegler, Nielsen (60.Christensen);
SR: Quendeville/Luxemburg
T: 1-0 Bonhof 42., 2-0 Wimmer 46., 3-0 Bonhof 85.

Hvid. Kopenhagen - **GLADBACH** 1 : 3 (0-2); **Z:** 6.000
K.: Hildebrandt - Worby, Lund, Frederiksen, Pederson, Klemp, Norregaard, Wagener (83.Goilak), Ziegler, Nielsen, Kjeldergaard;
G.: Kleff - Surau, Vogts, Bonhof, Kulik, Wimmer (60.Rosenthal), Heynckes, Netzer, Jensen, Danner, Michallik (36.Bleidick);
SR: Thomas/Wales
T: 0-1 Netzer 24., 0-2 Netzer 39., 1-2 Norregaard 52., 1-3 Heynckes 66.

Runde 3: 28.11. und 13.12.1972

1.FC Köln - **GLADBACH** 0 : 0 (0-0); **Z:** 12.000
K.: Welz - Hemmersbach, Konopka, Weber, Cullmann, Simmet, Glowacz (60.Gebauer), Flohe, Overath, Löhr, Lauscher;
G.: Kleff - Michallik, Surau, Vogts, Bleidick, Danner, Kulik, Rupp, Bonhof, Heynckes, Wittkamp;
SR: Eriksson/Schweden

Ohne Netzer, Wimmer und Jensen trat die BORUSSIA beim alten Rivalen in Köln an. Trainer Weisweiler stellte Wittkamp als Libero auf. Erstmals seit seiner Meniskusoperation im August wieder dabei, verlieh er der Abwehr alte Stärke. Es entwickelte sich vor 12000 Zuschauern ein Spiel ohne große Chancen. Die größte Chance bot sich Overath in der 73. Minute, doch sein Schuß prallte an den Pfosten. BORUSSIA war bei ihren Konterangriffen weitaus gefährlicher als die meist harmlosen Kölner. In dem fangsicheren Kleff, Vogts, Bonhof und Stopper Surau hatte BORUSSIA ihre besten Akteure.

Dietmar Danner beim Flugkopfball, den Kölns Torwart Welz abwehren kann, rechts Bohhof

GLADBACH - 1.FC Köln 5 : 0 (2-0); **Z:** 15.000

G.: Kleff - Bonhof, Surau, Vogts, Danner, Wittkamp, Rupp, Heynckes (32.Jensen), Wimmer, Netzer, Kulik (76.Bleidick);

K.: Welz - Kapellmann, Konopka, Hemmersbach (46.Hein), Cullmann, Simmet, Flohe, Weber, Neumann (66.Bläser), Löhr, Lauscher;

SR: Emsberger/Ungarn

T: 1-0 Kulik 6., 2-0 Vogts 35., 3-0 Jensen 64., 4-0 Rupp 66., 5-0 Jensen 79.

Im Rückspiel auf dem mit 15000 Zuschauern besetzten Bökelberg gingen die Kölner im Borussenwirbel unter. Mit 5:0 kam der FC unter die Räder. Nur eine Stunde lang konnten die ersatzgeschwächten Kölner einigermaßen mithalten, dann brachen sie völlig ein und waren nur noch ein Spielball für die großartig aufspielenden Borussen. Bereits nach 6 Minuten brachte Kulik seine Farben in Front. Von nun an herrschte ausgelassene Stimmung auf dem Bökelberg. Auch als Heynckes durch Jensen ersetzt werden mußte, tat das den Angriffsbemühungen keinen Abbruch.

Köln kam zwar danach etwas besser zum Zuge, doch in der 35. Minute schon fast die Vorentscheidung durch Vogts, der über den halben Platz lief, einen Paß zu Jensen antäuschte um dann doch selber zu verwandeln. Ein Kopfballtor durch Jensen und das 4-0 nach herrlichem

Dribbling durch Rupp: nach einer guten Stunde waren die Kölner endgültig besiegt. Noch einmal traf Jensen zum 5-0 nach einer tollen Einzelleistung. In einer geschlossenen Mannschaft überragten vor allem Berti Vogts und Herbert Wimmer. Der wieselflinke Rupp konnte von den Kölnern nie gehalten werden, die Angriffe der Kölner wurden schnell abgefangen. Gegen einen harmlosen Sturm stand die Gladbacher Abwehr nie vor ernsthaften Problemen, Bonhof und Wittkamp waren Garanten dafür, daß hinten nichts anbrennen konnte.

Welz fängt den Ball vor dem anstürmenden Bernd Rupp ab, der Kapellmann stehen ließ

Viertelfinale: 06.03. und 20.03.1973

1.FC Kaiserslautern - **GLADBACH** 1 : 2 (1-2); **Z:** 25.000

K.: Stabel - Huber, Schwager, Diehl, Fuchs, Friedrich, Bitz, Seel, Toppmöller, Hosic (32.Pirrung), Ackermann;

G.: Kleff - Vogts, Surau, Bonhof, Wittkamp, Jensen, Danner, Wimmer (65.Simonsen), Rupp, Heynckes, Kulik;

SR: Schulenburg/Hannover

T: 0-1 Danner 14., 1-1 Toppmöller 22., 1-1 Jensen 26.

Klassefußball auf dem Betzenberg. Von der ersten Minute hohes Tempo auf beiden Seiten, wobei Gladbach in der Abwehr wesentlich sicherer stand als die Lauterer. Bonhof löste sich aus dieser Abwehr wiederholt zum Aufbau des Spiels. Kaiserslautern hatte die größeren Möglichkeiten, doch die BORUSSIA führte zur Halbzeit mit 2:1. Danner brachte in der 17. Minute seine Farben in Führung. Vier Minuten später der Ausgleich durch Toppmöller, keine fünf Minuten darauf wiederum die Gladbacher Führung durch Jensen. Lauterns Rechtsaußen Seel war bei Vogts in guten Händen. Nach dem Seitenwechsel setzten beide Teams auf kämpferische Akzente. Lautern stürmte mit Mann und Maus, was zu einigen guten Kontermöglichkeiten für die Borussen führte. Doch Jensen, Rupp und Kulik konnten die Chancen nicht verwerten. Letztendlich ein glücklicher Sieg für die Bökelberg-Elf, die von den Roten Teufeln zur Hergabe ihres ganzen Könnens gezwungen wurde.

GLADBACH - 1.FC Kaiserslautern 7 : 1 (2-1); **Z:** 18.000

G.: Kleff - Surau, Vogts, Sieloff, Bonhof, Danner, Rupp, Wimmer, Jensen, Netzer (46.Kulik), Heynckes;

K.: Stabel - Huber, Schwager, Fuchs (43.Reinders), Schwarz, Diehl, Bitz, Seel, Pirrung (70.Toppmöller), Ackermann;

SR: Tschenscher/Mannheim

T: 1-0 Jensen 7., 1-1 Seel 26., 2-1 Netzer 43., 3-1 Heynckes 53. Elfmeter, 4-1 Heynckes 60., 5-1 Heynckes 82., 6-1 Jensen 86., 7-1 Danner 90. Elfmeter

BORUSSIA nutzte konsequent die Möglichkeit, durch einen Sieg über Kaiserslautern ins Halbfinale zu gelangen. Mit 7:1 wurden die Roten Teufel nach Hause geschickt, wobei Heynckes ein lupenreiner Hattrick gelang. In der ersten Hälfte konnte Lautern die Partie noch ausgeglichen gestalten, kam sogar durch Seel zum zwischenzeitlichen Ausgleich. Nach der Halbzeit brachen dann alle Dämme. Durch den Hattrick von Heynckes (53. - 82. Minute) lagen die Pfälzer bereits hoffnungslos mit 1:5 zurück. Jensen mit seinem zweiten Tor und Danner per Foulelfmeter setzten die Schlußpunkte dieser Begegnung. Kaiserslautern war in allen Belangen unterlegen und konnte den Borussen nie ernsthaft gefährlich werden. Sieloff als ausgezeichneter Libero sowie Vogts waren die herausragenden Spieler auf Seiten der BORUSSIA, die nun erstmals im Halbfinale eines Europapokal-Wettbewerbs stand.

Halbfinale: 11.04. und 25.04.73

GLADBACH - Twente Enschede 3 : 0 (1-0); **Z:** 35.000 (ausverkauft)

G.: Kleff - Vogts, Sieloff, Surau, Bonhof, Danner, Netzer, Heynckes, Wimmer, Jensen, Kulik;

E.: Schrijvers - van Ierssel, de Vries, van der Vall, Drost, Oranen, Notten, Willy v. d. Kerkhoff (66.Achterberg), Jeuring, Pahlplatz, Rene v. d. Kerkhoff;

SR: Nikolov/Bulgarien

T: 1-0 Heynckes 33., 2-0 Jensen 51., 3-0 Heynckes 60. Elfmeter;

BV: Rote Karte für Rene v. d. Kerkhoff (Twente) in der 92. Minute!

Twente Enschede - **GLADBACH** 1 : 2 (0-2); **Z:** 25.000

E.: Schrijvers - van Ierssel, de Vries, Drost, Oranen, Notten, Huwe (47.Bruggink), van der Vall, Jeuring, Pahlplatz, Willy v. d. Kerkhoff(46.Brinks);

G.: Kleff - Vogts, Sieloff, Surau, Bonhof, Danner, Jensen, Kulik (63.Wimmer), Rupp, Netzer, Heynckes;

SR: Carpenter/Irland

T: 0-1 Drost 13. Eigentor, 0-2 Rupp 27., 1-2 Notten 82.;

BV: Heynckes (Gladbach) verschießt in der 52. einen Elfmeter!

1. Finale: 09. Mai 1973
FC Liverpool - **GLADBACH** 3 : 0 (2-0); **Z:** 45.000
L.: Clemence - Lawler, Smith, Lloyd, Lindsay, Hughes, Cormack, Keegan, Toshack, Callaghan, Heighway (Hall);
G.: Kleff - Vogts, Michallik, Netzer, Bonhof, Danner, Kulik, Wimmer, Rupp (82.Simonsen), Jensen, Heynckes;
SR: Linemayr/Österreich
T: 1-0 Keegan 22., 2-0 Keegan 32., 3-0 Lloyd 62.;
BV: Keegan (Liverpool) verschießt in der 24. Minute einen Elfmeter und Heynckes (Gladbach) in der 65. Minute!

Gladbach ging in der Hölle an der Anfield-Road mit 0:3 unter! Einen Tag nach dem abgebrochenen Spiel (wegen Dauerregens mußte das Spiel nach 28 Minuten beendet werden!) geriet Gladbach von Beginn an unter Dauerdruck. Trotz heftiger Gegenwehr konnten Vogts & Co. die englischen Angriffe nicht entscheidend abwehren. Zwei Kopfballvorlagen von Toshack nutzte Keegan zur 2-0 Führung. Kleff war bei beiden Toren machtlos. In der 24. Minute hielt Kleff sogar einen Elfmeter von Keegan. Schiedsrichter Linemayr hatte wegen Handspiels von Bonhof auf den Punkt gezeigt. Kleff ahnte die Ecke und konnte abwehren. Kurz vor Ende der ersten Halbzeit startete die BORUSSIA dann einige Entlastungsangriffe, doch erfolglos. Auch einige gute Chancen zu Beginn der zweiten Hälfte wurden nicht genutzt. Im Gegenteil - Lloyd sorgte für die endgültige Entscheidung. Drei Minuten später hatte Borussia die Riesenchance zum Anschlußtor. Nach einem Foul an Jensen lief Heynckes vom Elfmeterpunkt an. Er schoß hart und auch plaziert, doch Clemence ahnte die Ecke und wehrte ab. Kurz danach schoß Danner einen Ball an den Pfosten. Gladbach hatte einfach kein Glück am heutigen Abend.

Das 1:0 durch Heynckes ließ Borussia nach der 0:3-Niederlage in Liverpool wieder hoffen.

2. Finale: 23. Mai 1973

GLADBACH - FC Liverpool 2 : 0 (2-0); **Z:** 35.000 (ausverk.)
G.: Kleff - Danner, Surau, Vogts, Bonhof, Kulik, Jensen, Wimmer, Netzer, Rupp, Heynckes;
L.: Clemence - Lawler, Lindsay, Smith, Hughes, Lloyd, Keegan, Cormack, Toshack, Heighway (73.Borsma), Gallaghan;
SR: Kazekow/UdSSR
T: 1-0 Heynckes 30., 2-0 Heynckes 39.

Im Rückspiel folgte ein 90-minütiger Gladbacher Sturmlauf. Doch es reichte nicht. Trotz zweier Tore von Heynckes, das Finale hatten die Borussen im Hinspiel verloren. Die 2-0 Halbzeit-Führung machte Mut, doch die Engländer verteidigten verbissen und mit großem Kampf den winzigen Vorsprung.
Von Beginn an war es ein Spiel auf ein Tor. Doch es dauerte bis zur 30. Minute, ehe das 1:0 fiel. Rupp brachte mit einem Querpaß Heynckes in aussichtsreiche Schußposition und dieser ließ sich die Chance nicht entgehen - 1:0. Einige Minuten später dann durch Heynckes, wiederum hatte Rupp die Vorlage gegeben, das 2:0. Eiskalt nutzte er die Chance aus. Bis zur Pause blieb es beim 2-0 für die BORUSSIA. Auch nach dem Wechsel hielt die Überlegenheit an. Allerdings blieben die Liverpooler mit ihren Kontern sehr gefährlich. Toshack wurde von Surau fast völlig ausgeschaltet. Heynckes, Jensen und Rupp hatten große Einschuß-Möglichkeiten. Bei einem Foul von Smith an Heynckes verweigerte Schiedsrichter Kazekow einen möglichen Elfmeter. Es blieb schließlich beim 2:0. BORUSSIA hatte den Engländern eine wahre spielerische Lektion erteilt. Man konnte stolz auf sie sein.

SAISONFAZIT:
Im 2. UEFA-Wettbewerb mußte die BORUSSIA in der ersten Runde beim schottischen Vizemeister FC Aberdeen antreten. Sie gewann durch eine routinierte Leistung verdient mit 3-2. Das Rückspiel mußte in Nürnberg (Platzsperre durch die UEFA!) ausgetragen werden. Die Schotten lagen zur Halbzeit mit 3-2 in Front, doch nach dem Seitenwechsel hatten sie dem Angriffswirbel nichts mehr entgegenzusetzen. In der nächsten Runde wurde dann die dänische Mannschaft von Hvidovre Kopenhagen mit zwei glatten Siegen (3:0 und 3:1) ausgeschaltet. In den beiden folgenden Runden bekam es die Bökelberg-Elf mit zwei Bundesligisten zu tun. Auch diese beiden Gegner konnten mit teilweise hervorragendem Fußball in Schach gehalten werden. Im Halbfinale bekamen die Westdeutschen den holländischen Club Twente Enschede zugelost. Im Hinspiel wurden die Holländer glatt mit 3:0 besiegt, wobei die Enscheder nur durch übertriebene Härte (Rote Karte für v. d. Kerkhoff!) auffielen. Die Tore schossen Jensen und zweimal Heynckes. Das Rückspiel war nur noch eine Formsache. Gladbach ging durch ein Eigentor von Drost und einen Treffer von Rupp mit 2:0 in Führung. Heynckes verschoß sogar noch einen Elfmeter. In den Endspielen bekam man es dann mit dem FC Liverpool zu tun. An der Anfield-Road ging Gladbach mit 0:3 unter, doch am heimischen Bökelberg bewies die BORUSSIA, daß sie es mit der europäischen Spitze aufnehmen kann. In eindrucksvoller Manier besiegte die Weisweiler-Elf das englische Team mit 2:0! Leider nicht hoch genug, um den 0-3 Rückstand aus dem Hinspiel noch wettmachen zu können. Bei ihrem ersten Auftreten im UEFA-Cup gleich im Finale, und mit etwas mehr Glück hätte Borussia sogar noch den Pott an den Niederrhein holen können.

Dietmar Danner zieht seinem Bewacher Lindsay davon.

Ray Clemence bereinigt eine brenzlige Situation ohne Rücksicht auf einen Teamkollegen.

1973 / 74

POKALSIEGER

Vorrunde: 20.09. und 03.10.1973
Vestmannayear - **GLADBACH** 0 : 7 (0-3); **Z:** 5.000
V.: Sveinsson - Sigurvinsson, Friobjöfsson, Hallgrimsson, Oskarsson, Finnbogasson, Rutsson, Valtysson, Palsson, Juliosson, Sigurgeiersson;
G.: Kleff - Danner, Sieloff, Klinkhammer, Michallik, Vogts, Jensen (46.Simonsen), Köppel, Rupp, Heynckes, Kulik (64. Köstner);
SR: Partridge/England
T: 0-1 Heynckes 8., 0-2 Sigurgeiersson 37. Eigentor, 0-3 Kulik 39., 0-4 Kulik 48., 0-5 Heynckes 56., 0-6 Finnbogasson 62. Eigentor, 0-7 Heynckes 75.

GLADBACH - Vestmannayear 9 : 1 (6-0); **Z:** 5.000
G.: Kleff - Danner (46.Köstner), Michallik, Sieloff, Klinkhammer, Wimmer, Stielike, Simonsen, Kulik (75.Rupp), Heynckes, Köppel;
V.: Sveinsson - Sigurvinsson, Ruttsson, Friobjöfsson, Finnbogasson, Hallgrimsson, Palsson, Oskarsson, Valtysson, Juliosson (60.Eliasson), Sigurgeiersson;
SR: Wurtz/Frankreich
T: 1-0 Wimmer 3., 2-0 Valtysson 23. Eigentor, 3-0 Simonsen 28., 4-0 Simonsen 33., 5-0 Köppel 34., 6-0 Köppel 39., 7-0 Wimmer 56., 7-1 Oskarsson 65., 8-1 Simonsen 68., 9-1 Rupp 81.

Achtelfinale: 24.10. und 07.11.1973

GLADBACH - Glasgow Rangers 3 : 0 (1-0); **Z:** 33.000
G.: Kleff - Danner, Vogts, Sieloff, Bonhof, Kulik, Jensen, Heynckes, Wimmer, Köppel, Rupp;
GG.: McCloy - Jardine, Mathieson, Johnstone, Greig, A. MacDonald, McLean, Forsyth, Parlane (63.O'Hara), Conn, Houston;
SR: Schaut/Belgien
T: 1-0 Heynckes 21., 2-0 Heynckes 64., 3-0 Rupp 87.;
BV: Heynckes (Gladbach) verschießt in der 58. Minute einen Foulelfmeter!

Vor 33000 Zuschauern zeigte die BORUSSIA von Beginn an, wer Herr im Stadion ist. Bereits in der 13. Minute wurde Heynckes im Strafraum von Jardine zu Fall gebracht, doch der fällige Elfmeterpfiff blieb aus. Gegen die nun überhart einsteigenden Schotten ging Gladbach nach 21 Minuten durch Heynckes 1-0 in Führung. McCloy bückte sich nach einem Rückpaß nicht schnell genug, Rupp spitzelte ihn zu Heynckes und der schoß ein. Zweimal kamen die Rangers gefährlich vor das Borussen-Tor, doch Conn traf aus kurzer Entfernung nicht.
Nach der Pause rollten ununterbrochen die Angriffe gegen das von McCloy gehütete Tor. Doch die Schotten machten dicht. Dennoch kam Rupp zu einer Chance, aus 6 Metern schoß er am Tor vorbei. In der 58. Minute wurde wiederum Heynckes im Strafraum zu Fall gebracht; und diesmal pfiff der Belgier auch. Doch Heynckes schoß so unplaciert, daß McCloy abwehren konnte. Sechs Minuten später machte Heynckes seinen Fehler wieder wett. Durch Jensen freigespielt, überwand er McCloy mit einem satten Flachschuß. Die Schotten drängten nun vehement auf den Anschlußtreffer, doch völlig überraschend fiel das dritte Tor für die Gladbacher. Rupp setzte sich mit einem Dribbling durch und schob, nachdem er auch McCloy ausgespielt hatte, ins leere Tor ein. Dieser Vorsprung müßte für das Weiterkommen reichen, so Trainer Weisweiler nach dem Spiel.

Glasgow Rangers - **GLADBACH** 3 : 2 (2-1); **Z:** 35.000
GG.: McCloy - Jardine, Mathieson, Greig, Jackson, A. MacDonald, McLean, Forsyth (60.Young), O'Hara, Conn, Houston;
G.: Kleff - Vogts, Danner, Sieloff, Bonhof, Kulik, Jensen, Köppel, Rupp, Wimmer, Heynckes;
SR: Lobo/Portugal
T: 1-0 Conn 11., 1-1 Jensen 27., 2-1 Jackson 32., 3-1 A. MacDonald 61., 3-2 Jensen 71.

Vor 35000 Zuschauern setzten die Rangers total auf Offensive. Sie setzten den Gast von Beginn an unter Druck. Doch die ersten Chancen hatten Bonhof und Heynckes, sie scheiterten aber an McCloy. In der 11. Minute dann das 1-0 durch Conn, der nach einem Pfostenschuß von O'Hara nachsetzte und einschoß. Jensen konnte nach einem herrlichen Konter ausgleichen, doch fünf Minuten später war es Jackson, der mit einem wuchtigen Kopfball die Pausenführung erzielte. In der 2. Halbzeit forcierten die Schotten das Tempo, brachten auch mit Young einen vierten Stürmer auf den Platz. Durch MacDonald per Kopfball kamen sie auch zum dritten Tor und die Abwehr der Borussia geriet ins Schwimmen. Jensen erlöste dann in der 71. Minute die mitgereisten Gladbach-Fans. Die nächste Runde war, dank einer spielerisch und taktisch gut aufspielenden Mannschaft, erreicht.

Glasgows Keeper McCloy rettete gegen den anstürmenden Heynckes, der als zweifacher Schütze den Grundstein zum Viertelfinal-Einzug legte.

Viertelfinale: 05. und 20.03.1974

Glentoran Belfast - **GLADBACH** 0 : 2 (0-1); **Z:** 15.000

BE.: T. McCullough - Hill, McKeag, W. McCullough, Walsh, Walker (39.Anderson), Clarke (51.Weatherup), R. Stewart, Feeney, Dougan, Hooks;
G.: Kleff - Vogts (82. Michallik), Danner, Sieloff, Bonhof, Stielike, Köstner, Kulik, Jensen (16.Köppel), Wimmer, Heynckes;
SR: Bucheli/Schweiz
T: 0-1 Heynckes 8., 0-2 Köppel 70.

GLADBACH - Glent. Belfast 5 : 0 (2-0); **Z:** 11.000

G.: Kleff - Vogts, Klinkhammer (53.Kulik), Sieloff (73.Köstner), Danner, Bonhof, Stielike, Köppel, Rupp, Wimmer, Heynckes;
BE.: T. McCullough - Hill, McKeag, B. Stewart, B. McCullough, Walsh, Jamison (70.Weatherup), Hooks (46.Dickinson), Feeney, Clarke, Dougan;
SR: Kopcio/Tschechoslowakei
T: 1-0 Wimmer 26., 2-0 Heynckes 22., 3-0 Köppel 57., 4-0 Vogts 60., 5-0 Heynckes 63.

Halbfinale: 10. und 24.04.1974

AC Mailand - **GLADBACH** 2 : 0 (1-0); **Z:** 75.000

M.: Pizzabella - Turone, Anquiletti, Lanzi, Sabadini, Maldera, Benetti, Bianchi, Bigon, Bergamaschi, Chiarugi;
G.: Kleff - Vogts, Bonhof, Sieloff, Danner (75.Simonsen), Köppel (65.Kulik), Wimmer, Rupp, Stielike, Jensen, Heynckes;
SR: Linemayr/Österreich
T: 1-0 Bigon 18., 2-0 Chiarugi 52.

Nachdem Heynckes in der 13. Minute nach einer Flanke von Stielike kläglich eine große Chance vergab, war es dann in der 18. Minute Bigon, der die Mailänder vor 75.000 Zuschauern mit 1-0 in Front brachte. Nach einem Eckball von Chiarugi war er mit dem Kopf zur Stelle und drückte den Ball über die Linie. Kleff war an diesem Treffer nicht schuldlos. Wenig später tauchte Bianchi allein vor Kleff auf, doch der Keeper warf sich mutig vor dessen Füße und konnte so seinen Fehler beim 1-0 ausbügeln. Kurz nach dem Beginn der zweiten Hälfte brachte Chiarugi den AC mit 2-0 in Führung. Kleff konnte einen Schuß von Bergamaschi nur kurz abwehren. Der Ball kam zu Chiarugi und dieser ließ dem Torhüter keine Abwehrmöglichkeit mehr. Mailand spielte dann nur noch auf Zeit, die wütenden Angriffe der Gladbacher verpufften regelrecht. So blieb es beim verdienten Sieg der Italiener.

GLADBACH - AC Mailand 1 : 0 (1-0); **Z:** 68.000 in Düsseldorf

G.: Kleff - Sieloff, Bonhof, Vogts, Stielike, Köstner, Wimmer, Kulik (49.Michallik), Simonsen, Köppel, Rupp;
M.: Pizzabella - Bianchi, Sabadini, Schnellinger (71.Biasiolo), Anquiletti, Bergamaschi, Chiarugi, Maldera, Lanzi, Bigon, Benetti;
SR: Franco-Martinez/Spanien
T: 1-0 Sabadini 28. Eigentor

Sabadini (Milan) bezwingt seinen Torwart Pizzabella mit einem Kopfball Eigentor nach Vogts-Schuß

Vor 68000 Zuschauern im ausverkauften Düsseldorfer Rheinstadion setzte Gladbach von Beginn an alles auf eine Karte. Mailand kam über 90 Minuten nicht aus der eigenen Hälfte, doch es reichte nur zum 1-0 Sieg. Der AC besaß im Schiedsrichter einen zwölften Mann, denn die mit großer Härte spielenden Mailänder konnten treten wie sie wollten, er übersah großzügig alle Foulspiele und gab lediglich zwei Gelbe Karten. Auch als Rupp im Strafraum von Lanzi regelrecht in die Arme genommen wurde, gab es keinen Elfmeter. Ähnlich war es noch bei drei weiteren Foulspielen im Strafraum. Nicht einmal ertönte der Elfmeterpfiff des schwachen Schiedsrichters. So blieb es beim 1-0, das durch ein Eigentor von Sabadini fiel. Einen Weitschuß von Vogts lenkte er per Kopf ins eigene Tor. Damit scheiterten die Borussen wiederum recht unglücklich an einer italienischen Mannschaft.

SAISONFAZIT:
Im vierten Jahr auf internationaler Bühne zog Gladbach den isländischen Vertreter IB Vestmannayear als ersten Gegner. Mit zwei deklassierenden Siegen (7:0 auf Island und 9:1 auf dem Bökelberg) kam die Weisweiler-Elf eine Runde weiter. In Runde zwei wurde dann die erstklassige schottische Mannschaft von Glasgow Rangers eindrucksvoll ausgeschaltet. Selbst im gefürchteten Ibrox-Park behielt die Mannschaft die Nerven. Die nächste Runde brachte die Borussen wieder auf die Insel. Gegen den nordirischen Verein Glentoran Belfast behielt man mit zwei Siegen klar die Oberhand. Den Nordiren war BORUSSIA in jeder Hinsicht überlegen. Einem 2:0 im Hinspiel folgte ein glatter 5:0 Erfolg. Im Halbfinale war dann der AC Mailand

Endstation. Die klare Niederlage im San-Siro Stadion konnte daheim nicht wettgemacht werden. Dank einem Schiedsrichter, der eindeutig auf Mailänder Seite stand, sprang nur ein 1:0 Sieg heraus. Das kompromißlose, brutale Einsteigen der Italiener wurde von dem spanischen Referee nie gerecht geahndet. Auch 4 elfmeterreife Situationen wurden nicht von ihm gepfiffen. Nach dem Schlußpfiff flüchtete der Spanier schnell in die Kabine. Anscheinend war er sich bewußt, daß er hier eindeutig gegen eine Mannschaft gepfiffen und so die Italiener in die nächste Runde gebracht hatte.

Günther Köstner im Duell mit Milans Routinier Karl-Heinz Schnellinger

1974 / 75

UEFA - POKAL

Runde 1: 18.09. und 01.10.1974

Wacker Innsbruck - **GLADBACH** 2 : 1 (0-0); **Z:** 16.000
I.: Koncilia - Kordesch, Eigenstiller (62.Metzler), Kriess, Rebele (43.Schwarz), Horvath, Oberacher, Bajlicz, Flindt, Gombasch, Rinker;
G.: Kleff - Vogts, Posner (31.Hilkes / 71.Del'Haye), Wittkamp, Bonhof, Jensen, Surau, Stielike, Simonsen, Köstner, Heynckes;
SR: Korcek/Tschechosl.
T: 1-0 Flindt 53., 2-0 Flindt 55., 2-1 Heynckes 62.

Die 16.000 Zuschauer im Tivoli-Stadion sahen von Beginn an eine Wacker-Elf, die den Favoriten mächtig unter Druck setzte und in die eigene Hälfte zurückdrängte. Die Borussen-Abwehr mußte Schwerstarbeit leisten. Kleff rettete mit einigen guten Reaktionen das 0:0 in die Kabine. Binnen zwei Minuten zahlte sich dann die Daueroffensive der Innsbrucker aus. Ihr dänischer Stürmer Ove Flindt überlistete mit zwei placierten Schüssen Torwart Kleff zur 2:0 Führung für Wacker. Doch völlig überraschend erzielte Heynckes sieben Minuten später den Anschlußtreffer. Beim 2:1 blieb es trotz Überlegenheit der Innsbrucker bis zum Schluß.

GLADBACH - W. Innsbruck 3 : 0 (1-0); **Z:** 18.000
G.: Kleff - Vogts, Klinkhammer (67.Kulik), Wittkamp, Bonhof, Stielike, Simonsen, Wimmer, Jensen (70.Del'Haye), Köstner, Heynckes;
I.: Koncilia - Kordesch, Horvath, Eigenstiller, Kriess (52.Pezzey), Rebele, Oberacher, Flindt, Bajlicz, Gombasch, Rinker (46.Metzler);
SR: Dörflinger/Schweiz
T: 1-0 Vogts 17., 2-0 Heynckes 66., 3-0 Jensen 70.;
BV: Bonhof (Gladbach) verschießt in der 21. Minute einen Elfmeter!

Bis zum 1:0 durch Vogts (Vorlage von Hacki Wimmer) war die Partie seitens der Gladbacher sehr zerfahren. Die Innsbrucker hatten sogar die erste Chance, doch Flindt kam in der 4. Minute nicht an einen Paß von Rinker heran. Erst danach kam Ruhe ins Spiel. Bonhof hatte in der 21. Minute sogar die Möglichkeit, auf 2:0 zu erhöhen. Doch sein Elfmeter wurde von Koncilia gehalten, den Nachschuß setzte Bonhof neben das Tor. Nach der Pause konnte die Wacker-Elf das Spiel ausgeglichen gestalten. Erst als ihr Vorstopper Kriess verletzungsbedingt ausschied, bekam die BORUSSIA wieder Oberwasser. Heynckes erzielte kurz darauf das 2:0 und Stürmer Jensen drei Minuten später noch das 3:0 - die Vorentscheidung!

Runde 2: 22.10. und 05.11.1974

GLADBACH - Olympique Lyon 1 : 0 (1-0); **Z:** 4.800
G.: Kleff - Vogts, Surau (33.Köstner), Wittkamp, Bonhof, Simonsen, Wimmer, Jensen, Kulik (75.Del'Haye), Heynckes, Stielike;
L.: Chauveau - A. Domenech, Mihaijlovic, R. Domenech, Valette, Maneiro, Chiesa, Lacombe, Cacchioni, Mariot, Bernard (60.Thiry);
SR: Raus/Jugoslawien
T: 1-0 Simonsen 8.

Die Wasserschlacht auf dem Bökelberg vor der Minuskulisse von 4.800 Zuschauern war eine mittelmäßige Partie. Der morastige Boden ließ einfach kein gutes Spiel zu. Bereits in der 8. Minute fiel das einzige Tor der Begegnung: Allan Simonsen war der umjubelte Torschütze. Danach lief nicht mehr viel zusammen. Die Stürmer aus Lyon, Chiesa und Lacombe, waren bei Vogts und Bonhof in guten Händen. Die Franzosen verstanden es, durch geschicktes Kurzpaßspiel die Begegnung mit nur einem Tor Rückstand zu beenden. Alle Chancen für die Franzosen für das Rückspiel.

Olymp. Lyon - **GLADBACH** 2 : 5 (1-2); **Z:** 35.000

L.: Chauveau - R. Domenech, Mihajlovic, A. Domenech, Zuang, Valette, Maneiro (57.Thiry), Chiesa, Lacombe, Bernard, Maillard;

G.: Kleff - Stielike, Bonhof, Danner (46.Klinkhammer), Vogts, Wittkamp, Simonsen, Köstner, Jensen, Kulik (82.Köppel), Wimmer;

SR: Camacho/Spanien

T: 1-0 Valette 1., 1-1 Bonhof 23., 1-2 Simonsen 28., 1-3 Bonhof 50., 1-4 Kulik 64., 2-4 R. Domenech 71., 2-5 Simonsen 89.

Bis zur 23. Minute standen die 35000 Zuschauer völlig hinter ihrer Mannschaft. Sie war bereits nach 60 Sekunden durch Valette in Führung gegangen. Dann zerschossen Bonhof und Simonsen die Träume der Franzosen. Danach gab es noch 2 Holztreffer durch Bonhof und Jensen. Als Bonhof dann sogar auf 3:1 erhöhte, sprangen die Sympathien des Publikums auf die Seite der Borussen. BORUSSIA bot Angriffsfußball vom Feinsten. Als einige Minuten später Kulik, nach Doppelpaß mit Jensen, das 4:1 glückte, war die Begegnung entschieden. Selbst das Tor von Verteidiger R. Domenech schockte die BORUSSIA nicht mehr. Im Gegenteil, sie setzte noch ein Tor durch Simonsen (89.) drauf. Das Publikum spendete stehend Beifall für die begeisternde Gladbacher Mannschaft. Die französische Presse war voll des Lobes. In einer sehr guten Mannschaft überragte Rainer Bonhof als Torschütze sowie als Schaltstation zwischen Abwehr und Mittelfeld, wo sich auch Danner gut in Szene setzen konnte.

Runde 3: 19.11. und 03.12.1974

GLADBACH - Real Saragossa 5 : 0 (4-0); **Z:** 10.000

G.: Kleff - Vogts, Klinkhammer (34.Köstner), Stielike, Bonhof, Danner, Simonsen, Kulik, Wimmer, Jensen, Heynckes;

S.: Irazusta - Ovejero, Blanco, Rico (22.Royo), Rubial, M. Gonzales, Rubial, Planas (46.Dunabeitia), Vieletta, Garcia Castany, Arrua, M. Diarte;

SR: Axelryd/Schweden

T: 1-0 Heynckes 8. Elfmeter, 2-0 Simonsen 24., 3-0 Bonhof 32., 4-0 Bonhof 45., 5-0 Heynckes 76.

Bereits zur Halbzeit stand fest, daß der spanische Vertreter gegen diese Borussen keine Chance besaß. Nach allen Regeln der Kunst wurden die Iberer auseinandergenommen. Dem Tempo waren die lahmen Spanier nicht gewachsen. Danner und Wimmer zogen im Mittelfeld die Fäden und setzten ihre Stürmer hervorragend ein. Torjäger Heynckes eröffnete in der 8. Minute per Elfmeter den Torreigen. Zweimal Bonhof, Simonsen und wiederum Heynckes schossen den klaren 5:0 Heimsieg heraus.

Real Saragossa - **GLADBACH** 2 : 4 (1-2); **Z:** 25.000

S.: Irazusta - Blanco, Royo, Dunabeitia, M. Gonzales, Violetta, Galdos, Arrua, Rubial, Garcia Castany (76.J. Gonzales), Garcia;

G.: Kleff - Vogts, Köstner (72.Posner), Stielike, Bonhof, Danner, Simonsen, Wimmer, Jensen, Kulik, Heynckes;

SR: Gow/Wales

T: 1-0 Violetta 1., 1-1 Simonsen 18., 1-2 Heynckes 20., 2-2 Galdos 63., 2-3 Stielike 75., 2-4 Heynckes 90.

Trotz der raschen Führung durch Violetta (1.) kamen die Borussen nie in Bedrängnis. Nachdem Simonsen und Heynckes die Gladbacher mit 2:1 in Front brachten, drohte die Partie zu eskalieren. Ab der 20. Minute flogen wiederholt Büchsen und Sitzkissen auf das Spielfeld und es drohte ein Spielabbruch. Bis zur Pause beruhigten sich die Gemüter doch wieder. Galdos kam noch zum Ausgleich, wobei Danner durch einen Abwehrfehler behilflich war. Stielike und wiederum Heynckes besorgten den Endstand zum 4:2. In beeindruckender Manier hatten die Gladbacher diese Hürde genommen.

Viertelfinale: 04.03. und 18.03.1975

Banik Ostrau - **GLADBACH** 0 : 1 (0-0); **Z:** 33.000

O.: Michalik - Knapp, Vojacek, Hudecek, Vojkuvka, Radimec (60.Kolecko), Micka, Tondra, Slany, Klement, Albrecht;

G.: Kleff - Vogts, Surau, Klinkhammer, Bonhof, Danner, Simonsen, Wimmer, Jensen, Heynckes, Kulik;

SR: Wurtz/Frankreich

T: 0-1 Heynckes 51.

Wer Herr auf dem Spielfeld war, machten die Borussen recht schnell klar. Das Mittelfeld, mit Bonhof und Wimmer als Schaltstationen, und der Angriff mit den schnellen Stürmern Heynckes und Simonsen beherrschte das Spiel nach Belieben. Erstmals in einem EC-Spiel wirkte Vogts als Libero. Er fing die recht ungestüm vorgetragenen Angriffe der Tschechen sicher ab. Das Fehlen von Uli Stielike machte sich nicht negativ bemerkbar. Die wenigen Torchancen, die den Tschechen blieben, wurden sicher von Kleff vereitelt. Michallik auf der Gegenseite hatte bedeutend mehr zu tun, um seinen Kasten wenigstens halbwegs sauber zu halten. Das goldene Tor in dieser einseitigen Begegnung erzielte Stürmer Heynckes in der 51. Minute. Viel Beifall erhielten die Gladbacher nach dem Spiel. "BORUSSIA ist eine der besten europäischen Mannschaften", so Ostraus Trainer Tomas Pospichal.

GLADBACH - Banik Ostrau 3 : 1 (1-0); **Z:** 12.000

G.: Kleff - Vogts, Klinkhammer, Wittkamp, Bonhof, Surau, Simonsen, Jensen, Kulik, Wimmer (74.Danner), Heynckes;

O.: Michalik - Rygel, Mochel, Vojacek, Hudecek, Kvasnica, Micka (84.Klement), Kolecko (74.Tondra), Slany, Knapp, Albrecht;

SR: Nyhus/Norwegen

T: 1-0 Micka 10. Eigentor, 2-0 Heynckes 46., 3-0 Vogts 50., 3-1 Hudecek 67.

Trotz des 1:0 Hinspielsieges war man in Mönchengladbach vorsichtig, denn schließlich hatte Banik Ostrau gerade auf gegnerischen Plätzen überzeugende Leistungen geboten (u.a. Siege in Nantes, in San Sebastian und in Neapel!). Doch die Hoffnungen von Trainer Pospichal währten nur ganze 10 Minuten. Dann fabrizierte ausgerechnet Mittelfeldspieler Micka ein Eigentor. Er verlängerte einen wuchtigen Weitschuß von Bonhof per Kopf ins eigene Tor. Torwart Michalik war machtlos. Gladbach gab nun die vorsichtige Spielweise gänzlich auf und pausenlos rollten Angriffe auf das von Torhüter Michalik glänzend gehütete Tor. Doch weitere Treffer wollten nicht fallen. Die 12000 Zuschauer mußten ihr Kommen nicht bereuen, denn sie sahen eine glänzend aufspielende Heimmannschaft, die mit ihrem Gegner teilweise Katz und Maus spielte. Nach dem Wechsel fiel innerhalb von nur 5 Minuten die endgültige Entscheidung in diesem Viertelfinalspiel. Zuerst Heynckes und kurze Zeit später Vogts besorgten das 3:0 für die Borussen. Banik war geschlagen. Torhüter Kleff war bis hierhin nahezu beschäftigungslos. Die Tschechen kamen zwar in der 67. Minute durch Hudecek zum Ehrentreffer, was aber niemand beunruhigen konnte. Nach diesem Tor wurde Kleff nur noch einmal geprüft. Alles in allem verbrachte er einen ruhigen Abend und die Gladbacher zogen verdient in das Halbfinale ein.

Halbfinale: 08.04. und 22.04.1975

1.FC Köln - **GLADBACH** 1 : 3 (0-2); **Z:** 28.000

K.: Schumacher - Konopka, Cullmann, Hein, Simmet, Neumann, Overath, Glowacz; Flohe (78.Lauscher), Müller, Löhr;

G.: Kleff - Vogts, Wittkamp, Klinkhammer (81.Schäffer), Surau, Stielike, Simonsen, Danner, Wimmer, Kulik, Heynckes;

SR: Matthewson/England

T: 0-1 Simonsen 23., 0-2 Danner 35., 1-2 Löhr 52., 1-3 Simonsen 60.

Das Halbfinale brachte die beiden Bundesligavereine Köln und Gladbach gegeneinander. Beide Teams hätten sich lieber erst im Endspiel getroffen. Gladbach mußte ohne die verletzten Bonhof und Jensen antreten, was Kölns Trainer Cajkowski zu der Aussage veranlaßte: "Die kriegen bei uns 5 Stück!" Doch es kam ganz anders, als die Kölner vermuteten. Vor 28000 in der Kölner Radrennbahn griffen die Gladbacher im Mittelfeld sehr früh an, so daß das Kölner Mittelfeld-Quartett Overath, Neumann, Flohe und Simmet ausgeschaltet wurde. Der quicklebendige Simonsen war von Hein nie zu halten. Vogts war in bestechender Form und neutralisierte Flohe, dieser bekam später noch die Gelbe Karte. Flohe war somit ebenso wie Simmet (beide zweite Gelbe Karte) fürs Rückspiel gesperrt. Der Angriff der Kölner hing buchstäblich in der Luft. In der 23. Minute verwertete Simonsen eine Vorlage von Heynckes zum 1:0. Heynckes war es auch, der die Vorarbeit für Danner's 2:0 leistete. Eine hochverdiente 2:0 Pausenführung für die Gäste. Nach dem Wechsel konnte Kleff einen Ball nicht festhalten und Löhr nutzte diese Chance zum Anschlußtreffer. Doch der überragende Stürmer Simonsen besorgte in der 60. Minute den Endstand zum 1:3. Bis zum Schlußpfiff tat sich nicht mehr viel. Die Zeitungen titelten später: "Fußball zum Verlieben!" Selbst Bayern-Trainer Cramer bezeichnete Gladbach als die beste Elf Europas. Doch Weisweiler mahnte zur Vorsicht.

GLADBACH - 1.FC Köln 1 : 0 (0-0); **Z:** 33.000

G.: Kleff - Vogts, Surau, Wittkamp, Stielike, Bonhof, Danner (81.Schäffer), Kulik, Jensen, Simonsen (81.Wimmer), Heynckes;

K.: Topalovic - Glowacz, Cullmann, Konopka, Hein, Nicot, Löhr, Neumann, Berkemeier, Overath, Lauscher;

SR: Gugulovic/Jugoslawien

T: 1-0 Danner 48.

Ohne Flohe, Simmet, Schumacher und Weber traten die Kölner auf dem Bökelberg an. Trainer Cajkowski war dem Weinen nahe. Doch die Verlegenheitself aus Köln bot der BORUSSIA Paroli. Die ca. 33000 Zuschauer wollten einen grandiosen Sieg erleben, doch sie wurden enttäuscht. Gladbach hatte mit dieser Elf seine liebe Mühe und Not. Die Borussen zeigten wenig Initiative, produzierten Fehlpässe am laufenden Band und schienen den Gegner nicht ernst zu nehmen. Doch die Kölner besaßen nicht die Klasse, der BORUSSIA gefährlich zu werden. Kleff hatte einen ruhigen Abend und mußte kaum einmal eingreifen. Drei Riesenchancen durch Danner (1.), Bonhof (9.) und Heynckes (12.) wurden kläglich vergeben. Dann erzielte Wittkamp ein Tor, doch es wurde wegen Abseits nicht anerkannt. Das Spiel wurde mit hohem Tempo geführt. Ersatztorwart Topalovic war auf Kölner Seite überragend. Reihenweise machte er Großchancen der Borussen zunichte. Danner erzielte in der 48. Minute den einzigen Treffer des Abends. Mit einem Weitschuß überlistete er Topalovic. Schließlich wurden noch zwei weitere Tore wegen Abseitsstellung nicht anerkannt. BORUSSIA war drückend überlegen, doch es blieb beim knappen 1:0 Sieg.

1. Finale: 07. Mai 1975

GLADBACH - Twente Enschede 0 : 0 (0-0); **Z:** 48.000

G.: Kleff - Vogts, Surau, Wittkamp, Bonhof, Stielike, Wimmer, Danner (75.Del'Haye), Simonsen, Jensen, Kulik (78.Schäffer);

E.: Gross - van Ierssel, Overweg, Drost, Oranen, Thyssen, v. d. Vall, Pahlplatz, Jeuring (86.Achterberg), Bos, Zuidema;

SR: Palotai/Ungarn

Im ersten Finale vor 48.000 Zuschauern im Düsseldorfer Rheinstadion zog sich der Gast aus Enschede achtbar aus der Affäre. Der verletzte Torjäger Heynckes fehlte in diesem Spiel an allen Ecken und Enden. Die Borussen wußten sich gegen den dichten Abwehrriegel nicht zu helfen. Beide Mannschaften waren zunächst auf Ballsicherung bedacht. Die Fohlen übernahmen von Anfang an die Initiative und wollten ein frühes Tor. Doch die Holländer störten bereits im Mittelfeld. Bei einigen schnellen Vorstößen zog sich die Twente-Abwehr sofort in die eigene Abwehr zurück. Eine große Chance bot sich Thyssen, doch sein 20-m-Schuß strich knapp über die Latte. Zwei Chancen durch Bonhof (Freistoß) und Stielike (knapp neben das Tor) verpufften. Bereits gegen Ende der ersten Halbzeit spielten die Gäste auf Zeit, was die Zuschauer zu Pfiffen veranlaßte. Im zweiten Abschnitt gab es nur noch wenige Chancen. Erwähnenswert noch ein Lattenkracher von Rainer Bonhof. Insgesamt waren die Gladbacher Angriffe zu harmlos, um den Ex-Berliner Volkmar Groß zu bezwingen. Der Abwehrriegel der Holländer hielt bis zum Schluß.

2. Finale: 21. Mai 1975

Twente Enschede - **GLADBACH** 1 : 5 (0-2); **Z:** 24.000

E.: Gross - van Ierssel, Drost, Overweg, Oranen, Thyssen, v. d. Vall, Bos (53.Mühren), Pahlplatz (75.Achterberg), Jeuring, Zuidama;

G.: Kleff - Vogts, Surau (13.Schäffer), Wittkamp, Bonhof, Klinkhammer, Jensen, Simonsen, Wimmer (75.Köppel), Danner, Heynckes;

SR: Schiller/Österreich

T: 0-1 Simonsen 3., 0-2 Heynckes 9., 0-3 Heynckes 50., 0-4 Heynckes 60., 1-4 Drost 76., 1-5 Simonsen 87. Elfmeter

3:0 durch Jupp Heynckes im zweiten UEFA-Cup-Finale, Volkmar Groß machtlos!

Die freudige Kunde bereits vor dem Spiel: Jupp Heynckes war wieder fit! Er war am Ende der Matchwinner in einer in Weltklasseform auftretenden Gladbacher Mannschaft. Eindrucksvoll wurden die Holländer besiegt. Am Cupgewinn gab es auch von Enscheder Seite keinen Zweifel, er konnte nur Mönchengladbach heißen. Twente wurde an die Wand gespielt und nach allen Regeln der Kunst vorgeführt. Torjäger Heynckes schoß drei Tore und gab zu den beiden anderen noch die Vorlage. Bereits nach neun Minuten war die Partie gelaufen. Simonsen (3.) und Heynckes (9.) schossen die 2:0 Führung heraus. Bereits in der 13. Minute mußte Borussia austauschen. Für den verletzten Surau kam Schäffer ins Spiel und paßte sich nahtlos ein. Heynckes erhöhte kurz nach der Pause auf 3:0. Als in der 60. Minute eine Musterflanke in den Strafraum flog, war wiederum Heynckes per Kopf zur Stelle. Der Ehrentreffer von Drost konnte die Gladbacher auch nicht mehr aufhalten. Heynckes bediente drei Minuten vor Schluß nach einem Solo Jensen, der von Drost gefoult wurde - Elfmeter. Simonsen ließ sich diese Tormöglichkeit nicht entgehen, sein Strafstoß bedeutete den Endstand - 5:1! Hennes Weisweiler nach dem Spiel: "In Enschede stimmte alles bei uns. Wir haben verdient den Cup nach Gladbach geholt!" Die überragenden Spieler in einer homogenen Mannschaft waren Heynckes, Simonsen und Bonhof.

SAISONFAZIT:
In ihrer zweiten Spielzeit im UEFA-Pokal stieß die BORUSSIA wiederum bis ins Finale vor. Nachdem die Rheinländer zwei Jahre zuvor noch am FC Liverpool gescheitert waren, konnten sie diesmal den Cup nach Mönchengladbach holen. Twente Enschede wurde in überzeugender Manier besiegt, wobei die Entscheidung erst im Spiel in Enschede fiel, denn die erste Begegnung in Düsseldorf endete 0:0! Erstmalig wurde der UEFA-Cup nach Gladbach geholt.

Es begann alles andere als gut im UEFA-Pokal. Gleich im Spiel in Innsbruck bezog BORUSSIA eine glückliche 1:2 Niederlage. Am Bökelberg jedoch wurden die Österreicher mit 3:0 nach Hause geschickt. In den nächsten beiden Runden wurden eindrucksvolle Siege errungen, wobei die Auswärtsstärke der BORUSSIA voll zur Geltung kam. Mit 5:2 siegten die Borussen in Lyon, und auch das 4:2 in Saragossa kam nach glänzender Vorstellung zustande. Im Viertelfinale war dann der Tschechische Vertreter Banik Ostrau nur ein kleiner Prüfstein. Mit zwei Siegen zogen die Fohlen ins Halbfinale ein, wo dann der 1.FC Köln der Gegner war. Auch der Bundesligist konnte einer prächtig aufspielenden Gladbacher Mannschaft nie gefährlich werden. Den Grundstein zum Weiterkommen legten die Fohlen bereits im Kölner Stadion. Mit einer Superleistung fegten sie die Heimmannschaft vom Platz. Auf dem Bökelberg reichte dann eine durchschnittliche Leistung zum Erreichen der Endspiele. In der diesjährigen UEFA-Pokalrunde wurden außerdem Heynckes mit 11 Treffern und Simonsen mit 10 Treffern Europas Schützen Nummer 1 und 2!

Der dreifache Torschütze Heynckes präsentiert den gerade gewonnenen UEFA-Cup

1975 / 76

LANDESMEISTER

Vorrunde: 17.09. und 01.10.1975

GLADBACH - Wacker Innsbruck 1 : 1 (0-1); **Z:** 20.000
G.: Kleff - Vogts, Klinkhammer, Wittkamp, Bonhof, Schäffer, Simonsen, Jensen, Danner, Heynckes, Stielike;
I.: F. Koncilia - Kriess, Bajlicz, Eigenstiller, Pezzey, Flindt, Oberacher, Schwarz, P. Koncilia, Rinker, Welzl;
SR: Burns/England
T: 0-1 Welzl 43., 1-1 Simonsen 83. Elfmeter

Torhüter Friedl Koncilia raubte BORUSSIA in diesem Cupspiel den Nerv. Selbst die unmöglichsten Bälle wurden von ihm gehalten. Nur durch einen Elfmeter war er zu bezwingen. Trotz drückender Überlegenheit erreichte der UEFA-Cup-Sieger gegen die Innsbrucker nur ein 1:1, keine gute Ausgangsposition für das Rückspiel. Es bahnte sich ein Spiel auf ein Tor an, doch die Gäste waren durch einige Konter sehr gefährlich. Einer dieser Konter führte in der 42. Minute durch Welzl zum 0:1. Dieser ließ nach schönem Alleingang Kleff keine Abwehrchance. BORUSSIA hatte es in der Anfangsphase versäumt, ein Tor vorzulegen. Möglichkeiten von Heynckes, Simonsen und Danner vereitelte Koncilia. Zwei Schüsse von Jensen ans Gebälk (Pfosten und Querlatte) zeugten auch nicht gerade von Glück. Dann doch noch der hochverdiente Ausgleich. Heynckes wurde von Pezzey gefoult, den fälligen Elfmeter verwandelte Simonsen sicher zum 1:1.

Wacker Innsbruck - **GLADBACH** 1 : 6 (1-1); **Z:** 20.000
I.: Schatz - Bajlicz, Kriess, Eigenstiller, Pezzey, Oberacher, Welzl, P. Koncilia, Schwarz, Rinker Flindt (82.Kastner);
G.: Kleff - Vogts, Klinkhammer, Wohlers, Schäffer, Danner, Simonsen, Wimmer (73.Köppel), Jensen, Stielike (76.Wittkamp), Heynckes;
SR: Mathieu/Schweiz
T: 1-0 Danner 21. Eigentor, 1-1 Stielike 44., 1-2 Simonsen 63., 1-3 Heynckes 64., 1-4 Heynckes 68., 1-5 Heynckes 75., 1-6 Heynckes 88.

Im ausverkauften Innsbrucker Tivolistadion schien das Konzept der Wacker-Elf eine Stunde lang aufzugehen. Die Elf führte durch ein Eigentor von Danner, der einen 22-m-Schuß von Flindt unglücklich ins Tor lenkte, mit 1:0. Erst eine Minute vor der Pause konnte Stielike per Kopfball auf eine Flanke von Jensen den Ausgleich erzielen. Die erste Halbzeit wurde mit hohem Tempo seitens der Innsbrucker geführt. Nach der Pause hatte Wacker noch drei Gelegenheiten, auf 2:1 zu erhöhen, doch Kleff war nicht zu bezwingen. In der 60. Minute schien Kleff schon geschlagen, doch Stielike rettete auf der Linie. Danach gab es kein Halten mehr für die Borussen. Innerhalb von 120 Sekunden sorgten Simonsen und Heynckes mit seinem ersten Treffer für die 3:1 Führung. Dann brach die Wacker-Elf völlig ein. In der ersten Stunde hatte sie sich verausgabt. Heynckes legte noch drei Treffer zum Endstand von 6:1 drauf. Innsbruck wurde in der zweiten Hälfte an die Wand gespielt, wobei Torjäger Heynckes mit vier Treffern, innerhalb von nur 25 Minuten erzielt, der überragende Mann war. Völlig verdient zog BORUSSIA in die 2. Runde ein.

Achtelfinale: 22.10. und 05.11.1975

GLADBACH - Juventus Turin 2 : 0 (2-0); **Z:** 65.000 in Düsseldorf
G.: Kleff - Vogts, Schäffer, Wittkamp, Bonhof, Danner, Simonsen, Wimmer, Stielike, Heynckes, Jensen;
T.: Zoff - Spinose, Gentile, Morini, Furino, Scirea, Cuccureddu, Tardelli, Anastasi, Gori (52.Altafini), Bettega;
SR: Wurtz/Frankreich
T: 1-0 Heynckes 27., 2-0 Simonsen 36.

In einem hochklassigen Cupspiel siegte die BORUSSIA verdient mit 2:0 über den italienischen Meister. Nach 27 Minuten wurde Zoff das erste Mal überwunden. Nachdem er in der Anfangsphase Schüsse von Vogts und Danner parierte, was es dann soweit: Nach einer Flanke von Danner überraschte Heynckes Dino Zoff mit einem Drehschuß. Zehn Minuten später spielte Heynckes Simonsen frei und dieser ließ sich die Chance zum 2:0 nicht entgehen. "Zugabe, Zugabe!", forderten die Zuschauer, doch es blieb bei diesen beiden Toren. Gladbach erspielte sich eine Vielzahl von Chancen, doch sie wurden entweder eine sichere Beute von Zoff oder kläglich vergeben. Die Turiner zogen sich keineswegs über die volle Distanz in die eigene Hälfte zurück, sondern suchten ihr Heil in einigen geschickt nach vorne getragenen Kontern. Mehr als einmal stand hierbei Kleff das Glück zur Seite. Insgesamt erspielte sich die BORUSSIA aber ein sicheres 2:0, was eigentlich für das Weiterkommen reichen müßte, so Bundestrainer Helmut Schön nach der Partie, die ihn sichtlich beeindruckt hatte.

Juventus Turin - **GLADBACH** 2 : 2 (1-0); **Z:** 68.000
T.: Zoff - Gentile, Tardelli (76.Altafini), Furino, Morini, Scirea, Causio, Gori, Anastasi, Capello, Bettega (72.Damiani);
G.: Kleff - Vogts, Wittkamp, Schäffer, Bonhof, Danner, Simonsen, Wimmer, Heynckes, Stielike, Jensen;
SR: Linemayr/Österreich
T: 1-0 Gori 36., 2-0 Bettega 63., 2-1 Danner 70., 2-2 Simonsen 87.

Im Turiner-Hexenkessel kam die Borussia in der ersten Viertelstunde nicht aus ihrer eigenen Hälfte heraus. Lediglich eine klare Möglichkeit besaß Juve, doch Gori schoß völlig freistehend hoch über das Tor. In der 35. Minute machte er es dann besser. Er sprintete einem Steilpaß nach und konnte zum 1:0 einschießen. Keine Abwehrchance für Kleff, der stark bandagiert sein Tor hütete (kurz vor Spielbeginn knickte er im Rasen um). In der zweiten Halbzeit konnte sich Gladbach ein wenig befreien, doch Bettega gelang in der 63.Minute das 2:0. Turin hatte nun gleichgezogen. Gladbach wurde immer sicherer in seinem Spiel nach vorne. Danner war es einige Minuten später, der den Anschlußtreffer erzielte. Kurz vor Ende erzielte Simonsen das 2:2 und versetzte den Turinern damit den Todesstoß. Völlig verdient erreichte der deutsche Meister die nächste Runde.

Viertelfinale: 03. und 17.03.1976

GLADBACH - Real Madrid 2 : 2 (2-1); **Z:** 69.000 in Düsseldorf
G.: Kleff - Klinkhammer, Vogts, Wittkamp, Stielike, Bonhof, Danner, Wimmer, Simonsen, Heynckes, Jensen;
M.: Miguel Angel - Sol, Pirri, Benito, Camacho, Velazquez, del Bosque (78.Vitoria), Breitner, Netzer, Santillana, Rob. Martinez;
SR: Rion/Belgien
T: 1-0 Jensen 2., 2-0 Wittkamp 27., 2-1 Rob. Martinez 45., 2-2 Pirri 61.

Wittkamp (Zweiter von rechts) erhöht nach einer knappen halben Stunde auf 2:0 gegen Real Madrid

BORUSSIA startete furios. Bereits nach 2 Minuten ging sie durch Jensen nach Flanke von Bonhof in Führung, in der 27. Minute hieß es sogar 2:0 - Wittkamp war der Torschütze. Doch durch eine Unachtsamkeit bracht sich die Borussia praktisch mit dem Pausenpfiff um den 2-Tore-Vorsprung. Martinez nahm einen Paß von Netzer auf und erzielte das 1:2. Nach gut einer Stunde dann der überraschende Ausgleich. Libero Pirri zog ab, sein Bombenschuß landete unhaltbar für Kleff im rechten oberen Toreck. In der letzten halben Stunde rannte die Borussia vergeblich gegen die spanische Abwehrmauer an. Somit besitzt Real gute Chancen, das Halbfinale zu erreichen. Vom Tempo her diktierten die Borussen das Spiel, doch Real erwies sich als zweikampfstärker, sodaß auch viele Aktionen teilweise überhart von den Spaniern beendet wurden, was sich in Form von Gelben Karten für Sol und Velazquez bemerkbar machte. Bonhof hatte Breitner über die gesamte Spielzeit im Griff, Netzer gefiel durch einige gute Pässe.

Real Madrid - **GLADBACH** 1 : 1 (0-1); **Z:** 120.000

M.: Miguel Angel - Benito, Pirri, Sol, Camacho, Breitner (15.Vitoria), Velazquez, Netzer, Amancio (77.del Bosque), Santillana, Rob. Martinez;

G.: Kleff - Vogts, Wittkamp, Bonhof, Klinkhammer, Stielike, Wimmer, Danner (76.Hannes), Simonsen, Jensen, Heynckes;

SR: v. d. Kroft/Niederlande

T: 0-1 Heynckes 26., 1-1 Santillana 52.

Durch eine skandalöse Schiedsrichterleistung schied die Lattek-Elf gegen Real aus. Zwei einwandfrei erzielte Tore gab der für Madrid pfeifende Holländer nicht. Die mitgereisten Schlachtenbummler jubelten, als Heynckes in der 26. Minute die Führung gelang. Per Kopfball auf Flanke von Stielike besorgte er das 0:1, was niemanden überraschte, denn die BORUSSIA bestimmte das Spielgeschehen. Die hektisch vorgetragenen Angriffe der Madrilenen verpufften bereits am Strafraum oder wurden eine Beute von Kleff. Sicher stand er hinter der Abwehr. In der zweiten Hälfte erzielte Santillana völlig überraschend den Ausgleich. Kroft hatte als einziger

Wimpeltausch der Kapitäne Amancio (Real) und Vogts. In der Mitte Schiedsrichter v.d.Kroft, der im Bernabeu-Stadion eine fragwürdige Rolle spielen sollte.

ein Handspiel gesehen, den Freistoß hob Amancio in den Torraum, und Santillana köpfte ein. Dann wurde Heynckes im Strafraum festgehalten - doch kein Pfiff. Die 69. Minute: Nach einem Doppelpaß zwischen Jensen und Klinkhammer schoß der Däne zum 2:1 ein, doch Kroft entschied auf Abseits, was niemand im Stadion gesehen hatte. In der 83. Minute verwertete Wittkamp eine von Stielike in den Strafraum geschlagene Flanke und schoß flach ein. Diesmal ging Kroft zur Mitte. Dann hob Linienrichter Hoppenbreuwer aus unerklärlichen Gründen die Fahne. Real-Spieler wiesen SR Kroft darauf hin. Selbst die spanischen Reporter sprachen von einem regulären Tor - kein Foul, kein Abseits lag vor. Doch der Linienrichter wollte ein Handspiel gesehen haben. So wurde BORUSSIA von einem Holländer um den verdienten Erfolg gebracht.

SAISONFAZIT:

Nach dem Auftakterfolg über Wacker Innsbruck wartete mit Juve ein Spitzenteam auf die BORUSSIA. Nach einem glanzvollen 2:0 Sieg folgte ein 2:2 in Turin, wobei die BORUSSIA als erste deutsche Mannschaft überhaupt eine italienische aus dem Wettbewerb warf. Im Viertelfinale hieß dann der Gegner Real Madrid. Nach einer 2-0 Führung verspielte Gladbach diesen wichtigen Vorsprung noch. Real glich aus und hatte nun alle Trümpfe in der Hand. Das zum Weiterkommen dann ein Schiedsrichtergespann half, konnte niemand ahnen. Den **SKANDAL** von Madrid sahen Millionen, nur einer nicht - Schiedsrichter v. d. Kroft! Späte Rache für die WM-Niederlage der Holländer???

1976 / 77

LANDESMEISTER

Vorrunde: 15. und 29.09.1976

Austria Wien - **GLADBACH** 1 : 0 (1-0); **Z:** 60.000
W.: Baumgartner - R. Sara, Obermayer, Baumeister, Daxbacher, J. Sara, Prohaska, Drazan, Pirkner, Martinez, Morales;
G.: Kneib - Wittkamp, Vogts, Schäffer, Bonhof, Ringels, Del'Haye, Simonsen, Wimmer, Heynckes, Wohlers;
SR: Lattanzi/Italien
T: 1-0 Daxbacher 23.

BORUSSIA, ohne 5 Leistungsträger (Stielike, Köppel, Danner, Klinkhammer und Kulik) angetreten, konnte am Ende froh sein, nur 1:0 verloren zu haben. Das einzige Tor der Begegnung fiel in der 23. Minute durch einen 25-m-Schuß von Daxbacher, der von Wittkamp noch leicht abgefälscht wurde. BORUSSIA bekam im Mittelfeld nie das Spiel in die Hand; Bonhof hatte viel Mühe mit dem quirligen Prohaska, Wohlers und Wimmer spielten schwach.
Nur die beiden Abwehrspieler Vogts und Wittkamp erreichten Normalform. Der Sturm konnte nur ganze zwei Möglichkeiten verzeichnen (Del'Haye 49. und Simonsen 74.). Die größte Chance besaß Vogts in der 78. Minute, doch sein Schuß klatschte an die Querlatte. Die Wiener versäumten es in diesem einseitigen Spiel, bereits im Hinspiel die Entscheidung herbeizuführen. Sie konnten eine Fülle guter Chancen nicht in Tore ummünzen. Bei Gladbach machten sich die Ausfälle stark bemerkbar, die Neulinge Ringels und Del'Haye konnten die Lücken nicht effizient genug ausfüllen.

GLADBACH - Austria Wien 3 : 0 (1-0); **Z:** 32.000
G.: Kneib - Vogts, Schäffer, Wittkamp, Bonhof, Wohlers (67.Ringels), Simonsen, Wimmer, Heidenreich, Stielike, Heynckes;
W.: Baumgartner - R. Sara, Obermayer, Baumeister, Daxbacher, J. Sara, Drazan (65.Pospichl), Prohaska, Pirkner, Martinez (65.Pöll), Morales;
SR: Palotai/Ungarn
T: 1-0 Stielike 39., 2-0 Bonhof 64. Elfmeter, 3-0 Heynckes 67.;
BV: Rote Karte für den Wiener Prohaska in der 71. Minute!

Im Rückspiel vor 32000 Zuschauern war die BORUSSIA eindeutig Herr auf dem Platz. Stielike war nach seiner Gelbsperre wieder dabei und kurbelte zusammen mit Bonhof das Spiel an. Dem Dauerdruck waren die Wiener letztendlich nicht gewachsen. Die Rheinländer versäumten es ebenso wie die Wiener im Hinspiel, bereits in der ersten Hälfte genügend Tore zu schießen. So blieb es beim einzigen Treffer durch Stielike in der 39. Minute. Nach der Pause verstärkte die BORUSSIA noch einmal den Druck auf das von Baumgartner gehütete Tor. Die Austria hatte dem nur übertriebene Härte entgegenzusetzen. Eine Folge davon war ein Foulelfmeter, der von Bonhof eiskalt zum vorentscheidenden 2:0 verwandelt wurde. Drei Minuten später sorgte Heynckes mit seinem Tor für den 3:0-Endstand. Kurze Zeit später meckerte Prohaska gegen den Schiedsrichter, worauf dieser ihn des Feldes verwies. Doch trotz Überzahl gelang kein weiteres Tor mehr. Daß die Wiener Härte ins Spiel brachten, bekamen besonders zwei Borussen zu spüren: Bonhof erlitt einen Jochbeinbruch und Heynckes einen Faustschlag ins Gesicht. Austria-Trainer Stotz sagte dazu: "Im Übereifer kann so etwas schon einmal passieren.

Die Gladbacher hatten einen solchen Druck gemacht, dem meine Mannschaft nicht gewachsen war." BORUSSIA zog völlig verdient in die nächste Cup-Runde ein, denn Trainer Stotz gab hinterher zu, daß diese Gladbacher Mannschaft nahezu meisterlich spielte und doch letztendlich eine Nummer zu groß für seine Mannen gewesen sei.

Achtelfinale: 20.10. und 03.11.1976

AC Turin - **GLADBACH** 1 : 2 (0-1); **Z:** 71.000
T.: Castellini - Danova, Santin, Salvadori, P. Sala, Caporale, Graziani, Mozzini, Zaccarelli, C. Sala (22.Pulici), Garritano;
G.: Kneib - Vogts, Wittkamp, Schäffer, Bonhof, Wohlers, Simonsen, Wimmer (60.Klinkhammer), Stielike, Heidenreich, Heynckes;
SR: Hungerbühler/Schweiz
T: 0-1 Vogts 28., 1-1 P. Sala 64., 1-2 Klinkhammer 79.

Im Stadion Communale waren 71000 Zuschauer von ihrem AC enttäuscht. BORUSSIA gewann verdient mit 2:1 in dem Hexenkessel. Kaum waren einige Minuten gespielt, hatte die BORUSSIA schon ihre erste Chance, doch ein Schuß von Simonsen prallte an den Pfosten. Vogts brachte, nach einem Doppelpaß mit Heynckes, seine Mannen mit 1:0 in Front. Nun war die BORUSSIA spielbestimmend, und das auf Gegners Platz. Bis zur Halbzeit brachte Gladbach die Partie ohne große Schwierigkeiten über die Zeit. Nach dem Seitenwechsel jedoch igelten sich die Westdeutschen ein. Die Folge war, daß der AC ausgleichen konnte. In der 64. Minute war es Patrizio Sala, dem der Ausgleich mit etwas Glück gelang (sein Schuß wurde noch leicht von Wittkamp abgefälscht). Danach besann sich die Lattek-Elf wieder auf das Offensivspiel. Glück hatte Borussia noch einmal, als Grazianis Schuß an den Pfosten klatschte. Aber in der 79. Minute schoß der eingewechselte Klinkhammer das sensationelle 2:1! In einer hektischen und ziemlich hart geführten Begegnung ging die BORUSSIA als verdienter Sieger vom Platz. In Stielike hatten die Gäste den überragenden Mann auf dem Platz in ihren Reihen. Simonsen war der unglücklichste Spieler, denn er hätte mindestens drei Tore machen müssen.

GLADBACH - AC Turin 0 : 0 (0-0); **Z:** 67.000 in Düsseldorf
G.: Kneib - Vogts, Schäffer, Wittkamp, Bonhof, Wohlers, Heidenreich (66.Del'Haye), Wimmer, Simonsen, Stielike, Heynckes;
T.: Castellini - Danova, Santin, Salvadori, Mozzini, Caporale, Butti, Graziani, P. Sala, Zaccarelli, Pulici (46.Garritano);
SR: Delcourt/Belgien
BV: Rote Karten für die Turiner Caporale (44.), Zaccarelli (68.) sowie für Torhüter Castellini (70.)!

Das Rückspiel trug Gladbach im Düsseldorfer Rheinstadion aus. Die 67000 Zuschauer sahen eine italienische Mannschaft, die brutal und rücksichtslos zu Werke ging. Am Ende waren nur noch 8 Turiner auf dem Feld. Der ausgezeichnet leitende Schiedsrichter Delcourt aus Belgien schickte Caporale, Zaccarelli und sogar Torhüter Castellini vorzeitig unter die Dusche. Neben den 3 Roten Karten zog er auch noch sechsmal Gelb, ausschließlich gegen Turiner Spieler. Zunächst knüpften die Borussen an die gute Leistung in Turin an. Einziges Manko war jedoch, das die herausgespielten Torchancen nicht verwertet wurden. Doch je länger das Spiel dauerte, umso mehr wurden die Spieler durch die rüden Attacken der Turiner eingeschüchtert. Das Spiel büßte an Klasse ein und es blieb schließlich beim für Turin schmeichelhaften 0:0. In der zweiten Hälfte waren die Tormöglichkeiten Mangelware. Als auch noch Torhüter Castellini die Rote Karte bekam, mußte Graziani das Torwart-Trikot überziehen. Er konnte seinen Kasten sauberhalten.

UEFA-Beobachter Obertiefer zu der Partie: "Gott sei Dank haben die Mönchengladbacher nicht mit gleicher Münze zurückgezahlt. Turin ist eine Schande für den Fußball!" In Gladbach war man froh, am Ende noch 11 gesunde Spieler zu haben, denn gegen eine solch brutale Mannschaft hatte Borussia vorher noch nie gespielt.

Viertelfinale: 02. und 16.03.1977

GLADBACH - FC Brügge 2 : 2 (1-2); **Z:** 65.000 in Düsseldorf

G.: Kneib - Bonhof, Wittkamp, Vogts, Klinkhammer, Wohlers, Stielike, Wimmer, Kulik, Del'Haye, Simonsen;

BR.: Jensen - Bastijns, Krieger, Cools, Leekens, Volders, Courant, v.d. Eycken, le Fevre (57.Sanders), Hindereycks, Davies;

SR: Konrath/Frankreich

T: 0-1 Cools 23., 0-2 Courant 38., 1-2 Kulik 43., 2-2 Simonsen 62.

Wiederum spielte Gladbach im Düsseldorfer Rheinstadion. Doch aus dem erhofften 2-Tore-Vorsprung wurde nichts. Der starke belgische Meister ging überraschend mit 2:0 in Führung. Nach einer Musterkombination zwischen Davies und Courant gelangte der Ball zu Cools. Dieser stand völlig frei vor dem Tor und ließ sich diese Chance nicht entgehen. Die BORUSSIA antwortete mit wütenden Attacken, doch dann die kalte Dusche: Diesmal spielte Cools seinen Mitspieler Courant frei. Der hatte keine Mühe und es stand 0:2! Wichtig für die BORUSSIA: Der Anschlußtreffer fiel noch vor der Pause durch ein schönes Solo von Christian Kulik. Nach der Pause schnürte der Deutsche Meister die Belgier in die eigene Hälfte ein. Torhüter Jensen stand unter Dauerbeschuß. Als er in der 62. Minute einen Schuß nicht festhalten konnte, war Simonsen zur Stelle und erzielte den hochverdienten Ausgleich. Die Partie blieb bis zum Schluß spannend, doch das erlösende dritte Tor wollte nicht fallen. Simonsen ließ reihenweise Chancen aus. Die allergrößte Chance blieb Vogts vorbehalten, doch sein Schuß prallte von der Unterkante der Latte nach unten - auf oder hinter der Linie, es war nicht zu erkennen. Schiedsrichter Konrath entschied auf Weiterspielen - zu Recht, wie die Fernsehbilder zeigten. Die besten Gladbacher waren Stielike, Vogts und Bonhof.

Christian Kulik, Schütze des wichtigen 1:2, mit einer artistischen Flugkopfball-Einlage.

FC Brügge - **GLADBACH** 0 : 1 (0-0); **Z:** 32.000
BR.: Jensen - Bastijns, Volders, Leekens, Denaeghel, Cools, Davies, v.d. Eycken, Courant, Lambert (46.Hinderycks), le Fevre;
G.: Kneib - Vogts, Klinkhammer, Bonhof, Wittkamp, Wimmer, Wohlers, Stielike, Kulik (78.Hannes), Simonsen, Heynckes;
SR: Kasakow/UdSSR
T: 0-1 Hannes 84.

Vor 32000 Zuschauern im Olympiapark endete das Spiel mit einer positiven Überraschung. BORUSSIA gewann mit 1:0 und zog damit zum erstenmal ins Halbfinale der Landesmeister ein. Der eingewechselte Hannes schoß das Tor des Abends. Die Borussia diktierte von Beginn an das Tempo und war den Belgiern klar überlegen. Das objektive Publikum spendete viel Beifall für das gekonnt aufgezogene Offensivspiel. Einziges Manko: viele gute Tormöglichkeiten wurden ausgelassen. Das goldene Tor fiel sehr spät. Borussia mußte gewinnen, ein 0:0 hätte den Belgiern zum Weiterkommen gereicht. Trainer Lattek zog kurz vor Ende den Joker: Winfried Hannes. Der gerade 19jährige lenkte nach einer Flanke von Bonhof den Ball mit dem Hinterkopf ins Tor. Torwart Jensen stand zu weit vor seinem Tor und der Kopfball flog über ihn ins Netz. Vogts nach dem Spiel: "Das war unser bestes Spiel seit Wochen". Trainer Happel sagte sogar: "So schlecht haben wir in dieser Saison noch in keinem Heimspiel ausgesehen". Gladbach hatte alle Trümpfe ausgespielt und zog verdient in die nächste Runde ein.

Halbfinale: 06. und 20.04.1977

Dynamo Kiew - **GLADBACH** 1 : 0 (0-0); **Z:** 95.000
K.: Rudakow - Troschkin, Fomenko, Reschko, Matwijenko, Bereschnoj (65.Slobodjan), Muntjan, Burjak, Konkow, Onischtschenko, Blochin;
G.: Kneib - Vogts, Wittkamp, Bonhof, Klinkhammer, Wimmer, Wohlers, Stielike, Kulik, Simonsen, Heynckes;
SR: S. Ibanez/Spanien
T: 1-0 Onischtschenko 72.

Eine Runde zuvor hatte Kiew den FC Bayern (2:0) aus dem Rennen geworfen. 95000 Zuschauer im Zentralstadion sorgten für einen guten Rahmen. Gladbach konnte Heynckes wieder einsetzen, doch er hielt sich merklich zurück, wodurch Simonsen der einzige Stürmer war. Nach zehn Minuten die erste Möglichkeit, doch Simonsen schoß nach guter Einzelleistung am Tor vorbei. Die BORUSSIA hatte das Spiel im Griff. Die Abwehr stand sehr sicher. Vogts und Bonhof hatten ihre Gegenspieler Blochin und Burjak im Griff und ließen kaum Torchancen zu. Auch Klinkhammer ließ Onischtschenko nie aus den Augen. Als Bonhof Mitte der Halbzeit alleine auf das Tor von Rudakow zuläuft, wird er von Fomenko brutal umgerissen - Gelbe Karte. Kiew erzielte das goldene Tor in der 72. Minute durch Onischtschenko. Nach einer von Burjak getretenen Ecke schoß er aus dem Gewühl heraus aus kurzer Entfernung ins Tor. Dabei blieb es. Ein recht glücklicher Sieg für die Hausherren.

GLADBACH - Dyn. Kiew 2 : 0 (1-0); **Z:** 70.000 in Düsseldorf
G.: Kneib - Vogts, Wittkamp, Klinkhammer, Bonhof, Wohlers, Wimmer, Kulik, Stielike (78.Hannes), Simonsen, Heidenreich;
K.: Rudakow - Fomenko, Sujew (54.Muntjan), Reschko, Matwijenko, Konkow, Bereschnoj, Troschkin, Burjak, Onischtschenko, Blochin;
SR: Rion/Belgien
T: 1-0 Bonhof 21. Elfmeter, 2-0 Wittkamp 82.

Auch diesmal trug Gladbach das Spiel in Düsseldorf aus. Vor ausverkauftem Haus besiegten die Gastgeber den russischen Meister aus Kiew mit 2:0 Toren und standen damit zum erstenmal in einem Landesmeister-Finale. In der ersten Hälfte spielte die BORUSSIA glänzend auf und führte verdient mit 1:0. Bonhof war der Schütze in der 21. Minute. Matwienko konnte einen Schuß von Simonsen nur noch mit der Hand aufhalten. Den fälligen Elfmeter verwandelte Bonhof sicher. Ohne Heynckes angetreten, machte die BORUSSIA von Anfang an Druck. Selten kamen die Russen zu Entlastungsangriffen. Zahlreiche Chancen durch Simonsen verpufften. Rudakow war nicht zu bezwingen. Nach der Pause wurde Kiew offensiver, doch die wenigen Gelegenheiten wurden von der umsichtigen Abwehr frühzeitig abgefangen. Die BORUSSIA kämpfte großartig, doch das zweite Tor wollte nicht fallen. Es bahnte sich eine Verlängerung an. Doch Wittkamp erlöste seine Mitspieler. Bonhof schoß einen Freistoß, hob den Ball über die Mauer. Wittkamp schoß Rudakow an. Den Abpraller schoß Kulik wieder vor das Tor. Wittkamp kam mit dem Kopf heran und köpfte im Fallen ein. Riesenjubel im Rheinstadion. Die 70000 Zuschauer waren aus dem Häuschen. Mit Glück und Geschick brachte Gladbach das Spiel zu Ende.

Endspiel: 25.05.1977 in Rom

FC Liverpool - **GLADBACH** 3 : 1 (1-0); **Z:** 56.000

L.: Clemence - Neal, Smith, Hughes, Jones, Case, McDermott, Keegan, Kennedy, Johnson, Heighway;

G.: Kneib - Vogts, Wittkamp, Schäffer, Bonhof, Klinkhammer, Wohlers (79.Hannes), Stielike, Wimmer (24.Kulik), Simonsen, Heynckes;

SR: Wurtz/Frankreich

T: 1-0 McDermott 28., 1-1 Simonsen 51., 2-1 Smith 65., 3-1 Neal 83. Elfmeter

Im Finale war der FC Liverpool die bessere Mannschaft. Die Gladbacher spielten zu zaghaft, sodaß der Cup verdient nach England geht. Borussia wollte Forechecking betreiben, doch es klappte nicht. Liverpool war auf allen Positionen etwas besser besetzt. Physisch stärker, setzten die Briten nach dem Ausgleich durch Simonsen noch weiter auf Offensive und erzielten zwei weitere Treffer. Kevin Keegan war von Vogts nie zu halten. Nach 20 Minuten hätte es fast zur Führung für Gladbach gereicht, doch ein Schuß von Bonhof prallte an den Pfosten. Es sollte die einzige Chance bleiben. Acht Minuten später fiel das 1:0 durch McDermott. Dieser wurde glänzend von Heighway freigespielt. Torhüter Kneib war gegen den Schuß machtlos. Bis zur Pause boten sich den Roten noch Möglichkeiten, das Ergebnis zu erhöhen, doch zum Glück für die BORUSSIA blieb es dabei. Kurz nach der Pause dann der überraschende Ausgleich. Simonsen setzte sich gegen Smith durch, sein Schuß ins lange Eck war unhaltbar. Doch die Freude der mitgereisten 8000 Schlachtenbummler dauerte nicht lange. Smith brachte seine Farben per Kopfball wieder in Front. Zuvor vergab Stielike die Riesenmöglichkeit, Gladbach mit 2:1 in Führung zu bringen. Doch er scheiterte völlig freistehend an Torwart Clemence. In der 79. Minute setzte Trainer Lattek alles auf eine Karte und zog seinen Joker. Hannes kam ins Spiel. Doch die erhoffte Wende blieb aus. Kurz danach war das Spiel entschieden. Vogts konnte seinen Gegenspieler Keegan nur durch ein Foul im Strafraum stoppen. Der fällige Elfmeter wurde von Neal sicher verwandelt. Die Partie war gelaufen. Liverpool hatte seinen ersten Cup gewonnen.

SAISONFAZIT:

Nachdem Gladbach im Vorjahr recht unglücklich im Viertelfinale an Real Madrid (und auch am Schiedsrichter) gescheitert war, sollte es dieses Jahr besser werden. In der ersten Runde wartete der österreichische Meister Austria/WAC Wien. Mit der 0:1 Niederlage in Wien waren die Gäste noch gut bedient. Nach einer schwachen Vorstellung und mit vielen Ersatzleuten angetreten, hätte der Deutsche Meister durchaus höher verlieren können. Im Rückspiel auf dem

Bökelberg zeigte sich eine andere, die alte BORUSSIA. Von Anfang an wurden die Wiener unter Druck gesetzt. Der Sieg fiel mit 3:0 zu niedrig aus. Die hart einsteigenden Gäste verloren sogar noch ihren Spielmacher Prohaska wegen Meckerns. BORUSSIA spielte meisterlich, so titelte der Wiener KURIER. Verdient zog BORUSSIA in die zweite Runde ein.

In dieser Runde zogen die Grün-Weißen mit dem italienischen Meister AC Turin den wohl dicksten Brocken aus dem Topf. Doch Trainer Lattek ließ keinen Pessimismus aufkommen, denn auch der AC sei zu packen. Er sollte recht behalten. Beide Mannschaften hatten sehr viel Respekt voreinander, doch es war trotzdem ein Klassespiel. Gladbach gewann verdient mit 2:1 im Turiner Hexenkessel. Es war der erste Sieg eines deutschen Teams auf italienischem Boden in der 22jährigen Europacupgeschichte. Das Rückspiel trug Gladbach im Düsseldorfer Rheinstadion aus. In dieser seitens der Italiener brutal geführten Partie kam Borussia über ein torloses Unentschieden nicht hinaus. Die Turiner gingen mit einer solchen Härte ins Spiel, daß Schiedsrichter Delcourt drei von ihnen vorzeitig in die Kabine schickte. Das einzig Positive war, daß kein Borusse ernsthaft verletzt wurde.
Das Viertelfinal-Los bescherte Gladbach den starken belgischen Meister FC Brügge. Trotz Daueroffensive gelang nur ein 2:2 Unentschieden in Düsseldorf. Brügge überzeugte und ging sogar mit 2:0 in Führung, doch eine kämpferische BORUSSIA kam noch zum Ausgleich. Im Rückspiel sollte dann der große Auftritt von Hannes folgen. Der 19jährige avancierte zum Matchwinner, denn sein Kopfball, mit dem Hinterkopf erzielt, war das goldene Tor. Diesmal war der VfL den Belgiern haushoch überlegen, was auch das Publikum mit Beifall bekundete. Verdient schaltete Borussia den FC Brügge aus und gelangte erstmalig ins Halbfinale der Landesmeister.

Hier hieß der Gegner Dynamo Kiew. Kiew hatte vorher Bayern München eindrucksvoll ausgeschaltet. In Gladbach war man gewarnt. In Kiew verloren die Rheinländer dann auch nur mit 0:1 und im Rückspiel wurde alles klar gemacht. Mit 2:0 besiegten die Fohlen das russische Team und standen nun sogar im Finale.

Daß der englische Meister FC Liverpool den Pott verdient gewann, wird kein Anhäger der BORUSSIA bezweifeln. Liverpool bestimmte klar das Spielgeschehen. Lediglich nach dem Ausgleich kam Gladbach etwas besser ins Spiel. Doch die Männer von der Insel waren körperlich überlegen und ihre kraftvolle Spielweise setzte sich dann auch am Ende durch. Mönchengladbach zog nun schon zum zweitenmal gegen den FC Liverpool den kürzeren, war man doch schon 1973 im UEFA-Pokal knapp an den ROTEN gescheitert.

Rainer Bonhof im Landesmeister-Finale gegen Liverpool, in dem die Borussia keine Chance auf den Sieg hatte.

1977 / 78

LANDESMEISTER

Vorrunde: 14. und 28.09.1977

Vasas Budapest - **GLADBACH** 0 : 3 (0-3); **Z:** 40.000
BU.: Meszaros - Török, Hegedüs, Komjati, Földhazi, Gass, Müller, Iszo, Zombori, Kovacs, Varadi;
G.: Kneib - Vogts, Wittkamp, Schäffer, Wimmer, Wohlers, Bonhof, Klinkhammer, Schäfer, Simonsen, Lienen;
SR: Dubach/Schweiz
T: 0-1 Schäfer 17., 0-2 Simonsen 34., 0-3 Wohlers 45.

Vor 40000 Besuchern im halb gefüllten Nep-Stadion von Budapest spielten in den ersten 30 Minuten nur die Gastgeber. Nach einer Minute schoß Varadi knapp am Tor vorbei. In der 8. Minute traf Kovacs den Pfosten und in der 26. Minute köpfte Komjati an das Lattenkreuz. Viel Glück für die BORUSSIA. Zwischendurch war der Deutsche Meister aber durch Schäfer mit 1:0 in Führung gegangen. Auf beiden Seiten ein Torjäger: Simonsen auf Borussen-Seite und Varadi auf Vasas-Seite. Während Vogts den Budapester Stürmer sicher im Griff hatte, war Simonsen nicht zu halten. In der 34. Minute sorgte er für die Vorentscheidung. Er umspielte 5 Gegenspieler und verlud auch noch Torwart Meszaros mit einem placierten Schuß. Fast mit dem Pausenpfiff war die Partie endgültig entschieden: Wohlers hatte zum 3:0 eingeschossen. Simonsen, Lienen, Wittkamp und Schäfer boten sich in der zweiten Hälfte eine Vielzahl von Tormöglichkeiten, das Ergebnis noch höher ausfallen zu lassen. Doch es blieb letztendlich beim klaren 3:0 Auswärtssieg. Die Zeitung Nep-Sport titelte: "Der Deutsche Meister erteilte Vasas eine Fußball-Lektion".

GLADBACH - V. Budapest 1 : 1 (0-0); **Z:** 15.000
G.: Kneib - Vogts, Hannes, Wittkamp, Wohlers, Bonhof, Schäfer, Kulik (72.Nielsen) Wimmer, Simonsen, Del'Haye;
BU.: Meszaros - Török, Hegedüs, Hiras, Kantor, Gass, Szijgyarto, Zombori (63.Simon), Varadi, Iszo, Müller;
SR: Delcourt/Belgien
T: 1-0 Simonsen 67., 1-1 Iszo 77.

Das Rückspiel auf dem Bökelberg wollten nur 15.000 Zuschauer sehen, zu klar war der Hinspiel-Erfolg. BORUSSIA benötigte fast eine halbe Stunde, um das erste Mal gefährlich vor dem Tor aufzutauchen. Del'Haye war aufgrund seiner enormen Schnelligkeit nie zu halten. Als Török den Ball ins eigene Tor lenkte, verwehrte Schiedsrichter Delcourt den Torerfolg. Del'Haye soll im Abseits gestanden haben. So dauerte es bis zur 67. Minute, ehe die Führung fällig war. Wie schon im Hinspiel war es Simonsen, der nach einem schönen Solo das 1:0 besorgte. Er umspielte drei Ungarn und ließ auch Torhüter Meszaros mit einem Schuß ins Tordreieck keine Abwehrmöglichkeit. Zehn Minuten später fiel dann der Ausgleich durch Iszo. Hannes hatte einen Augenblick nicht aufgepaßt und ließ seinen Gegenspieler Iszo allein. Dieser ließ sich die Chance nicht entgehen. Der Ausgleich bedeutete gleichzeitig auch das Endresultat. BORUSSIA erreichte im Schongang die zweite Runde.

Achtelfinale: 19.10. und 02.11.1977

Roter Stern Belgrad - **GLADBACH** 0 : 3 (0-2); **Z:** 102.000

BE.: Stojanovic - Jelikic, Muslin, Keri (46.Sestic), Nikolic, Babic, Bogicevic, Susic, Petrovic, Filipovic, Djajic;
G.: Kleff - Bonhof, Wittkamp, Vogts, Klinkhammer, Schäfer, Wimmer, Kulik, Del'Haye, Simonsen, Heynckes (68.Wohlers);
SR: Cebe/Türkei
T: 0-1 Schäfer 16., 0-2 Heynckes 45., 0-3 Simonsen 76.

Das Spiel begann furios. Belgrads Torjäger strebte kurz nach Beginn alleine auf das von Kleff gehütete Tor zu und es war Bonhof (sein Einsatz entschied sich erst kurz vor Spielbeginn), der dem Jugoslawen den Ball vom Fuß spitzelte. In der 16. Minute umkurvte Del'Haye mehrere Gegenspieler. Seine Hereingabe mißglückte aber. Der Ball rutschte jedoch durch die Beine von Bogicevic und kam zu Schäfer. Dieser schoß unhaltbar ein. Der jugoslawische Rekordmeister (12 Titel) kam durcheinander. Nichts wollte mehr gelingen. Aus einer Fehlabgabe im Mittelfeld resultierte das vorentscheidende 0:2. Heynckes war der Torschütze, nachdem Babic einfach über den Ball getreten hatte. Belgrads Starspieler Djajic war bei Klinkhammer gut aufgehoben. Er konnte keine Impulse für das Angriffsspiel setzen. Gladbach beherrschte das Spiel nach Belieben. Fünfzehn Minuten vor Schluß war es der Däne Simonsen, der mit seinem Tor zum 3:0 den Endstand herstellte. Belgrad besaß noch eine Chance, doch Wittkamp konnte für den bereits geschlagenen Kleff auf der Torlinie klären. "Wir haben gegen eine Weltklassemannschaft verloren", so titelten einige Sportzeitungen aus Jugoslawien.

GLADBACH - R. Stern Belgrad 5 : 1 (2-1); **Z:** 15.000

G.: Kleff - Vogts, Wittkamp, Bonhof, Klinkhammer, Schäfer, Del'Haye, Wimmer (71.Wohlers), Kulik, Simonsen, Heynckes (71.Lienen);
BE.: Stojanovic - Jelikic, Keri, Muslin, Jovanovic (71.Radovic), Bogicevic, Nikolic (77.Lukic), Susic, Petrovic, Filipovic, Djajic;
SR: Homewood/England
T: 1-0 Simonsen 17., 2-0 Simonsen 32., 2-1 Susic 44., 3-1 Heynckes 60., 4-1 Nikolic 62. Eigentor, 5-1 Wittkamp 87.

Im Rückspiel kam der jugoslawische Titelträger mit 1:5 unter die Räder. Die 15000 Zuschauer sahen ein interessantes Spiel mit vielen Toren. Die ersten beiden Tore besorgte der Däne Simonsen. Der überraschende Anschlußtreffer fiel eine Minute vor der Pause durch Susic. Diesem Treffer war ein Abspielfehler von Schäfer vorausgegangen. Heynckes erhöhte in der 60. Minute auf 3:1 und Verteidiger Nikolic unterlief zwei Minuten später ein Eigentor. Es stand 4:1 für eine bedingungslos stürmende BORUSSIA. Wittkamp setzte drei Minuten vor Schluß den Schlußpunkt. Den Jugoslawen wurde eine Lehrstunde erteilt. Sie waren nie in der Lage, den Gladbachern gefährlich zu werden. Der Deutsche Meister war den Belgradern in allen Belangen überlegen und hätte, mit etwas mehr Schußglück, auch noch weitaus höher gewinnen können. Aus einer starken Mannschaftsleistung ragten Simonsen, Heynckes und Bonhof heraus. Auch der wieselflinke Del'Haye war nie auszuschalten.

Viertelfinale: 01. und 15.03.78

Wacker Innsbruck - **GLADBACH** 3 : 1 (3-0); **Z:** 16.000

I.: F. Koncilia - Kriess, Pezzey, Constantini, Forstinger, Zanon, Scharmann, Schwarz (63.Rinker), P. Koncilia, Oberacher, Welzl (67.Hanschitz);

G.: Kleff - Vogts, Wittkamp (46.Heynckes), Hannes, Bonhof, Wohlers, Wimmer, Kulik, Simonsen, Nielsen, Lienen;

SR: Rainea/Rumänien

T: 1-0 P. Koncilia 8., 2-0 Kriess 23., 3-0 Schwarz 27., 3-1 Heynckes 63.;

BV: Welzl (Wacker) verschießt in der 5. Minute einen Elfmeter!

BORUSSIA hatte an diesem Abend viel Glück. Vor ausverkauftem Haus hatte Welzl bereits in der 5. Minute die Chance, seine Farben in Führung zu bringen, doch sein Elfmeter prallte an den Pfosten. Einige Minuten später war es dann Koncilia, der Kleff überwinden konnte. In der 23. Minute konnte Kriess einen Eckball direkt verwandeln. Einige Zeigerumdrehungen später sogar noch das 3:0 für die Wacker-Elf. Einen Freistoß verwandelte Schwarz, wobei ihm Kleff kräftig half, denn er konnte den Ball nicht festhalten und ließ ihn durch die Hände rutschen. Nach der Pause kam Heynckes ins Team. Ihm gelang auch der eminent wichtige Treffer zum 1:3. In der Folgezeit hatten beide Mannschaften zwar noch einige Möglichkeiten, doch es blieb beim 3:1 für die Innsbrucker. Trainer Lattek war am Ende froh, nur mit 1:3 verloren zu haben. So stark hatte er sich die Österreicher nicht vorgestellt, denn bereits zur Halbzeit hätte seine Elf höher zurückliegen können.

GLADBACH - W. Innsbruck 2 : 0 (2-0); **Z:** 32.000

G.: Kleff - Vogts, Wohlers, Hannes, Bonhof, Nielsen (63.Schäfer), Kulik, Wimmer, Simonsen, Heynckes, Lienen (78.Del'Haye);

I.: F. Koncilia - Kriess, Pezzey, Constantini (69.Hanschitz), Forstinger, Scharmann, Zanon, P. Koncilia (76.Lercher), Sikic, Welzl, Oberacher;

SR: Eriksson/Schweden

T: 1-0 Bonhof 18. Elfmeter, 2-0 Heynckes 31.

Vor 32.000 Zuschauern hielt sich die BORUSSIA an die Marschroute ihres Trainesr. Er hatte totale Offensive befohlen. Von Beginn an wurden die Innsbrucker in ihrer eigenen Hälfte festgenagelt. In der 18. Minute erzielte Bonhof mit einem verwandelten Foulelfmeter - Nielsen war von Pezzey umgerissen worden - die wichtige Führung. Nach gut einer halben Stunde glich das Bökelberg-Stadion einem Tollhaus. Heynckes ließ mit einem placierten Kopfball nach einer Flanke von Bonhof Torhüter Koncilia keine Abwehrchance. BORUSSIA stürmte bis zum Abpfiff, doch es sollte kein weiterer Treffer fallen. Auf der anderen Seite war Torwart Kleff nahezu beschäftigungslos. Innsbruck konnte sich keine klare Tormöglichkeit erspielen. Einziges Manko am 2:0 Sieg: es wurden zu wenig Tore der BORUSSIA erzielt. Eine Fülle von Chancen wurde kläglich vergeben. Glück nur, daß die Innsbrucker im Angriff so harmlos waren. Der Einzug ins Halbfinale war geschafft.

Halbfinale: 29.03. und 12.04.1978

GLADBACH - FC Liverpool 2 : 1 (1-0); **Z:** 67.000 in Düsseldorf
G.: Kleff - Vogts, Wohlers, Hannes, Bonhof, Nielsen, Wimmer, Kulik, Lienen (77.Danner), Del'Haye, Heynckes;
L.: Clemence - Neal, Thompson, Smith, Hughes, Kennedy, Case, McDermott (62.Johnson), Dalglish, Callaghan, Heighway;
SR: Muro/Spanien
T: 1-0 Hannes 28., 1-1 Johnson 88., 2-1 Bonhof 89.

Die 67000 Zuschauer im Düsseldorfer Rheinstadion sahen ein kampfbetontes Cupspiel. BORUSSIA ging nach 28 Minuten durch Wilfried Hannes mit 1:0 in Front. Er kam aus 10 Metern völlig freistehend an den Ball und ließ Torhüter Clemence mit einem placierten Flachschuß keine Abwehrmöglichkeit. Zehn Minuten später schien sogar das 2:0 zu fallen, doch der Treffer von Heynckes wurde wegen angeblicher Abseitsstellung nicht anerkannt. Heynckes war ein stetiger Unruheherd im Liverpooler Strafraum. Sein Gegenspieler hatte alle Mühe. Bis zur 88. Minute war es fast das Wunschergebnis von Trainer Lattek, doch dann riß Auswechselspieler Johnson die Gladbacher aus allen Wolken. Sein Kopfball bedeutete den wichtigen 1:1-Ausgleich. Zwei Minuten blieben noch. Dann bekam Borussia ca. 25 Meter vor dem Liverpooler Tor einen Freistoß zugesprochen. Rainer Bonhof drosch diesen Freistoß mit einer solchen Wucht in die Maschen, daß sogar Torwart Clemence den Kopf einzog, da er womöglich mit dem Ball ins Tor geflogen wäre. Manager Paisley dazu: "Selbst eine solide Mauer wäre bei diesem Schuß kaputtgegangen."

FC Liverpool - **GLADBACH** 3 : 0 (2-0); **Z:** 56.000
L.: Clemence - Neal, Smith, Thompson, Hughes, Kennedy, Souness, Case, McDermott, Dalglish, Heighway;
G.: Kleff - Vogts, Wittkamp, Hannes, Wohlers (71.Schäfer), Bonhof, Wimmer (71.Lienen), Heynckes, Nielsen, Kulik, Del'Haye;
SR: Palotai/Ungarn
T: 1-0 Kennedy 7., 2-0 Dalglish 32., 3-0 Case 55.

Vor ausverkauftem Haus an der Anfield Road kam BORUSSIA mit 0:3 unter die Räder. Schon nach sieben Minuten waren die Hoffnungen dahin. Kennedy erzielte per Kopfball die frühe Führung für die Reds. BORUSSIA wurde in die eigene Hälfte eingeschnürt. Zu einem vernünftigen Spielaufbau kam man erst gar nicht. Der Druck der Reds war gewaltig. In der 32. Minute war es Dalglish, der auf eine Vorlage von Kennedy das 2:0 erzielte - keine Abwehrmöglichkeit für Kleff. Gladbach hatte in der ersten Halbzeit lediglich zwei Tormöglichkeiten, doch Heynckes und Nielsen vergaben diese Chancen. Zu Beginn der zweiten Halbzeit spielten die Borussen besser mit. Doch nach 55 Minuten dann die Entscheidung. Case erzielte mit einem knallharten Schuß unter die Latte das 3:0. Das war das Aus in diesem Wettbewerb. In der Folge kam Gladbach kaum einmal aus dem eigenen Strafraum, so stark war der Druck. Lediglich einmal kam der Gast gefährlich vor das Tor von Clemence, doch Nielsen stand bei seinem Torerfolg klar im Abseits. Wieder einmal war Borussia am FC Liverpool gescheitert. Völlig verdient zogen die Reds ins Finale ein.

SAISONFAZIT:
Beim dritten Auftreten hintereinander im Landesmeister-Wettbewerb drang die BORUSSIA ins Halbfinale vor und fand ihren Meister wiederum in einer englischen Mannschaft - dem FC Liverpool!

Der Wunsch nach einem leichten Auftaktgegner wurde den Borussen nicht erfüllt. Der ungarische Meister Vasas Budapest sollte die erste Hürde auf dem Weg ins Halbfinale sein. Nach anfänglichen Problemen setzte Borussia sich aber doch klar mit 3:0 in Budapest durch. Das Rückspiel war nur noch eine Formsache. Das dabei nur ein 1:1 Unentschieden heraussprang, enttäuschte alle Beteiligten.

Der jugoslawische Meister Roter Stern Belgrad sollte dann in der zweiten Runde kein Stolperstein sein. Auf einen klaren 3:0 Sieg in Belgrad folgte ein grandioser 5:1 Rückspiel-Sieg auf dem Bökelberg. Trotz etlicher Nationalspieler war Roter Stern den Borussen in beiden Spielen deutlich unterlegen. Das 5:1 kam einer Demütigung gleich und Gladbach zog verdient in die nächste Runde ein.

Hier wartete dann zum wiederholten Male der Meister aus Österreich auf die Mönchengladbacher. Bereits zum dritten Male mußte man sich mit Wacker Innsbruck auseinandersetzen. Viel Glück hatte die BORUSSIA im Hinspiel, das sie nur mit 1:3 unterlag. In diesem Spiel war die Lattek-Elf von der Stärke Wackers überrascht worden. Auf dem Bökelberg konnten die Fohlen das Ergebnis allerdings noch umbiegen und kamen zu einem nie gefährdeten 2:0 Erfolg. Auch diesmal blieb der VfL gegen eine Mannschaft aus dem Nachbarland Sieger. Letztes Jahr hatte es die Austria aus Wien vergeblich versucht, nun scheiterte erneut Wacker Innsbruck. Das Halbfinale war erreicht.

In ganz Europa sprach man vom vorweggenommenen Finale. Letztes Jahr standen sich beide Mannschaften im Finale in Rom gegenüber und der FC Liverpool siegte mit 3:1. Dieses Jahr trafen sich die Klubs schon im Halbfinale. Auch diesmal sollte sich der englische Titelträger als stärkeres Team erweisen. Konnte die Borussia die Reds, wie sie in England genannt werden, noch im Hinspiel mit 2:1 in Düsseldorf bezwingen, so hatte sie im Rückspiel an der gefürchteten Anfield-Road nicht den Hauch einer Chance. Die 0:3 Niederlage schmeichelte eigentlich noch, so klar war der Deutsche Meister dem Gastgeber unterlegen. Im vorläufig letzten Anlauf, den Europapokal der Landesmeister zu gewinnen, war der Klub von Niederrhein nun schon zum wiederholten Male an einer Mannschaft von der Insel gescheitert. Wie es den Anschein hat, wird der FC Liverpool zum Angstgegner, denn auch im UEFA-Pokalfinale 1973 war BORUSSIA den Roten unterlegen.

1978 / 79

UEFA - POKAL

Runde 1: 13.09. und 27.09.1978

GLADBACH - Sturm Graz 5 : 1 (1-1); **Z:** 8.000

G.: Kneib - Ringels, Wohlers, Schäffer, Dudek, Bruns, Nielsen (67.Lienen), Schäfer, Simonsen, Lausen (46.Thychosen), Gores;

GR.: Saria - Wirth, Schilcher, Gruber, Dobaj, Steiner, Pichler, Schauß, Kulmer, Jurtin, Haas (63.Stückler);

SR: Galler/Schweiz

T: 1-0 Bruns 4., 1-1 Jurtin 11., 2-1 Gores 48., 3-1 Nielsen 67., 4-1 Simonsen 89., 5-1 Bruns 90.

Dank einer großen Leistungssteigerung in der zweiten Halbzeit war dieser Sieg auch in der Höhe verdient. In den letzten 20 Minuten führte ein Sturmlauf noch zu drei Toren. Die junge

Mannschaft mußte auf viele Verletzte (Kulik, Vogts, Klinkhammer) verzichten. Bereits nach 4 Minuten ging Borussia durch Bruns mit 1:0 in Führung. Der 18-m-Schuß prallte vom Innenpfosten ins Tor. Doch die Freude währte nicht lange. Nur sieben Minuten später der Ausgleich durch Jurtin. Schäffer vertändelte den Ball und Jurtin ließ mit einem Flachschuß Kneib keine Abwehrchance. Die klare Feldüberlegenheit konnte BORUSSIA nicht in weitere Tore ummünzen. Erst nach dem Wechsel sollten die Treffer fallen. Gores war nach einer Flanke zur Stelle und schoß ein. Die Österreicher brachen nach diesem Tor zusammen. Dem anschließenden Sturmlauf waren sie hoffnungslos ausgeliefert. Die Tore fielen wie reife Früchte. Nielsen, Simonsen und wiederum Bruns schossen den Endstand von 5:1 heraus. Ein glänzender Sieg dieser jungen Mannschaft, sie mußte immerhin ohne die abgewanderten Leistungsträger Wittkamp, Bonhof, Wimmer und Heynckes in dieser Saison antreten.

Sturm Graz - **GLADBACH** 1 : 2 (0-1); **Z:** 8.000

GR.: Saria - Wirth, Steiner, Koller, Grainz, Schilcher, Pichler, Kulmer, Ringert (44.Gruber), Haas (75.Stückler), Jurtin;

G.: Kneib - Dudek, Ringels, Schäffer, Wohlers, Bruns, Nielsen, Schäfer, Simonsen (78.Amrath), Lienen (46.Lausen), Gores;

SR: Schklovski/Sowjetunion

T: 0-1 Simonsen 5., 0-2 Bruns 50., 1-2 Schilcher 65.

BORUSSIA reichte eine vorsichtige und zurückhaltende Spielweise, um gegen die mittelmäßigen Österreicher mit 2:1 zu gewinnen. Bereits nach 5 Minuten erzielte Simonsen (er umspielte seinen Gegenspieler Koller und konnte sich danach die Ecke aussuchen) den Führungstreffer, dem Bruns in der 50. Minute (nach einer schönen Flanke von Simonsen) das 2:0 folgen ließ. Den Anschlußtreffer erzielte der neu ins Team gekommene, ehemalige Ajax-Spieler Schilcher. Vor der Kulisse von 8000 Zuschauern tat die BORUSSIA nur das nötigste. Sozusagen im Schongang kam man verdient eine Runde weiter.

Runde 2: 18.10. und 01.11.1978

Benfica Lissabon - **GLADBACH** 0 : 0 (0-0); **Z:** 60.000

L.: Bento - Humberto Coelho, Pietra, Enrico (72.Rui Lopez), Alhinho, Alberto, Toni, Alvez, Sheu, Reinaldo, Nene;

G.: Kneib - Klinkhammer, Hannes, Wohlers, Schäffer, Bruns, Kulik, Schäfer, Gores, Nielsen, Del'Haye (32.Amrath);

SR: Corver/Holland

Kampf bis zum Umfallen, das war der große Trumpf an diesem späten Abend. Einer Glanzleistung von Torhüter Kneib war es jedoch zu verdanken, daß es am Ende beim 0:0 blieb. In den ersten 30 Minuten erspielten sich die Portugiesen reihenweise klare Chancen. Durch ihr eigenes Unvermögen brachten sie sich um den verdienten Erfolg. Gladbach suchte sein Heil in der Defensive. Nur gelegentlich wurde die Borussia über Konterangriffe gefährlich. Man überstand den Druck der Portugiesen mit Glück und Geschick. Als nach gut einer Stunde die Kräfte der Heimmannschaft erlahmten, kam der Gast besser ins Spiel. Zwei gute Möglichkeiten resultierten daraus. Erst schoß der eingewechselte Amrath den Ball aus sieben Metern über das Tor, dann knallte ein Freistoß von Bruns aus 18 Metern genau ans Lattenkreuz. Fast hätte es noch zum Sieg gelangt. Überragender Spieler: Torwart Kneib!

GLADBACH - Benf. Lissabon 2 : 0 n.V. (0-0, 0-0); **Z:** 36.000

G.: Kneib - Klinkhammer, Wohlers, Schäffer, Danner (74.Amrath), Kulik, Nielsen, Bruns, Del'Haye, Lienen, Gores (91.Dudek);
L.: Bento - Pietra, Humberto Coelho, Eurica (61.Wilson), Alberto, Alhinho, Toni (58.Pereirinho), Alves, Sheu, Nene, Reinaldo;
SR: Thomas/Wales
T: 1-0 Bruns 95. Elfmeter, 2-0 Klinkhammer 120;
BV: Rote Karte für den Portugiesen Alberto in der 83. Minute!

In einer bis zum Schlußpfiff spannenden Begegnung besiegte die BORUSSIA ihren Gast aus Lissabon mit 2:0 nach der Verlängerung. Doch es war nicht der Sturm, der für den Sieg sorgte. Die Abwehr stand bei den wenigen Angriffen glänzend. Auch als der Portugiese Alberto sieben Minuten vor Schluß des Feldes verwiesen wurde, stellte sich kein Erfolg ein. Beide Mannschaften konnten sich keine klaren Tormöglichkeiten herausspielen. Beide Abwehrreihen standen sicher. In der 95. Minute wurde Nielsen im Strafraum von Alhinho festgehalten. Den fälligen Strafstoß verwandelte Bruns eiskalt. Doch es dauerte bis zur letzten Minute, ehe die Entscheidung fiel. Klinkhammer beendete mit seinem Tor das Zittern unter den Anhängern. Daß die Portugiesen nicht gerade zimperlich in ihren Mitteln waren, beweisen die 5 Gelben und die Rote Karte gegen Alberto. Auf Gladbacher Seite sah lediglich Nielsen den Gelben Karton. Von Bundestrainer Derwall erhielten die Borussen gute Kritiken: "Die Gladbacher haben nie aufgesteckt. Nur so konnten sie gegen die technisch überlegenen Portugiesen bestehen." Laut Trainer Lattek machte Abwehrspieler Frank Schäffer das wohl beste Spiel unter seiner Regie am Bökelberg.

Runde 3: 21.11. und 06.12.1978

GLADBACH - Slask Breslau 1 : 1 (1-0); **Z:** 20.000

G.: Kneib - Schäffer, Wohlers, Schäfer (65.Bruns), Dudek, Lienen, Kulik, Nielsen, Del'Haye, Simonsen, Thychosen (68.Gores);
B.: Kalinowski - Sobiersiak, Zmuda, Kowalczyk, Karpinski, Faber, Olesiak, Pawlowski, Sybis, Trzonkowski, Kwiatkowski;
SR: Syme/Schottland
T: 1-0 Kulik 37. Elfmeter, 1-1 Olesiak 49.

Nervosität und Unsicherheit bestimmten das Gladbacher Spiel. Breslau hatte lediglich Sybis und Kwiatkowski nach vorne beordert. Alle anderen zogen sich um den Strafraum zusammen. Simonsen konnte nach seiner langen Pause keine große Gefährlichkeit verbreiten und war bei seinem Gegenspieler gut aufgehoben. Die wenigen Chancen verpufften. Ein Schuß von Simonsen wurde von Kalinowski aus dem Winkel gefischt. Kulik blieb es vorbehalten, seine Farben in Führung zu bringen. Zmuda riß in der 37. Minute Nielsen im Strafraum um. Den fälligen Elfmeter verwandelte Kulik sicher. Unmittelbar nach dem Wechsel bot sich Thychosen die Möglichkeit, auf 2:0 zu erhöhen, doch völlig freistehend schoß er Kalinowski in die Arme. Dann die kalte Dusche. Olesiak besorgte in der 49. Minute den Ausgleich. Es blieb bis zum Abpfiff des ausgezeichneten Schiedsrichters beim 1:1.

Slask Breslau - **GLADBACH** 2 : 4 (1-1); **Z:** 30.000

B.: Kalinowski - Sobiesiak, Zmuda, Kowalczyk, Karpinski, Faber, Pawlowski, Trzonkowski (72.Nocko), Olesiak, Sybis, Kwiatkowski;

G.: Kneib - Wohlers, Schäfer, Ringels, Schäffer, Bruns, Nielsen, Lienen, Del'Haye, Kulik, Simonsen;

SR: Partridge/England

T: 1-0 Pawlowski 26. Elfmeter, 1-1 Simonsen 37., 1-2 Nielsen 48., 2-2 Pawlowski 50., 2-3 Simonsen 86., 2-4 Simonsen 89.

Überragender Mann auf dem Platz war der kleine Däne Allan Simonsen. Er erzielte drei Tore. Bis zum Ausgleich von Pawlowski in der 50. Minute war die BORUSSIA spielbestimmend. Bereits in der ersten Hälfte gab es eine Fülle von Torchancen, durch eklatante Abwehrfehler ermöglicht. Doch lediglich Simonsen erzielte per Kopfball einen Treffer. Lienen hätte das Spiel alleine entscheiden können. Breslau war in der 26. Minute durch einen Foulelfmeter in Führung gegangen. Ringels foulte Pawlowski und der ließ sich die Chance nicht entgehen. Gleich nach Wiederbeginn das 1:2 durch Nielsen. Doch die Freude währte nicht lange. Fast im Gegenzug war es wiederum Pawlowski, der mit seinem zweiten Treffer ausglich. BORUSSIA geriet nun unter Druck und konnte sich nur sporadisch befreien. Simonsen war es, der seine Elf erlöste. Mit seinen Treffern Nummer zwei und drei befreite er die BORUSSIA, obwohl ein 2:2 auch gereicht hätte. Das 2:3 erzielte er mit einem herrlichen Volleyschuß und das 2:4 fiel per direkt verwandeltem Freistoß. Das war die Entscheidung.

Viertelfinale: 07. und 21.03.1979

Manchester City - **GLADBACH** 1 : 1 (1-0); **Z:** 45.000

M.: Corrigan - Donachie, Reid, Watson, Power, Booth, Hartford, Viljoen, Channon, Kidd, Barnes;

G.: Kneib - Schäffer, Schäfer, Hannes, Klinkhammer, Bruns, Nielsen, Kulik (78.Wohlers), Simonsen, Del'Haye, Lienen (78.Gores);

SR: Ponnet/Belgien

T: 1-0 Channon 26., 1-1 Lienen 66.

Die BORUSSIA kehrte mit einem glücklichen, wenn auch nicht unverdienten 1:1 aus Manchester zurück. Die erste Chance vor 50.000 Zuschauern an der Main Road bot sich Bruns. Doch Corrigan im Tor hielt glänzend. Die Engländer zogen ein regelrechtes Powerplay auf. Selten konnten sich die Gladbacher befreien. Libero Schäfer hatte alle Mühe, seine Abwehr zusammenzuhalten. Torhüter Kneib war der Turm in der Abwehrschlacht. In der 26. Minute fiel dennoch das 1:0. Ein abgewehrter Ball kam vor die Füße von Channon und dieser ließ sich die Chance nicht entgehen. Kurze Zeit später rettete Schäfer für den bereits geschlagenen Kneib auf der Torlinie. Gegen Ende der ersten Halbzeit konnten sich die Borussen immer mehr befreien. In der zweiten Halbzeit gestalteten die Gladbacher das Spiel offen. Sie kamen zu Chancen. Eine davon nutzte Lienen zum Ausgleich. Nielsen schlug eine Flanke herein, per Kopf verlängerte Simonsen zu Lienen und es stand 1:1. Es blieb bei diesem Spielstand, obwohl es noch eine dicke Torchance gab. Eine Minute vor Schluß die Riesenmöglichkeit zum Sieg, doch der 20-Meter-Schuß von Bruns klatschte an den Pfosten.

GLADBACH - Manchester City 3 : 1 (1-0); **Z:** 35.000

G.: Kneib - Ringels, Schäfer, Hannes, Schäffer, Bruns, Kulik, Simonsen, Wohlers, Del'Haye (80.Amrath), Lienen;

M.: Corrigan - Booth, Donachie, Watson, Power, Reid (62.Deyna), Viljoen, Henry, Hartford, Barnes, Channon;

SR: Correira/Portugal

T: 1-0 Kulik 45., 2-0 Bruns 52., 3-0 Del'Haye 71., 3-1 Deyna 78.

Eine taktisch hervorragend eingestellte Mannschaft schaffte mit diesem 3:1 den Einzug ins Halbfinale. Souverän brachten die jungen Fohlen das Spiel nach Hause. Nach der Pause steigerten sie sich zu einer spielerischen Glanzleistung. Die Abwehr stand bombensicher. Klinkhammer hatte Stürmer Barnes jederzeit im Griff, dagegen hatte Hannes erheblich mehr Mühe mit Channon. Das Mittelfeld bildete eine Einheit und tat viel für den Spielaufbau. Das 1:0 fiel praktisch mit dem Pausenpfiff. Kulik schob nach Vorarbeit von Lienen klug ein. Ein Schock für die Mannschaft von der Insel. Vor ausverkauftem Haus war es Bruns vorbehalten, das 2:0 zu erzielen. Nach einer Musterkombination zwischen Del'Haye und Simonsen war er zur Stelle. Das vorentscheidende 3:0 ging auf die Kappe von Del'Haye. Er konnte Torhüter Corrigan mit einem leichten Heber überlisten. Die BORUSSIA steckte nun angesichts der klaren Führung merklich zurück. Der eingewechselte Deyna erzielte in der 78. Minute den Ehrentreffer für die Gäste.

Halbfinale: 11. und 25.04.1979

MSV Duisburg - **GLADBACH** 2 : 2 (0-0); **Z:** 22.000

D.: Heinze - Dronia, Bregman (78.Weber), Jakobs, Fenten, Dubski, Büssers, Dietz, Jara, Seliger (46.Fruck), Worm;

G.: Kneib - Hannes, Klinkhammer (26.Lausen), Bruns, Schäffer, Ringels, Nielsen, Kulik, Simonsen, Danner, Lienen;

SR: Eriksson/Schweden

T: 1-0 Worm 47., 1-1 Simonsen 62., 2-1 Fruck 63., 2-2 Lausen 76.

Die 22000 Zuschauer im Wedau-Stadion sahen eine schwache Europacuppartie. In der ersten Halbzeit lief auf beiden Seiten gar nichts zusammen - Note mangelhaft für beide Teams! Die zweite Hälfte brachte dann Besserung. Die Duisburger gingen zweimal in Führung. Beide Male konnten die *Mönche* aber ausgleichen. Zunächst besorgte Worm nach einem Fehler von Hannes das 1:0, dann leistete sich Fenten einen Fehlpaß. Diesen nahm Simonsen auf und markierte den Ausgleich. Durch eine Unachtsamkeit Lausens entstand die erneute Führung des MSV. Fruck schoß aus spitzem Winkel ein. Doch Lausen machte seinen Fehler wieder wett. Er marschierte in der 76. Minute über das halbe Feld, ohne angegriffen zu werden, und schoß zum 2:2 Endstand ein. Auf Gladbacher Seite verdiente sich allenfalls Not-Libero Lienen gute Noten. Fazit dieses Spiels: Jeder lebte von den Fehlern des anderen!

GLADBACH - MSV Duisburg 4 : 1 (1-0); **Z:** 14.800

G.: Kneib - Ringels, Vogts, Schäffer, Hannes, Danner (83.Köppel), Kulik, Schäfer, Simonsen, Lienen, Gores;

D.: Heinze - Bregman, Dronia (52.Alhaus), Jakobs, Dietz, Fenten, Dubski, Büssers, Jara, Seliger (21.Weber), Worm;

SR: Wöhrer/Österreich

T: 1-0 Simonsen 43., 2-0 Kulik 47., 3-0 Simonsen 55., 3-1 Büssers 70., 4-1 Lienen 81.

Ein hochverdienter Erfolg für die BORUSSIA. Mit 4:1 wurde der MSV nach Hause geschickt. Vor knapp 15000 Besuchern erzielte Simonsen mit einem herrlichem Schlenzer über Heinze hinweg mit dem Pausenpfiff die Führung. Dabei hätte der MSV in Führung gehen können, doch Bregman konnte einen Kopfball in der 36. Minute völlig freistehend nicht im Tor unterbringen. Nach dem Wechsel riskierten die Zebras alles. Der Libero wurde aufgelöst. Aber jetzt ergaben sich Kontermöglichkeiten für die schnellen Spieler in Reihen der BORUSSIA. Kulik und wiederum Simonsen erzielten binnen 8 Minuten die Entscheidung. Daran konnte auch der Ehrentreffer durch Büssers nichts mehr ändern. Lienen setzte kurze Zeit später noch einen drauf. Am Ende hätte der Sieg sogar noch wesentlich höher ausfallen können. Simonsen und der erstmalig wieder eingesetzte Vogts (nach langer Verletzungspause) waren die überragenden Spieler. Stark spielten auch Hannes und Lienen. Das Finale war erreicht.

1. Finale: 09. Mai 1979 in Belgrad

Roter Stern Belgrad - **GLADBACH** 1 : 1 (1-0); **Z:** 87.500

B.: Stojanovic - Jurisic, Miletovic, Jovanovic, Jovin, Blagojevic, Milosavljevic (88.Milovanovic), Savic, Sestic, Muslin (88.Krmpovic), Petrovic;

G.: Kneib - Ringels, Vogts, Schäffer, Hannes, Wohlers (80.Gores), Kulik, Schäfer, Nielsen (75.Danner), Simonsen, Lienen;

SR: Foote/England

T: 1-0 Sestic 22., 1-1 Jurisic 60. Eigentor

Durch das verdiente 1:1 besitzen die Gladbacher eine günstige Ausgangsposition für das Rückspiel. Alle überragender Mann war Libero Berti Vogts. Er spielte Weltklasse und hielt seine Abwehr zusammen. Den ersten Ansturm der Jugoslawen hatte BORUSSIA erfolgreich abgewehrt. Dann bot sich Simonsen nach einem schnellen Konter die Chance, doch er besaß nicht den Mut, konsequent abzuziehen. Vertan. Dann jedoch die Belgrader Führung. Auf Kurzpaß von Blagojevic erzielte Sestic aus kurzer Distanz das 1:0. Danach verstärkten die Belgrader noch einmal den Druck. Gladbach konnte sich allmählich wieder besser in Szene setzen. Nach 32 Minuten spielte sich Lienen am linken Flügel durch und brachte den Ball in den Fünf-Meter-Raum. Doch kein Borusse war zur Stelle. Halbzeitstand: 1:0 für die Belgrader! Nach der Pause fiel, nach einigen guten Chancen für die Jugoslawen, völlig überraschend der glückliche Ausgleich. Nach einer Flanke von Wohlers wollte der Jugoslawe Jurisic vor dem einschußbereiten Lienen klären, doch sein Abwehrversuch schlug fehl und der Ball trudelte hinter die Linie. Nun kamen die Borussen ins Spiel. Alleine Lienen stand dreimal völlig frei vor Torhüter Stojanovic, doch er konnte ihn nicht einmal überlisten. Mit etwas mehr Können hätten die Gäste sogar noch als Sieger den Platz verlassen können. Die Jugoslawen bauten Mitte der zweiten Hälfte stark ab und das Publikum schwenkte teilweise sogar zu den Borussen über.

2. Finale: 23. Mai in Mönchengladbach

GLADBACH - Roter Stern Belgrad 1 : 0 (1-0); **Z:** 45.000 in Düsseldorf

G.: Kneib - Ringels, Vogts, Schäffer, Schäfer, Hannes, Wohlers, Simonsen, Kulik (59.Köppel), Lienen, Gores;

B.: Stojanovic - Jurisic, Jovanovic, Miletovic, Jovin, Muslin, Blagojevic, Milovanovic, Petrovic, Savic, Milosavljevic (46.Sestic);

SR: Michelotti/Italien

T: 1-0 Simonsen 17. Elfmeter

Rudi Gores, Winfried Schäfer und Wolfgang Kneib (von links) als Triumphatoren nach dem 1:0-Rückspielsieg im UEFA-Cup-Finale gegen Roter Stern Belgrad.

Mit viel Glück gewann BORUSSIA den Cup, denn die Jugoslawen waren besonders in der zweiten Hälfte hoch überlegen und konnten sich eine Vielzahl von Tormöglichkeiten erspielen. Doch sie scheiterten entweder an Torhüter Kneib oder an ihrem eigenen Unvermögen. Die ersten beiden Chancen in diesem zweiten Finale boten sich Petrovic und Milosavljevic. Doch beide scheiterten. Die nächste Chance machte Kneib, er hielt einen Schrägschuß von Petrovic, glänzend zunichte und lenkte den Ball über die Querlatte. Gladbach kam nun etwas besser ins Spiel. Dann die 16. Minute. Simonsen wird im Strafraum etwas unsanft von Jurisic gebremst und fällt. Der Schiedsrichter entscheidet auf Elfmeter. Diese Möglichkeit läßt sich der kleine Däne nicht entgehen und schickt den Torwart in die falsche Ecke - es steht 1:0 für die Gladbacher! Die nächsten beiden Chancen hatten Gores und Hannes. Doch Stojanovic war auf dem Posten. Nach dem Wechsel spielten nur noch die Gäste. Die größte Chance bot sich ihnen in der 61. Minute. Doch der freistehende Petrovic schoß hoch über das Tor. Kurz vor Schluß dann noch einmal eine gute Möglichkeit zum Ausgleich, doch ein Gewaltschuß von Muslin traf nur das Lattenkreuz. Es blieb beim 1:0!

SAISONFAZIT:
Die erste Hürde übersprang die BORUSSIA gegen Sturm Graz souverän. Mit 5:1 und 2:1 in Graz wurden zwei Siege herausgespielt. Gegen die Lissabonner mußten die Gladbacher schon das ganze Können in die Waagschale werfen, um nicht frühzeitig auszuscheiden. In Lissabon war Torhüter Kneib in Weltklasseform und hielt fast alleine ein 0:0. Auf dem Bökelberg brachte

erst die Verlängerung die Entscheidung. Bruns und Klinkhammer schossen die beiden Treffer gegen eine dezimierte Mannschaft aus Portugal.
Gegen die polnische Mannschaft Slask Breslau hatten die Fohlen es Simonsen zu verdanken, daß sie eine Runde weiter kamen. Er war der Matchwinner in Breslau. Gegen die Profis von der britischen Insel mußte der VfL schon sämtliche Konzentration aufbringen. Aufgrund einer starken Abwehrleistung erreichte Borussia bei Manchester City ein verdientes 1:1. Im Rückspiel ließ sie den Engländern keine Chance.
Im Halbfinale kam es wie schon einige Male zuvor zu einer rein deutschen Paarung. Der Gegner hieß diesmal MSV Duisburg. Da beide Mannschaften auch seinerzeit in der Bundesliga keine Bäume ausrissen, kam es wie es kommen mußte. Das Spiel in Duisburg (2:2) verdiente sich allenfalls die Schulnote 5! Erst das Rückspiel brachte klare Verhältnisse. Die Duisburger hatten am Ende keine Kraft mehr und verloren völlig verdient mit 1:4.
Im Finale gegen Roter Stern Belgrad sprang der zweite Titelgewinn heraus. In zwei nahezu ausgeglichenen Spielen war es am Ende die glücklichere Mannschaft, die den Pott gewann. Nur dank eines recht zweifelhaften Elfmeters besiegte die Lattek-Elf die Jugoslawen mit 1:0. In diesen beiden Finalspielen war es Berti Vogts zu verdanken, daß der Bundesligist nicht gegen die spielerisch starken Belgrader unterlag. Er war es, der nach neunmonatiger Verletzungspause endlich wieder Ruhe ins Team brachte. Nach dem Sieg gegen Twente Enschede der zweite UEFA-Pokalgewinn der BORUSSIA!

1979 / 80

UEFA - POKAL

Runde 1: 19.09. und 03.10.1979

GLADBACH - Viking Stavanger 3 : 0 (2-0); **Z:** 8.000
G.: Sude - Schäffer, Ringels, Hannes, Fleer (62.Klinkhammer), Nielsen, Kulik, Danner (77.Matthäus), Gores, Nickel, Lienen;
S.: E. Johannessen - Berntsen, Henriksen, Brekke, Hammer, Valen, Kvia (48.Björnsen), Fjäldberg, Svendsen, T. Johannessen, Refvik (71.Flatestöl);
SR: Raus/Jugoslawien
T: 1-0 Lienen 11., 2-0 Nickel 43. Elfmeter, 3-0 Kulik 79.

Den 8000 Zuschauern wurde ziemlich wenig geboten. Einzige Höhepunkte in diesem mittelmäßigen Spiel waren die drei Tore. Beim 1:0 erspurtete Ewald Lienen eine zu kurze Rückgabe von Kvia. Noch vor der Pause erhöhte Nickel per Elfmeter auf 2:0. Dem 3:0 ging ein Fehler von Torhüter Johannessen voraus. Er ließ einen Schuß nach vorne abprallen und Kulik brauchte nur noch ins leere Tor abzustauben. Die sogenannten Amateure aus Norwegen hielten bis zum Abpfiff gut mit und brachen auch konditionell nicht ein. Auf Gladbacher Seite stand erstmals Uli Sude im Tor, er machte seine Sache recht ordentlich, wobei er nur selten geprüft wurde. Der Sieg hätte bei etwas besserer Chancenauswertung leicht höher ausfallen können.
Viking Stavanger - **GLADBACH** 1 : 1 (1-1); **Z:** 10.000
S.: E. Johannessen, Berntsen, Henriksen, Brekke, Svendsen (29.Björnsen), Valen, Kvia, Fjäldberg, Refvik (70.Krogh), Flatestöl, T. Johannessen;
G.: Kneib - Schäffer, Wohlers, Hannes, Ringels, Nielsen (46.Danner), Schäfer, Kulik, Gores (74.Lausen), Nickel, Lienen;
SR: Owen/Wales
T: 1-0 Björnsen 44., 1-1 Kulik 62.

BORUSSIA kontrollierte von Anfang an das Spielgeschehen. Sie ließen sich nur selten von den angreifenden Norwegern in Verlegenheit bringen. Zwei Chancen ließ man nur zu, doch zuerst rettete Schäfer vor dem einschußbereiten Johannessen (7.), dann konnte Nielsen noch rechtzeitig zur Ecke klären (12.). Die BORUSSIA nahm eindeutig das Heft in die Hand, ohne jedoch große Torchancen zu erspielen. Völlig überraschend dann die Führung der Norweger. Nach einem Freistoß von Berntsen kam Björnsen frei zum Schuß - es hieß 1:0. Nach dem Wechsel dann fast ein Spiel auf ein Tor - nämlich auf das der Norweger. Nur im Abschluß haperte es noch. In der 62. Minute war es dann soweit: Henriksen schob Nickel im Mittelfeld den Ball vor den Fuß, der dribbelte, sah rechts Kulik frei, gab diesem den Ball und der ließ aus zehn Metern Johannessen im Tor keine Chance. Danach entwickelte sich ein Freundschaftsspiel. Die Norweger konnten und die Gladbacher wollten nicht mehr. Lediglich Kulik bot sich noch die Siegchance - doch sein Schuß prallte an den Pfosten. Es blieb beim 1:1.

Winfried Schäfer eilt mit großen Schritten in Richtung gegnerisches Tor

Runde 2: 24.10. und 07.11.1979

GLADBACH - Inter Mailand 1 : 1 (1-0); **Z:** 36.000
G.: Kneib - Ringels, Hannes, Schäffer, Wohlers (59.Matthäus), Kulik, Schäfer, Nielsen, Del'Haye, Nickel, Lienen;
M.: Bordon - Baresi, Canutti, Pasinato (84.Pancheri), Mozzini, Bini, Caso, Marini, Altobelli, Oriali, Muraro (80.Beccalossi);
SR: Wurtz/Frankreich
T: 1-0 Hannes 39., 1-1 Altobelli 55.

Entgegen allen Behauptungen spielte Inter offensiven Fußball. Sie stellten sich keineswegs nur hinten rein und fielen auch nicht mit Foulspiel negativ auf. Den Besuchern auf dem ausverkauften Bökelberg wurde ein hochinteressantes Spiel geboten. Mit etwas mehr Glück hätte der Sieger auch Inter heißen können. BORUSSIA spielte mit großem Eifer, doch die Torchancen besaßen die Mailänder. Bereits nach 6 Minuten schoß Muraro den Ball an den Pfosten. Danach mußte Kneib noch mehrfach gegen Altobelli, Mozzini und wiederum Muraro klären. Die Chancen auf Gladbacher Seite durch Nielsen, Del'Haye und Kulik machte Torhüter Bordon zunichte. In der 39. Minute dann das 1:0 für die *Mönche*. Ein von Kulik getretener Eckball wurde zu kurz abgewehrt - Hannes war zur Stelle und schoß ein. Zur Halbzeit blieb es bei dem knappen Vorsprung. Zwei Minuten nach Wiederanpfiff verpaßte Oriali freistehend den Ausgleichstreffer. Dieser gelang Altobelli einige Minuten später. Er profitierte von einem Fehler von Kneib, dem eine Flanke aus den Händen glitt. Wenig später rettete Kneib dann zweimal hervorragend gegen Altobelli und Marini. Kurz vor Schluß großes Pech bei den Borussen: ein Kopfball von Hannes klatschte an den Pfosten. Insgesamt aber ein gerechtes Unentschieden und eine schwere Hypothek für die Borussen für das Rückspiel im wohl ausverkauften Inter-Stadion.

Inter Mailand - **GLADBACH** 2 : 3 n.V. (1-1, 1-1); **Z:** 81.000
M.: Bordon - Canuti, Pancheri, Pasinato, Mozzini, Bini, Caso, Marini, Altobelli, Oriali (60.Beccalossi), Muraro (83.Ambu);
G.: Kneib - Klinkhammer (102.Schäfer), Hannes, Schäffer, Fleer (95.Ringels), Kulik, Nickel, Del'Haye, Lienen, Nielsen, Matthäus;
SR: Palotai/Ungarn
T: 1-0 Altobelli 24., 1-1 Nickel 33., 2-1 Altobelli 94., 2-2 Ringels 103., 2-3 Nickel 109. Elfm.

Vor 81000 Besuchern im Guiseppe-Meazza-Stadion gestaltete Inter die Partie zunächst drückend überlegen. Eine Folge des Dauerdrucks war die 1:0 Führung durch Altobelli in der 24. Minute. Vorher vergaben schon Caso und Pasinato zwei Tormöglichkeiten. In der 31. Minute hatte wiederum Altobelli die Chance zum 2:0, doch Kneib warf sich ihm mutig vor die Füße und konnte klären. Zwei Minuten später der überraschende Ausgleich. Ein weiter Abschlag von Kneib gelangte ohne Umwege zu Nickel. Dieser zog aus über 30 Metern ab und sein Schuß landete genau im Tordreieck. Ein Tor des Jahres! Das Spiel wogte bis zum Abpfiff hin und her. Beiden Teams bot sich die Siegchance. Doch es blieb bis zur 90. Minute beim gerechten 1:1. Vier Minuten nach Wiederanpfiff köpfte Altobelli nach Flanke von Pancheri die 2:1 Führung. Trainer Heynckes reagierte und brachte Ringels für Fleer. Die Italiener mauerten nun, sie wollten das 2:1 über die Zeit retten. Doch dann der große Auftritt des Jokers Ringels. Einen Freistoß hebt Nielsen gefühlvoll in den Fünf-Meter-Raum. Ringels steht völlig frei und knallt den Ball aus spitzem Winkel über die Fäuste von Bordon hinweg in den Winkel - 2:2! Das würde schon den Einzug in die nächste Runde bedeuten. Doch die BORUSSIA wollte auch noch den Sieg. In der 109. Minute gelang das Vorhaben. Kalle Del'Haye dribbelte, wie schon zigmal zuvor, in den Strafraum und wurde von Pancheri umgerissen - Elfmeter! Nickel legte sich den Ball hin. Eineinhalb Schritte, die Täuschung, eiskalt verwandelt. Die Sensation war perfekt. Mit einer Weltklasseleistung siegte Borussia verdient in Mailand. Del'Haye war von seinem Gegenspieler nie zu halten, er begeisterte das Mailänder Publikum. Der junge Matthäus ließ Marini nie zur Entfaltung kommen und Torjäger Nickel bewies seine Kaltschnäuzigkeit. Sein Tor zum 1:1 wurde später sogar von der Sportschau zum Tor des Jahres gewählt. Eine großartige Mannschaftsleistung auf fremdem Boden. BORUSSIA erhielt nach dem Match großartige Kritiken in der italienischen Presse.

Inter-Keeper Bordon fängt einen Flanken ball vor Horst Wohlers ab.

Carsten Nielsen beim Versuch, sich von seinem Bewacher loszureißen.

Runde 3: 28.11. und 12.12.1979

GLADBACH - Universitatea Craiova 2 : 0 (1-0); **Z:** 23.000

G.: Kneib - Schäffer, Fleer (82.Klinkhammer), Hannes, Ringels, Kulik, Matthäus, Del'Haye, Nickel, Lienen, Nielsen;

C.: Boldici - Tilihoi, Negrila, Ungureanu, Ticleanu, Stefanescu, Cirtu (55.Crisan), Camataru, Balaci, Irimescu, Donose;

SR: Syme/Schottland

T: 1-0 Nickel 10., 2-0 Nickel 78.

Gegen die technisch sehr starken Rumänen tat sich die BORUSSIA sehr schwer. Als Nickel bereits nach 10 Minuten das 1:0 erzielte, glaubten die 23000 Zuschauer an einen leichten Sieg. Doch Craiova hielt sehr gut mit und brachte die Hintermannschaft einige Male in arge Bedrängnis. BORUSSIA besaß in der ersten Hälfte, als sie guten Fußball spielte, noch einige Möglichkeiten, das Ergebnis höher zu gestalten. Doch es blieb beim 1:0. Nach der Pause dominierte die Mannschaft aus Rumänien. Bei einigen Situationen hatte Gladbach großes Glück. Es war wiederum Nickel vorbehalten, den Endstand zum 2:0 zu erzielen. Er verlängerte eine Flanke von Kulik per Kopf in die Maschen. Das Wunschergebnis war erreicht.

Univ. Craiova - **GLADBACH** 1 : 0 (0-0); **Z:** 45.000

C.: Boldici - Negrila, Tilihoi, Ungureanu, Ticleanu, Stefanescu, Crisan, Balaci, Camataru, Donose (62.Cirtu), Irimescu;

G.: Kneib - Hannes, Schäffer, Klinkhammer, Ringels, Matthäus, Del'Haye, Kulik, Nielsen (82.Schäfer), Nickel, Lienen (81.Bödeker);

SR: van Langenhoove/Belgien

T: 1-0 Irimescu 75.;

BV: Camataru (Craiova) verschießt in der 48. Minute einen Foulelfmeter!

Die BORUSSIA hatte es einem Spieler zu verdanken, daß die Niederlage mit 0:1 knapp ausfiel: Torhüter Wolfgang Kneib war in Weltklasseform. In einer wahren Abwehrschlacht war er der Turm. Dauerdruck von der ersten bis zur neunzigsten Minute. Ball auf Ball flog in den Strafraum. Chance auf Chance für die Rumänen. Kneib hielt fast unmögliche Bälle. Er faustete, hechtete und flog nach jedem Ball und ließ keinen Treffer zu. Gleich nach der Pause die große Möglichkeit zum 1:0 für die Rumänen: Crisan wurde im Strafraum von Hannes am Fuß erwischt und fiel um - Elfmeter! Camataru lief an und verlud Kneib. Doch sein harter Schuß prallte an die Unterkante der Latte und sprang ins Feld zurück. Fünfzehn Minuten vor Schluß doch noch das 1:0: Irimescu traf ins linke Eck. Die wütenden Angriffe danach überstand die BORUSSIA mit viel Glück. Die Schlammschlacht war zu Ende und als überglücklicher Verlierer ging der Cupverteidiger vom Platz - die nächste Runde war erreicht.

Viertelfinale: 05.03. und 19.03.1980

AS St. Etienne - **GLADBACH** 1 : 4 (0-4); **Z:** 42.000

E.: Curkovic - Janvion, Oleksiak, Lopez, Farison, Elie, Santini, Rocheteau (46.Zimako), Rep (46.Roussey), Larios, Platini;

G.: Kneib - Schäffer, Hannes, Matthäus, Ringels, Nielsen (54.Schäfer), Bödeker, Kulik, Del'Haye, Nickel, Lienen (77.Thychosen);

SR: L. Castillo/Spanien

T: 0-1 Nielsen 15., 0-2 Nickel 18., 0-3 Nielsen 21., 0-4 Lienen 36., 1-4 Platini 55. Elfmeter

Im Hexenkessel des Geoffrey-Guichard-Stadions von St. Etienne zeigte die BORUSSIA das wohl beste Spiel seit Jahren. Die 42.000 Besucher brüllten ihre Mannschaft nach vorne. Der neunmalige Meister wollte die Gladbacher überrennen. Doch es kam ganz anders. Binnen sechs Minuten war die Partie entschieden! Nach 15 Minuten geht Ringels alleine auf der linken Seite nach vorne. Seine Flanke stoppt Nielsen mit der Brust, schießt - 0:1. Beim 2:0 das gleiche Spiel. Wieder ist Ringels mit nach vorne gesprintet, seine Flanke erreicht diesmal Nickel. Der köpft sie zum 0:2 ein. Beim 0:3 umkurvt Nielsen drei Franzosen und sein Schlenzer ins Eck bedeutet die Vorentscheidung. Das beste Tor gelingt Lienen. Er angelt sich am eigenen Strafraum den Ball und zieht unaufhaltsam los, umkurvt noch zwei Franzosen und lupft über Curkovic hinweg ins Tor. Totenstille im Stadion. So etwas hatten die Franzosen noch nicht gesehen. Alle Borussen waren ihren Gegenspielern immer einen Schritt voraus. Libero Hannes hatte überragende Vorderleute: Schäffer deckte Rep völlig zu, Superstar Platini bekam gegen Matthäus keine Schnitte und Ringels machte auf der linken Seite viel Druck. Nach dem Wechsel der Ehrentreffer durch einen von Platini verwandelten Elfmeter (Hannes hatte Zimako im Strafraum gefoult). Die Franzosen schöpften Hoffnung, doch Gladbach ließ sich nicht verrückt machen. Clever überstanden die Borussen den Ansturm, starteten gelegentlich gefährliche Gegenangriffe. Die erste Heimniederlage der Franzosen seit 1969! Robert Herbin, Trainer von St. Etienne: "BORUSSIA Mönchengladbach hat uns eine Lektion in modernen Fußball erteilt. Die Elf hat uns klassisch ausgekontert!" Auch Trainer Heynckes war voll des Lobes.

GLADBACH - AS St. Etienne 2 : 0 (2-0); **Z:** 30.000

G.: Kneib - Bödeker (46.Nielsen), Hannes, Schäffer, Ringels, Matthäus, Thychosen, Schäfer, Kulik, Nickel, Lienen (46.Del'Haye);

E.: Curkovic - Janvion, Farison, Santini, Elie, Lopez, Larios, Platini, Roussey, Rep, Rocheteau;

SR: Rainea/Rumänien

T: 1-0 Thychosen 11., 2-0 Hannes 15.

Trotz des klaren Sieges in Etienne kamen 30000 Zuschauer auf den Bökelberg. Nach den beiden frühen Toren durch Thychosen (11.) und Hannes (15.) riß aber plötzlich der Faden im Borussen-Spiel. Während der gesamten Spielzeit konnte sich keine Mannschaft mehr eine Torchance herausspielen. Kneib war sogar völlig beschäftigungslos. Sein Gegenüber mußte gelegentlich einmal rettend eingreifen. So sehr sich die Gladbacher auch bemühten, es sollte kein Spielfluß mehr aufkommen, zu klar war die Führung. Der Sieg geriet nie in Gefahr, aber die Zuschauer waren am Ende enttäuscht vom geringen Engagement ihrer Mannschaft gegen die harmlosen und lahmen Franzosen.

Halbfinale: 09. und 23.04.1980

VfB Stuttgart - **GLADBACH** 2 : 1 (0-0); **Z:** 42.000

S.: Roleder - Martin (87.Rühle), Holcer, B. Förster, Elmer, Müller, Hattenberger, Kelsch, Schmider (65.Klotz), Ohlicher, Volkert;

G.: Kneib - Bödeker, Hannes, Schäffer, Fleer, Schäfer, Matthäus, Nielsen (82.Klinkhammer), Del'Haye, Nickel, Lienen (73.Kulik);

SR: Courtney/England

T: 0-1 Nickel 74., 1-1 Ohlicher 87., 2-1 Volkert 90. Elfmeter

BORUSSIA zog sich in der ersten Halbzeit weit zurück. Man ließ die Hausherren spielen und war selber bei einigen nach vorne getragenen Kontern sehr gefährlich. Die Stuttgarter hatten jedoch kein Konzept und versuchten immer wieder, mit hohen Bällen zum Erfolg zu kommen. Doch diese hereingeschlagenen Flanken waren eine sichere Beute von Kneib - oder der kopfballstarke Hannes bereinigte die Situationen. In der zweiten Halbzeit spielten die Borussen besser nach vorne. So war es auch nicht verwunderlich, daß die Fohlen mit 1:0 in Führung gingen. Eine Flanke von Del'Haye schoß Nickel zum 0:1 ein. Kurz vor Ende gelang Ohlicher der Ausgleich. Eine Kopfballvorlage von Klotz drückte er aus kurzer Entfernung über die Linie. Nach einem harmlosen Rempler von Bödeker an Ohlicher entschied der Schiedsrichter, zum Entsetzen der Gladbacher, auf Elfmeter. Ohlicher ließ sich die allerletzte Chance nicht entgehen und schoß zum Siegtreffer ein.

GLADBACH - VfB Stuttgart 2 : 0 (1-0); **Z:** 22.000

G.:: Kneib - Fleer, Bödeker, Schäfer, Ringels, Matthäus, Del'Haye, Kulik (78.Schäffer), Nielsen (85.Klinkhammer), Nickel, Lienen;

S.: Roleder - Martin, Holcer, B. Förster, Elmer (5.Klotz), K.H. Förster, Hattenberger, Ohlicher, Müller, Kelsch, Schmider (46.Jank);

SR: Eriksson/Schweden

T: 1-0 Matthäus 23., 2-0 Schäfer 68.

Für den gesperrten Hannes (zweite Gelbe Karte in Stuttgart erhalten) kam Ringels in die Mannschaft. Die Borussen fighteten mit einer großartigen, kämpferischen Einstellung und teilweise aufkommendem Spielwitz die Gäste aus Stuttgart nieder. Matchwinner war an diesem Abend Winfried Schäfer. Auch Matthäus ist zu erwähnen, Hansi Müller stand klar in seinem Schatten. Glück bereits nach drei Minuten für die Hausherren. Bödeker foult Bernd Förster im Strafraum, doch der fällige Pfiff blieb aus. Dann das 1:0: Schäfer hob den Ball gefühlvoll zum freistehenden Matthäus, der mit Wucht aus der Drehung heraus mit einem Kopfball Torhüter Roleder keine Chance ließ. Das starke VfB-Mittelfeld war abgemeldet. Fleer, Schäfer und Matthäus rieben ihre Gegenspieler auf. In der zweiten Halbzeit war es dem überragenden Schäfer vorbehalten, die Entscheidung herbeizuführen. Aus halblinker Position nahm Schäfer maß, sein Schuß schlug im Torwinkel ein. Stuttgart hatte nicht mehr die Moral, noch eine Wende herbeizuführen. Es blieb beim verdienten 2:0 Sieg. Der Einzug ins Finale war wiederum geschafft.

1. Finale: 07. Mai 1980 in Mönchengladbach

GLADBACH - Eintracht Frankfurt 3 : 2 (1-1); **Z:** 25.000

G.:: Kneib - Schäfer, Hannes, Schäffer, Ringels, Matthäus, Nielsen (66.Thychosen), Kulik, Del'Haye (72.Bödeker), Nickel, Lienen;

F.: Pahl - Neuberger, Pezzey, Körbel, Ehrmanntraut, Lorant, Borchers, Hölzenbein (79.Nachtweih), Nickel, Karger (81.Trapp), Cha;

SR: Muro/Spanien

T: 0-1 Karger 37., 1-1 Kulik 45., 1-2 Hölzenbein 71., 2-2 Matthäus 77., 3-2 Kulik 88.

In einem dramatischen Spiel besiegte BORUSSIA die Frankfurter Eintracht mit 3:2 Toren. Zweimal Kulik sowie Matthäus waren die Torschützen auf Gladbacher Seite, Karger und

Hölzenbein trafen für die Eintracht. Zweimal gingen die Frankfurter in Führung, doch die bis zum Umfallen kämpfenden Gladbacher egalisierten jeweils. Kurz vor Ende gelang sogar noch der Siegtreffer durch Kulik auf Flanke von Thychosen. Die Frankfurter begannen offensiv. Nach nur 3 Minuten knallte Bernd Nickel einen Ball an die Querlatte. Nach 37 Minuten konnte Kneib einen Eckball nicht festhalten, Karger war zur Stelle und schoß zum 0:1 ein. Fast mit dem Pausenpfiff gelang Christian Kulik der Ausgleich. Nach dem Wechsel gingen die Frankfurter wieder in Führung. Hölzenbein köpfte eine Flanke von Borchers zum 1:2 ein. Sechs Minuten später dann der verdiente Ausgleich durch einen Bombenschuß von Matthäus. Matthäus und Kapitän Kulik waren die besten Gladbacher.

Harald Karger bringt Frankfurt nach Ecke und Fehler von Kneib mit 1:0 in Führung.

2. Finale: 21. Mai in Frankfurt

Eintracht Frankfurt - **GLADBACH** 1 : 0 (0-0); **Z:** 59.000

F.: Pahl - Neuberger, Pezzey, Körbel, Ehrmanntraut, Hölzenbein, Lorant, Nickel, Borchers, Cha, Nachtweih (77.Schaub);

G.: Kneib - Fleer, Hannes, Schäfer, Ringels, Bödeker, Matthäus (86.Thychosen), Kulik, Nielsen (68.Del'Haye), Nickel, Lienen;

SR: Ponnet/Belgien

T: 1-0 Schaub 81.

Mit einer allzu defensiven Einstellung verlor BORUSSIA im Frankfurter Waldstadion mit 0:1. Das goldene Tor erzielte der erst drei Minuten zuvor ins Spiel gekommene Schaub, für den sich wohl kein Gladbacher verantwortlich fühlte, aus kurzer Entfernung. Lange Zeit sah es in diesem enttäuschenden Spiel nach einem 0:0 aus. Die wenigen Chancen wurden von Torwart Kneib vereitelt. Über die gesamte Spielzeit kam Gladbach nur zu gelegentlichen, harmlosen Angriffen. Die Defensiv-Taktik (Stürmer Del'Haye blieb vorerst draußen) von Trainer Heynckes schien aufzugehen. Doch die Einwechslung von Schaub brachte alles durcheinander. Auch der danach eingewechselte Thychosen konnte den Ausgleich nicht mehr erzielen. Lediglich zwei Torchancen besaßen die Borussen in der zweiten Halbzeit. Doch in der 74. Minute war es Pahl, der zweimal glänzend gegen Kulik und Lienen hielt.

SAISONFAZIT:

Hatte Borussia in der 1. Runde gegen Stavanger noch leichtes Spiel, so war die zweite Runde wesentlich schwieriger. Zu Hause erreichte der VfL nur ein 1:1 gegen Inter. Doch dank eines Superspiels bei Inter (3:2) zog der Titelverteidiger verdient in die nächste Runde ein, wo die Rumänen aus Craiova der erwartet harte Brocken waren und recht glücklich ausgeschaltet werden konnten. Im Viertelfinale erteilte die Heynckes-Truppe dem AS St. Etienne eine wahre

Fußball-Lektion. Gedemütigt schlichen die Franzosen im Hinspiel vom Platz. Sie wurden noch nie so vorgeführt, das 1:4 war am Ende noch schmeichelhaft. Im Halbfinale war dann der Liga-Konkurrent aus Stuttgart kein großer Stolperstein. Recht unglücklich verlor Borussia in den letzten Minuten in Stuttgart, daheim folgte ein klarer 2:0 Erfolg. Im vierten Auftreten im UEFA-Pokal erreichten die Fohlen nun schon zum viertenmal das Finale - diesmal gegen die Frankfurter Eintracht.
Obwohl im ersten Finale als Sieger vom Platz gegangen, versäumten die Borussen es, mit einer reinen Mauertaktik im Rückspielden Cup zum dritten Male zu gewinnen. Anstatt mitzuspielen und offensiver zu agieren, ging man viel zu zaghaft ins Spiel und verlor dann auch noch recht unglücklich kurz vor Schluß durch einen Treffer von Schaub. Der UEFA-Pokal ging damit zum erstenmal nach Frankfurt.

Bernd Hölzenbein erzielte die erneute Gästeführung in 1.UEFA-Cup-Finale per Kopfball.

1981 / 82

UEFA - POKAL

1. Runde: 16. und 30.09.1981

1.FC Magdeburg - **GLADBACH** 3 : 1 (2-0); **Z:** 32.000
M.: Heyne - Raugust, Stahmann, Mewes, Decker, Döbbelin, Steinbach, Halata, Pommerenke, Streich, Hoffmann;
G.: Kleff - Bruns, Fleer, Ringels, Schäffer, Matthäus, Rahn, Veh, Pinkall, Mill, Wuttke (75.Loontiens);
SR: McGinlay/Schottland
T: 1-0 Hoffmann 38., 2-0 Streich 41., 2-1 Mill 52., 3-1 Matthäus 57. Eigentor

In ihrem insgesamt 91. Europapokalspiel traf die BORUSSIA erstmals auf einen Gegner aus der DDR. Vor 32.000 Zuschauern im ausverkauften Ernst-Grube-Stadion verlor der Gast jedoch recht deutlich mit 1:3. Die Magdeburger machten von Beginn an Druck und Gladbach (ohne die gesperrten Schäfer und Hannes) konnte sich nur selten befreien. Gegen die überharte Spielweise der Gastgeber fanden sie kein Mittel. Leidtragender an diesem Abend war vor allem Stürmer Frank Mill, der vom eisenharten Stahmann nahezu vor jedem Ballkontakt gefoult wurde. Eine Reihe von Möglichkeiten machte der ausgezeichnete Kleff zunichte. Doch ein Doppelschlag innerhalb von drei Minuten zerstörte den Wunsch nach einem 0:0 zur Halbzeit. Hoffmann in der 38. und Streich in der 41. Minuten schossen zum Halbzeitstand von 2:0 ein. Nach der Pause kam die BORUSSIA besser ins Spiel und durch Frank Mill sieben Minuten nach Wiederanpfiff zum Anschlußtreffer. In der Folgezeit waren die Magdeburger aber recht durcheinander, doch das konnten die Borussen nicht ausnutzen. Im Gegenteil, ausgerechnet Matthäus traf ins eigene Tor. Danach gelang keiner Mannschaft mehr etwas Brauchbares. Nach dem Schlußpfiff jubelten die Magdeburger so ausgelassen über den 3:1 Sieg, als ob sie schon sicher eine Runde weiter wären.

GLADBACH - 1.FC Magdeburg 2 : 0 (0-0); **Z:** 38.500
G.: Kleff - Ringels, Hannes, Schäffer, Fleer, Matthäus, Bruns, Schäfer, Pinkall, Mill, Wuttke;
M.: Heyne (70.Bahra) - Cramer, Mewes, Stahmann, Decker, Döbbelin, Pommerenke, Steinbach, Halata, Streich, Hoffmann;
SR: Bridges/Wales
T: 1-0 Pinkall 65., 2-0 Matthäus 84.

Vor 38.500 Zuschauern setzte Gladbach (wieder mit Hannes und Schäfer) von Anfang an auf volle Offensive, schließlich mußte man einen 2-Tore-Rückstand wettmachen. Bei zwei Schüssen von Pinkall und Bruns reagierte Heyne super. Die Partie wurde sehr hart geführt, wobei Mill gegen Stahmann am meisten einstecken mußte. Trotz einiger rüder Attacken gegen ihn schritt der Schiedsrichter nie energisch genug ein. Lediglich einmal zeigte er Gelb an diesem Abend - Stahmann sah diese Karte. Nach gut einer halben Stunde hatte Mill, er wurde hervorragend von Fleer bedient, das 1:0 auf dem Fuß, doch er schoß überhastet übers Tor. Im Gegenzug der erste Magdeburger Warnschuß: Streich setzte einen Freistoß nur knapp neben den Pfosten. Zur Halbzeit blieb es beim 0:0. Nach dem Seitenwechsel entwickelte sich ein regelrechtes Kampfspiel. Gladbach rannte pausenlos auf das Magdeburger Tor, doch die meist planlos in den Strafraum geschlagenen Flanken waren eine sichere Beute von Heyne. Auch Stahmann war im Kopfballspiel nicht zu übertrumpfen. Magdeburg verteidigte mit Mann und Maus. Gladbach war zwar spielerisch überlegen, doch daraus wurde wenig Kapital geschlagen. Nach 65 Minuten war es dann aber endlich soweit: Pinkall markierte mit einem Abstauber aus 5 Metern die 1:0 Führung. Schließlich das erlösende 2:0: Sechs Minuten vor Schluß setzte Matthäus einen 20-Meter-Freistoß unhaltbar für den eingewechselten Bahra in die Maschen. Bruns hatte den Ball angetippt und Matthäus mit voller Wucht abgezogen. Wie an der Schnur gezogen saust der Ball ins Tor. Die Zuschauer waren aus dem Häuschen, die nächste Runde war glücklich erreicht.

2. Runde: 21.10. und 04.11.1981

GLADBACH - Dundee United 2 : 0 (0-0); **Z:** 31.000

G.: Kleff - Ringels, Hannes, Schäffer, Fleer, Matthäus, Bruns, Pinkall, Rahn (70.Veh), Mill, Wuttke;
D.: McAlpine - Kopel, Hegarty, Narey, Murray, Philipp, Bannon, Holt, Milne, Kirkwood, Dodds;
SR: Rainea/Rumänien
T: 1-0 Schäffer 70., 2-0 Hannes 86.

Der Vertreter aus Schottland spielte vor 31.000 Zuschauern am Bökelberg lange Zeit glänzend mit. Die erste halbe Stunde war von Fehlpässen und Mißverständnissen seitens der BORUSSIA übersät. Es wollte kein Spielfluß aufkommen. Insgeheim hatte man die Schotten wohl unterschätzt. Allzu lässig ging der Gastgeber die Sache an. Nicht eine klare Tormöglichkeit sprang in der ersten Halbzeit heraus. In der 43. Minute hätte der Schiedsrichter dennoch einmal auf den Elfmeterpunkt zeigen müssen. Mill war im Strafraum von Dodds gefoult worden, doch der Pfiff blieb aus. So blieb es beim 0:0 Pausenstand. Nach dem Wechsel krempelten die Borussen-Spieler die Ärmel hoch und fighteten den Gegner nieder. Aus zwei Standardsituationen entsprangen die beiden Treffer. Jeweils nach einer von Bruns getretenen Ecke kamen zwei Gladbacher völlig frei zum Kopfball. Zuerst war es Verteidiger Schäffer nach 70 Minuten, dann sorgte Libero Wilfried Hannes für das wichtige 2:0. Beide Male keine Abwehrchance für Torhüter McAlpine. In einer spielerisch schwachen Begegnung konnten nur Kleff, Hannes, Fleer und mit Abstrichen noch Pinkall einigermaßen überzeugen.

Dundee United - **GLADBACH** 5 : 0 (2-0); **Z:** 18.000

D.: McAlpine - Holt, Narey, Hegarty, Murray, Gough, Bannon, Milne, Kirkwood, Sturrock, Dodds;
G.: Kleff - Ringels, Hannes, Matthäus, Schäffer, Wuttke, Veh (56.Schäfer), Bruns, Mill, Pinkall, Fleer;
SR: Eriksson/Schweden
T: 1-0 Milne 36., 2-0 Kirkwood 44., 3-0 Sturrock 51., 4-0 Hegarty 75., 5-0 Bannon 76.

In Schottland erlebte die BORUSSIA ein Waterloo. Mit 0:5 kam sie unter die Räder. Vor nur 18.000 Zuschauern schnürte Dundee die Fohlen von Beginn an in die eigene Hälfte ein. Es gab kaum Verschnaufpausen. Bis zur 36. Minute konnte der Schaden einigermaßen unter Kontrolle gehalten werden. Doch dann das 1:0 durch Milne. Eine Minute vor Halbzeit der nächste Schock. Es stand 2:0 für die Schotten durch den Treffer von Kirkwood. BORUSSIA konnte sich bei ihrem Torhüter Kleff bedanken, daß es nicht schon weitaus höher stand. Mit glänzenden Paraden brachte er die Schotten beinahe zur Verzweiflung. Die Schotten hatten mit dieser 2:0 Halbzeitführung den Vorsprung der Gladbacher egalisiert. Kurz nach Wiederbeginn dann schon fast die Vorentscheidung - 3:0 durch Torjäger Sturrock. Daraufhin die nahezu einzige Torchance für die BORUSSIA. Mill stand völlig frei vor McAlpine, doch aus drei Metern schoß er den am Boden liegenden Torhüter an. Die wohl größte Möglichkeit war vertan. Innerhalb von zwei

Minuten folgte der endgültige Knockout. Hegarty und Bannon schossen die Treffer vier und fünf und besiegelten damit die Niederlage für die BORUSSIA. Ein schwarzer Abend für die Borussen! Kommentare nach dem Spiel: "So etwas habe ich noch nicht erlebt", klagte Torhüter Kleff, noch einer der Besten auf Gladbacher Seite. Trainer Heynckes meinte sogar: "Es war ein Schuß vor den Bug, der zur rechten Zeit kam, um die Euphorie, die sich nach den letzten Bundesliga-Erfolgen breitgemacht hatte, zu bremsen."

SAISONFAZIT:
Nach einer Pause im letzten Jahr qualifizierte sich die BORUSSIA, dank eines sechsten Platzes in der abgelaufenen Bundesliga-Saison, wieder für den UEFA-Pokal-Wettbewerb.
Gleich in Runde 1 kam es zum sogenannten DEUTSCH-DEUTSCHEN Duell. Es war das erste Aufeinandertreffen der BORUSSIA mit einer Mannschaft aus der DDR. "Ein dicker Brocken", so Trainer Heynckes nach der Auslosung, schließlich war der 1.FC Magdeburg eine sehr renommierte Mannschaft und sogar schon einmal Sieger (1974) im Cup der Pokalsieger. Daheim versuchte der 1.FC M, den Mönchengladbachern mit Härte den Schneid abzukaufen. Was ihm letztendlich auch exzellent gelang. Früh und teilweise mit harten Mitteln wurde BORUSSIA bereits im Spielaufbau gestört. In Hoffmann und Streich besaß Magdeburg außerdem zwei Nationalspieler, die an diesem Abend kaum auszuschalten waren. Die entscheidenden Impulse gingen von Steinbach aus. Am Ende ein verdienter 3:1 Erfolg. Im Rückspiel zahlten dann die Gladbacher mit gleicher Münze zurück. In einer hart geführten Begegnung zwangen sie am Ende glücklich die Magdeburger mit 2:0 in die Knie. Aus dem ersten DEUTSCH-DEUTSCHEN Duell war Gladbach also als Gewinner hervorgegangen, wenn auch nur als Punktsieger.
In der zweiten Runde kam überraschend das frühe Aus für die BORUSSIA. Wurde die Mannschaft von Dundee United noch mit 2:0 (nach Toren von Schäffer und Hannes) am Bökelberg verdientermaßen besiegt, so erlebte Gladbach auf der Insel ein Debakel. Mit 0:5 kam der VfL sensationell unter die Räder. Kaum ein Borusse erreichte an diesem denkwürdigen Abend Normalform. Einzig Kleff konnte Trainer Heynckes aus einer schlechten und auch überforderten Mannschaft herausheben. Er verhinderte mit Glanzparaden ein noch größeres Debakel. Der Kräfteverschleiß für die jungen Spieler aus der Bundesliga machte sich bemerkbar. Gegen die vehement angreifenden Schotten fand man keine Mittel. Erinnerungen wurden wach an das allererste Auftreten im Europapokal. Damals hatte BORUSSIA gegen Glasgow Rangers mit 0:8 verloren.

1984 / 85

UEFA - POKAL

1. Runde: 19.09. und 03.10.1984

Dukla Banska Bystrica - **GLADBACH** 2 : 3 (1-1); **Z:** 15.000

B.: Mentel - Oboril, Kinier, Bagin, Kargos (77.Lackovic), Kocian (31.Dina), Takac, Vrto, Majzlik, Miskuf, Nemec;

G.: Sude - Borowka, Bruns, Krauss, Drehsen (37.Frontzeck), Herbst, Lienen, Rahn, Hochstätter, Mill (81.Krisp), Criens;

SR: Frickmann/Dänemark

T: 0-1 Hochstätter 25., 1-1 Nemec 30., 1-2 Criens 71., 2-2 Nemec 77. Elfmeter, 2-3 Lienen 80.

Im mit über 15.000 Zuschauern überfüllten Stadion Stiavnicky siegten die Fohlen dank der technischen Überlegenheit verdient mit 3:2. Eine glänzende Ausgangsposition für das Rückspiel 14 Tage später. Überraschung zu Beginn: Der frischgebackene Nationalspieler Frontzeck saß nur auf der Bank. Herbst kam für ihn ins Spiel. Durch Hochstätter war die BORUSSIA nach 25 Minuten mit 1:0 in Führung gegangen, doch prompt folgte der Ausgleich: Nemec zog aus ca. 30 Metern ab und der Ball schlug unhaltbar für Sude ein. Banska zog auch wieder gleich, als der BORUSSIA durch Criens mit einem herrlichen Kontertor das 2:1 gelang. Schiedsrichter Frickmann gab völlig überraschend nach einem harmlosen Gerangel Strafstoß. Nemec verwandelte diesen sicher. Aber erneut schlug die BORUSSIA zurück. Lienen war es vorbehalten, den wertvollen 3:2 Siegtreffer zu erzielen.

GLADBACH - Dukla B. Bystrica 4 : 1 (1-0); **Z:** 12.000
G.: Sude - Bruns, Hannes, Herlovsen, Krauss, Herbst, Rahn, Frontzeck (69.Borowka), Hochstätter (61.Veh), Criens, Lienen;
B.: Magdolin - Bagin, Oboril, Kinier, Kargos (85.Sivy), Kocian (69.Dina), Takac, Lackovic, Majzlik, Miskuf, Nemec;
SR: Glavina/Jugoslawien
T: 1-0 Herbst 27., 2-0 Rahn 50., 3-0 Rahn 51., 3-1 Targos 53., 4-1 Rahn 66.

Vor 12.000 Zuschauern war Uwe Rahn der überragende Mann auf dem Platz. Drei Tore gingen auf sein Konto - allesamt Kopfballtreffer. Gladbach legte, ohne Mittelstürmer Frank Mill (Oberschenkelprellung) angetreten, furios los. Dafür feierte Libero Wilfried Hannes nach langer Verletzungspause sein Comeback. Ebenso wieder dabei: Ewald Lienen. In der siebten Minute scheiterte Rahn gleich zweimal völlig freistehend an Dukla-Schlußmann Magdolin. Zwanzig Minuten später nutzte Herbst einen Fehler von Magdolin und brachte die BORUSSIA mit 1:0 in Front. Trotz zahlreicher Chancen blieb es bis zur Pause bei diesem Zwischenstand. Nach dem Wiederanpfiff ging es dann Schlag auf Schlag. Innerhalb von 60 Sekunden sorgte Rahn mit zwei Toren für die Entscheidung. Gladbach spielte angesichts der klaren Führung allzu sorglos weiter, und den Gästen boten sich auf einmal Tormöglichkeiten. Eine davon nutzet Targos zum Ehrentreffer. Gut zehn Minuten später war aber wieder Rahn zur Stelle - mit einem herrlichen Flugkopfball besorgte er den 4:1 Endstand.

2. Runde: 24.10. und 07.11.1984

GLADBACH - Widzew Lodz 3 : 2 (2-0); **Z:** 18.000
G.: Sude - Bruns, Hannes, Herlovsen, Krauss, Rahn, Lienen, Frontzeck, Herbst (84.Borowka), Mill, Criens (79.Schäffer);
L.: Bolesta - Wojcicki, Wijas (46.Myslinski), Dziuba, Kaminski, Swiatek, Kajrys, Romke, Dziekanowski, Wraga, Smolarek;
SR: Sawtschenko/Sowjetunion
T: 1-0 Rahn 21., 2-0 Criens 31., 2-1 Wraga 57., 3-1 Herbst 61., 3-2 Myslinski 67.

Vor 18.000 Zuschauern schlug die BORUSSIA den polnischen Vertreter Widzew Lodz mit 3:2. Zur Halbzeit hatte es noch nach einem klaren Erfolg ausgesehen. In diesen ersten 45 Minuten spielten die Borussen großartigen Fußball und führten auch verdient durch die Tore von Rahn (nach einem von Krauss getretenen Eckball köpfte der Ex-Waldhöfer unhaltbar ein) und Criens (mit Drehschuß aus 14 Metern Distanz) mit 2:0. Ein Pfostenschuß von Herbst in der 36. Minute sowie ein großartiges Solo von Criens (erst im letzten Moment nahm ihm Torwart Bolesta den Ball vom Fuß) hätten fast für eine höhere Führung gesorgt. Die Polen, zu Beginn sehr hart aufspielend (was vor allem Rahn zu spüren bekam), spielten zwar gut mit, doch ihre beiden Angriffsspitzen, Smolarek und Dziekanowski, waren bei der Borussen-Abwehr gut aufgehoben. Nach der Pause bot sich den Zuschauern ein anderes Bild. BORUSSIA begann übernervös - eigentlich bei einer 2:0 Führung unverständlich. Lodz kam stärker auf und hatte auch gleich durch Kajrys und Dziekanowski zwei gute Chancen. Beide Male war Uli Sude Retter in größter Not, doch in der 57. Minute war er gegen Wragas plazierten 16-Meter-Schuß machtlos. Unhaltbar schlug der Ball in den Winkel ein. Fünf Minuten später aber das 3:1. Nach einem Freistoß von Krauss konnte Bolesta den Kopfball von Rahn nur mühevoll abklatschen und Herbst köpft, fast auf der Linie stehend, ohne große Mühe ein. In der 68. Minute brachte ein 16-Meter-Schuß von Myslinski die Polen wieder heran. Kurz vor Ende noch einmal Glück, ein Schuß von Dziekanowski klatschte an den Pfosten. Am Ende ein verdienter, wenn auch knapper Erfolg für die Mönchengladbacher.

Widzew Lodz - **GLADBACH** 1 : 0 (0-0); **Z:** 25.000

L.: Bolesta - Dziuba, Wojcicki, Kaminski, Myslinski, Wijas, Kajrys, Romke (90.Leszcyk), Wraga, Dziekanowski, Smolarek;

G.: Sude - Hannes, Bruns, Borowka, Herlovsen (72.Herbst), Krauss, Rahn, Lienen, Frontzeck, Criens, Mill;

SR: Quiniou/Frankreich

T: 1-0 Smolarek 64.

Das Tor des Tages erzielte Smolarek in der 64. Minute vor 25.000 Zuschauern. Das Konzept der BORUSSIA ging nur bis zur Halbzeit auf. Die Anfangsoffensive der Polen wurde mit Geschick und mit einem ausgezeichneten Uli Sude (zweimal Retter bei Schüssen von Myslinski und Romke) überstanden. Danach ging Gladbach selber offensiver zu Werke. Bei einem Kopfball von Hannes klärte Kaminski für den bereits geschlagenen Torhüter Bolesta auf der Torlinie und ein Freistoß von Libero Bruns verfehlte nur knapp das Tor. Kurz vor Halbzeitpfiff konnte Sude einen gefährlichen Weitschuß noch gerade um den Pfosten lenken. Ein gerechter Spielstand zur Halbzeit.

Glück für die Polen, als Schiedsrichter Quiniou ein elfmeterreifes Foul von Torwart Bolesta an Lienen nicht ahndete. Dann die kalte Dusche für die BORUSSIA: Wraga dribbelte sich in den Strafraum durch, sein Zuspiel kam zu Smolarek und der ließ Sude keine Abwehrmöglichkeit. Gladbach setzte nun alles auf eine Karte, doch bis auf eine Großchance durch Rahn, die dieser kläglich vergab, gelang nichts mehr. Aus in der zweiten Runde.

SAISONFAZIT:
Nach zwei Jahren Abstinenz vom Europapokal war die BORUSSIA in dieser Spielzeit wieder für den UEFA-Pokal-Wettbewerb qualifiziert.
In der ersten Runde bekam man es mit dem tschechischen Vertreter Dukla Banska Bystrica zu tun. Im Hinspiel gab es beim Einlaufen gellende Pfiffe für den Gast, doch mehr und mehr überzeugte der die Zuschauer. Als Borussia am Ende mit 3:2 gewonnen hatte, wurde sie mit Beifall verabschiedet. In diesem Cupspiel kam wieder die alte Konterstärke zur Geltung. Die Tore Nummer zwei und drei resultierten aus schnellen Kontervorstößen. Das die BORUSSIA auch kämpfen kann, bewies sie in diesem Spiel eindeutig. Mit Kampfgeist und technischer Überlegenheit sprang ein wertvolles 3:2 heraus.

Das Rückspiel war dann nur noch reine Formsache. Das Spiel wurde zu einer Ein-Mann-Show. Uwe Rahn war der überragende Mann auf dem Platz. Drei Kopfballtore gingen auf sein Konto, den ersten Treffer hatte Herbst erzielt. Binnen einer Viertelstunde köpfte er drei Tore. Gegen die in der Abwehr unsicheren Tschechen war ein weitaus höherer Sieg möglich, doch viele Chancen wurden leichtfertig vergeben.

Die Runde 2 bescherte der BORUSSIA erneut einen Gegner aus dem sogenannten Ostblock - Widzew Lodz auf Polen. Nachdem in der ersten Halbzeit viele Torchancen ausgelassen wurde, gingen die Borussen die zweite Hälfte allzu sorglos an, der Sieg geriet noch einmal in Gefahr. Auch diesmal war es Uwe Rahn, der die BORUSSIA mit einem Kopfball in Führung brachte. Criens und Herbst schossen die beiden anderen Tore. Doch Lodz war bei seinen Angriffen sehr gefährlich und erzielte selbst zwei Tore, fast schon entscheidend für das Weiterkommen. Glück noch für die BORUSSIA, als ein Schuß von Dziekanowski kurz vor Ende an den Pfosten prallte. Beinahe wäre schon auf dem Bökelberg das Aus gekommen.
Mit diesem knappen Vorsprung versuchte die Heynckes-Elf, in Lodz zu überleben. Doch sie spielte viel zu ängstlich und konnte sich keine klaren Torchancen herausspielen. Borussia zog sich in die eigene Hälfte zurück und wollte lediglich ein 0:0 halten - das ging schief. Auch ein Torwart in Weltklasseform, wie es Uli Sude an diesem Abend war, konnte die knappe 0:1-Niederlage nicht verhindern. Auch nach dem Tor durch Nationalstürmer Smolarek war kein Aufbäumen bei den Gladbachern zu erkennen. Die Schuld dem Schiedsrichter geben (er pfiff einen klaren Elfmeter nicht) wollte Gladbach auch nicht. Man hatte es schließlich selbst in der Hand. Doch der Versuch, in der Schlußphase noch zum Ausgleich zu kommen, blieb erfolglos. Nachdem die Rheinländer in den ersten 4 Spielzeiten jeweils in das Finale im UEFA-Pokal vorstoßen konnten, blieben sie wie 1981/82 diesmal in Runde 2 hängen.

1985 / 86

UEFA - POKAL

1. Runde: 18.09. und 02.10.1985

GLADBACH - Lech Posen 1 : 1 (0-0); **Z:** 12.000
G.: Sude - Bruns, Drehsen, Borowka, Herlovsen, Rahn, Hochstätter, Mill, Lienen, Winkhold, Pinkall (46.Frontzeck);
P.: Plesnierowicz - Pawlak, Skrobowski, Lukasik, Barczak, Jakolcewicz, Romke, Rybak, Okonski, Niewiadomski, Pachelski (33.Kruszynski);
SR: Moffat/Nordirland
T: 1-0 Mill 59., 1-1 Lukasik 73.

In einem enttäuschenden Spiel kam die BORUSSIA nicht über ein 1:1 Unentschieden hinaus. Beide Mannschaften boten den ca. 12.000 Zuschauern ziemlich wenig. Jupp Heynckes ärgerte sich vor allem über die kopflose Spielweise. Nur in einer kurzen Phase nach der Pause, in der Mill auf Flanke des eingewechselten Frontzeck per Kopf auch die Führung gelang (59.), überzeugten die Borussen. Den überraschenden Ausgleich besorgte Lukasik in der 73. Minute aus stark abseitsverdächtiger Position. Vor allem vor der Pause verstanden es die Gladbacher nicht, den dichten Abwehrriegel zu überwinden. Der Schiedsrichter zeigte insgesamt 5 Gelbe Karten.

Lech Posen - **GLADBACH** 0 : 2 (0-1); **Z:** 20.000

P.: Plesnierowicz - Jakolcewicz, Pawlak, Lukasik, Niewiadomski (60.Schwagiel), Skrobowski (82.Stromski), Romke, Barczak, Rybak, Kruszynski, Okonski;

G.: Sude - Herlovsen, Borowka (22.Winkhold), Krisp, Rahn, Drehsen, Hochstätter, Lienen, Frontzeck, Mill, Budde (62.Criens);

SR: Helen/Schweden

T: 0-1 Niewiadomski 33. Eigentor, 0-2 Lienen 78.

Vor 20.000 Zuschauern mußten die Borussen das Spiel machen, denn die Lech-Spieler zogen sich weit zurück und wollten wohl mit einem 0:0 die nächste Runde erreichen. Doch ausgerechnet ein eigener Spieler machte ihnen einen dicken Strich durch die Rechnung. Ohne Hannes, Bruns und Criens angetreten, hatte BORUSSIA die erste Chance des Spiels. Eine Flanke von Neu-Libero Herlovsen kam genau auf Hochstätter, der nahm aus 16 Metern Maß, doch genau auf Torwart Plesnierowicz (17.). Dann die Führung. Eine Freistoßflanke von Frontzeck köpfte Niewiadomski ins eigene Tor - 0:1 durch ein Eigentor! Quittung für den Mauer-Fußball der Polen. Jetzt mußten die Polen kommen, doch ihnen gelang in den ersten 45 Minuten wenig. Nach der Pause stürmten die Posener mit Mann und Maus. Aber lediglich eine Chance sprang heraus: Kruszynski köpfte aus drei Metern am leeren Tor vorbei (52.). Ein Kunststück. Die besseren Chancen hatte die BORUSSIA bei den gefährlichen Kontern: Mills Schuß zischte aus acht Metern vorbei (67.), Rahn köpfte aus fünf Metern neben das Tor (68.), Hochstätter schoß aus zehn Metern den Torwart an (75.). Dann ein Traumtor durch Lienen: Freistoß Hochstätter, Kopfballabwehr, Posens Skrobowski verlor den Ball an Rahn. Dieser spielte zu Lienen weiter. Mitte der Hälfte leget Lienen los, umspielte nacheinander vier Lech-Spieler und schlenzte den Ball ins rechte Eck. Das war die Entscheidung. Ein verdienter Sieg für eine junge Borussenelf.

2. Runde: 23.10. und 06.11.1985

Sparta Rotterdam - **GLADBACH** 1 : 1 (0-0); **Z:** 20.000

R.: van Noortwijk - Wijnberg, Andriessen, Eijer, Blind, Veldhoen (35.Lengkeek), Riekering, van Gaal, Tiktak, v. d. Geel, Diliberto;

G.: Sude - Bruns, Hannes, Drehsen, Krauss, Herlovsen (78.Herbst), Frontzeck, Rahn, Lienen (68.Borowka), Pinkall, Criens;

SR: Franco Martinez/Spanien

T: 1-0 Riekering 46., 1-1 Pinkall 59.

Eine durchschnittliche Leistung genügte den Borussen vor 20.000 Zuschauern, um gegen den Bezwinger des Hamburger SV zu einem gerechten 1:1 Unentschieden zu kommen. Die erste Hälfte brachte kaum Nennenswertes. Beide Mannschaften operierten viel zu ängstlich. Erst nach der Pause entwickelte sich ein gutes Spiel. Die Führung erzielte Riekering, unmittelbar nach Wiederanstoß auf Flanke von Blind, mit einem gekonnten Schrägschuß aus spitzem Winkel. In der 53. Minute erkämpfte sich Gladbach den ersten Eckstoß. Sechs Minuten später fiel der Ausgleich: Nach einer Flanke von Hannes, dem besten Gladbacher, köpfte Pinkall zunächst seinen Gegenspieler Andriessen an, doch vom Rücken des Abwehrrecken fiel das Leder Pinkall wieder vor die Füße, er ließ Torwart van Noortwijk keine Abwehrchance. Ärgerlich die beiden Gelben Karten gegen Bruns und Drehsen. Beide sind somit im Rückspiel gesperrt. Bruns kassierte die Karte anstelle von Rahn, der eigentlich das Foul begangen hatte. Doch der Schiedsrichter verwechselte die beiden Spieler und verwarnte irrtümlich den Libero.

GLADBACH - Sp. Rotterdam 5 : 1 (3-1); **Z:** 22.000

G.: Sude - Herlovsen, Hannes, Krauss, Frontzeck, Borowka, Krisp, Rahn (78.Lienen), Herbst, Mill (76.Criens), Pinkall;
R.: van Noortwijk - Andriessen, Blind, Wijnberg, Diliberto, van Gaal, Lengkeek, Riekering (73.Tiktak), Eijer, v. d. Geel (46.Tebbens), Schmidt;
SR: Fredriksson/Schweden
T: 1-0 Rahn 11.,2-0 Rahn 14., 3-0 Pinkall 35., 3-1 Diliberto 38., 4-1 Herbst 68., 5-1 Criens 89.

Mit einem glatten 5:1 Erfolg erreichte die BORUSSIA die nächste Runde, dabei zeigte sie eine imponierende Mannschaftsleistung. Vor 22.000 Zuschauern sorgte Uwe Rahn schon frühzeitig für die Grundlage zum Erfolg. Binnen drei Minuten war er zweimal zur Stelle. In der 11. Minute schoß er nach einer Ecke von Krauss, die drei Holländer verpaßten, zum 1:0 ein. In der 14. Minute köpfte er eine Maßflanke von Mill unhaltbar ein - 2:0. Bei den Rotterdamern lief wenig zusammen, zudem übertrieben sie das Foulspiel. Drei Gelbe Karten waren die Folge für die teilweise überhart einsteigenden Holländer. Einen Kopfball von Rahn schlug Blind in der 32. Minute von der Linie. Drei Minuten später das 3:0 durch Pinkall. Eine Flanke von Krauss verwandelte er mit einem herrlichen Flugkopfball. Völlig überraschend das 3:1 durch Diliberto wiederum drei Minuten später. Nun wurden die Holländer stärker, ohne jedoch zu klaren Chancen zu gelangen. In der 68. Minute sorgte dann Herbst für die Vorentscheidung. Der eingewechselte Criens besorgte eine Minute vor Ende den 5:1 Endstand und schoß die BORUSSIA endgültig in Runde 3!

3. Runde: 27.11. und 11.12.1985

GLADBACH - Real Madrid 5 : 1 (2-0); **Z:** 65.000 in Düsseldorf

G.: Sude - Bruns, Hannes, Frontzeck, Borowka, Herlovsen, Lienen, Rahn, Krisp, Mill, Criens (67.Drehsen);
M.: Ochotorena - Chendo, Salguero, Maceda (61.Butragueno), Camacho, Vasquez (65.Santillana), Gordillo, Gallego, Michel, Sanchez, Valdano;
SR: Agnolin/Italien
T: 1-0 Mill 36., 2-0 Salguero 40. Eigentor, 3-0 Criens 55., 4-0 Rahn 59., 4-1 Gordillo 69., 5-1 Lienen 82.;
BV: Rote Karte für Gordillo (Real) in der 85. Minute!

Welch ein Triumph über Real Madrid. Eine entfesselt aufdrehende BORUSSIA spielte den spanischen Rekordmeister im Düsseldorfer Rheinstadion an die Wand. Erinnerungen an allerbeste Europacupzeiten wurden wach. Das Publikum war total aus dem Häuschen.
Von Beginn an waren die Borussen bemüht, Druck auf das Real-Tor auszuüben. Optisch war man überlegen, doch zwingende Torchancen blieben Mangelware gegen die starke spanische Abwehr. Am Strafraum leisteten sich die Fohlen zu viele Abspielfehler, sodaß die Madrilenen immer wieder klären konnten. Die erste echte Torchance ging von Borowka aus, doch sein Weitschuß pfiff knapp über die Querlatte. Vom spanischen Tabellenführer war gar nichts zu sehen. Das Gladbacher Mittelfeld attackierte früh und ließ keinen Spielaufbau von Real zu. Die Angriffsspitzen Sanchez und Valdano waren bei Hannes und Borowka sehr gut aufgehoben. Real konnte sich gegen die anstürmenden Borussen häufig nur durch Fouls helfen, die zu Gelben Karten führten. Eine davon erhielt Sanchez und war für das Rückspiel gesperrt. Aber auch der ausgezeichnete Libero Bruns sah den Gelben Karton und ist ebenfalls gesperrt. In der 84. Minute schickte der gute Schiedsrichter Agnolin auch noch den Spanier Gordillo vorzeitig zum Duschen - Rote Karte.

In der 36. Minute scheiterte zunächst Rahn an Torhüter Ochotorena, den abspringenden Ball schoß Mill zum 1:0 ein. Das Rheinstadion stand Kopf. Vier Minuten später sogar das 2:0: Eine scharfe Flanke von Frontzeck wurde von Rahn verpaßt und von Salguero unglücklich ins eigene Tor gelenkt - Eigentor! Eine wichtige 2:0 Halbzeitführung.
Nach der Pause attackierten die Madrilenen, doch die Abwehr um Bruns stand souverän. BORUSSIA schlug zurück und erzielte in der 55. Minute das 3:0. Hannes verlängerte einen Bruns-Kopfball zu Rahn, von dort kam der Ball ebenfalls per Kopf zu Criens und dieser drosch den Ball über die Linie. Madrid hatte sich von diesem Schock noch nicht ganz erholt, da stand es auch schon 4:0: Nach einem Paß von Hannes war Criens am rechten Strafraumeck frei. Seine scharfe Hereingabe knallte Rahn zum 4:0 in die Maschen. Trainer Molowny reagierte sofort und wechselte zwei frische Stürmer ein. Butragueno und Santillana brachten Belebung ins Angriffsspiel der Madrilenen. In der 69. Minute flankte Gallego in den Strafraum, der ungedeckte Gordillo mußte nur noch eindrücken - nur noch 4:1. Real spielte weiter auf Angriff, und es kam zu einigen brenzligen Situationen vor dem Tor von Uli Sude. BORUSSIA verlegte sich auf Konter. Nach einem gelungenen Slalom von Lienen (umkurvte nacheinander vier Real-Spieler) paßte dieser auf Mill. Frank Mill lief noch ein paar Meter, umspielte Camacho und paßte nach innen. Dort stand Lienen frei und schoß ins leere Tor. Eine Minute später erhielt Gordillo nach einem üblen Foul an Krisp die Rote Karte von Schiedsrichter Agnolin. Das Spiel war gelaufen - die BORUSSIA strahlender Sieger.
Aus einer herausragenden Mannschaft waren vier Spieler besonders hervorzuheben: Hannes, Lienen, Rahn und Mill. Sie trieben die BORUSSIA nach vorne. Doch Trainer Heynckes warnte vor der Heimstärke Reals. "Letztes Jahr hat der RSC Anderlecht dort 1:6 verloren!"

Gladbach im Spielrausch: Uwe Rahn markiert das 4:0 für seine wie entfesselt aufspielende Elf gegen den spanischen Rekordmeister Real Madrid.

Real Madrid - **GLADBACH** 4 : 0 (2-0); **Z:** 100.000

M.: Ochotorena - Maceda, San Jose (75.Cholo), Salguero, Camacho, Michel, Gallego, Juanito (90.Vasquez), Butragueno, Santillana, Valdano;

G.: Sude - Hannes, Herbst (Herlovsen), Krisp (Hochstätter), Drehsen, Borowka, Lienen, Frontzeck, Rahn, Mill, Criens;

SR: McGinlay/Schottland

T: 1-0 Valdano 6., 2-0 Valdano 19., 3-0 Santillana 77., 4-0 Santillana 89.

Nach dem Spiel waren die Borussen am Boden zerstört. Lediglich eine Minute hatte gefehlt, um den Einzug in die nächste Runde zu erreichen. Doch mit dem 0:4 sind sie noch gut bedient. Trainer Heynckes nach dem Debakel: "Wir haben hinten nicht gut gestanden, und unser Spiel nach vorne war mangelhaft. Die Mannschaft hat nie zu ihrer Normalform gefunden. Wir waren zu naiv und haben uns überrennen lassen".
Ehe die Gladbacher überhaupt begriffen, was an diesem Abend los war, stand es schon 2:0. Zweimal war Valdano zur Stelle und der Vorsprung schmolz dahin. Bereits nach 6 Minuten warf der Argentinier die Gladbacher Taktik (möglichst lange ein 0:0 halten) über den Haufen. Dreizehn Minuten später besorgte er das 2:0 - gleichzeitig auch der Halbzeitstand. Die einzige Torchance hatte Mill, doch er verstolperte kläglich.
Trotz Dauerdrucks der Spanier sah es lange Zeit danach aus, als ob die BORUSSIA das 0:2 halten könnte. Bei einigen Kontern hätte sie sogar einen Treffer erzielen können. Doch jedesmal versagten die Gäste kläglich. Erst dreizehn Minuten vor Schluß gelang den Madrilenen das 3:0. Dieser Treffer war gleichzeitig Auslöser für den anschließenden totalen Sturmlauf. BORUSSIA kam nicht mehr aus der eigenen Abwehr heraus. Viele brenzlige Situationen wurden nur mit viel Glück überstanden. In der 89. Minute dann der Schock - 0:4! Santillana kam nach einem Gewühl im Fünf-Meter-Raum an den Ball und schoß zum Endstand ein.
Riesenjubel im vollbesetzten Bernabeu-Stadion - Enttäuschung bei den Borussen. Hatte man noch so glanzvoll im Hinspiel gesiegt, 14 Tage später war davon nichts mehr zu sehen. Alle Borussen spielten an diesem Abend schlecht, lediglich Hannes und Torhüter Sude bäumten sich gegen das Debakel auf - doch vergebens.

SAISONFAZIT:

Wie schon in der letzten Spielzeit, so kam auch diesmal der erste Gegner aus dem Ostblock. Scheiterten sie im letzten Jahr noch am polnischen Vertreter Widzew Lodz, so wollten es die Gladbacher diesmal besser machen.

Doch gegen Lech Posen gab es auf dem Bökelberg nur ein enttäuschendes 1:1 Unentschieden, was wohl eher den Polen genügte. Torschütze an diesem Abend war Frank Mill. Die 12.000 Zuschauer gingen enttäuscht nach Hause. Erst im Rückspiel in Posen zeigte die BORUSSIA, wozu sie fähig ist. Im Jubiläumsspiel (100. Europapokalspiel) gewann man in Posen verdient mit 2:0. Obwohl einige Routiniers fehlten, zeigten die jungen Spieler, was sie zu leisten in der Lage sind.

In Runde zwei hatte BORUSSIA es dann mit Sparta Rotterdam aus den Niederlanden zu tun. Die Holländer hatten in der ersten Runde den deutschen Vertreter Hamburger SV nach Elfmeterschießen ausgeschaltet. Auf Gladbacher Seite war man also gewarnt. Nachdem der HSV in Holland mit 0:2 verloren hatte, ging die Heynckes-Elf die Sache vorsichtig an. Am Ende hieß es verdient 1:1 Unentschieden. Glänzende Aussichten für das Rückspiel. Auf dem Bökelberg spielte aber nur eine Mannschaft - die BORUSSIA. Mit 5:1 wurde die Sparta-Elf nach

Hause geschickt. Ein auch in dieser Höhe völlig verdienter Erfolg. Die Gladbacher imponierten durch eine homogene Mannschaftsleistung, in der vor allem Rahn ein tolles Comeback feierte. Im Mittelfeld konnte er schalten und walten, wie er wollte. Die nach den frühen Toren völlig verunsicherten Holländer fanden keine Mittel gegen die starken Borussen. Den Ausfall von vier Stammspielern konnte der VfL gut verkraften. Verdient zogen die Rheinländer in die dritte Runde ein.
In dieser Runde trafen sie auf Real Madrid. Gegen die Spanier knüpfte BORUSSIA an glanzvolle Europapokaltage an. Die Madrilenen hatten an diesem Abend nicht den Hauch einer Chance. Frank Mill eröffnete den Torreigen, Lienen beendete ihn mit seinem Tor. Nach 90 Minuten hieß es sensationell 5:1! Die 65.000 Zuschauer im Rheinstadion waren aus dem Häuschen. Ein Waterloo für die Spanier. Doch mit dem 5:1 war Real noch gut bedient, denn bei etwas mehr Glück hätte es durchaus noch mehr Tore geben können. Mill nach dem Spiel: "Von diesem Spiel wird man noch in 10 Jahren reden". Im Rückspiel drehte Real dann das Ergebnis total um - mit einer Packung von 0:4 kehrte Gladbach aus Madrid zurück. Enttäuscht und niedergeschlagen! Anstatt mit dem beruhigenden 5:1 unbesorgt aufzuspielen, ließen sich die Gäste von Anfang an in die eigene Hälfte zurückdrängen. Die Real-Spieler Valdano und "Oldie" Santillana schossen die BORUSSIA schließlich aus dem Europapokal. Mit einem Libero Bruns hätte der VfL an diesem Abend vielleicht eine Chance gehabt, doch er war leider gesperrt. Diese Runde sah zwei völlig verschiedene Spiele. Waren die Borussen in Düsseldorf tonangebend, so waren es die Madrilenen im Bernabeu-Stadion.

1986 / 87

UEFA - POKAL

Runde 1: 17.09. und 01.10.1986

GLADBACH - Partizan Belgrad 1 : 0 (1-0); **Z:** 7.000

G.: Kamps - Bruns, Winkhold, Borowka, Krauss, Drehsen, Rahn, Bakalorz, Brandts, Frontzeck, Thiele (72.Lienen);

B.: Omerovic - Capljic, Sadriu, Radanovic, Katanec, Vermezovic, Zupic, Vucicevic, Smajic (89.Puntic), Djelmas, Vokri (66.Bogdanovic);

SR: Nemez/Ungarn

T: 1-0 Krauss 24.

Vor nur 7.000 Zuschauern erzielte Krauss in der 24. Minute das goldene Tor. Ein gefühlvoller Heber aus zwölf Metern Entfernung bedeutete den knappen 1:0 Heimerfolg. Die Zuschauer gingen enttäuscht nach Hause. Die Jugoslawen waren die technisch bessere Elf, doch auch sie konnten die Chancen nicht in Tore ummünzen. Auf Gladbacher Seite vergaben zweimal Bakalorz, Winkhold und Drehsen die wenigen Chancen. Die beiden Tormöglichkeiten wurden ebenfalls vertan. Die besten Spieler waren Winkhold, Krauss und Mittelfeldspieler Bakalorz. Nationalspieler Frontzeck enttäuschte am meisten. Torwart Kamps mußte nur einmal bei einem Kopfball von Bogdanovic (74.) auf dem Posten sein. Ein mühsamer 1:0 Erfolg.

Partizan Belgrad - **GLADBACH** 1 : 3 (0-1); **Z:** 50.000

B.: Omerovic - Capljic, Bajovic (74.Pantic), Zupic, Katanec, Vermezovic, Bogdanovic (46.Smajic), Vucicevic, Stevanovic, Djelmas, Vokri;

G.: Kamps - Bruns, Winkhold, Borowka, Krauss, Drehsen, Rahn, Bakalorz (68.Krisp), Frontzeck, Thiele (80.Brandts), Lienen;

SR: Wurtz/Frankreich

T: 0-1 Drehsen 27., 1-1 Vucicevic 47., 1-2 Brandts 84., 1-3 Lienen 87.

Im ausverkauftem Armee-Stadion beherrschte die BORUSSIA in der ersten Halbzeit sicher das Spiel. In den ersten 45 Minuten hatten die Jugoslawen nur eine Chance, doch Vucicevic verzog knapp (16.). Dann flog ein gewaltiger Hinterhalt-Schuß von Winkhold knapp neben das Tor (25.). Zwei Minuten später fiel das 0:1 durch Drehsen. Zunächst konnte Omerovic noch klären, doch der Nachschuß von Drehsen zischte durch seine Beine ins lange Eck. Kurz vor Ende der Halbzeit bot sich Bruns die Chance zum 0:2, doch sein Schuß ging knapp am Pfosten vorbei. Viel mehr passierte in der ersten Hälfte nicht. Gleich nach dem Seitenwechsel erzielten die Belgrader den Ausgleich. Vucicevic setzte sich gegen Borowka und Lienen durch und sein Schuß schlug im rechten Eck ein - 1:1. Die Jugoslawen stürmten nun vehement auf das von Kamps gehütete Tor. Zwei klare Chancen machte Kamps zunichte. In der 80. Minute prallte ein Schuß von Vokri an den Innenpfosten und sprang wieder ins Feld zurück. Viel Glück zu diesem Zeitpunkt. Dann fiel auf der anderen Seite das 1:2. Einen Super-Konter über Lienen und Brandts schloß Brandts mit einem Schlenzer ab. Drei Minuten später wieder ein Konter. Ein Querpaß von Rahn kam zu Lienen und der schoß zum 1:3 Endstand ein. Ein glücklicher, aber verdienter Erfolg für die BORUSSIA.

Runde 2: 22.10. und 05.11.1986

GLADBACH - Feyenoord Rotterdam 5 : 1 (2-1); **Z:** 18.000

G.: Kamps - Bruns, Winkhold, Borowka, Krauss (79.Krisp), Drehsen, Bakalorz, Lienen, Frontzeck, Rahn, Thiele (87.Brandts);

R.: Hiele - van Herpen, Troost, Molenaar (77.Monkau), Tahamata, Hoekstra, Wijnstekers, Heus, Been, Hofmann (64.Blinker), Elstrup;

SR: Sanchez Arminio/Spanien

T: 1-0 Drehsen 18., 1-1 Elstrup 44., 2-1 Drehsen 45., 3-1 Rahn 53., 4-1 Bruns 68., 5-1 Thiele 79.

Die Borussen begeisterten bei diesem 5:1 Erfolg über Feyenoord Rotterdam. Selbstbewußt, diszipliniert und mit vielversprechenden Kombinationen ereichten die Gladbacher eine 2:1 Pausenführung. Zweimal hieß der Torschütze Drehsen, den zwischenzeitlichen Ausgleich besorgte Elstrup nach einem katastrophalen Abwehrfehler in der 44. Minute. Die 18.000 Zuschauer kamen in der zweiten Halbzeit voll auf ihre Kosten. Die Holländer wurden förmlich überrannt. Rahn und Bruns waren dabei die herausragenden Spieler. Die drei Tore zum 5:1 Endstand erzielten Rahn (53.), Bruns (68.) und Mittelstürmer Thiele (79.). Pech hatte noch Borowka, als sein Kopfball in der 71. Minute an den Pfosten sprang. Gegen die technisch starken Holländer kamen die Borussen zum hochverdienten 5:1 Erfolg, ein gutes Polster für das spätere Rückspiel in Rotterdam. Einzig Negatives an diesem schönen Fußballabend: Nach dem Spiel randalierten etliche Feyenoord-Fans in der Gladbacher Altstadt und richteten starke Verwüstungen an. Die Polizei mußte viele der sogenannten Fans festnehmen.

Fey. Rotterdam - **GLADBACH** 0 : 2 (0-1); **Z:** 12.000

R.: Hiele - Barendse, Troost (65.Duut), Heus, Wijnstekers, Molenaar, Been, Hoekstra (46.Blinker), Hofmann, Elstrup, Tahamata;

G.: Kamps - Bruns, Winkhold, Borowka, Frontzeck, Krauss, Drehsen, Bakalorz (65.Criens), Rahn, Thiele, Lienen (62.Brandts);

SR: Fredriksson/Schweden

T: 0-1 Rahn 38. Elfmeter, 0-2 Rahn 90.

Die BORUSSIA kontrollierte vor ca. 12.000 Zuschauern das Spielgeschehen. Da die erwartete Anfangsoffensive der Holländer ausblieb, gingen die Borussen selbst nach vorne. Zuerst stand Rahn nach fünf Minuten auf Paß von Bakalorz im Fünf-Meter-Raum frei, doch der Schiedsrichter pfiff Abseits. Minuten später steuerte Rahn alleine auf das von Hiele gehütete Tor zu, kurz vor dem Strafraum zog ihm Hoekstra die Beine weg - doch der Pfiff bllieb aus. In der 25. Minute konnte Hiele einen 25-m-Schuß von Borowka gerade noch über die Latte lenken. Nach 38 Minuten dann ein Elfmeterpfiff. Lienen wurde von Hoekstra im Strafraum gefoult, diesmal pfiff der Referee auch. Rahn legte sich den Ball zurecht und knallte ihn in die Mitte des Tores - 0:1, gleichzeitig die Pausenführung. In der 2. Halbzeit verstärkte Feyenoord den Druck, doch clever zog sich die BORUSSIA aus der Affäre. Die Rheinländer beschränkten sich auf gelegentliche Konterattacken. In der 90. Minute erzielte Rahn seinen zweiten Treffer nach einer Ecke von Bruns. In Rahn hatte die BORUSSIA ihren überragenden Mann.

Runde 3: 26.11. und 10.12.1986

Glasgow Rangers - **GLADBACH** 1 : 1 (1-1); **Z:** 44.000

GG.: Woods - Butcher, Nicholl, McPherson, Munro, Fraser (66.West), Ferguson, Durrant, Cooper, McMinn, McCoist;

G.: Kamps - Bruns, Winkhold, Borowka, Drehsen, Hochstätter (75.Krisp), Bakalorz, Lienen, Frontzeck, Rahn, Criens;

SR: Casarin/Italien

T: 1-0 Durrant 15., 1-1 Rahn 45.

Im gefürchteten Ibrox-Park zog sich die BORUSSIA achtbar aus der Affäre. Das 1:1 war am Ende verdient. Die erste Halbzeit gehörte klar den Schotten. Sie nisteten sich in der Gladbacher Hälfte ein und erzielten bereits nach einer Viertelstunde die 1:0 Führung durch Durrant. Nach einem Abpraller war der Mittelfeldspieler zur Stelle und schoß ein. Zur Pause hätte es gut und gerne 2:0 oder gar 3:0 stehen können. Die Abwehr der BORUSSIA stand alles andere als sattelfest und leistete sich viele Abspielfehler. Im Spiel nach vorne gelang fast gar nichts - bis auf eine Ausnahme. Kurz vor Ende der ersten Halbzeit köpfte Rahn nach einer Flanke von Winkhold den 1:1 Ausgleich. Völlig überraschend zu diesem Zeitpunkt. Nach der Halbzeit kamen die Borussen viel selbstbewußter auf das Spielfeld zurück, doch die Schotten blieben weiter tonangebend. Bester Mann war Torhüter Uwe Kamps. Mehrfach mußte er rettend eingreifen. Er ließ sich auch durch Schüsse von Butcher (57.), McCoist (73.) und Durrant (78.) nicht bezwingen. Bitter für die BORUSSIA: Im Rückspiel muß sie auf Drehsen verzichten, der die zweite Gelbe Karte in diesem Wettbewerb sah.

GLADBACH - Glasgow Rangers 0 : 0 (0-0); **Z:** 34.000

G.: Kamps - Bruns, Winkhold, Borowka, Krisp (45.Jung), Rahn, Bakalorz, Lienen, Frontzeck, Thiele, Criens;

GG.: Woods - Butcher, Dawson, Munro, McPherson, Ferguson, Bell (79.West), Souness, Cooper, McMinn, McCoist;

SR: Ponnet/Belgien

BV: Rote Karte für die Rangers-Spieler Munro (75.) und Cooper (88.)!

Mit einem gerechten 0:0 endete die Partie auf dem Bökelberg. Vor 34.000 Zuschauern konnten die Schotten ihren Star Souness wieder einsetzen. Die Schotten gingen sofort zur Sache. Zuerst sah Dawson in der 7. Minute nach einem Foul an Frontzeck Gelb und kurz danach traf McMinn nur die Querlatte. Glück für die BORUSSIA. In der 29. Minute die erste klare Chance, doch Thiele zielte knapp vorbei. Vor der Pause zog der Schiedsrichter insgesamt fünfmal die Gelbe Karte (Rahn, Thiele - Dawson, Ferguson und Cooper). Mit 0:0 gingen die Teams in die Kabine. Nach dem Wechsel stürmten die Schotten sofort wieder los. Doch die BORUSSIA attackierte früher. In der 49. Minute sprintete Thiele in einen Fehlpaß von McPherson, doch er vergab völlig freistehend vor Torhüter Woods. Zwei Minuten später strich ein Kopfball von Thiele knapp am Tor vorbei. Bis zur 75. Minute beruhigte sich auch die Partie. Doch dann foulte der Schotte Munro Winkhold und trat auch noch nach - Rote Karte! Gladbach hatte nun viel mehr Platz. Kurz darauf übersah der Schiedsrichter ein klares Handspiel im Strafraum der Schotten. Kurz vor Ende erhielt auch noch Cooper die Rote Karte. Ein hartes Spiel gegen die teilweise überhart einsteigenden Schotten ging zu Ende - 0:0 - doch eine Runde weiter. Heynckes nach dem Spiel: "Ich muß meiner Mannschaft für ihren großen Kampf ein Kompliment machen. Es war ein kämpferisch hochstehendes Spiel. Natürlich sind wir glücklich weitergekommen".

Viertelfinale: 04. und 18.03.1987

GLADBACH - Vitoria Guimaraes 3 : 0 (2-0); **Z:** 19.000

G.: Kamps - Bruns, Herlovsen, Borowka, Krauss, Drehsen, Bakalorz, Lienen, Frontzeck, Rahn, Criens;

GUI.: Jesus - Nene, Miguel, R. Vieira, Heitor, Costeado (87.Nivaldo), Roldao, Adao (77.Basuala), Ademir, N'Kama, Cascavel;

SR: Halle/Norwegen

T: 1-0 Criens 7., 2-0 Krauss 40., 3-0 Heitor 66. Eigentor

Mit einer fast optimalen Chancenauswertung (vier Versuche - drei Treffer) bezwang BORUSSIA die im Angriff zu harmlosen Portugiesen. "Es war kein schöner Fußball, doch wir haben klar mit 3:0 gewonnen", so Heynckes nach dem Spiel. Zweimal leistete Senior Lienen zu den Treffern von Criens und Krauss die Vorarbeit, der dritte Treffer resultierte aus einem Eigentor. Bereits zur Halbzeit stand es 2:0 für die BORUSSIA. Schon nach sieben Minuten hatte Criens seine Farben mit einem herrlichen Kopfball-Aufsetzer mit 1:0 in Führung gebracht. Fünf Minuten vor dem Halbzeitpfiff schoß Krauss nach einem Konter über Lienen zum 2:0 ein. BORUSSIA fand kein Mittel gegen die sehr früh angreifenden Portugiesen. Auf schneebedecktem Boden waren die Portugiesen die technisch bessere Elf. Zweimal mußte Kamps bei brenzligen Situationen rettend eingreifen (16. und 38.). Auch nach dem Wechsel das gleiche Bild: Die Portugiesen machten das Spiel. In der 66. Minute die Entscheidung in dieser Partie. Eine Flanke von Bakalorz lenkte der unglückliche Heitor ins eigene Tor - 3:0, gleichzeitig der Endstand in diesem besonders von der BORUSSIA schwach geführten Spiel.

Vitoria Guimaraes - **GLADBACH** 2 : 2 (1-1); **Z:** 20.000

GUI.: Jesus - Nascimento, Costeado (46.N'Dinga), Miguel, R. Vieira, Heitor, Adao, Ademir, Basaula, Nivaldo, Cascavel;

G.: Kamps - Bruns, Herlovsen, Krauss, Borowka, Frontzeck, Drehsen, Hochstätter, Bakalorz (87.Brandts), Rahn, Criens (69.Thiele);

SR: Valentine/Schottland

T: 0-1 Bakalorz 30., 1-1 Cascavel 36., 2-1 Ademir 77., 2-2 Heitor 86. Eigentor

Nachdem die Anfangsoffensive der Portugiesen wirkungslos verpuffte, gelang Bakalorz nach gut einer halben Stunde das 0:1. Vorher hatte Criens eine große Chance vertan. Sein Schuß (11.) ging hoch über das Tor. Nach einem Paß von Rahn bewies Bakalorz viel Ballgefühl. Aus gut 30 Metern bezwang er den herausstürzenden Torwart Jesus. Der Heber senkte sich ins leere Tor. Doch die Freude währte nicht lange. Aus sechs Metern erzielte der Brasilianer Cascavel den Ausgleich. Nach dem Wechsel hatte sich die BORUSSIA besser auf das Kurzpaß-Spiel der Portugiesen eingestellt, bei denen besonders Cascavel ein steter Unruheherd war. Nachdem Jesus einen Gewaltschuß von Criens abwehren konnte, fiel das 2:1 für Guimaraes. Ademir besorgte es aus spitzem Winkel. Kurz vor Ende war es - wie schon im Hinspiel - Heitor mit einem Eigentor, der den Ausgleich für die BORUSSIA besorgte. Nach einer Flanke von Bakalorz setzte er das Leder mit einem Flugkopfball vor dem heranstürmenden Thiele ins eigene Netz. Das war der Einzug ins Halbfinale.

Halbfinale: 08. und 22.04.1987

Dundee United - **GLADBACH** 0 : 0 (0-0); **Z:** 17.000

D.: Thompson - Clark (46.Gallacher), Hegarty, Narey, Malpas, Holt, Bannon, McInally, Ferguson, Redford, Sturrock;

G.: Kamps - Winkhold, Bruns, Borowka, Drehsen, Hochstätter, Herlovsen, Bakalorz, Frontzeck, Criens, Lienen;

SR: van Langenhoove/Belgien

Ohne Krauss und Rahn errang die BORUSSIA ein hochverdientes 0:0-Unentschieden im nicht ganz ausverkauften Tannadice Park von Dundee. Die Fohlen störten die Schotten bereits in deren eigenen Hälfte und ließen keinen Spielaufbau zu. In der ersten Hälfte gab es nur eine klare Möglichkeit, nicht für Dundee, sondern für die Gladbacher. Einen Flachschuß von Frontzeck mußte Hegarty für seinen bereits geschlagenen Torhüter von der Linie kratzen. Erst nach dem Wiederanpfiff starteten die Schotten ihren Sturmlauf. Für kurze Zeit geriet die BORUSSIA in Bedrängnis, doch das dauerte nicht allzu lange. Sie kam wieder besser ins Spiel und störte auch wieder früh. In der 65. Minute hatte Criens das 1:0 auf dem Fuß, doch Torhüter Thompson konnte per Fußabwehr klären. Drei Minuten später vergab wiederum Criens in aussichtsreicher Position die Führung. Am Ende ein verdientes 0:0, was gute Chancen für das Weiterkommen zuließ. Drehsen sah in diesem Spiel seine dritte Gelbe Karte im laufenden Wettbewerb und wird im Rückspiel in vierzehn Tagen fehlen.

GLADBACH - Dundee United 0 : 2 (0-1); **Z:** 34.000

G.: Kamps - Bruns, Winkhold (81.Jung), Borowka, Herlovsen, Lienen, Rahn, Hochstätter (46.Krauss), Frontzeck, Thiele, Criens;

D.: Thompson - Holt, Hegarty, Narey, McInally, Bannon, Ferguson (86.Clark), Bowmann, Kirkwood, Sturrock (88.Gallacher), Redford;

SR: dos Santos/Portugal

T: 0-1 Ferguson 43., 0-2 Gallacher 90.

Auch ein Sturmlauf über 90 Minuten brachte nichts, die BORUSSIA verlor mit 0:2. Viel zu umständlich gab sie sich vor dem Tor der Schotten. Kurz vor der Halbzeit köpfte Ferguson die völlig überraschende Führung. Gallacher erzielte in der Schlußminute den Treffer zum Endstand von 0:2. Die ersten 45 Minuten verbrachten die Schotten in ihrer eigenen Hälfte. Chance auf Chance erspielten sich die Borussen: Herlovsen Weitschuß - drüber, Kopfball von Frontzeck - fünf Meter vorbei, Kopfball von Thiele - knapp über die Latte. Dann der Schock. Nach einem Eckball bekam die Abwehr den Ball nicht weit genug weg und Ferguson brachte ihn aus fünf Metern über die Torlinie. Nach dem Wechsel kamen die Schotten besser ins Spiel und hatten gute Möglichkeiten zum Ausbau ihrer Führung. Kurz nach Wiederanpfiff köpfte Ferguson eine Flanke von Bowman knapp am Tor von Kamps vorbei. Je länger das Spiel dauerte, desto besser wurden die Schotten. Gladbach tat in der zweiten Hälfte viel zu wenig und resignierte bald. Die einzige klare Torchance hatte BORUSSIA in der 84. Minute, doch ein Schuß von Borowka prallte an den Pfosten. Am Ende ein verdienter Erfolg für die cleveren Schotten - der Einzug ins UEFA-Cup-Finale blieb den Borussen diesmal verwehrt.

SAISONFAZIT:

Runde 1 bescherte den Gladbachern, wie schon in den letzten vier Spielzeiten, wieder eine Mannschaft aus dem Ostblock. Gegner war Partizan Belgrad aus Jugoslawien. Im Hinspiel auf dem Bökelberg kam man über ein 1:0 nicht hinaus. Bernd Krauss war der umjubelte Torschütze. Ein mühsamer Erfolg. Im Rückspiel bot Gladbach dann den Zuschauern in Belgrad guten Konterfußball und gewann verdient mit 3:1. In der Schlußphase sicherten Brandts und Lienen mit ihren zwei Kontertoren den Erfolg. Mit diesem Auswärtssieg zog BORUSSIA sicher in die zweite Runde des UEFA-Pokals ein.

Hier mußte dann wiederum eine Mannschaft aus Holland die Spielstärke der Gladbacher anerkennen. Wie schon ein Jahr zuvor schied eine Elf aus Rotterdam gegen die BORUSSIA aus, diesmal war es Feyenoord! Ebenfalls mit 5:1 unterlag die Elf auf dem Bökelberg. Gegen eine stark aufspielende BORUSSIA hatte der Gast keine Chance. Der zweifache Torschütze Drehsen und Rahn waren die besten Akteure. Uwe Rahn schoß seine Elf fast im Alleingang in die nächste Runde, ihm gelangen drei Tore in den beiden Begegnungen. Auch bei Feyenoord gelang ein Sieg - 2:0 lautete der Endstand mit einem überragenden Rahn. Fazit nach diesen beiden Spielen: Bereits zum vierten Male setzte sich die BORUSSIA gegen eine holländische Mannschaft durch. Auch Feyenoord war diesmal kein Stolperstein für die Mönchengladbacher.

In Runde drei bekam man es zum dritten Male mit Glasgow Rangers zu tun. Nach dem Ausscheiden 1960 und dem Triumph 1973 zog der VfL diesmal glücklich in das Viertelfinale ein. Im Ibrox-Park erkämpfte BORUSSIA sich ein wertvolles 1:1 Unentschieden - Torschütze wiederum Uwe Rahn. Im Rückspiel reichte vierzehn Tage später ein 0:0, wobei die Schotten am Ende nur noch mit neun Mann auf dem Platz standen. Munro und Cooper erhielten die Rote Karte, eine Quittung für die manchmal zu harten Schotten. In einem kämpferisch guten Cupspiel erspielten sich beide Mannschaften nur wenige Torchancen.

Im Viertelfinale traf die Elf von Jupp Heynckes zum zweiten Male auf eine Mannschaft aus Portugal. Jahre zuvor hatte sie einmal Benfica Lissabon (UEFA-Pokal 78/79) ausgeschaltet. Ohne groß aufzuspielen, gelang ein glatter 3:0 Erfolg über Vitoria Guimaraes. Das einzig Positive in diesem Spiel war die optimale Chancenauswertung. Aus vier Versuchen konnte BORUSSIA drei Treffer erzielen. Das Glück des Tüchtigen stand den Borussen zur Seite, denn Vitoria war spielerisch die bessere Elf, konnte jedoch die wenigen Chancen nicht nutzen. Im

Rückspiel führte hervorragender Konterfußball zum 2:2 Unentschieden. Vor ca. 20.000 Zuschauern kam der Gast lässig, fast schon zu lässig, eine Runde weiter. Bei etwas mehr Konzentration wäre sogar ein Sieg möglich gewesen. Doch am Ende zählt letztlich nur das Weiterkommen.

Im Halbfinale traf der Niederrhein-Klub dann auf Dundee United. Mit den kampfstarken Schotten hatte BORUSSIA schon einmal schlechte Erfahrungen gemacht. Einige Jahre zuvor erlebte sie ein 0:5-Debakel in Dundee. So ein Waterloo wollten die Grün-Weißen diesmal nicht erleben und gingen entsprechend konzentriert zur Sache. Diesmal behielten sie im Tannadice Park die Nerven und nahmen ein 0:0-Unentschieden mit nach Hause. Gute Voraussetzungen für das Rückspiel. Doch es kam völlig anders. Die BORUSSIA stürmte am Bökelberg fast 90 Minuten lang - und doch verlor sie mit 0:2! Die viel zu umständliche Spielweise vor dem Tor der Schotten brachte kaum nennenswerte Torchancen. Die Schotten schlugen zweimal eiskalt zu und gewannen am Ende sogar verdient mit 2:0.

Wieder einmal, zum insgesamt siebten Mal, scheiterten die Borussen gegen eine Mannschaft von der Insel.

1987 / 88

UEFA - POKAL

1. Runde: 16. und 30.09.1987

GLADBACH - Espanol Barcelona 0 : 1 (0-1); **Z:** 19.000

G.: Kamps - Bruns, Winkhold, Herlovsen, Herbst, Drehsen (71.Willaarts), Hochstätter, Bakalorz, Frontzeck, Thiele, Criens;

B.: N'Kono - Inaki, Soler, Gallert, Francis, Zuniga, Lauridsen, Golobart (6.Orejuela), Zubillaga, P. Alfonso (46.Valverde), Pineda;

SR: Vautrot/Frankreich

T: 0-1 Pineda 34.;

BV: Rote Karte für Bruns (Gladbach) in der 87. Minute!

Vor ca. 19.000 Zuschauern klappte an diesem Abend bei der BORUSSIA fast nichts. Jeder Spieler schob die Verantwortung an einen anderen weiter. Keiner traute sich etwas zu. Vor allem im Mittelfeld lief nichts zusammen, Fehlpässe über Fehlpässe. Hier fehlte der nach zwei Gelben Karten gesperrte Rahn. Der Sturm mit Criens und Thiele blieb stumpf und bekam auch keine Unterstützung aus dem Mittelfeld. Espanol wirkte aggressiver, zweikampfstärker und war in Punkto Cleverneß der BORUSSIA überlegen. Mit dem 0:1 war die BORUSSIA noch gut bedient, denn die Katalanen hätten noch weitere Treffer erzielen müssen. Das einzige Tor erzielte der Spanier Pineda nach 34 Minuten. Pineda traf in der 70. Minute nur den Pfosten und der Däne Lauridsen scheiterte an dem großartig reagierenden Uwe Kamps. Zu allem Unglück kam noch die Rote Karte für Libero Bruns (nach wiederholtem Meckern gegen den Schiedsrichter) in der 87. Minute hinzu. Er wird im Rückspiel sehr fehlen.

Español Barcelona - **GLADBACH** 4 : 1 (2-0); **Z:** 15.000

B.: N'Kono - Urkiaga, Zuniga, Francis, Gallert, Inaki, Golobart (69.Miguel Angel), Zubillaga (56.Orejuela), Soler, Valverde, Pineda;

G.: Kamps - Herbst, Herlovsen, Drehsen, Winkhold, Krisp (60.Thiele), Hochstätter, Bakalorz, Frontzeck, Rahn, Criens;

SR: Courtney/England

T: 1-0 Valverde 31., 2-0 Inaki 45., 3-0 Golobart 50., 4-0 Pineda 53., 4-1 Rahn 60.

Herlovsen (links) und Criens (rechts) im Kopfballduell mit einem Spanier, Bruns (Nr.7) eilt zur Hilfe. Die Spiele gegen Espanol Barcelona waren die bislang letzten Europacup-Auftritte der Gladbacher.

Vor 15.000 Zuschauern wuchs Espanol über sich hinaus und siegte vollkommen verdient mit 4:1 Toren. In einer Wasserschlacht, es hatte kurz vor Beginn nach einem Wolkenbruch wie aus Eimern geschüttet, waren dem Zufall Tür und Tor geöffnet. Espanol machte das einzig Richtige und spielte mit langen Pässen. Dabei hatte es für die BORUSSIA gut begonnen. Denn in den ersten 20 Minuten war sie spielbestimmend und arbeitete eine Vielzahl an guten Chancen heraus, die aber durch Hochstätter, Bakalorz, Criens und Winkhold nicht genutzt wurden. Die Spanier wurden danach stärker und erzielten in der 31. Minute das 1:0 durch Valverde. Der für den gesperrten Bruns auf dem Liberoposten agierende Herlovsen war überfordert, auf sein Konto ging auch das 1:0. Der Schock kam aber fast mit dem Pausenpfiff durch Inaki - es hieß 2:0. Davon erholten sich die Borussen nicht mehr. Binnen drei Minuten sorgten Golobart (50.) und Pineda (53.) für den Zwischenstand von 4:0 für Espanol. Uwe Rahn gelang mit seinem zwölften Europacuptor in der 60. Minute lediglich der Ehrentreffer. Auf Gladbacher Seite überzeugten nur Torhüter Kamps (mit einigen guten Paraden), Hochstätter im Mittelfeld und im Angriff Uwe Rahn, der gleich von zwei Spaniern gedeckt wurde, sich aber trotzdem gut in Szene setzen konnte.

SAISONFAZIT:
Zum zweiten Mal (1960 gegen Glasgow Rangers) scheiterte die BORUSSIA bereits in der ersten Runde des Europapokals. Gegen die spanische Mannschaft von Espanol Barcelona war sie in zwei Spielen unterlegen.

Die internationale Feuertaufe des neuen Cheftrainers Wolf Werner begann am Bökelberg mit einer 0:1 Heimniederlage gegen die aggressiv spielenden Spanier. In nahezu allen Belangen waren die Spanier überlegen und hätten weitaus höher gewinnen können. Kein Borussenspieler erreichte an diesem Abend Normalform. Libero Bruns sah sogar noch die Rote Karte - wegen Reklamierens!

Im Rückspiel hielt BORUSSIA bis zum 0:1 gut mit und spielte sich gute Chancen heraus. Nach dem 0:2 brach sie dann auf dem mit Pfützen übersäten Platz ein und war am Ende mit dem 1:4 noch gut bedient. Uwe Rahn erzielte das einzige Tor in dieser Runde für die BORUSSIA. Dieses Cupspiel bei Espanol Barcelona war das vorläufig letzte Auftreten der BORUSSIA in einem internationalen Wettbewerb.

Die Europapokalgegner auf einen Blick

Verein	SP	S	U	N	Tore	Jahr
FC Aberdeen/Schottland	2	2	-	-	9 - 5	U 72/73 x
Espanol Barcelona/Spanien	2	-	-	2	1 - 5	U 87/88 o
Glent. Belfast/Nordirland	2	2	-	-	7 - 0	P 73/74 x
R. S. Belgrad/Jugoslawien	4	3	1	-	10 - 2	L 77/78 x, U 78/79 x
Slask Breslau/Polen	2	1	1	-	5 - 3	U 78/79 x
FC Brügge/Belgien	2	1	1	-	3 - 2	L 76/77 x
Vasas Budapest/Ungarn	2	1	1	-	4 - 1	L 78/79 x
D. Banska Bystrica/CSFR	2	2	-	-	7 - 3	U 84/85 x
Univ. Craiova/Rumänien	2	1	-	1	2 - 1	U 79/80 x
MSV Duisburg/Deutschl.	**2**	**1**	**1**	**-**	**6 - 3**	**U 78/79 x**
Dundee United/Schottland	4	1	1	2	2 - 7	U 81/82 o,U 86/87 o
Twente Enschede/Niederl.	4	3	1	-	10 - 2	U 72/73 x,U 74/75 x
AS St. Etienne/Frankreich	2	2	-	-	6 - 1	U 79/80 x
FC Everton/England	2	-	1	1*	2 - 2	L 70/71 o
E. Frankfurt/Deutschl.	**2**	**1**	**-**	**1**	**3 - 3**	**U 79/80 o**
Glasg. Rangers/Schottland	6	1	2	3	6 - 15	P 60/61 o,P 73/74 x, U 86/87 x
Sturm Graz/Österreich	2	2	-	-	7 - 2	U 78/79 x
Cork Hibernian/Irland	2	2	-	-	7 - 1	L 71/72 x
Wacker Innsbruck/Österr.	6	3	1	2	14 - 7	U 74/75 x,L 75/76 x, L 77/78 x
Kaiserslautern/Deutschl.	**2**	**2**	**-**	**-**	**9 - 2**	**U 72/73 x**
Dynamo Kiew/UdSSR	2	1	-	1	2 - 1	L 76/77 x
1.FC Köln/Deutschland	**4**	**3**	**1**	**-**	**9 - 1**	**U 72/73 x,U 74/75 x**
H. Kopenhagen/Dänemark	2	2	-	-	6 - 1	U 72/73 x
Benf. Lissabon/Portugal	2	1	1	-	2 - 0	U 78/79 x
EPA Larnax/Zypern	2	2	-	-	16 - 0	L 70/71 x
FC Liverpool/England	5	2	-	3	5 - 10	U 72/73 o,L 76/77 o, L 77/78 o
Widzew Lodz/Polen	2	1	-	1	3 - 3	U 84/85 o
Olympique Lyon/Frankr.	2	2	-	-	6 - 2	U 74/75 x
Real Madrid/Spanien	4	1	2	1	8 - 8	L 75/76 o, U 85/86 o
1.FC Magdeburg/DDR	2	1	-	1	3 - 3	U 81/82 x
AC Mailand/Italien	2	1	-	1	1 - 2	P 73/74 o
Manchester City/England	2	1	1	-	4 - 2	U 78/79 x
Inter Mailand/Italien	5	2	2	1	13 - 8	L 71/72 o, U 79/80 x
Banik Ostrau/CSFR	2	2	-	-	4 - 2	U 74/75 x
Lech Posen/Polen	2	1	1	-	3 - 1	U 85/86 x

Verein	SP	S	U	N	Tore			Jahr
Sparta Rotterdam/Niederl.	2	1	1	-	6	-	2	U 85/86 x
Real Saragossa/Spanien	2	2	-	-	9	-	2	U 74/75 x
Vik. Stavanger/Norwegen	2	1	1	-	4	-	1	U 79/80 x
VfB Stuttgart/Deutschl.	**2**	**1**	**-**	**1**	**3**	**-**	**2**	**U 79/80 x**
AC Turin/Italien	2	1	1	-	2	-	1	L 76/77 x
Juventus Turin/Italien	2	1	1	-	4	-	2	L 75/76 x
IB Vestmannayear/Island	2	2	-	-	16	-	1	P 73/74 x
Austria Wien/Österreich	2	1	-	1	3	-	1	L 76/77 x
Partizan Belgrad/Jugosl.	2	2	-	-	4	-	1	U 86/87 x
Feyen. Rotterdam/Niederl.	2	2	-	-	7	-	1	U 86/87 x
Vit. Guimaraes/Portugal	2	1	1	-	5	-	2	U 86/87 x

Anmerkung: x = weiter; o = ausgeschieden
* nach Elfmeterschießen verloren

EC: Länderwertung

Land	SP	S	U	N	Tore	W	A	Versch. Vereine
Belgien	2	1	1	0	3-2	1	-	1
CSFR (Tschechosl.)	4	4	0	0	11-5	2	-	2
Dänemark	2	2	0	0	6-1	1	-	1
DDR	2	1	0	1	3-3	1	-	1
BR Deutschland	12	8	2	2	30-11	5	1	5
England	9	3	1	5	11-14	1	4	3
Frankreich	4	4	0	0	12-3	2	-	2
Irland	2	2	0	0	7-1	1	-	1
Island	2	2	0	0	16-1	1	-	1
Italien	11	5	4	2	20-13	3	2	4
Jugoslawien	6	5	1	0	14-3	3	-	2
Niederlande	8	6	2	0	23-5	4	-	3
Nordirland	2	2	0	0	7-0	1	-	1
Norwegen	2	1	1	0	4-1	1	-	1
Österreich	10	6	1	3	18-10	5	-	3
Polen	6	3	2	1	11-7	2	1	3
Portugal	4	2	2	0	7-2	2	-	2
Rumänien	2	1	0	1	2-1	1	-	1
Schottland	12	4	3	5	17-27	3	3	3
Spanien	8	3	2	3	18-14	1	3	3
Sowjetunion	2	1	0	1	2-1	1	-	1
Ungarn	2	1	1	0	4-1	1	-	1
Zypern	2	2	0	0	16-0	1	-	1

ZEICHEN:
W = eine Runde weiter
A = ausgeschieden, bzw. ein Finale verloren

EC - Statistik

Jahr [EC-Art]	Spiele	S	U	N	Tore		Diff.
Pokalsieger 60/61:	2	-	-	2	0	- 11	-11
Landesmeister 70/71:	4	2	1	1*	18	- 2	+16
Landesmeister 71/72:	5	3	1	1	16	- 6	+10
UEFA - Pokal 72/73:	12	10	1	1	36	- 12	+24
Pokalsieger 73/74:	8	6	-	2	29	- 6	+23
UEFA - Pokal 74/75:	12	10	1	1	32	- 9	+23
Landesmeister 75/76:	6	2	4	-	14	- 7	+7
Landesmeister 76/77:	9	4	2	3	11	- 8	+3
Landesmeister 77/78:	8	5	1	2	17	- 9	+8
UEFA - Pokal 78/79:	12	7	5	-	26	- 11	+15
UEFA - Pokal 79/80:	12	7	2	3	22	- 11	+11
UEFA - Pokal 81/82:	4	2	-	2	5	- 8	-3
UEFA - Pokal 84/85:	4	3	-	1	10	- 6	+4
UEFA - Pokal 85/86:	6	3	2	1	14	- 8	+6
UEFA - Pokal 86/87:	10	5	4	1	17	- 7	+10
UEFA - Pokal 87/88:	2	-	-	2	1	- 5	-4
GESAMT:	**116**	**69**	**24**	**23**	**268**	**-126**	**+142**

Anmerkung: * = nach Elfmeterschießen verloren!

Ein Spiel, das durch ein Elfmeterschießen entschieden wurde, wird je nach Ausgang als *SIEG* oder *NIEDERLAGE* gewertet; die Tore aus diesem Elfm.-sch. zählen jedoch nicht in der Torübersicht!

	Spiele	S	U	N	Tore		Diff.
LANDESMEISTER: (insgesamt 5 Teilnahmen)	**32**	**16**	**9**	**7***	**76**	**- 32**	**+44**
POKALSIEGER: (insg. 2 Teilnahmen)	**10**	**6**	**0**	**4**	**29**	**- 17**	**+12**
UEFA - POKAL: (insg. 16 Teilnahmen)	**74**	**47**	**15**	**12**	**163**	**- 77**	**+86**

57 Heimspiele:	- Siege	43
	- Unentschieden	11
	- Niederlagen	3
	- Tore	159 - 35
	- Tordifferenz	+ 125
57 Auswärtsspiele:	- Siege	26
	- Unentschieden	12
	- Niederlagen	19 *
	- Tore	108 - 88
	- Tordifferenz	+ 20

2 Neutr. Platz:
(Finale...)

- Siege	0
- Unentschieden	1
- Niederlagen	1
- Tore	1 - 3
- Tordifferenz	- 2

*** HEIMBILANZ**

L:	15 Sp.	9	6	-	42	-	9 Tore
P:	5 Sp.	4	-	1	18	-	4 Tore
U:	37 Sp.	30	5	2	99	-	22 Tore
=	**57**	**43**	**11**	**3**	**159**	**-**	**35 Tore**

*** AUSWÄRTSBILANZ:**

L:	15 Sp.	7	2	6*	33	-	20 Tore
P:	5 Sp.	2	-	3	11	-	13 Tore
U:	37 Sp.	17	10	10	64	-	55 Tore
=	**57 Sp.**	**26**	**12**	**19**	**108**	**-**	**88 Tore**

Spieler - ABC

S P I E L J A H R E

SPIELER		60 - 61	70 - 71	71 - 72	72 - 73	73 - 74	74 - 75	75 - 76	76 - 77	77 - 78	78 - 79	79 - 80	81 - 82	84 - 85	85 - 86	86 - 87	87 - 88		
Amrath	Sp:										4							=	4
	T:																	=	0
Bakalorz	SP:															9	2	=	11
	T:															1		=	1
Bedürftig	SP:	1																=	1
	T:																	=	0
Bleidick	SP:		1	4	6													=	11
	T:																	=	0
Bödeker	SP:											7						=	7
	T:																	=	0
Bonhof	SP:		2	5	12	6	11	5	9	8								=	58
	T:				2		4		2	2								=	10
Borowka	SP:													4	6	10		=	20
	T:																	=	0
Brandts	SP:															5		=	5
	T:															1		=	1
Brungs	SP:	2																=	2
	T:																	=	0
Bruns	SP:										9		4	4	3	10	1	=	31
	T:										5					1		=	6
Brülls	SP:	2																=	2
	T:																	=	0
Budde	SP:														1			=	1
	T:																	=	0
Criens	SP:													4	5	7	2	=	18
	T:													2	2	1		=	5
Danner	SP:			2	12	7	9	6		1	4	2						=	43
	T:				3		2	1										=	6
Del'Haye	SP:						4		3	6	6	10						=	29
	T:										1							=	1
Dietrich	SP:		4															=	4
	T:		1															=	1
Drehsen	SP:													1	5	8	2	=	16
	T:																		0
Dresbach	SP:	1																=	1
	T:																	=	0
Dudek	SP:										4							=	4
	T:																	=	0
Fendel	SP:	2																=	2
	T:																	=	0
Fleer	SP:											6	4					=	10
	T:																	=	0
Frontzeck,	SP:	2																=	2
F.	T:																	=	0
Frontzeck,	SP:													4	6	10	2	=	22
M.	T:																	=	0
Fuhrmann	SP:				2													=	2
	T:																	=	0

SPIELER		60-61	70-71	71-72	72-73	73-74	74-75	75-76	76-77	77-78	78-79	79-80	81-82	84-85	85-86	86-87	87-88	
Göbbels	SP:	1																= 1
	T:																	= 0
Gores	SP:										9	2						= 11
	T:										1							= 1
Hannes	SP:							1	3	5	7	11	3	3	4			= 37
	T:								1	1		2	1					= 5
Heidenreich	SP:								4									= 4
	T:																	= 0
Herbst	SP:													4	3		2	= 9
	T:													2	1			= 3
Herlovsen	SP:													3	6	4	2	= 15
	T:																	= 0
Heynckes	SP:		4	5	11	7	10	6	7	6								= 56
	T:		2	3	12	8	11	6	1	4								= 47
Hilkes	SP:						1											= 1
	T:																	= 0
Hochstätter	SP:													2	3	4	2	= 11
	T:													1				= 1
Jansen, G.	SP:	1																= 1
	T:																	= 0
Jansen, A.	SP:	1																= 1
	T:																	= 0
Jensen	SP:				10	5	11	6										= 32
	T:				7	2	1	1										= 11
Jung	SP:															2		= 2
	T:																	= 0
Kablitz	SP:	1																= 1
	T:																	= 0
Kamps	SP:															10	2	= 12
	T:																	= 0
Kleff	SP:		4	5	12	8	12	6		6			4					= 57
	T:																	= 0
Klinkham.	SP:					3	7	4	6	3	4	6						= 33
	T:								1		1							= 2
Kneib	SP:								9	2	12	11						= 34
	T:																	= 0
Kohn	SP:	2																= 2
	T:																	= 0
Köppel	SP:		4			8	2	1			2							= 17
	T:		4			4												= 8
Köstner	SP:					5	6											= 11
	T:																	= 0
Krauss	SP:													4	2	7		= 13
	T:															2		= 2
Krisp	SP:													1	4	4	1	= 10
	T:																	= 0
Kulik	SP:			3	12	8	10		5	7	10	12						= 67
	T:				2	2	1		1		3	4						= 13
de Lange	SP:	2																= 2
	T:																	= 0
Laumen	SP:		4															= 4
	T:		5															= 5
Lausen	SP:										3	1						= 4
	T:										1							= 1

SPIELER		60-61	70-71	71-72	72-73	73-74	74-75	75-76	76-77	77-78	78-79	79-80	81-82	84-85	85-86	86-87	87-88	
Le Fevre	SP:		4	5														= 9
	T:			5														= 5
Lienen	SP:									6	11	12		4	6	9		= 48
	T:										2	2		1	2	1		= 8
Loontiens	SP:												1					= 1
	T:																	= 0
Matthäus	SP:											11	4					= 15
	T:											2	1					= 3
Michallik	SP:				6	4												= 10
	T:																	= 0
Mill	SP:												4	3	5			= 12
	T:												1		2			= 3
Mühlhausen	SP:	2																= 2
	T:																	= 0
Müller	SP:		4	5														= 9
	T:																	= 0
Netzer	SP:		4	5	9													= 18
	T:		2	2	3													= 7
Nickel	SP:											12						= 12
	T:											7						= 7
Nielsen	SP:									5	9	12						= 26
	T:										2	2						= 4
Pfeiffer	SP:	2																= 2
	T:																	= 0
Pinkall	SP:												4		3			= 7
	T:												1		2			= 3
Posner	SP:						2											= 2
	T:																	= 0
Rahn	SP:												2	4	6	9	1	= 22
	T:													4	3	4	1	= 12
Ringels	SP:								2		8	11	4					= 25
	T:											1						= 1
Rosenthal	SP:				4													= 4
	T:																	= 0
Rupp	SP:				9	7												= 16
	T:				3	2												= 5
Schäfer	SP:									6	10	10	3	1				= 30
	T:									2		1						= 3
Schäffer	SP:						4	4	5	1	12	11	3					= 40
	T:												1					= 1
Sieloff	SP:		4	5	3	8												= 20
	T:		1	2														= 3
Simonsen	SP:				2	4	12	6	9	6	10							= 49
	T:					3	9	4	2	5	9							= 32
Stielike	SP:					5	9	6	8									= 28
	T:						1	1										2
Sude	SP:											1		4	6			= 11
	T:																	= 0
Surau	SP:				9		8											= 17
	T:																	= 0
Thiele	SP:															7	2	= 9
	T:															1		= 1
Thychosen	SP:										2	4						= 6
	T:																	= 0

SPIELER		60-61	70-71	71-72	72-73	73-74	74-75	75-76	76-77	77-78	78-79	79-80	81-82	84-85	85-86	86-87	87-88		
Veh	SP:												3	1				=	4
	T:																	=	0
Vogts	SP:		4	4	12	7	12	6	9	8	3							=	65
	T:		2		2	1	2		1									=	8
Willaarts	SP:																1	=	1
	T:																	=	0
Wimmer	SP:		2	5	11	7	11	5	9	8								=	58
	T:		1	1	1	3												=	6
Winkhold	SP:														2	8	2	=	12
	T:																	=	0
Wittkamp	SP:			5	3		9	6	9	6								=	38
	T:			1				1	1	1								=	4
Wittmann	SP:		4															=	4
	T:																	=	0
Wloka	SP:		1	3														=	4
	T:			2														=	2
Wohlers	SP:							1	9	8	10	2						=	30
	T:									1								=	1
Wuttke	SP:												4					=	4
	T:																	=	0

Der Spielmacher und sein "Wasserträger": Herbert Wimmer (Mitte) hält Günther Netzer im UEFA-Cup-Halbfinale gegen FC Twente den Rücken frei

Eigentore / Rote K. / Elfmeter / Dies & Das

Borussia		EC-Gegner	

1.) Eigentore:

- Pfeiffer	(EC-Spiel: 2)	- Drost / Tw. Enschede	(21)
- Danner	(45)	- Sigurgeiersson / Vestmannayear	(24)
- Matthäus	(91)	- Finnbogasson / Vestmannayear	(24)
		- Valtysson / Vestmannayear	(25)
		- Sabadini / AC Mailand	(31)
		- Micka / Banik Ostrau	(39)
		- Nikolic / Roter Stern Belgrad	(62)
		- Jurisic / Roter Stern Belgrad	(77)
		- Niewiadomski / Lech Posen	(100)
		- Salguero / Real Madrid	(103)
		- Heitor / Vitoria Guimaraes	(111)
		- Heitor / Vit. Guimaraes	(112)

2.) Rote Karten:

- Bruns	(115)	- Corso / Inter Mailand	(9)
		- Rene v. d. Kerkhof / Tw. Enschede	(20)
		- Prohaska / Austria Wien	(51)
		- Caporale / AC Turin	(53)
		- Zaccarelli / AC Turin	(53)
		- Castellini / AC Turin	(53)
		- Alberto / Benfica Lissabon	(70)
		- Gordillo / Real Madrid	(103)
		- Munro / Glasgow Rangers	(110)
		- Cooper / Glasgow Rangers	(110)

3a.) Elfmeter von der Borussia:

** TORE:*	- Heynckes	4	(EC-Spiel: 13, 19, 20, 36)
	- Simonsen	3	(43, 44, 78)
	- Bonhof	3	(51, 57, 64)
	- Sieloff	2	(4, 9)
	- Nickel	2	(79, 82)
	- Danner	1	(13)
	- Bruns	1	(70)
	- Kulik	1	(71)
	- Rahn	1	(108)
	- Jensen	1	(19)
** VERSCHOSSEN:*	- Heynckes	3	(21, 22, 26)
	- Mühlhausen	1	(1)
	- Bonhof	1	(33)
	- Sieloff	1	(11)

*** GESAMT:** **25 Elfmeter: (19 verwandelt / 6 verschossen)**

Spielerauflistung:	- Heynckes	7	(4 verwandelt / 3 verschossen)

- Bonhof	4	(3 / 1)
- Simonsen	3	(3 / 0)
- Sieloff	3	(2 / 1)
- Nickel	2	(2 / 0)
- Danner	1	(1 / 0)
- Bruns	1	(1 / 0)
- Kulik	1	(1 / 0)
- Rahn	1	(1 / 0)
- Jensen	1	(1 / 0)
- Mühlhausen	1	(0 / 1)

3b.) Elfmeter vom EC-Gegner:

* *TORE:*	- Neal / FC Liverpool	(Spiel: 58)
	- Pawlowski / Sl. Breslau	(72)
	- Platini / AS St. Etienne	(85)
	- Volkert / VfB Stuttgart	(87)
	- Nemec / D. B. Bystrica	(95)
* *VERSCHOSSEN*:	- Welzl / W. Innsbruck	(5)
	- Keegan / FC Liverpool	(24)
	- Camataru / Univ. Craiova	(58)

*** GESAMT:** **8 Elfmeter (5 verwandelt / 3 verschossen)**

4.) Hattrick - 3 - 4 Tore in einem EC-Spiel:

*** HATTRICK:**

- Jupp Heynckes (19.: Gladbach - Kaiserslautern 7 : 1)
[zwischen der 53. und 82. Minute; zum 3-1 bis 5-1]

- Jupp Heynckes (45.: Innsbruck - Gladbach 1 : 6)
[zwischen der 64. und 88. Minute; zum 1-3 bis 1-6]

*** 3 Tore:**

- Jupp Heynckes	(13.: Gladbach - FC Aberdeen 6 : 3)
- Jupp Heynckes	(19.: Gladbach - Kaiserslautern 7 : 1)
- Jupp Heynckes	(24.: Vestmannayear - Gladbach 0 : 7)
- Alan Simonsen	(25.: Gladbach - Vestmannayear 9 : 1)
- Jupp Heynckes	(43.: Tw. Enschede - Gladbach 1 : 5)
- Alan Simonsen	(72.: Sl. Breslau - Gladbach 2 : 4)
- Uwe Rahn	(96.: Gladbach - D. B. Bystrica 4 : 1)

*** 4 Tore:**

- Jupp Heynckes (45.: W. Innsbruck - Gladbach 1 : 6)
[zwischen der 64. u. 88. Minute; zum 1-3 bis 1-6]

WELTPOKAL

SÜDAMERIKA-MEISTER - SIEGER LANDESMEISTER

** Anmerkung:* *Da der Europapokalsieger FC Liverpool aus Terminschwierigkeiten nicht antreten konnte, spielte der Verlierer des Endspiels der Saison 197677(Gladbach in Rom mit 1:3) gegen den amtierenden Südamerika-Meister!*

1. Spiel am 22.03.1978 in Buenos Aires:

Boca Juniors Buenos Aires - **Borussia Mönchengladbach**

2 : 2 (1-2)

Aufstellungen:

Santos
Pernia, Sa Mouzo, Bordon, Benetes (46.Ribolzi)
Sune, Zanabria, Mastrangelo
Pavon (65.Alvarez), Salinas

Schiedsrichter: Dudine (Bulgarien)

Del'Haye, Lienen
Kulik, Wimmer (53.Danner), Bonhof, Nielsen
Vogts, Wohlers, Hannes, Schäfer
Kleff

Zuschauer: 50.000 im Boca-Stadion

Tore:

1-0	Mastrangelo	15. min.
1-1	Hannes	25. min.
1-2	Bonhof	30. min.
2-2	Ribolzi	51. min.

Spielbericht:

Anpfiff im Boca-Stadion um 20.30 Uhr. Ohrenbetäubender Lärm, die Argentinier laufen sofort los wie die Teufel. Gladbach nervös, viele Pässe bleiben hängen. In der 15. Minute das Führungstor für Boca: Linksaußen Zanabria paßt zu Mastrangelo, der klar im Abseits steht. Vogts hebt die Hand, aber der Schiedsrichter pfeift nicht. Torwart Kleff läuft heraus, aber Mastrangelo schießt flach ins Eck, 1:0 für Boca. Boca stürmt unaufhaltsam weiter, doch die Gladbacher Abwehr wirft sich mutig in die Schüsse. In der 26. Minute endlich das 1:1; wie eine Erlösung: Einen Freistoß von Schäfer hebt Del'Haye vor das Tor, der Torhüter wehrt zu kurz ab und Hannes staubt aus 2 Metern ab. Fünf Minuten später sogar das 2:1 für die Borussen. Ein von Nielsen getretener Eckball kommt zu Bonhof, der umspielt noch zwei Gegenspieler und schießt aus sieben Metern flach ins Tor ein. Im Stadion wird's still, die Gladbacher bestimmen plötzlich das Spiel und lassen Ball und Gegner laufen.

In der zweiten Halbzeit bemühen sich die Borussen, den knappen Vorsprung über die Zeit zu retten, doch die Argentinier entfachen einen Sturmwirbel und in der 51. Minute fällt der verdiente Ausgleich: Wimmer läßt für einen kurzen Augenblick seinen Gegenspieler allein stehen, Ribolzi nutzt dies eiskalt aus. Eine Flanke von rechts schiebt er an Kleff vorbei ins lange Eck. Nun wird die Partie mit einer härteren Gangart fortgesetzt: Ribolzi foult Berti Vogts böse, dieser bleibt benommen liegen. Bei einem Konter wird Del'Haye von zwei Gegenspielern umgerissen, doch der fällige Freistoß bringt nichts mehr ein. Es bleibt schließlich beim gerechten 2:2, ein

Achtungserfolg für die Gladbacher und gleichzeitig die große Chance für die Borussen, erstmalig den Weltpokal nach Deutschland zu holen.

2. Spiel am 01.08.1978 in Karlsruhe:

Borussia Mönchengladbach - Boca Juniors Buenos Aires

0 : 3 (0-3)

Aufstellungen:

Kneib
Ringels, Wohlers (46.Schäfer), Hannes, Vogts
Bruns, Nielsen, Simonsen, Kulik
Lausen (60.Lienen), Gores

Schiedsrichter: Cerulla (Uruguay)

Mastrangelo, Saldano (46.Veglio)
Bordon, Zanabria, Felman, Salinas
Pernia, Tesare, Sune, Suarez
Gatti

Zuschauer: 40.000 im Karlsruher Wildparkstadion

Tore:

0-1	Felman	2. min.
0-2	Mastrangelo	33. min.
0-3	Salinas	35. min.

Spielbericht:

Das Rückspiel um den Weltpokal mußten die Borussen ins Karlsruher Wildparkstadion verlegen, da das heimische Bökelbergstadion wegen Umbauarbeiten nicht genutzt werden konnte. Erschwerend kam noch hinzu, daß diese Partie kurz vor Bundesligastart ausgetragen wurde.

Zu diesem Spiel kamen 40000 Zuschauer ins Karlsruher Wildparkstadion. Die Borussia fand nie zu ihrem gewohnten Spiel. Sie spielte erschreckend konzept- und harmlos. Eine völlig neuformierte Mannschaft traf in diesem zweiten Weltpokalspiel auf eine fertige, technisch brillante Elf aus Südamerika. Trainer Udo Lattek konnte auf viele Leistungsträger der Vergangenheit nicht mehr zurückgreifen. Rainer Bonhof wechselte nach Valencia, Herbert Wimmer und Jürgen Wittkamp schieden Ende der vergangenen Saison aus Altersgründen aus und Jupp Heynckes konnte wegen Kniebeschwerden nicht auflaufen. Ebenfalls konnte Lattek nicht auf Klinkhammer und Del'Haye zurückgreifen.

Von der ersten Minute an waren deshalb deutliche Unterschiede zu erkennen, was sich auch gleich negativ bemerkbar machte: Der Führungstreffer der Argentinier fiel schon in der 2. Minute durch Felman. In der gesamten Spielzeit hatte der Gladbacher Torhüter Kneib wesentlich mehr zu tun als sein Gegenüber Hugo Gatti. Mitte der ersten Halbzeit kam der endgültige K.O. für die Borussia. Ein Doppelschlag innerhalb von drei Minuten beendete endgültig alle Träume vom erstmaligen Gewinn des Weltpokals. Die Sturmspitzen von Boca, Mastrangelo und Salinas, sicherten den Argentiniern durch die Tore zum 2:0 und 3:0 den Gewinn des Weltpokals.

WELTPOKALSIEGER 1978: **Boca Juniors**

DFB-Pokal

Die DFB - Pokalspiele

1959 / 60

Halbfinale: Hamburger SV - **Mönchengladbach** 0 : 2 (0-1), 28.000 Zuschauer
07.09.60 **H**: Schnoor - Krug, Kurbjuhn, Meinke, Werner, D. Seeler, Neisner, Dehn, U. Seeler, Stürmer, Dörfel,
M: G. Jansen - Pfeiffer, de Lange, Mühlhausen, Frontzeck, A. Jansen,Brülls, Kohn, Schommen, Wicken, Brungs
SR: Sparing (Kassel)
T: 0-1 Brülls 2., 0-2 Brungs 54

Vor 28.000 Zuschauern siegte der Außenseiter völlig verdient. Brülls avancierte zum besten Spieler auf dem Platz, er schoß nicht nur in der 2. Minute überraschend das 1-0, sondern war auch danach nie von seinem Gegenspieler Dieter Seeler zu halten. In der 54. Minute gab er noch die Vorlage für Brungs zum entscheidenden 2-0 für die Gladbacher. Der HSV besaß zwar einige hochkarätige Torchancen, doch Torhüter Jansen machte mit unglaublichen Paraden alle zu nichte. Die geschlossene Mannschaftsleistung der Borussen war letztendlich für den Sieg verantwortlich. Beim HSV gefielen allenfalls Schnoor und Meinke, Uwe Seeler blieb dagegen relativ blaß.

Finale: **Mönchengladbach.**-.Karlsruher SC 3 : 2 (2-1), 50.000 Z.in Düsseldorf
05.10.60 **M:** G. Jansen - de Lange, Pfeiffer, A. Jansen, Göbbels, Frontzeck, Brungs, Brülls, Kohn, Mühlhausen, Fendel
K: Jungmann - Dimmel, Witlatschil, Ruppenstein, Rihm, Szymaniak, Reitgaßl, Herrmann, Schwarz, Späth, Nedoschil
SR: Dusch (Kaiserslautern)
T: 1-0 Mühlhausen 5., 1-1 Herrmann 22., 2-1 Kohn 25., 2-2 Schwarz 58., 3-2 Brülls 60.

Pokalsieger: Borussia Mönchengladbach

1963 / 64

Runde 1: FC Altona 93 - **Mönchengladbach** 2 : 1 (1-1), 4.000 Z.
07.04. **A:** Schonscheck - Wendlandt, Bol, Ebert, Göhrke, Müller, Kautz, Neudorf, Kurth, Ulatowski, Pape
M: Orzessek - A. Jansen, Höttges, Raßmanns, Schommen, Lowin, Mühl hausen, Laumen, Kuhn, Netzer, Milder
SR: Regely (Berlin)
T: 0-1 Kuhn 20., 1-1 Wendlandt 22., 2-1 Pape 56.

Altona 93 gewann verdient mit 2-1 Toren! Die Borussia ging in der 20.Minute durch einen haltbaren Schuß von Kuhn mit 1-0 in Führung, doch bereits zwei Minuten später folgte der Ausgleich durch Wendlandt, der einen Freistoß im Nachsetzen verwerten konnte. Die Partie blieb bis zur 56. Minute ausgeglichen. Dann jagte der überragende Bol einen 25-Meter-Schuß vehement an die Querlatte, den zurückspringenden Ball nahm Pape auf und schoß unhaltbar für Orzessek zum Sieg ein. Borussia kämpfte verbissen um den Ausgleich. Ein erzieltes Tor gab der Schiedsrichter wegen angeblicher Abseitsstellung nicht. So blieb es letztendlich beim gerechten 2-1 für Altona. Der erst 19-jährige Netzer hinterließ einen sehr guten Eindruck im Borussen-Team.

1965/ 66

Qualifik.: 02.01.66

Mönchengladbach - Opel Rüsselsheim 5 : 1 (4-1) 5.000 Z.

M: Krätschmer - A. Jansen, Vogts, Pöggeler, W. Wimmer, Wittmann, Rupp, Heynckes, Milder, Netzer, Waddey

R: Nägler - Sieben, Mössinger, Lasse, Späth, Kleinböhl, Latzel, Rößler, Gaspert, Kamp, Rice

SR: Riedels (Hannover)

T: 1-0 Rupp 15., 2-0 Netzer 21., 3-0 Rupp 27., 4-0 Rupp 33., 4-1 Kamp 49., 5-1 Rupp 84.

BV:

Netzer (Gladbach) verschießt in der 88. Minute einen Foulelfmeter!Sturm und Regen begleiteten dieses Qualifikationsspiel für die 1. Runde.Die 5000 Zuschauer kamen trotz der 6 Tore nicht auf ihre Kosten, denn der Boden ließ einfach kein richtiges Spiel zu. Gladbach hatte aber trotzdem die Partie jederzeit im Griff und bereits zur Halbzeit stand der Sieger fest - 4:0. Dreimal Rupp sowie Netzer schossen die 4-0 Führung heraus. Kurz nach Wiederbeginn kam Rüsselsheim durch Kamp zum Ehrentreffer. Die Begegnung plätscherte danach nur noch dahin. Erst kurz vor Spielende zog Gladbach noch einmal das Tempo an und kam erneut durch Rupp zum 5:1 Endstand. Etwas später vergab Netzer sogar die Möglichkeit, auf 6-1 zu erhöhen. Aber sein Elfmeter (Rupp wurde zuvor im Strafraum gelegt) ging neben das Tor.

Runde 1: 22.01.66

Mönchengladbach - Bor. Neunkirchen 0 : 1 (0-0) n.V. 5.000 Z.

M: Orzessek - A. Jansen, Vogts, W. Wimmer, Wittmann, Elfert, Pöggeler,Rupp, Heynckes, Netzer, Waddey

N: Ertz - Peehs, Heiden, Peter, Schröder, Schock, Utzig, Wingert, Simmet,Kuntz, May

SR: Sieber (Mannheim)

T: 0-1 May 117.

Trotz einer Vielzahl von sehr guten Einschußmöglichkeiten gegen den Konkurrenten aus der 1. Bundesliga ging der Borussen-Sturm diesmal leer aus. Vor 5000 Zuschauern entwickelte sich ein Spiel auf ein Tor. Gladbach hatte durch Rupp (3.), Netzer (9.) und wiederum Rupp (20.) sehr gute Chancen zur 1-0 Führung. In der 37. Minute fast ein Eigentor vom Neunkirchener Peter. Viel Glück für Neunkirchen auch bei zwei Handspielen im Strafraum (71. und 102). In der Verlängerung fiel dann das glückliche 1-0 für den Gast aus Neunkirchen. Kuntz setzt sich regelwidrig gegen Wittmann durch, flankt auf May und dieser läßt sich diese Tormöglichkeit nicht entgehen. Die Defensivtaktik der Saarländer geht voll auf.

1966 / 67

Runde 1: 14.01.67

Schalke 04 - **Mönchengladbach** 4 : 2 (2-1) 15.000 Z.

S: Nigbur - Becher, Fichtel, Kreuz, Rausch, Pliska, Herrmann, Neuser, Klose,Blechinger, Bechmann

M: Danner - Lowin, Milder, Wittmann, Vogts, Elfert, Netzer, H. Wimmer, Laumen, Heynckes, Rupp

SR: O. Fritz (Ludwigshafen)

T: 0-1 Wimmer 1., 1-1 Blechinger 25., 2-1 Neuser 37., 2-2 Milder 70., 3-2 Herrmann 83., 4-2 Herrmann 85.

Eine Woche zuvor erlitt Schalke eine 0:11 Pleite am Bökelberg. Doch Schalke setzte mit Pliska und Kreuz zwei neue Spieler ein. Gladbach kam gegen die Taktik nicht an. Trotz der frühen Führung beherrschten die Borussen in keiner Weise das Spiel, im Gegenteil. Die Knappen kamen durch Blechinger und Neuser (Kopfball) zur 2:1 Pausenführung. Gegen die hart einsteigenden Schalker hatten vor allem Netzer und Rupp zu leiden. Das Borussenspiel geriet ins Stocken. Zwar kam Gladbach noch durch einen verwandelten Freistoß von Milder zum Ausgleich, doch die wackelige Abwehr geriet in der Schlußphase arg in Bedrängnis. Die Folge waren zwei Tore durch Herrmann innerhalb weniger Minuten. Durch großartigen Einsatz kam Schalke zum verdienten Pokalsieg.

1967 / 68

Runde 1: Bayern Hof - **Mönchengladbach** 0 : 1 (0-0) 12.000 Z.
27.01.68 **H**: Strich (84.Winterling) - Rompza, Richter, Lucas, Felbinger, Sieber, Strotzki,Greim, Breuer, Reißer, Stark
M: Danner - Wittmann, H. Kremers, Milder, Vogts, Dietrich, Wimmer, Waddey,Laumen, Netzer, Ackermann
SR: Fritz (Oggersheim)
T: 0-1 Laumen 84.

Erst kurz vor Spielende kamen die Borussen zum glücklichen Sieg gegen die Hofer. In der Anfangsphase besaßen die Franken gute Möglichkeiten, doch sie konnten diese nicht nutzen. Gladbach bestimmte zwar das Spiel, ohne jedoch zu überzeugen. Die ausgezeichnete Abwehr der Hofer ließ kaum gute Tormöglichkeiten zu. Netzer blieb im Mittelfeld blaß, sodaß das Angriffsspiel nie voll zur Wirkung kam. Erst als die Kräfte von Hof in den letzten 20 Minuten nachließen, bekam die Borussia das Spiel in den Griff und erzielte das Siegtor.

Runde 2: TSV 1860 München - **Mönchengladbach** 2 : 4 (1-1) 10.000 Z.
24.02.68 **M:** Radenkovic-Wagner, Steiner, Patzke, Reich, Perusic, Heiß, Küppers, Brunnenmeier (23.Bründl), Zeiser, Rebele
M: Danner - Spinnler, Vogts, Milder, Kempers, Pöggeler, Wimmer, Dietrich, Laumen, Netzer, Ackermann
SR: Schulenburg (Hamburg)
T: 0-1 Laumen 4., 1-1 Rebele 21., 1-2 Laumen 46., 2-2 Zeiser 60., 2-3 Wimmer 66., 2-4 Dietrich 84.

Gladbach war die eindeutig bessere Mannschaft und erteilte den Sechzigern eine Lektion in Sachen Fußballoffensive. Trotz des zweimaligen Ausgleichs kam die Borussia nie ernsthaft in Bedrängnis. Radenkovic konnte an allen Toren nichts halten. Die Abwehr der Münchener war total überfordert gegen die schnellen Spitzen. Das Mittelfeld wurde schnell überbrückt, wobei sich Netzer als Spielgestalter hervortat. Die beiden Blitztore von Laumen jeweils zu Beginn einer Halbzeit jagten den Löwen Angst und Schrecken ein. Daran konnte auch der jeweilige Ausgleich nichts ändern. Borussia blieb spielbestimmend und als Dietrich nach einem Alleingang über 40 Meter zum 4-2 einschoß, war die Partie endgültig entschieden.

Viertelf.: VfL Bochum - **Mönchengladbach** 2 : 0 (2-0) 32.000 Z.
11.04.68 **B:** Christopeit - Wiesemes, Versen, Schiller, Blome, Galeski, Böttcher, Eversberg, Höher, Jansen (46.Moritz), Balte

M: Danner - Spinnler, Kempers, Milder, Wittmann, Dietrich, Wimmer, Vogts, Laumen, Netzer, Ackermann
T: 1-0 Balte 11., 2-0 Böttcher 35.

BV: Netzer (Gladbach) verschießt in der 36. Minute sowie Höher (Bochum) in der 86. Minute je einen Foulelfmeter!

Gegen den Regionalligisten fand Gladbach nie zum gewohnten Spiel. Vor 32000 Zuschauern drängte Bochum (zuvor bereits Sieger über den KSC und den VfB Stuttgart) die Borussia zeitweise in die eigene Hälfte zurück. Spielentscheidend warder verschossene Elfmeter von Netzer. Da hätte man noch die Chance gehabt, das Spiel zu wenden. Balte besorgte in der 11. Minute die Führung, die Böttcher mit Abstauber (Balte traf nur den Pfosten) dann auf 2-0 ausbaute. Vier Minuten vor Schluß besaß Bochum durch Balte sogar noch die Möglichkeit, auf 3-0 zu erhöhen, doch Höher scheiterte mit einem Foulelfmeter (Spinnler legte Balte im Strafraum) am reaktionsschnellen Danner. Bochums Sieg war völlig verdient.

1968/69

Runde 1: **Mönchengladbach** - Hertha BSC Berlin 5 : 2 (3-0) 12.500 Z.
04.01.69 **M:** Danner - Spinnler, Vogts, Milder, Bleidick, Pöggeler, Wimmer, Köppel, Laumen, Netzer, E. Kremers
H: Fraydl - Ferschl, Witt, Sangulin (17.Bredenfeld), Enders, Wild, Ipta, Adelmann (41.Weber), Krafczyk, Kröner, Steffenhagen
SR: Tschenscher (Mannheim)
T: 1-0 Wimmer 7., 2-0 Milder 14., 3-0 Laumen 35., 3-1 Krafczyk 49., 4-1Wimmer 56., 5-1 Laumen 73., 5-2 Milder 84. Eigentor

Gegen eine glänzend aufspielende Borussia hatte Hertha BSC nicht den Hauch einer Chance. Spielmacher Netzer war der überragende Mann auf dem Platz. Er lieferte zu vier Toren die Vorlage. Bereits nach einer Viertelstunde war praktisch die Vorentscheidung gefallen. Wimmer, der mit seinen Dribblings große Löcher in die Abwehr riß, sowie Milder schossen die 2-0 Führung heraus. Als Laumen nach 35 Minuten zum 3-0 einköpfte, war die Partie gelaufen. Herthas Treffer resultierten aus einem Fehler von Vogts, der einen hereinkommenden Ball verpaßte, und einem Eigentor von Milder kurz vor Abpfiff.

Runde 2: Hamburger SV - **Mönchengladbach** 2 : 0 (0-0) n.V. 19.000 Z.
15.02.69 **H:** Öczan - Sandmann, Dieckmann, W. Schulz, Kurbjuhn, H. Schulz, Fock, Krämer (71.Hellfritz), Seeler, Hönig, Dörfel (46.Dringelstein)
M: Danner - Vogts, Milder, H. Kremers, Bleidick, Pöggeler, Schäfer, Netzer, Ackermann (34.Laumen), Wimmer, E. Kremers (65.Köppel)
SR: Spinnler (Mainz)
T: 1-0 H. Schulz 95., 2-0 Seeler 111.

Auf schneebedecktem Boden bestimmte der HSV von Beginn an das Geschehen. Viele gute Chancen (zwei Lattenschüsse von Hönig und Seeler) konnten nicht genutzt werden. Borussias bester Akteur, Netzer, bestach wiederum durch Superpässe, die diesmal jedoch vom harmlosen Borussen-Sturm nicht verwertet werden konnten. Die beiden Tore von Schulz und Seeler besiegelten eine völlig verdiente Niederlage für die Gladbacher.

1969 / 70

Runde 1: 03.01.70

Eintr. Gelsenkirchen - **Mönchengladbach** 1 : 3 (0-0) 8.000 Z.

G: Becker - Herberhold, Schwaba, Kontny, Kubasik, Koslowski, Mühting, Kostotzky, Krause, Schumacher, Brylewski

M: Kleff - Vogts, Sieloff, L. Müller, Bleidick, Schäfer, Netzer, Wimmer, Köppel, Laumen, le Fevre

SR: Meuser (Ingelheim)

T: 0-1 Laumen 47., 0-2 Schäfer 61., 1-2 Kontny 65. Elfm., 1-3 Laumen 85.

In der 1. Runde hatte es die Borussia gegen den Amateurligisten aus Gelsenkirchen bis zur Halbzeit recht schwer. Die Amateure hielten gut mit und die wenigen Chancen, die sich den Borussen boten, konnten nicht verwandelt werden. Erst in den zweiten 45 Minuten, als die Kräfte der Eintracht merklich nachließen, wurde die Partie einseitig. Die Chancen häuften sich nun, was sich auch mit der 2:0 Führung durch Laumen und Schäfer bemerkbar machte. Die Eintracht kam zwar durch einen von Kontny verwandelten Foulelfmeter noch auf 1:2 heran, doch der Sieg geriet nie in Gefahr. Kurz vor Ende sicherte Laumen mit seinem zweiten Tor den 3:1 Endstand. Borussia hatte mit viel Glück und Geschick den Amateurverein ausgeschaltet. Beste Spieler auf Gladbacher Seiten waren Torhüter Kleff und Vogts.

Runde 2: 28.07.70

Hannover 96 - **Mönchengladbach** 1 : 3 (0-1) 25.000 Z.

H: Podlasly - Stiller, Anders, Hellingrath, Bohnsack (46.Bertl), Berg, Bandura, Siemensmeyer, Nafziger (68.Reimann), Keller, Brune

M: Kleff - Vogts, L. Müller, Sieloff, Bleidick, Laumen, Netzer, Wimmer, Köppel, Heynckes, le Fevre

SR: Wohlfarth (Bergen-Enkheim)

T: 0-1 Müller 16., 0-2 Heynckes 48., 0-3 Köppel 52., 1-3 Keller 64.

Das Duell zweier Bundesligisten wurde eindeutig vom Deutschen Meister bestimmt. Nie ließen die Borussen Zweifel aufkommen, wer den Platz als Sieger verlassen würde. Hannover hatte dem lediglich eine gute kämpferische Einstellung entgegenzusetzen. Das frühe Tor von Müller tat ein übriges. Das Spiel rollte fast nur auf das 96er-Tor. Die Entscheidung in dieser Partie fiel binnen vier Minuten, als zuerst Heynckes und dann Köppel für die 3:0 Führung sorgten. Die Borussia beschränkte sich nun darauf, das Spiel nach Hause zu schaukeln. Das Tor von Keller war ein Schönheitsfehler und konnte die Partie nicht mehr ins Wanken bringen. In eindrucksvoller Weise zog die Borussia in die dritte Runde des Pokals ein.

Runde 3: 05.08.70

Mönchengladbach - 1.FC Köln 2 : 3 (0-1, 2-2) n.V. 32.000 Z.

M: Kleff - Vogts, L. Müller, Sieloff, Bleidick, Wimmer, Netzer, Laumen, Köppel, Heynckes, le Fevre (67.Bonhof)

M: Manglitz - Thielen, W. Weber, Biskup, Hemmersbach, Kapellmann, Flohe, Overath, Rupp, Parits (63.Cullmann), Löhr

SR: Wengenmeyer (München)

T: 0-1 Löhr 31., 1-1 Vogts 52., 2-1 Müller 60. Elfmeter, 2-2 Biskup 87. Elfmeter, 2-3 Hemmersbach 93.

Viele sprachen schon vorher vom vorweggenommenen Finale. Die wohl zur Zeit spielstärksten Mannschaften der Bundesliga trafen in dieser Runde aufeinander. Auf beiden Seiten standen zahlreiche Nationalspieler, doch die erhoffte Superpartie wurde es nicht. Beide Abwehrreihen waren überragend, trotz der fünf gefallenen Tore. In einer ausgeglichenen Begegnung konnte der Kölner Overath seine Leute besser als sein Gegenspieler Netzer (nach langer Verletzungspause wieder dabei) einsetzen. Nachdem Köln durch Löhr mit 1:0 in Führung gegangen war, drückte die Borussia vehement auf den Ausgleich, doch zur Halbzeit blieb es beim 0:1. Erst kurz nach Wiederanpfiff gelang Verteidiger Vogts der verdiente Ausgleich. Als es 8 Minuten später einen Elfmeter für Gladbach gab, war Luggi Müller an der Reihe. Sein Schuß konnte von Manglitz nicht gehalten werden und so stand es plötzlich 2:1 für die Platzherren. Overath zog jetzt auf Kölner Seite das Tempo an und als sich die 32.000 Zuschauer schon auf einen Sieg ihrer Borussia eingestellt hatten, gab es doch noch den verdienten Ausgleich durch einen Foulelfmeter von Biskup. Das Spiel mußte in die Verlängerung. Hier fiel schon recht schnell die Entscheidung durch Hemmersbach. Die Borussia hatte nicht mehr die Kraft, dem Spiel noch eine Wende zu geben. Letztendlich ein glücklicher Sieg für die Kölner.

1970 / 71

Runde 1: 12.12.70 — SV Alsenborn - **Mönchengladbach** 1 : 1 (0-0, 1-1) n.V. 18.000 Z.

A: Schwarzwälder - Kirsch, Meier, Eberle, Kurbanik, Nepomucky, Frisch, Fuchs (105.Lamour), Schieck (109.F. Schmitt), Lenz, Röhring

M: Kleff - Vogts, L. Müller, Sieloff, Wittmann, Bleidick, Netzer, Wloka, Laumen, Heynckes, Köppel

SR: Seiler (Schmiden)

T: 1-0 Lenz 55., 1-1 Netzer 60.

Die 18000 Zuschauer in Alsenborn trauten ihren Augen nicht. Das kleine Alsenborn trotzte dem Deutschen Meister ein völlig verdientes 1:1 ab. Von Beginn an spielten die Alsenborner gut mit. Sie stellten sich nicht wie andere Teams hinten rein, sondern suchten im Angriff ihre Chance. Die Borussia konnte über 120 Minuten nicht überzeugen. Netzer war es, der kurz nach der Alsenborner Führung durch Lenz den Ausgleich besorgte. Auch in der Verlängerung wurde kein Unterschied deutlich.

Wiederh.: 30.12.70 — **Mönchengladbach** - SV Alsenborn 3 : 1 (1-0) 9.500 Z.

M: Kleff - Vogts, L. Müller, Sieloff, Wittmann, Dietrich, Wimmer,Laumen, Wloka, Heynckes, Köppel

A: Schwarzwälder - Kirsch, Kurbanik, Oberle, Meier, Frosch, Nepomucky,Volk (73.Knut), Lenz, Schieck, Röhring

SR: Picker (Hamburg)

T: 1-0 Laumen 28., 2-0 Sieloff 56. Elfmeter, 2-1 Nepomucky 58., 3-1 Laumen 85.

Zum Wiederholungsspiel kamen knapp 10000 Zuschauer auf den Bökelberg. Doch sie sahen kein Schützenfest gegen die Amateure aus Alsenborn. Der SV hielt wie schon im Spiel zuvor glänzend mit und hätte mit etwas Glück auch diesmal eine Verlängerung erreichen können. Doch die Routine des Bundesligisten führte zum 3:1 Erfolg. Ohne Netzer angetreten, fand die Borussia nie zum gewohnten Spiel nach vorne. Aus dem Mittelfeld kamen diesmal keine zündenden Ideen, sodaß die Spitzen in der Luft hingen und von der umsichtigen Alsenborner Abwehr abgemeldet wurden. Die Tore in diesem ausgeglichenen Pokalspiel er- zielten Laumen (2) und Sieloff (Elfmeter) auf Gladbacher Seite sowie Nepomucky für den SV. Bester Spieler auf dem Platz war Vogts.

Runde 2: Hertha BSC Berlin - **Mönchengladbach** 1 : 3 (0-1) 50.000 Z.
20.02.71 **B:** Gross - Patzke, Witt, Ferschl, Gergely (72.Weber), Gayer, Varga, Brungs, Horr, Sperlich (46.Steffenhagen)
M: Kleff - Vogts, L. Müller, Sieloff, Wittmann, Dietrich, Netzer, Wimmer, Köppel, Heynckes, le Fevre
SR: Schulenburg (Hamburg)
T: 0-1 Dietrich 28., 0-2 Köppel 67., 1-2 Gayer 72., 1-3 Heynckes 78.

Die 50000 Zuschauer im Olympiastadion sahen einen erstklassigen Pokalfight. Das Spiel wurde vom Gast eindeutig bestimmt, der sich in einer Weltklasseleistung den Berliner Zuschauern präsentierte. Aber die alte Dame hielt sehr gut dagegen, sodaß es zu diesem Superspiel kam. Günter Netzer war der überragende Spieler auf dem Platz. Nach langer Pause wieder dabei, zog er im Gladbacher Mittelfeld geschickt die Fäden und setzte seine Stürmer wiederholt gut in Szene. Heynckes konnte von der Berliner Abwehr nie ausgeschaltet werden. Bereits in der 8. Minute hatte er die Riesenchance, doch sein Schuß knallte an den Pfosten. Besser machte es wenig später Verteidiger Dietrich. Der 0:1-Rückstand schmeichelte den Berlinern zur Pause. Als Köppel in der 67. Minute auf 2:0 erhöhte, schien die Entscheidung gefallen zu sein. Doch 5 Minuten später brachte Mittelfeldspieler Gayer seine Farben auf 1:2 heran. Es wurde noch einmal spannend. Die Hertha drückte nun vehement, doch bei einem Konter durch Heynckes fiel die endgültige Entscheidung - 1:3!

Runde 3: Fort. Düsseldorf - **Mönchengladbach** 3 : 1 (0-1) 24.000 Z.
07.04.71 **D:** Woyke - Köhnen, Lungwitz, Kriegler, Iwanczik, Hesse, Budde, Hoffer, Begerau (85.Biesenkamp), Geye, Herzog
M: Kleff - Vogts, L. Müller, Sieloff, Bleidick, Dietrich (79.Wittmann), Netzer, Laumen, Wimmer, Köppel, Heynckes
SR: Riegg (Stadtbergen)
T: 0-1 Laumen 19., 1-1 Begerau 60., 2-1 Hoffer 83., 3-1 Geye 89.

Borussia ging verdient mit 1:0 in die Pause. Laumen hatte den VfL mit 1:0 in Front geschossen, trotz zahlreicher guter Einschußmöglichkeiten blieb es beim knappen Vorsprung. In der zweiten Halbzeit wendete sich das Spiel. Der Technik der Gäste setzten die Düsseldorfer den Kampfgeist entgegen. Die Borussenspieler wurden früh attackiert und kamen nicht mehr zum gewohnten Spiel. Nach gut einer Stunde fiel der Ausgleich durch Begerau, völlig verdient. Die Fortuna spielte weiter nach vorne und setzte die Borussia mächtig unter Druck. Wenige Minuten vor Schluß fiel dann die Entscheidung. Erst markierte Hoffer das 2:1 und kurz danach Geye das 3:1. Die technisch bessere Mannschaft konnte sich diesmal gegen eine aufopferungsvoll kämpfende Fortuna nicht durchsetzen und schied letztendlich verdient aus.

1971 / 72

Runde 1: Bayer Leverkusen - **Mönchengladbach** 0 : 3 (0-2) 7.600 Z.
04.12.71 **L:** Ferner - Seifert, Vetter, Eichner, Schiffer, Kowalski, Görtz, Marx, Lüttges,Strelczyk, Morzok (80.Winter)
HIN= **M:** Kleff - Vogts, Sieloff, Bonhof, Surau, Wittkamp, Danner, Kulik, le Fevre,
SPIEL Wimmer, Heynckes (46.Wloka),
SR: Hilker (Bochum)
T: 0-1 Sieloff 17. Elfmeter, 0-2 Wimmer 41., 0-3 le Fevre 80.

14.12.71 **Mönchengladbach** - Bayer Leverkusen 4 : 2 (3-0) 5.000 Z.

M: Kleff - Vogts, Surau, Sieloff, Michallik, Wittkamp, Danner, Wimmer, Kulik, le Fevre, Wloka (72. Greven)

RÜCK=SPIEL **L:** Ferner - Seifert, Kowalski, Vetter, Schiffer, Görtz (46.Lüttges), Strelczyk, Eichner (36.Winter), Marx, Röhrig, Marzok

SR: Merboth (Schiffweiler)

T: 1-0 Wimmer 10., 2-0 Wittkamp 32., 3-0 Danner 34., 4-0 Sieloff 48. Elfmeter, 4-1 Surau 57. Eigentor, 4-2 Strelczyk 82.

In eindrucksvoller Weise zog die Borussia in die zweite Runde ein. Bereits im Hinspiel fiel die Entscheidung [Erstmals wurde ein neuer Modus eingeführt. Mit Hin- und Rückspiel wurden die einzelnen Runden bestritten] gegen den Regionalligisten aus Leverkusen. Mit zwei klaren Siegen (3:0 und 4:2) wurde der Konkurrent Bayer in die Schranken gewiesen. Erst im Rückspiel beim Stande von 4:0 wurde die Borussia etwas leichtsinnig und der Regionalligist kam noch zu zwei Toren, wobei Surau mittels Eigentor eines beitrug.

Runde 2: **Mönchengladbach** - Eintr. Frankfurt 4 : 2 (1-0) 6.000 Z.

12.02.72 **M:** Kleff - Bonhof, Surau, Sieloff, Bleidick (74.Kulik), Wittkamp, Netzer, Danner, Wimmer, Heynckes, le Fevre

HIN=SPIEL **F:** Dr. Kunter - Wirth (21.Rohrbach), Lutz, Trinklein, Kalb, Nickel, Hölzenbein, Heese, Weidle (73.Reichel), Parits, Ender

SR: Biwersi (Bliesransbach)

T: 1-0 le Fevre 16., 1-1 Nickel 47., 1-2 Ender 49., 2-2 Bonhof 62., 3-2 Wittkamp 69., 4-2 Nickel 75. Eigentor

22.02.72 Eintr. Frankfurt - **Mönchengladbach** 3 : 2 (1-1) 37.000 Z.

F: Dr. Kunter - Reichel, Trinklein, Lutz, Hölzenbein, Heese, Nickel, Grabowski, Weidle, Parits (82.Rohrbach), Ender

RÜCK=SPIEL **M:** Kleff - Bonhof, Surau, Sieloff, Bleidick, Wittkamp (3.Wloka), Danner, Kulik, Netzer, Heynckes, le Fevre

SR: Redelfs (Hannover)

T: 1-0 Weidle 31., 1-1 Heynckes 35., 2-1 Grabowski 61., 3-1 Hölzenbein 75.,3-2 Netzer 81.

Vor der Minuskulisse von 6000 Zuschauern im Hinspiel gingen die Frankfurter trotz zwei erzielter Tore im Gladbacher Sturmwirbel unter. Bis kurz nach der Pause konnte die Eintracht das Spiel zwar relativ offen gestalten, doch dem Angriffsdruck über 90 Minuten waren sie letztendlich nicht gewachsen. Nachdem Ulrik le Fevre das 1:0 markierte, schien alles auf einen hohen Sieg zu deuten. Doch die sich bietenden Chancen wurden leichtfertig vergeben. In Dr. Kunter hatten die Gäste einen hervor ragenden Torwart. Der Schock für Gladbach kam binnen zwei Minuten nach der Halbzeit. Als ob die Borussen noch nicht auf dem Platz wären, so fielen die beiden Tore zur Führung der Gäste. Nun setzte Gladbach alles auf eine Karte und wollte die Eintracht überrennen. Chancen über Chancen wurden herausgespielt. Bonhof und Wittkamp konnten schließlich zwei davon zur 3:2 Führung nutzen. Als dann noch Bernd Nickel ein Eigentor unterlief, war die Partie entschieden: 4:2! Im Rückspiel im Frankfurter Waldstadion mußte Gladbach wiederum ohne seine bewährten Spieler Vogts, Wimmer und Müller antreten, wobei Vogts und Müller schon im Hin- spiel fehlten. Doch Borussia zog sich hervorragend aus der Affäre. Auch der 3:1 Rückstand konnte sie nicht schocken, denn Spielmacher Netzer, der excellent das Spiel führte, konnte kurz nach dem 3-1 durch eine Einzelleistung auf 3-2 verkürzen. Die dritte Runde war damit erreicht.

Runde 3: **Mönchengladbach** - Schalke 04 2 : 2 (0-1) 25.000 Z.
21.03.72 **M:** Kleff - Michallik, Bleidick, Wittkamp, Bonhof, Danner, Netzer, Kulik, Wimmer,Heynckes, le Fevre
HIN= SPIEL **S:** Nigbur - Sobieray, Rüßmann, Fichtel, Huhse, Lütkebohmert, Scheer, Libuda, H. Kremers, Fischer, E. Kremers
SR: Ohmsen (Hamburg)
T: 0-1 Fischer 11., 0-2 Fischer 48., 1-2 le Fevre 72., 2-2 Heynckes 76. Elfm.

05.04.72 Schalke 04 - **Mönchengladbach** 1 : 0 (0-0) 33.000 Z.
S: Nigbur - Sobieray, Rüßmann, Fichtel, Huhse, Lütkebohmert, Scheer, Libuda, H. Kremers, Fischer, E. Kremers
RÜCK= SPIEL **M:** Kleff - Michallik, Netzer, Bonhof, Bleidick, Danner, Wimmer, Kulik (84.Wloka), Wittkamp, Heynckes, le Fevre
SR: Frickel (München)
T: 1-0 Scheer 88.

Bereits in Runde 3 kreuzten die beiden Spitzenteams der Bundesliga die Klingen. Der Tabellenzweite aus Schalke beherrschte über eine Stunde lang den Gastgeber. Durch Fischer lag "Königsblau" verdient mit 2:0 in Front. Ein höheres Ergebnis lag in der Luft, bevor Netzer nach einem 50-m-Alleingang zu le Fevre passte und dieser zum 1:2 einschoß. Die Wende in diesem Spiel, denn kurz danach besorgte Heynckes per Elfmeter das 2:2! Letztendlich noch ein gerechtes Ergebnis.Im Parkstadion sahen dann 33000 Zuschauer ein hochdramatisches Pokalspiel. Das Spiel wogte hin und her. Netzer spielte erstmalig Libero und trieb seine Mannen immer wieder nach vorne. Trotz zahlreicher Chancen wollte kein Tor fallen. Die Zuschauer waren begeistert. Als Scheer zwei Minuten vor Ende zum alles entscheidenden Treffer einschoß, hatte das Spiel doch noch einen Verlierer gefunden. Borussia schied aus und Schalke kam glücklich eine Runde weiter (durch einen 5:0 Sieg im Finale gegen Kaiserslautern wurde man dann auch Pokalsieger). Beide Teams hätten ein Weiterkommen verdient gehabt.

1972 / 73

Runde 1: Freiburger FC - **Mönchengladbach** 3 : 1 (1-1) 20.000 Z.
09.12.72 **F:** Klaus - Streich, Schneider, Krivokuca, Linsenmaier, Dosipal, Bente, Matic, v.d. Fenn, Gensitz (58.Treuheit), Schnitzer,
HIN= SPIEL **M:** Schrage - Bonhof, Surau, Wittkamp, Bleidick, Vogts, Kulik, Danner, Rupp, Heynckes, Jensen
SR: Meuser (Ingelheim)
T: 0-1 Wittkamp 22., 1-1 Schnitzer 37., 2-1 Treuheit 77., 3-1 v. d. Fenn 86.

20.12.72 **Mönchengladbach** - Freiburger FC 7 : 1 (3-1) 10.000 Z.
M: Kleff - Bonhof, Surau, Wittkamp, Danner, Vogts, Netzer, Heynckes, (23. Bleidick) Wimmer (85.Jensen), Rupp, Kulik (23.Bleidick)

RÜCK= SPIEL **F:** Klaus - Streich, Schneider, Krivokuca, Steinwarz, Dosipal, Bente, v.d. Fenn, Gensitz (46.Treuheit), Schnitzer, Matic (65.Fröhlich)
SR: Engel (Reimsbach)
T: 1-0 Netzer 5., 1-1 Matic 7., 2-1 Heynckes 20., 3-1 Netzer 38., 4-1, Heynckes 55., 5-1 Heynckes 65., 6-1 Netzer 71. Elfm., 7-1 Rupp 85.

In der 1. Runde hatten es die Borussen mit dem Freiburger FC zu tun. Völlig überraschend verlor der VfL in Freiburg mit 1:3. Der Gegner wurde wohl als zu leicht eingestuft. Durch Wittkamp ging die Rheinischen zwar in Führung, doch Schnitzer konnte noch vor der Pause ausgleichen. Doch mit einem Unentschieden war man auf Freiburger Seite nicht zufrieden. In der Schlußphase erzielten die Breisgauer noch durch Treuheit und v.d. Fenn zwei Tore zum 3:1 Endstand. Im Rückspiel auf dem Bökelberg war der FFC vor 10.000 Zuschauern ohne Chance. Es gelang zwar in der siebten Minute durch Matic der Ausgleich, vorher hatte Netzer für das 1:0 gesorgt, doch das war es auch schon aus Freiburger Sicht. Der überragende Heynckes steuerte drei Treffer zum 7:1 Kantersieg bei.Ebenfalls drei Tore gingen auf Netzers Konto. Den siebten und letzten Treffer markierte Bernd Rupp.

Runde 2: Schalke 04 - **Mönchengladbach** 0 : 2 (0-1) 15.000 Z.
03.03.73 **S:** Nigbur - Klein, v.d. Berg, Fichtel, Huhse, Lütkebohmert, Scheer, Ehmke, H. Kremers, Budde, E. Kremers (64.Dubski)
HIN= **M:** Kleff - Vogts, Wittkamp, Surau, Bonhof, Danner, Wimmer, Kulik, Jensen,
SPIEL Heynckes, Rupp
SR: Schröck (Riegelsberg)
T: 0-1 Heynckes 22., 0-2 Kulik 64.

14.03.73 **Mönchengladbach** - Schalke 04 1 : 1 (1-0) 20.000 Z.
M: Kleff - Vogts, Wittkamp, Sieloff, Bonhof, Danner, Simonsen, Kulik,
RÜCK= Jensen, Rupp, Heynckes
SPIEL **S:** Pabst - Klein, H. Kremers, Fichtel (46.Manns), Huhse, Scheer, Holz,Lütkebohmert, Dubski, Ehmke, Beverungen
SR: Seiler (Dessingen)
T: 1-0 Bonhof 23., 1-1 Manns 47.

In Runde zwei traf die Borussia auf den letztjährigen Pokalsieger. Bereits in Schalke lwurde der Grundstein für das Weiterkommen gelegt. Völlig verdient gewann Gladbach mit 2:0 Toren. Der Sieg hätte durchaus höher ausfallen können,, reihenweise wurden klare Tormöglichkeiten ausgelassen. Vor 15000 Zuschauern gingen die Fohlen durch Heynckes in Front, ehe Kulik in der 64. Minute den Endstand zum 2:0 besorgte. Die besten Akteure hatte man in Vogts, Wittkamp, Wimmer, Danner und Heynckes.Vor 20.000 Zuschauer auf dem Bökelberg trennten sich die Kontrahenten dann 1:1 Unentschieden. Viele Leistungsträger fehlten auf beiden Seiten. So mußte Gladbach wiederum ohne Netzer antreten, zudem wurden Wimmer und Surau ersetzt. Auf Schalker Seite fehlten ebenfalls routinierte Spieler wie Torhüter Nigbur, Rüßmann und Erwin Kremers. Es war ein niveauloses Spiel, in dem die Spannung fehlte. Den Führungstreffer durch Bonhof konnte der gerade eingewechselte Manns egalisieren. In Kleff und Vogts hatte Gladbach die besten Akteure.

Runde 3: **Mönchengladbach** - 1.FC Kaiserslautern 2 : 1 (1-0) 12.000 Z.
14.04.73 **M:** Kleff - Stielike, Surau, Vogts, Bonhof, Danner, Netzer, Wimmer, Kulik,Jensen, Heynckes
HIN= **K:** Stabel - Reinders, Schwager, Diehl, Fuchs, Huber, Bitz, Friedrich, Seel,
SPIEL Pirrung, Ackermann
SR: Horstmann (Großescherde)
T: 1-0 Danner 34., 1-1 Ackermann 63., 2-1 Danner 76.

19.04.73 1.FC Kaiserslautern - **Mönchengladbach** 1 : 3 (0-2) 28.000 Z.
K: Stabel - Reinders, Schwager, Diehl, Fuchs, Huber, Bitz (53.Vogt), Seel,
RÜCK= Friedrich, Pirrung, Ackermann
SPIEL **M:** Kleff - Vogts, Surau, Sieloff, Bonhof, Danner, Netzer, Simonsen, Kulik, Rupp, Heynckes

SR: Frickel (München)
T: 0-1 Rupp 30., 0-2 Heynckes 39. Elfm., 1-2 Huber 87., 1-3 Kulik 89.

Die Lauterer waren gewarnt, hatten sie doch schon herbe Schlappen (2:6 in der Bundesliga und 1:7 im Europacup) auf dem Bökelberg kassiert. So gab auch ihr Trainer die Devise aus, möglichst wenig zu riskieren. Die Pfälzer igelten sich von Beginn an in der eigenen Hälfte ein. Wenig Spielfluß kam zustande. Auf Gladbacher Seite traf Dietmar Danner zweimal, den zwischenzeitlichen Ausgleich besorgte Ackermann, der einige Jahre zuvor selbst n der Gladbacher Mannschaft gespielt hatte. Borussia tat allerdings auch zu wenig, um mehr als das magere 2:1 zu erreichen. Im Rückspiel ließ Borussia die Roten Teufel zunächst kommen. Erst nach einer halben Stunde gaben die Grün-Weißen die Defensive auf und griffen selbst an. Daraus resultierte auch das 1:0 durch Rupp. Heynckes erzielte per Foulelfmeter das vorentscheidende 2:0. Die Lauterer gaben sich nun auf. Erst kurz vor Ende gelang Huber der Ehrentreffer. Doch bereits im Gegenzug stellte Kulik den alten 2-Tore-Abstand wieder her. Ein souverän herausgespielter Erfolg der Borussen.

Halbf.: Werder Bremen - **Mönchengladbach** 1 : 3 (1-2) 32.000 Z.
02.05.73 **B:** Bernard - Zembski, Höttges, Assauer, Schmidt, Kamp, Hasebrink, Laumen(65.Roentved), Neuberger (80.Kontny), Weist, Görts
HIN= **M:** Kleff - Vogts, Surau, Netzer, Bonhof, Danner, Kulik, Wimmer, Jensen,
SPIEL Rupp, Heynckes
SR: Aldinger (Waiblingen)
T: 0-1 Jensen 6., 0-2 Rupp 9., 1-2 Laumen 10., 1-3 Rupp 76.

16.05.73 **Mönchengladbach** - Werder Bremen 4 : 2 (1-0) 19.000 Z.
M: Kleff - Vogts, Surau, Netzer, Bonhof (86.Michallik), Danner, Kulik, Heynckes,
RÜCK= (86.Sieloff), Wimmer, Jensen, Rupp,
SPIEL **B:** Burdenski - Kontny (46.Schmidt), Höttges, Assauer, Zembski, Görts Kamp,Roentved,Laumen, Neuberger, Weist (82.Hasebrink),
SR: Biwersi (Bliesransbach)
T: 1-0 Heynckes 13., 2-0 Bonhof 46., 2-1 Laumen 56., 3-1 Heynckes 65., 4-1 Rupp 81., 4-2 Laumen 88.

Im ersten Spiel in Bremen zeigte die Borussia, wozu sie fähig ist. Gegen eine gut aufspielende Bremer Elf zeigte sie ihr wahres Können. Angetrieben durch Netzer versetzte Gladbach die Bremer Abwehr in ständige Bedrängnis. Die Bremen bekamen den Regisseur nie in den Griff. Alle Angriffe liefen über Netzer. Die Werderaner trauten ihren Augen nicht, denn bereits nach nur neun gespielten Minuten führte der Gast mit 2:0. Es war ausgerechnet Laumen, jahrelang selbst Akteur in Mönchengladbach, der die Bremer wieder heranbrachte. Erst eine Viertelstunde vor Ende besiegelte Rupp endgültig die Niederlage.Im Rückspiel hatte Bremen nie den Hauch einer Siegchance. Die 19000 Zuschauer sahen ein attraktives Spiel, in dem die Borussia nach Belieben die Fäden zog. In der zweiten Hälfte wurden die Bremer regelrecht überrollt. Hielten sie den Schaden zur Halbzeit noch in Grenzen, so brachen in der 2. Halbzeit alle Dämme. Laumen war es wieder, der beide Bremer Tore erzielte.

Finale: **Mönchengladbach** - 1.FC Köln 2 : 1 (1-1, 1-1) n.V. 69.600 Z.
23.06. **M:** Kleff - Bonhof, Sieloff, Vogts, Michallik, Wimmer, Kulik, (91.Netzer in Düsseld.) Danner, Rupp (117.Stielike), Jensen, Heynckes

K: Welz - Kapellmann, Weber, Cullmann, Hein, Overath (71.Konopka), Flohe, Neumann, Glowacz (71.Gebauer), Löhr, Simmet
SR: Tschenscher (Mannheim)
T: 1-0 Wimmer 23., 1-1 Neumann 41., 2-1 Netzer 93.
BV: Heynckes (Gladbach) verschießt in der 58. Minute einen Elfmeter!

Pokalsieger: Borussia Mönchengladbach

1973 / 74

Runde 1: VfB Oldenburg - **Mönchengladbach** 0 : 6 (0-3) 30.000 Z.
01.12.73 **O:** Voß - Gawlyczyk, Struckmann, Bäumer, Adelt, Brack, Kuschel, Hecht, H. Wilhelm, Wegner (63.Belke), L. Wilhelm
M: Kleff - Bonhof, Vogts, Sieloff, Danner, Kulik, Wimmer (66.Köstner), Köppel, Jensen (64.Simonsen), Rupp, Heynckes
SR: Gabor (Berlin)
T: 0-1 Rupp 21., 0-2 Heynckes 41., 0-3 Wimmer 44., 0-4 Heynckes 65.,0-5 Bonhof 77., 0-6 Köppel 85.

Das Pokalspiel brachte der Borussia viele Sympathien ein. Man begnügte sich nicht damit, den 3:0 Vorsprung über die Zeit zu schaukeln, sondern zeigte auch in der 2. Halbzeit eine eindrucksvolle Vorstellung. Die 30.000 im Stadion waren begeistert. Heynckes trat als zweifacher Torschütze in den Vordergrund, doch auch Köppel und Wimmer wußten zu gefallen. Teilweise spielte der VfB gut mit. Der Pokalverteidiger gewann auch in dieser Höhe verdient.

Runde 2: **Mönchengladbach** - Hamburger SV 2 : 2 (1-1, 1-1) n.V. 10.000 Z.
15.12.73 **M:** Kleff - Danner, Vogts, Sieloff (46.Michallik), Bonhof, Kulik, Wimmer,Köppel (105.Klinkhammer), Jensen, Rupp, Heynckes
H: Kargus - Hidien, Nogly, Winkler, Kaltz, Björnmose (106.Hönig), Krobbach, Zaczyk, Memering, Krause (106.Heese), Volkert
SR: Berner (Enzberg)
T: 0-1 Krause 5., 1-1 Bonhof 18., 1-2 Hidien 96., 2-2 Kulik 112.

Auf schneebedecktem Boden fand die Borussia nie zu ihrem gewohnten Angriffsspiel. Der Gast aus Hamburg bot eine starke Vorstellung. Zur Halbzeit hätte der HSV sogar in Führung liegen könne. Auch eine notwendig gewordene Verlängerung brachte keine Entscheidung. Hamburg ging durch Hidien in der 96. Minute zwar in Führung, doch Kulik konnte 8 Minuten vor Ende ausgleichen. Ein Wieder-holungsspiel in Hamburg mußte die Entscheidung über den Einzug in die dritte Runde bringen.

Wiederh.: Hamburger SV - **Mönchengladbach** 1 : 1 (1-1, 0-1) n.V. 50.000 Z.
22.12.73 **H:** Kargus - Kaltz, Nogly, Winkler, Hidien, Björnmose, Memering, Zaczyk (81.Heese), Krobbach (71.Hönig), Krause, Volkert
M: Kleff - Klinkhammer, Bonhof, Vogts, Danner, Kulik (60.Simonsen), Wimmer, Köstner, Jensen (46.Köppel), Rupp, Heynckes
SR: Betz (Regensburg)
T: 0-1 Bonhof 24., 1-1 Heese 88.
Elfmeterschießen: 3 : 1 für den Hamburger SV!
o Für den HSV trafen: 1-0 Hönig, 2-0 Volkert, 3-0 Kaltz;
o Für Gladbach traf: 3-1 Heynckes;
o Verschossen haben: Danner, Bonhof und Köppel (Gladbach) sowie ein HSV-Spieler!

Lange Zeit sah die Borussia wie der sichere Sieger in diesem Wiederholungsspiel aus. Gladbach führte bis zwei Minuten vor Schluß durch einenTreffer von Bonhof mit 1:0. Erst in der 88. Minute gelang Heese der verdiente Ausgleich. Gladbach wollte nur mit spielerischen Mitteln zum Erfolg kommen,doch der kämpfende HSV war eben- bürtig. Als auch die Verlängerung keine Entscheidung brachte, kam es zum Elfmeterschießen. Überragend hier: HSV-Torhüter Kargus. Er hielt drei Elfmeter und avancierte zum Matchwinner. Der Pokalverteidiger war bereits in Runde 2 draußen.

1974 / 75

Runde 1: TV Gültstein - **Mönchengladbach** 0 : 5 (0-2) 6.000 Z.
07.09.74
G: Eipper - Michel, Krapf, Geltenbert, Schmidt, Mayer, Wurster, Richter, Schrön(75.Gries), Spohn (55.Bischhof), Brenner
M: Kleff - Vogts, Bonhof, Surau, Posner, Stielike, Simonsen, Köstner (40.Wittkamp), Köppel, Heynckes, Jensen
SR: Kettenbach (Landau)
T: 0-1 Köppel 16., 0-2 Heynckes 22., 0-3 Heynckes 58., 0-4 Wittkamp 72.,0-5 Heynckes 79.

Der klare 5:0 Sieg besagt eigentlich nicht viel, denn der Borussia wurde der Sieg schwer gemacht. Die Amateure hielten ausgezeichnet mit und lediglich Torjäger Heynckes war es, den die Amateure nie in den Griff bekamen. Er schoß drei Tore. Erst in den letzten Minuten ließen die Kräfte des TV nach und Gladbach konnte noch durch Wittkamp und Heynckes auf 5:0 erhöhen. Der Sieg fiel zu hoch aus.

Runde 2: **Mönchengladbach** - 1.FC Köln 3 : 5 (3-4) 15.000 Z.
29.01.75
M: Kleff - Klinkhammer, Bonhof, Schäfer, Vogts, Danner, Wimmer, Kulik, Jensen, Simonsen, Heynckes
K: Schumacher - Glowacz, Konopka, Cullmann, Zimmermann, Simmet, Flohe, Neumann, Overath, D. Müller, Lauscher
SR: Frickel (München)
T: 1-0 Heynckes 13., 2-0 Wimmer 30., 2-1 Flohe 31., 3-1 Simonsen 34. Elfm.,3-2 Konopka 35., 3-3 Flohe 39. Elfm., 3-4 Neumann 44., 3-5 Müller 60.

Die beiden alten Rivalen trafen bereits in der zweiten Runde aufeinander. Zunächst schien alles auf einen Erfolg der Heimmannschaft hinzudeuten. Vor 15000 Zuschauern führte Borussia zweimal mit 2 Toren, doch verstand sie es nicht, den Vorsprung in die Pause zu retten. Die Kölner kamen jeweils schnell wieder heran. Nach dem 3:1 gelangen Konopka, Flohe und Neumann drei Tore zur überraschenden Kölner Führung. Torjäger Müller war es vorbehalten, den Endstand zum 3:5 zu besorgen. Ein sicher geglaubter Sieg ging nach der 3:1 Führung noch durch die Lappen.

1975 / 76

Runde 1: Werder Bremen - **Mönchengladbach** 0 : 3 (0-2) 22.000 Z.
02.08.75
B: Burdenski-Kontny, Höttges, Assauer, Kamp, Röber, Hiller (46.Müllner), Roentved, Görts, Schlief, Bracht
M: Kleff-Vogts, Klinkhammer, Wittkamp, Bonhof, Danner, Simonsen, Jensen, Wimmer (60.Schäffer), Stielike (74.Köppel), Heynckes
SR: Gabor (Berlin)
T: 0-1 Jensen 8., 0-2 Assauer 34. Eigentor, 0-3 Wimmer 50.

Vor 22.000 Zuschauern ließ sich Gladbach nicht die Butter vom Brot nehmen. Recht deutlich siegten die Gäste an der Weser. Die frühe Führung durch Jensen brachte Sicherheit ins Spiel. Als Assauer in der 34. Minute ein Eigentor unterlief, war die Partie entschieden. Mittelfeldrenner Wimmer legte noch einen drauf und es hieß 0:3 für eine überlegen aufspielende Borussia. In Vogts und Wittkamp hatten die Fohlen die besten Akteure.

Runde 2: **Mönchengladbach** - SV Hasborn 3 : 0 (0-0) 5.000 Z.
18.10.75 **M:** Kleff - Vogts, Schäffer, Wittkamp, Bonhof, Danner, Wimmer, Simonsen, Stielike (78.Köppel), Jensen, Heynckes
H: Groß - P. Besch, Lesch, K. Scholl, Henkes, Heinrich, Dewes, G. Besch,Ziegler, Jäckel, Peterhänsel (66.A. Besch)
SR: Kettenbach (Landau)
T: 1-0 Heynckes 59., 2-0 Danner 64., 3-0 Simonsen 66.

Der Amateurverein hielt bis zur Halbzeit ein beachtliches 0:0.Die Gladbacher wußten in der ersten Halbzeit keinen Rat. Alles, was sie unternahmen, ging schief. Erst nach dem Führungstreffer durch Heynckes nach fast einer Stunde brach der Widerstand der Hasborner. Innerhalb von zwei Minuten sorgten Danner und Simonsen für den glücklichen 3:0 Erfolg gegen eine aufopferungsvoll kämpfende Mannschaft aus Hasborn.

Runde 3: MSV Duisburg - **Mönchengladbach** 0 : 1 (0-1) 31.000 Z.
13.12.75 **D:** Heinze - W. Schneider, Pirsig, Dietz, L. Schneider, Jara, Bruckmann, Bücker (78.Montelett), Seliger, Worm, Büssers (60.Theis)
M: Kleff - Schäffer, Bonhof, Wittkamp, Vogts, Danner, Wimmer, Stielike, Simonsen, Jensen, Heynckes
SR: Aldinger (Waiblingen)
T: 0-1 Vogts 23.
BV: Dietz (Duisburg) verschießt einen Elfmeter!

Mit Glück überstand die Borussia diese Pokalpartie. In einer hochklassigen Begegnung waren die Duisburger teilweise überlegen. Abwehrspieler Vogts erzielte das goldene Tor. Viel Glück hatte Kleff, daß zwei Schüsse an die Latte prallten. Dietz konnte auf seiten des MSV die wohl größte Chance nicht nutzen - er verschoß einen Elfmeter. Die 31000 Zuschauer hatten nur die mangelhafte Chancenauswertung ihres MSV zu bemängeln.

Runde 4: Fortuna Düsseldorf - **Mönchengladbach** 3 : 2 (2-0) 60.000 Z.
31.01.76 **D:** Woyke - Baltes, Zimmermann, Kriegler, Heese, Zewe, Seel, Brei, Geye, Mattson, Herzog
M: Kleff - Vogts, Schäffer, Wittkamp, Bonhof, Danner, Wimmer (25.Köppel), Stielike, Simonsen, Jensen, Heynckes
SR: Eschweiler (Euskirchen)
T: 1-0 Mattson 15., 2-0 Seel 40., 2-1 Jensen 55., 3-1 Bonhof 73. Eigentor,3-2 Bonhof 86. Elfmeter

In dieser Pokalpartie spielten die Borussen unter Form. Zur Halbzeit lagen sie bereits nach Toren von Mattson (15.) und Seel (40.) mit 0:2 fast aussichtslos hinten. Auch der Anschlußtreffer von Jensen, in der 55. Minute erzielt, konnte daran nichts mehr ändern. Die Fortuna blieb spielbestimmend. Bonhof wurde zur tragischen Figur. Erst unterlief ihm ein Eigentor, dann konnte er die Borussia noch einmal mit einem Foulelfmeter auf 2:3 heranbringen, doch es sollte nicht mehr reichen. Düsseldorf gewann völlig verdient vor ca. 60000 Zuschauern, die am Ende schier aus dem Häuschen waren.

1976 / 77

Runde 1: 07.09.76

Mönchengladbach - Eintr. Braunschweig 0 : 2 (0-0) 19.500 Z.

M: Kneib - Vogts, Wittkamp, Schäffer, Klinkhammer (90.Ringels), Bonhof, Kulik (46.Del'Haye), Wimmer, Simonsen, Köppel, Heynckes

B: Franke - Grzyb, Häbermann, Hollmann, Merkhoffer, Handschuh, Ristic, Zembski, Popivoda, Frank, Gersdorff

SR: Walz (Waiblingen)

T: 0-1 Frank 57., 0-2 Gersdorff 84.

Bereits in Runde 1 mußte die Borussia die Segel streichen. Gegen den Liga Konkurrenten aus Braunschweig zog man mit 0:2 den kürzeren. Vor ca.20000 Zuschauern war es Frank, der die Eintracht in der 57. Minute in Führung schoß. Danach mußte die Borussia aufmachen. Bei einem der Konter besorgte Gersdorff sechs Minuten vor Schluß das 2:0 - das Aus für die Mönchengladbacher!Der Sieg der Braunschweiger geht vollkommen in Ordnung. In Bonhof hatte Borussia den aktivsten Akteur, der Rest spielte unter Form.

1977 / 78

Runde 1: 30.07.77

1.FC Viersen - **Mönchengladbach** 0 : 8 (0-1) 8.000 Z.

V: Malchow - Helpenstein, Flessers (46.Lubberich), E. Spinnler, Kempers (52.Bökers), R. Spinnler, Linden, Engelbrecht, Holter, Zoppke, Sobbe

M: Kneib - Vogts, Bonhof, Wittkamp, Klinkhammer, Wohlers, Simonsen, Wimmer (75.Hannes), Schäfer, Lienen, Heidenreich (61.Kulik)

SR: Dellwing (Trier)

T: 0-1 Wohlers 40., 0-2 Simonsen 54., 0-3 Schäfer 62., 0-4 Simonsen 64., 0-5 Klinkhammer 70., 0-6 Wittkamp 53., 0-7 Kulik 87., 0-8 Lienen 90.

Gegen den Nachbarn aus Viersen hatte die Borussia nur in der ersten Hälfte Mühe. Erst 5 Minuten vor Pausenpfiff gelang das 1:0 durch Wohlers. Nach dem Wechsel brachen bei den Amateuren alle Dämme. Kräftemäßig baute der 1.FC stark ab. Die Tore fielen in Minutenabständen. Zweimal Simonsen, Schäfer, Klinkhammer, Wittkamp, Kulik und Lienen sorgten vor 8000 Zuschauern für einen standesgemäßen Sieg.

Runde 2: 20.08.77

BV 04 Düsseldorf - **Mönchengladbach** 1 : 4 (1-1) 7.000 Z.

D: Kollmann (46.Bursch) - Dietze, Helmreich, Winkels, Dovidat, Odenbrett, Petry, Dasbach, Lefuel, Hoster (75.Delgardo), Grunwald

M: Kneib - Vogts, Wittkamp, Bonhof, Klinkhammer, Wimmer (80.Kulik), Schäfer, Wohlers, Simonsen, Lienen (30.Heidenreich), Heynckes

SR: Fork (Unna)

T: 0-1 Schäfer 32., 1-1 Odenbrett 45., 1-2 Heidenreich 65., 1-3 Bonhof 72., 1-4 Heynckes 85.

Mehr Mühe als erwartet hatte die Borussia in der zweiten Runde gegen die Düsseldorfer. Erst nach der Pause konnte man sich entscheidend durchsetzen und noch durch Tore von Heidenreich, Bonhof und Heynckes mit 4:1 gewinnen. Die Gladbacher Führung durch Schäfer glich der Düsseldorfer Odenbrett fast mit dem Pausenpfiff aus. Ein bis dahin völlig verdientes Resultat gegen die harmlos agierenden Borussen. Erst im zweiten Spielabschnitt verstärkte die Borussia den Druck und gewann verdient.

Runde 3: 15.10.77

Mönchengladbach - Bonner SC 3 : 0 (0-0) 4.700 Z.

M: Kleff - Vogts, Wittkamp, Bonhof, Klinkhammer, Schäfer, Kulik, Del'Haye, Wimmer (70.Lienen), Simonsen, Heynckes

B: Höller - Hubiak, van den Berg, Schwaba, Bröhl, Makowiak, Greiffendorf, Thier, Milansincic, Kraus (83.Schulze), Grau (67.Dünnwald)

SR: Waltert (Paderborn)

T: 1-0 Kulik 49., 2-0 Simonsen 63., 3-0 Heynckes 66.

Auch in Runde 3 mußten die Grün-Weißen sich gegen einen Amateurverein behaupten. Wie schon in den ersten beiden Spielen setzte Borussia sich auch diesmal erst in der zweiten Halbzeit entscheidend durch. In einem mäßigen Spiel vor nur knapp 5000 Zuschauern konnten die Bonner in der ersten Halbzeit gut mithalten. Sie standen zwar mächtig unter Druck, doch ein Treffer wollte nicht fallen. Erst Kulik sorgte vier Minuten nach der Pause für das 1:0. Die Entscheidung fiel in diesem mäßigen Spiel binnen kurzer Zeit. Zwischen der 63. und 66. Minute waren es die Sturmspitzen Simonsen und Heynckes, die mit ihren Toren auf 3:0 erhöhen konnten. Dabei blieb es dann auch.

Runde 4: 19.11.77

Mönchengladbach - VfL Bochum 3 : 0 (0-0) 12.000 Z.

M: Kleff - Vogts, Wittkamp, Ringels, Klinkhammer, Schäfer, Wimmer, Kulik (79.Nielsen), Simonsen, Del'Haye, Heynckes

B: Scholz - Gerland, Herget, Versen, Franke, Wölk (71.Pochstein), Lameck, Bast, Eggert (63.Schwemmle), Abel, Trimhold

SR: Aldinger (Waiblingen)

T: 1-0 Heynckes 55., 2-0 Heynckes 58., 3-0 Heynckes 87.

Gegen den Bundesligisten aus Bochum wurde es das erwartet schwere Pokalspiel. In einem schwachen Spiel vor 12.000 Zuschauern war Heynckes der Matchwinner. Mit einem lupenreinen Hattrick zwischen der 55. und 87. Minute besiegte er die Gäste fast im Alleingang. Seine ersten beiden Tore binnen drei Minuten sorgten schon für eine gewisse Vorentscheidung. Als die Bochumer dann aufmachten, gelang wiederum Heynckes das 3:0. Ein schwer erkämpfter Arbeitssieg.

Viertelf.: 20.12.77

Werder Bremen - **Mönchengladbach** 2 : 1 (0-0) 32.000 Z.

B: Burdenski - Geils, Höttges, Siegmann, Kamp, Glowacz, Röber, Bracht, Konschal, Reinders (75.Meininger), Dressel

M: Kleff - Vogts, Wittkamp, Schäffer, Bonhof, Schäfer, Wimmer, Simonsen, Kulik, Heynckes, Del'Haye

SR: Quindeau (Ludwigshafen)

T: 1-0 Dressel 50., 1-1 Bonhof 62., 2-1 Höttges 83. Elfmeter

Ausgerechnet ein Ex-Gladbacher schoß die Fohlen aus dem Pokalwettbewerb. Mit einem von Höttges in der 83. Minute verwandelten Elfmeter zog Bremen völlig verdient in das Halbfinale ein. Vor 32.000 Zuschauern im Bremer Weserstadion beherrschte Werder Ball und Gegner. Der SV ließ die Borussia nie *zur*Ent faltung kommen. Lediglich einmal paßte die Abwehr nicht auf und mußte den Aus- gleich durch Bonhof hinnehmen. Ihre besten Spieler hatten die Borussen in Libero Wittkamp und Vorstopper Schäffer. Der agile Simonsen wußte ebenfalls zu gefallen.

1978 / 79

Runde 1: **Mönchengladbach** - Wuppertaler SV 4 : 2 (1-1) 9.000 Z.
05.08.78
M: Kleff - Vogts (68.Klinkhammer), Hannes, Wohlers, Ringels, Bruns, Nielsen,Schäfer, Simonsen, Lausen (58.Lienen), Gores
W: Gelhard - Dupke, Spincke, Miß, Pecl, Lösch, Hermes, Berghaus, Budde,Jakobs (46.Koch), Fagot
SR: Eschweiler (Elsig)
T: 0-1 Hermes 14., 1-1 Ringels 42., 2-1 Nielsen 47., 3-1 Gores 62., 4-1 Simonsen 73., 4-2 Hermes 82.

Bis zur Pause hatte Borussia viel Mühe mit den Wuppertalern. Erst nach dem Wechsel fanden die Lattek-Schützlinge besser ins Spiel und gewannen am Ende verdient mit 4:2 Toren. Dieses Spiel riß die 9.000 Zuschauer nicht von den Sitzen. Der Zweitliga-Verein ging sogar nach 14 gespielten Minuten durch Hermes in Führung, ehe Abwehrspieler Ringels kurz vor dem Pausenpfiff ausgleichen konnte. Hermes war auch der Torschütze des zweiten WSV-Tores. Tragisch an diesem Nachmittag das verletzungsbedingte Ausscheiden von Berti Vogts (Schienbeinbruch). Er wird der Borussia in der Saison sehr fehlen.

Runde 2: **Mönchengladbach** - Arminia Hannover 6 : 1 (5-0) 5.600 Z.
05.08.78
M: Kneib - Ringels, Schäffer, Wohlers, Dudek, Schäfer, Bruns, Nielsen (73.Lausen), Simonsen (73.Amrath), Lienen, Gores
H: Kaiser (44.Schrader) - Hoffmann, Fleer, Behrends, Krüger, Roloff, Brandt, Dierßen, Rogoznica, Schmotz, Mrosko
SR: Risse (Hattingen)
T: 1-0 Bruns 13., 2-0 Bruns 24., 3-0 Bruns 25., 4-0 Simonsen 27., 5-0 Simonsen 43., 6-0 Bruns 79. Elfmeter, 6-1 Mrosko 86.

Ein überragender Hans-Günter Bruns war der Matchwinner gegen die Arminen aus Hannover. Binnen zwölf Minuten erzielte er einen lupenreinen Hattrick - gleichzeitig die Entscheidung in diesem Spiel der zweiten Runde. Bereits zur Halbzeit führte die Borussia mit 5:0 (zweimal Simonsen zum 4:0 und 5:0). Bei besserer Chancenauswertung hätte es schon leicht höher stehen können. Die Partie verflachte in der zweiten Halbzeit. Bruns erzielte in der 79. Minute per Foulelfmeter seinen vierten Treffer. Das Ehrentor gelang Mrosko kurz vor Ende. Ein leicht herausgespielter Sieg gegen eine wacker kämpfende Arminenelf. Die knapp 5.500 Zuschauer kamen nur angesichts der vielen Tore auf ihre Kosten, ansonsten enttäuschte die Borussia spielerisch.

Runde 3: Hertha BSC Berlin - **Mönchengladbach** 2 : 0 (0-0) 16.000 Z.
02.12.78
B: Nigbur - Sziedat, Weiner, Brück, Diefenbach, Nüssing, Rasmussen, Beer, Granitza, Milewski, Gersdorff
M: Kneib - Schäfer, Wohlers, Schäffer, Dudek, Bruns, Kulik, Del'Haye, Nielsen (74.Gores), Simonsen, Lienen
SR: Aldinger (Waiblingen)
T: 1-0 Gersdorff 52. Elfmeter, 2-0 Beer 87.

Das Aus für die Borussia kam bereits in Runde 3. Gegen die taktisch hervorragend eingestellten Berliner fand der Deutsche Vizemeister nie die geeigneten Mittel, um an diesem Nachmittag den Platz als Sieger verlassen zu können. Hertha BSC ließ die Borussia nie zu ihrem Spiel kommen. In einem schwachen Spiel erzielten Gersdorff per Elfmeter und, nachdem die Borussia auf den Ausgleich drängte, Erich Beer kurz vor Schluß die Berliner Tore. Auf Gladbacher Seite konnten lediglich Bruns und Mittelfeldrenner Nielsen überzeugen.

1979 / 80

Runde 1: 25.08.79

Mönchengladbach - FV Biberach 2 : 1 (1-0) 2.800 Z.

M: Kneib - Ringels, Hannes, Schäffer, Fleer, Schäfer, Kulik, Nielsen, Bödeker (46.Gores), Nickel, Lienen (64.Bruns)

B: M. Mast - Maier, Djuric, Huber, Badstober (51.Todzi), Pleyer, Markovic, Löbel, Schaden, Gärtner (67.Wunder), Weisbrich

SR: Uhlig (Dortmund)

T: 1-0 Nickel 8., 1-1 Todzi 55., 2-1 Schäffer 79.

Mit viel Glück überstand die Borussia diese erste Hürde. Der FV Biberach war nahezu gleichwertig. Auch die frühe Führung durch Harald Nickel brachte keine Beruhigung, geschweige denn Sicherheit, ins Spiel. Immer wieder war ein Biberacher schneller als sein Gegenüber. Als Todzi dann auch noch der Ausgleich in der 55. Minute gelang, hatten die wackeren Amateure endgültig ihren Respekt vor dem Bundesligisten abgelegt. Es war wieder einmal einem Abwehrspieler zu verdanken, daß eine Verlängerung abgewendet werden konnte. Frank Schäffer erlöste die wenigen Anhänger, nur ca. 3.000 Zuschauer waren auf den Bökelberg gekommen, in der 79. Minute mit dem 2:1 Siegtreffer.

Runde 2: 29.09.79

Mönchengladbach - Rot Weiß Essen 4 : 0 (1-0) 5.870 Z.

M: Kneib - Fleer, Schäffer, Hannes, Ringels, Matthäus (81.Lausen), Veh (63. Danner), Nielsen, Gores, Nickel, Lienen

E: Herrndorf - Bönighausen, Klinger, Kirschstein, Klausmann, Herget, Sekula, Meininger, Kaminsky, Mill, Diemand

SR: Wilhelmi (Konz)

T: 1-0 Nickel 37., 2-0 Kirschstein 71. Eigentor, 3-0 Lienen 81., 4-0 Lausen 90.

Bis zur 71. Minute hielten die Essener das Spiel offen. Durch einen Treffer von Harald Nickel lag der Zweitligist lediglich mit 0:1 hinten. Ein enttäuschendes Spiel vor knapp 6.000 Zuschauern auf dem Bökelberg. Nach der Pause wurde das Spiel zuse-hends besser. Erst die nachlassende Kraft und die daraus resultierende Konzentrationsschwäche brachten die Borussia auf die Siegerstraße. Dem Essener Verteidiger Kirschstein unterlief in der 71. Minute ein blitzsauberes Eigentor. Die Essener machten nun auf und wurden eiskalt erwischt. Ewald Lienen und der zuvor eingewechselte Lausen schraubten das Resultat dann noch auf 4:0. Am Ende ein standesgemäßer, aber zu hoch ausgefallener Sieg für die Borussia.

Runde 3: 12.01.79

Karlsruher SC - **Mönchengladbach** 1 : 0 (0-0) n.V. 30.000 Z.

K: Wimmer - Groß, Struth, Ulrich, Dohmen, Bold, Wiesner, Trenkel, Dittus, Günther, E. Becker (112.Behr)

M: Kneib - Klinkhammer (91.Matthäus), Hannes, Schäffer, Ringels, Kulik, Schäfer, Nielsen, Del'Haye, Nickel, Lienen

SR: Treib (Wadgassen)

T: 1-0 Behr 113.

In einem gutklassigen Pokalspiel gewann der KSC am Ende recht glücklich mit 1:0 nach Verlängerung. In Torhüter Wolfgang Kneib hatte Borussia den überragenden Mann zwischen den Pfosten. Neben Kneib konnten auch noch Hannes und Nielsen gefallen. Pech für die Borussen, daß gleich dreimal nur das Holz getroffen wurde. Bis zur 90. Minute wollte kein Treffer fallen. Es kam zur Verlängerung. Da war es dann dem gerade erst eine Minute vorher eingewechselten Behr vorbehalten, das goldene Tor zu erzielen. Die Abwehr hatte sich wohl noch nicht auf ihn eingestellt. Gladbach war in den verbleibenden Minuten nicht mehr in der Lage, den Ausgleich zu erzielen. So blieb es beim 1:0 für den KSC.

1980 / 81

Runde 1: **Mönchengladbach** - OSV Hannover 7 : 3 (4-0) 3.841 Z.
30.08.80 **M:** Sude - Fleer, Hannes (54.Wielandt), Schäffer, Schäfer, Bruns, Matthäus, Rahn (46.Bödeker), Thychosen, Nickel, Lienen
H: Dittel, Rischker, Herbeck, Knopf (31.Meisner), Witter, Schmid, Meyer (78. Gerland), Fuchs, Krumbein, H. Bartels, Brüggmann
SR: Wahmann (Gelsenkirchen)
T: 1-0 Hannes 24., 2-0 Rahn 29., 3-0 Meisner 35. Eigentor, 4-0 Bruns 45., 5-0 Nickel 49., 6-0 Schäfer 51., 6-1 Krumbein 53., 6-2 Krumbein 57., 7-2Thychosen 62., 7-3 Brüggmann 72.

In der ersten Runde machte es der OSV den Borussen sehr leicht.Erst als die Mönchengladbacher zurücksteckten, gelang zweimal Krumbein eine Resultatsverbesserung. Aber da stand es bereits 6:0. Vor nur knapp 4.000 Zuschauern fielen die Tore wie reife Früchte. Ein auch in dieser Höhe vollkommen verdienter Erfolg.

Runde 2: TuS Langerwehe - **Mönchengladbach** 1 : 7 (0-3) 12.000 Z.
04.10.89 **L:** Rodriquez - Siman (75.Palm), Hauck, Knops, Grümmer, Otten,Rombach, Chr. Brandenburg, Adamczak (75.Pütz), R. Brandenburg, Mainz
M: Sude - Schuhmacher, Schäffer, Hannes, Schäfer, Frenken, Nielsen, Bruns (75.Rahn), Matthäus (65.Kulik), Nickel, Lienen
SR: Wichmann (Gelsenkirchen)
T: 0-1 Mainz 21. Eigentor, 0-2 Nielsen 35., 0-3 Frenken 38., 0-4 Bruns 75.,1-4 R. Brandenburg 80., 1-5 Nielsen 83., 1-6 Nielsen 86., 1-7 Nielsen 90.

Beim TuS Langerwehe war es dem Spieler Mainz verdanken,daß der VfL am Ende klar mit 7:1 die Oberhand behielt. Er war es, der mit seinem unglücklichen Eigentor die Borussia auf die Siegerstraße brachte. Danach veranstalteten die Borussen ein munteres Scheibenschießen. Überragender Mann auf dem Platz war Carsten Nielsen, dem insgesamt vier Treffer gelangen. Kurz vor Ende erzielte er sogar binnen sieben Minuten einen astreinen Hattrick.

Runde 3: Bünder SV - **Mönchengladbach** 1 : 7 (1-4) 10.000 Z.
22.11.80 **B:** Räcker - Scholz, Brummel, Hauptmann, Sander, Krieg, Ellenberg (57.Kirsch), Oelker (71.Eberhardt), Janowski, Clausmaier, Pinsch
M: Sude - Schuhmacher, Hannes (53.Schäffer), Matthäus, Fleer, Frenken, Veh, Kulik (76.Rahn), Thychosen, Nickel, Lienen
SR: Filipiak (Hannover)
T: 1-0 Brummel 14., 1-1 Hannes 17., 1-2 Lienen 24., 1-3 Thychosen 37., 1-4 Matthäus 44., 1-5 Schuhmacher 50., 1-6 Nickel 72., 1-7 Veh 89.

Auch der Bünder SV war kein Stolperstein für die Borussia. Wie schon in den beiden Spielen zuvor legten die Borussen auch diesmal dem Gegner sieben Tore ins Netz. Wiederum mußte der Amateurverein den Bundesligisten erst wachrütteln. Durch Brummel ging der SV in Führung, doch danach machten die Borussen ernst. Bereits zur Halbzeit (1:4) war alles klar. Am Ende hieß es standesgemäß 7:1 gegen die tapfer kämpfenden Amateure.

Runde 4: **Mönchengladbach** - Atlas Delmenhorst 6 : 1 (6-1) 15.600 Z.
31.01.81 **M:** Kleff - Ringels, Hannes, Fleer, Matthäus, Bruns, Rahn, Nielsen (83.Veh), Wuttke, Nickel, Lienen
D: Metz - Baumgart, Blaschek, Pfautsch, Schröder, Meyer, Weir, Bentrup, Donougher, Ahlers, Selke (46.Götz)
SR: Waltert (Paderborn)
T: 1-0 Hannes 18. Elfmeter, 2-0 Matthäus 27., 3-0 Bruns 34., 4-0 Rahn 40., 5-0 Nickel 42., 5-1 Meyer 44. Elfmeter, 6-1 Rahn 45.

Gegen den Vertreter aus dem Norden hatte Gladbach keine Mühe. Bereits zu-Halbzeit stand das Endergebnis fest - 6:1. In dieser Halbzeit schnürte die Elf von Jupp Heynckes die Amateure regelrecht ein. Die Tore fielen wie reife Früchte. Rahn trat dabei als zweifacher Torschütze auf. Eine Minute vor der Pause fiel der Ehren Treffer für Delmenhorst durch einen von Meyer verwandelten Elfmeter. Nach der Pause steckten die Borussen merklich zurück, sodaß kein weiterer Torerfolg zu bejubeln war.

Viertelf.: 1.FC Kaiserslautern - **Mönchengladbach** 3 : 1 (1-1) 19.161 Z.
28.02.81 **K:** Hellström - Wolf, Neues, Briegel, Dusek, Melzer, Riedl (59.Wendt), Geye, Bongartz, Funkel, Hofeditz
M: Kleff - Fleer (59.Veh), Hannes, Schäfer, Ringels, Matthäus, Rahn, Nielsen (80.Kulik), Nickel, Wuttke, Lienen
SR: Clajus (Karlsruhe)
T: 0-1 Wuttke 18., 1-1 Bongartz 44., 2-1 Wendt 60., 3-1 Wendt 77.

Bereits in der ersten Halbzeit hätten die Borussen alles klar machen können. Klare Tormöglichkeiten wurden ausgelassen. Nachdem Wuttke das 1:0 besorgte, hatte der VfL zahlreiche Torchancen, die jedoch teilweise stümperhaft vergeben wurden oder vom überragenden Hellström geklärt wurden. Eine Minute vor der Pause dann der schmeichelhafte Ausgleich für die Lauterer. Der in der zweiten Hälfte eingewechselte Benny Wendt schoß seine Farben mit den beiden Toren in das Halbfinale.

1981 / 82

Runde 1: SSV Dillenburg - **Mönchengladbach** 2 : 7 (0-3) 10.000 Z.
29.08.81 **D:** Benzerli - Horschitz (46.Steinwedel), Perkovic, Zohles, Triesch, Wabulat, Heupel, Nickel, Peres (65.Dörr), Wieth, Wüst
M: Kleff - Schäffer (82.Veh), Hannes, Ringels, Fleer (82.Loontiens), Rahn, Matthäus, Bruns, Schäfer, Mill, Wuttke
SR: Huster (Lahnstein)
T: 0-1 Hannes 21., 0-2 Mill 24., 0-3 Mill 43., 0-4 Mill 49., 0-5 Mill 56., 1-5 Heupel 67., 1-6 Mill 75., 2-6 Wieth 77., 2-7 Matthäus 87.

Es war der Tag des Frank Mill. Fast im Alleingang bezwang er die Amateure. Fünf Treffer gingen auf sein Konto, vier davon sogar hintereinander erzielt. Bereits zur Halbzeit hatte Borussia mit der 3:0 Führung klare Verhältnisse geschaffen. Vor 10.000 Zuschauern erzielten Heupel und Wieth Mitte der zweiten Halbzeit die beiden Treffer für den SSV. Gladbach blieb über die gesamte Spielzeit spielbestimmend und gewann auch in der Höhe verdient.

Runde 2: **Mönchengladbach** - Arminia Hannover 3 : 1 (2-0) 3.000 Z.
10.10.81 **M:** Sude - Hannes, Schäffer, Ringels, Matthäus, Rahn (76.Schmider), Fleer, Bruns, Pinkall, Mill, Wuttke (59.Veh)
H: Reichel - Seiler, Knopf, Roloff, Frercks, Gilica, Dölitzsch, Volkmer, M. Giesel (75.Gue), Brandes, Laszinski (46.Menges)
SR: K. J. Prinz (Stolberg)
T: 1-0 Rahn 13., 2-0 Wuttke 21., 2-1 Dölitzsch 53., 3-1 Matthäus 73.

Vor knapp 4.000 Zuschauern sah es nach 21 Minuten nach einem Schützenfest aus. Doch nach der 2:0 Führung durch Rahn (13.) und Wuttke (21.) riß der Faden bei der Borussia. Es wollte nicht mehr allzu viel gelingen. Kurz nach der Pause dann auch der verdiente Anschlußtreffer durch Dölitzsch. Es war Matthäus vorbehalten, den dritten Treffer zu erzielen und damit das Weiterkommen zu sichern. Ein mühsam erkämpfter Erfolg gegen die Arminen.

Runde 3: VfB Stuttgart - **Mönchengladbach** 0 : 2 (0-1) 15.000 Z.
05.12.81 **S:** Roleder - Martin (46.Habiger), Szatmari, K.H. Förster, Hadewicz, Schäfer, Adrion (70.Beck), B. Förster, Kelsch, D. Müller, Allgöwer
M: Kleff - Fleer, Hannes, Schäffer, Ringels, Veh (80.Rahn), Matthäus, Bruns, Schäfer, Pinkall, Wuttke (88.Schmider)
SR: Niebergall (Rammelsbach)
T: 0-1 Bruns 45., 0-2 Wuttke 87.

Souveräner Sieger in diesem Bundesligaduell waren die Gladbacher. Der Sieg hätte durchaus noch höher ausfallen können, doch Pinkall traf nur den Pfosten. Der Schock und damit fast schon die Resignation für die Stuttgarter kam in der 45. Minute, als Bruns fast mit dem Pausenpfiff das 0:1 erzielte. Kurz vor Ende der Partie besorgte Wuttke nach schönem Solo den 2:0 Endstand. Gegen den mutlosen VfB hatte Gladbach über die volle Distanz keinerlei Mühe.

Runde 4: Rot Weiß Essen - **Mönchengladbach** 0 : 4 (0-0) 22.000 Z.
09.01.82 **E:** Hallmann - Pickenäcker, Lander, Richter, Rolnik (70.Metzger), Herget, Klinger, Kaminsky, Pusch, Grillemeier, Timmler (12.Suchanek)
M: Kleff - Fleer, Hannes, Schäffer, Matthäus, Veh, Bruns, Rahn, Mill, Pinkall, Wuttke
SR: Eschweiler (Euskirchen)
T: 0-1 Pinkall 56., 0-2 Matthäus 58., 0-3 Pinkall 61., 0-4 Bruns 81.

Auf schneebedecktem Boden fand die Borussia erst in der zweiten Halbzeit zu ihrem Spiel. Die ersten 45 Minuten waren sehr ausgeglichen, mit Chancen auf beiden Seiten. Erst der Doppelschlag von Pinkall (56.) und Matthäus (58.) besorgten die Entscheidung. RWE resignierte und steckte auf und mußte drei Minuten später sogar noch das 0:3 hinnehmen. Den vierten Treffer erzielte Bruns neun Minuten vor Ende. Vor der guten Kulisse von über 21.000 Zuschauern ein am Ende verdienter Sieg für die Borussia.

Viertelf.: 1.FC Nürnberg - **Mönchengladbach** 3 : 1 (2-0) 32.000 Z.
20.02.82 **N:** Kargus - Stocker, Hintermaier, Reinhardt, Schöll, Täuber, Eder, Weyerich (69. Lieberwirth), Heidenreich, Heck, Dressel
M: Kleff - Bergfeld (63.Bödeker), Schäfer, Schäffer, Matthäus, Bruns, Rahn, Schmider, Wuttke (75.Reich), Mill, Pinkall
SR: Redelfs (Hannover)
T: 1-0 Heidenreich 27., 2-0 Weyerich 41., 2-1 Matthäus 60., 3-1 Dressel 66.

Wie schon ein Jahr zuvor beim 1.FC Kaiserslautern waren die Gladbacher auch diesmal drückend überlegen. In Torhüter Kargus fanden sie jedoch ihren Meister. Die beiden Tore für die Nürnberger vor der Pause fielen jeweils in der Drangperiode der Borussia. Als Matthäus in der 60. Minute der Anschlußtreffer gelang, keimte Hoffnung auf. Doch Dressel zerstörte kurze Zeit später alle Hoffnungen. Ein schmeichelhafter Sieg für den Club.

1982 / 83

Runde 1: 28.08.82
VfB Wissen - **Mönchengladbach** 0 : 4 (0-1) 8.000 Z.
W: Brenner - Kohl, Alhäuser, Hüsch, Winterkorn, Ferforth, Schäfer, Borr, Mann, Quast (62.Nast), Hoffmann (46.Erdmann)
M: Hesselbach - Veh (46.Borowka), Hannes, Schäffer, Ringels, Matthäus, Bruns, Rahn, Pinkall, Mill, Wuttke (72.Mohren)
SR: Eli (Idar-Oberstein)
T: 0-1 Pinkall 20., 0-2 Hannes 49. Elfm., 0-3 Wuttke 72., 0-4 Hannes 87. Elfm.

Keine Mühe hatte die Borussia vor 8.000 Zuschauern gegen den VfB Wissen. Libero Hannes war an diesem Tag gleich mit zwei verwandelten Elfmetern unter den Torschützen. Die knappe Halbzeitführung hatte Pinkall in der 20. Minute besorgt. Wuttke erzielte den dritten Treffer in der 72. Minute. Gegen die am Ende kräftemäßig nachlassenden Amateure wäre ein weitaus höherer Sieg durchaus möglich gewesen. Die besten Spieler auf Gladbacher Seite waren der Torschütze Pinkall und Matthäus.

Runde 2: 16.10.82
Union Solingen - **Mönchengladbach** 0 : 2 (0-1) 15.000 Z.
S: Pabst - Machulla, Römer, Göddertz, Lazic, Dieckmann, Krüger, Zimmermann, Schäfer (74.Kliemt), Lenz (38.Buschmann), Pontzen
M: Sude - Ringels, Veh, Schäfer, Borowka, Matthäus, Hochstätter, Bruns, Rahn, Wuttke (71.Pinkall), Mill
SR: Uhlig (Dortmund)
T: 0-1 Matthäus 15., 0-2 Bruns 90.

In einem schwachen Spiel vor 15.000 Zuschauern genügte den Gladbachern eine durchschnittliche Leistung, um den Platz als Sieger zu verlassen. Das frühe Tor von Matthäus wirkte jedoch hemmend auf das Spiel. In der letzten Spielminute war es Bruns, der den Endstand besorgte. Letztendlich ein Arbeitssieg gegen die Solinger.

Runde 3: 18.12.82
Mönchengladbach - Waldhof Mannheim 1 : 0 (1-0) 4.000 Z.
M: Sude - Ringels, Hannes, Borowka, Schäffer, Matthäus, Rahn, Mohren, Veh (83.Schmider), Pinkall, Mill (67.Criens)
M: Zimmermann - Schlindwein, Sebert, Dickgießer, Knapp, Quaisser, Bauer (77.Tsionanis), Schön (58.Bührer), Hein, Walter, Linz
SR: Hontheim (Trier)
T: 1-0 Hannes 34.
Vor nur 4.000 Zuschauern erzielte Libero Wilfried Hannes das goldene Tor nach gut einer halben Stunde. Einzig und allein ihrem Torhüter hatten es die Waldhöfer zu verdanken, daß sie am Bökelberg nicht untergingen. Torwart Zimmermann hielt nahezu alles. Was die Borussen auch unternahmen, sie scheiterten immer wieder am Torwart. In der 73. Minute wurde ein Abseitstor von Matthäus nicht anerkannt. In einem doch schwachen Spiel siegten die Gladbacher verdient mit 1:0.

Viertelf.: 12.02.83
Mönchengladbach - Fortuna Köln 2 : 2 (1-0, 2-2) n.V. 6.000 Z.
M: Sude - Schmider, Schäffer, Ringels, Matthäus, Veh, Rahn, Bruns, Schäfer, Pinkall, Mill
K: Helmschrot - Schatzschneider, Lemke, Gede, Fos, Linßen, Hutwelker, Hinterberger, Finkler, Zimmermann, Baier
SR: Retzmann (Pinneberg)
T: 1-0 Mill 5., 2-0 Mill 47., 2-1 Zimmermann 59., 2-2 Grabosch 74.

In einem schwachen Pokalspiel schien der Sieger bereits nach 47 Minuten festzustehen: Gladbach. Doch es sollte danach ganz anders kommen. Den starken Kölnern gelang noch der hochverdiente Ausgleich. Mill hatte die Borussia mit zwei schönen Kopfballtoren (auf Flanke von Bruns bzw. Schäfer) mit 2:0 in Front gebracht. Die Partie schien gelaufen. Doch die Fortuna bäumte sich gegen das drohende Aus noch einmal auf. Durch Tore von Zimmermann und Grabosch kam sie zum gerechten Ausgleich. Auch die Verlängerung brachte keine Entscheidung. Wiederholungsspiel! Auf schneebedecktem Boden überzeugte nur Frank Mill in einer schwachen Gladbacher Mannschaft.

Wiederhol.: Fortuna Köln - **Mönchengladbach** 2 : 1 (1-0) 15.000 Z.
08.03.83
K: Helmschrot - Kuntze, Hutwelker, Werres, Gede, Hinterberger, Linßen (87. Esche), Grabosch, Baier, Schatzschneider, Lemke
M: Sude - Schmider, Borowka, Schäffer, Ringels, Matthäus, Schäfer, Bruns, Veh (77.Hochstätter), Mill, Reich (77.Pinkall)
SR: Dellwing (Trier)
T: 1-0 Schatzschneider 45., 1-1 Matthäus 56. Elfmeter, 2-1 Schatzschneider, 67. Elfmeter

Im ausverkauften (15.000) Kölner Südstadion gelang der Fortuna gegen eine leicht überlegene Borussia ein glücklicher Sieg und damit der Einzug ins Halbfinale (erst im Finale unterlag Fortuna dem 1.FC Köln mit 0:1). Von Beginn an ging Borussia zu zaghaft in dieses Wiederholungsspiel. Lediglich Schäfer, Ringels, Mill und Reich überzeugten. Der Schock kam Sekunden vor der Pause durch Kölns Goalgetter Schatzschneider. Durch Matthäus kam Gladbach zwar durch einen Foulelfmeter zum zwischenzeitlichen Ausgleich, doch ebenfalls ein Foulelfmeter auf der anderen Seite brachte den Siegtreffer (Schatzschneider) für die Fortuna.

1983/84

Runde 1: Fortuna Köln - **Mönchengladbach** 2 : 3 (1-0) 6.500 Z.
27.08.83
K: Hemmerlein - Hinterberger, Kuntze, Hutwelker, Baier, Linßen, Kropp (82. Kirschner), Werres, Grabosch, Lemke, Vittinghoff (74.Schlösser)
M: Sude - Krauss, Hannes, Herlovsen (28.Hochstätter), Frontzeck, Rahn, Matthäus, Schäfer, Lienen, Pinkall (57.Criens), Mill
SR: Heitmann (Drentwede)
T: 1-0 Werres 44., 2-0 Hinterberger 48., 2-1 Matthäus 57., 2-2 Hannes 78., 2-3 Criens 87.

Die Pokalrevanche für das letzte Ausscheiden wollten die Gladbacher herbeizwingen. Doch beinahe ging der Schuß nach hinten los. Kurz vor der Pause führte der Zweitligist durch Werres mit 1:0 und baute diesen Vorsprung nach dem Wechsel durch ein sehenswertes Tor von Hinterberger aus. Kurz darauf hatte Lemke die Chance zum 3:0, doch er scheiterte völlig freistehend an Sude. Dann baute die Fortuna konditionell ab. Matthäus, bester Borusse, zirkelte einen Ball glänzend an der Freistoßmauer vorbei - Anschlußtreffer. Kurz danach fast der Ausgleich, doch Hinterberger klärt nach einer Mill-Ecke auf der Linie. Ein weiterer Kopfball von Mill streicht nur knapp am Pfosten vorbei. Der Ausgleich fällt aber zwei Minuten später durch Libero Hannes nach guter Vorlage von Schäfer. Als sich schon eine Verlängerung abzuzeichnen schien, bekommt Kuntze einen leichtsinnigen Rückpaß von Grabosch nicht unter Kontrolle. Criens sprintet dazwischen und hat keine Mühe - 2:3, der Siegtreffer.

Runde 2: 08.10.83

Mönchengladbach - Arminia Bielefeld 3 : 0 (1-0) 9.200 Z.

M: Sude - Krauss, Bruns, Hannes, Frontzeck, Herlovsen (83.Borowka), Schäfer, Matthäus, Rahn (69.Ringels), Mill, Lienen

B: Kneib - Geils, Wohlers (68.Ozaki), Schnier, Dronia, Pohl, Büscher, Pagelsdorf, Butz, Grillemeier, Rautiainen (46.Westerwinter)

SR: Werner (Auersmacher)

T: 1-0 Herlovsen 12., 2-0 Matthäus 65., 3-0 Krauss 90.

Gegen eine schwache Arminia genügte der Borussia eine mittelmäßige Leistung, um eine Runde weiter zu kommen. Der frühen Führung durch Herlovsen mit Volleyschuß nach Vorlage von Frontzeck folgten Serien von Gladbacher Angriffen, auch ein Dutzend Chancen, doch eine Fülle von Klasseparaden Kneibs und der Pfosten standen weiteren Toren entgegen. Matthäus und Krauss schossen am Ende einen viel zu niedrig ausgefallenen Sieg heraus. Borussia war um eine Klasse besser - überragend: Kai Herlovsen!

Runde 3: 18.12.83

SpVgg Fürth - **Mönchengladbach** 0 : 6 (0-3) 16.000 Z.

F: Kastner - Jaki, Glaser, Rupp, Störzenhofecker (55.Adler), Hütter, Funk, Hermann (76.Suchanek), Weber, Reichel, Schlerf

M: Sude - Hannes, Bruns, Ringels, Herlovsen, Matthäus (81.Fleer), Rahn, Frontzeck, Criens (81.Hochstätter), Mill, Lienen

SR: Kuhn (Orscholz)

T: 0-1 Bruns 31., 0-2 Criens 32., 0-3 Rahn 35., 0-4 Matthäus 56., 0-5 Bruns 75., 0-6 Hochstätter 84.

Bereits nach 35 Minuten war alles klar! Vor 16.000 Zuschauern im Fürther Ronhof besiegelten drei Tore innerhalb von nur 4 Minuten das Aus für die SpVgg. Von Beginn an entwickelte sich auf schneebedecktem Boden ein gutklassiges Pokalspiel, indem die Fürther bis zur 30. Minute gut mithielten. Auch nach der klaren 3-0 Halbzeitführung steckten die Gladbacher nicht zurück und kamen noch zu drei Toren und zum hochverdienten 6:0 Erfolg.

Viertelf.: 03.03.84

Hannover 96 - **Mönchengladbach** 0 : 1 (0-0) 58.600 Z.

H: Rynio - Thiele, Gorski, Steiner, Surmann, Außem, Pieta, Lorant, Hellberg (46.Frercks), Hartmann, Beike (77.Koc)

M: Sude - Krauss, Bruns, Hannes, Frontzeck, Matthäus, Rahn, Herlovsen, Schäfer (61.Criens), Mill, Lienen

SR: Gabor (Berlin)

T: 0-1 Rahn 66.

Gegen den Zweitligisten Hannover 96 (warf zuvor den 1.FC Köln mit 3:2 aus dem Pokalwettbewerb) siegte die Borussia verdient, ohne sich völlig verausgeben zu müssen, mit 1:0 durch das Tor von Rahn in der 66. Minute. Die Borussen bestimmten von Anfang an das Spielgeschehen eindeutig. Vier Großchancen von Matthäus, Hannes, Rahn und Bruns machte der ausgezeichnete Torwart Rynio zunichte. Nach dem 0:1 durch Rahn bäumten sich die 96er noch einmal gegen die Niederlage auf, doch nur eine Chance konnte herausgespielt werden. Hartmann scheiterte jedoch am weitgehend beschäftigungslosen Torwart Sude. Die Borussia hatte es aber versäumt, schon frühzeitig für klare Verhältnisse zu sorgen. Zahlreiche Chancen wurden leichtfertig vergeben.

Halbfinale: **Mönchengladbach** - Werder Bremen 5 : 4 (2-1, 4-4) n.V. 34.500 Z.
01.05.84
M: Sude - Ringels, Bruns, Hannes, Frontzeck, Herlovsen, Matthäus, Rahn, Schäfer (82.Borowka), Mill, Lienen (82.Criens)
B: Burdenski - Schaaf, Fichtel, Siegmann, Otten, Sidka, Möhlmann, Gruber (17.Kamp / 77.Ordenewitz), Meier, Reinders, Neubarth
SR: Hontheim (Trier)
T: 1-0 Matthäus 40., 1-1 Meier 42., 2-1 Ringels 44., 3-1 Rahn 76., 3-2 Möhlmann 77., 3-3 Sidka 80., 3-4 Reinders 82., 4-4 Criens 90., 5-4 Criens 107.

Welch ein Wahnsinnsspiel am Bökelberg! Beide Teams spielten sich in einen Pokalrausch. Gut eine halbe Stunde tat sich nicht allzu viel. Beide hatten Respekt voreinander und riskierten nicht viel. Bremen hatte noch gar keine Tormöglichkeit. Nach einem Fehler von Fichtel kam Matthäus an den Ball und schoß flach ein. Doch die Freunde währte nur kurz. Reinders konnte frei flanken und Meier aus 5 Meter kurz vor der Pause einlenken. Doch schliefen die Bremer. Sidka und Siegmann behinderten sich gegenseitig und Ringels hämmerte den Ball wuchtig unter die Latte - 2:1 zur Halbzeit. In der 65. Minute flog eine Tränengasbombe auf's Spielfeld. Qualm machte sich breit. Ein Abbruch drohte, doch nach 5 Minuten wurde weitergespielt. Eine Flanke von Herlovsen köpfte Rahn in der 76. Minute zur 3:1 Führung ein. Die Entscheidung? Nein! Denn innerhalb kürzester Zeit gelang den Bremern, den Spieß umzudrehen. Plötzlich führten sie nach Toren von Möhlmann, Sidka und Reinders mit 4:3. Criens wurde eingewechselt und erzielte mit dem Abpfiff das 4:4. Vorher war bereits ein Tor von Hannes nicht anerkannt worden. In der 110. Minute war wiederum Criens der Torschütze. Ein Supertor. Dann prallte ein Volleyschuß von Frontzeck an den Pfosten. Ende! Dann stand Mill vor Burdenski - vertan. Schlußpfiff. Endlich Ende. Ein Superspiel mit einem glücklichen Sieger war vorüber. Dieses Spiel ging in die Pokalgeschichte ein!

Finale: Bayern München - **Mönchengladbach** 1 : 1 (0-1, 1-1) n.V. 62.000 Z.
31.05.84
M: Pfaff - Augenthaler, Martin, Grobe, Dürnberger (59.Hoeneß), Dremmler, Lerby, Kraus (48.Mathy), Nachtweih, M. Rummenigge, K.H. Rummenigge
M: Sude - Bruns, Borowka, Hannes, Frontzeck, Herlovsen, Matthäus, Lienen, Schäfer (77.Ringels), Rahn (69.Criens), Mill
SR: Roth (Salzgitter)
T: 0-1 Mill 33., 1-1 Dremmler 83.
** Elfmeterschießen: 7 - 6 für Bayern München!*

- Matthäus versch.	0-0	Lerby	1-0
- Herlovsen	1-1	Nachtweih	2-1
- Borowka	2-2	Grobe	3-2
- Bruns	3-3	Augenthaler versch.	3-3
- Hannes	3-4	K.H. Rummenigge	4-4
- Criens	4-5	Dremmler	5-5
- Frontzeck	5-6	Martin	6-6
-Ringels (Pfosten)	6-6	M. Rummenigge	7-6

1984 / 85

Runde 1: **Mönchengladbach** - BW 90 Berlin 4 : 1 (3-1) 4.800 Z.
01.09.84
M: Sude - Herlovsen, Bruns, Borowka, Frontzeck, Veh (62.Krauss), Rahn, Mill, Drehsen (46.Lienen), Hochstätter, Criens
B: Mager - Fistler, Schreiner, Backhaus, Mehmedalic (58.Schmidt), Haller, Hellmann, Gädke, Brefort, Bunk (70.Dinauer), Kirschbaum
SR: Schütte (Dortmund)
T: 1-0 Borowka 5., 1-1 Hellmann 23., 2-1 Mill 39., 3-1 Hochstätter 44., 4-1Mill 87.

Gegen den Zweitligisten aus Berlin hatte die Borussia keine Mühe.In einem mittelmäßigen Pokalspiel gingen die Fohlen vor knapp 5000 Zuschauern bereits nach 5 Minuten durch Borowka in Führung. Den Ausgleich erzielte Hellmann nach einem Solo. Mill (39.) und Hochstätter (44.) erhöhten noch vor der Pause auf 3:1. In der 2. Halbzeit tat die Heynckes-Elf nur noch das nötigste. Die Feldüberlegenheit hielt an, aber erst kurz vor Schluß konnte Mill mit seinem zweiten Treffer den Endstand von 4:1 herstellen. Bester Mann bei den Gästen war Torhüter Mager, der häufig Sieger bei Schüssen von Criens, Mill und Hochstätter blieb.

Runde 2: **Mönchengladbach** - Eintracht Frankfurt 4 : 2 (1-1, 2-2) n.V. 20.000 Z.
21.11.84 **M:** Sude - Hannes (46.Herbst), Bruns, Borowka, Herlovsen, Krauss, Frontzeck, Rahn, Lienen, Mill (82.Drehsen), Criens
F: Pahl - Sievers, Berthold, Körbel, Fruck, Svensson (76.Müller), Kroth, Falkenmayer, Trieb, Krämer, Tobollik
SR: Heitmann (Drentwede)
T: 1-0 Criens 1., 1-1 Körbel 34., 2-1 Rahn 64. Elfmeter, 2-2 Müller 86., 3-2 Krauss 102., 4-2 Lienen 105.

Kaum hatten die 20.000 Zuschauer Platz genommen, da klingelte es auch schon im Kasten von Pahl. Vom Anstoß weg ging Hannes in den Strafraum, sein Schuß wurde abgeblockt, kam zu Criens, und es stand nach 30 Sekunden 1:0. Welch ein Auftakt. In der Folge köpfte Criens einen Kopfball über die Latte und einen Schuß von Tobollik köpfte Krauss von der Linie. Dann der Ausgleich: Aus 16 Metern zog Körbel flach ab. Kurz vor der Pause traf Criens nur den Pfosten. Nach 64. Minuten sorgte Rahn für die 2:1 Führung durch Elfmeter (Svensson hatte Criens gefoult). Vier Minuten vor Ende der regulären Spielzeit köpfte der eingewechselte Müller den Ausgleich. Verlängerung! Hier hatte die Borussia mehr Kraft und kam durch Tore von Krauss und Lienen per Solo zum verdienten 4:2 Sieg. Ein dramatischer Pokalfight geht nach 120 Minuten zu Ende.

Runde 3: Alemannia Aachen - **Mönchengladbach** 0 : 2 (0-0) 26.500 Z.
22.12.84 **A:** Herr - Montanes, Buschlinger, Frenken (83.Poque), Brandts, Thomas, Hach, Olck, Willkomm (66.Habig), Ruof, Delzepich
M: Sude - Krauss, Bruns, Hannes, Frontzeck, Herlovsen, Rahn, Borowka, Mill,Lienen, Criens (89.Herbst)
SR: Roth (Salzgitter)
T: 0-1 Criens 67., 0-2 Criens 76.

In einem Kampf auf Biegen und Brechen im erstmals seit 16 Jahren ausverkauften Tivoli, war der zweifache Torschütze Criens der umjubelte Mann seitens der Gladbacher. Bei zwei klassischen Kontern war er jeweils zur Stelle. Beim 0:1 köpfte er eine Flanke von Bruns ins Tor und beim 0:2 staubte er aus zwei Metern ab. Pech hatte Rahn, der bei einem Konter in der 56. Minute nur den Pfosten traf. Kurz vor Ende dann Glück für Sude, als ein Gewaltschuß von Delzepich an die Unterkante der Latte schlägt.

Viertelf.: Union Solingen - **Mönchengladbach** 1 : 2 (0-1) 15.000 Z.
16.02.85 **S:** Diergardt - Franusch (75.Jurgeleit), Elm, Römer, Dieckmann, Diekmann, Malura, Trapp, Hotic (82.Eggeling), Dum, Buschmann
M: Sude - Bruns, Borowka, Ringels, Herlovsen, Drehsen (81.Herbst), Rahn, Hochstätter, Frontzeck, Mill, Lienen
SR: Wiesel (Ottbergen)
T: 0-1 Bruns 44., 1-1 Dieckmann 52., 1-2 Rahn 66.

Mit einem überragenden Uwe Rahn, sowohl Antreiber als auch Torschütze, zogen die Gladbacher ins Halbfinale ein. Auf schneebedecktem Boden ging Borussia durch Bruns kurz vor der Pause mit 1:0 in Führung, nachdem die Abseitsfalle der Solinger nicht zugeschnappt hatte. Doch die Unioner ließen nicht locker und attackierten mächtig. Dieckmann erzielte in der 52. Minute den verdienten Ausgleich und eine Sensation lag in der Luft. Doch auch ohne 4 Stammspieler (Criens, Hannes und Schäfer fehlten verletzungsbedingt, Krauss war gesperrt) überstanden die Grün-Weißen diese kritische Phase. Rahn erlöste seine Farben nach einer Dreier-Kombination mit Hochstätter und Mill mit dem 2:1. Ein Arbeitssieg!

Halbfinale: Bayern München - **Mönchengladbach** 1 : 0 (0-0, 0-0) n.V. 52.000 Z.
06.04.85 **M:** Pfaff - Augenthaler, Dremmler, Eder, Nachtweih, Lerby, Pflügler, Kögl, Matthäus (91.Rummenigge), Willmer (46.Hoeneß), Wohlfarth
M: Sude - Bruns (95.Herbst), Ringels, Drehsen, Krauss, Herlovsen, Rahn, Borowka, Lienen, Mill, Criens
SR: Heitmann (Drentwede)
T: 1-0 Lerby 100. Elfmeter

Ein Skandalelfmeter in der 100. Minute sorgte für erhitzte Gemüter. Nach einer kleinen Rempelei zwischen Herbst und Hoeneß fällt der fast zwei Meter lange Münchner wie ein nasser Sack um, und der unsichere Schiedsrichter deutet auf den Punkt. Lerby ließ sich dieses Geschenk nicht entgehen. Recht unglücklich ist die Borussia gegen zwölf Mann ausgeschieden. "Wir sind um den Erfolg betrogen worden", so Trainer Heynckes. Über die gesamte Spielzeit war sein Team die bessere Mannschaft. Doch dicke Chancen wurden nicht verwertet. Criens (33.) scheiterte jedoch an Torwart Pfaff und Rahn, der nur eine Minute später über das Tor schoß, fand zwei Minuten vor Spielschluß erneut in Pfaff seinen Meister. Mit einer artistischen Rettungsaktion klärte der Belgier nach einem Kopfball. Das Entsetzen stand den Bayern bei dieser Aktion ins Gesicht geschrieben. Pfaffs Gegenüber, Uli Sude, hatte an diesem Abend wenig zu tun, denn viele Chancen konnten sich die Bayern nicht erspielen. Auch Matthäus, nach langer Pause wieder dabei, fand tröstende Worte nach dem Spiel: "Ein sehr unglückliches Ende. Borussia hätte das Spiel in der ersten Halbzeit entscheiden können". Nach dem Spiel muß Co-Trainer Wolf Werner vor allem Bruns, Hannes und Sude davor zurückhalten, auf den Schiedsrichter loszugehen. Der ganze Zorn richtete sich verständlicherweise gegen Heitmann.

1985 / 86

Runde 1: Wattenscheid 09 - **Mönchengladbach** 2 : 5 (2-4) 9.000 Z.
24.08.85 **W:** Koitka - Dzoni (75.Joosten), Siewert, Steiner, Tinnefeld, Drews, Kunkel, Falkenstein, Tilner (53.Kunkel), Allievi, Tschiskale
M: Sude - Bruns, Krauss, Hannes, Drehsen, Herlovsen (66.Winkhold), Rahn, Lienen, Borowka, Mill (46.Pinkall), Criens
SR: Zimmermann (Kiel)
T: 0-1 Lienen 3., 0-2 Bruns 6., 1-2 Allievi 20., 2-2 Kunkel 25., 2-3 Drehsen 31., 2-4 Mill 40., 2-5 Rahn 82.
BV: Torwart Sude (BMG) hält in der 54. Minute einen Elfmeter von Dzoni (W 09)!

Borussia beherrschte das Spiel von der ersten Minute an, hatte spielerisch deutliche Vorteile und besaß auch die klareren Torchancen. Schnell gingen die Rheinländer mit 2:0 durch Lienen und Bruns in Führung. Rahn hätte sogar mit seinen beiden Chancen auf 4:0 erhöhen können. Das Spiel bekam fast die Wende, innerhalb von 5 Minuten erzielte der Zweitligist den Ausgleich. Allievi (mit Schuß in den Winkel) und Kunkel erzielten die Tore. Die 9.000 Zuschauer waren aus dem

Häuschen. Doch als Drehsen für das 2:3 gesorgt hatte, lief alles wieder in den alten Bahnen. Vor der Pause erhöhte Mill sogar auf 4:2. In der 54. Minute hielt Sude einen Elfmeter (Herlovsen hatte Allievi gefoult) von Dzoni. Die SG 09 resignierte und Rahn erzielte 8 Minuten vor Schluß den 5:2 Endstand.

Runde 2: Schalke 04 - **Mönchengladbach** 3 : 1 (2-1) 30.800 Z.
19.10.85 **S:** Junghans - Dietz, Roth, Schipper, Hartmann, Kleppinger, Jakobs, Dierßen, Opitz, Thon, Kl. Täuber
M: Sude - Bruns, Drehsen, Hannes, Krisp (46.Winkhold), Herlovsen, Frontzeck, Rahn, Lienen (83.Herbst), Mill, Criens
SR: Roth (Salzgitter)
T: 0-1 Rahn 8., 1-1 Kl. Täuber 25., 2-1 Jakobs 44., 3-1 Kleppinger 75.

Standing Ovations für die Knappen. Dank einer überragenden Leistung von Olaf Thon zog Schalke verdient in die nächste Runde ein. Vor ca.31.000 Zuschauer ging die Borussia zwar bereits nach 8 Minuten mit 1:0 in Führung, doch das brachte keine Sicherheit. Im Gegenteil. Die Schalker kamen durch zwei Kontertore zur 2:1 Pausenführung. Nach dem Wechsel erhöhte dann Kleppinger auf 3:1 - die Entscheidung.

1986 / 87

Runde 1: 1.FC Amberg - **Mönchengladbach** 0 : 7 (0-2) 6.600 Z.
24.08.86 **A:** Dotzler - Glaser, Herrndobler, Ernemann, Simmeri, Hausmann, Pickel, Geier, Götzer, Kalb (68.Mertel), Kirschbaum (46.Buberl)
M: Kamps - Bruns, Krauss, Borowka, Winkhold, Drehsen, Brandts (68.Bakalorz), Rahn (68.Lienen), Budde, Thiele, Frontzeck
SR: Correll (Heilbronn)
T: 0-1 Rahn 8., 0-2 Rahn 39., 0-3 Rahn 51., 0-4 Thiele 53., 0-5 Kalb 57. Eigentor, 0-6 Lienen 73., 0-7 Thiele 87.

Für den höchsten Erfolg in der 1. Runde sorgte die Borussia mit einem klaren 7:0 Auswärtssieg beim Bayernligisten 1.FC Amberg. Gegen den Amateur gingen die Gäste auf Torejagd. Rahn mit drei und Thiele mit zwei Treffern erschossen die Bayern fast im Alleingang. Lienen und der Amberger Kalb waren die beiden restlichen Torschützen. Von Beginn an machte die Borussia Druck und ließ die Amateure kaum aus ihrer eigenen Hälfte. Rahn mit seinen ersten drei Toren sorgte rasch für eine Entscheidung.

Runde 2: **Mönchengladbach** - Borussia Dortmund 6 : 1 (4-1) 25.000 Z.
26.10.86 **M:** Kamps - Bruns, Winkhold, Borowka, Krauss, Drehsen, Lienen, Frontzeck, Bakalorz (77.Criens), Thiele, Rahn (77.Brandts)
D: de Beer - Pagelsdorf, Kutowski, Hupe, Lusch, Spyrka (46.Simmes), Zorc, Raducanu, Helmer, Keser (87.Storck), Mill
SR: Werner (Auersmacher)
T: 1-0 Bakalorz 8., 1-1 Helmer 17., 2-1 Thiele 22., 3-1 Rahn 30., 4-1 Borowka 32., 5-1 Brandts 86., 6-1 Drehsen 89.

Vor 25.000 begeisterten Zuschauern schickte man den Bundesliga-Konkurrenten aus Dortmund mit einer 6:1 Packung nach Hause. Der Sieg war auch in dieser Höhe vollkommen verdient. In einem offenen Schlagabtausch erzielten Bakalorz

(8.), Thiele (22.), Rahn (30.), Borowka (32.), Brandts (86.) und Drehsen (89.) für die Gladbacher die Tore, auf der BVB-Seite war Helmer (17.) erfolgreich. Bis zur 20 Minute dominierte der Gast, danach jedoch kamen die Dortmunder unter die Räder. Den wohl schönsten Treffer erzielte Borowka mit einem 30-m-Schuß genau in den Torwinkel. Der Ex-Gladbacher Mill nach dem Spiel: "Das 1:6 ist meine schlimmste Niederlage". Borussias Torfabrik hatte wieder zugeschlagen!

Runde 3: Alemannia Aachen - **Mönchengladbach** 0 : 2 (0-0, 0-0) n.V. 26.200 Z.
18.11.86
A: Kau - Kahlhofen, Montanes, Buschlinger (104.Notthoff), Ritter, Olck, Gries, Gresens (106.Haucke), Hach, Ruof, Zimmermann
M: Kamps - Bruns, Winkhold, Borowka, Drehsen, Rahn, Bakalorz, Frontzeck, Lienen (106.Herlovsen), Thiele (91.Hochstätter), Criens
SR: Tritschler (Freiburg)
T: 0-1 Bakalorz 99., 0-2 Bakalorz 112.

Wie vor zwei Jahren, so siegte die Borussia auch diesmal mit 2:0 auf dem Aachener Tivoli (mit 26.000 Zuschauern ausverkauft), diesmal allerdings erst nach der Verlängerung. Zwei Tore von Bakalorz brachten die Borussia in die nächste Runde. Über 90 Minuten ligelte sich die Alemannia ein und versuchte ihr Glück im Konterfußball. Zu wenig. Für Tumulte auf dem Tivoli sorgte Schiedsrichter Tritschler: Als Criens in der 81. Minute nach einem Alleingang von Torwart Kau gefoult wird, zeigte er auf den Elfmeterpunkt. Aachens Trainer Fuchs stürmte auf ihn los und hatte damit Erfolg. Tritschler ging zu seinem Linienrichter (der nichts angezeigt hatte!) und zückte gegen Criens die Gelbe Karte. Völlig unverständlich. So benötigte Gladbach eine Verlängerung. In dieser sorgte dann Dirk Bakalorz mit zwei sehenswerten Toren für den verdienten 2:0 Sieg. Erst schlug sein Schuß in der 99. Minute unter die Latte zum 0:1 ein, dann spielte sich Frontzeck durch und seinen Paß verwandelte Bakalorz aus kurzer Entfernung.

Viertelf.: **Mönchengladbach** - Bayer 05 Uerdingen 9 : 2 (3-1) 26.000 Z.
07.03.87
M: Kamps - Bruns, Herlovsen (78.Hochstätter), Borowka, Krauss, Bakalorz, Rahn, Drehsen, Lienen, Frontzeck, Criens (69.Thiele)
U: Vollack - Herget, W. Funkel (63.Raschid), Bommer, Klinger, Buttgereit, Kuntz, Edvaldsson, Witeczek, Wöhrlin, Dämgen (46.Bierhoff)
SR: Wiesel (Ottbergen)
T: 0-1 Kuntz 17., 1-1 Criens 18., 2-1 Criens 25., 3-1 Drehsen 45., 4-1 Rahn 49., 5-1 Bruns 50., 6-1 Krauss 61., 6-2 Witeczek 68., 7-2 Drehsen 76., 8-2 Hochstätter 88., 9-2 Rahn 90.

Schützenfest auf dem Bökelberg. Uerdingen wurde, trotz einer 1:0 Führung nach 17 Minuten, nach allen Regeln der Kunst vermöbelt. Wichtig an diesem Tag war der prompte Ausgleich durch Criens. Danach war das Gladbacher Torfestival nicht mehr zu stoppen. Hielt Uerdingen das Resultat bis zur Halbzeit noch einigermaßen erträglich, so brach es in der 2. Halbzeit völlig ein. Die Tore fielen wie am Fließband. Die Zuschauer forderten nach jedem Treffer: Zugabe, Zugabe! Die Spieler ließen sich nicht lange bitten und schossen Tor um Tor. Fast sogar ein zweistelliges Ergebnis. Eine Demütigung!

Halbfinale: Hamburger SV - **Mönchengladbach** 1 : 0 (0-0) 45.000 Z.
01.04.87
H: Stein - Plessers, Kaltz, Beiersdorfer, Homp, Lux, Jusufi, von Heesen, Kroth (71.Schmöller), Kastl (87.Dittmer), Okonski
M: Kamps - Bruns, Winkhold, Borowka, Frontzeck, Herlovsen (88.Thiele), Krauss, Bakalorz, Drehsen, Rahn (46.Lienen), Criens
SR: Schmidhuber (Ottobrunn)
T: 1-0 Kastl 85.

In einer bis zum Schlußpfiff spannenden Pokalpartie siegte der HSV durch das Tor von Kastl fünf Minuten vor Schluß sehr glücklich mit 1:0! Die 45.000 Zuschauer sahen eine hochklassige und faire Partie. Die erste Viertelstunde gehörte dem HSV, doch die Konter der Borussen sorgten für viel Aufregung vor dem HSV-Tor. Zweimal Criens (beide Male verstolpert) und Rahn (seinen 18-m-Schuß lenkte Stein über die Latte) hatten gute Möglichkeiten, den Führungstreffer zu erzielen. Bald darauf mußte sich Kamps bei einem Schuß des freistehenden von Heesens lang machen - geklärt. Kurz danach taucht Krauss alleine vor Stein auf - dieser kann jedoch glänzend klären. Als alle im Stadion mit einer Verlängerung gerechnet hatten, fiel doch noch das 1:0 - für den HSV! Kastl ist nach einem vom Pfosten zurückspringenden Ball zur Stelle und köpft aus kürzester Entfernung ein. Entsetzen bei den Borussen. Auch der nun ins Spiel gekommene Thiele kann nichts mehr ändern - Hamburg steht im Finale.

1987 / 88

Runde 1: 29.08.87

Mönchengladbach - Bayer Leverkusen 2 : 1 (0-0, 1-1) n.V. 12.000 Z.

M: Kamps - Bruns, Herlovsen, Herbst, Winkhold, Drehsen, Bakalorz, Rahn, Hochstätter (64.Budde), Frontzeck, Criens (91.Willaarts)

L: Vollborn - Hörster, Götz, Rolff, Hausmann (100.Zanter), Schreier (113. Hantzidis), Buncol, Falkenmayer, K. Reinhardt, Waas, Kl. Täuber

SR: Osmers (Bremen)

T: 1-0 Frontzeck 55., 1-1 Falkenmayer 61., 2-1 Rahn 112.

BV: Rote Karte für Klaus Täuber (Bayer) in der 87. Minute!

In diesem Duell zweier Bundesligisten siegte die Borussia am Ende glücklich, aber doch verdient. Beide Teams waren nach diesem Fight total ausgepumpt. Jeder Spieler hatte sein Bestes gegeben. Die Entscheidung fiel, als Bayer mit nur neun Spielern (Rote Karte für Täuber nach 87. Minuten und der verletzte Schreier wurde an der Seitenlinie behandelt) auf dem Platz stand. Die Borussen nutzten diese vorübergehende, zahlenmäßige Überlegenheit zum Siegtreffer durch Rahn aus. In der regulären Spielzeit waren die Borussen stets feldüberlegen, doch waren sie nur mittels eines Freistoß-Tores von Frontzeck zum Erfolg gekommen. Falkenmayer erzielte wenig später den überraschenden Ausgleich. Aus dieser spielerischen und kämpferischen Überlegenheit wurden keine Tore erzielt. Viel Pech bei Schüssen von Frontzeck und Winkhold, die beide nur das Außennetz trafen. Auch Criens verfehlte. Sein Schuß segelte über das leere Bayer-Tor. Später klärte Vollborn aus drei Metern gegen Herlovsen. Viele, viele Chancen - doch kein Tor. Gemessen an diesenTorchancen war der Sieg letztendlich doch verdient.

Runde 2: 25.10.87

Mönchengladbach - Bayern München 2 : 2 (0-0, 1-1) n.V. 34.500 Z.

M: Kamps - Bruns, Winkhold, Herlovsen, Krauss (74.Thiele), Drehsen, Bakalorz, Hochstätter (110.Budde), Frontzeck, Rahn, Criens

M: Pfaff - Nachtweih, Flick, Eder, Brehme, Matthäus, Dorfner, Pflügler, Kögl (105.Augenthaler), Wohlfarth, Rummenigge

SR: Theobald (Wiebelskirchen)

T: 0-1 Rummenigge 72., 1-1 Hochstätter 78., 1-2 Dorfner 97., 2-2 Thiele 100.

Die Zuschauer auf dem ausverkauften Bökelberg sahen einen Cup-Fight über 120 Minuten. Beide Teams spielten offensiv. Die erste Möglichkeit bot sich Flick, doch Frontzeck war einen Schritt schneller. Dann rutschte Rahn einen Meter vor dem Tor am Ball vorbei. In der 11. Minute gab der Schiedsrichter ein Tor von Dorfner nicht - klares Abseits! Die Borussia stand sicher in der Abwehr. Es häuften sich die kleinen, nickeligen Fouls. Unruhe war im Spiel. Nach der Pause zweimal die

Bayern: zuerst lenkte Kamps einen Freistoß von Brehme um den Pfosten, danach fälschte Drehsen einen Schuß von Kögl an den Pfosten ab. Dann die Führung der Bayern durch einen Kopfball von Rummenigge. Doch die Borussen konterten. Eine Flanke von Bakalorz drosch Hochstätter zum Ausgleich in die Maschen. Verlängerung! Und hier ging's Schlag auf Schlag. Abwehrfehler auf beiden Seiten. Erst kam Dorfner nach Brehme-Ecke frei zum Kopfball - 1:2. Schließlich griff Eder den eingewechselten Thiele nicht an und sein Kopfball bedeutete das 2:2. Der Pokalkrimi war zu Ende. Ein Wiederholungsspiel mußte her.

Wiederh.: Bayern München - **Mönchengladbach** 3 : 2 (0-0, 1-1) n.V. 42.000 Z.

11.11.87 **M:** Pfaff - Winklhofer (63.Hughes), Flick, Nachtweih, Eder, Pflügler, Dorfner, Matthäus, Wohlfarth, Wegmann, Kögl (63.Rummenigge)

M: Kamps - Bruns, Drehsen, Frontzeck, Krisp (83.Hoffmann), Herlovsen, Krauss, Hochstätter, Rahn, Criens, Thiele (97.Budde)

SR: Werner (Auersmacher)

T: 0-1 Thiele 57., 1-1 Matthäus 74., 2-1 Rummenigge 94., 2-2 Criens 110.,3-2 Rummenigge 111.

Die Bayern im Glück - so lautete nach dem Spiel die Schlagzeile. Der eingewechselte Rummenigge schoß die Bayern mit seinen zwei Toren in die nächste Runde. Nach 240 Minuten stand mit Bayern der Sieger fest. Nach dem Führungstreffer durch Thiele gab der Schiedsrichter ein reguläres Tor von Uwe Rahn nicht. Die Fernseh bilder bewiesen eindeutig, daß noch ein Bayern-Akteur vor Rahn war. Das wäre wohl die Entscheidung gewesen! Den Ausgleich erzielte dann Matthäus nach einer starken Einzelleistung. In der Verlängerung gingen die Bayern erstmals in Führung. Rummenigge war der Torschütze. Doch Gladbach kontert und erzielt durch Criens den verdienten Ausgleich. Doch die Freude währte nicht lange, fast im Gegenzug erzielte wiederum Rummenigge den 3:2 Siegtreffer. Das Pokalaus für eine glänzend aufspielende Gladbacher Mannschaft. Trainer Werner nach dem Spiel angesichts des nicht gegebenen Tores von Rahn: "Man sollte ein rotes Trikot in der Bayern-Kabine aufhängen". Gladbach war wirklich vom Pech verfolgt.

1988 / 89

Runde 1: Schalke 04 - **Mönchengladbach** 1 : 1 (1-1, 1-1) n.V. 20.000 Z.

06.08.88 **S:** Vollack - Müller, Prus, Klinkert, Edelmann, Goldbaek, Anderbrügge, Mielers, Luginger (106.Wollitz), Marell, Wassmer (75.Figas)

M: Kamps - Bruns, Eichin, Winkhold, Krauss, Hochstätter, Frontzeck, Rahn, Effenberg (77.Kretzschmar), Drehsen, Criens (68.Willaarts)

SR: Wiesel (Ottbergen)

T: 1-0 Wassmer 23., 1-1 Criens 42.

Gegen den Zweitligisten gelang nur ein mühsames Unentschieden. Neben dem Tor von Criens besaß Borussia nur noch zwei Möglichkeiten, beide jedoch wurden von Rahn vergeben. Nach 23. Minuten gingen die Knappen durch einen herrlichen Kopfball- treffer von Wassmer mit 1:0 in Führung. Eine der wenigen Chancen konnte Criens noch vor der Pause nutzen und zum 1:1, gleichzeitig auch der Endstand, einschießen. Schalke vergab noch zweimal durch Wassmer gute Torchancen. So blieb es nach 120 gespielten Minuten beim Achtungserfolg für den Zweitligisten.

Wiederh.: 17.08.88 **Mönchengladbach** - Schalke 04 1 : 2 (0-0) 15.000 Z.

M: Kamps - Bruns, Winkhold, Straka (72.Budde), Krauss, Lange, Effenberg, Pflipsen (46.Willaarts), Hochstätter, Criens, Frontzeck

S: Vollack - Müller, Mielers, Prus, Luginger, Edelmann, Klinkert, Anderbrügge, Wollitz, Marquardt (65.Marell), Wassmer (87.Belarbi)

SR: Dr. Umbach (Rottorf)

T: 0-1 Anderbrügge 66., 0-2 Luginger 76., 1-2 Criens 79. Elfmeter

Die Sensation auf dem Bökelberg. Völlig verdient siegten die Schalker mit 2:1 gegen eine total verunsicherte Borussen-Elf. Eine disziplinierte Leistung reichte den Knappen zum Sieg. Fehlpässe bestimmten das Gladbacher Spiel. Frühe Chancen von Lange und der einzigen Spitze Criens konnten nicht genutzt werden. Zu Beginn der 2. Halbzeit verstärkten die Borussen den Druck auf das Schalker Tor. Pech hatte in der 62. Minute Krauss, der aus 16 Metern den Außenpfosten traf. Nach einem herrlichen Solo von Edelmann und einem Paß auf Anderbrügge spielte dieser Bruns aus und schoß aus 10 Metern ein.Zehn Minuten später das 0:2 durch Luginger. Dann fightete Gladbach zurück. Durch einen von Criens verwandelten Elfmeter kamen die Hausherren auf 1:2 heran. Der anschließende Schlußspurt brachte jedoch nichts mehr ein. Aus in Runde 1!

1989 / 90

Runde 1: 19.08.89 Hannover 96 - **Mönchengladbach** 0 : 3 (0-1) 14.378 Z.

H: Sievers - Wojcicki, Marmon, Geils, Surmann, Maaloul, Pagelsdorf (59. Bicici), Groth, Köpper (70.Prange), Heisig, Reich

M: Kamps - Straka, Eichin, Klinkert, Winkhold, Spies, Effenberg, Neun (46.Winter), Hochstätter, Budde (74.Bruns), Criens

SR: Neuner (Leimen)

T: 0-1 Budde 11., 0-2 Winter 58., 0-3 Bruns 73.

Leichtes Spiel für die Borussen, die im Schongang eine Runde weiter kamen. Den Borussen genügte eine Durchschnittsleistung, um klar mit 3:0 zu gewinnen. In Eichin und Hochstätter hatte der VfL die besten Leute. Dem frühen Tor durch den quirligen Budde ging ein Abspielfehler von Maaloul voraus. Winters Tor zum vorentscheidenden 0:2 kam nach einer Unachtsamkeit Groths zustande. Der eingewechselte Bruns sorgte schließlich für den standesgemäßen 3:0 Sieg. Mit Cleverneß und Routine schaukelten die Gladbacher den Sieg nach Hause.

Runde 2: 23.09.89 **Mönchengladbach** - 1.FC Nürnberg 4 : 1 (2-1) 12.500 Z.

M: Kamps - Bruns, Klinkert, Eichin, Krauss (32.Winter), Spies, Stefes, Effenberg, Neun, Budde (84.Max), Criens

N: Köpke - Dusend (46.Kristl), Dittwar, Kasalo, Schneider, Kuhn, Drews, Hausmann, Metschies (77.Türr), Wirsching, Sane

SR: Wiesel (Ottbergen)

T: 1-0 Criens 13., 1-1 Wirsching 23., 2-1 Spies 42., 3-1 Bruns 80. Elfmeter, 4-1 Spies 81.

In der Endphase nahm Gladbach die Nürnberger auseinander. Binnen zwei Minuten sorgten zwei Tore für den 4:1 Endstand. Gegen die gleichwertigen Nürnberger ging der Gastgeber nach einem Fehler von Kasalo bereits nach 13 Minuten in Führung. Wirsching besorgte in der 23. Minute den Ausgleichstreffer. Noch vor der Pause erhöhte der spielstarke Spies auf 2:1. Vor dem Wechsel hatte der Club Riesenchancen - doch alle wurden kläglich vergeben. Zur Halbzeit eine recht schmeichelhafte Gladbacher Führung. Nach der Pause setzte der Club alles auf eine Karte und wurde ausgekontert. Unterm Strich ein verdienter, aber viel zu hoch ausgefallener Sieg. In diesem Pokalfight mit vielen Höhepunkten kamen die ca. 13.000 Zuschauer voll auf ihre Kosten.

Runde 3: Kickers Offenbach - **Mönchengladbach** 1 : 0 (0-0) n.V. 28.000 Z.
09.11.89 **O:** Fuhr - Borchers, Schummer, Thiel, Kostner (79.Merdanovic), Figas, Cyrys, Brummer, Kapetanovic, Kroninger, Igler (105.Richter)
M: Kamps - Straka, Klinkert, Eichin, Winkhold, Spies, Effenberg, Belanow, Bruns, Neun (88.Krauss), Bodden (74.Criens)
SR: Holst (Berlin)
T: 1-0 Kapetanovic 99.

Auf dem Bieberer Berg klappte an diesem Abend gar nichts bei den Mönchengladbachern. Sie wurden vom hessischen Oberligisten fast an die Wand gespielt. Der eingewechselte Kapetanovic erzielte mit schönem Flugkopfball das goldene Tor des Abends. Die Offenbacher waren ihrem Gegner in allen Belangen überlegen und hätten eigentlich schon in der regulären Spielzeit das Spiel für sich entscheiden können. Kurz vor Ende hatten Krauss und Effenberg noch einmal die Gelegenheit, den unverdienten Ausgleich zu erzielen. Verdientes Aus in Runde drei gegen einen Oberligisten!

1990 / 91

Runde 1: Eintracht Haiger - **Mönchengladbach** 1 : 2 (1-2) 5.000 Z.
04.08.90 **H:** Endrulat - Zeise, Withake (75.Hartung), Preuß, Siegmund, Plonka, Dylus, Waldschmidt, Schenkelberg (70.Klein), Günther, Lang;
M: Kamps - Straka, Eichin, Klinkert, Stefes, Neun, Schneider, Belanow, Meier (84.Drehsen), Hochstätter (25.Spies), Criens;
SR: Matheis (Rodalben)
T: 1-0 Lang 9., 1-1 Klinkert 33., 1-2 Belanow 37. Elfmeter

Bereits in Runde 1 hätte es die Borussia erwischen können. Nur durch einen höchst umstrittenen Foulelfmeter (Withake an Belanow, worauf dieser noch einige Meter weiter lief und dann zu Boden fiel) ging die Borussia mit 2:1 in Führung. Belanow selbst schoß diesen Foulelfmeter überlegt in die Maschen. Der Amateurverein war bereits in der 9. Minute durch Stürmer Lang in Führung gegangen, Klinkert konnte per Kopfball ausgleichen. Bis zum Abpfiff war die Partie ausgeglichen, in der ersten Halbzeit war der Oberligist teilweise sogar überlegen, mit Chancen verteilt auf beide Seiten. Gegen die couragiert auftretenden Amateure fand die Borussia nie zum gewohnten Spiel. Bester Akteur bei den Amateuren war Mittelstürmer Lang, der die Gladbacher Abwehr oft vor große Probleme stellte.

Runde 2: FC Remscheid - **Mönchengladbach** 1 : 0 (0-0) 7.000 Z.
05.11.90 **R:** Stocki - Griehsbach, Kosanovic, Freitag, Kayser, Pröpper, Tilner, Kessen (76.Bridaitis), Kröning, Gemein (84.Jakubauskas), Schmidt;
M: Kamps - Straka, Eichin (66.Winter), Klinkert, Kastenmaier, Schneider, Hochstätter, Meier (74.Wynhoff), Neun, Criens, Belanow;
SR: Wippermann (St. Augustin)
T: 1-0 Gemein 69.

In der ersten Halbzeit hätte die Borussia durch Großchancen von Meier, Criens, Neun und Kastenmaier die Partie frühzeitig entscheiden können. Doch es blieb bis zur Halbzeit beim 0-0. In der zweiten Halbzeit konnten die Remscheider sich besser in Szene setzen und kamen nach einem Abwehrfehler durch den Kopfball von Mittelstürmer Gemein nach einer Flanke von Schmidt zur 1-0 Führung, die sie auch bis zum Schluß nicht mehr abgaben. Die Remscheider besannen sich in der 2. Halbzeit auf ihre kämpferischen Fähigkeiten. Gladbach dagegen spielte an diesem Nachmittag viel zu lässig und wollte nur mit spielerischen Mitteln zum Erfolg kommen. Doch bereits im Spiel nach vorne wurden viele Fehler gemacht. Die Remscheider Deckung geriet nach der Führung nicht mehr in Gefahr. Ein verdienter Sieg des Amateurligisten.

1991 / 92

Runde 2: **Mönchengladbach** - SG Wattenscheid 2 : 0 (1-0) 12.000 Z.
16.08.91 **M:** Kamps - Fach, Eichin, Klinkert, Schneider, Hochstätter, Pflipsen (75.Schulz), Wynhoff, Neun, Max (84.Salou), Criens
W: Mai - Kuhn, Langbein, Bach, Moser, Ibrahim (74.Jankovic), Fink, Sobiech, Tschiskale (63.Müller), Schupp, Sane
SR: Habermann (Weißensee)
T: 1-0 Criens 22., 2-0 Max 71.

Nachdem die Borussia in der 1. Runde ein Freilos hatte, bekam sie es in Runde 2 mit der SG Wattenscheid zu tun. Gladbach kontrollierte über die gesamte Spielzeit das Geschehen gegen eine sehr zurückhaltend spielende SG 09. Das 1:0 erzielte Criens mit einem herrlichen Flugkopfball in der 22. Minute, das 2:0 bereitete Criens glänzend vor, Max brauchte nur noch einzuschießen. So sahen die 12.000 Zuschauer nur eine mittelmäßige Pokalpartie mit einem verdienten 2:0 Erfolg für die Borussia. Auf Gladbacher Seite konnte Wynhoff im linken Mittelfeld gefallen, die Wattenscheider hatten ihre besten Akteure in der Abwehr. Vor allem Torhüter Mai verhinderte eine höhere Niederlage.

Runde 3: SC Jülich - **Mönchengladbach** 0 : 1 (0-0) 6.500 Z.
03.09.91 **J:** Roberts - Kropp, Marjniok, Kroll, Mund, Schmidt (65.Fos), Bertrams, Imping, Richarts, Perschke (68.Schröder), Rang
M: Kamps - Schneider, Stadler, Klinkert, Kastenmaier, Pflipsen, Steffen (78.Schulz), Fach, Neun, Wynhoff, Max (71.Salou)
SR: Domurat (Datteln)
T: 0-1 Fos 66. Eigentor

Die Amateure des SC Jülich 10 wurden für die Borussia beinahe schon in Runde 3 zum Stolperstein. Lediglich durch ein Eigentor eines Jülichers kam man eine Runde weiter. Vor 6.500 Zuschauern bestimmte die Borussia von Beginn an das Spielgeschehen, ließ jedoch zahlreiche Torchancen ungenutzt. Die größte Möglichkeit vergab Wynhoff in der 20. Minute, als er völlig freistehend über den Ball trat. Erst durch den gerade eingewechselte Jülicher Hansi Fos kam Gladbach zum einzigen Torerfolg. Sein Eigentor bedeutete den 0:1 Endstand. Der SC kam dagegen während der gesamten Spielzeit zu keiner einzigen nennenswerten Torchance. Ein knapper, doch verdienter Erfolg für die Borussia.

Runde 4: 24.09.91

Mönchengladbach - Fortuna Köln 2 : 0 (1-0) 8.692 Z.

M: Kamps - Schneider, Klinkert, Stadler, Stefes, Kastenmaier, Fach, Pflipsen (74.Steffen), Neun, Wynhoff (70.Max), Salou

K: Jarecki - Römer, Hupe, Neuschäfer, Kronhardt, Passulko, Azima, Seufert (78.Klotz), Niggemann, Lottner, Friz

SR: Mierswa (Hänigsen)

T: 1-0 Kastenmaier 32., 2-0 Max 90.

Wahrlich keine Glanzleistung der Gladbacher an diesem Abend. Über volle 90 Minuten war Borussia nicht in der Lage, die Fortuna zu beherrschen. Die Kölner waren nicht nur die technisch versiertere Mannschaft, sondern auch kämpferisch den Borussen überlegen. Einziges Manko auf Kölner Seite: vor dem Tor waren sie viel zu harmlos. Vor knapp 9.000 Zuschauern ging die Borussia durch Kastenmaier in Führung, das 2:0 fiel erst Sekunden vor Abpfiff. Ein am Ende recht glücklicher Pokalerfolg über den Zweitligisten aus Köln. Es war der letzte Erfolg von Trainer Gerd vom Bruch, er mußte unmittelbar nach dem Spiel gehen.

Viertelf.: 29.10.91

Mönchengladbach - Stuttgarter Kickers 2 : 0 (1-0) 13.500 Z.

M: Kamps - Fach, Klinkert, Stadler, Kastenmaier, Eichin, Schneider, Neun, Meier (85.Stefes), Max (74.Wynhoff), Salou

SK: Reitmaier - Wolf (66.Moutas), Novodomsky, Ritter, Schwarz, Kula, Wörsdörfer, (35.Cayasso), Imhof, Vollmer, Marin

SR: Kasper (Katlenburg)

T: 1-0 Klinkert 18., 2-0 Kastenmaier 89.

Unter ihrem neuen Trainer Jürgen Gelsdorf gelang es der Borussia, ins Halbfinale vorzustoßen. In der ersten Hälfte war das Spielfeld Einbahnstraße;die Kickers wurden rechts wie links überrollt. Neun und Kastenmaier brachten viel Druck nach vorne. Doch trotz dieser drückenden Überlegenheit nur ein Torerfolg durch den Weitschuß von Klinkert. Mehrfach bügelte Reitmaier Fehler seiner Vorderleute aus. Auch sonst glänzte er mit guten Paraden. Erst nach der Pause spielten dann die Kickers mit und hatten einige hochkarätige Torchancen zu verzeichnen, die aber von Kamps zunichte gemacht wurden. Kastenmaiers Kontertor kurz vor Schluß brachte Gladbach dann wieder einmal ins Halbfinale.Ein verdienter 2:0 Erfolg für die Borussia gegen eine Kickerself, die erst n der zweiten Halbzeit zu Chancen kam.

Halbfinale: 07.04.92

Mönchengladbach - Bayer Leverkusen 2 : 2 (0-0, 1-1) n.V. 34.500 Z.

M: Kamps - Fach, Klinkert, Huschbeck (73.Dahlin), Kastenmaier (106.Eichin), Neun, Schneider, Steffen, Max, Criens, Schulz

L: Vollborn - Foda, Wörns, Kree, Fischer (97.Herrlich), Nehl, Thom, Stammann (109.Lesniak), Kirsten, Lupescu, Jorginho

SR: Strigel (Horb)

T: 0-1 Kirsten 51., 1-1 Kastenmaier 60., 2-1 Criens 95., 2-2 Thom 119.

BV: Gelb-Rote Karte für Foda (Bayer) in der 66. Minute!

Elfmeterschießen: 2 - 0 für die **Borussia**!

-Max	1-0	Jorginho verschossen	1-0
-Steffen verschossen	1-0	Herrlich verschossen	1-0
-Neun verschossen	1-0	Lupescu verschossen	1-0
-Fach	2-0	Kree verschossen	2-0

Nach mäßigem Beginn entwickelte sich dieses Pokalspiel doch noch zu einem hochdramatischen Hit, mit einem krönenden Schluß. Die erste Halbzeit brachte auf beiden Seiten wenig, kaum Torchancen, wenig spielerische Glanzlichter. Von

Beginn der 2. Halbzeit aber wurde das Spiel immer besser. Thom brachte die Bayer-Elf mit 0:1 in Front. Kurze Zeit später fast das 0:2, doch ein Schuß von Thom ging an den Pfosten. Dann der umjubelte Ausgleich. Einen Freistoß aus 25 Metern schlenzt Kastenmaier über die Mauer unhaltbar für Vollborn ins Toreck. Ein Klassetor. Franco erhielt Foda in der 66. Minute die Gelb-Rote Karte. Aber die Leverkusener blieben trotz Unterzahl immer gleichwertig, fast sogar etwas überlegen. In der regulären Spielzeit passierte nicht mehr viel - Verlängerung! Hier ging die Borussia mit 2:1 durch Criens in Front. Danach spielte Bayer mit vier Angreifern -und wurde belohnt. Als keiner mehr mit dem Ausgleich rechnete, fiel er doch noch. Thom wird von Kirsten glänzend bedient und markiert Sekunden vor Ende den Ausgleich. Elfmeterschießen! In diesem Elfmeterschießen hält Torhüter Kamps vier Elfmeter hintereinander (Jorginho, Herrlich, Lupescu und Kree scheiterten nacheinander an ihm) und wird zum Held des Abends. Das hatte vor ihm noch kein Torhüter in Deutschland geschafft. Die Komplimente gibt er weiter und verweist auf die guten Tips von seinem Trainer. Auf Gladbacher Seite trafen Max und Fach, Steffen und Neun verschossen hingegen. Das Finale war erreicht. Ein glücklicher Erfolg nach Elfmeterschießen gegen eine starke Bayer-Elf aus Leverkusen, die auch mit 10 Mann teilweise die bessere Mannschaft an diesem Pokalabend war.

Finale: 23.05.92

Hannover 96 - **Mönchengladbach** 0 : 0 (0-0) n.V. 76.200 Z.

H: Sievers - Wojcicki, Klütz, Heemsoth (120.Kuhlmey), Sundermann, Freund, Djelmas, Surmann, Kretzschmar, Schönberg-Christensen, Koch (71.Jursch)

M: Kamps - Fach, Huschbeck (46.Stadler), Klinkert, Kastenmaier, Pflipsen, Hochstätter, Neun, Schneider, Max (76.Dahlin), Criens

SR: Heynemann (Magdeburg)

T: Fehlanzeige

Elfmeterschießen: 4 - 3 für Hannover 96!

-Kastenmaier	0-1	Djelmas	1-1
-Criens	1-2	Wojcicki	2-2
-Pflipsen verschossen	2-2	Freund verschossen	2-2
-Fach verschossen	2-2	Kretzschmar	3-2
-Neun	3-3	Schönberg-Christ.	4-3

1992 / 93

Runde 1: 18.08.92

F. Düsseldorf (Amat.) - **Mönchengladbach** 1 : 2 (0-1) 5.500 Z.

D: Petrowski - D. Spillmann, J. Spillmann, Schillbock, Istenic, Hagemes, Aurelio (75.Tonello), Mantei, Trienekens, Radojewski, Jestremski;

M: Kamps - Fach, Klinkert, Stadler, Schulz, Hoersen, Mölby, Schneider, Criens (46.Salou), Dahlin,Ertl (74.Hochstätter),

SR: Schmidt (Bad Hersfeld)

T: 0-1 Dahlin 2., 0-2 Salou 46., 1-2 Istenic 77.

Bereits in der 2. Minute ging die Borussia durch Dahlin mit 1-0 in Führung,doch bis zur Halbzeit dominierten die Amateure von Düsseldorf mit einigen guten Torchancen. Gladbach fand gegen die Düsseldorfer keine geeigneten Mittel. Radojewski und Istenic inszenierten die Angriffe und kamen zu guten Tormöglichkeiten. Gladbach stand meist in der eigenen Abwehr und kam selten zu konstruktiven Gegenangriffen. Eine schmeichelhafte Halbzeitführung. Doch gleich nach der Pause die erneute kalte Dusche. Der zur Halbzeit eingewechselte Salou brachte die Borussen mit 2:0 in Front. Nun bestimmte die Borussia klar das Geschehen, versäumte es aber, noch einige Tore zu schießen, denn 13 Minuten vor Schluß verkürzte die Fortuna durch Istenic auf 1-2. Es blieb beim glücklichen, aber verdienten Sieg für die Mönchengladbacher.

Runde 2: 12.09.92

W. Bremen (Amat.) - **Mönchengladbach** 1 : 2 (0-0) 2.500 Z.

B: Rost - Goldschmidt, Rauh, Lellek, Wiedener, Unger, Przondziono, Deering, Meißner (85.Schindler), Nauen, Simonsen;

M: Kamps - Fach, Klinkert, Schneider, Ertl (68.Dahlin), Schulz, Eichin, Nielsen (38.Pflipsen), Salou, Criens;

SR: Gigar (Hamburg)

T: 0-1 Schulz 76., 1-1 Deering 77., 1-2 Criens 84. Elfmeter

In der 2. Runde mußte Gladbach bei den Amateuren von Werder Bremen antreten; und wieder gab es einen 2-1 Sieg, doch waren diesmal die Amateure die bessere Mannschaft über die volle Spielzeit. Letztendlich wurden sie nur durch einen umstrittenen Foulelfmeter geschlagen. Nach einem Gerangel im Strafraum zwischen Nauen und Pflipsen entschied Schiedsrichter Gigar auf Elfmeter - Criens ließ sich diese Chance nicht entgehen und verwandelte eiskalt. Gegen die spielstarken Amateure des SV Werder Bremen fanden die Borussen nie zu ihrem Spiel. Fast in allen Belangen war Gladbach den Bremern heute unterlegen. Die 1:0 Führung durch Schulz in der 76. Minute wurde eine Minute danach sofort durch den Amerikaner Deering ausgeglichen. Erst der umstrittene Elfmeter brachte die Entscheidung sechs Minuten vor Ende. Ein sehr, sehr schmeichelhafter Sieg für die Borussia.

Runde 3: 10.10.92

VfL Osnabrück - **Mönchengladbach** 4 : 1 (0-1) 20.000 Z. (ausv.)

O: Dreszer - Wijas, Baschetti, Grether, Sievers, Hofmann (69.Greve), Wollitz, da Palma, Karp, Meinke, Balzis (75.Marquardt);

M: Heyne - Schneider, Klinkert, Eichin, Kastenmaier, Steffen (52.Salou), Mölby, Pflipsen, Neun (69.Max), Criens, Dahlin;

SR: Scheuerer (München)

T: 0-1 Steffen 44., 1-1 Karp 47., 2-1 Wollitz 60. Elfmeter, 3-1 Meinke 63., 4-1 da Palma 87.

Bis zur Halbzeit war es ein ausgeglichenes Spiel, in dem die Borussia in der 44. Minute glücklich durch Steffen in Führung ging. Nach der Halbzeit kamen die Borussen jedoch völlig verdient unter die Räder. Sie hatten dem Angriffswirbel, erfolgreich inszeniert durch "Pele" Wollitz, nichts mehr entgegenzusetzen, und so fiel ein Tor nach dem anderen. Innerhalb von 16 Minuten war die Partie durch Tore von Karp, Wollitz per Elfmeter und Meinke praktisch entschieden. Nach einigen guten Möglichkeiten durch Pflipsen und Dahlin sorgte da Palma kurz vor Schluß für die endgültige Entscheidung - 4-1. Der Vorjahres-Finalist schied damit bereits in Runde 3 verdient aus.

Finalspiele

05. Oktober 1960 in Düsseldorf:

Borussia Mönchengladbach - Karlsruher SC

3 : 2 (2-1)

Aufstellungen:

G. Jansen
Pfeiffer, de Lange, A. Jansen, Göbbels
Frontzeck, Brungs, Brülls
Kohn, Mühlhausen, Fendel

Schiedsrichter: Dusch (Kaiserslautern)

Jungmann
Dimmel, Ruppenstein, Rihm, Witlatschil
Szymaniak, Reitgaßl, Herrmann
Schwarz, Nedoschil, Späth

Zuschauer: 50.000

Tore:

1-0	Mühlhausen	5. Min.
1-1	Herrmann	22. Min.
2-1	Kohn	25. Min.
2-2	Schwarz	58. Min.
3-2	Brülls	60. Min.

*** Spielbericht:**

Die Überraschungsmannschaft aus Mönchengladbach gegen eine etablierte Mannschaft aus Karlsruhe, immerhin schon zweimal Pokalsieger. Eigentlich eine relativ klare Sache für den Favoriten, doch die 50.000 Zuschauer sahen zwei gleichwertige Teams in einem hervorragenden Endspiel.
Die Elf von Trainer Bernd Oles war glänzend eingestellt, technisch dem KSC gleichwertig, in kämpferischer Hinsicht allerdings überlegen. Auf beiden Seiten zwei herausragende Spielgestalter: Brülls, der von Szymaniak bewacht wurde, und Herrmann, der die Rolle von Szymaniak übernahm, da dieser mit Deckungsaufgaben gegen Brülls beschäftigt war.
Der Führungstreffer fiel bereits in der 5. Minute durch Mühlhausen. Danach machte der KSC enorm viel Druck und sah sich auch in der 22. Minute durch den Ausgleichstreffer belohnt. Herrmann hatte einen Eckball direkt verwandelt. Nahezu im Gegenzug fiel jedoch wieder die Führung für die Borussen durch Kohn. Bis zur Pause blieb es bei der 2-1 Führung für die Gladbacher. Nach dem Seitenwechsel wurde auf beiden Seiten mit hohem Tempo weitergespielt. Die Partie blieb ausgeglichen. In der 58. Minute dann der Ausgleich durch Schwarz. Der KSC freute sich wie schon beim ersten Ausgleich zu lange, denn keine zwei Minuten später klingelte es erneut im Kasten von Torhüter Jungmann: Brülls war zur Stelle und schoß zum 3-2 Siegtreffer ein. Man spürte den Siegeswillen der Borussia. Ausschlaggebend war letztlich die hervorragende kämpferische Einstellung der Gladbacher. Somit war der erste große nationaleErfolg für die Borussia nicht unverdient. Die überglücklichen Spieler nahmen zum erstenmal den Pokal entgegen.

23. Juni 1973 in Düsseldorf:

Borussia Mönchengladbach - 1.FC Köln
2 : 1 n. V. (1-1, 1-1)

Aufstellungen:

Kleff
Vogts, Sieloff, Michallik, Bonhof
Wimmer, Kulik (91.Netzer), Danner, Jensen
Rupp (117.Stielike), Heynckes

Schiedsrichter: Tschenscher (Mannheim)

Glowacz (71.Gebauer), Löhr
Overath (71.Konopka), Neumann, Simmet, Flohe
Kapellmann, Weber, Cullmann, Hein
Welz

Zuschauer: 69.600 im Düsseldorfer Rheinstadion

Tore:

1-0	Wimmer	23. Min.
1-1	Neumann	41. Min.
2-1	Netzer	93. Min.

*** Spielbericht:**
Was vorher noch niemand für möglich gehalten hatte, dieses 30. DFB-Pokalendspiel war eines der besten in der noch kurzen Geschichte des Wettbewerbs. Mönchengladbach mußte vorerst ohne seinen Star Netzer antreten, der von Trainer Weisweiler auf die Ersatzbank verbannt wurde, weil der Regisseur wenige Tage zuvor einen Vertrag bei Real Madrid unterschrieben hatte. Dies nahm ihm Weisweiler übel. Die Kölner konnten dagegen in ihrer Bestbesetzung antreten. Die knapp 70.000 Zuschauer werden dieses Spiel mit atemberaubender Spannung und mitreißenden Szenen vor beiden Toren so schnell nicht vergessen.

Es waren kaum 2 Minuten gespielt, da zog Rupp an mehreren Kölnern vorbei und Welz war schon geschlagen, aber Cullmann rettete auf der Linie. Das Spiel tobte hin und her. Beide Torhüter hatten viel zu tun. Es war ein sehr ausgeglichenes Spiel, doch die Borussia ging 1-0 in Führung. Wimmer täuschte ein Abspiel an, ging jedoch um Simmet herum und schoß plaziert ein. Eine Minute später verhinderte Welz mit einer Glanzparade eine höhere Führung. Erst in der 41. Minute konnte Köln ausgleichen. Durch einen Hackentrick von Overath war Neumann völlig frei. Sein Aufsetzer schlug unhaltbar im Tor von Kleff ein.

Von Beginn der 2. Halbzeit wurde mit gleichem Tempo weitergespielt. Zuerst vergab Simmet alleinstehend vor Kleff, dann mußte Simmet für den bereits geschlagenen Welz auf der Linie klären. In der 52. Minute traf Jensen nach einem Alleingang nur den Pfosten und Heynckes wurde in der 58. Minute im Strafraum festgehalten. Elfmeter! Da Netzer noch auf der Ersatzbank saß, legte sich Heynckes den Ball zurecht. Er lief an, Welz bewegte sich viel zu früh und hielt den Ball. Schiedsrichter Tschenscher ließ den Elfmeter jedoch nicht wiederholen. Erst nach einer guten Stunde wurde das tempogeladene Spiel etwas langsamer. Overath mußte wegen Wadenkrämpfen den Platz verlassen und die Kölner waren damit ohne Regisseur. Kurz vor Ende der regulären Spielzeit die größte Chance für die Kölner im ganzen Spiel: Flohe, weitgehend von Vogts neutralisiert, schoß an die Querlatte. Danach vergab Heynckes noch zweimal in aussichtsreicher Position. Verlängerung! Günter Netzer kam herein und setzte den Glanzpunkt. Er bekam in der 93. Minute nach einem Doppelpaß den Ball von Bonhof zurück und zog von der Strafraumgrenze ab. Der Ball landete unhaltbar im oberen linken Tordreieck. Das war die Entscheidung in diesem dramatischen Spiel. Beide Teams hatten zwar noch einige Chancen, doch die beiden Klassetorhüter hielten alles. So wurde Netzer zum Held des Tages.

Henning Jensen gewinnt das Laufduell mit Herbert Hein.

Bernd Rupp enteilt dem Kölner Wolfgang Weber.

Ein Tor, das Geschichte machte: Günter Netzer, der sich nach einem Disput mit Trainer Weisweiler zunächst auf der Bank wiederfand, entschied mit einem Traumtor das Finale für die Borussia.

Der Schütze des Siegtores läuft mit dem DFB-Pokal eine Ehrenrunde.

Lothar Matthäus eröffnet den Torreigen regen Werder.

Die Entscheidung im Halbfinale gegen Werder Bremen: Bedrängt durch Klaus Fichtel erzielt Hans-Jörg Criens in der Verlängerung das 5:4.

31. Mai 1984 in Frankfurt:

Borussia Mönchengladbach - FC Bayern München
1 : 1 n.V. (1-1, 1-0)

Elfmeterschießen: 7-6 für Bayern München

Aufstellungen:

Sude
Bruns, Borowka, Hannes, Herlovsen
Matthäus, Frontzeck, Lienen, Schäfer (72.Ringels)
Rahn (68.Criens), Mill

Schiedsrichter: Roth (Salzgitter)

K.H. Rummenigge, M. Rummenigge
Nachtweih, Dremmler, Kraus (46.Mathy), Lerby
Martin, Grobe, Augenthaler, Dürnberger (58.Hoeneß)
Pfaff

Zuschauer: 58.000 im Frankfurter Waldstadion

Tore:

1-0	Mill	33. Min.
1-1	Dremmler	83. Min.

Elfm.-schießen:

	Matthäus (übers Tor)	0-1	Lerby
1-1	Herlovsen	1-2	Nachtweih
2-2	Borowka	2-3	Grobe
3-3	Bruns	3-3	Augenthaler (v. Sude gehalten!)
4-3	Hannes	4-4	K.H. Rummenigge
5-4	Criens	5-5	Dremmler
6-5	Frontzeck	6-6	Martin
6-6	Ringels (Pfosten)	6-7	M. Rummenigge

*** Spielbericht:**

Auch dieses Endspiel bot den Zuschauern alles: Technik, Kampf, Spannung und dann die Dramatik des Elfmeterschießens. Die Bayern, am Anfang überlegen, hatten erst in der 19. Minute ihre erste Chance: Ein Flugkopfball von M. Rummenigge landete an der Querlatte. In den folgenden Minuten mußte der beste Borusse, Torhüter Sude, mehrfach in höchster Not retten. Erst nach einer halben Stunde konnten sich die Gladbacher befreien. Prompt fiel auch das 1-0 für die Borussen. Eine Ecke von Matthäus köpfte Mill unhaltbar ein. Danach stürmten die Borussen vehement auf das Bayern-Tor. Doch bis zur Halbzeit blieb es beim 1-0.
In der 2. Halbzeit übernahmen dann die Bayern die Initiative. Doch ein neuer Stürmer, Hoeneß war für Dürnberger von Trainer Lattek ins Spiel genommen worden, brachte zunächst keinen zählbaren Erfolg für die Bayern. Es dauerte bis zur 83. Minute. Hoeneß schoß einen Mitspieler an, von dort kam der Ball zu Mathy. Dieser schoß an den Pfosten und den abprallenden Ball hämmerte Dremmler aus spitzem Winkel ins Tor. Der wohl verdiente Ausgleich war gefallen. Bayern hatte noch eine Chance durch K.H. Rummenigge, doch Sude konnte klären. Verlängerung! Beide Mannschaften mußten nun ihrem hohem Tempo Tribut zollen. In diesen 30 Minuten konnte sich keiner entscheidend durchsetzen. So kam es zu einem Novum in der DFB-Pokalgeschichte: Der Sieger mußte letztendlich durch ein Elfmeterschießen ermittelt werden. Für die Borussen begann es schlecht: Ausgerechnet Matthäus schoß über das Tor. Als Sude den Elfmeter von Augenthaler hielt, war alles wieder offen. Danach trafen beide Mannschaften je fünfmal. Als nächster war dann der Gladbacher Ringels dran; er setzte den Ball jedoch an den Pfosten. Michael Rummenigge verwandelte anschließend seinen Elfmeter und die Borussen waren geschlagen. Der Pott ging an die Bayern. Ein großartiges Endspiel, in dem beide Teams den Pokal verdient hätten, fand einen unglücklichen Verlierer - die Borussia!

Flügellauf des jungen Michael Frontzeck, gestört durch Routinier Wolfgang Kraus.

Bitterer Abgang für Lothar Matthäus: Ausgerechnet der künftige Münchner verschießt den ersten Elfmeter

Uli Sude klärt vor dem heranfliegenden Michael Rummenigge, Herlovsen (links) und Hannes beobachten die Situation.

31. Mai 1992 in Berlin:

Borussia Mönchengladbach - Hannover 96
0 : 0 n.V. (0-0)

Elfmeterschießen: 4-3 für Hannover

Aufstellungen:

Kamps
Huschebeck (46.Stadler), Klinkert, Fach, Kastenmaier
Pflipsen, Hochstätter, Schneider, Neun
Max (76.Dahlin), Criens

Schiedsrichter: Heynemann (Magdeburg)

Djelmas, Koch (71.Jursch)
Schönberg-Chr., Freund, Surmann, Kretzschmar
Heemsoth (120.Kuhlmey), Wojcicki, Sundermann, Klütz
Sievers

Zuschauer: 76.200 im Berliner Olympiastadion

Tore:

Elfm.-schießen:	1-0	Kastenmaier	1-1	Djelmas
	2-1	Criens	2-2	Wojcicki
	2-2	Pflipsen (v. Sievers geh.!)	2-2	Freund (v. Kamps geh.!)
	2-2	Fach (v. Sievers geh.!)	2-3	Kretzschmar
	3-3	Neun	3-4	Schönberg-Christensen

*** Spielbericht:**
Borussia gegen einen Zweitligisten im Finale: Goliath gegen David! Doch der vermeintliche David gewann diese Partie verdient. Im 49. DFB-Pokalendspiel erwies sich Hannover über 120 Minuten im Berliner Glutofen als ebenbürtiger Gegner und besaß sogar noch die klareren Tormöglichkeiten.
Borussia fand gegen die diszipliniert und mit großem Engagement spielenden Niedersachsen nie zu ihrem gewohnten Spiel. Kastenmaier und Neun wurden an ihren Flankenläufen gehindert und so kam kaum Torgefährlichkeit auf. So entwickelte sich, nicht zuletzt aufgrund der Taktik der 96er, ein kampfbetontes Spiel, dem die spielerischen Finessen abgingen. Der Zweitligist verschleppte das Tempo und hatte mit dem Routinier Wojcicki als Libero einen Lenker in der Defensive. Er befreite die 96er aus kniffligen Situationen und kurbelte noch das Spiel nach vorn an. Die 96er spielten im Rahmen ihrer Möglichkeiten, hingegen wußte bei den Borussen mit Ausnahme von Torhüter Kamps niemand voll zu überzeugen. Es kam zur Verlängerung, denn auch die wenigen Chancen in der 2. Halbzeit durch Heemsoth in der 67. Minute und Koch konnten nicht genutzt werden.
Auch in der Verlängerung war das Spiel chancenarm. Lediglich Pflipsen vergab in der 109. Minute völlig freistehend vor Sievers, und Dahlin konnte den 96-Torwart auch nicht überwinden. So mußte der Sieger wieder im Elfmeterschießen ermittelt werden. Zunächst verwandelten die Kontrahenten ihre ersten zwei Elfmeter. Anschließend verschossen der Borusse Pflipsen und der 96er Freund. Fachs Fehlschuß brachte die Fohlen auf die Verliererstraße. Der Däne Schönberg verwandelte den alles entscheidenden Elfmeter zum letztendlich verdienten Pokalgewinn für die Hannoveraner. Gefeierter Held auf Seiten der Niedersachsen war der Keeper Jörg Sievers.

Kastenmaier (links) und Huschbeck versuchen den Hannoveraner Djelmas vom Ball zu trennen.

Hannovers Keeper Jörg Sievers pariert den Elfmeter von Holger Fach.

Pokalstatistik

Jahr	Spiele	S	U	N	Tore	Diff.	H	A	F
1960:	2	2	-	-	5 - 2	+ 3		1	1
1964:	1	-	-	1	1 - 2	- 1		1	
1966:	2	1	-	1	5 - 2	+ 3	1	1	
1967:	1	-	-	1	2 - 4	- 2	1		
1968:	3	2	-	1	5 - 4	+ 1		3	
1969:	2	1	-	1	5 - 4	+ 1	1	1	
1970:	3	2	-	1	8 - 5	+ 3	1	2	
1971:	4	2	1	1	8 - 6	+ 2	1	3	
1972:	6	3	2	1	15 - 10	+ 5	3	3	
1973:	9	7	1	1	25 - 11	+ 14	4	4	1
1974:	3	1	1	1*	9 - 3	+ 6	1	2	
1975:	2	1	-	1	8 - 5	+ 3	1	1	
1976:	4	3	-	1	9 - 3	+ 6	1	3	
1977:	1	-	-	1	0 - 2	- 2	1		
1978:	5	4	-	1	19 - 3	+ 16	2	3	
1979:	3	2	-	1	10 - 5	+ 5	2	1	
1980:	3	2	-	1	6 - 2	+ 4	2	1	
1981:	5	4	-	1	28 - 9	+ 19	2	3	
1982:	5	4	-	1	17 - 6	+ 11	2	3	
1983:	5	3	1	1	10 - 4	+ 6	1	4	
1984:	6	5	-	1*	19 - 7	+ 12	2	3	1
1985:	5	4	-	1	12 - 5	+ 7	2	3	
1986:	2	1	-	1	6 - 5	+ 1		2	
1987:	5	4	-	1	24 - 4	+ 20	2	3	
1988:	3	1	1	1	6 - 6	0	2	1	
1989:	2	-	1	1	2 - 3	- 1	1	1	
1990:	3	2	-	1	7 - 2	+ 5	1	2	
1991:	2	1	-	1	2 - 2	0		2	
1992:	6	5*	-	1*	9 - 2	+ 7	4	1	1
1993:	3	2	-	1	5 - 6	- 1		3	

Gesamt:	106 Spiele:	- Siege	69
		- Unentschieden	8
		- Niederlagen	29
		- Tore	287 - 134
		- Tordifferenz	+ 153
		- Heimspiele (H)	41
		- Auswärtssp. (A)	61
		- Endspiele (F)	4

Anmerkung:
Je nach Ausgang eines Elfmeterschießens **(*)** wird das Spiel entweder als SIEG oder NIEDERLAGE gewertet. Die Tore aus dem Elfmeterschießen zählen nicht in der Torübersicht, sie dienen lediglich der Ermittlung des Siegers.

Die Pokalspiele auf einen Blick

Rundenübersicht:

1/2/3/4	=	Runden 1, 2, 3 oder 4
1 H	=	Runde 1 *Hinspiel (1971/72 u. 1972/73)*
1 R	=	Runde 1 *Rückspiel*
H H/R	=	Halbfinale Hin- u. Rückspiel
Q	=	Qualifikationsspiel
V	=	Viertelfinale
H	=	Halbfinale
E	=	Endspiel
Wdh.	=	Wiederholungsspiel

Nr.	Datum	Runde	Spielpaarung	Ergebnis	
1	07.09.60	H	**Borussia** - Hamburger SV	2 : 0	
2	05.10.60	F	**Borussia** - Karlsruher SC	3 : 2	
3	07.04.64	1	Altonaer FC 93 - **Borussia**	2 : 1	
4	02.01.66	Q	**Borussia** - Opel Rüsselsheim	5 : 1	
5	22.01.66	1	**Borussia** - Bor. Neunkirchen	0 : 1	n.V.
6	14.01.67	1	Schalke 04 - **Borussia**	4 : 2	
7	27.01.68	1	Bayern Hof - **Borussia**	0 : 1	
8	24.02.68	2	TSV 1860 Münch. - **Borussia**	2 : 4	
9	11.04.68	V	VfL Bochum - **Borussia**	2 : 0	
10	04.01.69	1	**Borussia** - Hertha BSC Berlin	5 : 2	
11	15.02.69	2	Hamburger SV - **Borussia**	2 : 0	n.V.
12	03.01.70	1	Eintr. Gelsenkirchen - **Borussia**	1 : 3	
13	28.07.70	2	Hannover 96 - **Borussia**	1 : 3	
14	05.08.70	3	**Borussia** - 1.FC Köln	2 : 3	n.V.
15	12.12.70	1	SV Alsenborn - **Borussia**	1 : 1	n.V.
16	30.12.70	Wdh.	**Borussia** - SV Alsenborn	3 : 1	
17	20.02.71	2	Hertha BSC Berlin - **Borussia**	1 : 3	
18	07.04.71	3	Fortuna Düsseldorf - **Borussia**	3 : 1	
19	04.12.71	1 H	B. 04 Leverkusen - **Borussia**	0 : 3	

Nr.	Datum	Runde	Spielpaarung	Ergebnis	
20	14.12.71	1 R	**Borussia** - Bayer Leverkusen	4 : 2	
21	12.01.72	2 H	**Borussia** - Eintracht Frankfurt	4 : 2	
22	22.02.72	2 R	Eintr. Frankfurt - **Borussia**	3 : 2	
23	21.03.72	3 H	**Borussia** - Schalke 04	2 : 2	
24	05.04.72	3 R	Schalke 04 - **Borussia**	1 : 0	
25	09.12.72	1 H	Freiburger FC - **Borussia**	3 : 1	
26	20.12.72	1 R	**Borussia** - Freib. FC	7 : 1	
27	03.03.73	2 H	Schalke 04 - **Borussia**	0 : 2	
28	14.03.73	2 R	**Borussia** - Schalke 04	1 : 1	
29	14.04.73	3 H	**Borussia** - 1.FC Kaiserslautern	2 : 1	
30	19.04.73	3 R	1.FC Kaiserslt. - **Borussia**	1 : 3	
31	02.05.73	H H	Werder Bremen - **Borussia**	1 : 3	
32	16.05.73	H R	**Borussia** - W. Bremen	4 : 2	
33	23.06.73	E	**Borussia** - 1.FC Köln	2 : 1	n.V.
34	01.12.73	1	VfB Oldenburg - **Borussia**	0 : 6	
35	15.12.73	2	**Borussia** - Hamburger SV	2 : 2	n.V.
36	22.12.73	Wdh.	Hamburger SV - **Borussia**	1 : 1	n.V.
			Elfmeterschießen: 3 - 1 für den HSV!		
37	07.09.74	1	TV Gültstein - **Borussia**	0 : 5	
38	29.01.75	2	**Borussia** - 1.FC Köln	3 : 5	
39	02.08.75	1	Werder Bremen - **Borussia**	0 : 3	
40	18.10.75	2	**Borussia** - SV Hasborn	3 : 0	
41	12.12.75	3	MSV Duisburg - **Borussia**	0 : 1	
42	31.01.76	4	Fortuna Düsseldorf - **Borussia**	3 : 2	
43	07.09.76	1	**Borussia** - Eintr. Braunschweig	0 : 2	
44	30.07.77	1	1.FC Viersen - **Borussia**	0 : 8	
45	20.08.77	2	BV 04 Düsseldorf - **Borussia**	1 : 4	
46	15.10.77	3	**Borussia** - Bonner SC	3 : 0	
47	19.11.77	4	**Borussia** - VfL Bochum	3 : 0	
48	20.12.77	V	Werder Bremen - **Borussia**	2 : 1	
49	05.08.78	1	**Borussia** - Wuppertaler SV	4 : 2	
50	23.09.78	2	**Borussia** - Arminia Hannover	6 : 1	
51	02.12.78	3	Hertha BSC Berlin - **Borussia**	2 : 0	

Nr.	Datum	Runde	Spielpaarung	Ergebnis	
52	25.08.79	1	**Borussia** - FV Biberach	2 : 1	
53	29.09.79	2	**Borussia** - RW Essen	4 : 0	
54	12.01.79	3	Karlsruher SC - **Borussia**	1 : 0	n.V.
55	30.08.80	1	**Borussia** - OSV Hannover	7 : 3	
56	04.10.80	2	TuS Langerwehe - **Borussia**	1 : 7	
57	22.11.80	3	Bünder SV - **Borussia**	1 : 7	
58	31.01.81	4	**Borussia** - Atlas Delmenhorst	6 : 1	
59	28.02.81	V	1.FC Kaiserslautern - **Borussia**	3 : 1	
60	29.08.81	1	SSV Dillenburg - **Borussia**	2 : 7	
61	10.10.81	2	**Borussia** - Arminia Hannover	3 : 1	
62	05.12.81	3	VfB Stuttgart - **Borussia**	0 : 2	
63	09.01.81	4	RW Essen - **Borussia**	0 : 4	
64	20.02.82	V	1.FC Nürnberg - **Borussia**	3 : 1	
65	28.08.82	1	VfB Wissen - **Borussia**	0 : 4	
66	16.10.82	2	Union Solingen - **Borussia**	0 : 2	
67	18.12.82	3	**Borussia** - Waldhof Mannheim	1 : 0	
68	12.02.83	V	**Borussia** - Fortuna Köln	2 : 2	n.V.
69	08.03.83	Wdh.	Fort. Köln - **Borussia**	2 : 1	
70	27.08.83	1	Fortuna Köln - **Borussia**	2 : 3	
71	08.10.83	2	**Borussia** - Arminia Bielefeld	3 : 0	
72	18.12.83	3	SpVgg Fürth - **Borussia**	0 : 6	
73	03.03.84	V	Hannover 96 - **Borussia**	0 : 1	
74	01.05.84	H	**Borussia** - Werder Bremen	5 : 4	n.V.
75	31.05.84	E	Bayern München - **Borussia**	1 : 1	n.V.
			Elfmeterschießen: 7 - 6 für Bayern !		
76	01.09.84	1	**Borussia** - BW 90 Berlin	4 : 1	
77	21.11.84	2	**Borussia** - Eintracht Frankfurt	4 : 2	n.V.
78	22.12.84	3	Alemannia Aachen - **Borussia**	0 : 2	
79	16.02.85	V	Union Solingen - **Borussia**	1 : 2	
80	06.04.85	H	Bayern München - **Borussia**	1 : 0	n.V.
81	24.08.85	1	Wattenscheid 09 - **Borussia**	2 : 5	
82	19.10.85	2	Schalke 04 - **Borussia**	3 : 1	
83	24.08.86	1	1.FC Amberg - **Borussia**	0 : 7	

Nr.	Datum	Runde	Spielpaarung	Ergebnis	
84	26.10.86	2	**Borussia** - Bor. Dortmund	6 : 1	
85	18.11.86	3	Alemannia Aachen - **Borussia**	0 : 2	n.V.
86	07.03.87	V	**Borussia** - Bayer 05 Uerdingen	9 : 2	
87	01.04.87	H	Hamburger SV - **Borussia**	1 : 0	
88	29.08.87	1	**Borussia** - Bayer Leverkusen	2 : 1	n.V.
89	25.10.87	2	**Borussia** - Bayern München	2 : 2	n.V.
90	11.11.87	Wdh.	Bayern München - **Borussia**	3 : 2	n.V.
91	06.08.88	1	Schalke 04 - **Borussia**	1 : 1	n.V.
92	17.08.88	Wdh.	**Borussia** - Schalke	1 : 2	
93	18.08.89	1	Hannover 96 - **Borussia**	0 : 3	
94	23.09.89	2	**Borussia** - 1.FC Nürnberg	4 : 1	
95	09.11.89	3	Kickers Offenbach - **Borussia**	1 : 0	n.V.
96	04.08.90	1	Eintracht Haiger - **Borussia**	1 : 2	
97	02.12.90	2	FC Remscheid - **Borussia**	1 : 0	
98	16.08.91	2	**Borussia** - Wattenscheid 09	2 : 0	
99	03.09.91	3	SC Jülich 1910 - **Borussia**	0 : 1	
100	24.09.91	4	**Borussia** - Fortuna Köln	2 : 0	
101	29.10.91	V	**Borussia** - Stuttgarter Kickers	2 : 0	
102	07.04.92	H	**Borussia** - Bayer 04 Leverkusen	2 : 2	n.V.
			Elfmeterschießen: 2 - 0 für Gladbach!		
103	23.05.92	E	Hannover 96 - **Borussia**	0 : 0	n.V.
			Elfmeterschießen: 4 - 3 für Hannover!		
104	18.08.92	1	F. Düsseldorf (A) - **Borussia**	1 : 2	
105	12.09.92	2	W. Bremen (A) - **Borussia**	1 : 2	
106	10.10.92	3	VfL Osnabrück - **Borussia**	4 : 1	

Die Pokalgegner auf einen Blick

Verein	SP	S	U	N	Tore	Runden
Alemannia Aachen	2	2			4 - 0	3, 3
SV Alsenborn	2	1	1		4 - 2	1
Altonaer FC 93	1			1	1 - 2	1
FC Amberg	1	1			7 - 0	1
BW 90 Berlin	1	1			4 - 1	1
Hertha BSC Berlin	3	2		1	8 - 5	1, 2, 3
FV Biberach	1	1			2 - 1	1
Arminia Bielefeld	1	1			3 - 0	2
VfL Bochum	2	1		1	3 - 2	3, 4
Bonner SC	1	1			3 - 0	3
E. Braunschweig	1			1	0 - 2	1
Werder Bremen	5	4		1	16 - 9	H, 2, V, H
W. Bremen (A)	1	1			2 - 1	2
Bünder SV	1	1			7 - 1	3
Atlas Delmenhorst	1	1			6 - 1	4
SSV Dillenburg	1	1			7 - 2	1
Borussia Dortmund	1	1			6 - 1	2
MSV Duisburg	1	1			1 - 0	3
BV 04 Düsseldorf	1	1			4 - 1	2
Fort. Düsseldorf	2			2	3 - 6	3, 4
F. Düsseldorf (A)	1	1			2 - 1	1
Rot-Weiß Essen	2	2			8 - 0	2, 3
Eintr. Frankfurt	3	2		1	10 - 7	2, 2
Freiburger FC	2	1		1	8 - 4	1
SpVgg Fürth	1	1			6 - 0	2
Eintr. Gelsenkirchen	1	1			3 - 1	1
TV Gültstein	1	1			5 - 0	1
Eintracht Haiger	1	1			2 - 1	1
Hamburger SV	5	1	1	3 *	5 - 6	H, 2, 2, H
Arminia Hannover	2	2			9 - 2	2, 2
OSV Hannover	1	1			7 - 3	1
Hannover 96	4	3		1 *	7 - 1	2, 3, 1, F
SV Hasborn	1	1			3 - 0	2
Bayern Hof	1	1			1 - 0	1
SC Jülich	1	1			1 - 0	3
1.FC Kaiserslautern	3	2		1	6 - 4	3, V
Karlsruher SC	2	1		1	3 - 3	F, 3
Fortuna Köln	4	2	1	1	8 - 6	V, 1, 4
1.FC Köln	3	1		2	7 - 9	3, F, 2
TuS Langerwehe	1	1			7 - 1	2
Bayer Leverkusen	4	4 *			11 - 5	1, 1, H
Waldhof Mannheim	1	1			1 - 0	3
Bayern München	4		1	3 *	5 - 7	F, H, 2
TSV 1860 München	1	1			4 - 2	2
Bor. Neunkirchen	1			1	0 - 1	1
1.FC Nürnberg	2	1		1	5 - 4	V, 2

Verein	SP	S	U	N	Tore	Runden
Kick. Offenbach	1			1	0 - 1	3
VfB Oldenburg	1	1			6 - 0	1
VfL Osnabrück	1			1	1 - 4	3
FC Remscheid	1			1	0 - 1	2
Opel Rüsselsheim	1	1			5 - 1	Q
Schalke 04	8	1	3	4	10 - 14	1, 3, 2, 2, 1
Union Solingen	2	2			4 - 1	2, V
Stuttgarter Kickers	1	1			2 - 0	V
VfB Stuttgart	1	1			2 - 0	3
Bayer Uerdingen	1	1			9 - 2	V
1.FC Viersen	1	1			8 - 0	1
Wattenscheid 09	2	2			7 - 2	1, 2
VfB Wissen	1	1			4 - 0	1
Wuppertaler SV	1	1			4 - 2	1

* = nach Elfmeterschießen gewonnen oder verloren!

STAND: Ende Saison 1992/93

Anmerkung:

Die Borussia hatte es in ihren bisherigen 106 DFB-Pokalspielen mit 60 verschiedenen Mannschaften zu tun, wobei der Hamburger SV 1960 der erste Pokalgegner und der VfL Osnabrück der 60. und zugleich bisher letzte Gegner war! Der häufigste Pokalpartner war der FC Schalke 04 mit 8 Spielen und einer negativen Bilanz. Danach kommen der SV Werder Bremen mit 5 Spielen und einer äußerst positiven Bilanz von 4 Siegen sowie der Hamburger SV mit ebenfalls 5 Spielen, aber mit nur einem Sieg. Die beste Bilanz hat die Borussia gegen Bayer 04 Leverkusen mit 4 Spielen und 4 Siegen!

Spieler - A B C

Spieleinsätze und erzielte Tore im DFB-Pokal

Spieler	Spiele	Tore	Spieler	Spiele	Tore
Ackermann	4	0	Amrath	1	0
Bakalorz	7	3	Bergfeld	1	0
Belanow	3	1	Bleidick	13	0
Bödeker	3	0	Bodden	1	0
Bonhof	29	9	Borowka	18	2
Brandts	2	1	Brülls	2	2
Brungs	2	1	Bruns	41	17
Budde	7	1			
Criens	32	16			
Dahlin	5	1	Danner, D.	24	4
Danner, V. (TW)	6	0	de Lange	2	0
Del'Haye	6	0	Dietrich	6	2
Drehsen	16	4	Dudek	2	0
Effenberg	5	0	Eichin	11	0
Elfert	2	0	Ertl	2	0
Fach	8	0	Fleer	11	0
Fendel	1	0	Frenken	2	1
Frontzeck, M.	21	1	Frontzeck, F.	2	0
Göbbels	1	0	Gores	5	1
Greven	1	0			
Hannes	26	8	Heidenreich	2	1
Herbst	6	0	Herlovsen	19	1
Hesselbach (TW)	1	0	Heynckes	37	23
Heyne (TW)	1	0	Hochstätter	19	4
Hoersen	1	0	Hoffmann	1	0
Höttges	1	0	Huschbeck	2	0
Jansen, A.	5	0	Jansen, G. (TW)	2	0
Jensen	17	3			
Kamps (TW)	23	0	Kastenmaier	7	3
Kempers	2	0	Kleff (TW)	40	0
Klinkert	14	2	Klinkhammer	11	1
Kneib (TW)	8	0	Köppel	17	4
Köstner	3	0	Krätschmer (TW)	1	0
Kremers, E.	2	0	Kremers, H.	2	0
Kretzschmar	1	0	Krauss	18	3
Krisp	2	0	Kuhn	3	2
Kulik	31	5			

Spieler	Spiele	Tore	Spieler	Spiele	Tore
Lange	1	0	Laumen	13	10
Lausen	3	1	le Fevre	10	3
Lienen	32	6	Loontiens	1	0
Lowin	2	0			
Matthäus	23	12	Max	8	2
Meier	3	0	Michallik	6	0
Milder	8	2	Mill	22	11
Mohren	2	0	Mölby	2	0
Mühlhausen	3	1	Müller	7	2
Netzer	25	7	Neun	12	0
Nickel	8	5	Nielsen, C.	10	5
Nielsen, P.	1	0			
Orzessek (TW)	2	0			
Pfeiffer	2	0	Pflipsen	7	0
Pinkall	11	3	Pöggeler	5	0
Posner	1	0			
Rahn	36	18	Raßmann	1	0
Reich	2	0	Ringels	23	2
Rupp	14	10			
Salou	7	1	Schäfer	26	4
Schäffer	24	1	Schmider	6	0
Schneider	11	0	Schommen	2	0
Schrage (TW)	1	0	Schuhmacher	2	1
Schulz	5	1	Sieloff	17	3
Simonsen	19	8	Spinnler	3	0
Spies	4	2	Stadler	5	0
Stefes	4	0	Steffen	4	1
Stielike	7	0	Straka	5	0
Sude (TW)	21	0	Surau	12	0
Thiele	7	5	Thychosen	2	2
Veh	14	1	Vogts	42	2
Waddey	3	0	Wicken	1	0
Wielandt	1	0	Willaarts	3	0
Wimmer, H.	37	10	Wimmer, W.	2	0
Winter	3	1	Winkhold	12	0
Wittkamp	21	5	Wittmann	9	0
Wloka	6	0	Wohlers	5	1
Wuttke	9	4	Wynhoff	6	0

Zu diesen **281** erzielten Toren kommen noch 7 Eigentore des Gegners hinzu!
STAND: Ende Saison 1992/93

DFB-Pokal Mosaik

1.) ELFMETER:

• Für die Borussia:

- TORE:	Hannes	3	(80/81: Borussia - A. Delmenhorst) (82/83: 2 x: VfB Wissen - Borussia)
	Sieloff	3	(70/71: Borussia - SV Alsenborn) (71/72: B. Leverkusen - Borussia) (71/72: Borussia - B. Leverkusen)
	Heynckes	2	(71/72: Borussia - Schalke 04) (72/73: Kaiserslautern - Borussia)
	Bruns	2	(78/79: Borussia - Arm. Hannover) (89/90: Borussia - 1.FC Nürnberg)
	Criens	2	(88/89: Borussia - Schalke 04) (92/93: W. Bremen [A] - Borussia)
	Bonhof	1	(75/76: F. Düsseldorf - Borussia)
	Matthäus	1	(82/83: Fort. Köln - Borussia)
	Müller	1	(69/70: Borussia - 1.FC Köln)
	Netzer	1	(72/73: Borussia - Freiburger FC)
	Rahn	1	(84/85: Borussia - E. Frankfurt)
	Simonsen	1	(74/75: Borussia - 1.FC Köln)
	Belanow	1	(90/91: Eintr. Haiger - Borussia)
- VERSCHOSSEN:	Netzer	2	(65/66: Borussia - Rüsselsheim) (67/68: VfL Bochum - Borussia)
	Heynckes	1	(72/73: Borussia - 1.FC Köln)

Spielerbilanz:

Hannes	3 Elfmeter	3 Tore / 0 verschossen
Sieloff	3	3 / 0
Heynckes	3	2 / 1
Netzer	3	1 / 2
Bruns	2	2 / 0
Criens	2	2 / 0
Bonhof	1	1 / 0
Belanow	1	1 / 0
Matthäus	1	1 / 0
Müller	1	1 / 0
Rahn	1	1 / 0
Simonsen	1	1 / 0

GESAMT: **22 Elfmeter (19 Tore / 3 verschossen)**

• **Für den Pokalgegner:**

- *TORE:*	Kontny / Eintr. Gelsenkirchen	(69/70)
	Biskup / 1.FC Köln	(69/70)
	Flohe / 1.FC Köln	(74/75)
	Höttges / Werder Bremen	(77/78)
	Gersdorff / Hertha BSC Berlin	(78/79)
	Meyer / Atlas Delmenhorst	(80/81)
	Schatzschneider / Fort. Köln	(82/83)
	Lerby / Bayern München	(84/85)
	Wollitz / VfL Osnabrück	(92/93)
- *VERSCHOSSEN:*	Dietz / MSV Duisburg	(75/76)
	Höher / VfL Bochum	(67/68)
	Dzoni / Wattenscheid 09	(85/86)

GESAMT: **12 Elfmeter (9 Tore / 3 verschossen)**

2.) EIGENTORE:

• **Von der Borussia:** 3 Eigentore

- Milder	(gg. Hertha BSC Berlin)	68/69
- Surau	(gg. Bayer Leverkusen)	71/72
- Bonhof	(gg. Fortuna Düsseldorf)	75/76

• **Vom Pokalgegner:** 7 Eigentore

- Nickel / Eintracht Frankfurt	71/72
- Assauer / Werder Bremen	74/75
- Kirschstein / RW Essen	79/80
- Meißner / OSC Hannover	80/81
- Mainz / TuS Langerwehe	80/81
- Kalb / FC Amberg	86/87
- Fos / SC Jülich	91/92

3.) ROTE KARTEN:

• **Gegen die Borussia:** 0

• **Gegen den Pokalgegner:** 1

- Täuber / Bayer 04 Leverkusen (87/88)

4.) GELB-ROTE KARTEN:

- **Gegen die Borussia:** 0
- **Gegen den Pokalgegner:** 1

  - Foda / Bayer 04 Leverkusen (91/92)

5.) REKORDERGEBNISSE:

Borussia - Freiburger FC	7 : 1
VfB Oldenburg - Borussia	0 : 6
1.FC Viersen - Borussia	0 : 8
Borussia - Arminia Hannover	6 : 1
Borussia - OSC Hannover	7 : 3
TuS Langerwehe - Borussia	1 : 7
Bünder SV - Borussia	1 : 7
SSV Dillenburg - Borussia	1 : 7
SpVgg Fürth - Borussia	0 : 6
FC Amberg - Borussia	0 : 7
Borussia - Bor. Dortmund	6 : 1
Borussia - Bayer Uerdingen	9 : 2

6.) HATTRICK - 3 - 4 - 5 TORE IN EINEM POKALSPIEL:

- Hattrick:

- Heynckes	19.11.77	Borussia - VfL Bochum (zum 1-0 bis 3-0: 55 - 66 Minute)	3 : 0
- Bruns	23.09.78	Borussia - Arm. Hannover (zum 1-0 bis 3-0: 13 - 25 Minute)	6 : 1
- Nielsen	04.10.81	TuS Langerwehe - Borussia (zum 1-5 bis 1-7: 83 - 90 Minute)	1 : 7

- 3 Tore:

- Heynckes	20.12.72	Borussia - Freiburger FC	7 : 1
- Netzer	20.12.72	Borussia - Freib. FC	7 : 1
- Heynckes	07.09.74	TV Gültstein - Borussia	0 : 5
- Heynckes	19.11.77	Borussia - VfL Bochum	3 : 0
- Rahn	30.08.86	Amberg - Borussia	0 : 7

- 4 Tore:

- Rupp	02.01.66	Borussia - Opel Rüsselsheim	5 : 1
- Bruns	23.09.78	Borussia - Arm. Hannover	6 : 1
- Nielsen	04.10.81	TuS Langerwehe - Borussia	1 : 7

- 5 Tore:

- Mill	29.08.81	SSV Dillenburg - Borussia	2 : 7

7.) ZUSCHAUERBILANZ:

* In den 41 Heimspielen:	545.000	Schnitt:	13.293 Z.
* In den 61 Auswärtsspielen:	1.299.700	Schnitt:	21.307 Z.

8.) AUSGESCHIEDEN / WEITERGEKOMMEN:

* Eine Runde weiter bzw. das Finale **gewonnen:**

- gegen einen Erstligaverein:	22	zu Hause:	14
		Auswärts:	7
		Finale:	1
- gegen einen Zweitligaverein:	15	zu Hause:	6
(2.BL ab 1974/75)		Auswärts:	9
- gegen einen Amateurverein:	29	zu Hause:	9
(ebenfalls Oberliga)		Auswärts:	19
(2 Spiele davon ebenfalls als OB-Verein)		Finale:	1

* Eine Runde weiter bzw. das Finale **verloren:**

- gegen einen Erstligaverein:	18	zu Hause:	4
		Auswärts:	13
		Finale:	1
- gegen einen Zweitligaverein:	5	zu Hause:	1
		Auswärts:	3
		Finale:	1
- gegen einen Amateurverein:	4	zu Hause:	0
		Auswärts:	4

Erläuterungen:
Bei einem Wiederholungsspiel zählt dieses als Austragungsort (Heim-Auswärts). Beim Austragungsmodus HIN-u.RÜCKSPIEL (Saison 71/72 u. 72/73) zählt das jeweilige zweite Spiel als Austragungsort;

Westdeutscher Fußballverband

Die Teilnehmer an der ersten Hauptrunde des DFB - Vereinspokals mußten sich auf Landesebene durchsetzen (Berliner Pokal, Norddeutscher Pokal, Westdeutscher Pokal, Südwestpokal und Süddeutscher Pokal). Die 1. Hauptrunde fand dann am 17.08.1952 statt. Borussia Mönchengladbach mußte im *Westdeutschen Pokal* antreten, wo u.a. Borussia Dortmund, Schalke 04, 1.FC Köln, RW Essen, MSV Duisburg, Fort. Düsseldorf etc. spielberechtigt waren.

Die einzelnen Runden im W.F.V. - Pokal:

52/53:	1. R.	12.05.52	Grün-Weiß Viersen - **Borussia**	1 : 3
	2. R.	26.05.52	Essen West 81 - **Borussia**	3 : 0
53/54:	1. R.	Mai 1953	**Borussia** - Vohwinkel	1 : 3

Von 1954 bis 1957 erreichte die ***Borussia*** *die 1. Runde im W.F.V.-Pokal nicht!*

57/58:	1. R.	20.04.58	keine Paarung bekannt (als *SIEG* gewertet!)	0 : 0
	2. R.	27.04.58	Kleve 63 - **Borussia**	1 : 6
	3. R.	11.05.58	Fortuna Düsseldorf - **Borussia**	3 : 2
58/59:	1. R.	21.12.58	**Borussia** - FC Mönchengladbach	2 : 1
	2. R.	09.05.58	SG Eschweiler - **Borussia**	2 : 1
59/60:	1. R.	20.03.60	Germania Geistenbeck - **Borussia**	1 : 6
	2. R.	16.04.60	**Borussia** - Viktoria Köln	3 : 1
	3. R.	28.05.60	Germania Datteln - **Borussia**	2 : 2 n. V.
	Wdh.:	06.06.60	**Borussia** - Germ. Datteln	8 : 1
	4. R.	14.06.60	**Borussia** - Alemannia Aachen	3 : 3 n. V.
	Wdh.:	30.07.60	Alem. Aachen - **Borussia**	3 : 3 n. V.
	Lossieger:		**Borussia Mönchengladbach!**	
	Halbf.:	03.08.60	Borussia Dortmund - **Borussia**	3 : 4
	Finale:	24.08.60	**Borussia** - 1.FC Köln	3 : 1

** Die Teilnahme an der 1. Hauptrunde wurde damit erreicht!*

60/61:	1. R.	23.10.60	SG Eschweiler - **Borussia**	3 : 0
61/62:	1. R.	08.10.61	Rheydter SV - **Borussia**	2 : 2 n. V.
	Wdh.:	22.10.61	**Borussia** - Rheydter SV	5 : 1
	2. R.	12.11.61	VfL Bochum - **Borussia**	1 : 1 n. V.
	Wdh.:	03.12.61	**Borussia** - VfL Bochum	3 : 1
	3. R.	16.02.62	**Borussia** - Bayer 04 Leverkusen	1 : 4

62/63:	1. R.	25.11.62	Rhenania Würselen - **Borussia**	2 : 3
	2. R.	30.12.62	SSV Düsseldorf Oberkassel - **Borussia**	1 : 2
	3. R.	12.05.63	**Borussia** - Duisburger SV	1 : 2 n. V.

63/64:	1. R.	15.12.63	SpVgg Langenfeld - **Borussia**	0 : 9
	2. R.	09.02.64	SV St. Tönis - **Borussia**	0 : 6
	3. R.	04.03.64	**Borussia** - Arminia Bielefeld	5 : 0
	4. R.	22.03.64	**Borussia** - Viktoria Köln	4 : 2

** Die Teilnahme an der 1. Hauptrunde wurde damit erreicht!*

64/65:	1. R.	02.08.64	1.FC Mönchengladbach - **Borussia**	0 : 4
	2. R.	28.09.64	Düren 99 - **Borussia**	3 : 2

Ab der Saison 1965/66 ist Borussia Mönchengladbach automatisch als Bundesligaverein für die 1. Hauptrunde des DFB-Pokals qualifiziert!

BILANZ der Borussia im W.F.V. - Pokal:

- 10 x wurde die 1. Runde im W.F.V.-Pokal erreicht!

- Zweimal erreichte die Borussia die 1. Hauptrunde des DFB-Pokals!

- 32 Spiele:
  19 Siege
  5 Unentschieden
  8 Niederlagen
  95 - 51 Tore
  + 44 Tordifferenz

Tschammer - Pokal

Am 01. September 1935 fand die 1. Hauptrunde im Vorläufer des heutigen DFB-Vereinspokals, dem sogenannten **Tschammer - Pokal**, statt. Um die erste Hauptrunde zu erreichen, waren einige Qualifikationsspiele auf regionaler Ebene notwendig. Diese einzelnen Spiele wurde in sogenannten GAUZONEN (Gau Westfalen, Bayern, Baden etc.) oder später einfachen REGIONEN (Bsp. Niederrhein, Schlesien, Nordmark etc.) ausgetragen. Die Sieger aus diesen Vorrunden nahmen dann anschließend an der 1. Hauptrunde im Tschammer - Pokal teil. Borussia Mönchengladbach mußte sich durch den Niederrhein-Pokalwettbewerb für die 1. Hauptrunde qualifizieren!

1935:	Die **Borussia** war nicht qualifiziert!			
1936:	Vorrunde	21.04.36	keine Begegnung bekannt, als SIEG gewertet!	
		05.05.36	SV Köln Vingst - **Borussia**	5 : 2
1937:	Die Vorrunde zum *Niederrhein-Pokal* erreichte die **Borussia** nicht!			
1938:	Die Vorrunde zum *Niederrhein-Pokal* erreichte die **Borussia** nicht!			
1939:	Vorrunde	16.04.39	**Borussia** - Eintr.Mönchengladbach	2 : 1
		07.05.39	Alemannia Aachen - **Borussia**	4 : 1
1940:	Die Vorrunde zum *Niederrhein-Pokal* erreichte die **Borussia** nicht!			
1941:	Die Vorrunde zum *Niederrhein-Pokal* erreichte die **Borussia** nicht!			
1942:	Die Vorrunde zum *Niederrhein-Pokal* erreichte die **Borussia** nicht!			
1943:	Die Vorrunde zum *Niederrhein-Pokal* erreichte die **Borussia** nicht!			
1944:	Der Wettbewerb wurde wegen des 2. Weltkrieges nicht mehr zu Ende gespielt!			

Borussia - Köln:
Der Rheinische Schlager

Das Rheinische Duell

Bor. Mönchengladbach - 1. FC Köln

[aufgelistet nach den sog. Pflichtspielen: 1. Bundesliga, Oberliga West, Europapokal, DFB-Pokal; Freundschaftsspiele finden in dieser Auflistung keine Berücksichtigung!]

Legende: 1 = 1. BL; 2 = Oberliga; 3 = DFB - Pokal; 4 = Europacup (UEFA-Cup); 5 = WfV-Pokal

Datum	Paarung	Ergebn.	Art	Datum	Paarung	Ergebn.	A
10.09.50	Köln - Borussia	6 : 2	2	16.03.74	Köln - **Borussia**	0 : 1	1
21.01.51	**Borussia** - Köln	1 : 3	2	16.11.74	**Borussia** - Köln	1 : 1	1
12.10.52	**Borussia** - Köln	0 : 6	2	29.01.75	**Borussia** - Köln	3 : 5	3
22.02.53	Köln - **Borussia**	6 : 0	2	06.12.75	Köln - **Borussia**	0 : 4	1
13.09.53	Köln - **Borussia**	3 : 0	2	08.04.75	Köln - **Borussia**	1 : 3	4
17.01.54	**Borussia** - Köln	0 : 3	2	22.04.75	**Borussia** - Köln	1 : 0	4
12.12.54	Köln - **Borussia**	5 : 1	2	10.05.75	Köln - **Borussia**	1 : 2	1
24.04.55	**Borussia** - Köln	3 : 2	2	06.12.75	Köln - **Borussia**	0 : 4	1
19.11.55	Köln - **Borussia**	1 : 0	2	12.06.76	**Borussia** - Köln	2 : 1	1
02.04.56	**Borussia** - Köln	3 : 2	2	06.11.76	Köln - **Borussia**	0 : 3	1
07.10.56	**Borussia** - Köln	0 : 3	2	12.04.77	**Borussia** - Köln	3 : 1	1
23.02.57	Köln - **Borussia**	5 : 2	2	01.10.77	**Borussia** - Köln	2 : 5	1
17.08.58	Köln - **Borussia**	2 : 2	2	25.02.78	Köln - **Borussia**	1 : 1	1
07.01.59	**Borussia** - Köln	0 : 0	2	11.11.78	**Borussia** - Köln	2 : 0	1
30.08.59	Köln - **Borussia**	3 : 1	2	05.05.79	Köln - **Borussia**	1 : 1	1
03.01.60	**Borussia** - Köln	1 : 2	2	19.10.79	Köln - **Borussia**	3 : 2	1
24.08.60	**Borussia** - Köln	3 : 1	5	22.03.80	**Borussia** - Köln	2 : 2	1
27.11.60	Köln - **Borussia**	4 : 1	2	01.11.80	**Borussia** - Köln	2 : 0	1
30.04.61	**Borussia** - Köln	2 : 3	2	18.04.81	Köln - **Borussia**	2 : 3	1
29.10.61	**Borussia** - Köln	1 : 6	2	26.09.81	Köln - **Borussia**	3 : 0	1
10.03.62	Köln - **Borussia**	3 : 0	2	13.03.82	**Borussia** - Köln	0 : 2	1
28.10.62	Köln - **Borussia**	2 : 0	2	27.11.82	**Borussia** - Köln	1 : 4	1
10.03.63	**Borussia** - Köln	4 : 2	2	21.05.83	Köln - **Borussia**	2 : 1	1
20.11.65	**Borussia** - Köln	2 : 3	1	24.09.83	**Borussia** - Köln	4 : 2	1
23.04.66	Köln - **Borussia**	2 : 2	1	17.03.84	Köln - **Borussia**	1 : 2	1
26.11.66	Köln - **Borussia**	1 : 2	1	14.11.84	Köln - **Borussia**	1 : 5	1
13.05.67	**Borussia** - Köln	3 : 0	1	11.05.85	**Borussia** - Köln	2 : 3	1
25.11.67	Köln - **Borussia**	2 : 5	1	07.09.85	**Borussia** - Köln	1 : 1	1
11.05.68	**Borussia** - Köln	1 : 0	1	15.02.86	Köln - **Borussia**	0 : 2	1
24.08.68	**Borussia** - Köln	2 : 1	1	29.11.86	**Borussia** - Köln	3 : 1	1
18.01.69	Köln - **Borussia**	1 : 4	1	13.05.87	Köln - **Borussia**	2 : 4	1
29.11.69	Köln - **Borussia**	0 : 1	1	10.10.87	Köln - **Borussia**	4 : 1	1
11.04.70	**Borussia** - Köln	2 : 0	1	16.04.88	**Borussia** - Köln	0 : 1	1
05.08.70	**Borussia** - Köln	2 : 3 n.V.	3	08.10.88	**Borussia** - Köln	1 : 0	1
03.10.70	**Borussia** - Köln	1 : 1	1	29.04.89	Köln - **Borussia**	3 : 1	1
27.03.71	Köln - **Borussia**	3 : 2	1	30.09.89	**Borussia** - Köln	0 : 2	1
02.10.71	Köln - **Borussia**	4 : 3	1	07.04.90	Köln - **Borussia**	3 : 0	1
25.03.72	**Borussia** - Köln	3 : 0	1	01.09.90	**Borussia** - Köln	1 : 1	1
28.11.72	Köln - **Borussia**	0 : 0	4	16.03.91	Köln - **Borussia**	1 : 3	1
02.12.72	**Borussia** - Köln	5 : 2	1	21.09.91	**Borussia** - Köln	2 : 2	1
13.12.72	**Borussia** - Köln	5 : 0	4	21.03.92	Köln - **Borussia**	1 : 1	1
02.06.73	Köln - **Borussia**	3 : 1	1	26.09.92	**Borussia** - Köln	1 : 2	1
23.06.73	Köln - **Borussia**	2 : 3 n.V.	3	10.04.93	Köln - **Borussia**	1 : 2	1
29.09.73	**Borussia** - Köln	1 : 1	1				

Bilanz:

	Sp	S	U	N	Tore			Punkte		
OBERLIGA	22	3	2	17	24	-	72	8	:	36
- Heim:	11	3	1	7	15	-	32	7	:	15
- Auswärts:	11	-	1	10	9	-	40	1	:	21
1. BUNDESL.	56	28	12	16	112	-	87	68	:	44
- Heim:	28	13	7	8	51	-	40	33	:	23
- Auswärts:	28	15	5	8	61	-	47	35	:	21
DFB - POKAL	3	1	-	2	7	-	9	2	:	4
- Heim:	2	-	-	2	5	-	8	0	:	4
- Auswärts:	0									
- Finale:	1	1	-	-	2	-	1	2	:	0
EUROPACUP	4	3	1	-	9	-	1	7	:	1
- Heim:	2	2	-	-	6	-	0	4	:	0
- Auswärts:	2	1	1	-	3	-	1	3	:	1
WfV - POKAL	1	1	-	-	3	-	1	2	:	0
- Heim:	43	18	8	17	77	-	80	44	:	42
- Auswärts:	41	16	7	18	73	-	88	39	:	43
- Finale:	2	2	-	-	5	-	2	4	:	0
Gesamt:	**86**	**36**	**15**	**35**	**155**	**-**	**170**	**87**	**:**	**85**

Kommentar:

Stand die Borussia noch in den Oberliga-Zeiten gegen den Rivalen aus Köln auf nahezu verlorenem Posten, so änderte sich dies mit dem Aufstieg der Mönche in die 1. Bundesliga gewaltig. In der Oberliga gab es gegen die Kölner eine Negativbilanz, die nur schwer aufzuholen war. Lediglich dreimal konnte Borussia den Platz als Sieger in dieser Zeit verlassen. Sowohl zu Hause als auch in Köln gab es teilweise deftige Niederlagen, sodaß auch das Torverhältnis deutlich zu Gunsten der Kölner (+ 48 Tore) sprach. Den ersten Sieg gab es in der Saison 54/55 mit 3:2. Mit dem Aufstieg der Borussia in die höchste Spielklasse änderte sich das Bild total. Bemerkenswert hierbei die Auswärtsstärke der Borussen: Lediglich achtmal gab man sich den Kölnern in deren Stadion geschlagen. Mit 15 Siegen avancierte Borussia zum Angstgegner. Eindrucksvolle Ergebnisse erzielte sie im Müngersdorfer Stadion (5:2, 4:1, 4:0, 5:1). Doch nicht nur in der Bundesliga trafen die Klubs aufeinander. Auch im DFB-Pokal kreuzten sie dreimal die Klingen. Den wohl wichtigsten Sieg erzielten die Fohlen im Endspiel im Düsseldorfer Rheinstadion. Mit 2:1 siegte der VfL im wohl besten Pokalendspiel aller Zeiten. Das goldene Tor erzielte damals Günter Netzer kurz nachdem er eingewechselt wurde. Im UEFA-Pokal war die Borussia zweimal eine Nummer zu groß für die Kölner. Recht eindrucksvoll erreichten die Grün-Weißen jeweils die nächste Runde und ließen den Kölnenr nie den Hauch einer Chance. Diese Begegnungen haben auch heute noch nicht den Reiz verloren und sind jedes Jahr für beide Mannschaften immer etwas Besonderes - eben ein ewig junger Schlager!

Die Titelsammlung
der
Borussia

DEUTSCHER MEISTER

1969/70
1970/71
1974/75
1975/76
1976/77

DFB - POKALSIEGER

1959/60
1972/73

UEFA - POKALSIEGER

1974/75
1978/79

DEUTSCHER SUPERCUPSIEGER

1977

Gesamtübersicht

GESAMTÜBERSICHT

Spieleinsätze / erzielte Tore

Spieler	1. BL	EC	DFB-P.	Oberl.	Reg.	WEST	GESAMT
Aben				12-0		23-4	35-4
Ackermann	60-10		4-0				64-10
Amrath	8-2	4-0	1-0				13-2
Bakalorz	39-5	11-1	7-3				57-9
Bedürftig		1-0		31-4			32-4
Belanow	24-4		3-1				27-5
Bergfeld	6-0		1-0				7-0
Bierhoff	8-0						8-0
Bleidick	114-6	11-0	13-0				138-6
Bodden	3-0		1-0				4-0
Bödecker	32-1	7-0	3-0				42-1
Bonhof	231-42	58-10	29-9				318-61
Born	3-0						3-0
Borowka	149-11	20-0	18-2				187-13
Brandts	33-3	5-1	2-1				40-5
Brülls		2-0	2-2	160-38		29-2	193-42
Brungs		2-0	2-1	88-36			92-37
Brunn	6-0						6-0
Bruns	331-61	31-6	41-17				403-84
Budde	42-4	1-0	7-1				50-5
Burkhardt				30-0			30-0
Crass				1-0			1-0
Crawatzo				27-3	29-2		56-5
Criens	281-92	18-5	32-16				331-113
Dahlin	32-12		5-1				37-13
Danner, D.	179-27	43-5	24-4				246-36
Danner, V.	93-0		6-0				99-0
de Lange		2-0	2-0	142-0	6-0	15-0	167-0
Del'Haye	87-14	29-1	6-0				122-15
Dietrich	103-11	4-1	6-2				113-14
Dohmen				119-0		27-1	146-1
Drehsen	130-21	16-3	16-4				162-28
Drehsbach		1-0		44-0			45-0

Spieler	1. BL	EC	DFB-P.		Reg.	WEST	GESAMT
Dudek	6-0	4-0	2-0				12-0
Durkovic	10-0						10-0
Effenberg	73-10		5-0				78-10
Eichin	143-0		11-0				154-0
Eicker				19-3			19-3
Elfert	42-4		2-0				44-4
Erard				2-0			2-0
Ernst	4-0					34-0	38-0
Ertl	9-1		2-0				11-1
Fach	57-9		8-0				65-9
Fendel		2-0	1-0	63-20			66-20
Fischermann				114-10		51-24	165-34
Fleer	67-0	10-0	11-0				88-0
Frenken	13-0		2-1				15-1
Frontzeck			2-0	50-1			52-1
Frontzeck, M.	190-17	22-0	21-1				233-18
Fuhrmann	7-0	2-0					9-0
Göbbels		1-0	1-0		126-3		
Gollers					2-0		2-0
Gores	33-3	11-1	5-1				49-5
Greven			1-0				1-0
Grezcsek				4-0		33-20	37-20
Grunert					87-0		87-0
Haag					3-0		3-0
Halvas I (TW)				34-0		10-0	44-0
Halvas II, R.				2-0		5-2	7-2
Hannes	261-58	37-5	26-8				324-71
Hecking	6-0						6-0
Heidenreich	25-2	4-0	2-1				31-3
Heine				42-0		27-7	69-7
Heinke				2-0			2-0
Heinrichs				20-3		4-1	24-4
Herbst	65-1	9-3	6-0				80-4
Herlovsen	118-3	15-0	19-1				152-4
Hesselbach	7-0		1-0				8-0

Spieler	1. BL	EC	DFB-P.		Reg.	WEST	GESAMT
Heynckes	283-195	56-47	37-23				401-288
Heyne	15-0		1-0				16-0
Hilkes	5-0	1-0					6-0
Hochstätter	222-48	11-1	19-4				252-53
Hock	1-0						1-0
Hoersen	15-0		1-0				16-0
Hoffmann	10-0		1-0				11-0
Hopfstock	5-0						5-0
Hoßdorf				22-0		7-0	29-0
Houben						5-0	5-0
Höfer				26-4			26-4
Höttges			1-0		30-0		31-0
Huschbeck	31-0		2-0				33-0
Indefrey						1-0	1-0
Jansen, A.	30-0	1-0	5-0	234-50	70-0	25-15	365-65
Jansen, G.		1-0	2-0	71-0		30-0	104-0
Jansen, J.				30-6		1-0	31-6
Jaschak				7-0			7-0
Jedanowski				27-0		27-1	54-1
Jensen	125-44	32-11	17-3				174-58
Jung	1-0	2-0					3-0
Kablitz		1-0		198-13		28-11	227-24
Kaiser	10-4						10-4
Kamps	233-0	12-0	23-0				268-0
Kastenmaier	93-24		7-3				100-27
Kempers	10-0		2-0				12-0
Kirchhoff				15-0		18-0	33-0
Kleff	321-0	57-0	40-0				418-0
Klinkert	131-7		14-2				145-9
Klinkhammels						15-0	15-0
Klinkhammer	149-2	33-2	11-1				193-5
Kneib	112-0	34-0	8-0				154-0
Knops				1-0			1-0
Kohn		2-0	3-2	101-49	32-22		138-73
Kopp	2-0						2-0
Köhnen				26-1		28-0	54-1
Köppel	184-38	17-8	17-4				228-50

Spieler	1. BL	EC	DFB-P.	Oberl.	Reg.	WEST	GESAMT
Kracke	2-0						2-0
Krätzschmer	6-0		1-0		2-0		9-0
Krauss	167-8	13-2	18-3				198-13
Kremer				14-1			14-1
Kremers, E.	24-1		2-0				26-1
Kremers, H.	14-1		2-0				16-1
Kretzschmar	8-0		1-0				9-0
Krippendorf				2-0			2-0
Krisp	56-0	10-0	2-0				68-0
Kubon				16-3			16-3
Kulik	220-38	67-13	31-5				318-56
Laaser				26-6			26-6
Lambertin				5-0			5-0
Lange	19-0		1-0				20-0
Langers	3-0						3-0
Laumen	186-97	4-5	13-10	15-6	47-15		265-133
Laupenmühlen				22-2		28-1	50-3
Lausen	10-0	4-1	3-1				17-2
le Fevre	90-21	9-5	10-3				109-29
Lewandowski				25-0		18-9	43-9
Lienen	244-36	48-8	32-6				324-50
Lienhardt				27-8		7-0	34-8
Liermann						1-0	1-0
Loontiens	7-1	1-0	1-0				9-1
Lowin	39-0		2-0	29-0	69-2		139-2
Marell	2-0						2-0
Matthäus	162-36	15-3	23-12				200-51
Max	98-14		8-2				106-16
Mäurer				17-2			17-2
Meier	50-2		3-0				53-2
Memmert				10-0			10-0
Meulenberg, J.				25-6		29-17	54-23
Meulenberg, H.				4-1		30-9	34-10
Meyer	19-19						19-19
Michallik	39-0	10-0	6-0				55-0
Milder	123-11		8-2		60-8		191-21
Mill	153-71	12-3	22-11				187-85
Minnich				4-0		14-3	18-3

Spieler	1. BL	EC	DFB-P.	Oberl.	Reg.	WEST	GESAMT
Mohren	28-2		2-0				30-2
Moldovan				5-0			5-0
Mölby	14-0		2-0				16-0
Mühlhausen		2-0	3-1	131-37	32-10	19-3	187-51
Müller	81-6	9-0	7-2				97-8
Nellen				11-0			11-0
Netzer	230-82	18-7	25-7		67-26		340-122
Neun	152-4		12-0				164-4
Nickel	65-32	12-7	8-5				85-44
Niehsen				4-0			4-0
Nielsen, C.	109-23	26-4	10-5				145-32
Nielsen, P.	22-2		1-0				23-2
Nienhaus				114-46			114-46
Orzessek	29-0		2-0	35-0	70-0		136-0
Palmenstroh				2-0			2.0
Peters				72-0		24-2	96-2
Pfannkuch	1-0						1-0
Pfeiffer		2-0	2-0	114-4		29-1	147-5
Pflipsen	74-15		7-0				81-15
Philipsen				7-1			7-1
Pickenäcker	8-0						8-0
Pinkall	92-21	7-3	11-3				110-27
Pliska				20-4		19-1	39-5
Pohlen						3-0	3-0
Pohlmanns						1-0	1-0
Posner	2-0	2-0	1-0				5-0
Pöggeler	76-3		5-0		53-15		134-18
Quarz				37-4		30-4	67-8
Rahn	227-81	22-12	36-18				285-111
Raßmanns	6-0		1-0		15-0		22-0
Reh					88-35	24-4	112-39
Reich	17-8		2-0				19-8
Rekdal	9-0						9-0
Ringels	163-6	25-1	23-2				211-9
Rosenthal	13-1	4-0					17-1
Rupp	119-50	16-5	14-10		34-23		183-88

Spieler	1. BL	EC	DFB-P.		Reg.	WEST	GESAMT
Salou	60-6		7-1				67-7
Schaffers				16-0			16-0
Schäffer, F.	229-6	40-1	24-1				293-8
Schäffer, W.	210-15	30-3	26-4				266-22
Schicks				137-15		55-3	192-18
Schiller				14-1		28-1	42-2
Schmider	45-1		6-0				51-1
Schmidt						1-0	1-0
Schmitz				1-0			1-0
Schneider	96-5		11-0				107-5
Schollbach	2-0						2-0
Schommen			2-0	139-7	36-3	23-0	200-10
Schulz	47-4		5-1				52-5
Schumacher	19-0		2-1				21-1
Schrage			1-0				
Sencar				4-0			4-0
Sieben				3-1			3-1
Sieburg	1-0						1-0
Sieloff	123-15	20-3	17-3				
Simonsen	178-76	49-32	19-8				246-116
Sörloth	5-0						5-0
Spies	38-6		4-2				42-8
Spinnler	45-0		3-0				
Stadler	40-1		5-0				45-1
Stange						8-0	8-0
Stefes	46-1		4-0				50-1
Steffen	20-0		4-1				24-1
Stielike	109-12	28-3	7-0				144-15
Straka	81-1		5-0				86-1
Sude	126-0	11-0	21-0				158-0
Surau	57-3	17-0	12-0				86-3
Thiele	63-14	9-1	7-5				79-20
Thommessen				15-1		1-0	16-1
Thorstvedt	12-0						12-0
Thychosen	27-2	6-1	2-2				35-5
Tischeru						1-0	1-0
Turek				4-0			4-0
Veh	65-3	4-0	14-1				83-4

Spieler	1. BL	EC	DFB-P.		Reg.	WEST	GESAMT
Vogts	419-33	65-8	42-2				526-43
Waddey	22-0		3-0		34-8		59-8
Weber					6-0		6-0
Weigel					8-1		8-1
Wichelhaus				95-0			95-0
Wichmann				5-0			5-0
Wicken			1-0	178-45		74-26	253-71
Wiefels				52-0			52-0
Wielandt	3-0		1-0				4-0
Willaarts	11-2	1-0	3-0				15-2
Wimmer, H.	366-51	58-6	37-10		39-1		500-68
Wimmer, W.	33-1		2-0		10-0		45-1
Winkhold	128-3	12-0	12-0				152-3
Winkler	5-0			27-3		24-3	56-6
Winter	29-2		3-1				
Wittkamp	179-29	38-4	21-5				238-38
Wittmann	123-0	4-0	9-0				
Wloka	30-3	4-2	6-0				
Wohlers	95-7	30-1	5-1				130-9
Wuttke				55-7			55-7
Wuttke, W.	58-9	4-0	9-4				71-13
Wynhoff	80-11		6-0				86-11
Zimmermann	8-0						8-0
Zoppke	3-0						3-0

GESAMTÜBERSICHT

Rote Karten / Gelb-Rote Karten / Eigentore / Elfmeter / Zuschauer (Schnitt)

				ELFMETER		ZUSCHAUER (Schnitt pro Spiel)	
	B/G ROT	B/G G/R	B/G EIG	BMG E:T-V	Gegner E:T-V	Borussia Heimspiele	Gegner Auswärtssp.
65/66:	1/-	-	1/2	10:8-2	8:6-2	366.238(21.543)	358.000(21.059)
66/67:	-/1	-	-/2	9:5-4	7:5-2	368.504(21.677)	376.000(22.188)
67/68:	-/-	-	-/1	9:8-1	3:1-2	356.510(20.971)	380.000(22.353)
68/69:	-/1	-	-/-	8:8-0	4:4-0	335.590(19.741)	434.000(25.529)
69/70:	-/-	-	1/1	2:1-1	0:0-0	419.871(24.698)	559.000(32.882)
70/71:	-/-	-	1/2	6:5-1	2:2-0	343.227(20.190)	657.000(38.647)
71/72:	1/-	-	-/-	13:9-4	3:1-2	267.851(15.756)	477.000(28.059)
72/73:	-/-	-	-/-	11:8-3	6:4-2	234.240(13.779)	499.000(29.353)
73/74:	-/-	-	1/1	7:5-2	5:5-0	341.428(20.084)	704.000(41.412)
74/75:	1/1	-	-/3	7:6-1	7:4-3	340.557(20.032)	655.000(38.529)
75/76:	-/1	-	-/4	5:3-2	3:2-1	387.644(22.803)	635.000(37.353)
76/77:	-/1	-	1/1	1:1-0	3:2-1	414.853(24.403)	735.000(43.235)
77/78:	-/-	-	-/2	6:6-0	4:4-0	412.733(24.278)	727.000(42.765)
78/79:	1/-	-	1/-	2:1-1	10:5-5	335.142(19.714)	578.000(34.000)
79/80:	2/-	-	-/3	10:7-3	6:3-3	299.366(17.610)	456.000(26.824)
80/81:	-/1	-	2/2	8:8-0	2:1-1	310.897(18.288)	446.000(26.235)
81/82:	1/1	-	-/3	13:8-5	5:4-1	353.899(20.818)	521.000(30.647)
82/83:	1/1	-	1/1	9:7-2	3:1-2	296.565(17.445)	404.000(23.765)
83/84:	-/2	-	1/-	9:7-2	6:5-1	387.800(22.812)	561.000(33.000)
84/85:	1/1	-	1/2	5:3-2	7:1-6	339.089(19.946)	513.000(30.176)
85/86:	2/-	-	2/-	12:9-3	2:2-0	278.525(16.384)	507.000(29.824)
86/87:	-/1	-	2/1	6:4-2	6:4-2	288.000(16.941)	498.000(29.294)

	B/G ROT	B/G G/R	B/G EIG	ELFMETER BMG E:T-V	Gegner E:T-V	ZUSCHAUER (Schnitt pro Spiel) Borussia Heimspiele	Gegner Auswärtssp.
87/88:	3/-	-	1/2	2:2-0	2:1-1	255.472(15.028)	470.000(27.647)
88/89:	3/2	-	-/-	2:2-0	2:1-1	233.200(13.718)	412.000(24.235)
89/90:	2/-	-	2/1	5:5-0	5:3-2	348.189(20.482)	446.000(26.235)
90/91:	2/3	-	-/1	3:2-1	2:2-0	328.746(19.338)	408.000(24.000)
91/92:	-/2	4/-	2/-	2:2-0	3:2-1	406.926(21.417)	441.000(23.211)
92/93:	3/1	4/3	-/1	5:4-1	4:2-2	387.917(22.819)	437.000(31.588)

Zeichen:

B/G = Borussia/Gegner
E:T-V = Elfmeter:Tore-Verschossen

Insgesamt:

Rubrik:	Gladbach	Bl-Gegner
Rote Karten:	24	20
Gelb-Rote K.:	8	3
Elfmeter:	182 : 140-42	116 : 75-41
Eigentore:	20	36
Zuschauer: (Schnitt)	9.438.709 (22.222)	14.394.000 (30.113)

Anmerkung:
- Einführung der GELB-ROTEN KARTEN in der Saison 1991/92!

- Die Saison 1991/92 umfaßte 20 BL-Teams!